中国特色高水平高职学校项目建设成果

桥梁工程施工技术

QIAOLIANG GONGCHENG SHIGONG JISHU

主　编◎刘　红　王天成
副主编◎李　昂
主　审◎王瑞雪　盛可鉴

中国铁道出版社有限公司
CHINA RAILWAY PUBLISHING HOUSE CO., LTD.

内容简介

本书是中国特色高水平高职学校项目建设成果之一。本书按照高职高专道路与桥梁工程技术专业人才培养目标和定位要求，结合交通运输部颁发的现行桥涵工程施工技术规范规定、国务院印发的《国家职业教育改革实施方案》(职教20条)等相关文件，以桥梁工程施工工作过程为导向编写，主要内容包括桥梁基础施工、桥梁墩台施工、桥梁上部结构施工及涵洞施工四个学习情境，根据具体的工程施工特点梳理出11个可实施的学习任务。本书侧重培养学生在施工一线从事桥梁工程施工实践能力，满足企业对于学生知识、技能及思政素质等方面的要求。

本书适合作为高等职业院校道路与桥梁工程技术专业教材，对于公路与城市道路、市政工程技术、工程监理等交通运输类、土建类专业群及工程技术人员也具有参考价值。

图书在版编目(CIP)数据

桥梁工程施工技术 / 刘红，王天成主编. -- 北京 ：中国铁道出版社有限公司，2024. 12. -- ISBN 978-7-113-31630-3

Ⅰ. U445.4

中国国家版本馆 CIP 数据核字第 2024X1H416 号

书　　名：桥梁工程施工技术
作　　者：刘　红　王天成

策　　划：祁　云　何红艳　　**编辑部电话：**(010)83552550
责任编辑：何红艳　李学敏
封面设计：刘　颖
责任校对：安海燕
责任印制：樊启鹏

出版发行：中国铁道出版社有限公司(100054，北京市西城区右安门西街8号)
网　　址：https://www.tdpress.com/51eds
印　　刷：天津嘉恒印务有限公司
版　　次：2024年12月第1版　2024年12月第1次印刷
开　　本：880 mm×1 230 mm　1/16　**印张：**22.75　**字数：**689千
书　　号：ISBN 978-7-113-31630-3
定　　价：68.00元

中国特色高水平高职学校项目建设系列教材编审委员会

本书编委会

主　编：刘　红（哈尔滨职业技术大学）

王天成（哈尔滨职业技术大学）

副主编：李　昂（哈尔滨职业技术大学）

参　编：李维维（哈尔滨职业技术大学）

张志伟（哈尔滨职业技术大学）

王希伟（哈尔滨职业技术大学）

赵明微（哈尔滨职业技术大学）

李　倩（哈尔滨职业技术大学）

李玉生（黑龙江省鼎捷路桥工程有限公司）

主　审：王瑞雪（哈尔滨职业技术大学）

盛可鉴（黑龙江工程学院）

编写说明

实施中国特色高水平高职学校和专业建设计划（简称“双高计划”）是教育部、财政部为建设一批引领改革、支撑发展、中国特色、世界水平的高等职业学校和骨干专业（群）而做出的重大决策。哈尔滨职业技术大学（原哈尔滨职业技术学院）入选“双高计划”建设单位，学校对中国特色高水平学校建设进行顶层设计，编制了站位高端、理念领先的建设方案和任务书，并扎实开展了人才培养高地、特色专业群、高水平师资队伍与校企合作等项目建设，借鉴国际先进的教育教学理念，开发中国特色、国际水准的专业标准与规范，深入推动“三教改革”，组建模块化教学创新团队，实施“课程思政”，开展“课堂革命”，校企双元开发活页式、工作手册式、新形态教材。为适应智能时代先进教学手段应用，学校加大优质在线资源的建设，丰富教材的信息化载体，为开发工作过程为导向的优质特色教材奠定基础。

按照教育部印发的《职业院校教材管理办法》要求，教材编写总体思路是：依据学校双高建设方案中教材建设规划、国家相关专业教学标准、专业相关职业标准及职业技能等级标准，服务学生成长成才和就业创业，以立德树人为根本任务，融入课程思政，对接相关产业发展需求，将企业应用的新技术、新工艺和新规范融入教材之中。教材编写遵循技术技能人才成长规律和学生认知特点，适应相关专业人才培养模式创新和课程体系优化的需要，注重以真实生产项目、典型工作任务及典型工作案例等为载体开发教材内容体系，实现理论与实践有机融合，满足“做中学、做中教”的需要。

本系列教材是哈尔滨职业技术大学中国特色高水平高职学校项目建设的重要成果之一，也是哈尔滨职业技术大学教材建设和教法改革成效的集中体现。教材体例新颖，具有以下特色：

第一，教材研发团队组建创新。按照学校教材建设统一要求，遴选教学经验丰富、课程改革成效突出的专业教师担任主编，邀请相关企业作为联合建设单位，形成了一支学校、行业、企业高水平专业人才参与的开发团队，共同参与教材编写。

第二，教材内容整体构建创新。精准对接国家专业教学标准、职业标准、职业技能等级标准确定教材内容体系，参照行业企业标准，有机融入新技术、新工艺、新规范，构建基于职业岗位工作需要的体现真实工作任务、流程的内容体系。

第三，教材编写模式形式创新。与课程改革相配套，按照“工作过程系统化”“项目＋任务式”“任务驱动式”“CDIO 式”四类课程改革需要设计四大教材编写模式，创新新形态、活页式及工作手册式教材三大编写形式。

第四，教材编写实施载体创新。依据本专业教学标准和人才培养方案要求，在深入企业调研、岗位工作任务和职业能力分析基础上，按照“做中学、做中教”的编写思路，以企业典型工作任务为载体进行教学内容设计，将企业真实工作任务、真实业务流程、真实生产过程纳入教材之中。开发了教学内容配套的教学资源①，满足教师线上线下混合式教学的需要，本教材配套资源同时在相关平台上线，可随时下载相应资源，满足学生在线自主学习课程的需要。

第五，教材评价体系构建创新。从培养学生良好的职业道德、综合职业能力与创新创业能力出发，设计并构建评价体系，注重过程考核和学生、教师、企业等参与的多元评价，在学生技能评价上借助社会评价组织的“1+X”考核评价标准和成绩认定结果进行学分认定，每部教材均根据专业特点设计了综合评价标准。

为确保教材质量，哈尔滨职业技术大学组建了中国特色高水平高职学校项目建设系列教材编审委员会，教材编审委员会由职业教育专家和企业技术专家组成。学校组织了专业与课程专题研究组，对教材持续进行培训、指导、回访等跟踪服务，有常态化质量监控机制，能够为修订完善教材提供稳定支持，确保教材的质量。

本套教材是我校在国家骨干院校教材建设的基础上，经过几轮修订，融入课程思政内容和课堂革命理念，既具积累之深厚，又具改革之创新，凝聚了校企合作编写团队的集体智慧。本系列教材的出版，充分展示了课程改革成果，为更好地推进中国特色高水平高职学校项目建设做出积极贡献！

哈尔滨职业技术大学中国特色高水平高职
学校项目建设系列教材编审委员会
2024年8月

① 2024年6月，教育部批复同意以哈尔滨职业技术学院为基础设立哈尔滨职业技术大学（教发函〔2024〕119号）。本书配套教学资源均是在此之前开发的，故署名均为“哈尔滨职业技术学院”。

前言

“桥梁工程施工技术”这门课程是在积极推进职业教育改革、探索校企合作、工学结合、现代学徒制的人才培养模式下，按照企业需求构建的基于工程施工过程的课程体系下的一门专业核心课程。本书编写目的是使学生掌握桥梁工程施工技术这一基本技能，达到企业施工员岗位的任职要求。本书依据《国家职业教育改革实施方案》（职教20条）的文件精神，根据品牌专业建设自身情况，结合国家“十四五”规划的总体要求，围绕职业院校启动“学历证书+职业技能等级证书（1+X证书）”制度试点工作，遵循以学生为主体，以行动为导向的课程开发理念，按照企业施工员岗位典型工作任务对职业能力的需求确定学习领域及内容，参照行业、企业标准及职业技能标准，梳理“1+X证书”考核内容，确定知识点、技能点和思政点。本书着眼于学生职业生涯发展，有利于智能教学改革的实施，注重学生诚实守信、爱岗敬业、沟通合作、创新意识、工匠精神等思政素质和综合能力的培养，直接反映产业升级、技术进步和职业岗位变化的新要求。

本书以真实的桥梁工程工作任务为载体进行教学，以行动任务为导向，以任务驱动为手段，注重理论联系实际，在教学中以培养学生的施工方法运用能力为重点，以使学生全面掌握桥梁工程施工为基础，以培养学生现场的分析解决问题的能力为终极目标。

本书的特色与创新有如下几个方面：

1. 采用“学习情境—工作任务”式新的结构形式。本套书完全打破了传统知识体系章节的结构形式，与典型路桥企业合作，校企合作开发了全新的以桥梁工程施工与管理人员的工作任务为载体的任务结构形式；本书设计的教学模式对接岗位工作模式，开发了利于学生自主学习的任务单、资讯单、计划单、决策单、作业单、检查单、评价单、反思单等能力训练的工作单，通过完成真实的工作任务掌握工作流程，实现学习过程与工作过程一致。

2. 全面融入行业技术标准、素质教育与能力培养。将路桥行业工程技术标准和学生就业岗位的工程施工员职业资格标准融入本书中，突出了职业道德和职业能力培养。通过学生自主学习，在完成工作任务中训练学生对于知识、技能、思政、劳动教育和职业素养方面的综合职业能力，锻炼学生分析问题、解决问题的能力，注重多种教学方法和学习方法的组合使用，将学生素质教育与能力培养融入本书。

3. 采用新型活页式设计引导学生系统化学习工作过程。本书的设计是以学生学习为中心，情境导入、学习目标、任务安排、任务单、资讯思维导图、课前自学、自学自测、任务实施指导、任务工作单、评价单、反思单等内容均是以工作过程系统化为指导原则，融知识点、技能点和思政点于情境导入、任务描述、资讯问题、自学自测、任务实施,本书可以按照完成工作任务的需要摘取活页式训练测试、任务工单、评价单、反思单,实现教学功能的有机拆分与实时聚合。

4. 配套教学资源丰富,开放精品在线课程平台。本书支撑的“桥梁工程施工技术”课程在学银在线(超星泛雅网络课程平台)上线,实现时间空间不限、线上线下混合的教学模式,打造丰富多彩的桥梁工程新形态立体化课堂。本书配套教学资源丰富,读者可扫描书中的二维码观看。

本书共设四个学习情境,11 个学习任务,参考学时为 84 ~ 98 学时。

本书由哈尔滨职业技术大学刘红讲师、王天成教授任主编,负责确定编写提纲及统稿工作,哈尔滨职业技术大学李昂副教授任副主编。刘红编写学习情境一任务1,学习情境二任务2,学习情境三任务1、任务2;王天成编写学习情境一任务2、学习情境三任务4;李昂编写学习情境一任务3、学习情境四任务1;哈尔滨职业技术大学张志伟副教授与李倩高级工程师编写学习情境二任务1;哈尔滨职业技术大学李维维副教授、赵明微副教授编写学习情境三任务3;哈尔滨职业技术大学王希伟讲师、黑龙江省鼎捷路桥工程有限公司李玉生高级工程师编写学习情境四任务2。本书由哈尔滨职业技术大学王瑞雪教授、黑龙江工程学院盛可鉴教授主审,并提出了很多专业技术性修改建议。特别感谢哈尔滨职业技术大学教材编审委员会领导给予本书编写的指导和大力帮助。在本书的编写过程中,参考了书后所附各位专家的著作及文献资料,在此一并表示诚挚感谢。

由于编写组的业务水平和经验之限,书中难免有不妥之处,恳请指正。

编　者

2024 年 9 月

目 录

学习情境一 桥梁基础施工

学习指南

情境导入

某市江南中环路跨河桥,上部结构为普通钢筋混凝土空心板和预应力钢筋混凝土空心板,下部结构为桩柱式桥墩,薄壁式轻型桥台,钻孔灌注桩基础;桥面铺装为沥青混凝土和防水混凝土,D80型伸缩装置。某具有一级施工资质的路桥公司承接该项目施工任务,现进行基础工程施工,前期需要做好准备工作,施工过程中要做好现场施工组织,同时控制施工质量,请你编制基础工程施工实施的具体指导方案,保障施工单位按时顺利开展施工作业。

学习目标

知识目标:

1. 能选择识图方法,描述桥梁结构组成;
2. 能区别基础种类,阐明其适用范围;
3. 能区分明挖扩大基础不同施工方法;
4. 能区分桩基础不同施工方法;
5. 能阐述明挖扩大基础施工工艺流程;
6. 能阐述桩基础施工工艺流程。

能力目标:

1. 能够完成图纸审核工作;
2. 能够完成明挖扩大基础施工技术交底工作;
3. 能够编制明挖扩大基础施工方案;
4. 能够完成桩基础施工技术交底工作;
5. 能够编制桩基础施工方案。

文本

钱塘江大桥建造始末

素质目标：

1. 树立质量意识和安全意识；
2. 培养严谨细致、精益求精的工匠精神；
3. 具备团队合作精神和沟通、协作能力，培养独立思考和创新能力。

文本
施工员岗位职责

工作任务

任务1　图纸会审及技术交底　　参考学时：课内8学时（课外4学时）

任务2　明挖扩大基础施工　　参考学时：课内8学时（课外4学时）

任务3　桩基础施工　　参考学时：课内10学时（课外5学时）

文本
施工图纸

任务1　图纸会审及技术交底

任务单

<table>
<tr><td>学习情境一</td><td colspan="3">桥梁基础施工</td><td>任务1</td><td colspan="2">图纸会审及技术交底</td></tr>
<tr><td>任务学时</td><td colspan="6">课内8学时（课外4学时）</td></tr>
<tr><td colspan="7">布置任务</td></tr>
<tr><td>任务目标</td><td colspan="6">1. 能够识读施工图纸；
2. 能够参与施工前的准备工作；
3. 能够对施工现场进行合理布置；
4. 能够完成技术交底及图纸会审；
5. 能够编制施工准备工作计划；
6. 能够做到工作程序严谨认真，工作成果精益求精。</td></tr>
<tr><td>任务描述</td><td colspan="6">施工单位在承接了某中型桥梁工程施工任务后（施工图纸见二维码），应尽快做好各项准备工作，为桥梁工程施工建立必要的技术和物资条件，统筹安排施工力量和施工现场。项目部需组织人员对设计单位提供的图纸进行全面细致的熟悉，掌握工程特点及难点，审查出施工图中存在的问题及不合理情况，并形成问题清单体现在施工图设计文件会审记录上，提交设计院进行处理。</td></tr>
<tr><td rowspan="2">学时安排</td><td>资讯</td><td>计划</td><td>决策</td><td>实施</td><td>检查</td><td>评价</td></tr>
<tr><td>1学时</td><td>2学时（2）①</td><td>1学时</td><td>1学时</td><td>2学时（2）</td><td>1学时</td></tr>
<tr><td>对学生学习及成果的要求</td><td colspan="6">1. 每位同学均能按照自学资讯思维导图自主学习，并完成课前自学的问题训练和自学自测；
2. 严格遵守课堂纪律，学习态度认真、端正，能够正确评价自己和同学在本任务中的素质表现；
3. 每位同学必须积极参与小组工作，在教师的示范指导下完成桥梁施工图识读及施工准备的对应工作，做到积极主动不推诿，能够与小组成员合作完成工作任务；
4. 每位同学均需独立或在小组同学的帮助下完成技能训练工作单，并提请检查、签认，对提出的建议或错误及时修改；
5. 每组必须完成全部图纸会审及技术交底工作单，并提请教师进行小组评价，小组成员分享小组评价分数或等级；
6. 每名同学均完成反思，以小组为单位提交。</td></tr>
</table>

① 学习按排中，括号外为课内学时，括号内为课外学时。

自学资讯思维导图

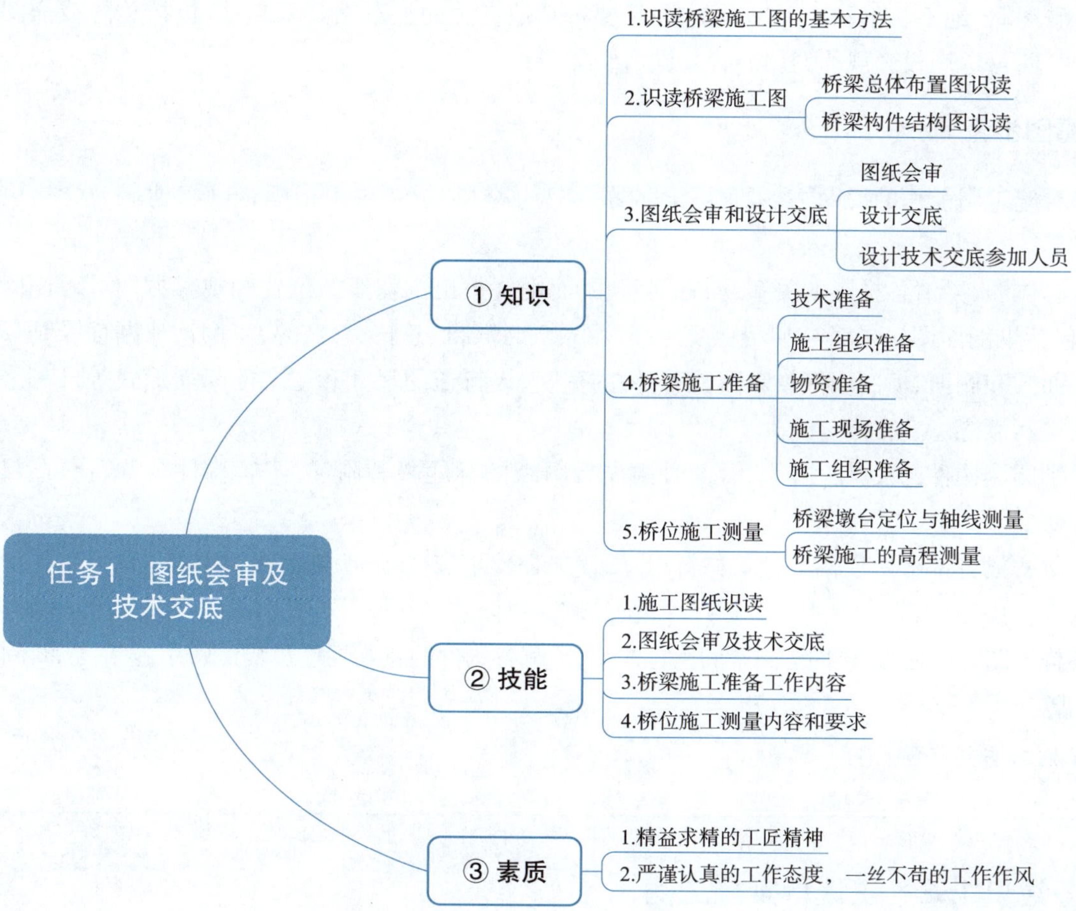

课 前 自 学

施工单位在承接了施工任务后，应尽快做好各项准备工作，为桥梁工程施工准备必要的技术和物资条件，统筹安排施工力量和施工现场，为企业做好目标管理、推行技术经济承包提供重要的依据。桥梁施工准备通常包括技术准备、施工组织准备、物资准备和施工现场准备等工作。

图纸会审是指工程各参建单位（建设单位、监理单位、施工单位）在收到设计院施工图设计文件后，对图纸进行全面细致的熟悉，审查出施工图中存在的问题及不合理情况并提交设计院进行处理的一项重要活动。图纸会审由建设单位组织并记录。通过图纸会审可以使各参建单位特别是施工单位熟悉设计图纸、领会设计意图、掌握工程特点及难点，找出需要解决的技术难题并拟定解决方案，从而将因设计缺陷而存在的问题在施工之前解决。

任务知识 1.1　识读桥梁施工图的基本方法

在工程中，工程图样是表达设计意图和交流设计思想的工具，是指导施工和生产的技术文件，是沟通设计者意图与建造者施工的桥梁，所以人们把图样比喻为工程界的语言。作为生产一线技术人员，必须掌握这种语言，即具有画图和读图的本领。

一、识读方法

识读桥梁施工图的方法是“形体分析法”，即用形体分析的方法来分析桥梁图，桥梁虽然是庞大而又复杂的建筑物,但它也是由许多构件所组成,只要了解了每一个构件的形状和大小,再通过总体布置图将它们联系起来,弄清彼此之间的关系,就可以了解整个桥梁的形状和大小。因此在读图时必须将整个桥梁图由大化小、由繁化简、各个击破、解决整体。也就是说读图的过程即先由整体到局部,再由局部到整体的反复过程。看图时,绝不能单看一个投影图,而是要将其他有关的投影图联系起来,包括总图或详图、钢筋明细表、说明等,再运用投影规律,互相对照,弄清整体。

二、看图步骤

①先看施工图前面的说明书,了解桥梁名称、类型、跨径、主要技术指标、气候、地质、水文、设计要点、施工要点等。

②看总体图,弄清各投影的关系,如有剖面、断面则要找出剖切线的位置和观察方向。看图时,应先看立面图(包括纵剖面图),了解桥型、孔数、跨径大小、墩台数目、总长、总高等,了解河床断面及地质情况;再对照看平面图和侧面、横剖面等投影图,了解桥的宽度、人行道的尺寸和主梁的断面形式等,以此掌握桥梁的全貌及空间概念。

③分别阅读构件图及其大样图,看的时候先看图纸的标题栏和附注,了解构件名称、比例、尺寸单位、技术说明等。

④了解桥梁各部分所使用的建筑材料,并阅读工程数量表、钢筋明细表及说明等。

⑤看懂桥梁图后,就能分别对所标尺寸进行核对,以防差错。

⑥各构件图看懂之后,再回过头来阅读总体图,了解各构件的相互配置及装置尺寸,直到全部看懂为止。

忆一忆

桥梁施工图包括哪些?

任务知识 1.2　识读桥梁施工图

一、桥梁总体布置图识读

建造一座桥梁需用多张图纸,但一般可分为桥位平面图、桥位地质断面图、桥梁总体布置图、构件图和大样图等几种。

1. 桥位平面图

桥位平面图主要是表示桥梁与路线连接的平面位置。通过地形测量绘出桥位处的道路、河流、水准点、钻孔及附近的地形和地物(如房屋、原有桥梁等),以便作为设计桥梁、施工定位的根据。这种图一般采用较小的比例,如1:500、1:1 000、1:2 000等。

图1.1.1所示为某桥的桥位平面图,除了表示路线平面形状、地形和地物外,还表明了钻孔、里程桩、水准点的位置和数据。

2. 桥位地质断面图

桥位地质断面图(见图1.1.2)是根据水文调查和地质钻探资料所绘制的桥梁所在河床位置的地质断面图。桥位地质断面图标出了河床断面线、各层地质情况、最高水位线、常水位线和最低水位线,以便作为设计桥梁、桥台、桥墩和计算土石方数量的依据。桥位地质断面图中还标出了钻孔的位置、孔口高程、钻孔深度及孔与孔之间的间距。桥梁的地质断面图有时以地质柱状图的形式直接绘在桥梁总体布置图的立面图正下方。某些桥不绘制桥位地质断面图,但写出了地质情况说明。桥位地质断面图为了显示地质和河床深度变化情况,特意把地形高度(高程)的比例较水平方向比例放大数倍画出。图1.1.2中地形高度的垂直比例采用1:200,水平方向比例采用1:500。

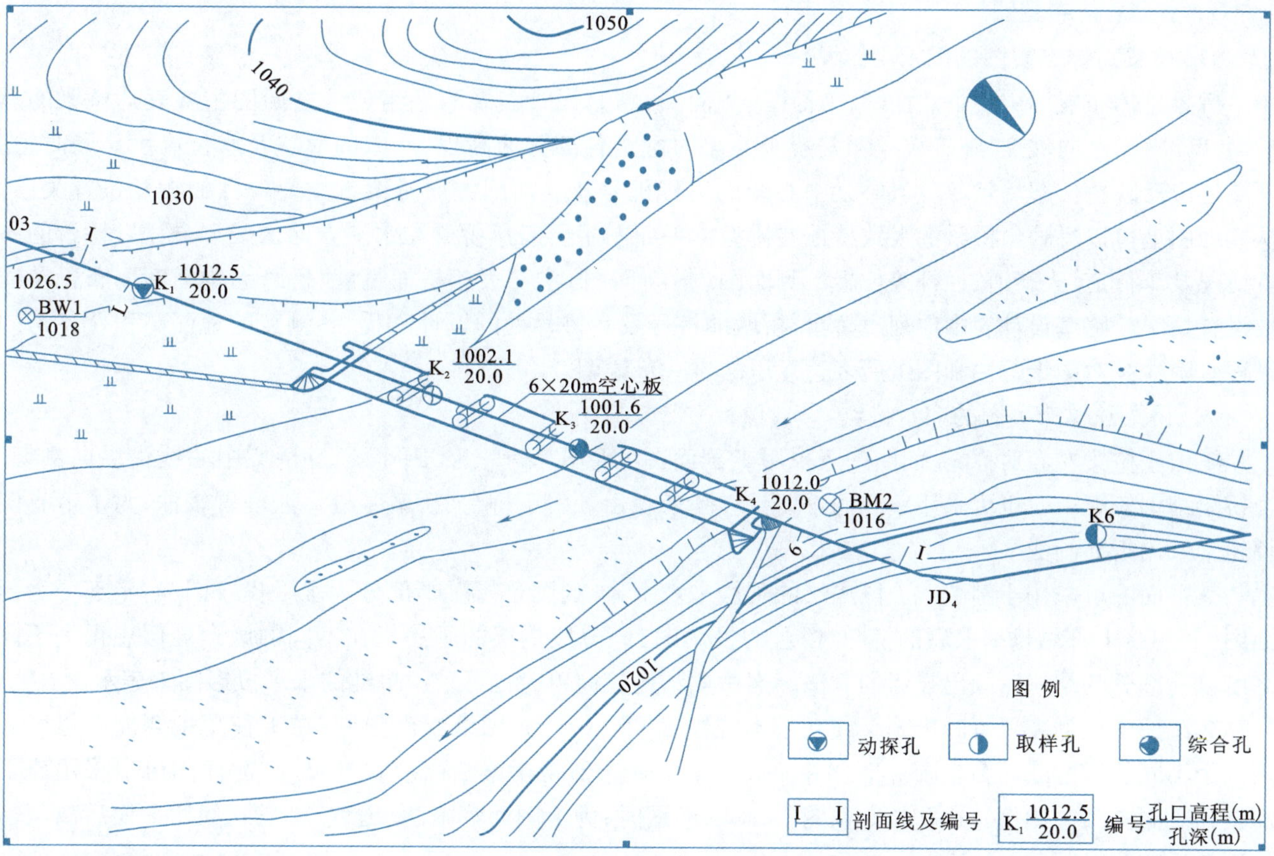

图 1.1.1　桥位平面图

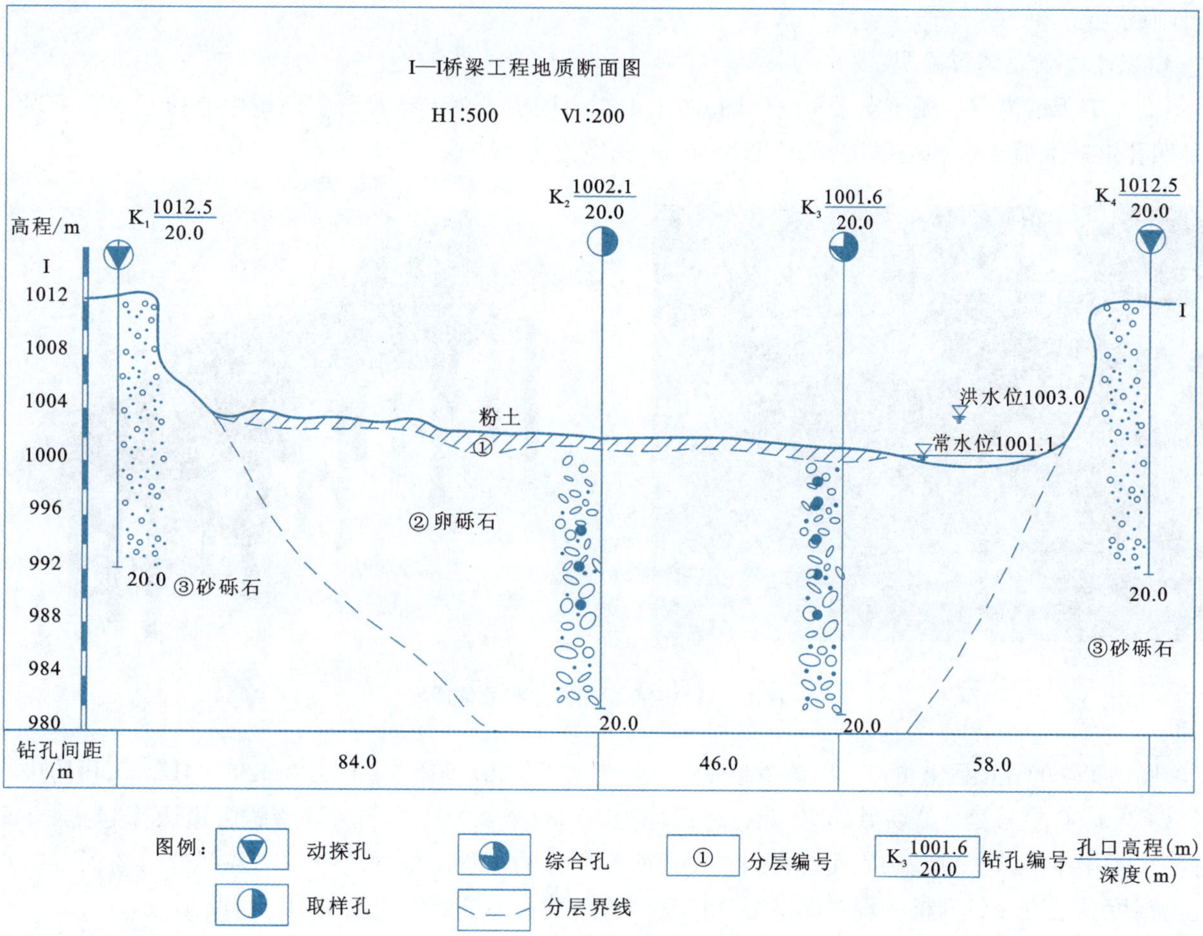

图 1.1.2　桥位地质断面图

3. 桥梁总体布置图

(1)桥梁总体布置图的图示内容

桥梁总体布置图主要由立面图、平面图、侧面图、路基设计表及附注组成。立面图主要表达桥梁的总长、各跨跨径、纵向坡度、施工放样和安装所必需的桥梁各部分的高程、河床的形状及水位高度。同时,立面图还应反映桥位起始点、终点、桥梁中心线的里程桩号及立面图方向桥梁各主要构件的相互位置关系。从立面图上可以反映出桥梁的大致特征和桥型。平面图主要表达桥梁在水平方向的线型、桥墩、桥台的布置情况及车行道、人行道、栏杆等位置。侧面图(横断面图)主要表达桥面宽度、桥跨结构横断面布置及横坡设置情况。路基设计表中应列出桥台、桥墩的桩号及各桩号处的设计高程、各测点的地面高程及各跨的纵坡。附注是对图纸标注和图纸所表达意思的进一步说明。

(2)桥梁总体布置图的图示特点

①由于桥梁左右对称,立面图一般采用半剖面图的形式表示,剖切平面通过桥梁中心线沿纵向剖切。当桥梁结构较简单时也可采用单纯的正面投影图来表示。由于桥台、桥墩基桩一般埋置较深,为了节省图幅经常采用折断画法。

②平面图可采用半剖图或分段揭层的画法来表示,半剖图是指左半部分为水平投影图,右半部分为剖面图(假想将上部结构揭去后的桥墩、桥台的投影图)。分段揭层的画法指在不同的墩台处假想揭去不同高度以上部分的结构后画出投影的方法。当桥梁结构较简单时也可采用单纯的水平投影图来表示。

③侧面图根据需要可画出一个或几个不同断面图。如受到图纸幅面限制,在工程图中侧面图也可采用两个不同位置的断面图各画一半合并而成。为了表达清楚桥梁断面形状与尺寸,侧面图可以采用比平面图和立面图大的比例。在路桥专业图中,画断面图时,为了图面清晰、突出重点,只画剖切平面后离剖切平面较近的可见部分。

④根据道路工程制图国家标准规定,可将土体看成透明体,所以埋入土中的基础部分都认为是可见的,可画成实线。

(3)识读桥梁总体布置图

图 1.1.3 所示为空心板简支梁桥立体图,图 1.1.4 为该桥梁总体布置图。该桥中心位于 K38 +390.00 处,是四孔钢筋混凝土空心板梁桥,总长度为 45 m,总宽度为 12 m。

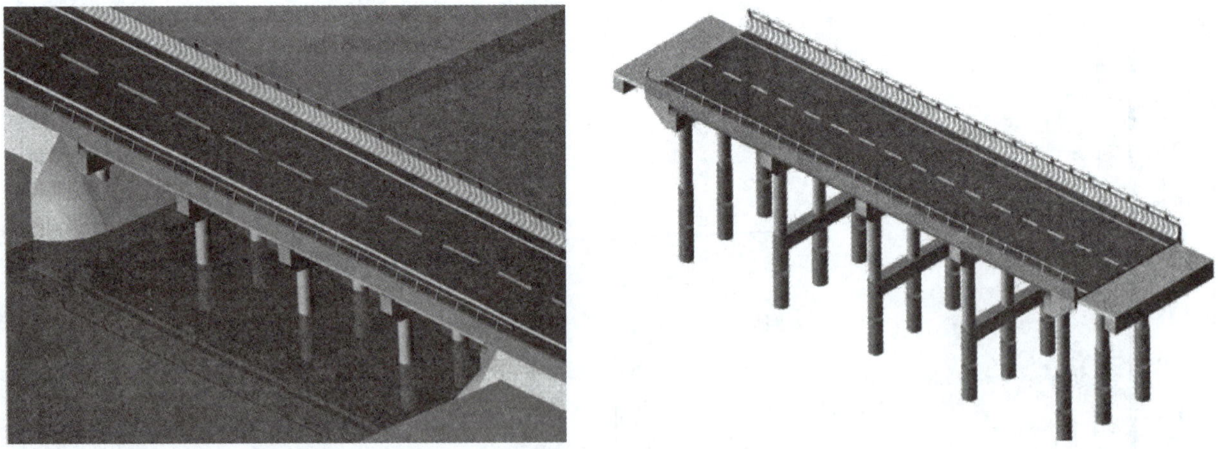

图 1.1.3 空心板简支梁桥立体图

在图 1.1.4 的立面图上可以看出该桥起点的桩号为 K38 +367.50,终点桩号为 K38 +412.50,桥跨中心位于 K38 +390.00 桩号处。全桥共四跨,四孔跨径均为 10 m,全长为 45 m(从耳墙的后边缘算起)。立面图上标注出桥梁中心线上桩基础底面、顶面、立柱顶面各部分的高程。根据图中桥梁各部分的高程可以知道立柱的高度及混凝土钻孔桩的埋置深度等,由于桩埋置较深,为了节省图幅采用了折断画法。

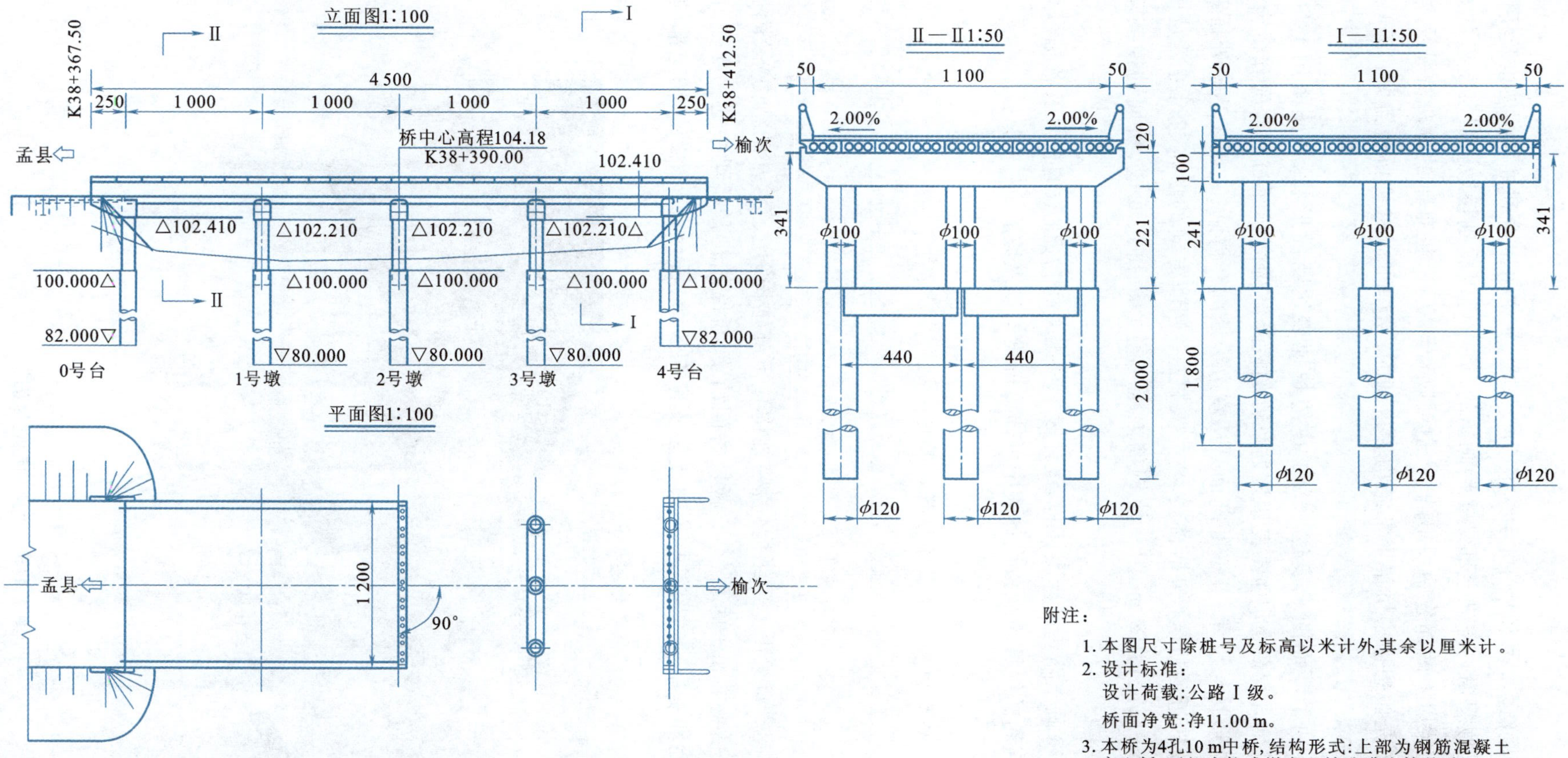

附注：

1. 本图尺寸除桩号及标高以米计外,其余以厘米计。
2. 设计标准：
   设计荷载：公路Ⅰ级。
   桥面净宽：净11.00 m。
3. 本桥为4孔10 m中桥，结构形式：上部为钢筋混凝土空心板；下部为柱式墩台，钻孔灌注桩基础。

坡度(%) / 坡长/m	0.000 / 10		0.000 / 10		0.000 / 10		0.000 / 10		
设计标高	104.060		104.060		104.060		104.060		104.060
地面标高		101.510	101.220		101.000	101.150		101.560	
桩号	K38+370		+380		+390		+400		+410

图1.1.4 桥梁总体布置图

立面图中还反映出两边桥台为带耳墙的柱式桥台,由立柱和柱下的钻孔灌注桩基础组成。河床中间有3个柱式桥墩,它由立柱、系梁和钻孔灌注桩基础共同组成。将土体看成透明体,所以埋入土中的桩基础部分画成实线。

平面图采用了分段揭层的画法。2号桥墩中心线左侧为投影图,从中可以看到锥形护坡以及桥面的布置情况;2号桥墩中心线右侧是假想揭去桥梁上部结构后画出的,从中可以看到桥墩盖梁和支座的布置情况;3号桥墩处是假想揭去了盖梁以上的部分后画出的,从中可以看到立柱、桩基础的分布情况及立柱、桩基础与系梁的关系;右侧桥台处是假想揭去桥梁上部结构后得到的,从中可以看到桥台盖梁、支座、耳墙、桥台立柱、桩柱的布置情况。

侧面图用Ⅰ—Ⅰ和Ⅱ—Ⅱ两个断面图来表达。为了更清楚地表达断面形状,该图采用1:50的比例。Ⅰ—Ⅰ断面是在右边跨处剖开得到的,主要表达该处桥梁的桥跨结构横断面布置情况和桥台(包括盖梁、立柱及桩柱)侧面方向的形状与尺寸;Ⅱ—Ⅱ断面是从左边跨处剖开得到,主要表达该处桥跨结构横断面布置情况和离剖切平面较近的桥墩(包括盖梁、立柱及桩柱)侧面方向的形状与尺寸。从侧面图中可看出,桥面的净宽为11 m,总宽为12 m,由9块钢筋混凝土空心板拼接而成,桥面的横向坡度为2.00%。

在平面图下面与平面图对齐画出路基设计表,路基设计表中列出了桥台、桥墩的桩号及各桩号处的设计高程、各测点的地面高程及各跨的纵坡。从该设计表中可知该桥梁未设纵坡。

算一算

根据桥梁总体布置图,写出0号台和1号墩的桩基础长度分别是多少?

二、桥梁构件图识读

图1.1.5为桥梁构造立体图。桥梁由上部结构(桥跨结构)、下部结构(墩、台、基础结构)及附属构造物等组成。桥梁的上部结构包括主梁和桥面系、空心板及桥面铺装,桥跨结构是桥梁中的主要受力构件。桥梁的下部结构包括桥墩、桥台和基础。桥跨结构通过支座支撑在桥墩、桥台上。桥跨结构上部的栏杆、防撞墙是桥梁的附属结构。

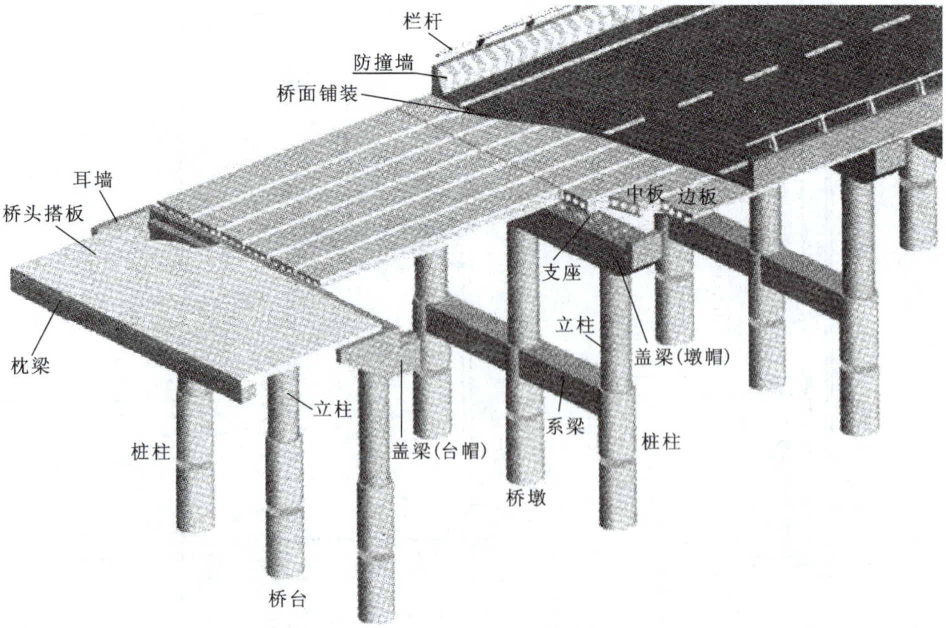

图1.1.5　桥梁构造立体图

1. 桥梁构件结构图的内容与特点

桥梁构件大部分是钢筋混凝土构件，钢筋混凝土构件图主要表明构件的外部形状及内部钢筋布置情况，所以桥梁构件图包括构件构造图（模板图）和钢筋结构图两种。

①构件构造图只画构件形状、不画内部钢筋。当构件外形简单时可省略构造图。

②钢筋结构图主要表示钢筋布置情况，通常又称为构件钢筋构造图。钢筋结构图一般应包括表示钢筋布置情况的投影图（立面图、平面图、断面图）、钢筋详图（即钢筋成型图）、钢筋数量表等内容。如图 1.1.6(a)所示为钢筋混凝土板的钢筋结构图，图 1.1.6(b)为其立体示意图。

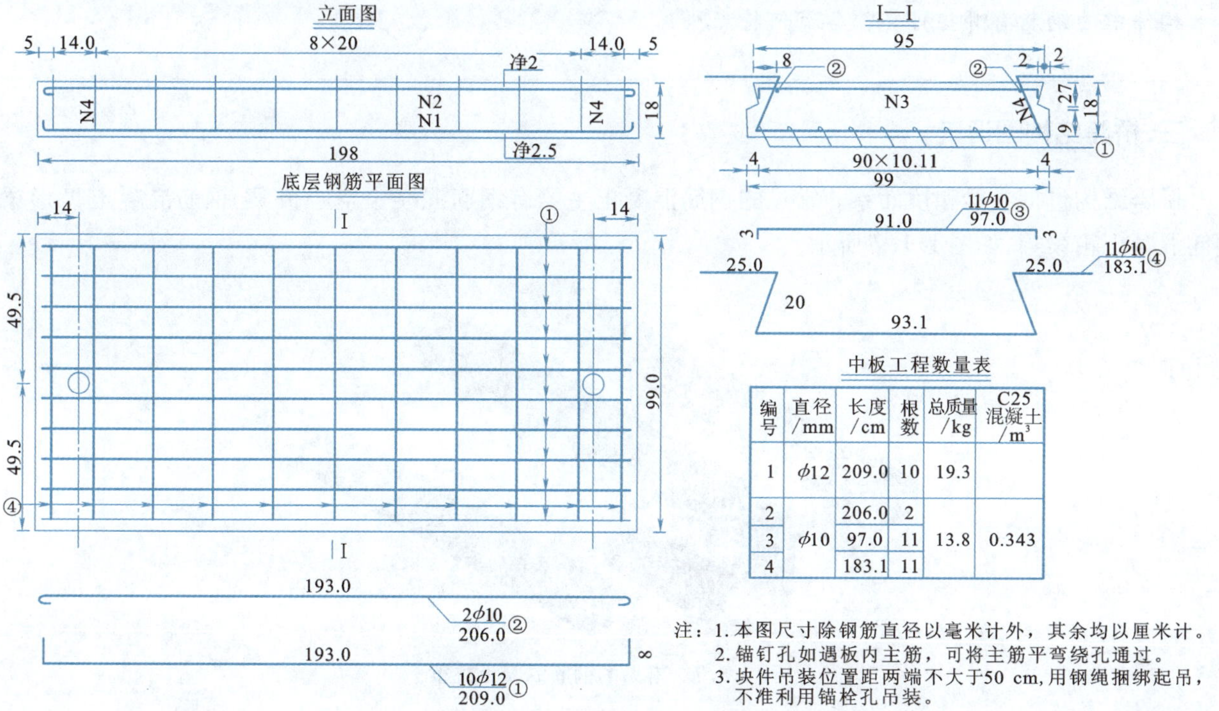

中板工程数量表

编号	直径/mm	长度/cm	根数	总质量/kg	C25混凝土/m³
1	φ12	209.0	10	19.3	
2	φ10	206.0	2	13.8	0.343
3		97.0	11		
4		183.1	11		

注：1. 本图尺寸除钢筋直径以毫米计外，其余均以厘米计。
2. 锚钉孔如遇板内主筋，可将主筋平弯绕孔通过。
3. 块件吊装位置距两端不大于50 cm，用钢绳捆绑起吊，不准利用锚栓孔吊装。

（a）钢筋混凝土板钢筋结构图

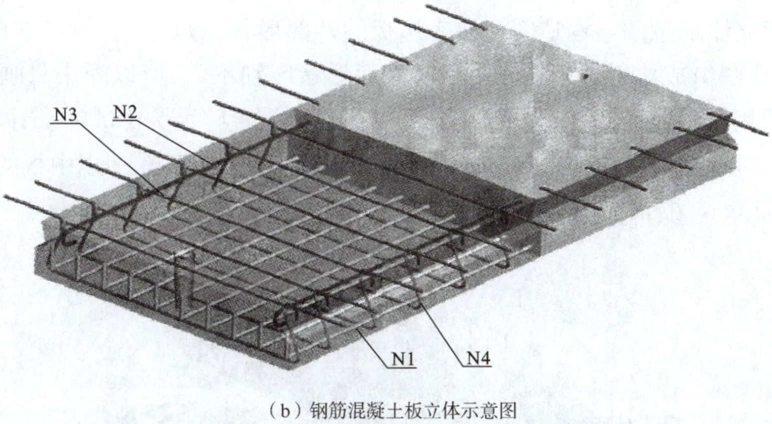

（b）钢筋混凝土板立体示意图

图 1.1.6　钢筋混凝土板的钢筋结构图及其立体示意图

③为突出构件中钢筋配置情况，把混凝土假设为透明体，结构外形轮廓画成细实线。

④钢筋纵向画成粗实线，钢筋断面用黑圆点表示。

⑤钢筋直径的尺寸单位采用毫米，其余尺寸单位均采用厘米，图中无须注出单位。

2. 识读构件钢筋构造图的方法

识读钢筋混凝土构件钢筋构造图，首先要概括了解它采用了哪些基本的表达方法，各剖面图、断面图的剖切位置和投影方向，然后要根据各投影中给出的细实线的轮廓线确定混凝土构件的外部形状。再分析钢筋详图及钢筋数量表确定钢筋的种类及各种钢筋的直径、等级、数量。根据钢筋的直径和等级、形状等可以大致确定它是主筋、架立钢筋还是箍筋(主筋的直径较大、钢筋等级高,架立钢筋与主筋的分布方向一致,而箍筋的分布方向与主筋的分布方向垂直)。如图 1.1.6(a)所示的 1 号钢筋为主筋,2 号钢筋为架立钢筋,3 号和 4 号钢筋共同组成箍筋。一般可以在断面图中分析主筋和架立钢筋在构件断面中的分布情况,分析箍筋的组成及形状。而在立面图、平面图中分析主筋和架立钢筋的形状,分析箍筋沿构件长度方向的分布情况。各种钢筋的详细尺寸与形状要仔细阅读钢筋详图。读图时注意几个图联系起来读,并仔细阅读图中的工程数量表及相关注释。图 1.1.6(b)为其立体示意图,供帮助理解。

思一思

构件中的钢筋有哪些种类?各有何特点?

三、桥跨结构图识读

桥跨结构包括主梁和桥面系。常见的钢筋混凝土主梁有钢筋混凝土空心板梁、钢筋混凝土 T 形梁及钢筋混凝土箱梁等,如图 1.1.7 所示。

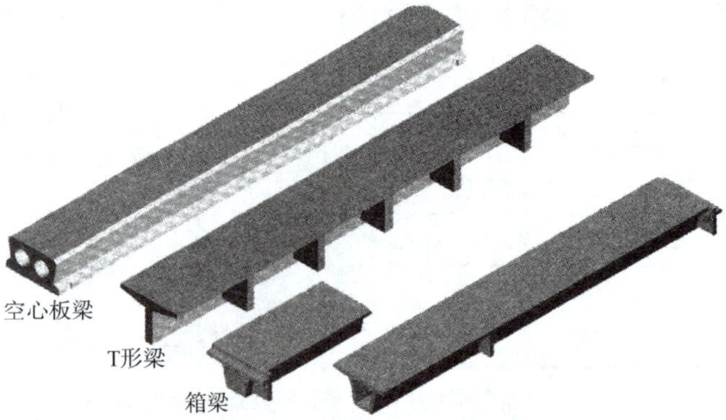

图 1.1.7　常见的钢筋混凝土主梁

1. 钢筋混凝土空心板一般构造图

图 1.1.8 所示为桥梁上的钢筋混凝土空心板中板和边板的一般构造图,图 1.1.9 为空心板构造图,图 1.1.10 为其空心板立体示意图。构造图主要表达板的外部形状与尺寸,它由半立面图、半平面图、断面图及铰缝钢筋施工大样图组成。由于边板和中板的立面形状区别不大,所以图中只画了中板立面图;又由于板纵向对称,图中采用了半立面图和半平面图。由图可看出该板跨度为 1 000 cm,两端留有接头缝,板的实际长度为 996 cm。中板的理论宽度为 125 cm,板的横向也留有 1 cm 的缝,所以中板的实际宽度为 124 cm,边板的实际宽度为 162 cm。断面图中省略了材料图例。

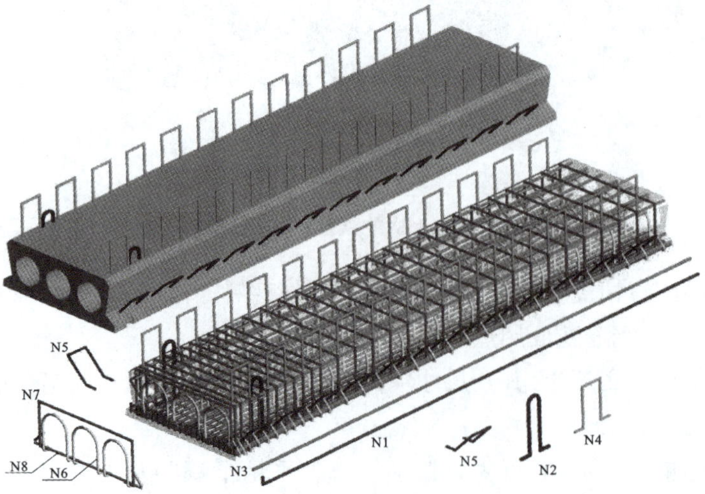

图 1.1.8　一般构造图

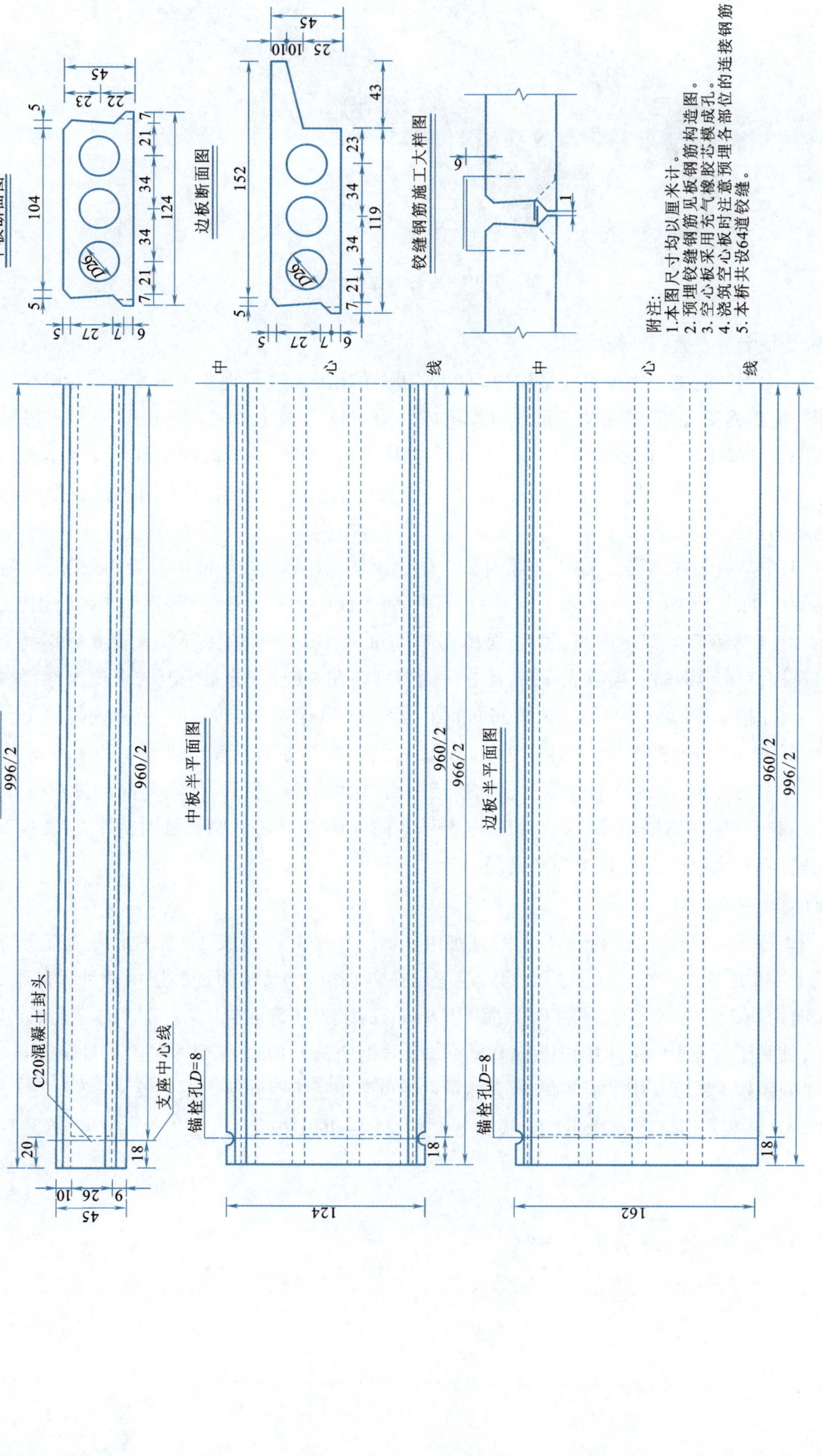

中板断面图
边板断面图
铰缝钢筋施工大样图
中板半立面图
中板半平面图
边板半平面图
C20混凝土封头
支座中心线
锚栓孔D=8
中心线
D26
960/2
996/2
966/2
附注：
1.本图尺寸均以厘米计。
2.预埋铰缝钢筋见板钢筋构造图。
3.空心板采用充气橡胶芯模成孔。
4.浇筑空心板时注意预埋各部位的连接钢筋。
5.本桥共设64道铰缝。

图1.1.9　空心板构造图

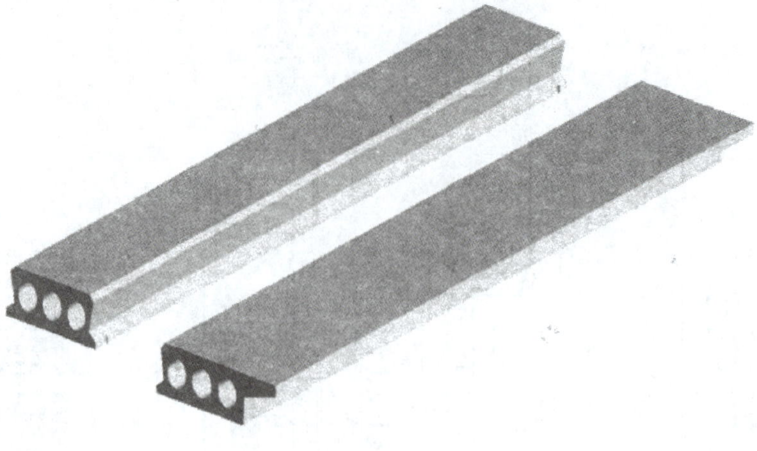

图 1.1.10 空心板立体示意图

2. 钢筋混凝土空心板钢筋结构图

图 1.1.11 为钢筋混凝土中板钢筋结构图。在结构图中用细实线及虚线表示其外形轮廓线。该图由立面图、平面图、横断面图、钢筋详图及工程数量表组成。由于空心板比较长，立面图、平面图都采用了折断画法。平面图由 1/2 Ⅰ—Ⅰ断面和 1/2 Ⅱ—Ⅱ断面拼接而成，分别表达板的下部与上部钢筋分布情况。Ⅰ—Ⅰ、Ⅱ—Ⅱ断面图分别采用了折断画法。横断面图表达出空心板的三个圆孔位置、钢筋的断面分布情况及主要钢筋的定位尺寸。

图 1.1.11 中共有 8 种钢筋。其中，1 号钢筋为受拉钢筋，共 20 根，分布在板梁的底部，从断面图上可以看出其定位尺寸，尺寸 19 ×6.1 表示 19 个中心间距，每个间距为 6.1 cm；2 号钢筋为吊装钢筋，分布在梁的两端，共 4 根；3 号钢筋为架立钢筋，共 14 根；6 号钢筋每 40 cm 设一道，其下端钩在 8 号钢筋上并与之绑扎，全梁共 78 根；7、8 号钢筋一起组成箍筋，在立面图中重叠在一起，其分布情况与定位尺寸可在立面图与平面图中看出，在板梁端部第一与第二道箍筋的间距为 5 cm，其余在 10 ×10 cm 范围内每隔 10 cm 分布一道，在板梁中部 39 ×20 cm 的范围内每隔 20 cm 分布一道，全梁 7、8 号钢筋形成(1 +10 +39 +10 +1)61 个间距，即 7、8 号钢筋各 62 根；4、5 号钢筋为横向连接钢筋(预埋铰缝钢筋)，分布间隔均为 40 cm，各 52 根；4 号钢筋伸出部分预制时紧贴侧模，安装时扳出，5 号钢筋伸出部分在浇筑铰缝时扳平。除 1、2 号钢筋为 HRB 335 钢筋外，其余钢筋均为 HPB 300 钢筋。

3. 桥面铺装钢筋结构图

图 1.1.12 是一孔桥面铺装钢筋结构图。该图由立面图和平面图组成，立面图是沿垂直于桥梁中心线剖切得到的Ⅰ—Ⅰ断面图。由图可见桥面铺装层铺设在空心板之上，桥面铺装层由两种钢筋组成，由横向钢筋 1 和纵向钢筋 2 组成钢筋网，现浇 C30 混凝土 8 cm，面层为沥青混凝土7 cm。1 号钢筋、2 号钢筋都是均匀分布的，其间距均为 10 cm，均为 HPB300 钢筋。1 号钢筋长 1 195 cm，共 99 根，2 号钢筋长 992 cm，共 119 根。由于面积较大所以采用了折断画法，立体示意图也采用了折断画法。图中，2 ×162 cm +7 ×124 cm +8 ×1 cm =1 200 cm 表示两块宽 162 cm 的边板和七块宽 124 cm 的中板及八个宽 1 cm 的构造缝共 1 200 cm，即整个桥面宽。

查一查

空心板构造图中锚栓孔的作用是什么？

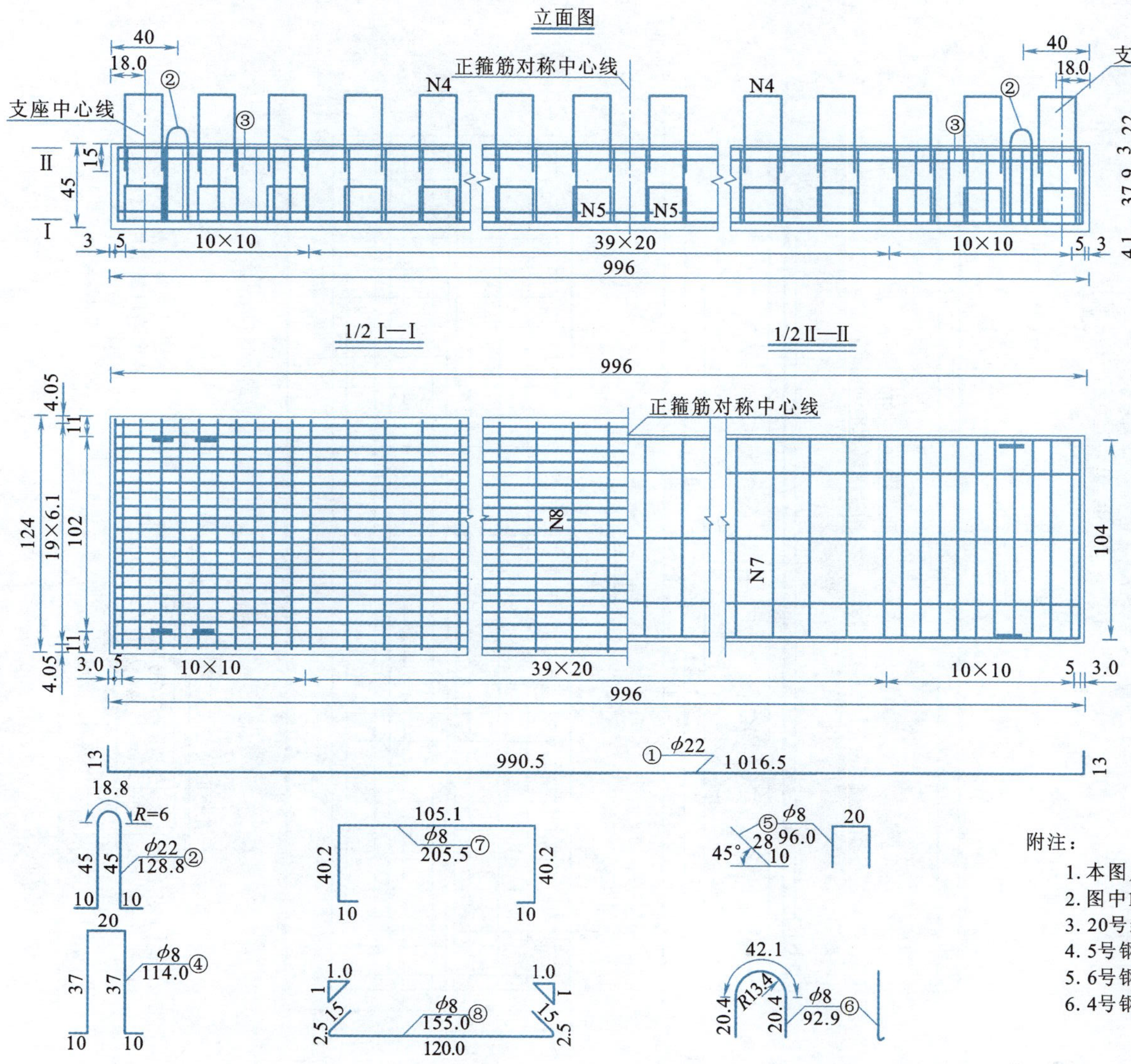

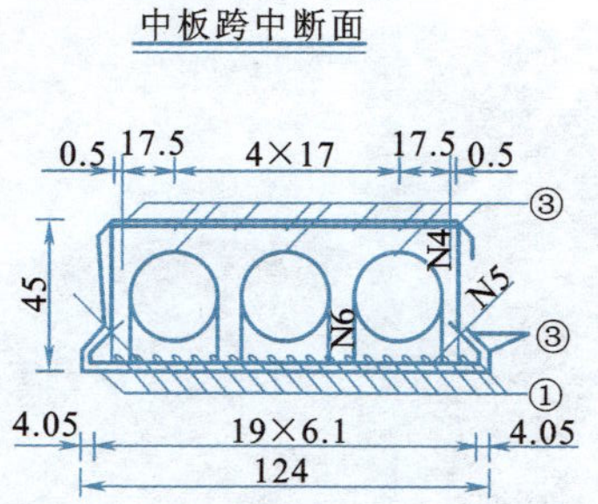

一块中板工程数量表

编号	直径/mm	长度/cm	根数	总质量/kg	C30混凝土/m³
1	φ22	1 016.5	20	606.6	3.53
2	φ22	128.8	4	15.4	
3	φ8	992.0	14	143.8	
4		114.0	52		
5		96.0	52		
6		92.9	78		
7	φ10	205.5	62	137.9	
8		155.0	62		

附注：

1. 本图尺寸除钢筋直径以毫米计外，其余均以厘米计。
2. 图中1号和3号钢筋为直线筋。
3. 20号封头混凝土工程量每块板0. 064 m³。
4. 5号钢筋伸出部分预制时紧贴侧模，安装时扳出。
5. 6号钢筋每40 cm设一道，其下端钩在8号钢筋上并与之绑扎。
6. 4号钢筋伸出部分安装时扳平。

图1. 1. 11 中板钢筋结构图

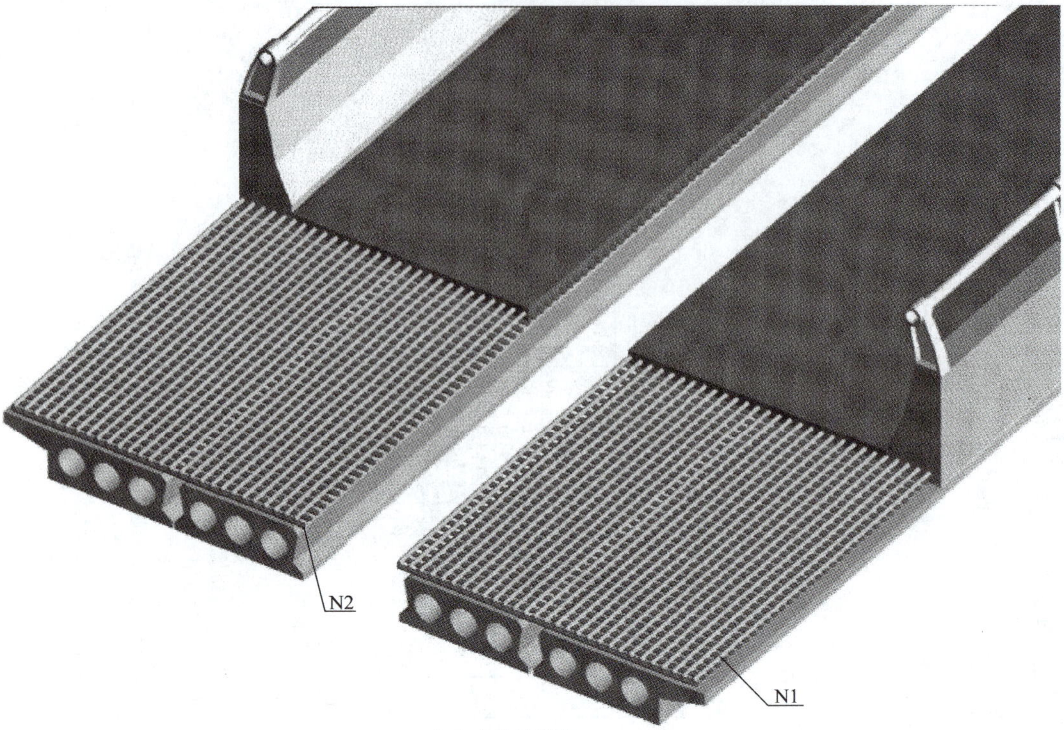

（a）立体示意图

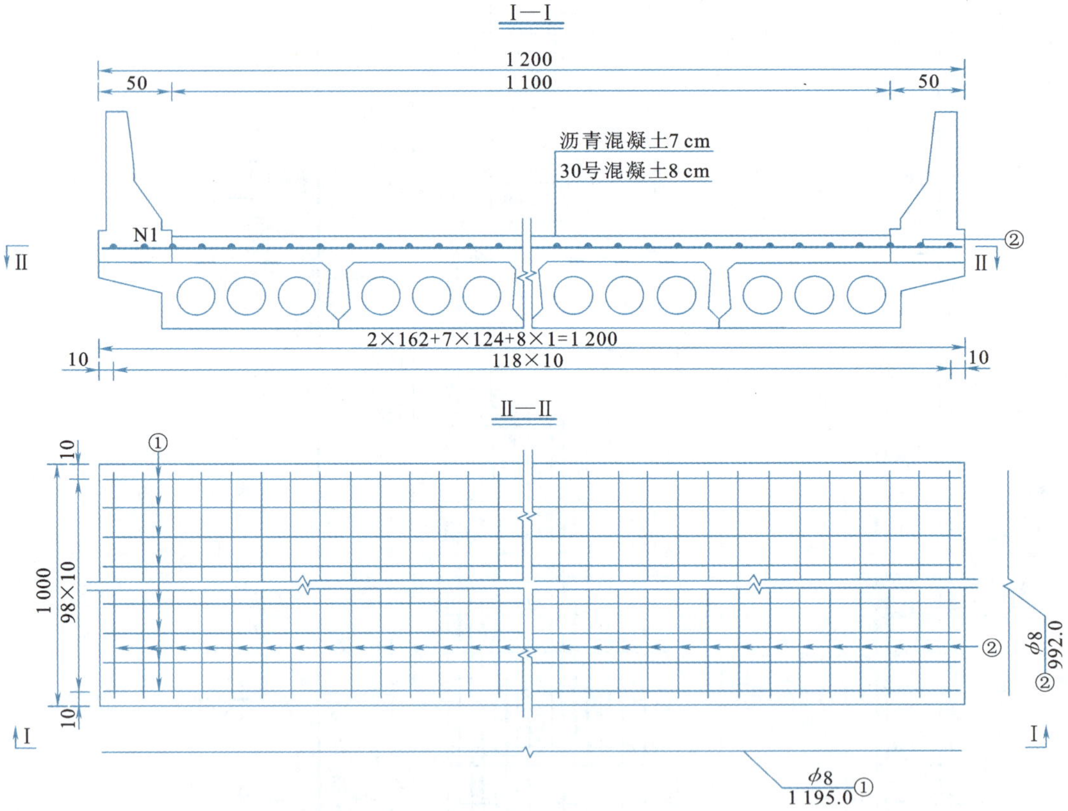

一孔桥面铺装工程量

跨径/m	编号	直径/mm	长度/cm	根数	总质量/kg	30号防水混凝土/m^3	沥青混凝土/m^3
10	1	10	1 195.0	99	1 458.3	12.8	7.7
	2		992.0	119			

附注：

1. 本图尺寸除钢筋直径以毫米计外，其余均以厘米计。
2. 铰缝工程量已计入。
3. 一孔为8条铰缝。

（b）钢筋结构图

图 1.1.12　一孔桥面铺装钢筋结构图

四、墩、台结构图识读

1. 墩、台结构

桥台位于桥梁的两端，一方面支承主梁，另一方面承受桥头路堤的水平推力，并通过基础把荷载传给地基。而桥墩位于桥梁的中部，支撑它两侧的主梁，并通过基础把荷载传给地基，如图 1. 1. 13 所示。

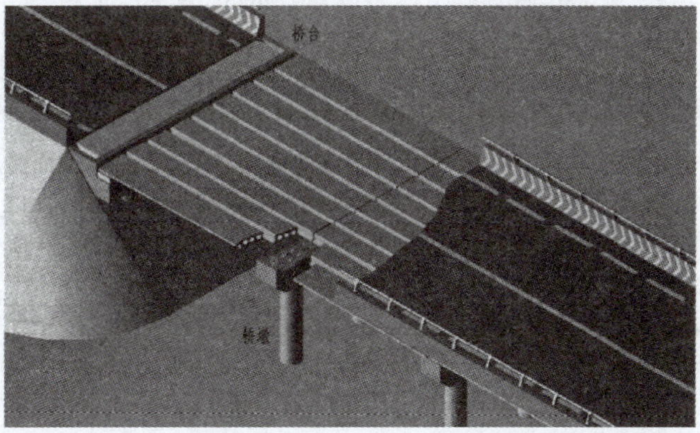

图 1. 1. 13　桥梁下部结构示意图

①常见的桥墩形式。桥墩的形式有很多，图 1. 1. 14 为两种常见的桥墩形式：重力式桥墩、桩柱式桥墩。

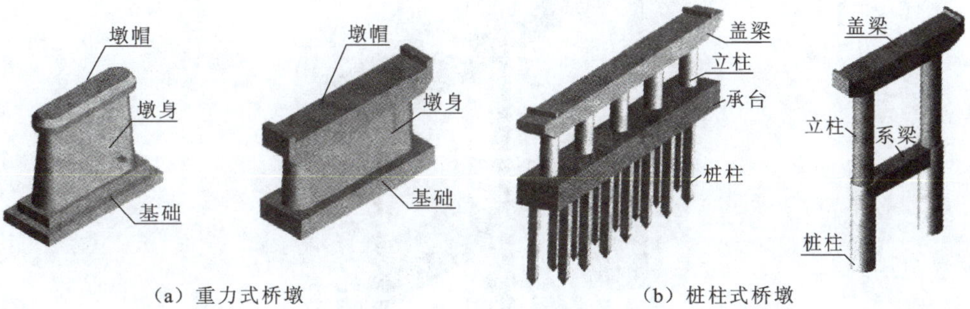

图 1. 1. 14　两种常见的桥墩形式

②常见的桥台形式。桥台的形式有很多，图 1. 1. 15 为三种常见的桥台形式：重力式 U 形桥台（又称实体式桥台）、肋板式桥台、柱式桥台。

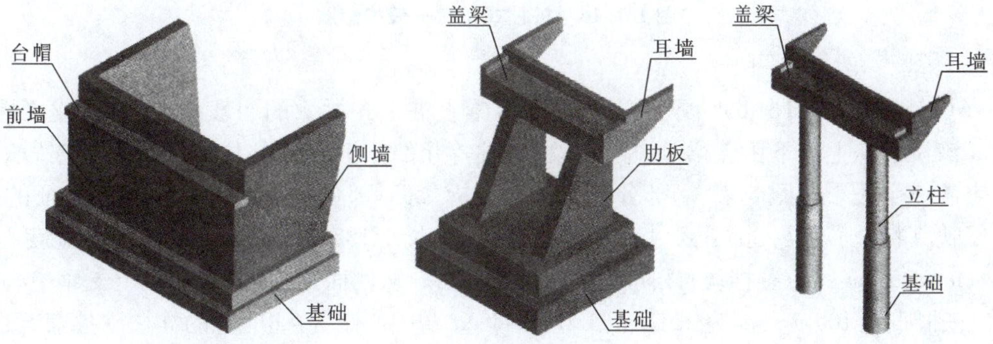

图 1. 1. 15　三种常见的桥台形式

2. 桥墩图

桥墩图由一般构造图和钢筋结构图两部分组成。下面以图 1. 1. 16 所示的桩柱式桥墩为例进行分析。

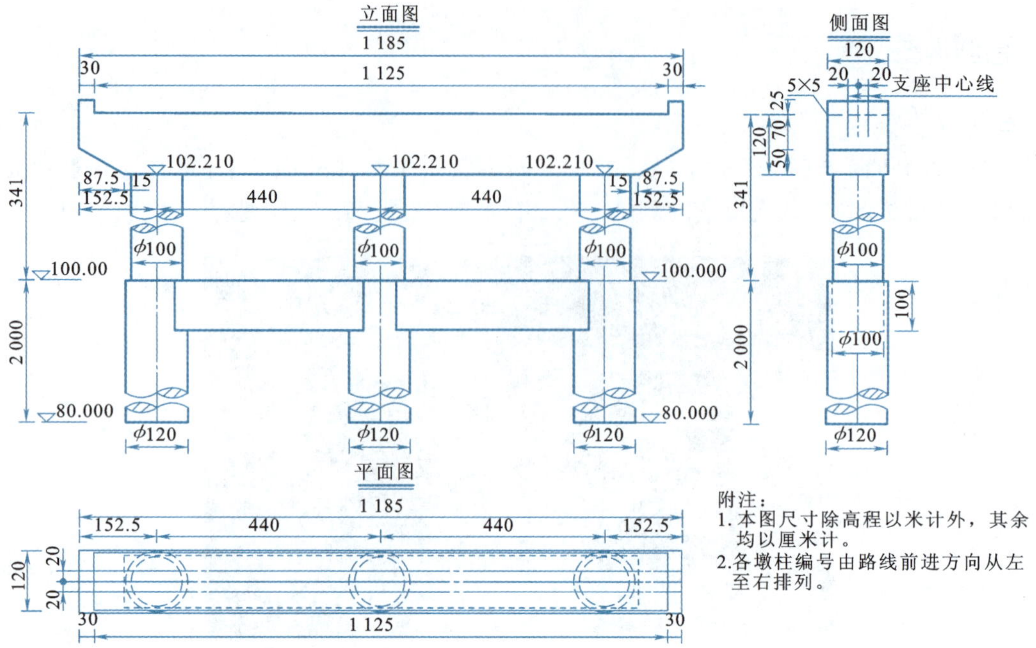

（a）桥墩构造图

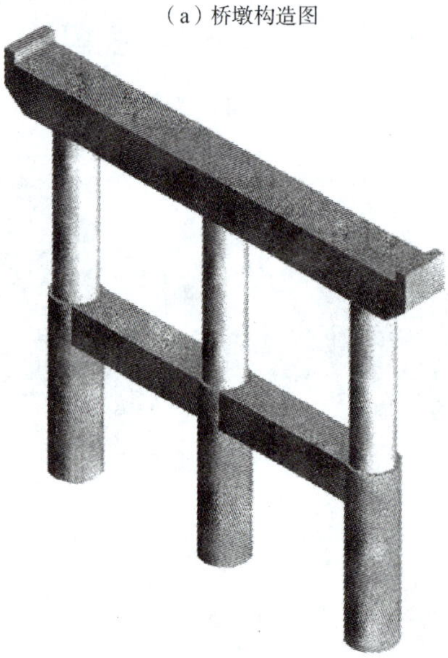

（b）桥墩立体示意图

图 1.1.16　桩柱式桥墩一般构造图

（1）桩柱式桥墩一般构造图

图 1.1.16(a)为图 1.1.16(b)所示桥梁的钢筋混凝土桩柱式桥墩的一般构造图，由立面图、平面图和侧面图构成。该桥墩从上到下由盖梁、立柱、系梁、桩柱等几部分组成。图 1.1.16(b)为该桥墩的立体示意图。读图时应该三个投影对照起来，一部分一部分地分析，每一部分重点分析反映形状特征的投影。盖梁的正面投影反映其特征，盖梁大部分尺寸都在该投影上，全长 1 185 cm，高度为 120 cm，宽度为 120 cm，盖梁两端有 30 cm×25 cm 的防震挡块，以防止空心板的移动。从侧面图上可见，盖梁上支座中心线距桥墩中心线 20 cm。三根直径 100 cm，高为 221 cm(120～341 cm)、中心距为 440 cm 的立柱支撑盖梁，立柱的立面图和侧面图都采用了折断的画法。立柱下是直径为 120 cm 的三根钢筋混凝土灌注桩，其长度为 2 000 cm，为节省图纸空间及图面美观，混凝土灌注桩的立面图和侧面图也都采用了折断的画法。在三根混凝土灌注桩之间浇筑着截面为 100 cm×100 cm 横系梁与桩柱相贯，用以加强桩柱的整体性。另外，立面图上还标注出了各桩基础底面及顶面、立柱顶面等各部分的高程。

（2）桥墩钢筋结构图

桥墩各部分均为钢筋混凝土结构，都应绘出其钢筋结构图，如桥墩盖梁钢筋结构图、系梁钢筋结构图、桥墩桩柱钢筋结构图、桥墩挡块钢筋结构图。图 1.1.17 为整个桥墩上的钢筋结构示意图。

①桥墩盖梁钢筋结构图。图 1.1.18 为桥墩盖梁配筋示意图，图 1.1.19 为桥墩盖梁钢筋结构图，该图由半立面图、半平面图、Ⅰ—Ⅰ断面图、Ⅱ—Ⅱ断面图、Ⅲ—Ⅲ断面图及钢筋详图组成。从表示外部轮廓的细实线可看出盖梁的形状。全梁共有 9 种钢筋，1 ~ 5 号钢筋为受力钢筋，直径均为 25 mm。由 1 ~ 5 号钢筋焊接成钢筋骨架 A，骨架 A 沿盖梁纵向分布，全梁共有 4 片骨架，骨架在断面上的位置，可从断面图中分析。1 号钢筋有 8 根，分布在梁的顶面；2 号钢筋有 8 根，分布在梁的底部；3 ~ 5 号钢筋为骨架 A 中的斜筋，用来承受横向剪力。每片骨架 A 中，有6 根 3 号钢筋，全梁共 24 根；有 2 根 4 号钢筋，全梁共 8 根；有 2 根 5 号钢筋，全梁共 8 根。6、7 号钢筋各 4 根，为分布钢筋，直径为 10 mm，布置在梁的两侧面，7 号钢筋的长度随截面的变化而变化。8、9 号钢筋是箍筋，直径为 10 mm，以 10 cm 的间距均匀分布在整个梁上：8 号钢筋分布在梁的中段，共 2 × 50 + 1 道，202 根；9 号箍筋分布在梁的两端，共2 × (8 + 1) 道，36 根。9 号钢筋的长度也随截面的变化而变化。除 8、9 号箍筋是 HPB300 钢筋外，其余都是 HRB400 钢筋。

图 1.1.17　整个桥墩上的钢筋结构示意图

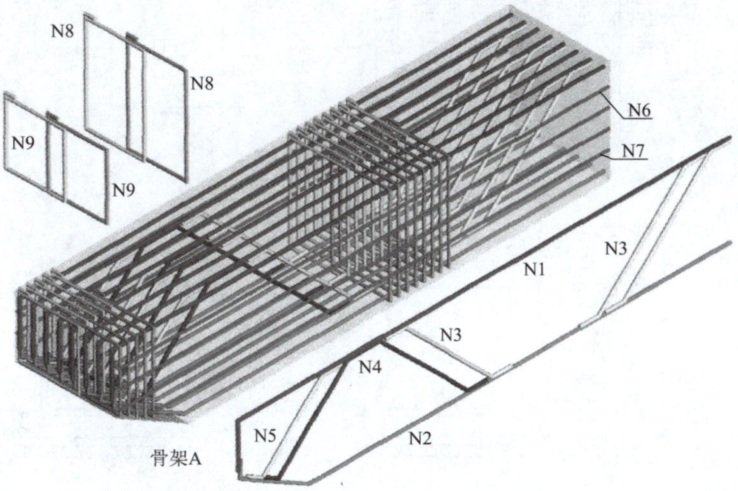

图 1.1.18　桥墩盖梁配筋示意图(半幅)

②桥墩桩柱钢筋结构图。图 1.1.20 为桥墩立柱和桩柱钢筋结构图，由立面图、Ⅰ—Ⅰ断面图、Ⅱ—Ⅱ断面图表示，并有钢筋详图、工程数量表及附注。读图时一定要仔细阅读每一种信息。

图 1.1.20 中共有 7 种钢筋，其中 1 ~ 3 号钢筋为立柱钢筋，1 号钢筋为立柱的主筋，其伸入盖梁内的部分做成喇叭形，大约与直线倾斜 15°，伸入桩柱内的部分做成微喇叭形。从Ⅰ—Ⅰ断面图中可以看出，1 号钢筋沿圆周均匀分布，该圆周半径为 50 cm − 4. 7 cm = 45. 3 cm，从工程数量表中可知一根桩柱中共有 16 根 1 号钢筋。2 号加强箍筋焊接成圆形，在钢筋骨架上每隔 2 m 焊接一根，每根桩柱中有 2 根。3 号钢筋为立柱的螺旋分布筋，只有 1 根，分布在整个立柱上，该螺旋分布筋在下部 221 cm 的范围内为柱形螺旋，在上部 110 cm 范围内(伸入盖梁部分)为锥形螺旋，螺旋间距为 20 cm，3 号螺旋分布筋总长为 6 828. 1 cm。

4 ~ 7 号钢筋为桩基钢筋。4 号钢筋为桩柱的主筋，上部与 1 号钢筋搭接部分向内倾斜，以便与 1 号钢筋焊接，从Ⅱ—Ⅱ断面图中可以看出，4 号钢筋也是沿圆周均匀分布，该圆周半径为 60 cm − 6. 7 cm = 53. 3 cm，从钢筋数量表中可知一根桩柱中共有 16 根 4 号钢筋。5 号钢筋为加强箍筋，焊接成圆形，在钢筋骨架上每隔 2 m 焊接一根，每根桩柱 11 根。7 号钢筋为螺旋分布筋，一根桩柱中只有 1 根，分布在整个桩柱上，螺旋间距为 20 cm，7 号钢筋螺旋高度为 1 880 cm，总长为 34 250. 7 cm。6 号定位钢筋在钢筋骨架上每隔 2 m 沿圆周等距离焊接 4 根，一根桩柱中共有 44 根；从立面图中可见在桩基础底部有 20 cm 混凝土保护层。

3. 桥台图

(1)桥台一般构造图

图 1.1.21 是图 1.1.3 所示桥梁的桥台(柱式桥台)的一般构造图，图 1.1.21(a)是其立体示意图。它由立面图、平面图和侧面图表示。该桥台由盖梁、耳墙、防震挡块、背墙、牛腿、立柱及桩柱组成。

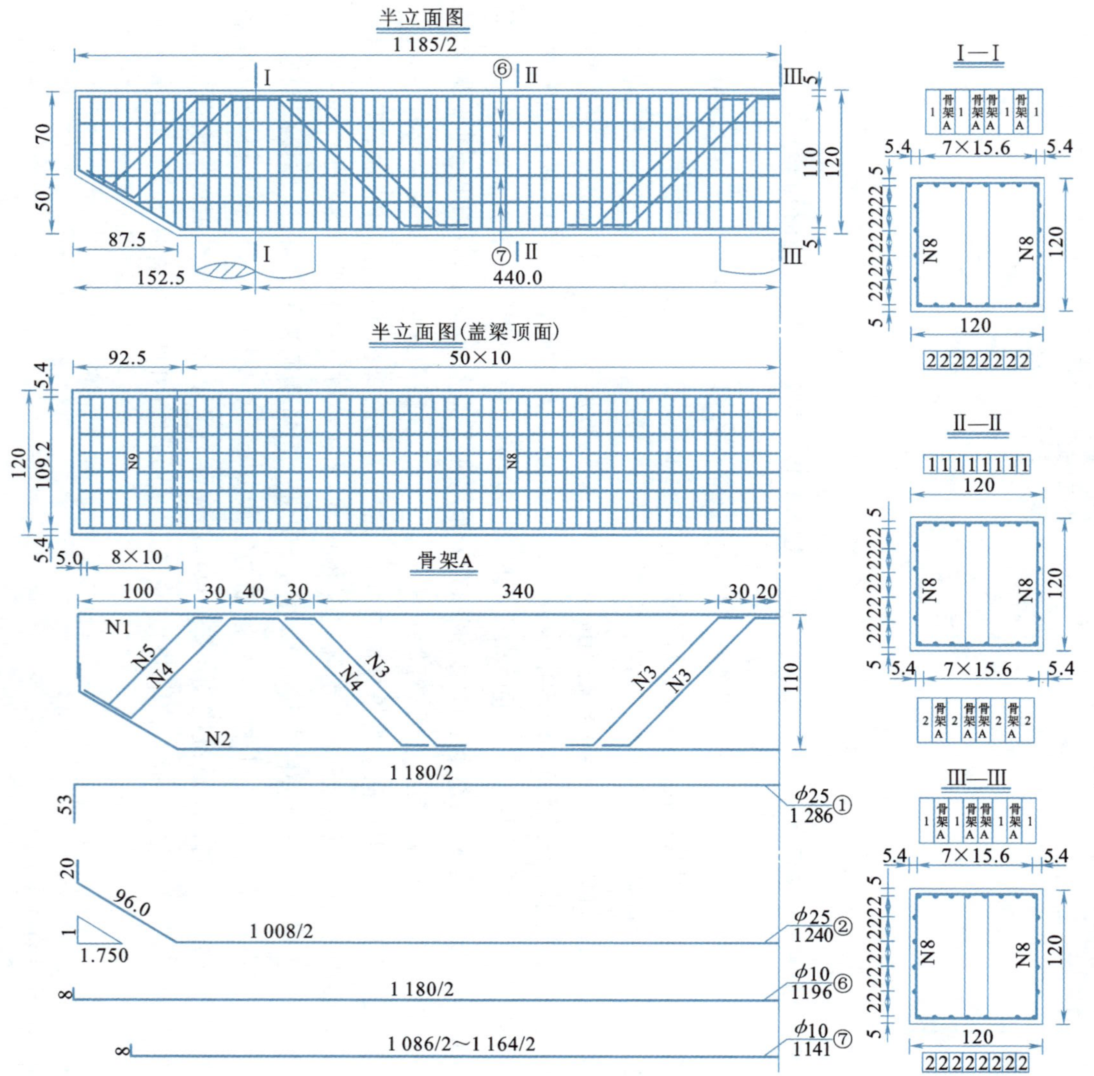

桥墩盖梁工程数量表

编号	直径/mm	长度/cm	根数	总质量/kg	C30混凝土/m^3
1	φ25	1 286.0	8	1 110.2	16.54
2		1 240.0	8		
3		193.9	24		
4		350.1	8		
5		146.8	8		
6	φ10	1 196.0	4	57.7	
7		1 141.0(平均)	4		
8	φ10	377.6	202	543.5	
9		328.1(平均)	36		

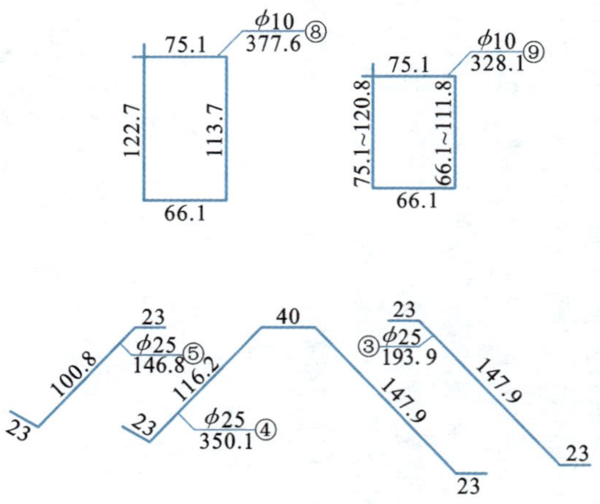

附注：

1. 本图尺寸除钢筋直径以毫米计外，其余均以厘米计。
2. 骨架焊接采用双面焊，焊接斜筋呈45°角。
3. 注意预埋支座垫石钢筋。

图1.1.19　桥墩盖梁钢筋结构图

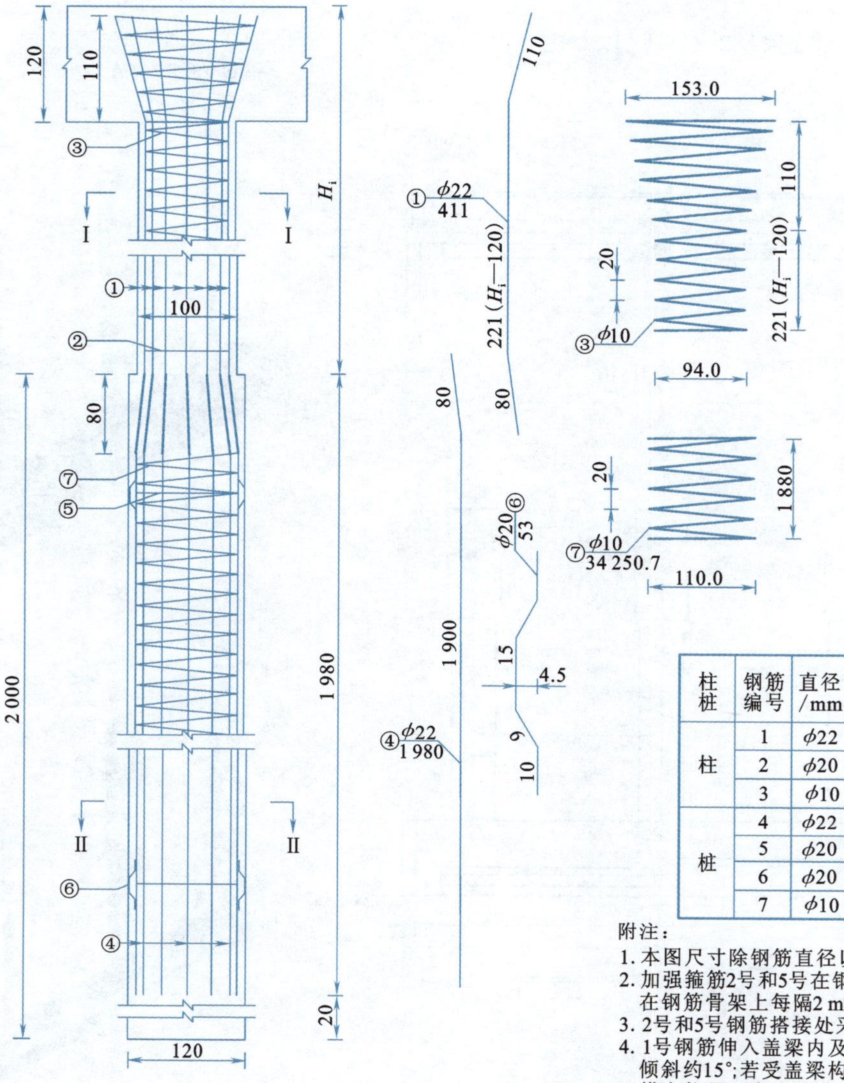

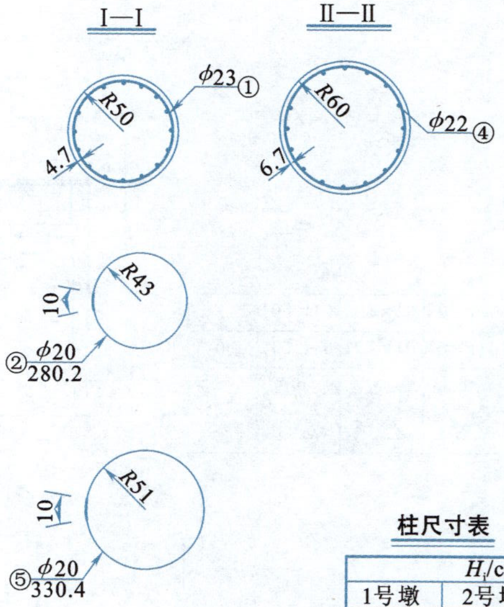

柱尺寸表

H_i/cm		
1号墩	2号墩	3号墩
341.0	341.0	341.0

一座桥墩钻孔桩工程数量表(全路幅)

柱桩	钢筋编号	直径/mm	1号墩 长度/cm	1号墩 根数	2号墩 长度/cm	2号墩 根数	3号墩 长度/cm	3号墩 根数	总质量/kg	混凝土/m³
柱	1	ϕ22	411.0	16	411.0	16	411.0	16	587.9	5.21(30号)
	2	ϕ20	280.2	2	280.2	2	280.2	2	41.5	
	3	ϕ10	6 828.1	1	6 828.1	1	6 828.1	1	126.4	
桩	4	ϕ22	1 980.0	16	1 980.0	16	1 980.0	16	2 832.2	67.86(25号)
	5	ϕ20	330.4	11	330.4	11	330.4	11	441.4	
	6	ϕ20	53.0	44	53.0	44	53.0	44		
	7	ϕ10	34 250.7	1	34 250.7	1	34 250.7	1	634.0	

附注：

1. 本图尺寸除钢筋直径以毫米计外，其余均以厘米计。
2. 加强箍筋2号和5号在钢筋骨架上每隔2 m焊接一根，定位钢筋6号在钢筋骨架上每隔2 m沿圆周等距离焊接4根。
3. 2号和5号钢筋搭接处采用双面焊。
4. 1号钢筋伸入盖梁内及伸入桩柱内部分的做成喇叭形，与竖直线倾斜约15°;若受盖梁构造限制，部分钢筋可不做成喇叭形。
5. 横向柱号顺序为从左至右。

图1.1.20 桥墩立柱和桩柱钢筋结构图

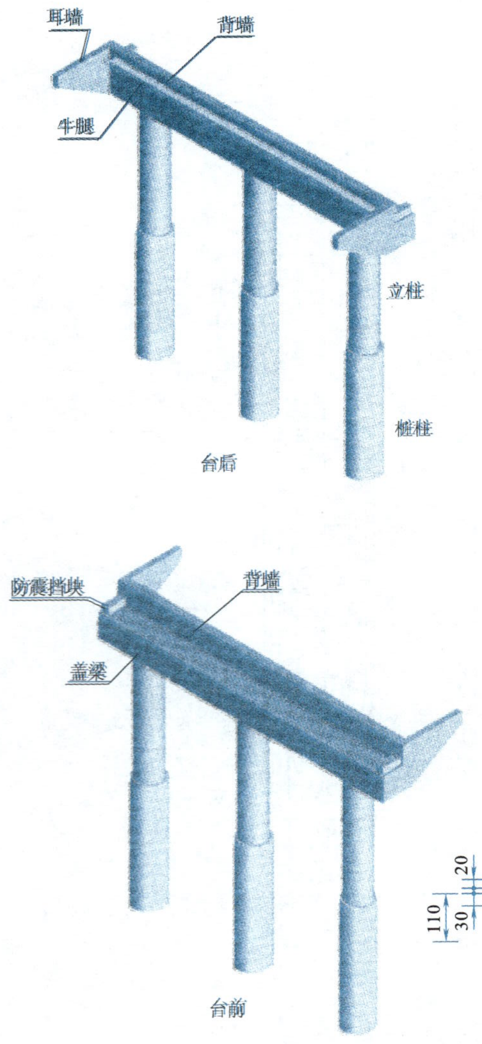

(a) 桥台立体示意图

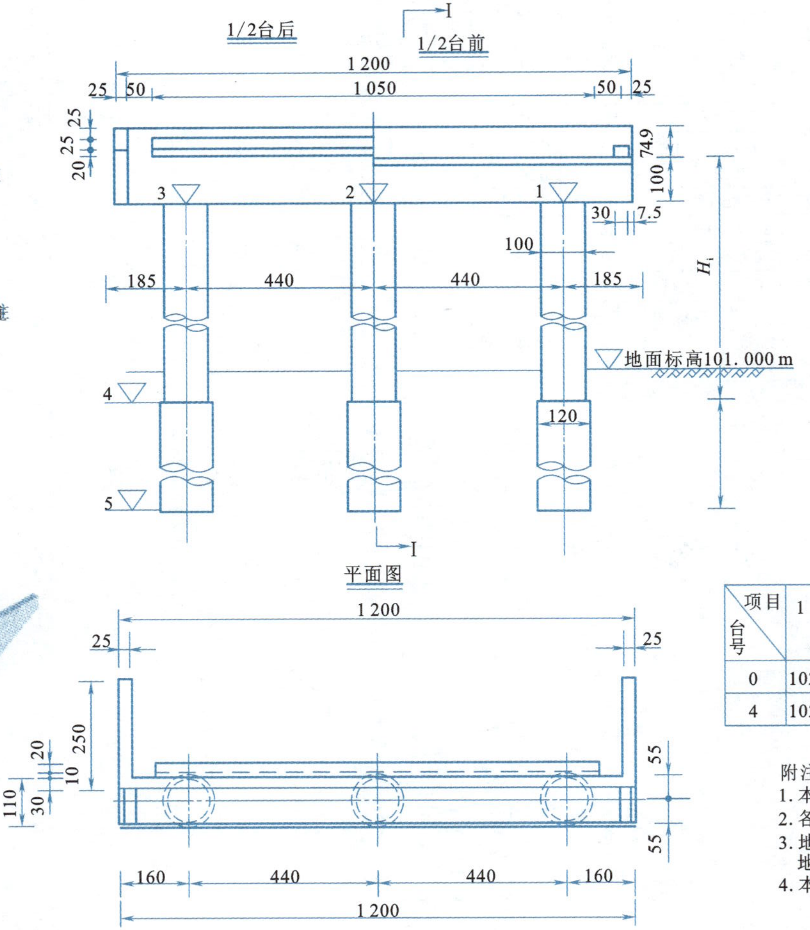

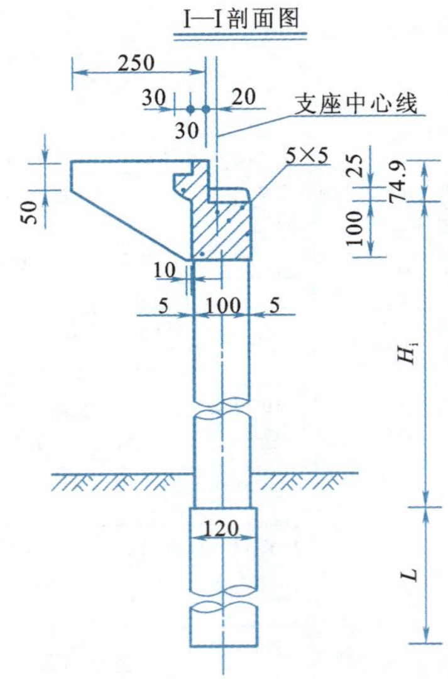

尺寸表

项目 / 台号	1▽ /m	2▽ /m	3▽ /m	H_i/cm 1	H_i/cm 2	H_i/cm 3	4▽ /m	5▽ /m	L /cm
0	102.410	102.410	102.410	341	341	341	100.000	82.000	1 800
4	102.410	102.410	102.410	341	341	341	100.000	82.000	1 800

附注：
1. 本图尺寸除标高以米计外，其余均以厘米计。
2. 各台柱编号由路线前进方向从左至右排列。
3. 地面标高101 m为假定标高，施工时按照实际地面标高来推算各点标高及台身高度。
4. 本图未示搭板。

(b) 一般构造图

图1. 1. 21 桥台一般构造图

立面图是由1/2台前和1/2台后拼接而成。桥台前面是指连接桥梁上部结构的一面，后面是指连接岸上路堤这一面。图中表达了桥台各部分的结构形状并给出了各部分的详细尺寸，不同位置桥台的高度尺寸列表给出。

侧面图采用了Ⅰ—Ⅰ剖面图，剖切平面通过桥梁中心线，即通过中间桩柱的轴线，根据习惯画法，桩柱按不剖处理，不画剖面线。

从Ⅰ—Ⅰ剖面图中可以看出盖梁、背墙、牛腿的断面形状，耳墙及挡块在侧面上也反映形状特征，也可以看出它们在上下、前后方向的相对位置关系。立面图、平面图主要反映桩柱、耳墙、防震挡块、背墙、牛腿与盖梁长度方向的相对位置关系。

详细内容请读者参照立体示意图仔细分析。

(2)桥台钢筋结构图

桥台各部分均为钢筋混凝土结构，都应绘出其钢筋结构图，如桥台盖梁钢筋结构图、桥台桩柱钢筋结构图、桥台挡块钢筋结构图、背墙牛腿钢筋结构图、耳墙钢筋结构图。

①桥台盖梁钢筋结构图。图1.1.22为桥台盖梁钢筋结构图。该图由半立面图、半平面图、Ⅰ—Ⅰ断面图、Ⅱ—Ⅱ断面图、Ⅲ—Ⅲ断面图及钢筋详图组成。从外部轮廓线可看出盖梁的各个方向的断面形状。全梁共有6种钢筋，1、2、3、4号钢筋为受力钢筋，直径均为25 mm。由1~5号钢筋焊接成钢筋骨架A，骨架A沿盖梁纵向分布，全梁共有4片骨架A，骨架A在断面上的位置，可从断面图中分析。1、2号钢筋为受力钢筋，1号钢筋有8根，分布在梁的顶面；2号钢筋有8根，分布在梁的底部；3、4号钢筋为骨架A中的斜筋，用来承受横向剪力。每片骨架中有两根4号钢筋，全梁共8根；每片骨架中有8根3号钢筋，全梁共32根。5号钢筋为分布钢筋，钢筋直径为10 mm，共8根，布置在梁的两侧面。6号钢筋是箍筋，钢筋直径为10 mm，以10 cm的间距均匀分布在整个梁上，共120道，240根。除6号箍筋是HPB300钢筋外，其余都是HRB400钢筋。

②桥台桩柱钢筋结构图及桥台挡块钢筋结构图。桥台桩柱钢筋结构图与桥墩桩柱钢筋结构图相同，桥台挡块钢筋结构图与桥墩挡块钢筋结构图相同，这里不再介绍。

③背墙牛腿钢筋结构图和耳墙钢筋结构图这几种结构图比较复杂，本书略。

辨一辨

根据墩台构造图分析桥墩桥台主要构造区别是什么？

任务知识1.3　图纸会审和设计交底

设计交底是指在施工图完成并经审查合格后，设计单位在设计文件交付施工时，按法律规定的义务就施工图设计文件向施工单位和监理单位做出详细的说明。其目的是对施工单位和监理单位正确贯彻设计意图，使其加深对设计文件特点、难点、疑点的理解，掌握关键工程部位的质量要求，确保工程质量。

一、图纸会审与设计交底的目的

为了使参与工程建设的各方了解工程设计的主导思想、建筑构思和要求、采用的设计规范、确定的抗震设防烈度、防火等级、基础、结构及附属设施设计，对主要建筑材料、构配件和设备的要求、所采用的新技术、新工艺、新材料、新设备的要求以及施工中应特别注意的事项，掌握工程关键部分的技术要求，保证工程质量，设计单位必须依据国家设计技术管理的有关规定，对提交的施工图纸，进行系统的设计技术交底。同时，也为了减少图纸中的差错、遗漏、矛盾，将图纸中的质量隐患与问题解决在施工之前，使设计施工图纸更符合施工现场的具体要求，避免返工浪费，在施工图设计技术交底的同时，监理单位、设计单位、建设单位、施工单位及其他有关单位需对设计图纸在自审的基础上进行会审。施工图纸是施工单位和监理单位开展工作最直接的依据。现阶段要求对施工进行监理，设计监理很少，图纸中差错难免存在，故设计交底与图纸会审更显必要。设计交底与图纸会审是保证工程质量的重要环节，也是保证工程顺利施工的主要步骤。施工、监理和各有关单位应当充分重视。

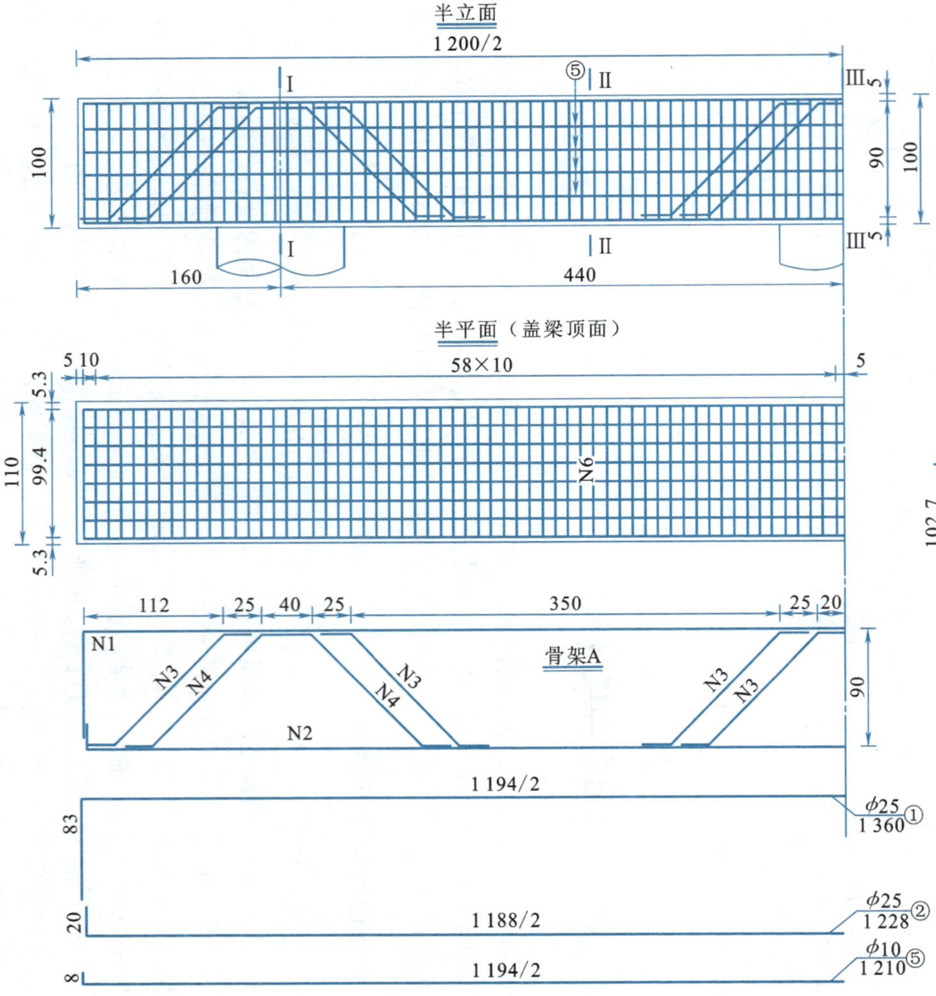

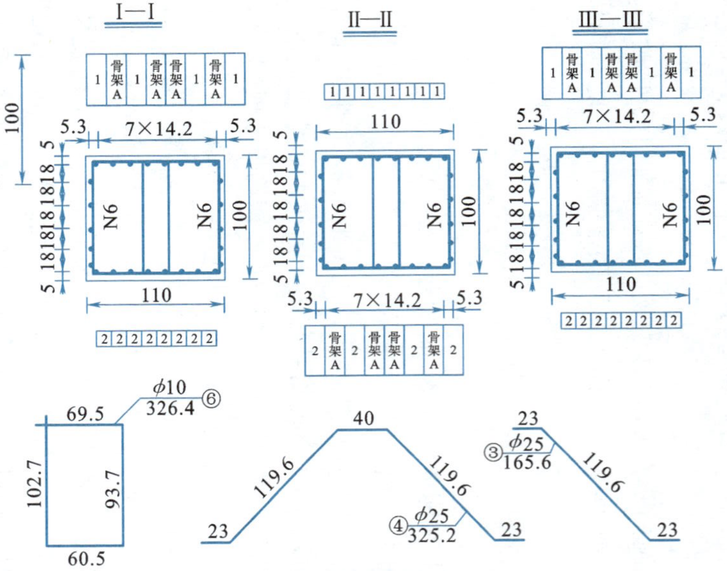

桥台盖梁工程数量表

编号	直径/mm	长度/cm	根数	总质量/kg	C30混凝土/m^3
1	φ25	1 360.0	8	1 132.1	13.76
2		1 228.0	8		
3		165.6	32		
4		325.2	8		
5	φ10	1 210.0	8	62.2	
6	φ10	326.4	240	503.5	

附注：

1. 本图尺寸除钢筋直径以毫米计外，其余均以厘米为单位。
2. 骨架焊接采用双面焊，焊接斜筋呈45°角。
3. 注意预埋支座垫石钢筋。

图1.1.22　桥台盖梁钢筋结构图

二、图纸会审与设计交底应遵循的原则

①设计单位应提交完整的施工图纸:各专业相互关联的图纸必须提供齐全、完整。图纸会审不可遗漏,即使施工过程中另补的新图也应进行交底和会审。

②在设计交底与图纸会审之前,建设单位、监理单位及施工单位和其他有关单位必须事先指定主管该项目的有关技术人员看图自审,初步审查本专业的图纸,进行必要的审核和计算工作。各专业图纸之间必须核对。

③设计交底与图纸会审时,设计单位必须派负责该项目的主要设计人员出席。进行设计交底与图纸会审的工程图纸,必须经建设单位确认。未经确认不得交付施工。

④凡直接涉及设备制造厂家的工程项目及施工图,应由订货单位邀请制造厂家代表到会,并请建设单位、监理单位与设计单位的代表一起进行技术交底与图纸会审。

三、图纸会审与设计交底会议的组织及程序

①在时间上设计交底与图纸会审在项目开工之前进行,开会时间由监理单位决定并发通知。参加人员应包括监理、建设、设计、施工等单位的有关人员。

②在会议组织上按《建设工程监理规范》(GB/T 50319—2013)第5.2.2条要求,项目监理人员应参加由建设单位组织的设计技术交底会,一般情况下,设计交底与图纸会审会议由总监理工程师主持,监理单位和各专业施工单位(含分包单位)分别编写会审记录,由监理单位汇总和起草会议纪要,总监理工程师应对设计技术交底会议纪要进行签认,并提交建设、设计和施工单位会签。

四、图纸会审与设计交底工作的程序

①首先由设计单位介绍设计意图、结构设计特点、工艺布置与工艺要求、施工中注意事项等。

②各有关单位对图纸中存在的问题进行提问。

③设计单位对各方提出的问题进行答疑。

④各单位针对问题进行研究与协调,制订解决办法。写出会审纪要,并经各方签字认可。

五、图纸会审与设计交底的重点

①设计单位资质情况,是否无证设计或越级设计;施工图纸是否经过设计单位各级人员签署,是否通过施工图审查机构审查。

②设计图纸与说明书是否齐全、明确,坐标、高程、尺寸、管线、道路等交叉连接是否相符;图纸内容、表达深度是否满足施工需要,施工中所列各种标准图册是否已经具备。

③施工图与设备、特殊材料的技术要求是否一致;主要材料来源有无保证,能否代换;新技术、新材料的应用是否落实。

④设备说明书是否详细,与规范、规程是否一致。

⑤结构布置与设计是否合理,是否与工程地质条件紧密结合,是否符合抗震设计要求。

⑥设计单位设计的图纸之间有无相互矛盾;各专业之间、平立剖面之间、总图与分图之间有无矛盾;桥型布置图与结构图的平面尺寸及高程是否一致,表示方法是否清楚;预埋件、预留孔洞等设置是否正确;钢筋明细表及钢筋的构造图是否表示清楚;混凝土接头处的钢筋布置是否清楚,是否有大样图;钢构件安装的连接节点图是否齐全。

⑦设计是否满足生产要求和检修需要。

⑧施工安全、环境卫生有无保证。

⑨构件与结构是否存在不能施工或不便施工的技术问题,或导致质量、安全及工程费用增加等问题。

⑩防火、消防设计是否满足有关规程要求。

六、设计交底纪要与实施

①项目监理部应将施工图会审记录整理汇总并负责形成会议纪要。经与会各方签字同意后，该纪要即被视为设计文件的组成部分(施工过程中应严格执行)，发送建设单位和施工单位，抄送有关单位，并予以存档。

②如有不同意见通过协商仍不能取得统一时，应报请建设单位定夺。

③对图纸会审会议上决定必须进行设计修改的，由原设计单位按设计变更管理程序提出修改设计，一般性问题经监理工程师和建设单位审定后，交施工单位执行；重大问题报建设单位及上级主管部门与设计单位共同研究解决。施工单位拟施工的一切工程项目设计图纸，必须经过设计交底与图纸会审，否则不得开工。已经交底和会审的施工图以下达会审纪要的形式作为确认。

练一练

设计交底与图纸会审的重点包括哪些？

任务知识 1.4　桥梁施工准备

一、技术准备

技术准备是施工准备的核心。施工组织准备和施工现场准备都是在完成技术准备工作的基础上进行的。任何技术上的差错和隐患都可能对生命、财产和经济造成巨大的损失，因此必须认真做好技术准备工作。

1. 熟悉设计文件、研究施工图纸和现场核对

施工单位承接桥梁工程施工任务后，必须组织有关人员研究所有的资料、技术文件和图纸，领会设计意图，并到现场进行核对，必要时进行补充调查；检查所有文件、资料和图纸有无欠缺、错误和矛盾，几何尺寸、坐标、高程和说明等方面是否一致，技术要求是否正确；如有误应及时向设计单位提出，以求补全更正。

2. 原始资料的进一步调查分析

对拟建工程进行实地勘测，进一步获得原始数据的第一手资料，对正确选择施工方案、制定技术措施、合理安排施工工序和施工进度计划是非常必要的。

(1)自然条件的调查分析

①地质。调查的主要内容有：地质构造、墩(台)位处基岩埋深、岩层状态、覆盖层土质、土的性质和类别、地基土承载力、土的冻结深度、妨碍基础施工的障碍物、地震级别和烈度等。

②水文。调查的主要内容有：河流的流量和水质、年水位变化情况、最高洪水位和最低枯水位的时期及持续时间、流速和漂浮物、地下水位高低变化、含水层厚度和流向；冰冻地区河流的封冻时间、融冰时间、流冰水位、冰块大小；受潮汐影响河流或水域中潮水涨落时间、潮水水位变化频率和潮流等情况。

③气象。调查的主要内容有：气温、气候、降雨、降雪、冰冻、台风(含龙卷风、雷雨大风等)、风向、风速等变化规律及历年记录；冬雨季的期限及冬季地层的冻结厚度等情况。

④施工现场地形地物。调查的主要内容有：桥位处的地形情况、地物情况及对桥梁的影响。

(2)技术经济条件的调查分析

调查的主要内容包括：施工现场动迁情况、当地可利用的地方材料情况、水泥和钢材等材料供应情况、地方能源和交通运输情况、地方劳动力和技术水平情况、当地生活物资供应状况、可提供的施工用水用电情况、设备租赁情况、当地消防治安状况及分包单位的实力状况等。

3. 施工前的设计技术交底

设计技术交底一般由建设单位（业主）主持，设计、监理和施工单位（承包商）参加。先由设计单位说明工程的设计依据、意图和功能要求，并对特殊结构、新材料、新工艺和新技术提出设计要求，进行技术交底。然后施工单位根据研究图纸的记录以及对设计图纸的理解，提出对设计图纸的疑问、建议和变更。最后在统一认识的基础上，对所探研的问题逐一做好记录，形成“设计技术交底纪要”，由建设单位正式行文，参加单位共同会签盖章，作为与设计文件同时使用的技术文件和指导施工的依据，以及建设单位与施工单位进行工程结算的依据。当工程为设计施工总承包时，应由总承包人主持进行内部设计技术交底。

4. 编制施工方案

在全面掌握设计文件和设计图纸，正确理解了设计意图和技术要求，以及进行了以施工为目的的各项调查之后，应根据进一步掌握的情况和资料，对投标时初步拟定的施工方法和技术措施等进行重要评价和深入研究，以制订出详尽的更符合现场实际情况的施工方案。

施工方案的基本内容包括：编制依据、工期要求、工程特点、主要工程、材料和机具数量、施工方法、施工力量部署、工程进度要求、完成工作量计划和临时设施的初步规划等。

5. 编制施工组织设计

施工组织设计是施工准备工作的重要组成部分，也是指导工程施工中全部生产活动的基本技术经济文件。施工组织设计文件用文、图、表三种形式表示，互相结合，互相补充。

施工组织设计的主要内容有：工程特点、主要施工方法、技术措施、施工进度、工程数量、完成工作计划、机料设备及劳力计划、施工现场布置平面图、施工图纸、施工安全、施工质量方针、质量目标、质量保证机构、质量保证程序及质量保证措施等。

6. 编制施工预算

施工预算是施工单位根据施工图纸、施工组织设计、施工方案和施工定额等文件进行编制的，是施工企业内部控制各项成本支出、考核用工、签发施工任务单、限额领料以及基层进行经济核算的依据，是签订分包合同时确定分包价格的依据，也是建设单位和建设银行拨款的依据。

想一想

施工方案的基本内容是什么？

二、施工组织准备

1. 建立组织机构

确定组织机构应遵循的原则是：根据工程项目的规模、结构特点和复杂机构中各职能部门的设置，人员的配置应力求精干，以适应任务的需要。坚持合理分工与密切协作相结合，使之便于指挥和管理，分工明确，责权具体。

2. 合理设置施工班组

施工班组的建立，应认真考虑专业和工种之间的合理配置，技工和普工的比例要满足合理的劳动组织，并符合流水作业方式的要求，同时制订出该工程的劳动力需求量计划。

3. 集结施工力量，组织劳动力进场

进场后应对工人进行技术、安全操作规程以及消防、文明施工等方面的培训教育。

4. 施工组织设计、施工计划和施工技术交底

在单位工程或分部工程开工之前，应将工程的设计内容、施工组织设计、施工计划和施工技术等要求，详尽地向施工班组和工人进行交底，以保证工程能严格按照设计图纸、施工工艺、安全技术措施、降低成本

措施和施工验收规范的要求进行施工；新技术、新材料、新结构和新工艺的实施方案和保证措施得以落实；有关部位的设计变更和技术措施等事项贯彻执行。

5. 建立健全各项管理制度

通常包括以下内容：技术质量责任制度、工程技术档案管理制度、施工图纸学习与会审制度、技术交底制度、技术部门及各级人员的岗位责任制度、工程材料和构件的检查验收制度、过程质量检查与验收制度、材料出入库制度、安全操作制度、机具使用保养制度等。

忆一忆

什么是三级安全交底？

三、物资准备

1. 工程材料的准备

（1）水泥的检查与保管

①水泥进场之前应抽取样品进行检验，并报请建设、监理工程师检验，经监理工程师同意后才能进场。进场的水泥应按其品种、强度等级、证明文件（质保书）以及出厂时间等情况分批进行检查、验收。

②入库的水泥应按品种、强度等级、出厂日期分别堆放，并树立标志，做到先到先用，并防止混掺使用。

③为了防止水泥受潮，现场仓库应尽量密封。包装水泥存放时应垫离地面 30 cm，离墙亦在 30 cm 以上。临时露天暂存水泥时应用防雨篷布盖严，底板需垫高。

④水泥储存时间不宜过长，以免板结降低强度。常用水泥出厂日期超过 3 个月应视为过期水泥，使用时必须重新检验确定等级，因为水泥在正常环境存放超过 3 个月强度会降低 10%～20%，存放 6 个月，强度会降低 15%～30%。

⑤受潮、结块水泥一般不得用在结构工程中。

（2）细集料

选择细集料时，应优先选择级配良好、质地坚硬、颗粒洁净的河砂，也可采用山砂或机制砂，不得采用海砂。砂中不得含有泥土及其他杂物，细砂不宜单独用于混凝土中。各种砂检验的指标均应满足《公路桥涵施工技术规范》（JTG/T 3650—2020）方可使用。

细集料进场使用前，根据规范应完成：筛分、细度模数、含泥量、有机物含量、泥块含量以及压碎值试验，必要时还要对坚固性、有害物质含量、氯离子含量、碱活性及放射性等指标进行检验。试验应按《公路工程集料试验规程》（JTG 3432—2024）的规定进行。

（3）粗集料

混凝土用的石子，有碎石和卵石两种，要求质地坚硬，有足够的强度，表面洁净，符合级配要求。若附有泥土，应用水冲洗干净；若混入煤渣、白灰、碎砖或煅烧过的石块以及被矿水特别是酸水侵蚀过的石灰岩碎石等均禁止使用。针状、片状颗粒以及泥土杂物含量不得超过规范的规定。石料应尽量采用较大的粒径，但最大粒径不得超过结构最小边尺寸的 1/4 和钢筋最小净距的 3/4；在两层或多层密布钢筋结构中不得超过钢筋最小净距的 1/2；同时最大粒径不得超过 75 mm。

选用的粗集料必须满足《公路桥涵施工技术规范》（JTG/T 3650—2020）中的各项指标，并现场取样进行筛分、杂质含量、强度、针片状含量等试验，只有当试验结果满足规范要求时才能使用。

（4）水

符合国家标准的饮用水可直接作为混凝土的拌制和养护用水；当采用其他水源或对水质有疑问时，应对水质进行检验。水的品质指标应符合规范的规定，见表 1.1.1。

表 1.1.1 混凝土用水的品质指标

项　　目	预应力混凝土	钢筋混凝土	素混凝土
pH	≥5.0	≥4.5	≥4.5
不溶物/($mg \cdot L^{-1}$)	≤2 000	≤2 000	≤5 000
可溶物/($mg \cdot L^{-1}$)	≤2 000	≤5 000	≤1 000
氯化物(以 Cl^- 计,$mg \cdot L^{-1}$)	≤500	≤1 000	≤3 500
硫酸盐(以 SO_4^{2-} 计,$mg \cdot L^{-1}$)	≤600	≤2 000	≤2 700
碱含量/($mg \cdot L^{-1}$)	≤1 500	≤1 500	≤1 500

注:①对设计使用年限为 100 年的结构混凝土,氯离子含量不得超过 500 mg/L;对使用钢丝或热处理钢筋的预应力混凝土,氯离子含量不得超过 350 mg/L。

②碱含量按 $Na_2O + 0.658K_2O$ 计算值表示。采用非碱活性集料时,可不检验碱含量。

混凝土用水尚应符合下列规定:

①水中不应有漂浮明显的油脂和泡沫,及明显的颜色和异味。

②严禁采用海水用于结构混凝土的拌制。

(5)外加剂

主要的外加剂类型有:普通和高效减水剂、缓凝减水剂、引气减水剂、抗冻剂、膨胀剂、阻锈剂和防水剂等。

(6)钢筋

桥涵工程中采用的普通钢筋应符合现行国家标准《钢筋混凝土用钢　第 1 部分:热轧光圆钢筋》(GB 1499.1—2024)、《钢筋混凝土用钢　第 2 部分:热轧带肋钢筋》(GB 1499.2—2024)、《钢筋混凝土用余热处理钢筋》(GB/T 13014—2013)、《冷轧带肋钢筋》(GB/T 13788—2024)的规定;环氧涂层钢筋应符合现行《钢筋混凝土用环氧涂层钢筋》(GB/T 25826—2022)的规定;其他特殊钢筋应符合其相应产品标准的规定。

钢筋应具有出厂质量证明书和试验报告单,进场时除应检查其外观和标志外,还应按不同的钢种、等级、牌号、规格及生产厂家分批抽取试样进行力学性能检验,检验试验方法应符合现行国家标准的规定。钢筋经进场检验合格后方可使用。

2. 工程施工设备的准备

根据施工图合理组织各施工阶段所需的机械和设备,见图 1.1.23 ~ 图 1.1.32。

图 1.1.23　反循环钻机

图 1.1.24　旋挖钻机

图 1.1.25　轮胎式起重机

图 1.1.26　混凝土运输车

图 1.1.27　铲车

图 1.1.28　钢筋调直机

图 1.1.29　钢筋剪切机

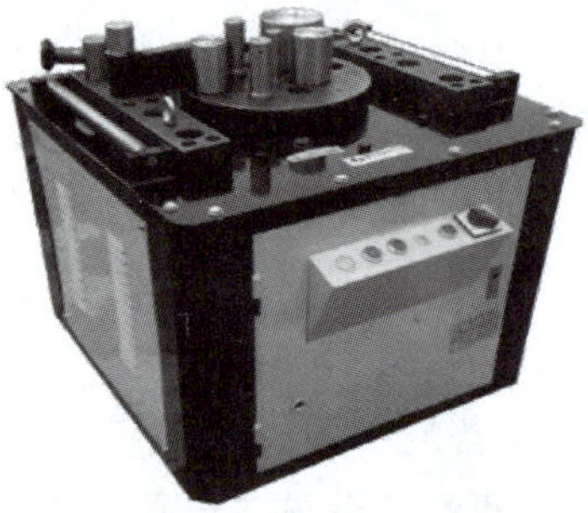

图 1.1.30　钢筋弯折机

图 1.1.31　钢筋直螺纹剥肋滚丝机

图 1.1.32　卷扬机

如基础施工常用设备有：汽车吊（材料运输、钢筋笼吊装）、钻机、铲车、混凝土运输车、钢筋切断机、钢筋弯曲机、钢筋调直机、全站仪等。

墩台施工常用设备有：汽车吊（吊装钢筋及钢筋骨架）、混凝土运输车、混凝土搅拌机、混凝土输送泵、钢筋切断机、钢筋弯曲机、钢筋调直机、全站仪、水准仪等。

桥跨结构施工阶段：根据梁的重量选择适宜起重能力的吊车、预应力梁还要准备张拉设备、混凝土搅拌机、混凝土输送泵、钢筋切断机、钢筋弯曲机、钢筋调直机、全站仪、水准仪等。

3. 其他各种小型生产工具、小型配件等的准备

根据施工图在相应施工阶段，采用小型生产工具，如支架、模板及其配件、振捣器、电焊设备及配件等。

看一看

请列举基础施工所需的各种设备并写在下面。

四、施工现场准备

施工现场准备工作，主要是为工程施工创造有利的施工条件和物资保证。具体内容如下：

1. 施工控制网测量

按照勘测设计单位提供的桥位总平面图和测量控制网中所设置的基线桩、水准高程以及重要桩的保护桩等资料，进行三角控制网的复测，并根据桥梁结构精度要求和施工方案补充加密的各种标桩，建立满足施工要求的平面和立面施工测量控制网。

2. 补充钻探

桥梁工程在初步设计时所依据的地质钻探资料往往因钻孔较少、孔位过远而不能满足施工需要，因此必须对地质情况不甚明了的桩位进行补充钻探，查明墩位处的地质情况和可能的隐蔽物，为基础工程的施工创造有利条件。

3. “四通一平”

“四通一平”是指水通、电通、通信通、路通和平整场地。

4. 建造临时设施

按照施工总平面图的布置，建造所有生产、办公、生活、居住和储存等临时用房，以及临时便道、码头、混凝土拌和站和构件预制场地等。

5. 安装调试施工机具

对所有施工机具都必须在开工之前进行检查和试运转。

6. 材料的试验和储存堆放

及时提供如混凝土和砂浆配合比与强度、钢材机械性能试验等材料试验申请计划，组织材料进场，按规定地点和指定方式进行储存堆放。

7. 新技术项目的试制和试验

按照设计文件和施工组织设计要求，组织新技术项目的试验研究。

8. 冬、雨季施工安排

按照施工组织设计要求，落实冬、雨季施工的临时和技术措施，做好施工安排。

9. 消防、保安措施

建立消防、保安等组织机构和有关规章制度，布置安排好消防保安等措施。

10. 建立健全施工现场各项管理制度

根据工程特点制定施工现场各项规章制度。

做一做

根据桥位平面图，简要画出施工现场平面布置。

五、施工准备工作计划

为了较好地落实各项施工准备工作，应根据各项准备工作内容、时间和人员，编制出施工准备工作计

划，责任落实到人，并加强计划的检查和监督，以使准备工作能如期完成，见表 1.1.2。

表 1.1.2 施工准备工作计划

序号	施工准备项目	简要内容	负责单位	负责人	起止期限		备注
					月 日	月 日	

任务知识 1.5 桥位施工测量

一、施工测量的内容和要求

①根据桥梁的形式、跨径及设计要求的施工精度，确定利用原设计网点加密或重新布设控制网点。

②补充施工需要的水准点、桥涵轴线、墩台控制桩。

③桥涵放样测量及要求：

• 当有良好的丈量条件时可采用直接丈量法进行墩台施工定位。直接丈量，应对尺长、温度、拉力、垂度和倾斜度进行改正计算（改正计算公式见规范《公路桥涵施工技术规范》（JTG/T 3650—2020）附录 A）。

• 大、中桥的水中墩台和基础的位置，宜用校验过的电磁波测距仪测量。桥墩中心线在桥轴线方向上的位置中误差不应大于 ±15 mm。

• 曲线上的桥梁施工测量，应按照设计文件参照公路曲线测定方法处理。

• 涵洞测量放样时，应注意核对涵洞纵横轴线的地形剖面图是否与设计图相符，应注意涵洞长度、涵底高程的正确性。对斜交涵洞、曲线上和陡坡上涵洞，应考虑交角、加宽、超高和纵坡对涵洞具体位置、尺寸的影响，并注意锥坡、翼墙、一字墙和涵洞墙身顶部与上下游调治构造物的位置、方向、长度、高度、坡度，使之符合技术要求。

④桥梁施工过程中的测量和竣工测量：

• 施工过程中，应测定并经常检查桥涵结构浇砌和安装部分的位置与高程，并作出测量记录和结论，如超过允许偏差时，应分析原因，并予以补救和改正。各结构部分的允许偏差见各有关任务。

桥轴线超过 1 000 m 的特大桥梁和结构复杂的桥梁施工过程，应进行主要墩、台（或塔、锚）的沉降变形监测，桥梁控制网应每年复测 1 次，以确保施工安全和质量。

• 桥梁竣工后应进行竣工测量，测量项目如下：测定桥梁中线，丈量跨径；丈量墩、台（或塔、锚）各部尺寸；检查桥面高程。

⑤为防止差错，施工测量必须由两个人相互检查校对并作出测量和检查核对记录。

练一练

请在网络上查找一套桥梁施工控制测量方案，归纳总结主要工作内容。

二、施工放样与质量要求

施工放样就是将图纸上的结构物尺寸与高程测放到现场实地上。

1. 基础中心放样

当墩台中心桩及控制桩施测完毕后，要进行墩台的基础施工，无论是桩基础还是刚性扩大基础，其墩台的中心桩均要被破坏。因此，在基础混凝土浇筑前，先将墩台基础的中心线测放出来，立基础模板，将基础中心线控制点测放在模板上，如图 1.1.33 所示。方法如下：

将经纬仪架设在桥位中心线 AB 上的控制点 C 处，照准另一岸中心线控制桩 B 点，将经纬仪作倒镜，照准本岸控制桩 A 点，若无误后，即可进行基础中心线放样。将仪器照准 B 点，使目镜与地面有一倾角，直接观测已固定的基础侧模 H 与 K 点，H 与 K 点的连线就是该墩台基础顺桥向的中心轴线。

同理可得墩台基础横向的中心轴线，如图 1.1.34 所示。E 点就是原来通过交会法而得到的墩台中心桩位置，现通过施工放样转换至地面以下的基础模板上，待基础混凝土浇筑完毕后，再用图 1.1.33、图 1.1.34 的放样方法，将墩台中心线测放到基础表面，以利于进行墩台身的放样。

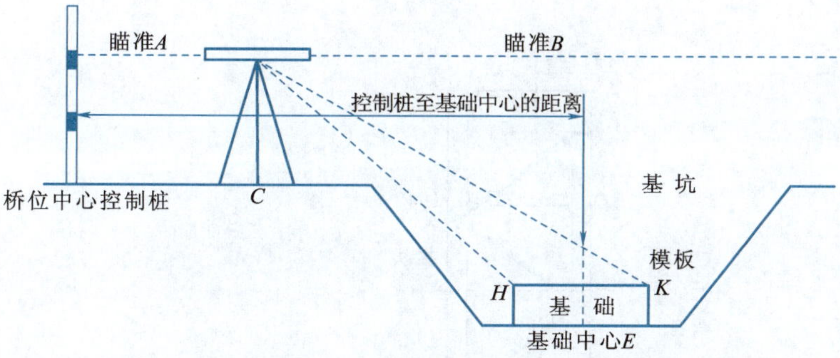

图 1.1.33　基础中心控制点放样示意图

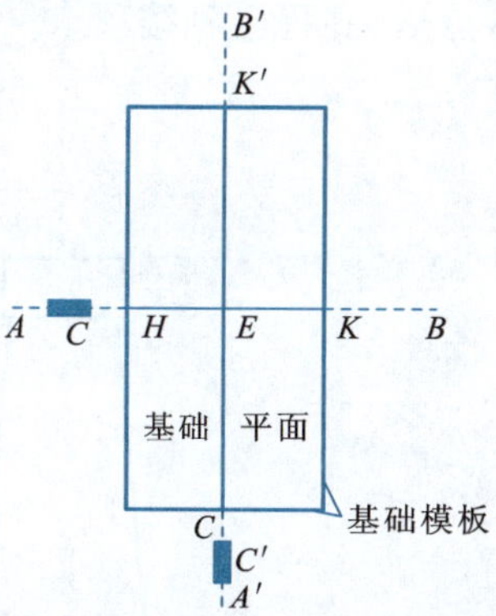

图 1.1.34　墩台基础横向中心轴线放样示意图

A、A'、B、B'、C、C'—桥位控制桩点

2. 基础高程放样

墩台中心位置确定后，应根据设计要求定出基础的尺寸与基础顶面的高程，以便进行混凝土浇筑。其测放的高程点也是放在基础模板的四个角上，测设方法如图 1.1.35 所示。测放地面以下高程，最好采用 5 m 的塔式水准尺或临时水准点布设在较低洼处。

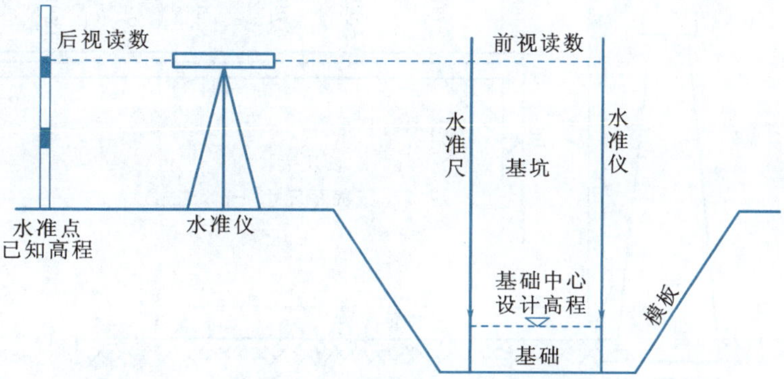

图 1.1.35　基础高程测设示意图

3. 盖梁（墩台帽）中心放样

当墩（台）基础（承台）施工完毕后，应进行立柱或墩（台）身的施工，施工完毕后进行盖梁或墩（台）帽的施工，首先必须将盖梁或墩（台）帽的中心线测放在其模板上。一般来说，盖梁或墩（台）帽常高出地面几米或十几米，就必须将地面上的中心线测放到墩（台）的盖梁或墩（台）帽上，如图 1.1.36 所示，其方法如下：

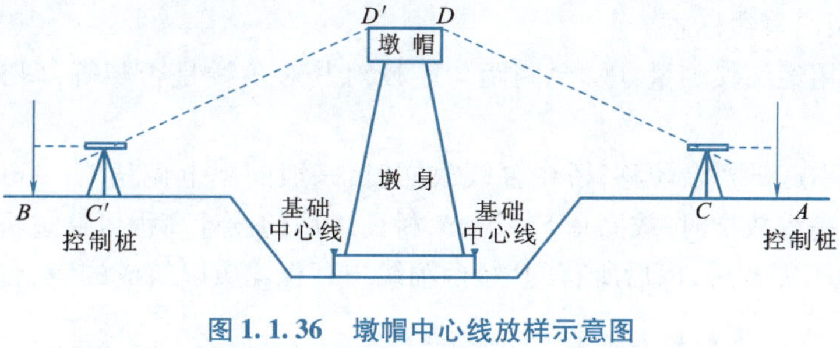

图 1.1.36　墩帽中心线放样示意图

当墩身完工以后，再用经纬仪从控制桩 A 点照准控制桩 B 点有时已不可能，则必须利用基础或承台的中心线与控制桩 A、B 点，用经纬仪照准 B 点，作倒镜下倾，与基础中心线重合，然后再上倾，将桥位中心线

测放到墩帽模板上 D 点,同理测放 D'点,D、D'连线,就是该桥位顺桥向中心线。再用相同方法测放出墩帽的横向中心线,其交点就是该墩的中心。

4. 盖梁或墩(台)帽高程放样

高墩(台)的高程控制,一般可将临时水准点的高程引至桥位附近高建筑物顶面,如图 1.1.37 所示,经若干次转点后,高程已到楼顶。

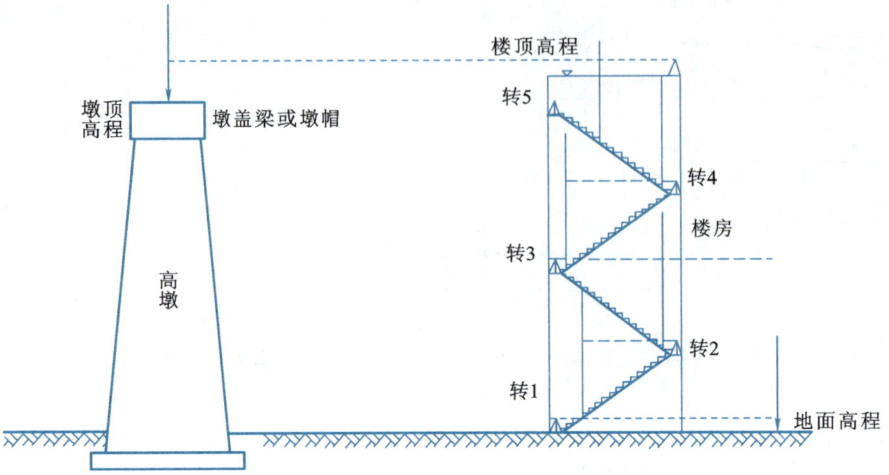

图 1.1.37　地面高程转至楼顶示意图

也可用倒挂长尺的放样方法测得墩顶高程,如图 1.1.38 所示。

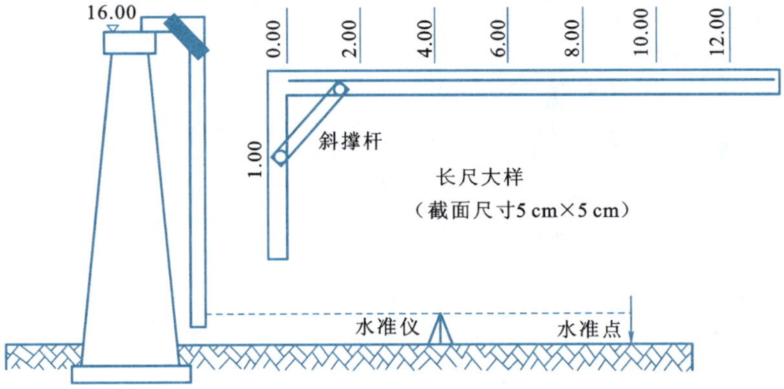

图 1.1.38　倒挂长尺放样示意图

5. 施工测量与放样质量要求

①在桥梁施工中,对所有的施工测量及放样都必须做到有放必复,有的要进行三级复核(施工队、公司、监理),复核内容除内业计算外,还应对测放标志进行定期复测。

②开工前应根据施工图纸将指定的水准标志点引至不妨碍施工的地点。

③为施工方便,可设置若干辅助基点,使施工各个阶段都可直接测量,辅助基点必须经常检查和校测,控制桩应妥善保护,并引出攀线标志。

④桥梁中线一般应用经纬仪测量,墩、台间距均应校对其对角线是否相等,斜交桥应按设计角度算出的对角线进行校对。

⑤为防止台后填土引起的桥台位移,桥台轴线放样时,一般向岸上偏移 1 ~ 4 cm;为防止墩、台自重引起的下沉,一般在墩、台高程放样时,放高 0.5 ~ 2 cm,桥面最后的设计高程可通过桥面铺装加以调整。

⑥第 1 个墩(台)施工完毕后,以后所有的墩、台轴线与高程均应以筑成的墩、台轴线与高程为基准。

列一列

请把桥梁测量工作用到的主要设备列在下面横线上。

自学自测

一、判断题

1. 施工现场准备是施工准备工作的核心。 ( )

2. 熟悉设计文件,研究施工图纸对正确选择施工方案是非常必要的。 ( )

3. 施工方案一经确定,即可进行各项临时性结构的施工设计。 ( )

4. 选择集料时只需进行筛分和强度试验。 ( )

5. 拌制混凝土的用水是人畜可用的纯净水即可。 ( )

6. 对于大型桥梁只需建立平面控制网即可。 ( )

7. 桥位中线及其长度是用来确定墩、台位置的依据。 ( )

8. 当墩、台中心处能安置反光镜,且经纬仪和反光镜之间可以通视时,可用光电测距法进行桥梁墩、台的定位。 ( )

二、选择题

1. 施工准备的核心是( )。

A. 劳动组织准备和物资准备　　B. 技术准备

C. 施工现场准备　　D. 施工准备工作计划

2. 施工准备工作的重要组成部分是( )。

A. 施工前的设计技术交底　　B. 制定施工方案

C. 编制施工组织设计　　D. 编制施工预算

3. 以下不属于技术准备工作的有( )。

A. 制定施工方案、进行施工设计　　B. 编制施工组织设计

C. 施工技术交底　　D. 编制施工预算

4. 物资准备主要包括( )。

A. 施工设备和生产工具的准备　　B. 工程材料的准备

C. 临时设施的建造　　D. 材料的储存堆放

5. 细集料进场前不需要进行( )。

A. 筛分试验　　B. 含泥量试验

C. 有机质及压碎值试验　　D. 坚固性试验

6. 桥梁施工测量的主要任务不包括( )。

A. 测定墩、台中心的位置　　B. 桥轴线长度的测量

C. 细部构造的定位和放样　　D. 墩、台中心横轴线的确定

7. 布设三角网时基线的长度应为桥轴线长度的( )倍。

A. 0.5 ~ 0.6　　B. 0.6 ~ 0.7　　C. 0.7 ~ 0.8　　D. 0.8 ~ 0.9

8. 三角网的精度主要由( )来确定。

A. 测角精度　　B. 测边精度

C. 三角网的布设形式　　D. 三角网的等级

文本

参考答案

任 务 实 施

根据本施工合同段桥梁工程施工工作部署，在开工前要进行图纸会审与设计技术交底工作，具体工作内容和程序如下。

一、施工图自审

在项目经理部统一领导下，收到设计院施工图设计文件后，施工前应做好图纸自审工作。项目总工安排各专业技术负责人及成员对图纸进行全面细致的熟悉，摸清设计图纸的所有细节，并复核设计图与现场情况是否吻合，设计是否合理，能否落地，找出尽可能多的设计漏洞。

二、问题讨论及汇总

按照分工任务针对各组成员发现的问题进行复核讨论，确有疑问的记录并汇总。

三、参加图纸会审及设计交底工作

项目经理部组织各专业主要技术骨干参加图纸会审及技术交底会议，听取设计单位设计交底，进一步了解本工程特点；各专业技术人员对图纸中的问题提出疑问，设计单位答疑。每个单位提出的问题或优化建议在会审会议上必须经过讨论作出明确结论；对需要再次讨论的问题，须得到明确的最终答复日期。

四、整理资料形成纪要

把施工图纸会审记录及设计交底记录整理汇总形成会议纪要，经参会各方签字同意后，予以存档。

笔记栏

【图纸会审及技术交底工作单】

计 划 单

学习情境一	桥梁基础施工	任务 1	图纸会审及技术交底
工作方式	组内讨论、团结协作共同制订计划:小组成员进行工作讨论,确定工作步骤	计划学时	1 学时
完成人			
计划依据:某桥梁工程施工图			

序号	计划步骤	具体工作内容描述
1	准备工作 (准备规范、图纸,谁去做?)	
2	组织分工 (成立组织,人员具体都完成什么?)	
3	审图记录 (都记录什么内容?)	
4	图纸会审准备工作 (汇报什么?要素有哪些?)	
5	设计交底准备工作 (谁交底?针对哪些方面?)	
6	整理资料 (谁负责?整理什么?)	
制订计划说明	(写出制订计划中人员为完成任务的主要建议或可以借鉴的建议、需要解释的某一方面)	

决 策 单

<table>
<tr><td>学习情境一</td><td colspan="2">桥梁基础施工</td><td>任务 1</td><td colspan="2">图纸会审及技术交底</td></tr>
<tr><td>决策学时</td><td colspan="5">1 学时</td></tr>
<tr><td colspan="6">决策目的:本施工图纸存在的问题;设计交底主要内容</td></tr>
<tr><td rowspan="7">图纸会审及技术交底</td><td rowspan="2">工作内容</td><td colspan="2">内容类别</td><td rowspan="2">必要</td><td rowspan="2">非必要
(可说明原因)</td></tr>
<tr><td>内容记录</td><td>性质描述</td></tr>
<tr><td>识读图纸</td><td>图纸问题及不合理设计</td><td>规范及标准</td><td></td><td></td></tr>
<tr><td>设计标准体系</td><td></td><td></td><td></td><td></td></tr>
<tr><td>设计交底</td><td></td><td></td><td></td><td></td></tr>
<tr><td></td><td></td><td></td><td></td><td></td></tr>
<tr><td></td><td></td><td></td><td></td><td></td></tr>
<tr><td>决策方案描述</td><td colspan="5">(本套图纸存在的问题有哪些?违反了什么设计规定?不合理设计有哪些?实际施工中会导致何种问题?设计交底主要涉及哪几个方面?)</td></tr>
</table>

作 业 单

学习情境一	桥梁基础施工	任务1	图纸会审及技术交底
参加图纸会审人员	第　组		开始时间：
	签名：		结束时间：
序号	工作内容记录 （图纸问题及不合理情况）		分工 （负责人）
1			
2			
⋮			
小结	主要描述完成的成果		存在的问题

检 查 单

学习情境一		桥梁基础施工	任务 1	图纸会审及技术交底			
检查学时		课内 1 学时		第　　组			
检查目的及方式		教师过程监控小组的工作情况，如检查等级为不合格，小组需要整改，并拿出整改说明					
序号	检查项目	检查标准	检查结果分级① （在检查相应的分级框内划“√”）				
			优秀	良好	中等	合格	不合格
1	准备工作	资源是否已查到、材料是否准备完整					
2	分工情况	安排是否合理、全面，分工是否明确					
3	工作态度	小组人员是否积极主动、全员参与					
4	纪律出勤	是否按时完成负责的工作内容、遵守工作纪律					
5	团队合作	是否相互协作、互相帮助，是否听从指挥					
6	创新意识	任务完成不照搬照抄，看问题具有独到见解，具备创新思维					
7	完成效率	工作单是否记录完整，小组是否按照计划完成任务					
8	完成质量	工作单填写是否准确，记录单检查及修改是否达标					
检查评语						教师签字：	

① 优秀（90 分以上），良好（80～89 分），中等（70～79 分），合格（60～69 分），不合格（60 分以下）。

任务评价

小组工作评价单

学习情境一	桥梁基础施工		任务 1	图纸会审及技术交底		
评价学时			课内 1 学时			
班级：			第 组			
考核情境	考核内容及要求	分值（满分 100 分）	小组自评（10%）	小组间互评（20%）	教师评价（70%）	实得分（∑）
汇报展示（20 分）	演讲资源利用	5				
	演讲表达和非语言技巧应用	5				
	团队成员相互配合程度	5				
	时间与完整性	5				
质量评价（40 分）	工作完整性	10				
	工作质量	5				
	报告完整性	25				
团队情感（25 分）	核心价值观	5				
	创新性	5				
	参与率	5				
	合作性	5				
	劳动态度	5				
安全文明（10 分）	工作过程中的安全保障情况	5				
	工具正确使用和保养、放置规范	5				
工作效率（5 分）	能够在要求的时间内完成，每超时 5 分钟扣 1 分	5				

小组成员素质评价单

学习情境一	桥梁基础施工			任务 1	图纸会审及技术交底		
班级		组别		成员姓名			
评分说明	每个小组成员评价分为自评和小组其他成员评价两部分,取平均值计算,作为该小组成员的任务评价个人分数。评价项目共设计五个,依据评分标准给予合理量化打分。小组成员自评分后,要找小组其他成员不记名方式打分						
评分项目	评分标准	自评分	成员 1 评分	成员 2 评分	成员 3 评分	成员 4 评分	成员 5 评分
核心价值观（20 分）	没有违背社会主义核心价值观的思想及行动						
工作态度（20 分）	按时完成负责的工作内容、遵守纪律,积极主动参与小组工作,全过程参与,吃苦耐劳,具有工匠精神						
交流沟通（20 分）	能良好地表达自己的观点,能倾听他人的观点						
团队合作（20 分）	与小组成员合作完成任务,做到相互协作、互相帮助、听从指挥						
创新意识（20 分）	看问题能独立思考,提出独到见解,具有创新思维解决遇到的问题						
最终小组成员得分							

任务反思

学习情境一	桥梁基础施工		任务 1	图纸会审及技术交底	
班级		组别		成员姓名	
情感反思	通过对本任务的学习和实训，你认为自己在社会主义核心价值观、职业素养、学习和工作态度等方面需要提高什么？				
知识反思	通过对本任务的学习，你掌握了哪些知识点？请画出思维导图				
技能反思	在完成本任务的学习和实训过程中，你主要掌握了哪些技能？				
方法反思	在完成本任务的学习和实训过程中，你主要掌握了哪些分析和解决问题的方法？				

任务2　明挖扩大基础施工

任　务　单

<table>
<tr><td>学习情境一</td><td colspan="2">桥梁基础施工</td><td>任务2</td><td colspan="3">明挖扩大基础施工</td></tr>
<tr><td>任务学时</td><td colspan="6">课内8学时(课外4学时)</td></tr>
<tr><td colspan="7">布置任务</td></tr>
<tr><td>任务目标</td><td colspan="6">1. 能够描述桥梁基础的结构形式;
2. 能归纳桥梁基础的施工方法;
3. 能够阐述明挖扩大基础施工的一般程序和主要工序技术方法;
4. 能够列举明挖扩大基础关键工序施工注意事项;
5. 能够在完成任务过程中培养职业素养,诚实守信、合法合规。</td></tr>
<tr><td>任务描述</td><td colspan="6">施工单位在完成图纸会审及技术交底之后,应进行桥梁基础工程施工。技术负责人应根据基础施工图纸及施工现场周边环境、地质水文情况选择合理的开挖支护方法及基础主体施工方法;在开工前制订完成满足规范要求的基础施工方案,指导基础施工工作。</td></tr>
<tr><td rowspan="2">学时安排</td><td>资讯</td><td>计划</td><td>决策</td><td>实施</td><td>检查</td><td>评价</td></tr>
<tr><td>2学时(2)</td><td>1学时</td><td>1学时</td><td>2学时(2)</td><td>1学时</td><td>1学时</td></tr>
<tr><td>对学生学习及成果的要求</td><td colspan="6">1. 每位同学均能按照自学资讯思维导图自主学习,并完成课前自学的问题训练和自学自测;
2. 严格遵守课堂纪律,学习态度认真、端正,能够正确评价自己和同学在本任务中的素质表现;
3. 每位同学必须积极参与小组工作,在教师的示范指导下完成明挖扩大基础施工的对应工作,做到积极主动不推诿,能够与小组成员合作完成工作任务;
4. 每位同学均需独立或在小组同学的帮助下完成技能训练工作单,并提请检查、签认,对提出的建议及时修改;
5. 每组必须完成全部“明挖扩大基础施工”工作的报告工单,并提请教师进行小组评价,小组成员分享小组评价分数或等级;
6. 每名同学均完成任务反思,以小组为单位提交。</td></tr>
</table>

自学资讯思维导图

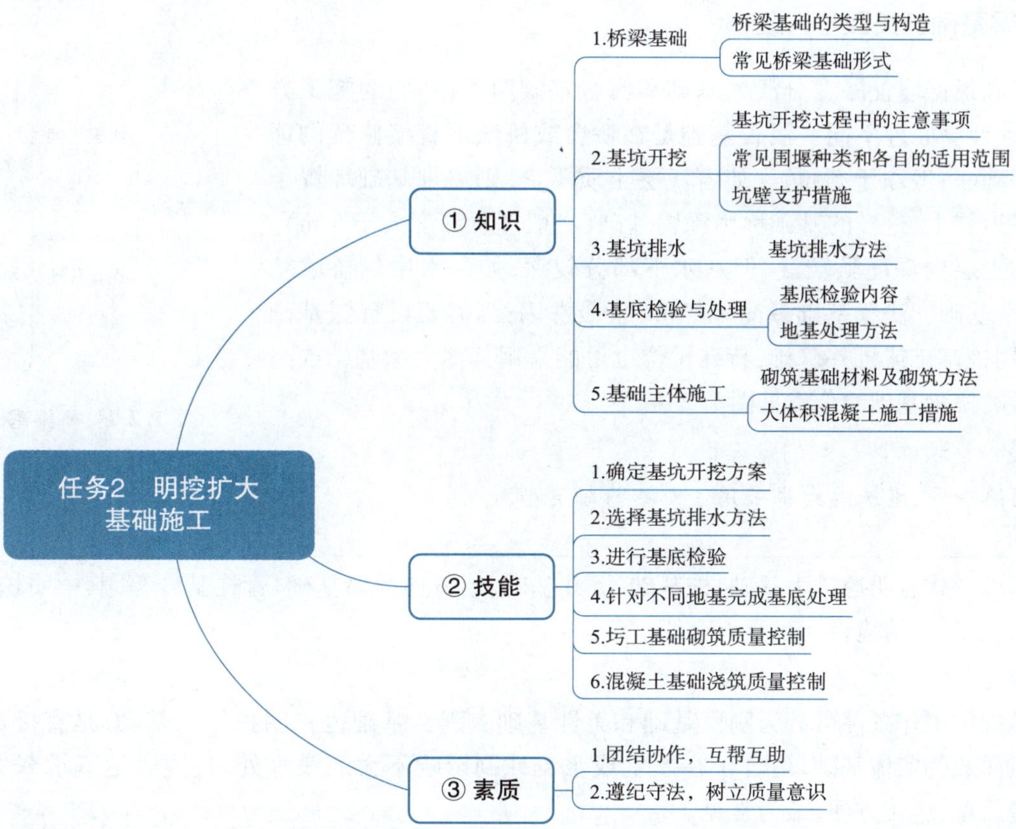

课　前　自　学

桥梁基础是桥梁结构物直接与地基接触的最下部分，是桥梁下部结构的重要组成部分。承受基础传来的荷载的那一部分地层（岩层或土层）则称为地基。地基与基础受到各种作用后，其本身将产生应力和变形。为了保证桥梁的正常使用和安全，地基和基础必须具有足够的强度和稳定性，变形也应在容许范围之内。根据地基土的土层变化情况、上部结构的要求和作用特点，桥梁基础可采用各种类型。

确定基础类型方案主要取决于地基土层的工程性质与水文地质条件、荷载特性、桥梁结构形式及其使用要求，以及材料的供应和施工技术等因素。方案选择的原则是：力争做到使用上安全可靠、施工技术上简便可行、经济上合理。因此，必要时应作不同方案的比较，从中得出较为适宜与合理的设计方案及其相应的施工方案。

众多工程实例表明，桥梁的地基基础的设计与施工质量的好坏，是关系到整座桥梁质量的根本问题。因为基础工程是隐蔽工程，如有缺陷，较难发现，也较难弥补或修复，而这些缺陷往往直接影响整座桥梁的使用甚至安危。基础工程施工的进度，经常控制全桥施工进度。下部工程的造价，通常占全桥造价相当大的比重，尤其是在复杂地质条件下或深水处修筑基础，更是如此。因此，从事这项工作必须做到精心设计，精心施工，确保万无一失。

桥梁是一个整体结构，上、下部结构和地基是共同工作、相互影响的。地基的任何变形都必然引起上、下部结构的相应位移，上、下部结构的力学特征也必然关系到地基的强度和稳定条件。所以，桥梁基础的设计、施工都应紧密结合桥梁结构的特点和要求，全面分析、综合考虑。

任务知识 2.1　桥梁基础

一、桥梁基础的类型与构造

桥梁基础根据埋置深度分浅置基础和深置基础两类，它们的施工方法不同，设计计算原理不同。浅置基础是在桥台或桥墩下直接修建的埋深较浅的基础（一般小于 5 m）。如若浅层土质不良，则需把基础埋置于较深的良好地层上，这样的基础称为深置基础（一般埋置深度大于 5 m）。基础埋置在土层内深度虽较浅，但在水下部分较深，如深水中的桥墩基础，称为深水基础。浅置基础最简单经济，也最常用；当需要设置深基础时，则常采用桩基础或沉井基础，特殊桥位也可能采用其他大型基础或组合形式。各类桥梁基础的分类见图 1.2.1。

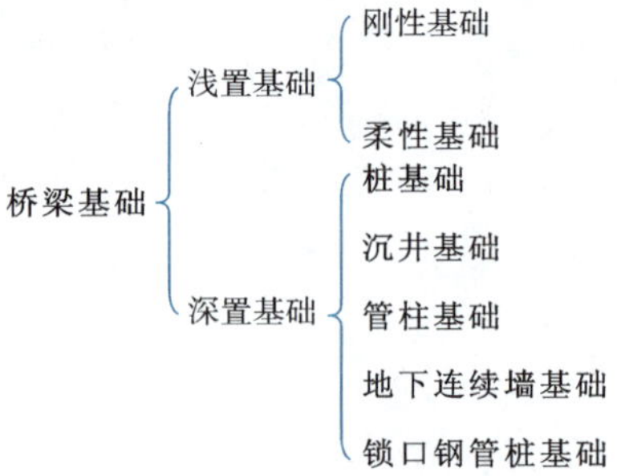

图 1.2.1　桥梁基础的分类

查一查

通过网络查找，港珠澳大桥采用了哪些基础类型？

常用基础形式有明挖扩大基础、桩基础、沉井基础、地下连续墙基础、管柱基础等，其中明挖扩大基础、桩基础应用较多，本情境将予以重点介绍。

1. 浅置基础

浅置基础按工作条件可分为刚性基础和柔性基础。刚性基础也称明挖扩大基础，是直接在墩台下开挖基坑修建而成的实体基础，适合于在岸上或水流冲刷影响不大的浅水处，且浅表地基承载力合适的地层。它构造简单，施工方便，最为常见。

明挖扩大基础的平面形状常为矩形，也有其他形式（视墩台身底面的形状而定）；立面形状可为单层或多层台阶扩大形式，与地基承载力及上部荷载大小等有关，如图 1.2.2 所示。自墩台身底边缘至基顶边缘的距离 c_1，以及台阶宽度 c_2、c_3 称为襟边，其作用一方面是扩大基底面积增加基础承载力，另一方面是对基础施工时在平面尺寸上可能发生的误差进行弥补，同时也为了支立墩台身模板的需要。襟边的最小值为 20～50 cm。基础每层台阶的高度通常为 50～100 cm，且一般情况下各层台阶宜采取相同厚度。基础的各级台阶的正交方向的坡线与竖直线所成夹角 α 称为刚性角，其值不应超过某一限值 α_{max}，以防基础开裂破坏。α_{max} 与基础材料有关，对于片石和粗料石砌体，当用强度等级为 M5 的砂浆砌筑时，不应大于 30°；当用 M5 以上的砂浆砌筑时，不应大于 35°；对于混凝土，不应大于 40°。

基础在地基反力作用下，在 $a—a$ 断面产生弯曲拉应力和剪应力，若超过了基础圬工的强度极限值，沿 $a—a$ 断面将产生开裂甚至断裂，为了防止基础在 $a—a$ 断面开裂甚至断裂，必须在基础中配置足够数量的钢筋，这种基础称为柔性基础，如图 1.2.3 所示。

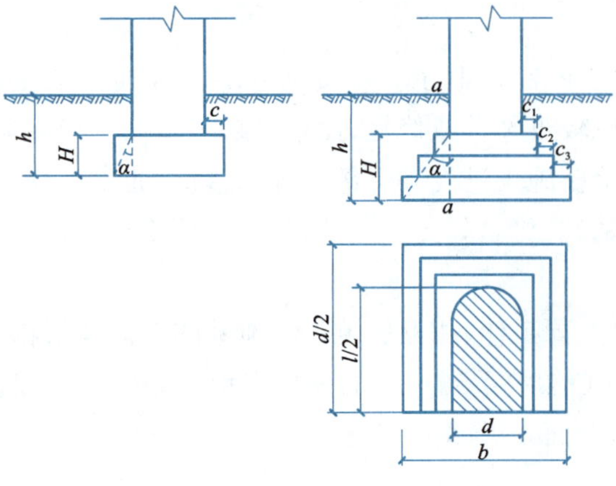

图 1.2.2　明挖扩大基础平面、立面图

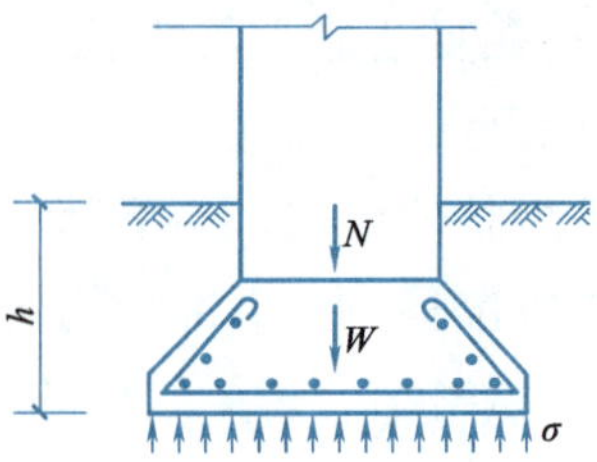

图 1.2.3　柔性基础

柔性基础主要使用钢筋混凝土浇筑，常见的形式有柱下扩展基础、条形和十字形基础、筏板及箱形基础等。柔性基础整体性能较好，抗弯刚度较大。

明挖扩大基础的常用材料有混凝土、片石混凝土、浆砌片石等。

明挖扩大基础的特点是稳定性好、施工简便、取材容易、能承受较大的荷载，所以只要地基承载力能满足要求，它是桥梁的首选基础形式。但其缺点是自重大，并且在持力层为软弱土时，由于基础面积不能无限制扩大，需要对地基进行处理或加固后才能采用。所以对于荷载较大，上部结构对沉降变形较为敏感（超静定结构），持力层的土质较差且较厚的情况，不宜采用明挖扩大基础。

2. 桩基础

当墩台所处位置的覆盖层很厚，适于承载的地基很深，或同时水深也较大时，往往需要采用深基础，桩基础就是一种常用的深基础。

桩基础由若干根桩和承台两部分组成，桩在平面排列上可为一排或几排，所有桩的顶部由承台连成一个整体。在承台上再修筑桥墩或桥台及上部结构，如图 1.2.4 所示。桩身可全部或部分埋入地基土中，当桩身外露在地面上较高时，在桩之间应加横系梁以加强各桩的横向联系。

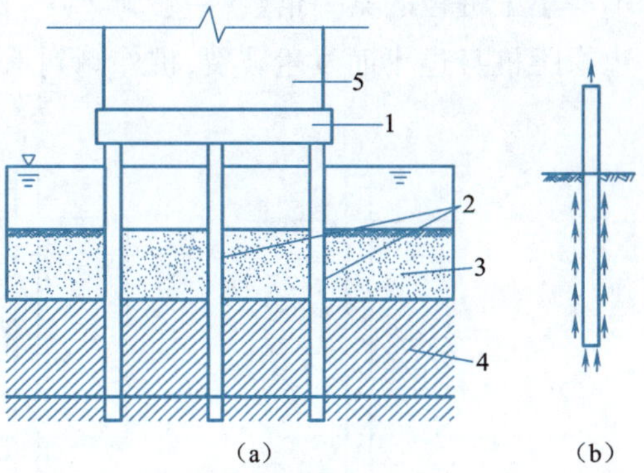

1—承台；2—基础；3—松软土层；4—持力层；5—墩身。

图 1.2.4 桩基础的一般构造

我国桥梁桩基础大多采用钢筋混凝土桩、预应力混凝土桩和钢桩，混凝土强度等级一般为 C20、C40。混凝土桩的截面形式有圆形、环形、方形、六角形等，钢桩的截面形式有圆形、H 形等。在桩轴方向，也分竖直桩和斜桩。斜桩通常用于拱桥墩台基础。

随着桥梁建设的发展和工程技术的进步，在桥梁实践中已形成了各种形式的桩基础，它们在自身构造和桩土相互作用性能上都具有各自的特点。

（1）按承台位置分类

按承台位置的不同，桩基础可分为高桩承台基础和低桩承台基础，如图 1.2.5 所示。高桩承台的承台底面位于地面（或冲刷线）以上，低桩承台的承台底面则位于地面（或冲刷线）以下。高桩承台的桩身外露部分称为桩的自由长度，而低桩承台桩的自由长度为零。高桩承台由于承台位置较高或设在施工水位以上，可减少墩台的圬工数量，避免或减少水下作业，施工较为方便。然而由于承台和基桩外露部分无侧边土层来共同承受水平外力，对基桩受力较为不利，桩身内力和位移都将大于在同样水平力作用下的低桩承台，稳定性亦较低桩承台差。近年来由于大直径钻孔灌注桩的采用，桩的刚度、强度都较大，因而高桩承台也多有采用。

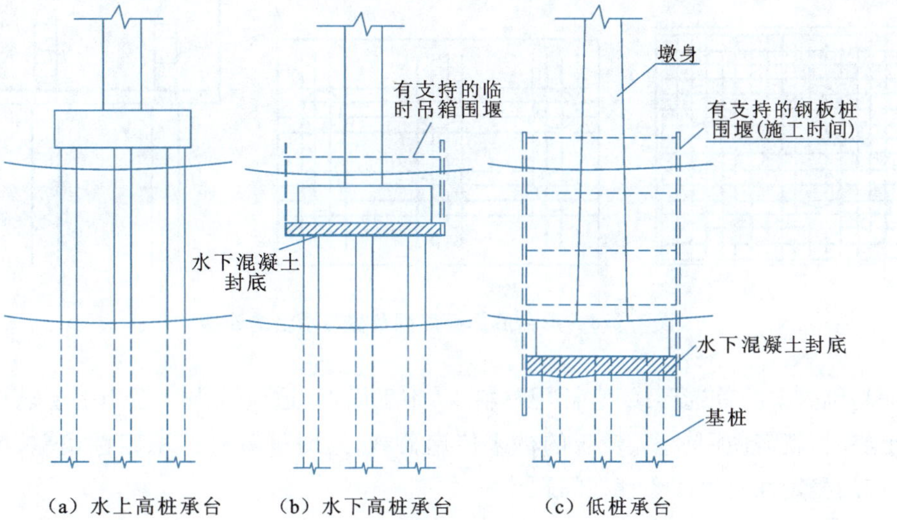

图 1.2.5 高桩和低桩承台

(2)按基础传力方式分类

按基础的传力方式,桩基础可分为柱桩与摩擦桩。柱桩是将桩尖通过软弱的覆盖层以后再嵌入坚硬的岩面,荷载由桩尖直接传到基岩中,桩像柱子一样受力,如图1.2.6(a)所示。摩擦桩是当基岩埋藏很深,桩尖不可能达到时,荷载通过位于覆盖层中的桩的桩壁与土壤间的摩阻力和桩的端部的支承力共同承受的桩基础,如图1.2.6(b)所示。柱桩承载力较大,较安全可靠,基础沉降也小,但若岩层埋置很深,就需要采用摩擦桩。由于柱桩和摩擦桩在土中的工作条件不同,与土共同作用的特点也就不一样,因此在设计计算时所采用的方法和有关参数也不一样。

桩基础内基桩的布置应根据荷载大小、地基土质、基桩承载力等决定。采用大直径钻孔灌注桩的公路中小跨度的桥梁常用单排式(横向),在大型桥梁基础中,或桩承受的水平力较大时,则采用多排式。图1.2.7(a)为行列式,图1.2.7(b)为梅花式。考虑桩与桩侧土的共同工作条件和施工条件的需要,桩与桩间的中心距不得小于桩径的某一倍数,一般为2.0~2.5倍桩径,参见《公路桥涵设计规范》的规定。此外,为避免承台边缘距桩身过小而发生破裂,桩外侧到承台边缘的距离,亦不能太小,一般要求不小于0.3~0.5倍桩径。

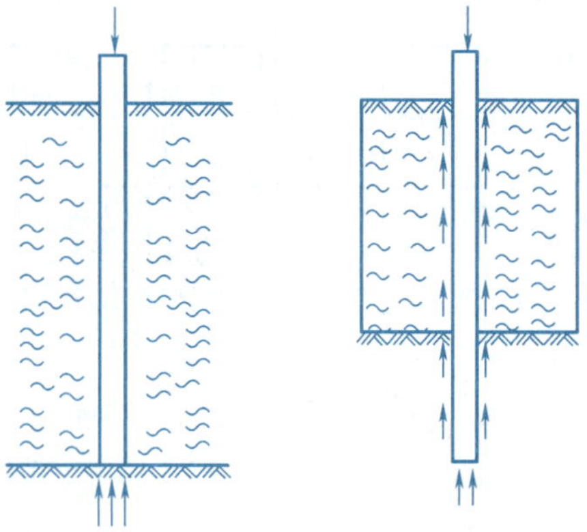

(a) 柱桩　　(b) 摩擦桩

图1.2.6　柱桩和摩擦桩

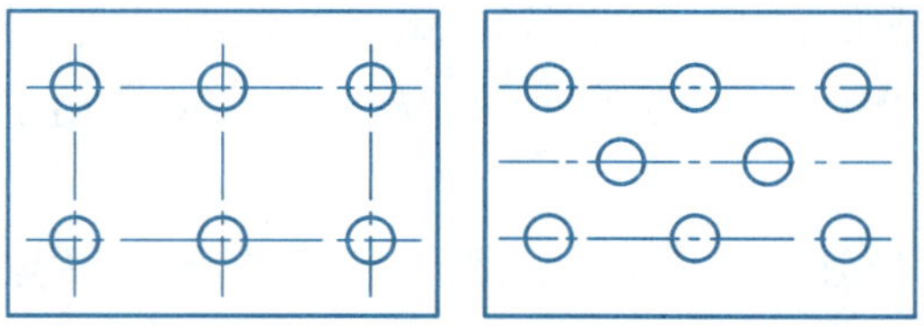

(a) 行列式　　(b) 梅花式

图1.2.7　桩的平面布置

桩基础承台的平面尺寸和形状,应根据墩台身底面尺寸和形状以及桩的平面布置而定,一般采用矩形和圆端形。承台厚度应保证承台有足够的强度和刚度。一般采用钢筋混凝土刚性承台,承台厚度和承台混凝土强度等级要满足施工图要求。承台底部需布置一层钢筋网,确保承台受力均匀,避免在桩顶荷载作用下开裂或破碎。承台与桩之间的连接,靠将桩顶主筋伸入承台来实现,桩身伸入承台的大小按施工图要求,如图1.2.8所示。

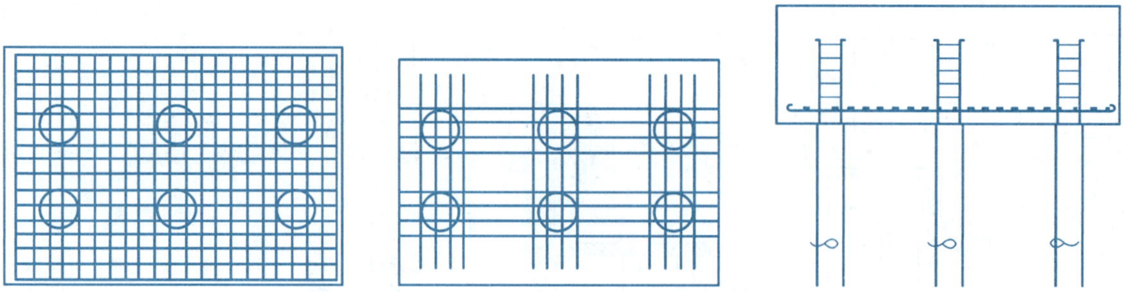

图1.2.8　承台底面钢筋网及桩与承台的连接

桩基础是深基础方案的首选形式,它耗用材料少,施工简便,适应性强。但当上层软弱土层很厚,桩底不能达到坚实土层时,就需使用较多、较长的桩来传递荷载,这时桩基础的稳定性稍差,沉降量也较大;当覆盖层很薄时,桩的稳定性也可能会存在问题。

3. 沉井基础

沉井基础是一种历史悠久的施工方法，适用于地基表层较差而深部较好的地层，既可以用在陆地上，也可以用在较深的水中。所谓沉井基础，就是用一个事先筑好的以后充当基础的混凝土井筒，一边挖土，一边靠它的自重不断下沉直至设计高程的方法来完成的。基本施工工序是：首先在地面（或人工筑岛）上做成钢筋混凝土沉井底节，底节足部的内侧井壁做成由内向外斜的“刃脚”；然后用机械或人工方法挖掘与清理井底土壤，使之不断下沉，沉井底节以上随之逐节接高；沉井下沉到设计高程后，再以混凝土封底，并修筑沉井顶盖，沉井基础便完成，最后再在其上修建墩身。

沉井依外观形状的分类，在平面上可分为圆形、矩形及圆端沉井[见图1.2.9(a)]等。采用矩形沉井[见图1.2.9(b)]是为了保证下沉的稳定性，沉井的长边和短边之比不宜大于3。圆形沉井[见图1.2.9(c)和图1.2.9(d)]受力好，适用于河水主流方向易变的河流；矩形沉井制作方便，但四角处的土不易挖除。圆端形沉井兼有两者的特点。沉井基础的平面形状常决定于墩(台)底部的形状。对矩形墩或圆端墩，可采用相应形状的矩形和圆端形沉井。当墩的长宽比较接近时，可采用圆形沉井或方沉井。

沉井竖直剖面外形主要有竖直式、倾斜式及阶梯式等，如图1.2.10所示。采用形式主要视沉井需要通过的土层性质和下沉深度而定。外壁竖直形式的沉井，在下沉过程中不易倾斜，井壁接长较简单，模板可重复使用，故当土质较松软、沉井下沉深度不大时，可以采用这种形式。倾斜式及阶梯式井壁可以减少土与井壁的摩阻力，其缺点是施工较复杂，消耗模板多，同时沉井下沉过程中容易发生倾斜，在土质较密实、沉井下沉深度大、要求在不太增加沉井本身重量的情况下，可采用这类沉井。倾斜式的沉井井壁坡度一般为1/40～1/20，阶梯形井壁的台阶宽度为100～200 mm。

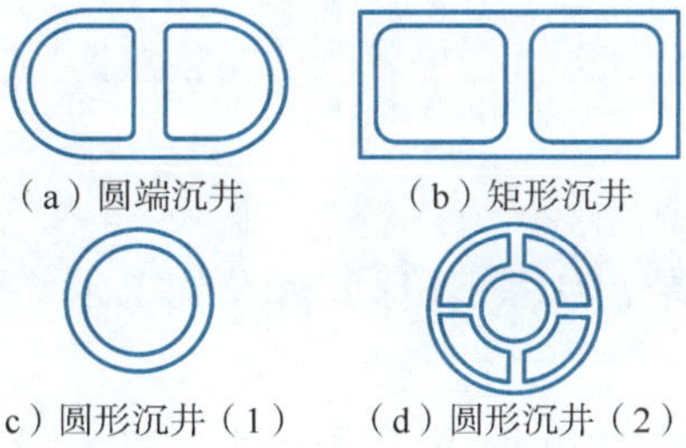

图1.2.9 沉井的平面形式

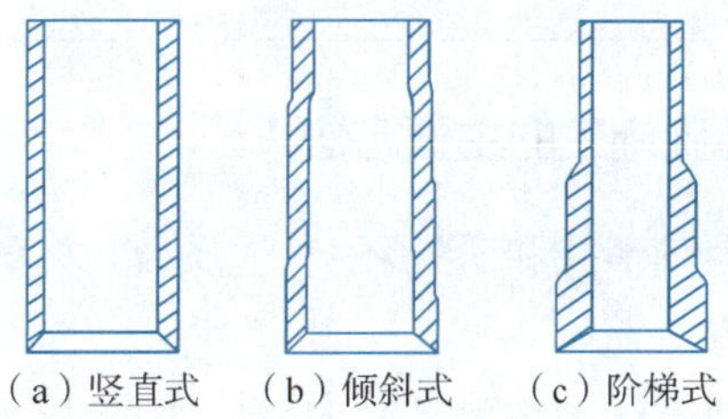

图1.2.10 沉井的竖剖面形式

沉井基础虽有多种形式，但基本构造相同，它由刃脚、井壁、隔墙、井孔、凹槽、射水管和探测管、封底、顶盖(或承台)以及环箍等组成，如图1.2.11所示。刃脚位于井壁的下端，其作用是切割土层。井壁是沉井的外壳，在下沉过程中起防水挡土作用；当沉至设计位置后，井壁则成为基础的组成部分。设置凹槽是为了满足传递封底混凝土底的基底反力至井壁，并增强封底混凝土与井壁的联结。顶盖用于承托其上部的墩台身，一般为钢筋混凝土。

4. 管柱基础

管柱基础是一种大直径桩基础，适用于深水、有潮汐影响以及岩面起伏不平的河床。它是将预制的大直径(直径1.5～5.8 m，壁厚10～14 cm)钢筋混凝土或预应力混凝土管柱，用大型的振动沉桩锤沿导向结构将桩竖向振动下沉到基岩，然后以管壁作护筒，用水面上的冲击式钻机进行凿岩钻孔，再吊入钢筋笼架并灌注混凝土，将管柱与基岩牢固连接。管柱施工需要有振动沉桩锤、凿岩机、起重设备等大型机具，动力要求也高，一般用于大型桥梁基础，如图1.2.12所示。

5. 地下连续墙

地下连续墙是用膨润土泥浆进行护壁，在防止开挖壁面坍塌的同时，在设计位置开挖一条狭长的深槽，然后将钢筋骨架放入槽内，并灌注水下混凝土，从而在地下形成连续墙体的一种基础形式。

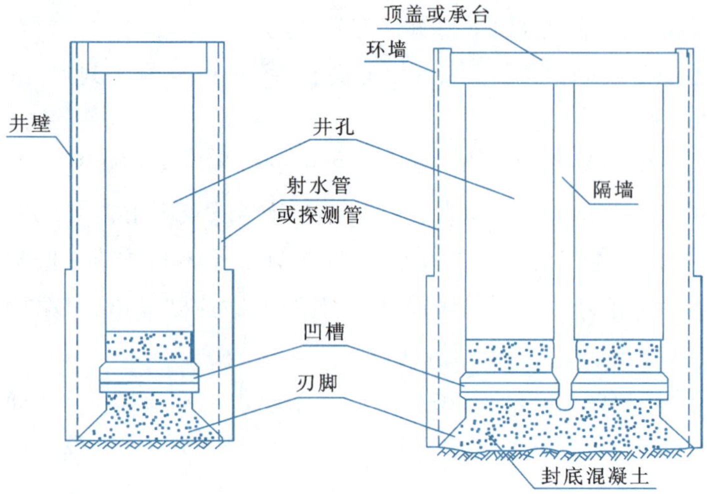

图 1.2.11　沉井构造

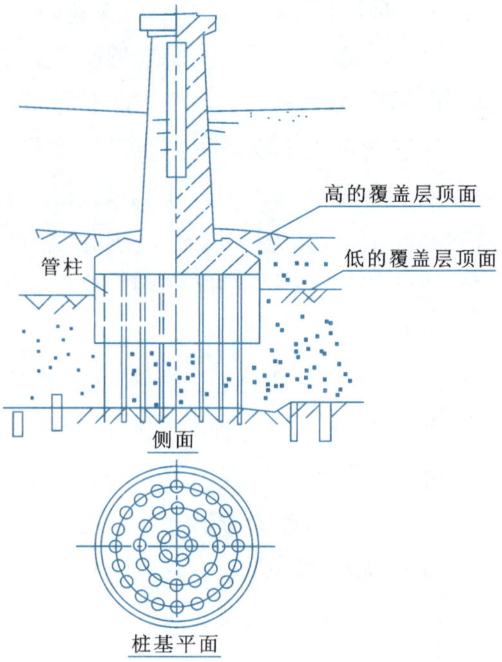

图 1.2.12　管柱基础(武汉长江大桥)

说一说

举例说明高桩承台的优势。

二、桥梁基础施工的主要方法

桥梁基础因其形式和所处环境、地质、水文条件、桥梁结构体系、环保要求及施工条件等因素不同要选用不同的施工方法。

旱地土质地基上的扩大基础多采用明挖法,可以采用人工开挖也可采用机械开挖;若为岩石地基,还需进行适当的爆破施工。水中明挖基础必须采用人工开挖或者采取临时改河措施。

桩基础的成孔一般有挖孔和钻孔两种方法。挖孔适用于旱地无水或地下水位较低的密实土质地层或岩石地层。钻孔按地质条件不同可选用旋转钻成孔、冲击钻成孔、冲抓钻成孔等多种形式。桥梁基础的施工方法如图 1.2.13 所示。

任务知识 2.2　明挖扩大基础施工工艺

桥梁的扩大基础多是刚性浅基础,其施工方法常采用明挖法,是直接在墩台下开挖基坑修建而成的实体基础。它适合于在岸上或水流冲刷影响不大的浅水处,且浅表地层承载力合适的地层。它构造简单,施工方便,最为常见。

明挖地基施工前,应对基坑边坡的稳定性进行验算,并应制订专项施工技术方案和安全技术方案。基坑的开挖施工如需爆破,爆破作业的安全管理应符合现行国家标准《爆破安全规程》(GB 6722—2024)的规定。

基坑开挖时,应根据其等级和规模,对基坑结构的受力、变形、稳定性、坑外重要构筑物和地下管线的位移变形等进行监测控制,保证施工安全以及周边重要构筑物及地下管线的安全。对危险性较大的基坑,除应按边开挖、边支护的原则进行施工外,尚应建立信息化实时监控系统,指导施工。挖基的废方应进行妥善处置,不得阻塞河道,影响泄洪,污染环境。

扩大基础的施工方法通常是采用明挖的方式进行的。在开挖基坑前,应做好复核基坑中心线、方向和高程,并应根据地质水文资料,结合现场情况,决定开挖坡度、支护方案以及地面的防水、排水措施。若地基土质较为坚实,开挖后能保持坑壁稳定,可不设置支撑,采取放坡开挖。实际工程由于土质关系、开挖深度、放坡受到用地或施工条件限制等因素影响,需采取各种加固坑壁措施,在开挖过程中有渗水时,则需要在基坑四周挖边沟或集水井以利排除积水。在水中开挖基坑时,一般需预先修筑临时性的挡水结构物(称为围堰),如土袋围堰等,然后将基坑内的水排干,再开挖基坑。基坑开挖至设计高程后,必须抓紧进行坑底土质鉴定、清理与整平工作,及时砌筑基础结构物。因此明挖扩大基础施工的主要内容包括基础的定位放样、基坑开挖、基坑排水、基底检验与处理,以及砌筑(浇筑)基础结构物等。

- 基础施工方法
  - 扩大基础施工方法
    - 机械开挖基坑浇筑法
    - 人工开挖基坑浇筑法
    - 土石围堰开挖基坑浇筑法
    - 板桩围堰开挖基坑浇筑法
  - 桩基础施工方法
    - 沉入桩施工方法
      - 锤击法
      - 振动法
      - 静力压桩法
      - 辅助沉桩法
        - 射水辅助沉桩
        - 预钻孔辅助沉桩
      - 沉管灌注法
    - 灌注桩施工方法
      - 人工挖孔法
      - 机械成孔法
        - 螺旋钻机成孔法
        - 潜水钻孔机成孔法
        - 冲击钻机成孔法
        - 正循环回转法
        - 反循环回转法
        - 冲抓钻机成孔法
        - 旋转锥钻孔法
    - 大直径钻孔埋置空心桩
  - 沉井基础施工方法
    - 排水开挖下沉法
    - 不排水开挖下沉法
    - 空气幕下沉法
    - 泥浆润滑下沉法
  - 管柱基础施工方法
  - 地下连续墙施工方法

图 1.2.13　桥梁基础的施工方法

一、基础的定位放样

在基坑开挖前,先进行基础的定位放样工作,以便将设计图上的基础位置准确地设置到桥址上。放样工作系根据桥梁中心线与墩台的纵横轴线,推出基础边线的定位点,再放线画出基坑的开挖范围。基坑各定位点的高程及开挖过程中高程检查,一般用水准测量的方法进行。

二、基坑开挖

1. 陆地基坑开挖

基坑大小应满足基础施工要求,对渗水土质的基坑坑底开挖尺寸,需按基坑排水设计(包括排冰沟、集水井、排水管网等)和基础模板设计而定,通常基底尺寸应比设计平面尺寸各边增宽 0.5 ~ 1.0 m。基坑可采用垂直开挖、支撑加固或其他加固的开挖方法,具体应根据地质条件、基坑深度、施工期限与经验,以及有无地表水或地下水等现场因素来确定。

(1)坑壁不加支护的基坑开挖施工方法

对于在干涸无水河滩、河沟,或有水经改河或筑堤能排除地表水的河沟中;在地下水位低于基底,或渗透量少，不影响坑壁稳定；以及基础埋置不深，施工期较短，挖基坑时，不影响邻近建筑物安全的施工场所，可考虑选用坑壁不加支护的基坑。基坑的形式如图 1.2.14 所示。

黏性土在半干硬或硬塑状态基坑顶缘无活荷载，稍松土质基坑深度不超过 0.5 m，中等密实（锹挖）土质基坑深度不超过 1.25 m，密实（镐挖）土质基坑深度不超过 2.00 m 时，均可采用垂直坑壁基坑。基坑深度在 5 m 以内，土的湿度正常时，基坑可按图 1.2.14 所示，采用斜坡坑壁开挖或按坡度比值挖成阶梯形坑壁，每梯高度为 0.5～1.0 m 为宜，可作为人工运土出坑的台阶。土的湿度可能使坑壁不稳定而引起坍塌时，基坑坑壁坡度应缓于该湿度下的天然坡度。当基坑有地下水时，地下水位以上部分可以放坡开挖；地下水位以下部分，若土质易坍塌或水位在基坑底以上较深时，应加固开挖。基坑坑壁坡度见表 1.2.1。

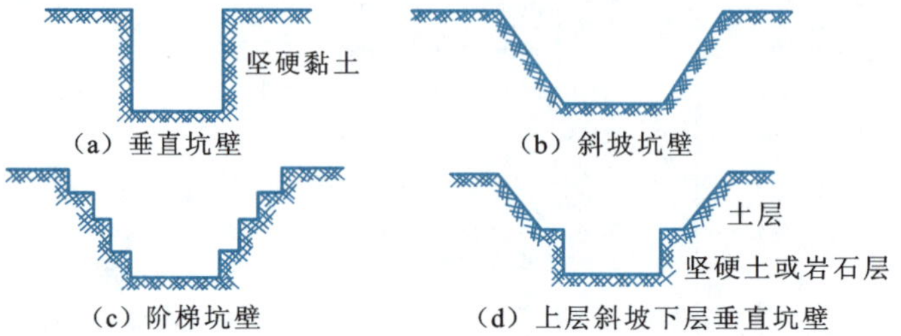

图 1.2.14 坑壁不加支撑的基坑形式

表 1.2.1 基坑坑壁坡度

坑壁土类	坡顶无荷载	坡顶静荷载	坡顶动荷载
砂土类	1:1	1:1.25	1:1.5
卵石、砾类土	1:0.75	1:1	1:1.25
粉质土、黏质土	1:0.33	1:0.5	1:0.75
极软岩	1:0.25	1:0.33	1:0.67
软质岩	1:0	1:0.1	1:0.25
硬质岩	1:0	1:0	1:0

注：1. 坑壁有不同土层时基坑坑壁坡度可分层选用，并酌设平台。
2. 坑壁土类按照现行《公路土工试验规程》（JTG 3430—2020）划分。
3. 岩石单轴极限强度 <5.5 MPa、5.5～30 MPa、>30 MPa 时，分别定为极软、软质、硬质岩。
4. 当坑壁深度大于 5 m 时基坑坑壁坡度可适当放缓或加设平台。

无水基坑施工中，对于一般小桥涵的基础，基坑工程量不大，可用人力施工方法；大、中型桥梁基础工程，基坑深，基坑平面尺寸较大，挖方量多，可用机械或半机械施工方法。

练一练

某基坑坑壁为粉土，湿度正常，地下水位在坑底以下，坡顶处堆放有施工用模板，采用何种坡度开挖？

（2）坑壁有支护加固的基坑开挖施工方法

如果基坑壁边坡不易稳定，并有地下水渗入，或放坡开挖场地受限，或各类工程量太大，可按具体情况采用挡板支撑、钢木结合支撑、混凝土护壁（喷射混凝土护壁，现浇混凝土护壁）、钢板桩支撑、锚杆支护及地下连续墙等支护措施。

常用的坑壁支撑形式包括：直撑板式支撑、横撑板式支撑、框架式支撑、锚桩式支撑、锚杆式支撑、锚碇板式支撑及斜撑式支撑等，如图 1.2.15 所示。其施工方法根据土质情况不同，可一次挖成或分段开挖，每次开挖深度不宜超过 2 m。

（3）基坑开挖注意事项

基坑开挖时，应对基坑边缘顶面的各种荷载进行严格限制，并在基坑边缘与荷载之间设置护道，基坑深度小于或等于 4 m 时护道的宽度应不小于 1 m；基坑深度大于 4 m 时护道的宽度应按边坡稳定计算的结果进行适当加宽，水文和地质条件较差时应采取加固措施。

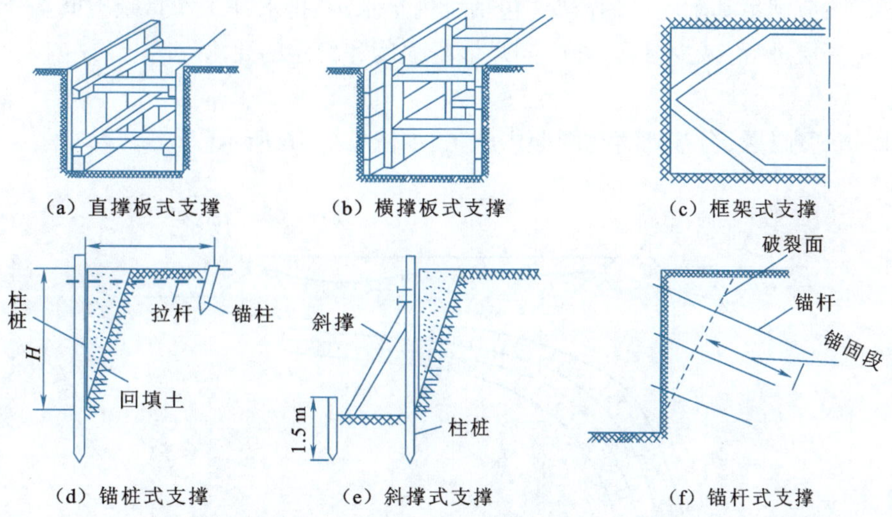

图 1.2.15 坑壁支撑形式

基坑开挖可以采用人工开挖，也可以采用挖掘机、推土机、装载机等机械进行开挖，但不管采用哪一种方法施工，基底均应避免超挖，已经超挖或松动部分应予以清除。若施工时间较长，又可能遇到暴雨天气时，应在基坑外设临时截水沟或排水沟，避免雨水流入基坑内，使坑内土质变化。任何土质基坑挖至高程后，都不能长时间暴露、扰动或浸泡而削弱其承载能力。一般土质基坑挖至基底高程时，应保留 10 ~ 20 cm 厚一层，在基础砌(浇)筑前人工突击挖除，迅速检验，随即进行基础施工。

岩石地基开挖，坑壁坡度见图 1.2.14(a)。硬质岩可以垂直向下，一般设计开挖深度为风化层厚度，新鲜基岩、微风化或弱风化岩层都可做基础持力层。开挖往往采用人工开挖，必要时可进行松动爆破，但要严格控制爆破深度和用药量，防止过量爆破引起持力层松动破坏。根据岩层的风化程度、倾向、倾角及发育状况，采用适当方法进行坑壁防护。挖出渣石必须运至设计指定地点，不能对施工安全或周围群众生产、生活环境造成危害。

(4)对坑壁采取支护措施

进行基坑的开挖时，应符合下列规定：

①坑壁较浅且渗水量不大时，可采用竹排、木板、混凝土板或钢板等对坑壁进行支护；基坑深度小于或等于 4 m 且渗水量不大时，可采用槽钢、H 型钢或工字钢等进行支护；地下水位较高，基坑开挖深度大于 4 m 时，宜采用锁口钢板桩或锁口钢管桩围堰进行支护；在条件许可时亦可采用水泥土墙、混凝土围圈或桩板墙等支护方式。

②对支护结构应进行设计计算，当支护结构受力过大时应加设临时支撑，支护结构和临时支撑的强度、刚度及稳定性应满足基坑开挖施工的要求。

2. 水中基础的基坑开挖

桥梁墩台基础大多位于地表水位以下，有时流水还比较大，施工时都希望在无水或静止水条件下进行。所以，桥涵水中基础施工，首先应采用围堰或临时改河措施排除水流影响，同时在开挖过程中要采取措施排除坑外渗水和地下水，施工难度比陆地作业量大，施工成本也增加很多。桥梁水中基础最常用的施工方法是围堰法。围堰的作用主要是防水和围水，有时还起着支撑施工平台和基坑坑壁的作用。

围堰可分为土围堰，土袋围堰，钢板桩围堰，钢筋混凝土板桩围堰，竹、铅丝笼围堰，套箱围堰，双壁钢围堰等多种。围堰的结构形式和材料要根据水深、水流速、地质情况、基础形式以及通航要求等条件进行确定。

(1)一般规定和要求

围堰顶面高程：应高出施工期间可能出现的最高水位(包括浪高)0.5 ~0.7 m。

围堰的外形和尺寸：应考虑河流断面被压缩后，流速增大导致水流对围堰本身和河床的集中冲刷，以及对河道泄洪、通航和导流的影响等不利因素。

堰内的平面尺寸:应满足基础施工的需要(包括坑内集水沟、排水井工作富余空间等所需的工作面)。

堰内的填筑:应分层进行,减少渗漏,并应满足堰身强度和稳定的要求。

(2)围堰实例

①为保持主航道通航,墩、台基础需在围堰内施工,如图 1. 2. 16 所示。

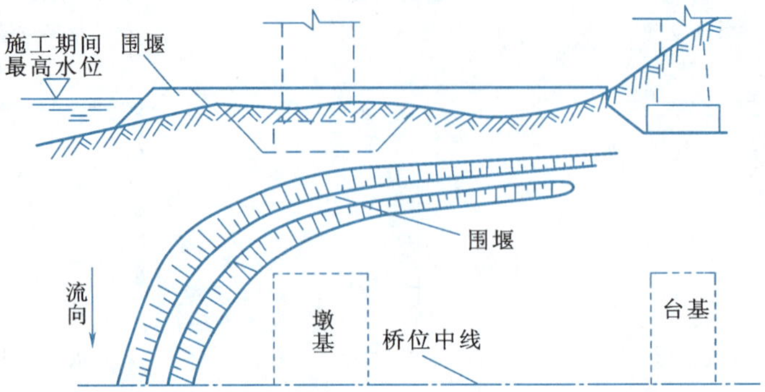

图 1. 2. 16　墩、台施工围堰

②中小桥梁受地形限制,为维持水流与正常通航,可设置临时性引渠,在原河道的上下游设置围堰,如图 1. 2. 17 所示。

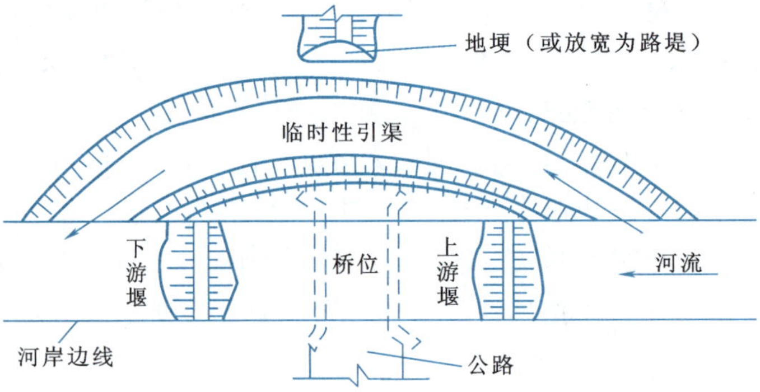

图 1. 2. 17　河宽限制上、下游围堰

③沿河流修筑土墙、驳岸时,为防止水浸,施工地段修建临时围堰,如图 1. 2. 18 所示。

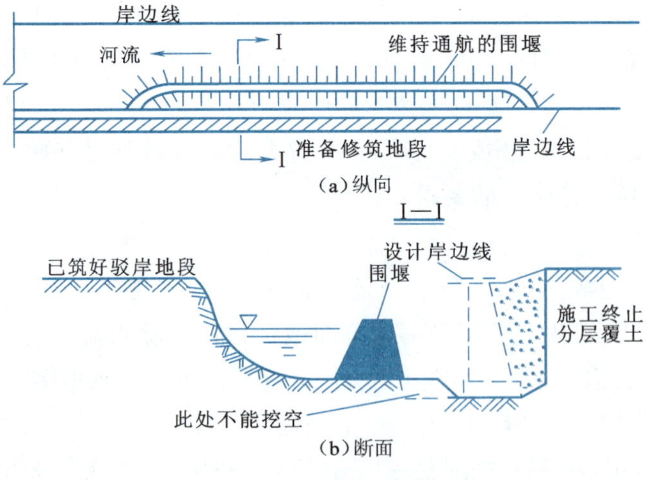

图 1. 2. 18　驳岸挡土墙施工围堰

(3)公路桥梁中常用的围堰形式

①土围堰(见图 1. 2. 19)。土围堰适用于水深 1. 5 m 以内,流速不大于 0. 5 m/s,河床中土质渗水性较小且满足泄洪要求的情况。

土围堰的断面常为梯形，堰顶宽 1 ~ 2 m，堰外边坡为 1:2 ~ 1:3，堰内边坡一般为 1:1 ~ 1:1.5，坡脚与基坑边缘距离根据河床土质及基坑深度而定，但不得小于 1 m。

筑堰宜采用黏性土或砂夹黏土，填出水面后应进行夯实。筑堰前应将堰底河床上的树根、石块、杂物等清除干净，填筑应自上游开始至下游合拢。流速过大有冲刷危险时，在外坡面用草皮、柴排、片石或草袋等加以防护。

②土袋围堰（见图 1.2.20）。土袋围堰适用于水深 3.0 m 以内、流速不大于 1.5 m/s、河床土质渗水较小且满足泄洪要求的情况。围堰中心部分可填筑黏土及黏性土芯墙。堰顶宽一般为 1 ~ 2 m，有黏性土芯墙时为 2 ~ 2.5 m，堰外边坡 1:0.5 ~ 1:1，堰内边坡 1:0.2 ~ 1:0.5。土袋内装填松散黏性土，装填量宜为袋容量的 60%，袋口用麻线或细铁线缝合。水流流速较大时，在过水面及迎水面，袋内可装填粗砂或卵石。坡脚至基坑边距离及堰底河床处理方法、填筑方向与土围堰相同。堆码时土袋在的上、下层和内、外层应相互错缝，搭接长度宜为 1/2 ~ 1/3，堆码应密实平整。

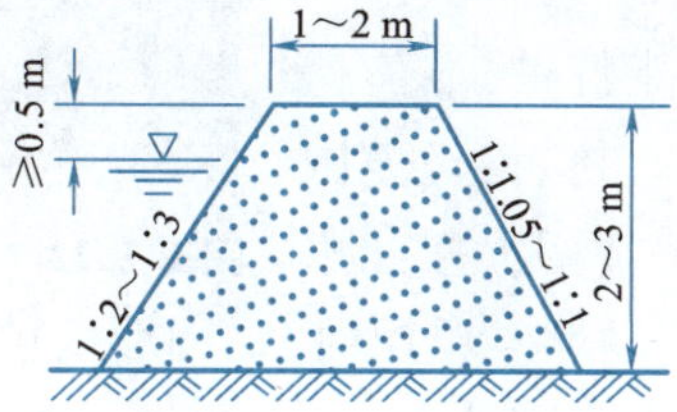

图 1.2.19　土围堰

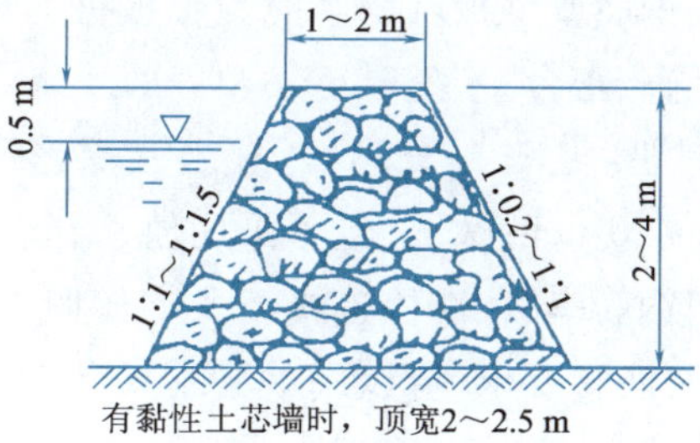

图 1.2.20　土袋围堰

③钢板桩围堰（见图 1.2.21）。钢板桩围堰适用于砂类土、黏性土、碎石土及风化岩石等河床的深水基础，钢板桩的机械性能和尺寸应符合相关要求。我国常用德国拉森式槽型钢板桩，经过整修或焊接后钢板桩应采用同类型钢板进行锁口连接并通过试验检查，钢板桩的接长应以等强度焊缝接长。当设备许可时，宜在打桩前将 2 ~ 3 块钢板拼为一组，组拼后用夹具夹牢。钢板桩堆存、搬运、起吊时，应防止由于自重而引起的变形和锁口损坏。

图 1.2.21　钢板桩围堰

插打钢板桩时，必须具有可靠的导向设备，以保证钢板桩的垂直沉入。一般先将全部钢板桩逐根或逐组插打到稳定深度，然后依次打入至设计深度。插打的顺序按施工组织设计进行，一般自上游分两头插向下游合拢。插打前在锁口内涂以黄油、锯末等混合物，组拼桩时，用油灰和棉花捻缝，防止漏水。钢板桩顶达到设计高程时的平面位置偏差，在水上打桩时应小于等于 20 cm，在陆地打桩时小于等于 10 mm。在插打过程中，应随时检查其平面位置是否正确，桩身是否垂直，发现倾斜应立即纠正或拔起重插。

当水深较大时，常用围檩（由钢或钢木构成的框架）作为钢板桩的定位和支撑。在深水处修筑围堰，为了保证围堰不渗水或尽可能少渗水，可采用双层钢板桩围堰，或采用钢管式的钢板桩围堰。钢板桩可用锤击、振动或辅以射水等方法下沉，但在黏土地基中不宜使用射水。锤击时宜使用桩帽，以分布冲击力和保护桩头。在插打钢板桩时，如起重设备高度不够，允许改变吊点位置，但吊点位置不得低于桩顶以下 1/3 桩的长度。围堰将合拢时，宜经常观测四周的冲淤状况，必要时应采取措施，预防上游冲空、涌水或下游淤积，影响施工进程。

拔除钢板桩前，宜向堰内灌水，使堰内外水位相等或堰内水位高于堰外水位 1.0～1.5 m。拔桩时从下游附近易于拔除的一根或一组钢板桩开始，并尽可能采用振动拔桩法。钢板桩强度大，防水性能好，打入土、砾、卵石层时穿透性能强，适合于水深 10～30 m 的桥位围堰。

④钢筋混凝土板桩围堰（见图 1.2.22）。钢筋混凝土板桩围堰适用于黏性土、砂类土、碎石土类河床，除用于基坑挡土防水以外，还可不拔除作为建筑结构物的一部分。通常板宽 50～60 cm，厚 10～30 cm。为使其合拢及方便企口接缝，插打板桩时，应从上游开始按顺序进行直至下游合拢。板桩断面应符合设计要求，板桩桩尖角度视土质坚硬程度而定；沉入砂砾层的板桩桩头，应增设加劲钢筋或钢板。钢筋混凝土板桩的制作，应用刚度较大的模板，榫口接缝应顺直、密合。

图 1.2.22　钢筋混凝土板桩围堰

⑤竹、铅丝笼围堰（见图 1.2.23）。在岩层裸露河底不能打桩，或流速较大而水深在 1.5～4.0 m 的情况下，可采用竹、铅丝笼围堰。竹、铅丝笼围堰制作应坚固，可用钢筋串联、螺栓连接以及钢丝捆扎等方法加固。按照水深、流速、基坑大小及防渗要求，可以用单层或双层竹、铅丝笼围堰。单层时，在围堰内填土袋，在外侧堆土袋；双层时，在两层之间填土，避免渗漏。竹、铅丝笼的宽度，为水深的 1.0～1.5 倍。竹、铅丝笼可用浮运、吊装或滑移就位，就位后填石（装土）下沉，在堰底外围堆土袋，以防堰底渗漏。

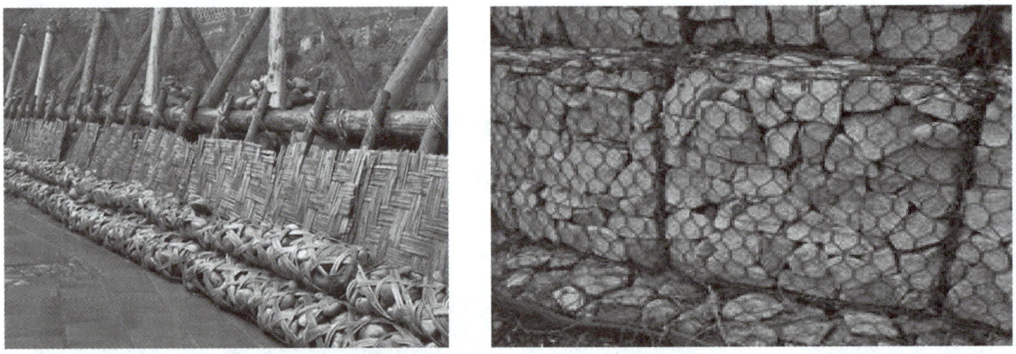

图 1.2.23　竹、铅丝笼围堰

⑥套箱围堰（见图 1.2.24）。套箱围堰适用于埋置不深的水中基础，也可用以修建桩基承台。无底套箱围堰用木板、钢板或钢丝水泥制成，内部设钢木支撑。根据具体施工条件制成整体式或装配式，而相应的各自施工方法也不相同。

图 1.2.24　套箱围堰

套箱施工可分为准备、制作、就位、下沉、清基和浇筑水下混凝土等工序。准备搭设工作平台，视具体情况采用浮动或固定平台形式；制作即在岸上加工拼装组件，或就地组装成整体运往工作平台就位下沉，或组件运往工作平台拼装后下沉；就位系将无底套箱在工作平台上定位，按测量控制就位于基础位置；下沉是将套箱吊起，拆去工作平台上脚手板等阻碍下沉的水平构件，计算机控制同步、缓慢下沉，保证套箱位置平稳，不得倾斜，并用绞车等设备随时校正套箱位置。下沉套箱之前清除河床表面障碍物，如果套箱设置在岩层上时，应整平岩面；如果基岩岩面倾斜，应将套箱底部做成与岩面相同的倾斜度以增加套箱的稳定并减少渗漏。下沉到位后，可采用吹沙吸泥或静水挖抓沙泥方法进行水下清基。清基完成后，经检验合格便可浇筑水下混凝土封底，再抽干套箱内积水，浇筑基础、墩台。

如果基坑土质不好，采用抽水挖基将产生涌泥或涌砂现象，严重影响坑壁的稳定时，或者基坑土质渗水量过大，已超过现有排水能力，基坑水抽不干时，均可采用水中挖基方法。常用的水中挖基方法包括水力吸泥机、水力吸石筒、空气吸泥机等。如遇有坚实土层，可用射水方法配合松土，以加快挖基进度；如基坑水深，挖方量大，亦可采用抓泥斗或挖掘机进行水中挖基作业。

查一查

请在网络上查找常用的钢板桩规格型号并列在下面。

三、基坑排水

围堰完工后，须将堰内积水排除。在开挖过程中，也可能有渗水出现，必须随挖随排。抽水设备的排水能力应大于渗水量的1.5～2.0倍。常用的排水方法包括集水坑（沟）排水法、井点排水法、帷幕法等。

1. 集水坑（沟）排水法

除严重流砂外，通常情况下均可适用集水坑（沟）排水法。集水坑（沟）的大小，主要根据渗水量的大小而定。集水沟沟底应低于基坑底面，集水沟底宽不小于0.3 m、纵坡为1%～5%。如排水时间较长或土质较差时，沟壁可用木板或荆篱支撑防护。集水坑一般设在下游位置，坑深应大于进水龙头高度，并用荆篱、竹篾、编筐或木笼围护，以防泥沙阻塞吸水龙头，如图1.2.25所示。

2. 井点排水法

井点排水法（见图1.2.26）适用于粉、细砂或地下水位较高、有承压水、挖基较深、坑壁不易稳定和普通排水方法难以解决的基坑，在无砂的黏质土中不宜采用。井点排水法在渗透系数为0.5～150 m/d的土壤中，特别在2～50 m/d的土壤中效果最好。一级井点降水深度一般可达3～6 m，二级井点可达6～9 m，超过9 m应选用喷射井点或深井泵法。应按土层的渗透系数、降低地下水位的深度及工程特点，选择适宜的井点法类型和所需设备，其使用范围见表1.2.2。

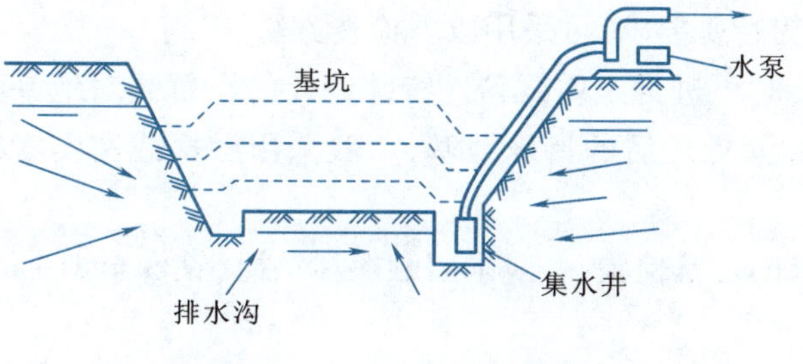

图1.2.25　集水坑（沟）排水法

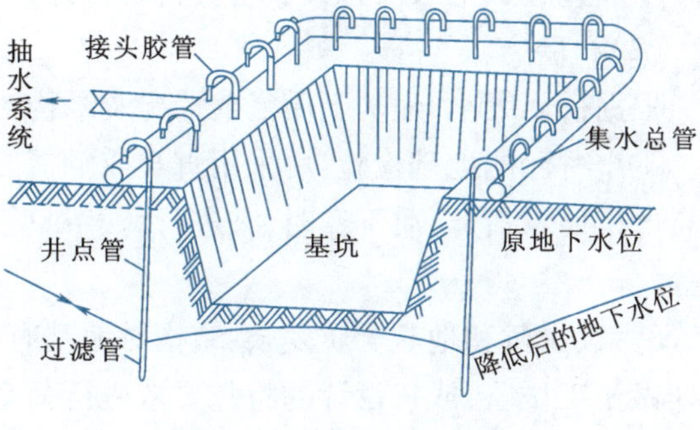

图1.2.26　井点排水法

表1.2.2　各种井点法的使用范围

序　　号	井点法类型	土壤渗透系数/($m\cdot d^{-1}$)	降低水位深度/m
1	轻型井点法	0.1～80	3～9
2	喷射井点法	0.1～50	8～20

续上表

序　号	井点法类型	土壤渗透系数/(m/d)	降低水位深度/m
3	射流泵井点法	0.1~50	<10
4	电渗井点法	<0.1	5~6
5	管井井点法	20~200	3~5
6	深井泵法	10~80	>15

使用井点排水法排水时,应注意下列事项。

①降低成层土中地下水位时,应尽可能将滤水管埋设在透水性较好的土层中;井点管的下端滤水长度应考虑渗水土层的厚度,但不得小于1 m。

②在水位降低的范围内设置水位观测孔,其数量视工程情况而定。

③应对整个井点孔位加强维护和检查,保证不间断地进行抽水。

④应考虑水位降低区域构筑物受其影响而可能产生的沉降,并应做好沉降观测,必要时采取防护措施。

3. 帷幕法

帷幕法是在基坑边线外设置一圈隔水幕,用以隔断水源,减少渗流水量,防止流砂、突涌、管涌、潜蚀等地下水的作用。有深层搅拌桩隔水墙、压力注浆、高压喷射注浆、冻结帷幕法等。

找一找

某基坑采用井点降水,土壤渗透系数15 m/d,降低水位深度12 m,采用哪种井点较合理?

四、基底检验与处理

1. 基底检验

基础是隐蔽工程,基坑施工是否符合设计要求,在基础浇筑前应按规定进行检验。施工人员要在监理工程师在场见证的情况下挖至设计高程自检,将检验情况填写地基检验表,报请监理工程师复验批准后,进行基础施工。

(1)检验内容

①检查基底平面位置、尺寸大小、基底高程。

②检查基底土质情况和承载力是否与设计文件相符。

③检查基底处理和排水情况是否符合规范要求。

④检查施工记录及有关试验资料是否齐全等。

(2)检验方法

根据桥涵大小、地基土质复杂情况及结构对地基有无特殊要求,可采用以下检查方法。

①小桥涵的地基检验:可采用直观或触探方法,必要时可进行土质试验。特殊设计的小桥涵对地基沉降有严格要求,且土质不良时,宜进行荷载试验。对经加固处理后的特殊地基,一般采用触探或密实度检验等。

②大、中桥和地基土质复杂、结构对地基有特殊要求的地基检验,一般采用触探和钻探(钻深至少4 m)取样做土工试验,或按设计的特殊要求进行荷载试验。

③特大桥按设计要求处理。

(3)检验标准

①基底平面周边线位置允许偏差不小于设计要求,且应满足基础施工作业的需要。

②基底高程允许偏差:土质±50 mm;石质+50 mm,−200 mm。

2. 地基处理

对符合设计要求的细粒土、特殊土等基底,经修整完成后,应尽快设置混凝土垫层并进行基础的施工,不得使基底浸水或长期暴露;基坑开挖后如基底的地质情况与设计不符时,应按程序进行设计变更并应对地基进行处理。地基处理应根据地基土的种类、强度和密度,按照设计要求,并结合现场情况,采取相应的处理方法。地基处理范围至少应宽出基础之外0.5 m。

①对强度低、稳定性差的细粒土及特殊土地基,如饱和软弱黏土层、粉砂土层、湿陷性黄土、膨胀土、季节性冻土等,处理时应视该类土的处治深度和含水率等情况,采取固结、换填等措施,使之满足设计要求。

②粗粒土和巨粒土地基的处理:对于强度和稳定性满足设计要求的粗粒土及巨粒土基底,应将其承重面平整夯实,其范围应满足基础的要求。基底有水不能彻底排干时,应将水引至排水沟,然后在其上修筑基础。

③岩层基底的处理:

风化的岩层,应挖至设计高程并满足地基承载力要求后尽快进行封闭,防止其继续风化。

在未风化的岩层上,基础施工前应先将淤泥、苔藓、松动的石块清除干净,并凿出新鲜岩面。

对坚硬的倾斜岩石层,应将岩层面凿平;倾斜度较大的无法凿平时,则宜凿成多级台阶,台阶的宽度宜不小于0.3 m。

④基础不应置于季节性冻融土层上,并不得直接与冻土接触。基础位于多年冻土层(即永冻土)上时,基底之上应设置隔温层或保温层材料,且铺筑宽度应在基础外缘加宽1 m。

按保持冻结的原则设计的明挖地基,其多年平均地温等于或高于-3 ℃时,应于冬季施工;多年平均地温低于-3 ℃时,可在其他季节施工,但应避开高温季节,并应按下列规定处理:

严禁地表水流入基坑;及时排除季节冻层内的地下水和冻土本身的融化水;必须搭设遮阳棚和防雨棚;施工前做好充分准备,组织快速施工。做好的基础应立即回填封闭,不宜间歇。必须间歇时,应以草袋、棉絮等保温材料加以覆盖,防止热量侵入。

施工时,明水应在距坑顶10 m之外修排水沟。水沟内的水,应引向远离基坑的位置排出;当有融化水时亦应及时排除。

⑤影响基底稳定的溶洞的处理:处理溶洞地基时,不得堵塞溶洞水路。

干溶洞可用砂砾石、碎石、干砌或浆砌片石及灰土混凝土等回填密实。当基底干溶洞较大,回填处理有困难时,可采用桩基进行处理。桩基的设置应履行设计变更手续,并应由设计单位进行设计。

⑥泉眼地基的处理

对有泉眼的地基,可将有螺口的钢管紧密打入泉眼,盖上螺帽并拧紧,阻止泉水流出;或向泉眼内压注速凝的水泥砂浆,再打入木塞堵眼。

当堵眼有困难时,可采用管子塞入泉眼,将水引流至集水坑排出;或在基底下设盲沟引流至集水坑排出,待基础施工完成后,再向盲沟压注水泥浆堵塞。采用引流方式排水时,应注意防止砂土流失,引起基底沉陷。

基底泉眼,不论采用何种方法处理,都不应使基底饱水。

⑦当地基需要加固时,应根据设计要求及有关规范处理。

说一说

请在网络上查找一个典型地基处理案例,简要汇报。

五、基础主体施工

1. 砌筑基础

(1)砌体材料要求

砌体工程所用的材料包括石料、混凝土预制块、砂浆及小石子混凝土。

①石料应符合设计规定的类别和强度,石质应均匀、不易风化、无裂纹。一月份平均气温低于-10 ℃的地区,除干旱地区的不受冰冻部位外,所用石料应通过冻融试验,抗冻性指标合格后,方可使用。

砌体工程用石料主要有片石、块石和粗料石。片石的厚度大于等于150 mm。用作镶面的片石，应选择表面较平整的石料，尺寸较大者应稍加修整。块石的形状应大致方正，上下面应大致平整，厚度应为200～300 mm，宽度应为厚度的1.0～1.5倍。块石如有锋棱锐角，应敲除。块石用作镶面时，应从外露面四周向内稍加修凿；后部可不作修凿，但应略小于修凿部分。粗料石外形应方正，成六面体，厚度应为200～300 mm，宽度应为厚度的1.0～1.5倍，长度应为厚度的2.5～4.0倍，表面凹陷深度应小于等于20 mm。加工镶面粗料石时，丁石长度应比相邻顺石宽度大150 mm；修凿面每100 mm长应有錾路4～5条，侧面修凿面应与外露面垂直，正面凹陷深度不应超过15 mm；外露面带细凿边缘时，细凿边缘的宽度为30～50 mm。

②混凝土预制块要求规格、形状和尺寸统一，表面平整，强度符合设计要求。

③砌筑用砂浆的类别和强度等级应符合设计规定。

砂浆中所用水泥、砂、水等材料的质量应符合《公路桥涵施工技术规范》中相应规定。砂宜采用中砂或粗砂，当缺乏天然中砂或粗砂时，可采用满足质量要求的机制砂代替；在保证砂浆强度的基础上，也可采用细砂，但应适当增加水泥用量。砂的最大粒径，当用于砌筑片石时，不宜超过5 mm；当用于砌筑块石、粗料石时，不宜超过2.5 mm。

砂浆的配合比应通过试验确定，当变更砂浆的组成材料时，其配合比应重新试验确定。砂浆应具有良好的和易性，用于石砌体时其稠度宜为50～70 mm，气温较高时可适当增大。砂浆的配制宜采用质量比，并应随拌随用，保持适宜的稠度，且宜在3～4 h内使用完毕；气温超过30 ℃时，宜在2～3 h内使用完毕。在运输过程或在储存器中发生离析、泌水的砂浆，砌筑前应重新拌和；已凝结的砂浆，不得使用。

各类砂浆均宜采用机械拌和，拌和时间宜为3～5 min。

④小石子混凝土应符合下列要求。配合比设计、材料规格、强度试验及质量检验标准应符合规范的规定。粗集料可采用细卵石或碎石，最大粒径不宜大于20 mm。小石子混凝土的拌和物应具有良好的和易性，对片石砌体其坍落度宜为50～70 mm，对块石砌体其坍落度宜为70～100 mm。

（2）砌体的砌筑施工应符合的规定

①砌块在使用前应浇水湿润，砌块的表面如有泥土、水锈，应清洗干净。

②砌筑基础的第一层砌块时，如基底为岩层或混凝土基础，应先将基底表面清洗、湿润，再坐浆砌筑；如基底为土质，可直接坐浆砌筑。

③砌体宜分层砌筑，砌体较长时可分段分层砌筑，但两相邻工作段的砌筑高差不宜超过1.2 m；分段位置宜设在沉降缝或伸缩缝处，各段的水平砌缝应一致。

④各砌层应先砌外圈定位行列，再砌筑里层，其外圈砌块应与里层砌块交错连成一体。

（3）浆砌片石的砌筑施工应符合的规定

①片石应分层砌筑，宜以2～3层砌块组成一工作层，每一工作层的水平缝应大致找平。各工作层竖缝应相互错开，不得贯通。

②外圈定位行列和转角石，应选择形状较为方正及尺寸较大的片石，并长短相间地与里层砌块咬接。砌缝宽度不宜大于40 mm；采用小石子混凝土砌筑时，可为30～70 mm。

③较大的砌块应用于下层，安砌时应选取形状和尺寸较为合适的砌块，尖锐凸出部分应敲除。竖缝较宽时，应在砂浆中塞以小石块，但不得在石块下面用高于砂浆砌缝的小石片支垫。

（4）浆砌块石的砌筑施工应符合的规定

①块石应平砌，每层石料高度应大致相同。对外圈定位行和镶面石块，应丁顺相间或两顺一丁排列，砌缝宽度应不大于30 mm，上下竖缝的错开距离应不小于80 mm。

②砌体里层平缝的宽度不应大于30 mm，竖缝宽度不应大于40 mm，用小石子混凝土砌筑时不应大于50 mm。

（5）基础砌筑

当基坑开挖完毕并经检查验收后，即可砌筑基础。砌筑应自外缘开始（定位行列），砌好外圈后再填砌腹部，如图1.2.27所示。

①基础一般采用片石砌筑。

②当基底为非黏性土或干土时，在施工前应将其润湿，并应按设计要求浇筑混凝土垫层，垫层顶面不得高于基础底面设计高程。

③当地基为淤泥或承载力不足时，应按设计要求处理后方可进行基础的施工。

④当基底为岩石时，应用水冲洗干净，在基础施工前应铺设一层不低于基础混凝土强度等级的水泥砂浆。

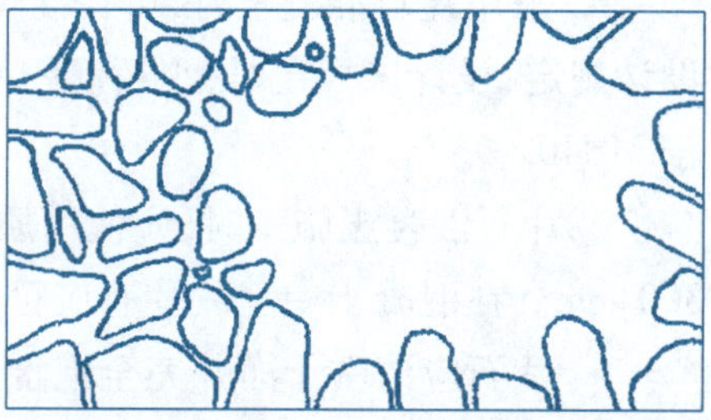

图 1.2.27　片石砌体定位行列和填腹

理一理

针对不同砌筑材料，砌缝及宽度有何要求？

2. 混凝土浇筑基础

(1)混凝土基础施工

①基础模板安装。根据基槽(坑)条件选择适宜的模板，支模前应先检查土壁的稳定情况，遇有裂纹及塌方危险时，应采取安全防范措施后，方准工人下坑作业。在基底冲洗干净、没有浮浆及残渣的情况下进行模板安装。基槽(坑)离上口边缘 1 m 内不得堆放模板及支撑件。同时上下人时要互相呼应，运下的模板及支撑件严禁立放在基槽(坑)土壁上。绑扎钢筋、灌注混凝土等不得站立在模板上操作，注意观测模板变形和稳定情况，防止混凝土在浇筑过程中因支撑过度或支撑不足而产生的变形。

②混凝土浇筑。首先在基础底面放出基础中线和内外轮廓线。灌注混凝土时，经常检查各部位尺寸是否正确，确保不发生变形。浇筑混凝土要连续，因故中途停止，应按施工缝处理。振捣器插入下层混凝土 50～100 mm。

若基础截面积不大时，混凝土应连续一次浇筑完成，以保持整体性。

大体积混凝土的施工应提前制订专项施工技术方案，并应对混凝土采取温度控制措施。大体积混凝土的浇筑、养护和温度控制应符合下列规定：

a. 施工前应根据原材料、配合比、环境条件、施工方案和施工工艺等因素，进行温控设计和温控监测设计，并应在浇筑后按该设计要求对混凝土内部和表面的温度实施监测和控制。对大体积混凝土进行温度控制时，应使其内部最高温度不大于 75 ℃，内表温差不大于 25 ℃，混凝土表面与大气温差不大于 20 ℃。

b. 大体积混凝土分层、分块浇筑，分层、分块的尺寸宜根据温控设计的要求及浇筑能力合理确定；支挡结构尺寸相对较小或能满足温控要求时，可全断面一次浇筑。

c. 分层浇筑时，在上层混凝土浇筑之前应对下层混凝土的顶面作凿毛处理，且新浇混凝土与下层已浇混凝土的温差宜小于 20 ℃，并应采取措施将各层间的浇筑间歇期控制在 7 昼夜以内。

d. 分块浇筑时，块与块之间的竖向接缝面应平行于结构物的短边，并应在浇筑完成拆模后按施工缝的要求进行凿毛处理。分块施工所形成的后浇段，应在对大体积混凝土实施温度控制且其温度场趋于稳定后方可浇筑；后浇段宜采用微膨胀混凝土，并应一次浇筑完成。

e. 大体积混凝土的浇筑宜在气温较低时进行，但混凝土的入模温度应不低于 5 ℃；热期施工时，宜采取措施降低混凝土的入模温度，且其入模温度不宜高于 28 ℃。

f. 大体积混凝土的温度控制宜按照“内降外保”的原则，对混凝土内部采取设置冷却水管通循环水冷却，对混凝土外部采取覆盖蓄热或蓄水保温等措施进行。在混凝土内部通水降温时，进出口水的温差宜小于或等于 10 ℃，且水温与内部混凝土的温差宜不大于 20 ℃，降温速率宜不大于 2 ℃/昼夜；利用冷却水管中排出的降温用水在混凝土顶面蓄水保温养护时，养护水温度与混凝土表面温度的差值应不大于 15 ℃。

g. 大体积混凝土采用硅酸盐水泥或普通硅酸盐水泥时，其浇筑后的养护时间不宜少于 14 昼夜，采用其他品种水泥时不宜少于 21 昼夜，在寒冷天气或遇气温骤降天气时浇筑的混凝土，除应对其外部加强覆盖保温外，宜适当延长养护时间。

③片石混凝土。

a. 片石混凝土仅适用于较大体积的基础、墩台身等圬工受压构件。

b. 采用片石混凝土时，可在混凝土中掺入不多于该结构体积20%的片石，片石的抗压强度等级应符合设计规定；设计未规定时，小桥涵的墩台、基础应不低于MU30，大、中桥的墩台和基础以及轻型桥台应不低于MU40。

④片石混凝土施工时，应使用质地坚硬、密实、耐久、无裂纹和无风化的石料，片石的厚度应为150～300 mm。在混凝土中埋放片石应符合下列规定：

a. 片石应清洗干净并完全饱水，应在浇筑时的混凝土中埋入一半左右。

b. 当气温低于0 ℃时，不得埋放片石。

c. 片石应分布均匀，净距应不小于150 mm，片石边缘距结构侧面和顶面的净距应不小于150 mm，片石不得触及结构钢筋和预埋件。

d. 混凝土应采取分层浇筑的方式，每层混凝土的厚度不应超过300 mm，大致水平，分层振捣，边振捣边加入片石。

(2)钢筋混凝土基础施工

旱地浇筑钢筋混凝土基础的主要工序如下：

①浇筑混凝土垫层。

②钢筋制作及安装：应在对基底及基坑验收完成后尽快绑扎、放置钢筋；在底部放置混凝土垫块，保证钢筋的混凝土净保护层厚度，同时安放墩柱或台身钢筋的预埋部分，保证其定位准确。

③钢筋检查：对全部钢筋进行检查验收，保证其根数、直径、间距、位置应满足设计文件和技术规范。

④混凝土浇筑：拌制好的混凝土运输至现场后，若高差不大，可直接倒入基坑内；若倾卸高度过大，为防止发生离析，应设置串筒或滑槽，槽内焊上减速钢梳，保证混凝土整体均匀运入基坑，用插入式振捣器振捣密实。浇筑应分层进行，但应连续施工，在下层混凝土开始凝结之前，应将上层混凝土灌注捣实完毕。基础全部浇筑完毕凝结后，要立即覆盖草袋、麻袋、稻草或沙子，并经洒水养生。养生时间一般普通硅酸盐水泥混凝土为7昼夜以上，矿渣水泥、火山灰质水泥或掺用塑化剂的混凝土应为14昼夜以上。

水中混凝土基础在基坑排水的情况下施工方法与旱地基础相同，只是在混凝土凝固后即可停止排水，也不需再进行专门的养生工作。

扩大基础施工质量应符合表1.2.3中的规定。

表1.2.3 扩大基础施工质量标准

检查项目		规定值或允许偏差
混凝土强度/MPa		在合格标准内
平面尺寸/mm		±50
基础地面高程/mm	土质	±50
	石质	+50，-200
基础顶面高程/mm		±30
轴线偏位/mm		≤25

自学自测

一、判断题

1. 旱地土质地基扩大基础可采用明挖法。 （ ）

2. 桥梁基础的形式有明挖扩大基础、桩基础、沉井基础、地下连续墙基础、管柱基础、组合式基础等。 （ ）

3. 明挖扩大基础不受冻胀和冲刷产生的恶劣影响。 （ ）

4. 围堰高度应高出施工期间可能出现的最高水位(包括浪高)0.5～0.7 m。（　　）

5. 泉眼地基的处理可将有螺口的钢管紧紧打入泉眼，盖上螺帽并拧紧，阻止泉水流出；或向泉眼内压注速凝的水泥砂浆，再打入木塞堵眼。（　　）

6. 井点管的下端滤水长度应考虑渗水土层的厚度，但不得小于1 m。（　　）

7. 集水井(沟)排水适用于粉、细砂、地下水位较高，有承压水、挖基较深、坑壁不易稳定的土质基坑。（　　）

8. 扩大基础按照图纸设计尺寸进行开挖。（　　）

9. 硬质岩基坑可挖垂直坑壁。（　　）

10. 钢板桩围堰适用于砂类土、黏性土、碎石土及风化岩石等河床的深水基础。（　　）

11. 土质基坑开挖时直接挖至基底设计高程。（　　）

12. 钢板桩的插打顺序按施工组织设计进行，一般自上游分两头插向下游合拢。（　　）

13. 套箱围堰适用于埋置很深的水中基础。（　　）

14. 基底检验平面周线位置的允许偏差是－20 cm。（　　）

15. 基底为岩层或混凝土基础，可直接砌筑浆砌块(片)石基础。（　　）

二、单项选择题

1. 某基坑深度为3 m，土质为砂类土，土的湿度正常，基坑顶缘有荷载，从经济合理的角度分析，此基坑开挖时坡度应选择(　　)。

A. 1∶0.75　　B. 1∶1　　C. 1∶1.25　　D. 1∶1.5

2. 某基坑深度为4 m，工程量不大，坑底在地下水位以上，土的湿度正常，从经济合理的角度分析此基坑开挖方式应为(　　)。

A. 垂直开挖　　B. 放坡开挖　　C. 支撑开挖　　D. 围堰开挖

3. 基坑开挖时，有大量地下水进入且场地受到限制，应采用(　　)的开挖方式。

A. 垂直开挖　　B. 放坡开挖　　C. 挡板支撑开挖　　D. 钢板桩围堰开挖

4. 围堰高度一般要求高出施工期间可能出现的最高水位(包括浪高)(　　)cm。

A. 20～40　　B. 30～50　　C. 50～70　　D. 80～100

5. 某水中基坑，水深3.0 m以内，流速≤1.5 m/s，河床土质渗水较少，应采用的围堰是(　　)。

A. 土石围堰　　B. 土袋围堰

C. 钢板桩围堰　　D. 套箱围堰

6. 基坑开挖时坑顶与动载间至少应留有(　　)m宽的护道。

A. 0.5　　B. 1　　C. 1.5　　D. 2

7. 检验石质基底高程的允许偏差是(　　)。

A. ＋5 cm，－20 cm　　B. ±5 cm　　C. ＋5 cm，－10 cm　　D. ±10 cm

8. 混凝土中填放片石时，净距不小于(　　)cm，距结构侧面和顶面净距不小于(　　)cm。

A. 3　5　　B. 5　10　　C. 10　15　　D. 15　20

9. 混凝土应在基底无水情况下施工，对需要抽水施工的基坑，应在(　　)情况下方可停止。

A. 混凝土浇筑完成　　B. 混凝土初凝

C. 混凝土终凝　　D. 混凝土拆模

文本

参考答案

10. 基底检验时，不需要检验的内容是(　　)。

A. 平面位置、尺寸大小　　B. 基底承载力

C. 基坑边坡的安全性　　D. 基底高程

任务实施

根据施工合同要求，桥梁明挖扩大基础工程施工工作内容程序如下。

一、准备工作

项目部根据分工进行施工技术资料准备、施工机具设备材料准备工作，做好参与人员的技术培训交底工作，对施工相关人员进行安全教育及安全设施使用指导；做好测量放线工作。

二、制订明挖扩大基础施工方案

技术负责人根据扩大基础施工图纸及施工现场实际条件，考虑施工单位的设备机具情况，同时考虑材料供应情况和一线人员施工熟练程度，制订符合规范要求切实可行的明挖扩大基础施工方案。

三、现场施工组织

1. 基坑开挖准备工作

在开挖基坑前，应复核基坑中心线、方向和高程，并应按地质水文资料，结合现场情况，决定开挖坡度、支护方案以及降水、排水措施，编制分项工程施工方案。

2. 基坑开挖

按照既定的开挖方案合理安排人工或机械开挖，做好支护、排水和土方的调运工作。开挖过程中复核基坑尺寸及高程，随时观察土层变化，避免超挖；对支护结构、周围环境随时进行观察和监测，当发现异常情况时应及时处理，待恢复正常后方可允许继续施工。

3. 基础主体施工

基坑开挖完成，施工单位技术人员报请监理工程师复验并会同勘察设计单位进行现场确认后，进行基础主体施工。基础主体施工应根据结构材料种类（砌体或混凝土）进行施工方案的制订，合理组织施工。

四、质量控制

项目部要组织相关人员对施工质量进行过程性抽检控制，主要包括测量数据、材料试验、设备机具的使用状况、安全和环保措施落实，使各项工作满足要求，后续施工工作顺利实施。

五、内业资料整理

整理基础施工测量资料、试验资料、施工记录资料、施工联系函及图纸变更等资料，予以存档。

笔记栏

【明挖扩大基础施工工作单】

计 划 单

学习情境一	桥梁基础施工	任务2	明挖扩大基础施工
工作方式	组内讨论、团结协作共同制订计划：小组成员进行工作讨论，确定工作步骤	计划学时	1学时
完成人			
计划依据：某桥梁基础工程施工图			

序号	计划步骤	具体工作内容描述
1	准备工作 （准备资料，谁去做？）	
2	组织分工 （成立组织，人员具体都完成什么？）	
3	制订两套施工方案（各有何特点？）	
4	现场施工 （施工顺序如何？）	
5	质量控制 （谁负责？检查哪些项目？）	
6	资料整理 （谁负责？整理哪些内容？）	
制定计划说明	（写出制订计划中人员为完成任务的主要建议或可以借鉴的建议、需要解释的某一方面）	

决 策 单

<table>
<tr><td>学习情境一</td><td colspan="2">桥梁基础施工</td><td>任务 2</td><td>明挖扩大基础施工</td></tr>
<tr><td>决策学时</td><td colspan="4">1 学时</td></tr>
<tr><td colspan="5">决策目的:确定本小组最优施工方案</td></tr>
<tr><td rowspan="7">施工方案优劣比较</td><td colspan="2">施工方案特点</td><td rowspan="2">比对项目</td><td rowspan="2">确定最优方案
(划√)</td></tr>
<tr><td>方案 1 名称</td><td>方案 2 名称</td></tr>
<tr><td></td><td></td><td>施工设备选择是否适用</td><td rowspan="6">方案 1 优
□

方案 2 优
□</td></tr>
<tr><td></td><td></td><td>施工顺序是否合理</td></tr>
<tr><td></td><td></td><td>关键工序施工方法是否满足质量控制要求</td></tr>
<tr><td></td><td></td><td>安全措施是否到位</td></tr>
<tr><td></td><td></td><td>环保措施是否符合规定</td></tr>
<tr><td colspan="3">方案 1 施工流程图</td><td>方案 2 施工流程图</td></tr>
</table>

作 业 单

学习情境一	桥梁基础施工	任务 2	明挖扩大基础施工
参加人员	第　　组		开始时间：
	签名：		结束时间：
序号	工作内容记录 （根据实施的具体工作记录，包括存在的问题及解决办法）		分工 （负责人）
1			
2			
⋮			
小结	主要描述完成的成果及是否达到目标		存在的问题

检查单

学习情境一		桥梁基础施工		任务 2	明挖扩大基础施工			
检查学时		课内 1 学时			第　　组			
检查目的及方式		教师过程监控小组的工作情况,如检查等级为不合格,小组需要整改,并拿出整改说明						
序号	检查项目	检查标准	检查结果分级(在检查相应的分级框内划"√")					
			优秀	良好	中等	合格	不合格	
1	准备工作	资源是否已查到、材料是否准备完整						
2	分工情况	安排是否合理、全面,分工是否明确						
3	工作态度	小组人员是否积极主动、全员参与						
4	纪律出勤	是否按时完成负责的工作内容、遵守工作纪律						
5	团队合作	是否相互协作、互相帮助,是否听从指挥						
6	创新意识	任务完成不照搬照抄,看问题具有独到见解,具备创新思维						
7	完成效率	工作单是否记录完整,小组是否按照计划完成任务						
8	完成质量	工作单填写是否准确,记录单检查及修改是否达标						
检查评语					教师签字:			

任 务 评 价

小组工作评价单

学习情境一	桥梁基础施工		任务 2	明挖扩大基础施工		
评价学时			课内 1 学时			
班级：			第　组			
考核情境	考核内容及要求	分值（满分 100 分）	小组自评（10%）	小组间互评（20%）	教师评价（70%）	实得分（∑）
汇报展示（20 分）	演讲资源利用	5				
	演讲表达和非语言技巧应用	5				
	团队成员相互配合程度	5				
	时间与完整性	5				
质量评价（40 分）	工作完整性	10				
	工作质量	5				
	报告完整性	25				
团队情感（25 分）	核心价值观	5				
	创新性	5				
	参与率	5				
	合作性	5				
	劳动态度	5				
安全文明（10 分）	工作过程中的安全保障情况	5				
	工具正确使用和保养、放置规范	5				
工作效率（5 分）	能够在要求的时间内完成，每超时 5 分钟扣 1 分	5				

小组成员素质评价单

学习情境一	桥梁基础施工			任务 2	明挖扩大基础施工		
班级		组别			成员姓名		
评分说明	每个小组成员评价分为自评和小组其他成员评价两部分，取平均值计算，作为该小组成员的任务评价个人分数。评价项目共设计五个，依据评分标准给予合理量化打分。小组成员自评分后，要找小组其他成员不记名方式打分						
评分项目	评分标准	自评分	成员 1 评分	成员 2 评分	成员 3 评分	成员 4 评分	成员 5 评分
核心价值观（20 分）	没有违背社会主义核心价值观的思想及行动						
工作态度（20 分）	按时完成负责的工作内容、遵守纪律，积极主动参与小组工作，全过程参与，吃苦耐劳，具有工匠精神						
交流沟通（20 分）	能良好地表达自己的观点，能倾听他人的观点						
团队合作（20 分）	与小组成员合作完成任务，做到相互协作、互相帮助、听从指挥						
创新意识（20 分）	看问题能独立思考，提出独到见解，具有创新思维解决遇到的问题						
最终小组成员得分							

任务反思

学习情境一	桥梁基础施工		任务 2	明挖扩大基础施工	
班级		组别		成员姓名	
情感反思	通过对本任务的学习和实训，你认为自己在社会主义核心价值观、职业素养、学习和工作态度等方面需要提高什么？				
知识反思	通过对本任务的学习，你掌握了哪些知识点？请画出思维导图				
技能反思	在完成本任务的学习和实训过程中，你主要掌握了哪些技能？				
方法反思	在完成本任务的学习和实训过程中，你主要掌握了哪些分析和解决问题的方法？				

文本

创新与竞争——苏通大桥基础施工

任务3 桩基础施工

任务单

学习情境一	桥梁基础施工			任务3	桩基础施工
任务学时	课内10学时(课外5学时)				
布置任务					
任务目标	1. 识别常用钻孔方法及机具设备; 2. 能绘制钻孔灌注桩的施工流程; 3. 能够阐述钻孔灌注桩水下混凝土灌注程序; 4. 对桩基础施工中常见问题的处理有一定的认识; 5. 能够在完成任务过程中养成职业素养,吃苦耐劳主动承担。				
任务描述	施工单位在完成图纸会审及技术交底之后,应进行桥梁基础工程施工。技术负责人应根据基础施工图纸及施工现场周边环境、地质水文情况选择合理的钻孔排渣方案和混凝土灌注方案;在开工前制订完成满足规范要求的基础施工方案,指导基础施工工作。				
学时安排	资讯	计划	决策	实施	检查	评价
	2学时(2)	2学时	2学时	1学时(3)	1学时	2学时
对学生学习及成果的要求	1. 每位同学均能按照自学资讯思维导图自主学习,并完成课前自学的问题训练和自学自测; 2. 严格遵守课堂纪律,学习态度认真、端正,能够正确评价自己和同学在本任务中的素质表现; 3. 每位同学必须积极参与小组工作,在教师的示范指导下完成桩基础施工的对应工作,做到积极主动不推诿,能够与小组成员合作完成工作任务; 4. 每位同学均需独立或在小组同学的帮助下完成技能训练工作单,并提请检查、签认,对提出的建议及时修改; 5. 每组必须完成全部“桩基础施工”工作的工作单,并提请教师进行小组评价,小组成员分享小组评价分数或等级; 6. 每名同学均完成任务反思,以小组为单位提交。					

自学资讯思维导图

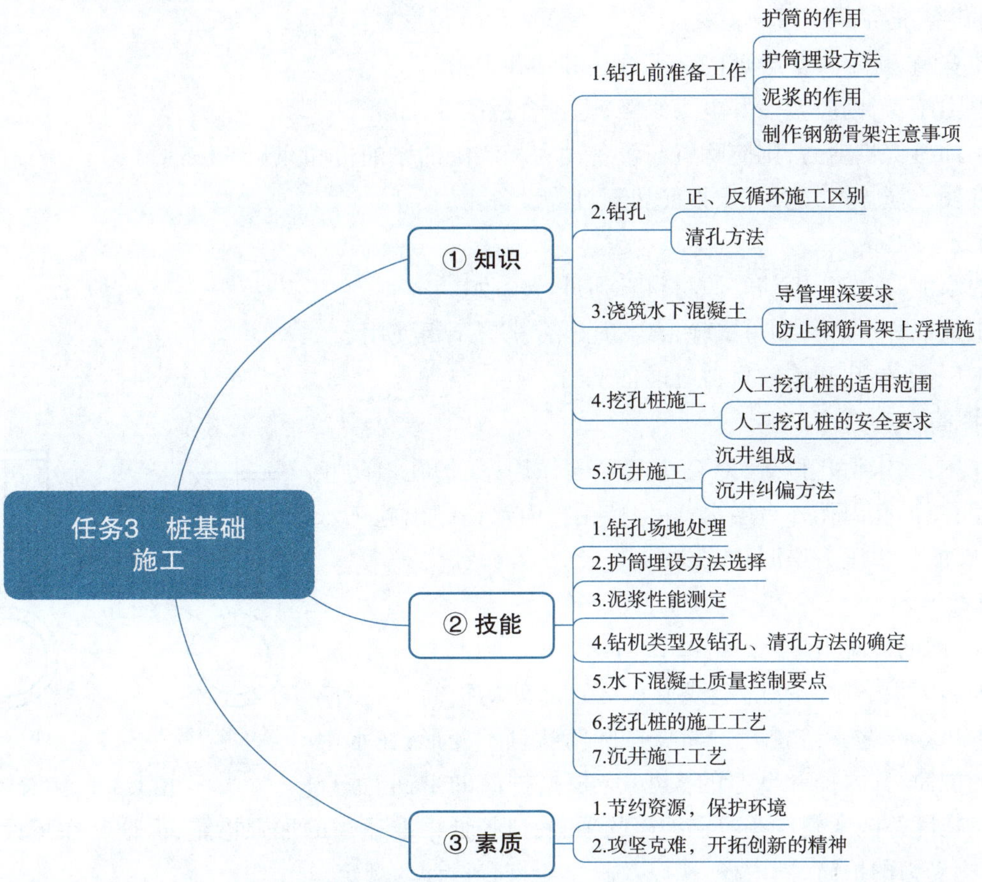

课前自学

在桥梁工程施工建设过程中，桩基础作为其重要的组成部分，对整座桥梁起到了支撑作用，桩基础施工的质量好坏对整座桥梁的工程质量都有着直接的影响，在实际施工中，不可预见因素较多，施工难度大，应做好施工组织工作，提高施工质量。

任务知识 3.1　桩基础施工

桩基础按承受作用的不同分为摩擦桩、柱桩、嵌岩桩；按施工方法不同又可分为钻孔灌注桩、挖孔灌注桩、打入桩等。钻孔桩和挖孔桩应用最为广泛，我们要掌握这两种桩的施工方法。

一、钻孔前的准备工作

施工前的准备工作除确定桩位以外，主要还包括钻孔场地准备、机电设备和建筑材料准备、埋设护筒、制备泥浆和钢筋笼制作五个方面。

1. 钻孔场地准备

①场地为旱地时，应清除杂物，换除软土，整平夯实。

②场地为陡坡时，可用枕木、型钢等搭设施工平台。

③场地为浅水时，宜采用筑岛法施工。筑岛面积应按钻孔方法、机具大小等要求决定；高度应高于最高施工水位 1.0 m 以上。

④场地为深水时，可搭设施工平台，平台须牢靠稳定，能承受工作时所有静、动荷载，并考虑施工机械能安全进出。

2. 机电设备和建筑材料准备

(1)机电设备准备

根据地质资料，确定科学合理的钻孔方法和钻孔设备。

①若用电力施工，则应架设好电力线路，配备合适的变压器。

②若用柴油机提供动力，则应购置与设备动力相匹配的柴油机和充足的燃油。

③准备混凝土搅拌机、电焊机、钢筋切割机等设备。

(2)建筑材料准备

①进场的水泥、砂、石、钢筋等原材料必须进行验收。

②进行工地取样、试验，编写试验报告，凡不合格者不得使用。

③按施工用量，钻孔开始前材料应准备妥当。

3. 埋设护筒

护筒的作用：固定钻孔位置；对钻头起导向作用；保护孔口防止孔口土层坍塌；隔离孔内孔外表层水，并保持钻孔内水位高出施工水位，以产生足够的静水压力稳固孔壁。

(1)护筒种类

有钢护筒、钢筋混凝土护筒，如图 1.3.1 所示。

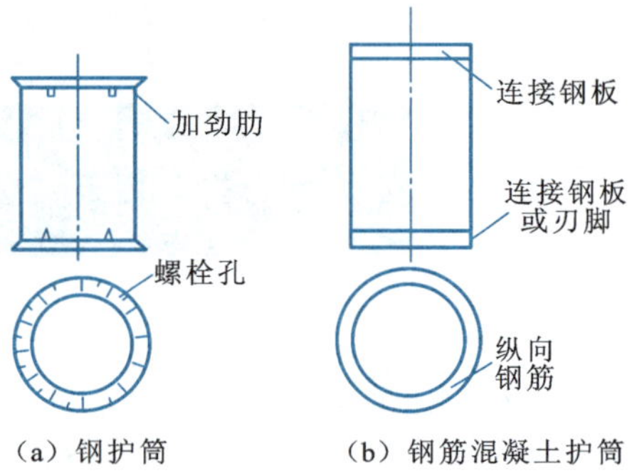

图 1.3.1 护筒种类

护筒宜采用钢板卷制。在陆上或浅水区筑岛处的护筒，内径应大于桩径至少 20 cm，壁厚应能使护筒保持圆筒状且不变形；在水中以机械沉设的护筒，其内径和壁厚的大小，应根据护筒的平面、垂直度偏差要求及长度等因素确定并应在护筒的顶、底口径处采取适当的加强措施，保证其在沉设过程中不变形；对参与结构受力的护筒，其内径、壁厚及长度应符合设计的规定。

(2)护筒埋设要求

护筒在埋设定位时，除设计另有规定外，护筒中心与桩中心的平面位置偏差应不大于 5 cm，护筒的竖直方向的倾斜度应不大于 1%。

对深水基础中的护筒，在竖直方向的倾斜度宜不大于 1/150，由于其定位的准确性较陆地上差，施工难度也较大，故平面位置的偏差可适当放宽，但不应大于 8 cm。

在旱地和筑岛处设置护筒时，可采用挖坑埋设实测定位，且护筒的底部和外侧四周应采用黏质土回填并分层夯实，使护筒底口处不致漏失泥浆。

在水中沉设护筒时，宜采用导向架定位，并应采取有效措施保证其平面位置、倾斜度的准确，以及护筒接长连接处的焊接质量，焊接连接处的内壁应无突出物，且应耐拉、压，不漏水。

护筒顶宜高于地面 0.3 m 或水面 1.0～2.0 m；同时应高于桩顶设计高程 1 m。在有潮汐影响的水域，护筒顶应高于施工期间最高潮水位 1.5～2.0 m，并应在施工期间采取稳定孔内水头的措施。

当桩孔内有承压水时，护筒顶应高于稳定后的承压水位 2.0 m 以上。

护筒的埋置深度在旱地或筑岛处宜为 2～4 m，在水中或特殊情况下应根据设计要求或桩位的水文、地质情况经计算确定。对有冲刷影响的河床，护筒宜沉入施工期局部冲刷线以下 1.0～1.5 m，且宜采取防止河床在施工期过度冲刷的防护措施。

(3)护筒埋设的方法

①挖埋式护筒。适用于旱地或岸滩（地下水位大于 1 m），护筒底部和四周填土须分层夯实，如图 1.3.2 所示。

②填筑式护筒。适用于桩位处地面高程与施工水位的高差小于 1.5～2.0 m 时，土台高度应使护筒顶端比施工水位高 1.0～2.0 m，土台边坡为 1:1.5～1:2.0，如图 1.3.3 所示。

(a) 挖坑

(b) 埋置护筒

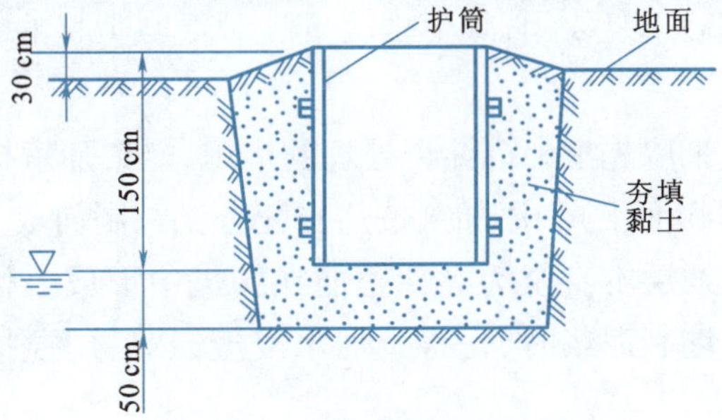

(c) 挖埋式护筒简图

图 1.3.2　挖埋式护筒

③围堰筑岛护筒。在水深小于 3 m 的浅水处，一般须围堰筑岛埋设护筒，岛面应高出施工水位 1.5 ~ 2.0 m。亦可适当提高护筒顶面高程，以减少筑岛填土面积。若岛底河床为淤泥或软土，应予挖除换以砂土；若排淤换土工作量较大，则可采用长护筒，使其沉入河底土层中，如图 1.3.4 所示。

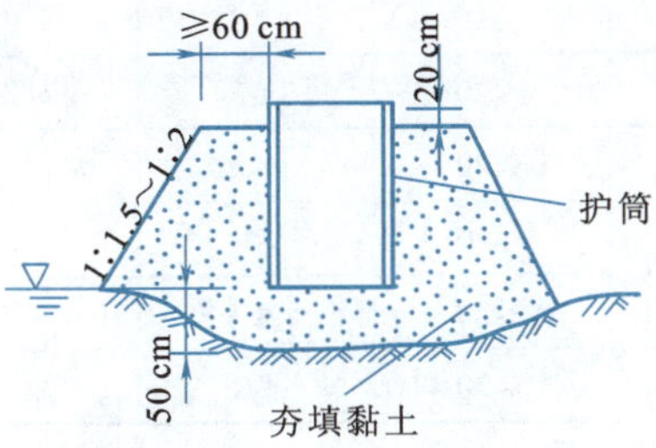

图 1.3.3　填筑式护筒

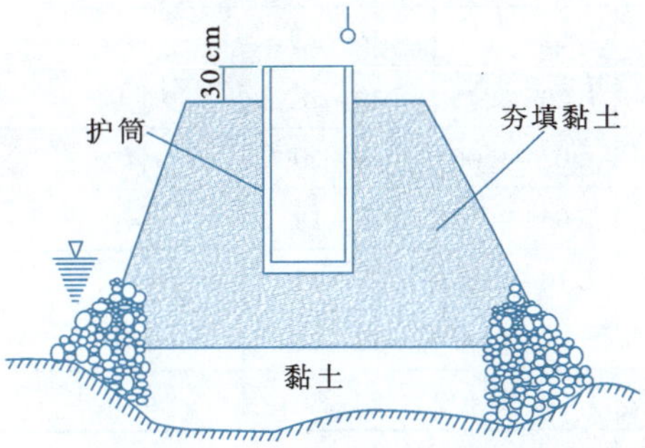

图 1.3.4　围堰筑岛护筒

④深水护筒。适用于水深在 3 m 以上的深水河床中。其主要工序为搭设工作平台（有搭设支架、浮船、钢板桩围堰、筑岛等方法），下沉护筒的定位导向架与下沉护筒等，如图 1.3.5 所示。

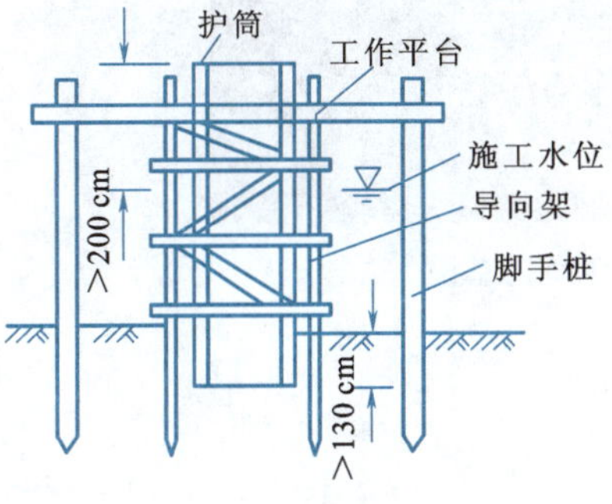

图 1.3.5　深水护筒

4. 制备泥浆

(1)泥浆在钻孔中的作用

①保护孔壁,防止坍孔。

②泥浆循环过程中可携带钻渣。

③对钻头具有冷却润滑作用。

(2)钻孔泥浆应符合下列规定

①泥浆的配合比和配制方法宜通过试验确定,其性能应与钻孔方法、土层情况相适应。

②钻孔过程中应随时对孔内泥浆的性能进行检测,不符合要求时应及时调整。

③钻孔泥浆宜进行循环处理后重复使用,减少排放量。对重要工程的钻孔桩施工,宜采用泥沙分离器进行泥浆的循环。

④施工完成后废弃的泥浆应采取先集中沉淀再处理的措施,严禁随意排放,污染环境和水域。

钻孔泥浆一般由水、黏土(或膨润土)和添加剂按适当配合比配制而成。按钻孔方法和地质情况,一般需采用泥浆悬浮钻渣和护壁。除地层本身全为黏性土能在钻进中形成合格泥浆外,开工前应准备数量充足和性能合格的黏土和膨润土。调制泥浆时,先将土加水浸透,然后用搅拌机或人工拌制,按不同地层情况严格控制泥浆相对密度。

为保证在钻孔过程中,孔内保持有一定稠度的泥浆,泥浆的性能可通过现场试验确定,不宜硬性规定指标,但应与钻孔方法和土层情况相适应。当缺乏泥浆的性能指标参数时,可参照规范选用,见表 1.3.1。

表 1.3.1　泥浆性能指标

钻孔方法	地层情况	泥浆性能指标							
		相对密度	黏度/(Pa·s)	含砂率/%	胶体率/%	失水率/(mL/30 min)	泥皮厚/(mm/30 min)	静切力/Pa	pH
正循环	一般地层	1.05～1.20	16～22	9～4	≥96	≤25	≤2	1.0～2.5	8～10
	易坍地层	1.20～1.45	19～28	9～4	≥96	≤15	≤2	3～5	8～10
反循环	一般地层	1.02～1.06	16～20	≤4	≥95	≤20	≤3	1～2.5	8～10
	易坍地层	1.06～1.10	18～28	≤4	≥95	≤20	≤3	1～2.5	8～10
	卵石土	1.10～1.15	20～25	≤4	≥95	≤20	≤3	1～2.5	8～10
旋挖	一般地层	1.02～1.10	18～22	≤4	≥95	≤20	≤3	1～2.5	8～11
冲击	易坍地层	1.20～1.40	22～30	≤4	≥95	≤20	≤3	3～5	8～11

注:1. 地下水位高或其流速大时,指标取高限,反之取低限。
2. 地质状态较好时,孔径或孔深较小的取低限,反之取高限。

为了回收泥浆原料和减少环境污染,应设置泥浆循环净化系统,如图 1.3.6 所示。

图 1.3.6　泥浆循环净化系统

想一想

泥浆指标测定用到哪些仪器?

5. 钢筋骨架(笼)的制作

在钻孔之前或者钻孔的同时，就要制作好钢筋笼，以便成孔、清孔后尽快灌注水下混凝土，防止塌孔事故发生。

钢筋骨架(笼)应按图纸尺寸要求，按吊装和钢筋单根定长确定下料长度，注意主筋在 50 cm 范围内接头数量不能超过截面主筋根数总数的 50%；加强筋的位置和直径要准确；箍筋要预先调直，螺旋形布置在主筋外侧；定位筋应均匀对称地焊接在主筋外侧；每隔 2.0～2.5 m 设置加强箍筋一道，如图 1.3.7 所示。

(a) 钢筋骨架制作

(b) 成型钢筋骨架

图 1.3.7　钢筋骨架

钢筋骨架的制作、运输与安装应符合下列规定：

①制作时应采取必要措施，保证骨架的刚度，主筋的接头应错开布置。大直径长桩的钢筋骨架宜在胎架上分段制作，且宜编号，安装时应按编号顺序连接。

②应在骨架外侧设置控制保护层厚度的垫块，垫块的间距竖向为 2 m，横向圆周应不少于 4 处。

③钢筋骨架在运输过程中，应采取适当的措施防止其变形。骨架顶端应设置吊环。

④灌注桩钢筋骨架制作和安装质量应符合表 1.3.2 的规定。

表 1.3.2　灌注桩钢筋骨架制作和安装质量标准

项　　目	允许偏差/mm	项　　目	允许偏差/mm
主筋间距	±10	钢筋骨架长度	±100
箍筋或螺旋筋间距	±20	保护层厚度	+20，-10
钢筋骨架外径	±10	底端高程	±50

安装钢筋骨架时，应将其吊挂在孔口的钢护筒上，或在孔口地面上设置扩大受力面积的装置进行吊挂，且不应采用钢丝绳或其他容易变形的材料进行吊挂，不得直接将钢筋骨架支撑在孔底。

绘一绘

请绘制钢筋骨架制作流程图。

二、钻孔及浇筑水下混凝土

1. 钻孔施工

(1)施工工艺流程

钻孔灌注桩的施工工艺流程，如图 1.3.8 所示。

(2)一般要求

①钻机的选型应根据孔径、孔深、桩位处的水文和地质情况、施工环境条件等因素综合确定，所用的钻机及钻孔方法应能满足施工质量和施工安全的要求。

②钻机就位前，应对钻孔的各项准备工作进行检查；钻机安装后，其底座和顶端应平稳。不论采用何

种方法钻孔，开孔的孔位必须准确；开钻时应慢速钻进，待导向部位或钻头全部进入地层后，方可正常钻进。钻机在钻进施工时不应产生位移或沉陷，否则应及时处理。分级扩孔钻进施工时应保持桩轴线一致。

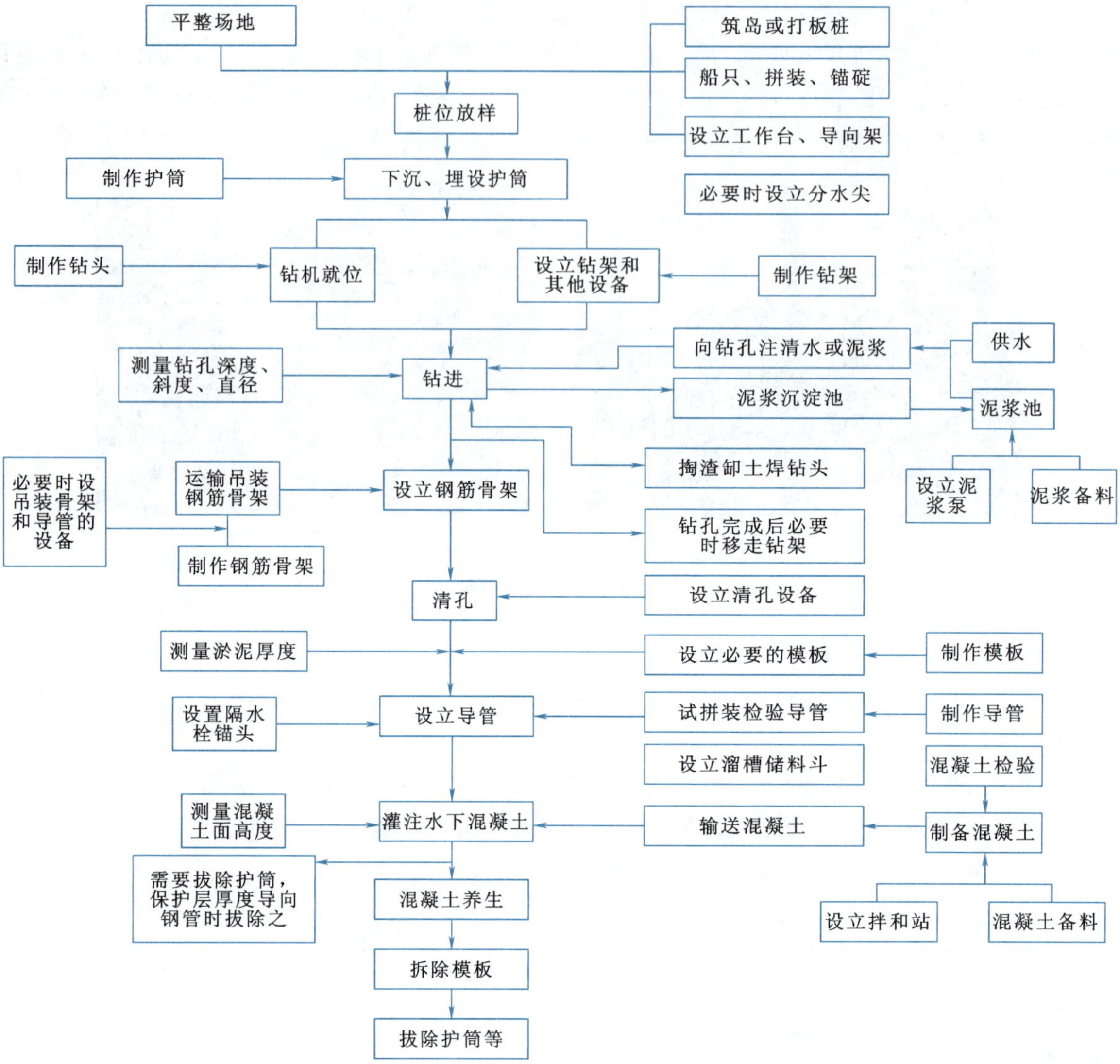

图 1.3.8　钻孔灌注桩的施工工艺流程图

③采用正、反循环回旋钻机(含潜水钻)钻孔时，宜根据成孔的不同阶段、不同地层及岩层坡面等情况，采取不同的钻进工艺。减压钻进时，钻机的主吊钩始终应承受部分钻具的重力，孔底承受的钻压不应超过钻具重力之和(扣除浮力)的 80%。

④采用冲击钻机冲击成孔时，应小冲程开孔，并应使初成孔的孔壁坚实、竖直、圆顺，能起到导向的作用，待钻进深度超过钻头全高加冲程后，方可进行正常的冲击。冲击钻进过程中，孔内水位应高于护筒底口 50 cm 以上，防止坍孔。掏取钻渣和停钻时，应及时向孔内补水，保持水头高度。

⑤采用全护筒法钻进时，钻机应安装平正，压进的首节护筒应竖直。钻孔开始后应随时检测护筒的水平位置和竖直线，如发现偏移，应将护筒拔出，调整后重新压入钻进。

⑥采用旋挖钻机钻孔时，应根据不同的地质条件选用相应的钻头。钻进过程中应采取有效措施严格控制钻进速度，避免进尺过快造成坍孔埋钻事故。钻头的升降速度宜控制在 0.75～0.80 m/s；在粉砂层或亚砂土层中，升降速度应更加缓慢。泥浆初次注入时，应垂直向桩孔中间进行注浆。

⑦在钻孔排渣、提钻头除土或因故停钻时，应保持孔内具有规定的水位及要求的泥浆相对密度和黏度。处理孔内事故或因故停钻时，必须将钻头提出孔外。

钻孔作业应分班连续进行，填写钻孔施工记录，交接班时应交代钻进情况及下一班应注意事项。

(3)钻进施工

①正循环钻进施工。

适用于淤泥、黏性土、砂土以及砾卵石粒径小于 10 cm 含量少于 20% 的碎石土。孔径 60 ~ 150 cm,孔深 50 m。其优点是钻进与排渣同时连续进行,在适用的土层中钻进速度较快,但需要设置泥浆槽、沉淀池等,施工占地较多且机具设备较复杂。

用钻头旋转切削土体钻进,泥浆泵将泥浆压进钻杆顶部泥浆龙头,通过钻杆中心从钻头喷入钻孔内,泥浆携带钻渣沿钻孔上升,从护筒顶部排浆孔排出至沉淀池,钻渣在此沉淀而泥浆流入泥浆池循环使用。

②反循环钻进施工。

泥浆由钻杆外流(注)入井孔,用真空泵或其他方法(如空气吸泥机等)将钻渣从钻杆中吸出。由于钻杆内径较井孔直径小得多,故钻杆内泥水上升速度较正循环快很多,就是清水也可把钻渣带上钻杆顶端,流到泥浆沉淀池,净化后泥浆可循环使用,如图 1.3.9 所示。

③旋挖钻施工。

旋挖钻成孔,首先是通过钻机自有的行走功能和桅杆变幅机构使得钻具能正确地就位到桩位,利用桅杆导向下放钻杆将底部带有活门的桶式钻头置放到孔位,钻机动力头装置为钻杆提供扭矩、加压装置通过加压动力头的方式将加压力传递给钻杆钻头,钻头回转破碎岩土,并直接将其装入钻头内,然后再由钻机提升装置和伸缩式钻杆将钻头提出孔外卸土,这样循环往复,不断地取土、卸土,直至钻至设计深度,如图 1.3.10 所示。

图 1.3.9　反循环钻进施工

图 1.3.10　旋挖钻施工

比一比

正反循环施工有何不同?

2. 清孔

(1)清孔要求

①钻孔深度达到设计高程后,应对孔径、孔深和孔的倾斜度进行检查,符合表 1.3.3 的要求后方可清孔。

表 1.3.3　钻(挖)孔灌注桩成孔质量标准

项　目		规定值或允许偏差
钻(挖)孔桩	孔的中心位置/mm	群桩:100; 单排桩:50
	孔径/mm	≥设计值
	倾斜度/mm	钻孔:≤1% S,且≤500;挖孔:≤0.5% S,且≤200
	孔深/m	≥设计值
	沉淀厚度/mm	满足设计要求
	清孔后泥浆指标	相对密度:1.03 ~ 1.10;黏度:17 ~ 20Pa · s;含砂率:<2%;胶体率:>98%

注:S 为桩长,计算规定值或允许偏差时以 mm 计。

②清孔方法应根据设计要求、钻孔方法、机具设备条件和地层情况决定。不论采用何种清孔方法，在清孔排渣时，均必须保持孔内水头，防止坍孔。

③在吊入钢筋骨架后，灌注水下混凝土之前，应再次检查孔内泥浆的性能指标和孔底沉淀厚度；如超过规范规定，应进行二次清孔，符合要求后方可灌注水下混凝土。

④不得用加深钻孔深度的方式代替清孔。

(2)清孔的方法

①抽浆清孔法。适用于各种方法钻孔的柱桩和摩擦桩，一般用反循环钻机、空气吸泥机、水力吸泥机或离心吸泥泵等进行。如图 1.3.11(a)所示为空气吸泥机清孔，图 1.3.11(b)所示为离心吸泥泵清孔。

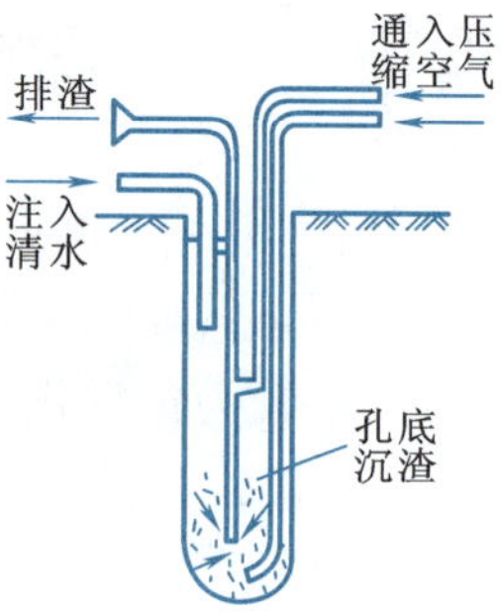

(a)空气吸泥机清孔

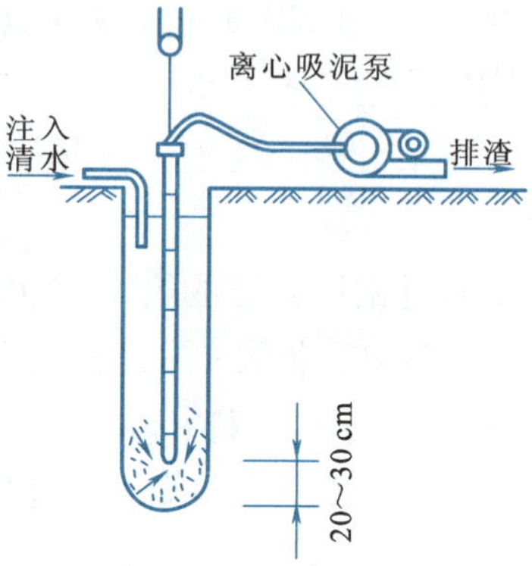

(b)离心吸泥机清孔

图 1.3.11 抽浆清孔法

②换浆清孔法。适用于正循环钻孔法的摩擦桩，于钻孔完成后，提升钻锥距孔底 10 ~ 20 cm，继续循环，以相对密度较低(1.1 ~ 1.2)的泥浆压入，把钻孔内的悬浮钻渣和相对密度较大的泥浆换出。

③掏渣清孔法。用抽渣筒、大锅锥或冲抓钻清掏孔底粗钻渣，仅适用于机动推钻、冲抓、冲击钻孔的各类土层摩擦桩的初步清孔，掏渣前可先投入水泥 1 ~ 2 袋，再以钻锥冲出数次，使孔内泥浆、钻渣和水泥形成混合物，然后用掏渣工具掏渣。当要求清孔质量较高时，可使用高压水管插入孔底逐渐降低。

④喷射清孔法：只宜配合其他清孔法使用，是在灌注混凝土前对孔底进行高压射水或射风数分钟，使剩余少量沉淀物漂浮后，立即灌注水下混凝土。

3. 钢筋骨架及导管吊装

(1)钢筋骨架的吊装

清孔结束后，随即吊放钢筋骨架，入孔一般用吊机。无吊机时，可采用钻机钻架、灌注塔架。起吊应按骨架长度的编号入孔。钢筋骨架应及时、准确地吊放、焊接、就位、牢固定位，如图 1.3.12 所示。

(2)导管吊装

水下混凝土一般用钢导管灌注，导管内径为 200 ~ 350 mm，视桩径大小而定。导管安装如图 1.3.13 所示。

图 1.3.12 吊放钢筋骨架

图 1.3.13 导管吊装

导管使用前应进行水密承压和接头抗拉试验，严禁用压气试压。进行水密试验的水压不应小于孔内水深1.3倍的压力，也不应小于导管壁和焊缝可能承受灌注混凝土时最大内压力 P 的1.3倍。P 可按式(1.3.1)计算：

$$P=\gamma_c h_c-\gamma_w H_w \tag{1.3.1}$$

式中　P——导管可能受到的最大内压力(kPa)；

γ_c——混凝土拌和物的重度(取24 kN/m^3)；

h_c——导管内混凝土柱最大高度(m)，以导管全长或预计的最大高度计；

γ_w——桩孔内水或泥浆的重度(kN/m^3)；

H_w——桩孔内水或泥浆的深度(m)。

4. 水下混凝土的灌注

(1)灌注水下混凝土时应配备的主要设备及备用设备

应按水下混凝土灌注数量和灌注速度的要求配齐施工机具设备，设备的能力应满足桩孔在规定时间内灌注完毕的要求，且应保证其完好率，对主要设备应有备用。

如：灌注水下混凝土的搅拌机能力，应能满足桩孔在规定时间内灌注完毕。灌注时间不得长于首批混凝土初凝时间。若估计灌注时间长于首批混凝土初凝时间，则应掺入缓凝剂。

水下灌注混凝土的泵送机具宜采用混凝土泵，距离稍远的宜采用混凝土搅拌运输车。用普通汽车运输时，运输容器应严密坚实，不漏浆、不吸水，便于装卸，混凝土不应离析。

(2)水下混凝土配制

可采用火山灰水泥、粉煤灰水泥、普通硅酸盐水泥或硅酸盐水泥，采用矿渣水泥时应采取防离析措施。

粗集料宜优先选用卵石，如采用碎石宜适当增加混凝土配合比的含砂率。粗集料的最大粒径不应大于导管内径的1/6～1/8和钢筋最小净距的1/4，同时不应大于37.5 mm。

细集料宜采用级配良好的中砂。

混凝土的配合比，可在保证水下混凝土顺利灌注的条件下，通过计算和试配选定。试配时应使用施工实际采用的材料，配置的混凝土拌和物应满足和易性、凝结时间等施工技术条件。掺用外加剂、粉煤灰等材料时，其技术条件及掺用量应符合规范规定。混凝土的初凝时间应根据气温、运距及灌注时间长短等因素确定，混凝土可经试验掺配适量缓凝剂。

混凝土配合比的含砂率宜采用0.4～0.5，水灰比宜采用0.5～0.6。有试验依据时含砂率和水灰比可酌情增大或减小。

混凝土拌和物应有良好的和易性，在运输和灌注过程中应无显著离析、泌水现象。灌注时应保持足够的流动性，其坍落度当桩孔直径 $D<1.5$ m，宜为180～220 mm；$D\geq 1.5$ m，宜为160～200 mm，且应充分考虑气温、运距及施工时间的影响导致的坍落度损失。

(3)水下混凝土灌注

在灌注水下混凝土之前，应再次检查孔内泥浆性能指标和孔底沉淀厚度，如超过规定，应进行第二次清孔，符合要求后方可灌注水下混凝土。

①水下混凝土的灌注时间不得超过首批混凝土的初凝时间。

②混凝土拌和物运至灌注地点时，应检查其均匀性和坍落度等，如不符合要求不得使用。

用导管灌注水下混凝土，拌和物是通过导管下口进入首批的混凝土的下面，托着首批混凝土及其上面的泥浆上升。必须做到两点：

a. 导管顶端比孔内水位至少高出4 m以上，如图1.3.14(a)所示，以保证升托导管底端以上混凝土及泥浆所必需的压力。

b. 尽量缩短灌注时间，使灌注工作在首批混凝土仍具塑性的时间内完成。

首批混凝土的数量应能满足导管首次埋置深度1.0 m以上需要，所需混凝土数量可按下式计算：

$$V=\frac{\pi D^2}{4}(H_1+H_2)+\frac{\pi d^2}{4}h_1 \tag{1.3.2}$$

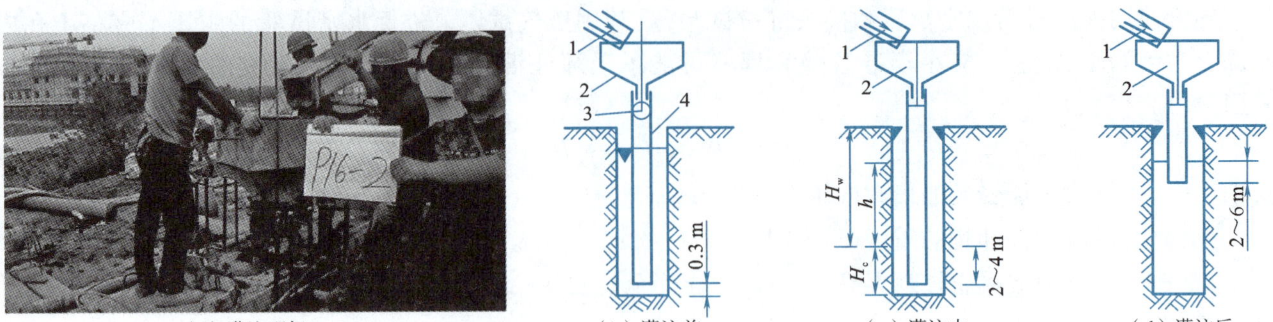

（a）灌注现场　（b）灌注前　（c）灌注中　（d）灌注后

图 1.3.14　水下混凝土灌注

1—混凝土储料槽；2—漏斗；3—隔水栓；4—导管

式中：V——灌注首批混凝土所需数量（m^3）；

D——桩孔直径（m）；

H_1——桩孔底至导管底端间距，一般为 0.3 ~ 0.4 m；

H_2——导管初次埋入深度（m）；

d——导管内径（m）；

h_1——桩孔内混凝土达到埋置深度 H_2 时，导管内混凝土柱平衡导管外（或泥浆）压力所需的高度（m）；

$$h_1 = H_w r_w / r_c \tag{1.3.3}$$

H_w、r_w、r_c——意义同式（1.3.1）。

③首批混凝土入孔后，混凝土应连续灌注，不得中断，如图 1.3.15 所示。

④在灌注过程中，应保持孔内的水头高度；导管的埋置深度宜控制在 2 ~ 6 m，并应随时测探孔内混凝土面的位置，及时调整导管埋深；在确保能将导管顺利提升的前提下，方可根据现场的实际情况适当放宽导管埋深，但最大埋深应不超过 9 m。导管提升过快会形成断桩；抽拔不及时或埋入过深，混凝土初凝后导管不能拔出，会造成工程事故；应将桩孔内溢出的水或泥浆引流至适当地点处理，不得随意排放，造成环境污染。

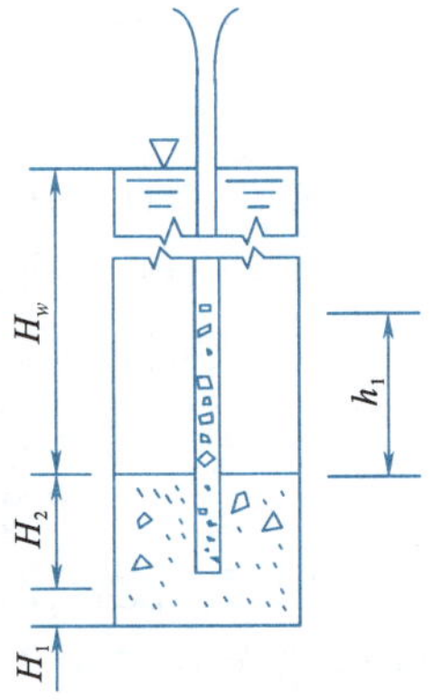

图 1.3.15　首批混凝土

⑤灌注时应采取措施防止钢筋骨架上浮。当灌注的混凝土顶面距钢筋骨架底部以下 1 m 左右时，宜降低混凝土的灌注速度。当混凝土拌和物顶面上升到骨架底部 4 m 以上时，宜提升导管，使其底口高于骨架底部 2 m 以上后再恢复正常灌注速度。

⑥对变截面桩，应在灌注过程中采取措施，保证变截面处的水下混凝土灌注密实。

⑦采用全护筒钻机施工的桩在灌注水下混凝土时，护筒应随导管的提升逐步上拔，上拔过程中除应保证导管的埋置深度外，同时应使护筒底口始终保持在混凝土面以下。施工时应边灌注、边排水，并应保持护筒内的水位稳定。

⑧混凝土灌注至桩顶部位时，应采取措施保持导管内的混凝土压力，避免桩顶泥浆密度过大而产生泥团或桩顶混凝土不密实、松散等现象；在灌注将近结束时，应核对混凝土的灌注数量，确定所测混凝土的灌注高度是否正确。灌注的桩顶高程应比设计高程高出不小于 0.5 m，当存在地质较差、孔内泥浆密度过大、桩径较大等情况时，应适当提高其灌注的高度；超灌的多余部分在承台施工前或接桩前应凿除，凿除后的桩头应密实、无松散层，混凝土应达到设计规定的强度等级。

⑨灌注中发生故障时，应尽快查明原因，合理确定处置方案，进行处理。

5. 事故处理

①塌孔。塌孔不严重时，可回填至塌孔位置以上，采取改善泥浆性能、加高水头、埋深护筒等措施继续钻进。若塌孔严重，应立即将钻孔全部用砂或小砾石夹黏土回填，暂停一段时间使其性能稳定后，再采取相应措施（加大泥浆浓度快速钻进等）重钻。

②孔身偏斜、弯曲。一般可在偏斜处吊挂钻锥反复扫孔,使钻孔正直。偏斜严重时应回填黏性土到偏斜处,待沉淀密实后再重钻。

③扩孔、缩孔。扩孔是孔径增大,要采取防止塌孔和防止钻锥摆动过大的措施。缩孔一是由于钻锥磨损过大焊补不及时,应及时补焊钻锥;二是因地层中有遇水膨胀的软土、黏土泥岩造成的,应选用失水率小的优质泥浆护壁。

④钻孔漏浆。若发现护筒内水头不能保持,水位下降,证明有漏浆现象,宜采用将护筒周围填土筑实,增加护筒沉埋深度,适当减小水头高度或采取加稠泥浆,加入黏土慢速转动等措施。

⑤糊钻、埋钻。常出现于正反循环回转钻进和冲击钻进中。遇此情况应对泥浆稠度、钻渣进出口、钻杆内径大小、排渣设备进行检查计算,并控制适当进尺。若已严重糊钻,应停钻提出钻锥,清除钻渣。遇到塌方或其他原因造成埋钻时,应使用空气吸泥机吸走埋钻的泥沙,提出钻锥。

6. 质量检验及质量标准

①钻孔在终孔和清孔后,应对孔位、孔径、孔形、孔深和倾斜度进行检验;清孔后,应对孔底的沉淀厚度进行检验。

②孔径、孔形和倾斜度宜采用专用仪器测定,当缺乏专用仪器时,可采用外径为钻孔桩钢筋笼直径加100 mm(不得大于钻头直径),长度为4～6倍外径的钢筋检孔器吊入钻孔内检测。孔深可采用专用测绳检测。

③钻孔成孔的质量标准见表1.3.3。

理一理

水下混凝土灌注过程中不同阶段对导管埋深有何要求?

三、挖孔灌注桩施工

1. 定义

挖孔灌注桩(以下简称挖孔桩)是采用人工挖掘方法进行成孔,然后安装钢筋笼,浇筑混凝土成形。

2. 挖孔桩的适用范围

挖孔桩适用于无地下水或少量地下水,且较密实的土层或风化岩层中,或无法采用机械成孔或机械成孔非常困难且水文、地质条件允许的地区;岩溶地区和采空区不宜采用人工挖孔桩。若孔内产生的空气污染物超过现行《环境空气质量标准》(GB 3095—2012)规定的三级标准浓度限值时,必须采取通风措施,方可采用人工挖孔。

3. 挖孔桩施工安全应符合下列要求

①施工前应制订专项安全技术方案并应对作业人员进行安全技术交底。

②挖孔作业前,应详细了解地质、地下水文情况,不得盲目施工。

③桩孔内的作业人员必须戴安全帽、系安全带,人员上下时必须系安全绳,安全绳必须系在孔口。

④桩孔内应设防水带罩灯泡照明,电压应为安全电压,电缆应为防水绝缘电缆,并应设置漏电保护器。当需要设置水泵、电钻等动力设备时,应严格接地。

⑤人工挖孔作业时,应始终保持孔内空气质量符合现行国家标准《环境空气质量标准》(GB 3095—2012)规定的三级标准浓度限值规定的要求。孔深大于10 m或空气质量不符合要求时,必须采取机械强制通风措施。

⑥桩孔内遇岩层需爆破作业时,应进行爆破的专门设计,且宜采用浅眼松动爆破法,并应严格控制炸药用量,在炮眼附近应对孔壁加强防护和支护。孔深大于5 m时,必须采用导爆索或电雷管引爆。桩孔内爆破后应先通风排烟15 min并经检查确认无有害气体后,施工人员方可进入孔内继续作业。爆破作业的安全管理应按现行国家标准《爆破安全规程》(GB 6722—2014)中的有关规定执行。

4. 挖孔桩施工应符合下列规定

①人工挖孔施工应制订专项施工技术方案，并应根据工程地质和水文地质情况，因地制宜选择孔壁支护方式。

②孔口处应设置高出地面不小于 300 mm 的护圈，并应设置临时排水沟，防止地表水流入孔内。

③挖孔施工时相邻两桩孔不得同时开挖，宜间隔交错跳挖。

④采用混凝土护壁支护的桩孔，护壁混凝土的强度等级，当桩径小于或等于 1.5 m 时不应小于 C25，桩径大于 1.5 m 时应不小于 C30。挖孔作业时必须挖一节浇筑一节护壁，护壁的节段高度必须按专项施工方案执行，严禁只挖不及时浇筑护壁的冒险作业。护壁外侧与孔壁间应填实，不密实或有空洞时，应采取措施进行处理。

⑤桩孔直径应符合设计规定，孔壁支护不得占用桩径尺寸。挖孔过程中应经常检查桩孔尺寸、平面位置和竖轴线倾斜情况，如有偏差超出规定范围应随时纠正。

⑥挖孔的弃土应及时转运，孔口四周作业范围内不得堆积弃土及其他杂物。

⑦挖孔达到设计高程并经确认后，应将孔底的松渣、杂物和沉淀泥土等清除干净。当孔底地质条件复杂且与设计条件不符时，应进一步探明孔底以下的地质能否满足设计要求，并采取适当的处置措施。

⑧孔内无积水时，混凝土的灌注应通过串筒、溜管（槽）等设施下落，以防混凝土离析。倾落高度超过 10 m 时，应设置减速装置；孔内有积水且无法排净时，宜按水下混凝土灌注的要求施工。

5. 人工挖孔桩的直径、深度

挖孔桩的直径除了能满足设计承载力的要求外，还应考虑施工操作的要求，故人工挖孔时考虑到孔壁的支护及操作人员在孔内便于挖掘，人工挖孔桩直径应大于 1.2 m。挖孔的深度一般不宜大于 15 m（地质条件好时可适当放宽）。

6. 施工工艺

为了确保人工挖孔桩施工过程中的安全，必须考虑防止土体坍滑的支护措施。支护的方法很多，例如可采用现浇混凝土护壁、喷射混凝土护壁、型钢或木板桩工具护壁、沉井等。下面以现浇混凝土分段护壁为例说明人工挖孔桩的施工工艺。

桩芯直径不宜小于 1.2 m，桩底一般都扩大，扩底变径尺寸按$[(D_1-D)/2]:h=1:4$，$h_1\geqslant(D_1-D)/4$，进行控制，如图 1.3.16 所示。当采用现浇混凝土护壁时，护壁厚度一般不少于 $D/10+5$(cm)，每步高 1 m，并有 100 mm 放坡。

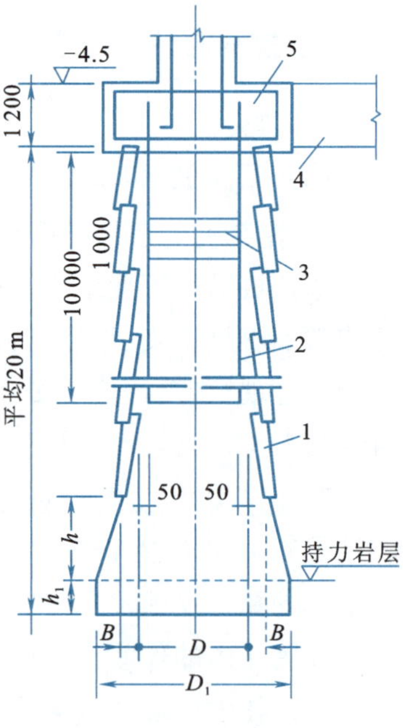

1—护壁；2—主筋；3—箍筋；4—地梁；5—桩帽。

图 1.3.16 人工挖孔桩构造图（尺寸单位：mm）

①按设计图纸放线、定桩位。

②开挖土方。采取分段开挖，每段高度决定于土壁保持直立状态的能力，一般以 0.5 ~ 1.0 m 为一个施工段，开挖范围为设计桩芯直径加护壁的厚度。

③支设护壁模板。模板高度取决于开挖土方施工段的高度，一般为 1 m，由 4 ~ 8 块活动钢模饭（或木模板）组合而成。

④在模板顶放置操作平台。平台可用角钢和钢板制成半圆形，两个合起来即为一个整圆，用来临时放置混凝土和浇筑混凝土用。

⑤浇筑护壁混凝土。护壁混凝土要注意捣实，因它起着防止土壁塌陷与防水的双重作用。第一节护壁厚宜增加 100 ~ 150 mm，上下节护壁用钢筋拉结。

⑥拆除模板继续下一段的施工。当护壁混凝土强度达到 1.2 MPa，常温下约 24 h 方可拆除模板、开挖下一段的土方，再支模浇筑护壁混凝土，如此循环，直至挖到设计要求的深度。

⑦安放钢筋笼。绑扎好钢筋笼后整体安放。

⑧浇筑桩身混凝土。当桩孔内渗水量不大时，抽除孔内积水后，用串筒法浇筑混凝土。如果桩孔内渗水量过大，积水过多不便排干，则应用导管法浇筑水下混凝土。

想一想

人工挖孔桩桩底为何要扩大？

任务知识3.2　沉井基础施工

一、沉井的概念及使用条件

沉井是一个无底无盖的井筒状结构，是以在井内不断除土，井体借自重克服外壁与土的摩阻力而不断下沉至设计高程，并经过封底、填塞井孔以后，使其成为桥梁墩、台或其他结构物的基础。

沉井基础的特点是埋置深度可以很大，整体性强、稳定性好，能承受较大的垂直荷载和水平荷载。沉井既是基础，又是施工时的挡土和围堰结构物，施工工艺也不复杂。根据经济合理、施工上可能的原则，一般在下列情况下可采用沉井基础。

①上部荷载较大，而表层地基土的容许承载力不足，做扩大基础开挖工作量大以及支撑难，但在一定深度下有较好持力层，采用沉井基础与其他深基础相比较，经济上较为合理时。

②在山区河流中，虽然土质较好，但冲刷大，或河中有较大卵石不便桩基础施工时。

③岩石表面较平坦且覆盖层薄，但河水较深，采用扩大基础施工围堰有困难时。

但沉井施工工期往往比桩基础长，有些情况不宜采用沉井。如：土层中夹有孤石、大树干、沉船或被淹没的旧建筑物等障碍物时，将使沉井下沉受阻而很难克服；沉井在饱和细砂、粉砂和亚砂土层中采取排水挖土时，易发生严重的流砂现象，致使挖土下沉无法继续进行下去；基岩层面倾斜、起伏很大时，常致使沉井底部有一部分在岩层上，又有一部分仍支承在软土上，当基础受力后将发生倾斜。

二、沉井的组成

沉井主要由刃脚、井壁、隔墙、井孔、凹槽、射水管、封底和盖板等部分组成。

1. 刃脚

刃脚在沉井的最下端，用钢板做成，形如刀刃，当沉井下沉时，起切入土中的作用，如图1.3.17所示。

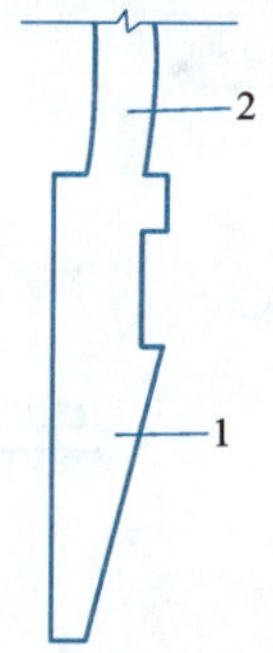

1—刃脚；2—井壁。

图1.3.17　钢板刃脚示意图

2. 井壁

井壁是沉井的外壁，用钢筋混凝土逐节现浇而成。下沉的过程中，除起挡土作用外，还以其自重克服外壁与地基土之间的摩阻力和刃脚底部的土阻力，使沉井逐渐下沉，直至设计高程。

3. 隔墙

隔墙是把沉井分成若干小间，以减小由外侧土压力对井壁的弯矩，加强沉井的刚度。此外，在施工时，便于挖土和可以控制沉井下沉的偏差。

4. 井孔

井孔是挖土排土的工作场所和通道。井孔尺寸应满足施工要求，宽度（直径）不宜小于3 m。井孔布置应对称于沉井中心轴，便于对称挖土使沉井均匀下沉。

5. 凹槽

凹槽设在井孔下端近刃脚处，其作用是使封底混凝土与井壁有较好的结合，封底混凝土底面的反力更好地传给井壁（如井孔全部填实的实心沉井也可不设凹槽）。凹槽的深度约为0.15～0.25 m，高约1.0 m。

6. 射水管

当沉井下沉深度大,穿过的土质又较好,估计下沉会产生困难时,可在井壁中预埋射水管组。射水管应均匀布置,以利于控制水压和水量来调整下沉方向。一般水压不小于600 kPa。

7. 封底和盖板

沉井沉至设计高程进行清基后,便浇筑封底混凝土。混凝土达到设计强度后,可从井孔中抽干水并填满混凝土或其他圬工材料。如井孔中不填料或仅填以沙砾则须在沉井顶面浇筑钢筋混凝土盖板,盖板厚度一般为1.5~2.0 m。封底混凝土底面承受地基土和水的反力,这就要求封底混凝土有一定的厚度(可由应力验算决定),其厚度根据经验也可取不小于井孔最小边长的1.5倍。封底混凝土顶面应高出刃脚根部不小于0.5 m,并浇灌到凹槽上端。封底混凝土强度等级对岩石地基用C15,一般地基用C20。井孔中充填的混凝土,其强度等级不应低于C10。

三、沉井的施工工艺

①在进行沉井施工时,先在沉井位置开挖基坑,坑的四周打桩,设置工作平台。

②铺砂垫层,搁置垫木。

③制作钢刃脚,并浇筑第一节钢筋混凝土井筒。

④待第一节井筒的混凝土达到一定强度后,抽出垫木,并在井筒内挖土,或用水力吸泥,使沉井下沉。沉井下沉施工可分为排水下沉和不排水下沉。

⑤然后加高沉井,分节浇筑,沉井在井壁自重的作用下,逐渐下沉。

⑥当沉井下沉到设计高程后,用混凝土封底,浇筑钢筋混凝土底板,形成地下结构。沉井施工过程,如图1.3.18所示。

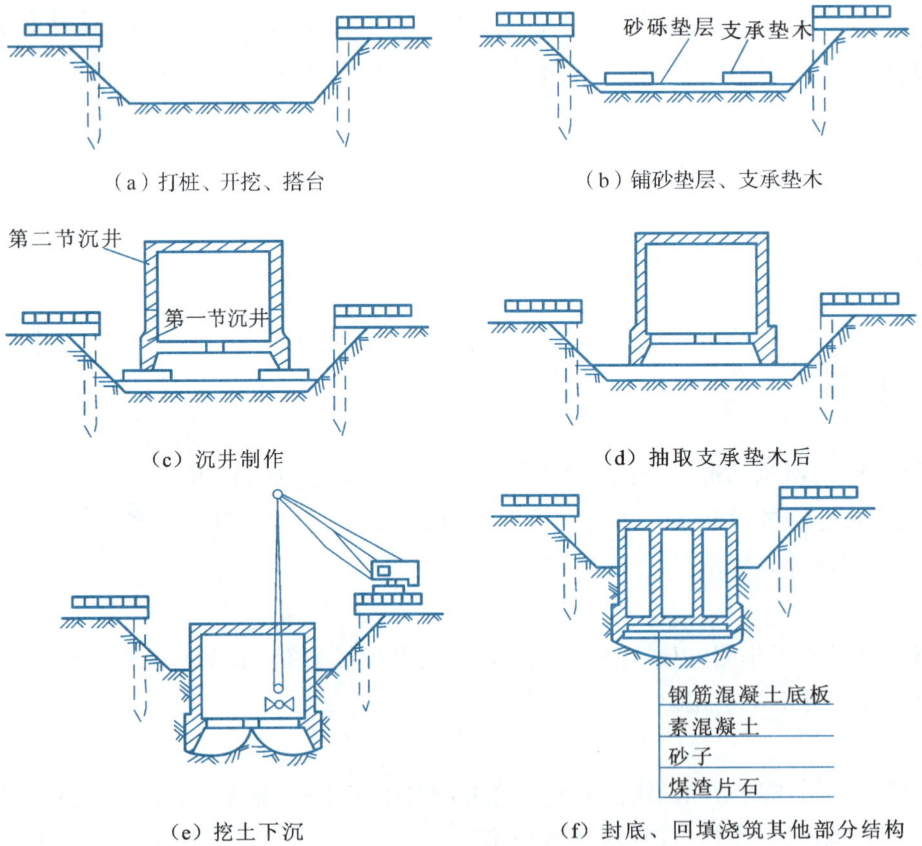

(a)打桩、开挖、搭台　(b)铺砂垫层、支承垫木

(c)沉井制作　(d)抽取支承垫木后

(e)挖土下沉　(f)封底、回填浇筑其他部分结构

图1.3.18　沉井施工主要程序示意图

四、基底处理

沉井沉到设计高程后，应检验基底的地质情况是否与设计相符。当采用排水下沉时，可直接检验、处理；采用不排水下沉时，应由潜水员进行水下检验、处理，必要时取样鉴定。

基底面应尽量整平，高差要保证水下封底混凝土在刃脚和隔墙下满足设计要求的最小厚度，以提高水下混凝土的灌注质量。

防止封底混凝土和基底间掺入有害夹层。基底为岩层时，岩面残留物（风化岩碎块、卵石、砂）应清除干净，清除后的有效面积（即沉井底面积扣除在刃脚下一定宽度不可能完全清除干净的面积）不得小于设计要求。基底为砂质或黏质土时，应铺以碎石或砾石垫层，以铺至刃脚尖以上 20 cm 处为好。对排水下沉的沉井，还须沿刃口周边下面以碎石或砾石填平夯实。

井壁、隔墙及刃脚与封底混凝土接触面处的污泥应予清除。

基底检验合格后，应及时进行封底。不排水下沉的沉井应采用水下混凝土进行封底；对于排水下沉的沉井，基底渗水的上升速度不大于 6 mm/min 时，可按普通混凝土浇筑方法进行封底，但应设置引流排水设施，及时排除明水，且应采取可靠措施使混凝土强度在达到 5 MPa 前不受到水压力的作用；若渗水上升速度大于上述规定时，宜采用水下混凝土（导管法灌注）进行封底。

五、沉井在施工过程中的质量事故及处理

沉井在下沉过程中，常出现的工程质量事故，主要是沉井产生倾斜和位移。

1. 倾斜

（1）倾斜的原因

由于土质软硬不同，各处存在较大的差异，或因局部遇上障碍物，致使沉井下沉不均匀，从而产生倾斜。这种倾斜对工程来说，是不允许出现的，所以需要进行纠偏。

（2）常用的纠偏方法

①压重纠偏：适用于矩形沉井。若长边产生偏差，可在下沉量较少的一端用铸铁块、砖块等重物压上，并多挖土，使沉井恢复水平，如图 1.3.19 所示。

②压力水加偏心压重纠偏：若矩形沉井短边产生偏差，或虽不是矩形沉井而是小直径的圆形沉井发生偏差，这时可采取在下沉较小的一侧用压力水冲刷井壁附近的土，并在沉井上端加以偏心压重。此外，还可以在下沉多的一侧加一水平推力，如图 1.3.20 所示。

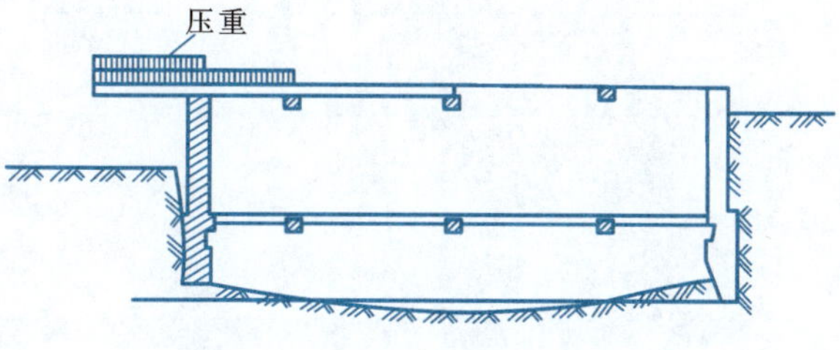

图 1.3.19 偏心压重示意图

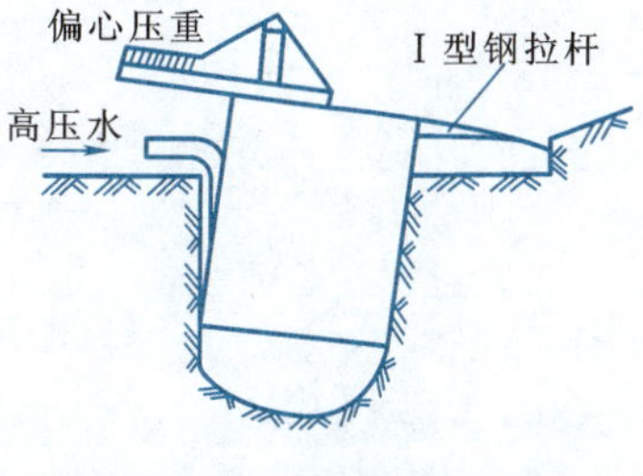

图 1.3.20 沉井纠偏示意图

2. 位移

当沉井在下沉的过程中产生了位移，即沉井的中心线与设计中心线不重合。这时，可在沉井中心线一侧先挖土，使沉井向中心线一侧倾斜，然后再均匀挖土，使沉井沿设计中心线一侧下沉，直到沉井中心线与设计中心线接近或重合为止，如图 1.3.21 所示，即纠正位移完成。

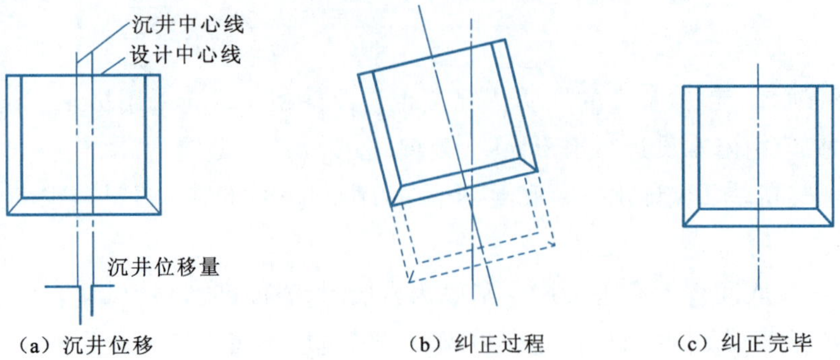

图 1.3.21 沉井位移纠正方法示意图

查一查

请查找一个沉井纠偏案例。

笔记栏

自学自测

一、判断题

1. 护筒内径应比桩径小 20～30 cm。（　　）
2. 采用正循环钻时应高出地下水位 1.0～1.5 m。（　　）
3. 正循环钻孔比反循环钻孔塌孔的概率高。（　　）
4. 不同钻孔方法采用不同泥浆性能指标。（　　）
5. 冲抓锥钻进适用于砂砾石和砂土地层。（　　）
6. 冲抓锥法施工不需要泥浆。（　　）
7. 梅花孔或十字槽孔多见于冲击钻孔。（　　）
8. 换浆清孔比抽浆清孔法清孔底效果好。（　　）
9. 水下混凝土的灌注时导管下口应插入至孔底。（　　）
10. 挖孔灌注桩适用于无水或极少水的较密实的各类土层。（　　）

二、单项选择题

1. 护筒顶高程采用反循环钻时，其顶部应高出地下水位（　　）m。

A. 1.0　　B. 1.5　　C. 2.0　　D. 3.0

2. 安装钻机前，底架应垫平，保持稳定，不得产生位移和沉陷，钻头和钻杆中心与护筒中心偏差不得大于（　　）。

A. 2 cm　　B. 3 cm　　C. 5 cm　　D. 10 cm

3. 钻孔桩主筋不允许使用绑扎搭接接头。注意主筋在 50 cm 范围内接头数量，不能超过截面主筋根数总数的（　　）。

A. 15%　　B. 25%　　C. 50%　　D. 75%

4. 反循环钻机施工时，泥浆的主要作用是（　　）。

A. 悬浮钻渣　　B. 护壁　　C. 护壁和悬浮钻渣　　D. 不需泥浆

5. 对于碎砾石含量较大的土质孔深 50 m 的钻孔桩地基，应采用（　　）钻孔方法更合理。

A. 正循环　　B. 反循环　　C. 冲抓锥　　D. 冲击锥

6. 卡钻最容易发生在（　　）的钻孔方法。

A. 正循环　　B. 反循环　　C. 冲击锥　　D. 冲抓锥

7. （　　）措施不能处理钻孔漏浆。

A. 将护筒周围填土筑实　　B. 增加护筒沉埋深度

C. 适当减小水头高度　　D. 减小泥浆稠度

8. 正循环钻孔的摩擦桩应选择（　　）的方法。

A. 换浆清孔　　B. 掏渣清孔　　C. 抽浆清孔　　D. 喷射清孔

9. 灌注水下混凝土，导管埋入混凝土的深度不合适的为（　　）。

A. 0.5 m　　B. 3 m　　C. 4 m　　D. 6 m

10. 下列（　　）适用于挖孔灌注桩。

A. 孔径 0.8 m，孔深 10 m　　B. 孔径 1.3 m，孔深 10 m

C. 孔径 1.3 m，孔深 20 m　　D. 孔径 0.8 m，孔深 20 m

文本

参考答案

任务实施

根据施工合同要求，桥梁桩基础工程施工工作内容程序如下。

一、准备工作

项目部根据分工进行施工技术资料准备、施工机具设备材料准备工作，做好参与人员的技术培训交底工作，对施工相关人员进行安全教育及安全设施使用指导；做好测量放线工作。

二、制订桩基础施工方案

技术负责人根据桩基础施工图纸及施工现场实际条件，考虑施工单位的设备机具情况，同时考虑材料供应情况和一线人员施工熟练程度，制订符合规范要求切实可行的桩基础施工方案。

三、现场施工组织

1. 钻孔准备工作

钻孔前应进行埋设护筒、制备泥浆、制作钢筋骨架等先期准备工作。

2. 钻孔

①钻进。根据桩孔参数、桩位处的水文地质情况和施工环境条件等综合确定钻机类型，钻进过程中留存钻渣，检查泥浆指标及钻孔深度，填写施工记录；随时复核桩孔偏位情况。

②清孔。钻孔深度达到设计高程后报请监理进行验孔，满足要求即可清孔，根据设计要求、钻孔方法、设备条件和地层情况选择清孔方法。

3. 灌注水下混凝土

①下放钢筋骨架。吊放时控制中心偏差及笼底高程，做好固定措施。安放完成之后检查泥浆性能指标和沉淀厚度，经监理验收合格后进入下道工序。

②水下混凝土灌注。灌注混凝土用导管需进行接头抗拉和水密承压试验；提前计算首批混凝土方量，配置初灌料斗，并在灌注前测定混凝土坍落度是否满足要求、留置混凝土试块；灌注过程中控制导管埋深，关注钢筋骨架是否上浮。

四、质量控制

项目部要组织相关人员对施工质量进行过程性抽检控制，主要包括测量数据、材料试验、设备机具的使用状况、安全和环保措施落实，使各项工作满足要求，后续施工工作顺利实施。

五、内业资料整理

整理基础施工测量资料、试验资料、施工记录资料、施工联系函及图纸变更等资料，予以存档。

【桩基础施工工作单】

计 划 单

学习情境一	桥梁基础施工	任务3	桩基础施工
工作方式	组内讨论、团结协作共同制订计划:小组成员进行工作讨论,确定工作步骤	计划学时	2 学时
完成人			
计划依据:某桥梁基础工程施工图			

序号	计划步骤	具体工作内容描述
1	准备工作 (准备资料,谁去做?)	
2	组织分工 (成立组织,人员具体都完成什么?)	
3	制订两套施工方案(各有何特点?)	
4	现场施工 (施工顺序如何?)	
5	质量控制 (谁负责? 检查哪些项目?)	
6	资料整理 (谁负责? 整理哪些内容?)	
制定计划说明	(写出制订计划中人员为完成任务的主要建议或可以借鉴的建议、需要解释的某一方面)	

决 策 单

<table>
<tr><td>学习情境一</td><td colspan="2">桥梁基础施工</td><td>任务 3</td><td>桩基础施工</td></tr>
<tr><td>决策学时</td><td colspan="4">2 学时</td></tr>
<tr><td colspan="5">决策目的:确定本小组最优施工方案</td></tr>
<tr><td rowspan="7">施工方案优劣比较</td><td colspan="2">施工方案特点</td><td rowspan="2">比对项目</td><td rowspan="2">确定最优方案(划√)</td></tr>
<tr><td>方案 1 名称</td><td>方案 2 名称</td></tr>
<tr><td></td><td></td><td>施工设备选择是否适用</td><td rowspan="6">方案 1 优
□

方案 2 优
□</td></tr>
<tr><td></td><td></td><td>施工顺序是否合理</td></tr>
<tr><td></td><td></td><td>关键工序施工方法是否满足质量控制要求</td></tr>
<tr><td></td><td></td><td>安全措施是否到位</td></tr>
<tr><td></td><td></td><td>环保措施是否符合规定</td></tr>
<tr><td colspan="3">方案 1 施工流程图</td><td>方案 2 施工流程图</td></tr>
</table>

作业单

学习情境一	桥梁基础施工	任务3	桩基础施工
参加人员	第　　组		开始时间：
	签名：		结束时间：
序号	工作内容记录 (根据实施的具体工作记录,包括存在的问题及解决办法)		分工 (负责人)
1			
2			
⋮			
小结	主要描述完成的成果及是否达到目标		存在的问题

检 查 单

<table>
<tr><td colspan="2">学习情境一</td><td>桥梁基础施工</td><td colspan="2">任务 3</td><td colspan="3">桩基础施工</td></tr>
<tr><td colspan="2">检查学时</td><td colspan="3">课内 1 学时</td><td colspan="3">第　　组</td></tr>
<tr><td colspan="2">检查目的及方式</td><td colspan="6">教师过程监控小组的工作情况，如检查等级为不合格，小组需要整改，并拿出整改说明</td></tr>
<tr><td rowspan="2">序号</td><td rowspan="2">检查项目</td><td rowspan="2">检查标准</td><td colspan="5">检查结果分级
（在检查相应的分级框内划“√”）</td></tr>
<tr><td>优秀</td><td>良好</td><td>中等</td><td>合格</td><td>不合格</td></tr>
<tr><td>1</td><td>准备工作</td><td>资源是否已查到、材料是否准备完整</td><td></td><td></td><td></td><td></td><td></td></tr>
<tr><td>2</td><td>分工情况</td><td>安排是否合理、全面，分工是否明确</td><td></td><td></td><td></td><td></td><td></td></tr>
<tr><td>3</td><td>工作态度</td><td>小组人员是否积极主动、全员参与</td><td></td><td></td><td></td><td></td><td></td></tr>
<tr><td>4</td><td>纪律出勤</td><td>是否按时完成负责的工作内容、遵守工作纪律</td><td></td><td></td><td></td><td></td><td></td></tr>
<tr><td>5</td><td>团队合作</td><td>是否相互协作、互相帮助，是否听从指挥</td><td></td><td></td><td></td><td></td><td></td></tr>
<tr><td>6</td><td>创新意识</td><td>任务完成不照搬照抄，看问题具有独到见解，具备创新思维</td><td></td><td></td><td></td><td></td><td></td></tr>
<tr><td>7</td><td>完成效率</td><td>工作单是否记录完整，是否按照计划完成任务</td><td></td><td></td><td></td><td></td><td></td></tr>
<tr><td>8</td><td>完成质量</td><td>工作单填写是否准确，记录单检查及修改是否达标</td><td></td><td></td><td></td><td></td><td></td></tr>
<tr><td>检查评语</td><td colspan="5"></td><td colspan="2">教师签字：</td></tr>
</table>

任务评价

小组工作评价单

学习情境一	桥梁基础施工		任务3	桩基础施工		
评价学时			课内2学时			
班级：			第　组			
考核情境	考核内容及要求	分值（满分100分）	小组自评（10%）	小组间互评（20%）	教师评价（70%）	实得分（∑）
汇报展示（20分）	演讲资源利用	5				
	演讲表达和非语言技巧应用	5				
	团队成员相互配合程度	5				
	时间与完整性	5				
质量评价（40分）	工作完整性	10				
	工作质量	5				
	报告完整性	25				
团队情感（25分）	核心价值观	5				
	创新性	5				
	参与率	5				
	合作性	5				
	劳动态度	5				
安全文明（10分）	工作过程中的安全保障情况	5				
	工具正确使用和保养、放置规范	5				
工作效率（5分）	能够在要求的时间内完成，每超时5分钟扣1分	5				

小组成员素质评价单

学习情境一	桥梁基础施工			任务3	桩基础施工		
班级		组别			成员姓名		
评分说明	每个小组成员评价分为自评和小组其他成员评价两部分，取平均值计算，作为该小组成员的任务评价个人分数。评价项目共设计五个，依据评分标准给予合理量化打分。小组成员自评分后，要找小组其他成员不记名方式打分						
评分项目	评分标准	自评分	成员1评分	成员2评分	成员3评分	成员4评分	成员5评分
核心价值观（20分）	没有违背社会主义核心价值观的思想及行动						
工作态度（20分）	按时完成负责的工作内容、遵守纪律，积极主动参与小组工作，全过程参与，吃苦耐劳，具有工匠精神						
交流沟通（20分）	能良好地表达自己的观点，能倾听他人的观点						
团队合作（20分）	与小组成员合作完成任务，做到相互协作、互相帮助、听从指挥						
创新意识（20分）	看问题能独立思考，提出独到见解，具有创新思维解决遇到的问题						
最终小组成员得分							

任 务 反 思

学习情境一	桥梁基础施工		任务 3	桩基础施工	
班级		组别		成员姓名	
情感反思	通过对本任务的学习和实训，你认为自己在社会主义核心价值观、职业素养、学习和工作态度等方面需要提高什么？				
知识反思	通过对本任务的学习，你掌握了哪些知识点？请画出思维导图				
技能反思	在完成本任务的学习和实训过程中，你主要掌握了哪些技能？				
方法反思	在完成本任务的学习和实训过程中，你主要掌握了哪些分析和解决问题的方法？				

学习情境二 桥梁墩台施工

学习指南

情境导入

某市江南中环路跨河桥，上部结构为普通钢筋混凝土空心板和预应力钢筋混凝土空心板，下部结构为桩柱式桥墩，薄壁式轻型桥台，钻孔灌注桩基础；桥面铺装为沥青混凝土和防水混凝土，D80型伸缩装置。在基础施工已经完成并验收合格后需进行墩台工程施工，前期需要做好准备工作，施工过程中要做好现场施工组织，同时控制施工质量，请你编制墩台工程施工实施的具体指导方案，保障施工单位按时顺利开展施工作业。

学习目标

知识目标：

1. 描述桥梁墩台类型；
2. 能区分圬工墩台不同施工方法；
3. 能区分钢筋混凝土墩台不同施工方法；
4. 能阐述圬工墩台施工工艺流程；
5. 能阐述钢筋混凝土墩台施工工艺流程。

能力目标：

1. 能够进行墩台施工图纸识读及审核工作；
2. 能够完成圬工墩台施工技术交底工作；
3. 能够编制圬工墩台施工方案；
4. 能够完成钢筋混凝土墩台施工技术交底工作；
5. 能够编制钢筋混凝土墩台施工方案。

素质目标：

1. 树立规范意识、法律意识，弘扬实事求是的路桥工匠精神；

文本
民族的骄傲——港珠澳大桥

2. 具备认真负责、爱岗敬业、吃苦耐劳、诚实守信的工作作风；

3. 具备团队合作精神和沟通协作能力，训练独立思考和创新能力。

工作任务

任务 1　圬工墩台施工　　参考学时：课内 6 学时（课外 2 学时）

任务 2　钢筋混凝土墩台施工　　参考学时：课内 6 学时（课外 2 学时）

任务 1　圬工墩台施工

任 务 单

学习情境二	桥梁墩台施工			任务 1	圬工墩台施工
任务学时	课内 6 学时（课外 2 学时）				
布置任务					
任务目标	1. 分析桥梁墩、台的构造； 2. 识读墩台施工图纸； 3. 能绘制圬工墩、台的施工流程； 4. 能描述圬工墩台施工质量要求； 5. 能够在完成任务过程中，探索未知、追求真理，尊重科学，提高唯物主义辩证观念。				
任务描述	施工单位在完成桥梁基础施工之后，应进行桥梁墩台工程施工。技术负责人应根据墩台施工图纸和墩台类型及周边材料供应情况确定砌筑的定位方法、选择砌筑材料并确定砌筑工艺；在开工前制订完成满足规范要求的墩台施工方案，指导墩台施工工作。				
学时安排	资讯	计划	决策	实施	检查	评价
	1 学时（1）	1 学时	1 学时	1 学时（1）	1 学时	1 学时
对学生学习及成果的要求	1. 每位同学均能按照自学资讯思维导图自主学习，并完成课前自学的问题训练和自学自测； 2. 严格遵守课堂纪律，学习态度认真、端正，能够正确评价自己和同学在本任务中的素质表现； 3. 每位同学必须积极参与小组工作，在教师的示范指导下完成圬工墩台施工的对应工作，做到积极主动不推诿，能够与小组成员合作完成工作任务； 4. 每位同学均需独立或在小组同学的帮助下完成技能训练工作单，并提请检查、签认，对提出的建议及时修改； 5. 每组必须完成全部"圬工墩台施工"工作的工作单，并提请教师进行小组评价，小组成员分享小组评价分数或等级； 6. 每名同学均完成任务反思，以小组为单位提交。					

自学资讯思维导图

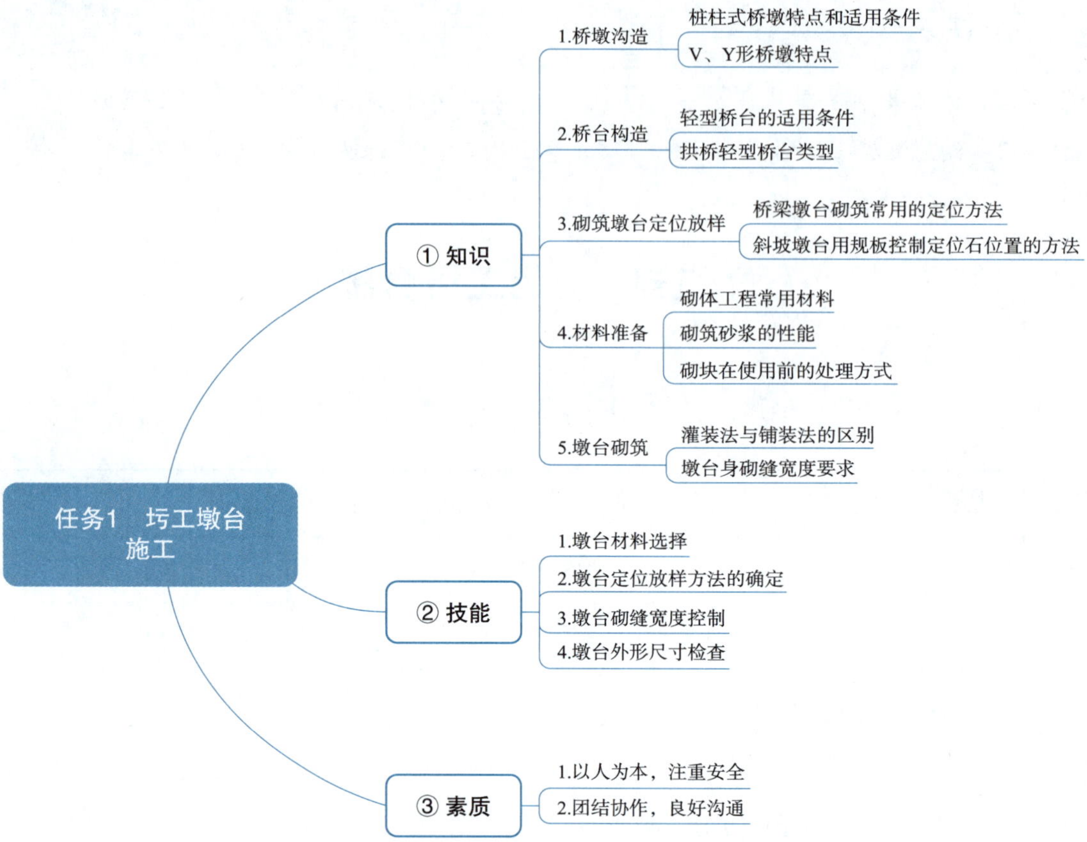

课 前 自 学

桥梁墩台可承受桥跨结构传来的荷载,并通过基础传给地基;桥梁墩台构造复杂,种类繁多,应根据不同构造类型选择合适材料进行修建,确保施工质量合格,保证其强度和稳定性。

桥梁墩台在使用过程中主要承受压力,设计时经常选用受压性能较好的材料。圬工墩、台是用胶结材料将天然石料、混凝土预制块件等块材按一定规则砌筑而成的整体结构。其特点是材料来源分布广泛,综合力学性能持久稳定,自重一般较大,施工中机械化程度较低,方法易于掌握。因此圬工墩、台常用于中、小桥梁中。

任务知识 1.1　桥梁墩台构造

一、桥墩构造

1. 梁桥桥墩构造

(1)重力式桥墩

重力式桥墩由墩帽、墩身和基础三部分组成。

墩帽一般用不低于 C20 混凝土筑成,其顶面在横桥向常做成一定的排水坡,四周应挑出墩身约 5 ~ 10 cm 作为滴水(檐口),如图 2. 1. 1 所示。在墩帽内,大、中跨径桥梁应设置构造钢筋;小跨径桥梁,当桥宽较窄时,除严寒地区外,可不设构造钢筋。

对于中、小跨径的桥梁,支座可直接安置在墩帽上,为了使支座传来的压力均匀分布到墩顶上,可在支座下设置1~2层钢筋网。钢筋网的尺寸为支座的2倍,钢筋直径一般为8~12 mm,网格间距为7~10 cm。

对于大跨径的桥梁,需在墩顶上设置钢筋混凝土支撑垫石(见图2.1.2),支座要放在支撑垫石上。支撑垫石的平面尺寸要根据支座大小、支座传来的荷载大小和支撑垫石下墩顶混凝土的强度而定,一般要求支座边缘距支撑垫石边缘的距离不小于15~20 cm,支撑垫石的厚度一般为其长度的1/3~1/2。

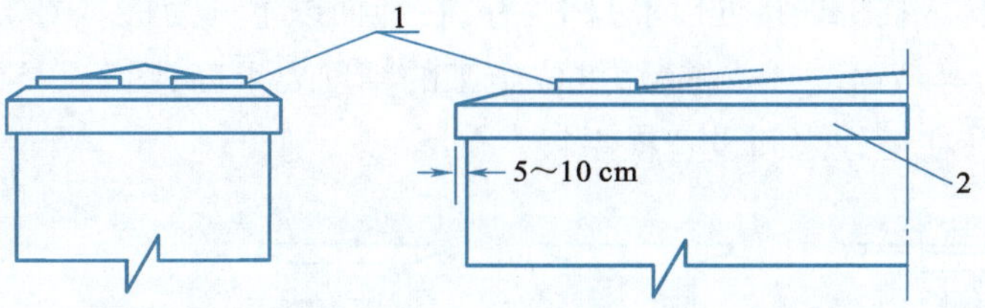

1—支座;2—墩帽。

图2.1.1　墩帽构造

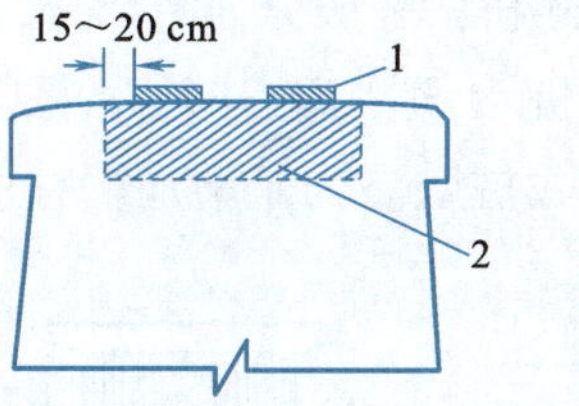

1—支座;2—钢筋混凝土支撑垫石。

图2.1.2　墩帽支撑垫石

墩身的平面形状,在河中可以做成圆端形或尖端形,在无水岸墩或高架桥也可做成矩形,在水流与桥梁斜交时,可做成圆形。墩身可用浆砌块石或混凝土筑成。

设在天然地基上的桥墩基础一般采用C15以上的混凝土或M5砂浆砌片石(或块石)筑成。基础平面尺寸应较墩身底面尺寸略大。在竖向,基础可以做成单层式的或2~3层台阶式的。

重力式桥墩的优点是承载能力大,缺点是圬工数量多,重力大,适用于荷载较大或河流中流冰和漂浮物较多的桥梁。

(2)钢筋混凝土薄壁桥墩

由于重力式桥墩重力大,当地基土质条件较差时,为了减轻地基的应力,可考虑采用钢筋混凝土薄壁桥墩(见图2.1.3),其墩身厚度约为墩高的1/15~1/10(一般为30~50 cm)。其圬工数量比重力式桥墩节省70%左右,但需耗用较多的钢筋。

(3)V形桥墩和Y形桥墩

大跨径桥梁,当上部结构为连续梁时,为了缩短两桥墩的跨径,桥墩结构可采用顶部分开、底部连在一起的V形桥墩[见图2.1.4(a)]和顶部分开、底部与直立桥墩连在一起的Y形桥墩[见图2.1.4(b)]。由于这种桥墩能缩短上部结构的跨径,所以上部结构所产生的弯矩比用其他形式的桥墩减少很多。

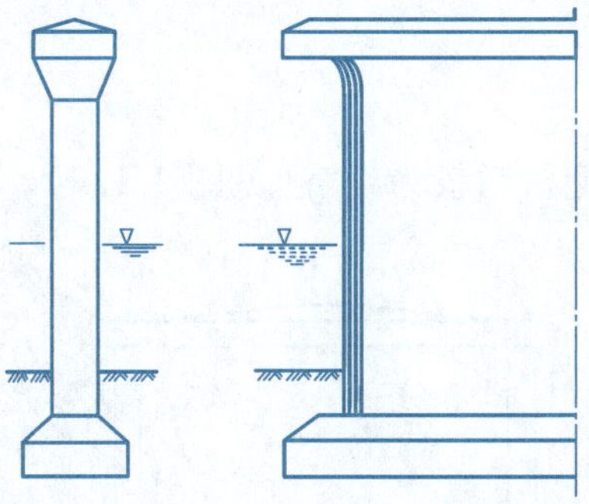

图2.1.3　钢筋混凝土薄壁桥墩

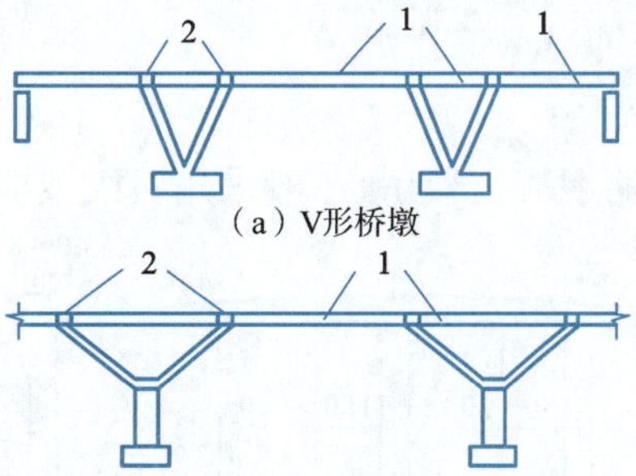

1—预制梁;2—接头。

图2.1.4　V形桥墩和Y形桥墩

V形桥墩的高度一般都设计成等高;墩底可以是固接的,也可以是铰接的。Y形桥墩的高度可以不同,但斜臂顶至底的距离应保持不变,这样可以使所有的斜臂都具有统一的体形。

V形和Y形桥墩具有优美的外形,它能增加上部结构的跨径,减少桥墩数目,但施工比较复杂,需设置临时墩和用钢脚手架来支承斜臂的重力。

(4)柱式桥墩和桩柱式桥墩

柱式桥墩和桩柱式桥墩是公路桥梁采用较多的桥墩形式之一,它能减轻墩身重力,节约圬工材料,外形又较美观。

柱式桥墩可以在灌注桩顶浇一承台,然后在承台上设立柱[见图2.1.5(a)];或在浅基础上设立柱[见图2.1.5(b)]。为了增强墩柱间抗撞击的能力,在两柱中间加做隔墙[见图2.1.5(c)]。当桥墩较高,也可以把水下部分做成实体式,以上部分仍为柱式[见图2.1.5(d)]。

桩柱式桥墩一般分为两部分,在地面以上(或柱桩连接处以上)称为柱,在地面以下称为桩。图2.1.5(e)为单柱式桩墩,适用于斜交桥;图2.1.5(f)为等截面双柱式桩墩,桩位施工的精度要求高;图2.1.5(g)为变截面双柱式桩墩。为了增加桩柱的横向刚度,在桩柱之间设置横系梁。

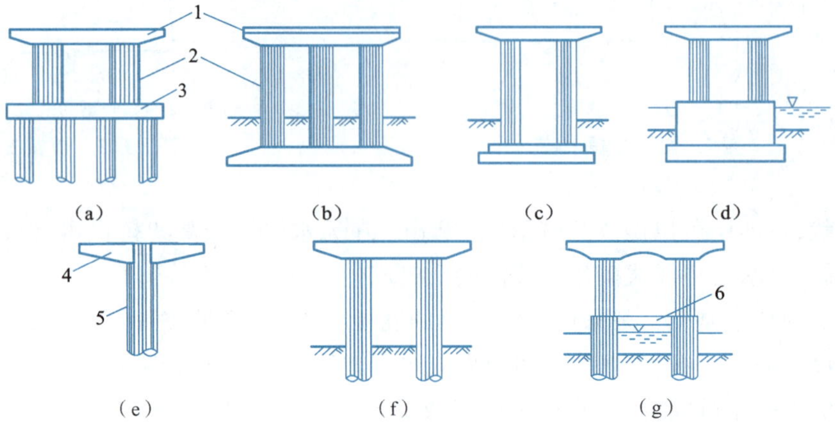

1—盖梁;2—立柱;3—承台;4—悬臂盖梁;5—单立柱;6—横系梁。

图2.1.5　梁桥柱式桥墩和桩柱式桥墩

桩柱式桥墩施工方便,特别是采用钻孔灌注桩时,钻孔直径较大,墩身的刚度也比较大,桩内钢筋用量不多。

(5)柔性排架桩墩

柔性排架桩墩是由成排打入的钢筋混凝土桩构成,一般在墩高5~7 m,跨径小于13 m的桥梁上使用。对于漂浮物严重和流速较大的河流,由于桩墩容易磨耗,不宜采用。

柔性排架桩墩可分为单排架墩和双排架墩(见图2.1.6)。单排架桩墩高不超过4~5 m。当桩墩高度大于5 m时,为了避免行车可能发生的纵向晃动,宜设置双排架墩。桩一般是采用预制的钢筋混凝土方桩,其截面为25~40 cm的矩形。

(6)轻型桥墩

小跨径的钢筋混凝土板桥,一般采用石砌或混凝土轻型桥墩较为经济(见图2.1.7)。

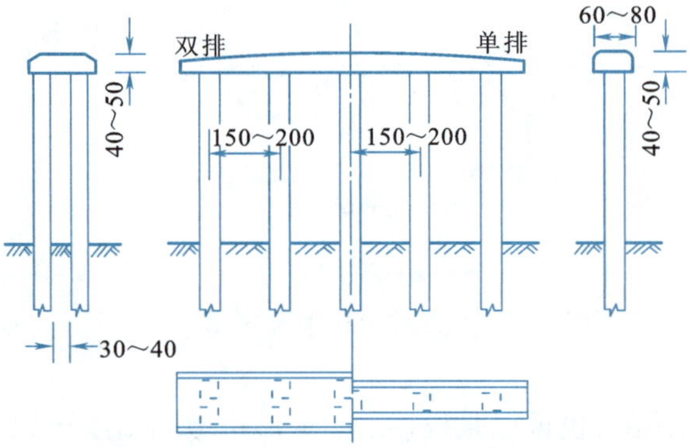

图2.1.6　柔性排架桩墩(尺寸单位:cm)

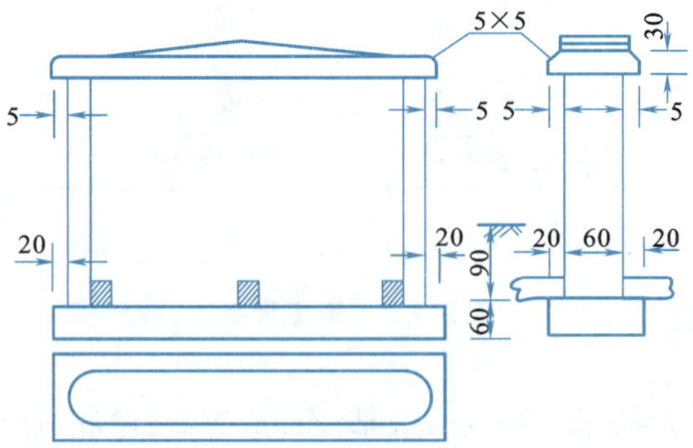

图2.1.7　轻型桥墩(尺寸单位:cm)

墩帽用混凝土浇筑,厚度不小于30 cm。墩帽四周挑檐宽度为5 cm,周边做成5 cm削角。当桥面的横向排水不用三角垫层调整时,可在墩帽顶面以中心向两端加做三角垫层。墩帽上要预埋栓钉,位置与上部结构块件的栓孔相适应。

墩身用混凝土或浆砌块石做成，宽度不小于60 cm，两边坡度为直立，两头做成圆墩形。

基础采用C15号混凝土或M5浆砌片石（或块石）做成，平面尺寸较墩身底面尺寸略大（一般大20 cm）。基础多做成单层式的，其高度在60 cm上下。

2. 拱桥桥墩构造

（1）重力式桥墩

拱桥重力式桥墩，其形式基本上与梁桥重力式桥墩相仿。因为承受较大的水平推力，所以，拱桥重力式桥墩的宽度尺寸比梁桥大。同时，墩帽顶部宜做成斜坡（见图2.1.8）。

墩帽可用浆砌块石（或料石）做成（对应于石拱桥），或用混凝土做成（对应于混凝土或钢筋混凝土拱桥）。

拱桥墩身体积较大，除了用块石砌筑外，也有用片石混凝土浇筑的。有时为了节省圬工砌体，可将墩身做成空心，中间填以砂石。拱桥桥墩基础与梁桥相同。

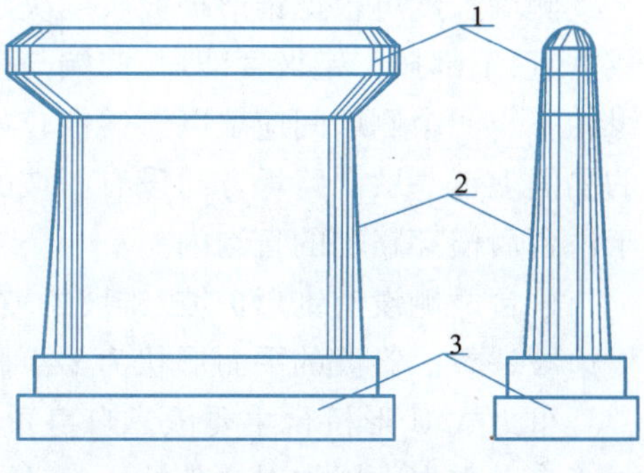

1—墩帽；2—墩身；3—基础。

图2.1.8　拱桥重力式桥墩

（2）柱式桥墩和桩柱式桥墩

拱桥的柱式桥墩和桩柱式桥墩与梁桥相同。由于承受较大的水平推力，柱和桩的直径比梁桥大，根数也比梁桥多。当跨径较大（40～50 m）时，可以采用双排桩。

（3）单向推力墩

多跨拱桥根据施工和使用要求，每隔3～5孔设置单向推力墩，目前常用的单向推力墩有以下几种形式。

①普通柱墩加设斜撑及拉杆的单向推力墩。这种单向推力墩是在普通墩柱上对称增设一对钢筋混凝土斜撑（见图2.1.9），以提高其抵抗单向水平推力的能力。接头只承受压力而不承受拉力。在基础埋置深度不大且地基条件较好时，也可把桥墩基础加宽成“⊥”形的单向推力墩。

②悬臂式单向推力墩。悬臂式单向推力墩是在桥墩的顺桥向双向挑出悬臂（见图2.1.10）。当邻孔遭到破坏后，由于悬臂端的存在，使拱支座竖向反力通过悬臂端而成为稳定力矩，保证了单向推力墩不致遭到损坏。

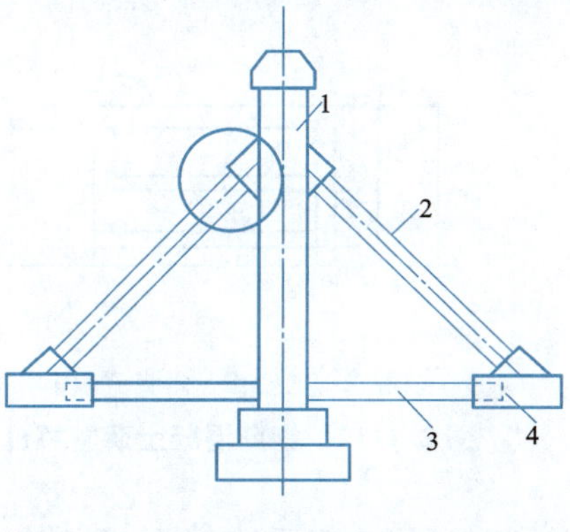

1—立柱；2—斜撑；3—拉杆；4—基础。

图2.1.9　普通柱墩加设斜撑及拉杆的单向推力墩

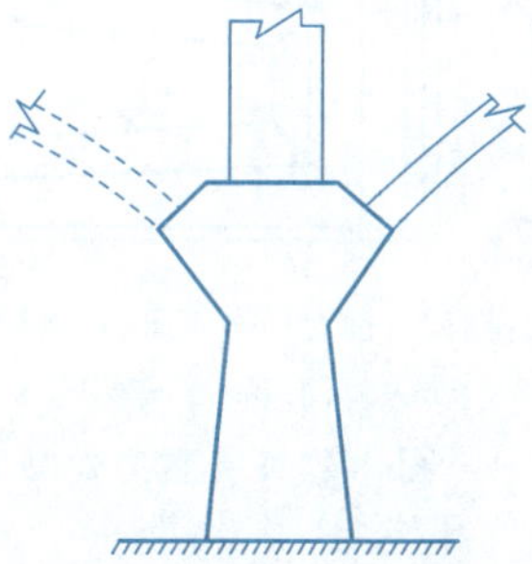

图2.1.10　悬臂式单向推力墩

③实体单向推力墩。当桥墩较矮及单向推力不大时，只需加大实体墩身的尺寸即可。

写一写

你知道哪些桥梁采用了桩柱式桥墩，请写在下面横线上。

二、桥台构造

1. 梁桥桥台构造

（1）重力式U形桥台

重力式U形桥台由台帽、台身（前墙和侧墙）和基础三部分组成（见图2.1.11）。前墙除承受上部结构传来的荷载外,还承受路堤的水平压力。前墙顶部设置台帽,以放置支座和安设上部构造,其构造要求与墩帽基本相同。台顶部分用防护墙(或称雉墙)将台帽与填土隔开,侧墙用以连接路堤并抵挡路堤填土向两侧的压力。

侧墙长度可根据锥形护坡长度决定,侧墙后端应伸入路堤锥坡内 75 cm,以防填土松坍。尾端上部做成垂直,下部按一定坡度缩短,前端与前墙相连,改善了前墙的受力条件。桥台前墙的下缘一般与锥坡下缘相齐。两个侧墙间应填以渗透性较好的土。为了排除桥台前墙后面的积水,应于侧墙间略高于高水位的平面上铺一层向路堤方向设有斜坡的夯实黏土作为防水层,并在黏土层上再铺一层碎石,将积水引向设于桥台后横穿路堤的盲沟内。

桥台两侧设有锥形护坡,锥坡的坡度一般由纵向(顺路堤方向)为1:1 逐渐变至横向为1:1.5,以便和路堤边坡一致。锥坡的平面形状为1/4 椭圆。锥坡用土夯筑而成,其表面用片石砌筑。

重力式 U 形桥台主要依靠自身重力和台内填土重力来保持稳定,其构造虽然简单,但圬工数量大,并由于自身重力而增加对地基的压力,因此,一般宜在填土高度和跨径不大的桥梁中采用。

(2)钢筋混凝土薄壁桥台

钢筋混凝土薄壁桥台是由扶壁式挡土墙和两侧的薄壁侧墙所构成(见图 2.1.12)。挡土墙由厚度不小于 15 cm(一般为 15 ~30 cm)的前墙和每隔 2.5 ~3.5 m 设置的扶壁所组成。台顶由竖直小墙和支于扶壁上的水平板构成承梁部分,以支承桥跨。侧墙由两个边扶壁构成,在边扶壁上建有钢筋混凝土耳墙。

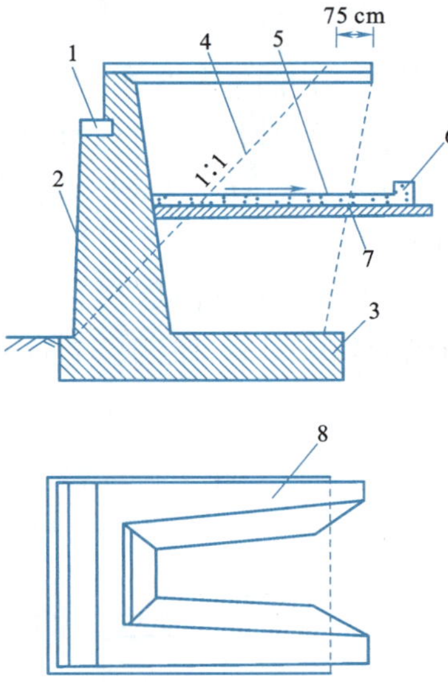

1—台帽;2—前墙;3—基础;4—锥形护坡;5—碎石;6—盲沟;7—夯实黏土;8—侧墙。

图 2.1.11　重力式 U 形桥台

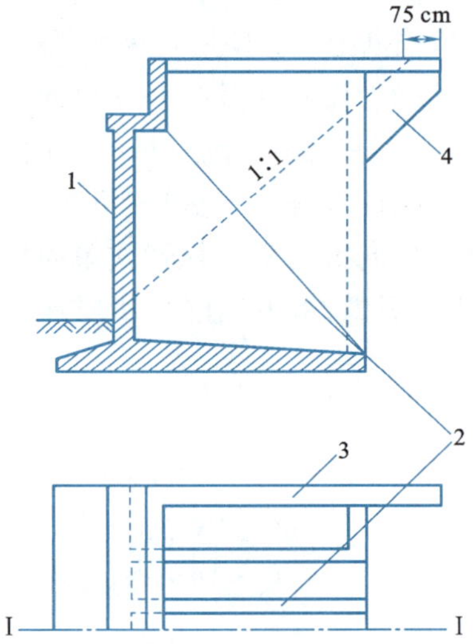

1—前墙;2—扶壁;3—侧墙;4—耳墙。

图 2.1.12　钢筋混凝土薄壁桥台

这种桥台比重力式 U 形桥台可减少圬工体积 40% ~50%,同时还因自身重力轻而减小对地基的压力。但其构造复杂,钢筋用量也比较多,适用于在软土地基上建造的桥梁。

(3)埋置式桥台

当路堤填土高度超过 6 ~8 m 时,可采用埋置式桥台。它是将台身埋在锥形护坡中,只露出台帽,以安放支座和上部结构。由于台身埋入土中,利用台前锥坡产生的土压力来抵消台后的主动土压力,可以增加桥台的稳定性,桥台的尺寸也相应减小。但埋置式桥台的锥坡挡水面积大,对桥孔下的过水面积有所压缩。

埋置式桥台台顶部分的内角到路堤锥坡表面的距离不应小于 50 cm,否则应在台顶缺口的两侧设置横隔板,使台顶部分与路堤锥坡的填土隔开,防止土壅到支承平台上。桥台通过耳墙与路堤衔接,耳墙伸进路堤的长度一般不小于 50 cm。

重力式埋置桥台的台身可用混凝土、片石混凝土或浆砌块石筑成,耳墙用钢筋混凝土做成。台身常做成向后倾斜,这样可减小台后土压力和基底合力偏心距。但施工时应注意桥台前后均匀填土,以防倾倒,如图 2.1.13(a)所示。

除了重力式埋置桥台外，还有立柱式埋置桥台[见图2.1.13(b)]、框架式埋置桥台[见图2.1.13(c)]和桩式埋置桥台[见图2.1.13(d)]。这些桥台均较重力式桥台轻巧，能节约大量圬工。

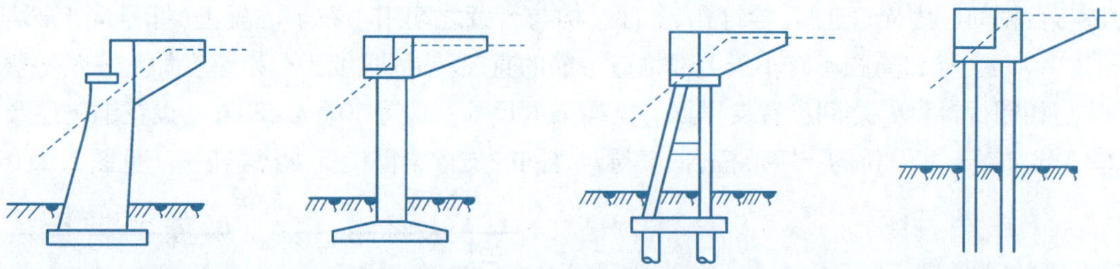

(a)重力式埋置桥台　(b)立柱式埋置桥台　(c)框架式埋置桥台　(d)桩式埋置桥台

图2.1.13　埋置桥台

在高等级公路中，对于桩式埋置桥台，由于桩的下沉量很小、路基下沉量较大而引起桥头跳车时，需设置桥头搭板。

(4)轻型桥台

轻型桥台用于跨径不大于13 m的板(梁)桥，且不宜多于3孔，全长不大于20 m。

台帽用混凝土浇筑，厚度不小于30 cm。当填土高度较高或跨径较大时，宜采用有台背的台帽。当上部构造不设三角垫层时，可在台帽上做成有斜坡的三角垫层。

台身用混凝土浇筑或块石砌筑，宽度不小于60 cm，两边坡度为直立。两边翼墙与桥台连成整体，成为一字形桥台[见图2.1.14(a)]；也有把翼墙与桥台设缝分离，翼墙与水流方向成30°夹角，成为八字形桥台[见图2.1.14(b)]。为了节约圬工数量，也可在边柱上设置耳墙[见图2.1.14(c)]。为了增加桥台抵抗水平推力的抗弯刚度，也可将台身做成T形截面[见图2.1.14(d)]。

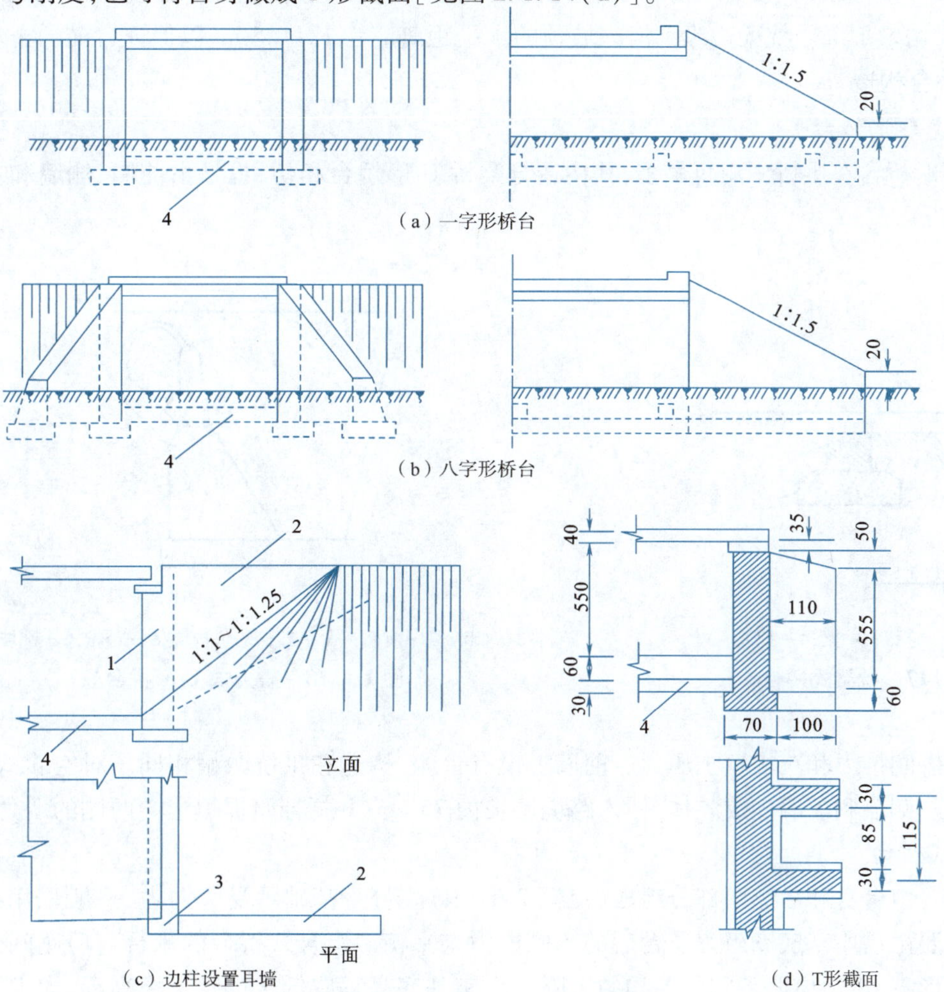

1—台墙；2—耳墙；3—边柱；4—支撑梁。

图2.1.14　轻型桥台(尺寸单位：cm)

轻型桥台在墩、台基础间设置支撑梁,在上部结构与台帽之间设置锚固栓钉连接,使上部结构与支撑梁共同支撑桥台、承受台后土压力,从而减小桥台尺寸,节省圬工数量。

上部构造与台帽间应用栓钉连接,栓钉孔、上部结构与台背之间用小石子混凝土(标号同上部结构)或砂浆填实(见图 2.1.15)。栓钉直径不宜小于上部构造主筋的直径,锚固长度为台帽厚度加上三角垫层和板厚。

桥台下端与相邻桥台(墩)之间设置支撑梁。支撑梁的尺寸一般为 20 cm×30 cm,设在铺砌层及冲刷线之下,中距为 2~3 m。对于多孔桥的一字形桥台,墩与台之间的支撑梁需设置支撑梁顶座(见图 2.1.16)。

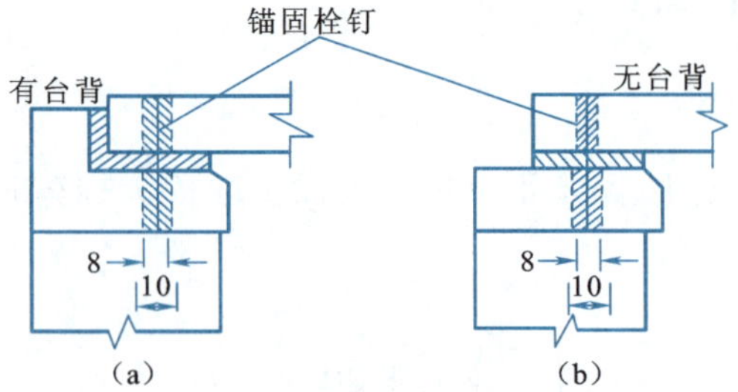

图 2.1.15 上部结构与台帽栓钉连接(尺寸单位:cm)

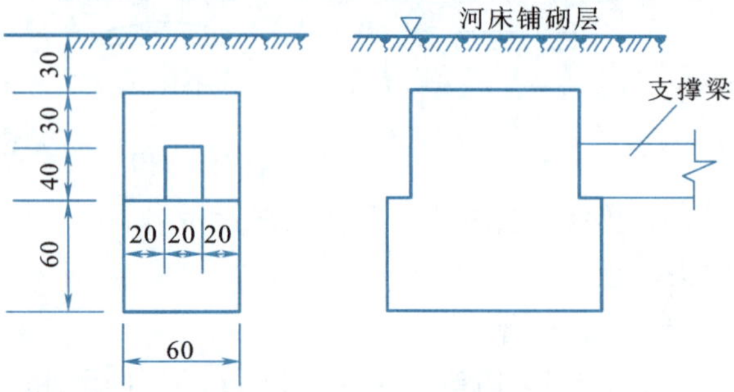

图 2.1.16 支撑梁顶座(尺寸单位:cm)

(5)枕梁式桥台

枕梁式桥台是以枕梁代替台帽,并直接搁于地基上。它是桥梁中最简单的一种桥台,适用于桥梁建筑高度小,桥台下土质比较密实,河床比较稳定,无冲刷的小型桥梁(见图 2.1.17)。枕梁用钢筋混凝土做成,截面为矩形,尺寸按荷载大小、支承情况和地基承载力大小计算确定。枕梁下铺设 50~70 cm 厚的碎石垫层,以保证枕梁均匀下沉。枕梁边缘到河床坡顶的水平距离应为 1~1.5 m,以保证台前的土堤稳定。

2. 拱桥桥台构造

(1)重力式 U 形桥台

重力式 U 形桥台在拱桥中用得最多,其构造与梁桥 U 形桥台相仿,也是由前墙、侧墙和基础三部分组成(见图 2.1.18)。

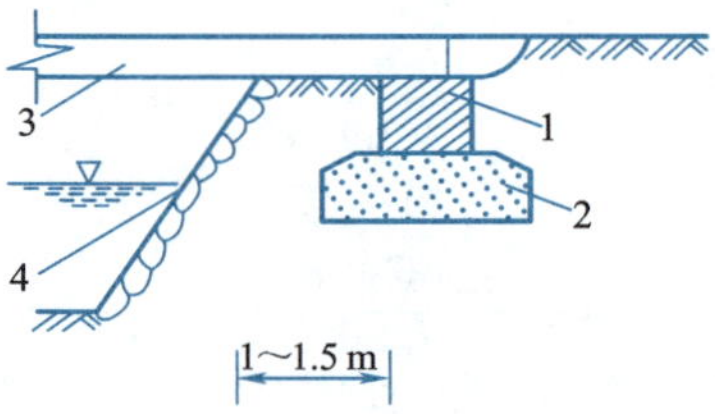

1—枕梁;2—碎石;3—梁;4—护坡。

图 2.1.17 枕梁式桥台

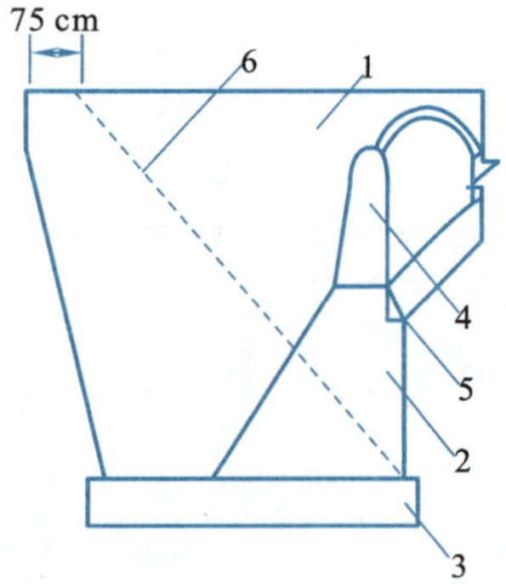

1—侧墙;2—前墙;3—基础;4—防护墙;5—台帽;6—锥坡。

图 2.1.18 重力式 U 形桥台

前墙承受拱圈推力和路堤填土压力。前墙上设有台帽,构造和拱桥墩帽相同。对空腹式拱桥,在前墙顶设有防护墙。侧墙和前墙连成整体,伸入路堤锥坡内 75 cm,并抵挡路堤填土向两侧的压力。

(2)组合式桥台

组合式桥台由台身和后座两部分组成(见图 2.1.19)。台身基础承受竖向力,一般采用桩基础。拱的水平推力则主要由后座基底摩阻力及台后的土侧压力来平衡。组合式桥台的承台与后座间必须密切贴合并设置沉降变形缝,以适应两者间的不均匀沉降。后座基底高程应低于拱脚下缘高程,力求台后土侧压力和基底摩阻力的合力作用点同拱座中心高程一致。

(3)轻型桥台

①八字形轻型桥台和前倾式轻型桥台。八字形轻型桥台的台身可做成等厚度的或变厚度的。变厚度的台身背坡一般为2:1～4:1,台口尺寸应满足抗剪强度要求。两边八字翼墙与台身分开,其顶宽为40 cm,前坡为10:1,后坡为5:1(见图2.1.20)。

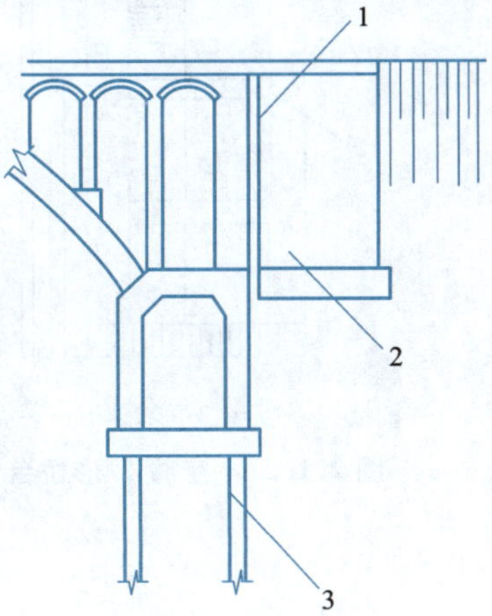

1—沉降变形缝;2—后座;3—基桩。

图2.1.19　组合式桥台

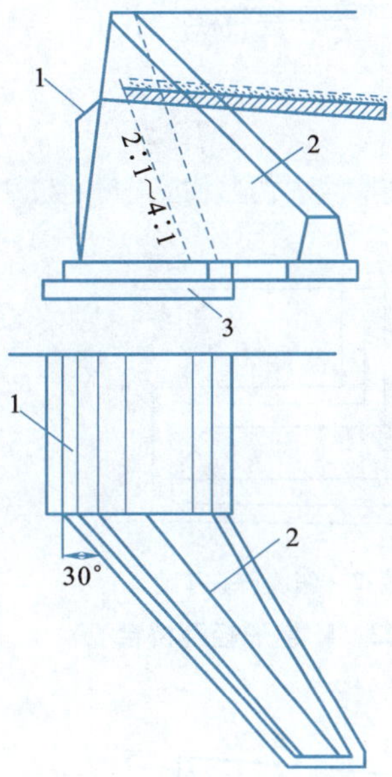

1—台身;2—八字翼墙;3—基础。

图2.1.20　八字形桥台

前倾式桥台(见图2.1.21)由于台身向桥孔方向倾斜,因此比直立台身的受力情况要好,用料要省。前倾台身可做成等厚度的,前倾坡度可达4:1。其缺点是施工比较麻烦。

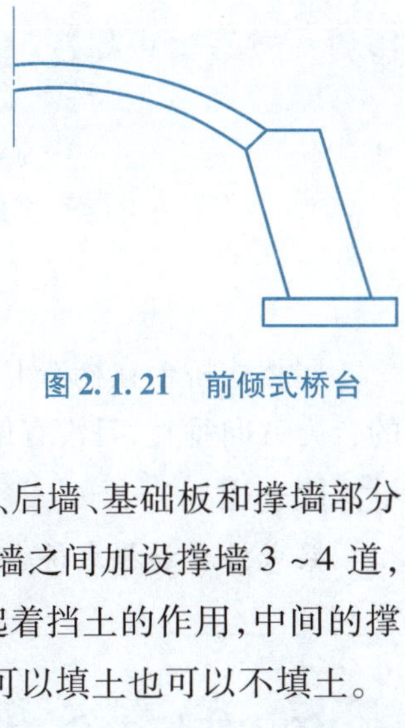

图2.1.21　前倾式桥台

②U字形轻型桥台和山字形轻型桥台。U字形轻型桥台由前墙(等厚度的)和平行于行车方向的侧墙组成(见图2.1.22)。前墙的构造和八字形的桥台台身相同。侧墙顶宽为50 cm,内侧坡度为4:1。当桥台宽度较大时,为了保证前墙和侧墙的整体性,可在U字形桥台的中间加一道背撑,成为山字形桥台。

(4)空腹L形桥台

空腹L形桥台适用于软土地基上的桥台本身不高的空腹式拱桥。它由前墙、后墙、基础板和撑墙部分组成(见图2.1.23)。前墙承受拱圈传来的压力,后墙支承台后土压力。在前后墙之间加设撑墙3～4道,它是前后墙间的传力构件,又是后墙和基础板的加劲构件。上下游的边撑墙还起着挡土的作用,中间的撑墙高度则根据后墙的受力情况决定。空腹可以是敞口的,也可以加设盖板,腹内可以填土也可以不填土。

(5)履齿式桥台

履齿式桥台又称飞机式桥台,由前墙、侧墙、底板和撑墙几部分组成(见图2.1.24),适用于软弱地基上的低路堤的拱桥。桥台的底板一般是用片石混凝土浇筑,其厚度在50 cm左右,并不设钢筋。底板下面设齿槛以增加抗滑稳定性,齿槛的宽度和深度一般均不宜小于50 cm。底板上设置撑墙以增强刚度。

为了抵抗拱的水平推力,可将台背做成斜挡板,使其与老土坡紧贴,这样就可以利用尾部斜墙背面的原地基土和前墙背面新填土的水平土压力来平衡拱的推力。这种桥台容易沿图中所示的虚线滑动,因此必须验算沿此滑动面的稳定性。

(6)屈膝式桥台

屈膝式桥台也适用于软土地基。它可以看成横卧的L形桥台(见图2.1.25),是直接利用原状土作拱座，施工中应尽量不破坏表层好土。

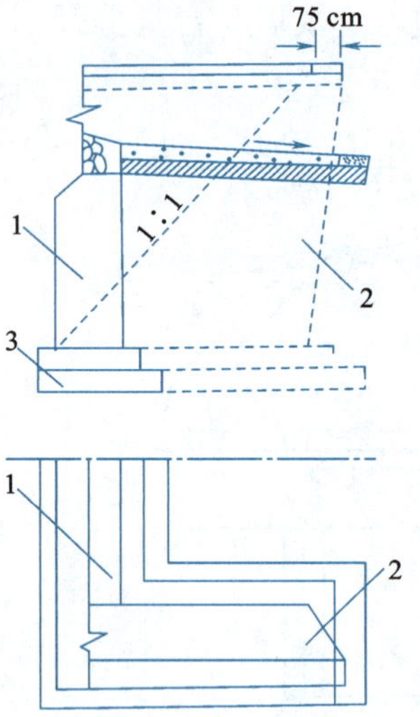

1—前墙；2—侧墙；3—基础。

图 2.1.22　U 字形轻型桥台

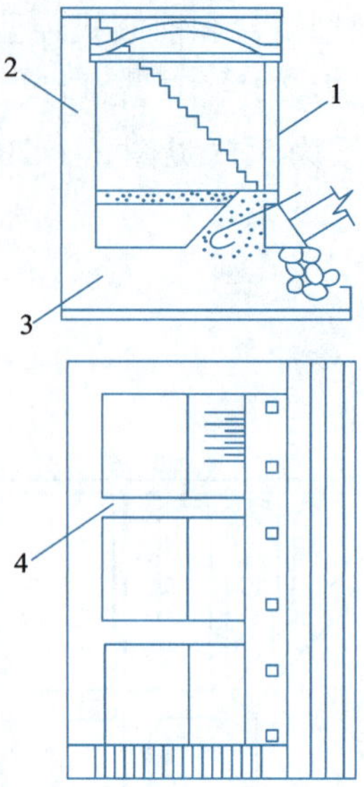

1—前墙；2—后墙；3—基础板；4—撑墙。

图 2.1.23　空腹 L 形桥台

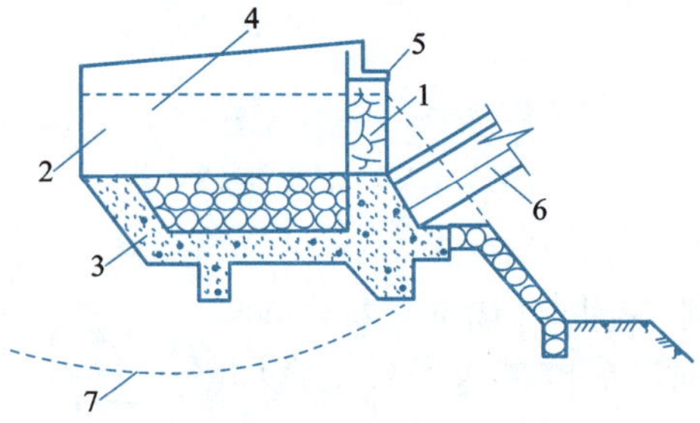

1—前墙；2—侧墙；3—底板；4—撑墙；
5—腹拱台帽；6—主拱圈；7—滑动面。

图 2.1.24　履齿式桥台

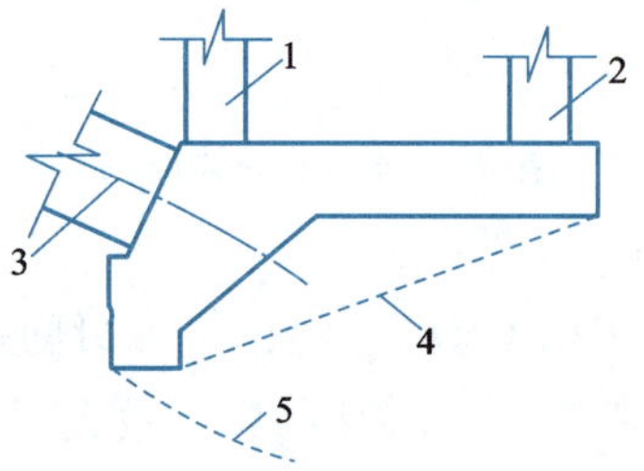

1—前墙；2—后墙；3—压力线；
4—受力面；5—滑动面。

图 2.1.25　屈膝式桥台

屈膝式桥台在构造上较履齿式桥台更为简单。它的受力面为图中虚线 4 所示，受力面最好与桥台外力的合力方向垂直，且没有偏心是最为理想的。必要时也要验算地基土的稳定性，如图中虚线 5。

比一比

梁式桥台和拱式桥台最主要的区别是什么？

任务知识 1.2　圬工墩台施工

一、砌筑墩台的定位放样

放样是根据施工测量定出的墩、台中心线，放出砌筑墩、台的轮廓线，再依线砌筑。

桥梁墩、台中心定位是桥梁施工测量中的关键性工作，就是根据设计图纸上桥位桩号里程，以控制点为基础，放出墩、台中心的位置。常用的测设方法有直接丈量法、角度交会法与极坐标法。

墩、台砌筑的定位放样方法有：

1. 垂线法

适宜于墩、台身和基础较低的情况，此时可依据平面轮廓线砌筑圬工。对直坡墩、台可用吊垂球的方法来控制定位石的位置。为了吊垂球方便，吊点与轮廓线间留 1 ~ 2 cm 的距离，如图 2. 1. 26(a)所示。对于斜坡墩、台可用规板控制定位石的位置，如图 2. 1. 26(b)所示。规板根据设计横截面尺寸，用竹、木制作，作为砌筑时的尺寸依据，如图 2. 1. 27 所示。规板可按墩、台宽度(即横桥向之长)设置 2 ~ 3 只，规板之间可随时(固定)拉线以利控制平面校验，还可以斜边靠近墩、台面，悬垂线若与所画墨线重合，则表示所砌墩、台斜度符合要求。

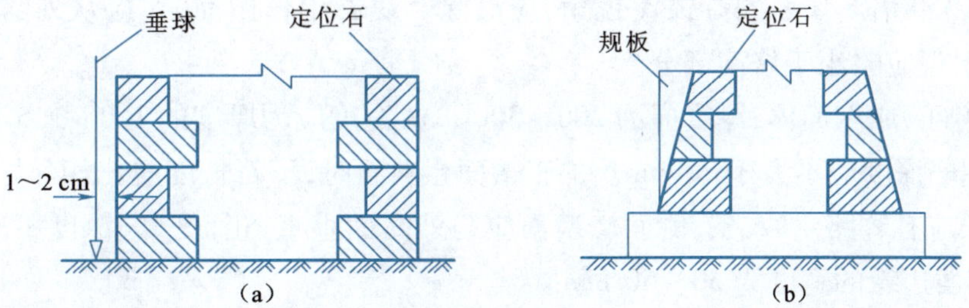

图 2. 1. 26　垂线法

2. 瞄准法

当墩、台身较高时，可采用瞄准法控制定位石，如图 2. 1. 28 所示。当墩身每升高 1. 5 ~ 2 m 时，沿墩、台平面棱角埋设铁钉，使上下铁钉位于一个垂直平面上，并挂以铅丝。砌筑时，拉直铅丝，使之与下段铅丝瞄成一直线，即可以此安砌定位石于正确位置。为确保各部尺寸正确，采用此法时，每砌 2 ~ 3 m，应用仪器测定中线，进行各部分尺寸的校核，以确保各部尺寸正确。

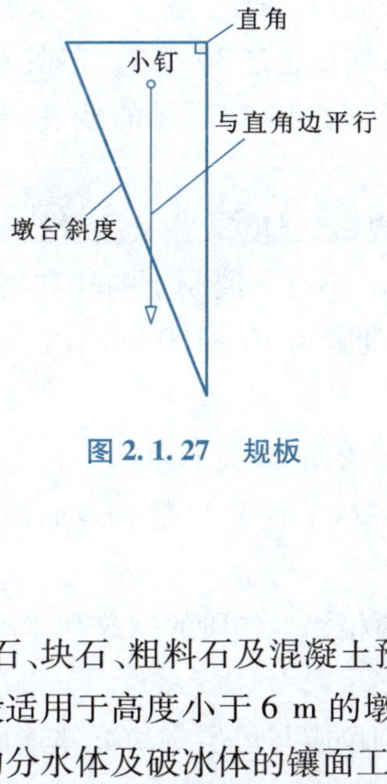

图 2. 1. 27　规板

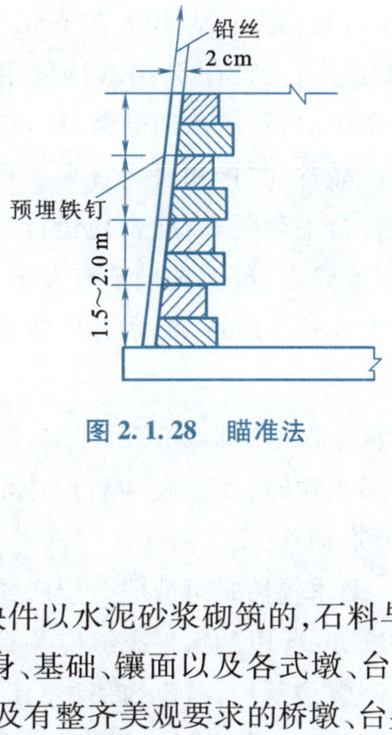

图 2. 1. 28　瞄准法

二、材料准备

圬工墩、台是用片石、块石、粗料石及混凝土预制块件以水泥砂浆砌筑的，石料与砂浆的规格要符合有关规定。浆砌片石一般适用于高度小于 6 m 的墩、台身、基础、镶面以及各式墩、台身填腹；浆砌粗料石则用于磨耗及冲击严重的分水体及破冰体的镶面工程以及有整齐美观要求的桥墩、台身等。

片石是符合工程要求的岩石，经开采选择所得的形状不规则的、边长一般不小于 15 cm 的石块。块石是符合工程要求的岩石，经开采并加工而成的形状大致方正的石块。料石是按规定要求经凿琢加工而成的形状规则的石块。

将石料吊运并安砌到正确位置是砌石工程中比较困难的工序。当质量小或距地面不高时，可用简单的马凳跳板直接运送；当质量较大或距地面较高时，可采用固定式动臂吊机、桅杆式吊机或井式吊机，将材料运到墩、台上，然后再分运到安砌地点。用于砌石的脚手架应环绕墩、台搭设，用于堆放材料，并支持施工人员砌筑镶面定位行列及勾缝。脚手架一般常用固定式轻型脚手架(适用于 6 m 以下的墩、台)、简易活动脚手架(能用在 25 m 以下的墩、台)以及悬吊式脚手架(用于较高的墩、台)。

1. 砌体基础的材料要求

砌体工程所用的材料包括石料、混凝土预制块、砂浆及小石子混凝土。

①石料应符合设计规定的类别和强度，石质应均匀、不易风化、无裂纹。一月份平均气温低于 -10 ℃的地区，除干旱地区的不受冰冻部位外，所用石料应通过冻融试验，抗冻性指标合格后，方可使用。

砌体工程用石料主要有片石、块石和粗料石。

片石的厚度大于等于 150 mm。用作镶面的片石，应选择表面较平整、尺寸较大者，应稍加修整。

块石的形状应大致方正，上下面应大致平整，厚度应为 200 ~ 300 mm，宽度应为厚度的 1.0 ~ 1.5 倍，长度应为厚度的 1.5 ~ 3.0 倍。块石如有锋棱锐角，应敲除。块石用作镶面时，应从外露面四周向内稍加修凿；后部可不作修凿，但应略小于修凿部分。

粗料石外形应方正，成六面体，厚度应为 200 ~ 300 mm，宽度应为厚度的 1.0 ~ 1.5 倍，长度应为厚度的 2.5 ~ 4.0 倍，表面凹陷深度应不大于 20 mm。加工镶面粗料石时，丁石长度应比相邻顺石宽度大 150 mm；修凿面每 100 mm 长应有錾路 4 ~ 5 条，侧面修凿面应与外露面垂直，正面凹陷深度不应超过 15 mm；外露面带细凿边缘时，细凿边缘的宽度为 30 ~ 50 mm。

②混凝土预制块要求规格、形状和尺寸统一，表面平整，强度符合设计要求。

③砌筑用砂浆的类别和强度等级应符合设计规定。

砂浆中所用水泥、砂、水等材料的质量应符合《公路桥涵施工技术规范》中相应规定。砂宜采用中砂或粗砂，当缺乏天然中砂或粗砂时，可采用满足质量要求的机制砂代替；在保证砂浆强度的基础上，也可采用细砂，但应适当增加水泥用量。砂的最大粒径，当用于砌筑片石时，不宜超过 5 mm；当用于砌筑块石、粗料石时，不宜超过 2.5 mm。

砂浆的配合比应通过试验确定，当变更砂浆的组成材料时，其配合比应重新试验确定。砂浆应具有良好的和易性，用于石砌体时其稠度宜为 50 ~ 70 mm，气温较高时可适当增大。砂浆的配制宜采用质量比，并应随拌随用，保持适宜的稠度，且宜在 3 ~ 4 h 内使用完毕；气温超过 30 ℃时，宜在 2 ~ 3 h 内使用完毕。在运输过程或在储存器中发生离析、泌水的砂浆，砌筑前应重新拌和；已凝结的砂浆，不得使用。

各类砂浆均宜采用机械拌和，拌和时间宜为 3 ~ 5 min。

④小石子混凝土应符合下列要求：配合比设计、材料规格、强度试验及质量检验标准应符合规范的规定；粗集料可采用细卵石或碎石，最大粒径不宜大于 20 mm；小石子混凝土的拌和物应具有良好的和易性，对片石砌体其坍落度宜为 50 ~ 70 mm，对块石砌体其坍落度宜为 70 ~ 100 mm。

2. 砌体的砌筑施工

①砌块在使用前应浇水湿润，砌块的表面如有泥土、水锈，应清洗干净。

②砌筑基础的第一层砌块时，如基底为岩层或混凝土基础，应先将基底表面清洗、湿润，再坐浆砌筑；如基底为土质，可直接坐浆砌筑。

③砌体宜分层砌筑，砌体较长时可分段分层砌筑，但两相邻工作段的砌筑高差不宜超过 1.2 m；分段位置宜设在沉降缝或伸缩缝处，各段的水平砌缝应一致。

④各砌层应先砌外圈定位行列，再砌筑里层，其外圈砌块应与里层砌块交错连成一体。砌体外露面石料的镶面种类应符合设计规定，对有流冰或有漂浮物河中的墩台，当设计未明确要求时，其镶面宜选用强度等级不低于 MU30 且较坚硬的石料或 C30 以上较高强度等级混凝土预制块进行镶砌。砌体里层应砌筑整齐，分层应与外圈一致，应先铺一层适当厚度的砂浆再安放砌块和填塞砌缝。砌体的外露面应进行勾缝，并应在砌筑时靠外露面预留深约 20 mm 的空缝备作勾缝之用。砌体隐蔽面的砌缝可随砌随刮平，不另勾缝。

⑤各砌层的砌块应安放稳固，砌块间的砂浆应饱满，黏结牢固，不得直接贴靠或脱空。砌筑时，底浆应铺满，竖缝砂浆应先在已砌石块侧面铺放一部分，然后在石块放好后用砂浆填满捣实。用小石子混凝土填竖缝时，应捣固密实。

⑥砌筑上层砌块时，应避免振动下层砌块。砌筑工作中断后恢复砌筑时，已砌筑的砌层表面应加以清扫和湿润。

3. 浆砌片石的、块石砌筑施工

片石应分层砌筑，宜以2~3层砌块组成一工作层，每一工作层的水平缝应大致找平。各工作层竖缝应相互错开，不得贯通。

外圈定位行列和转角石，应选择形状较为方正及尺寸较大的片石，并长短相间地与里层砌块咬接。砌缝宽度不宜大于40 mm；采用小石子混凝土砌筑时，可为30~70 mm。

较大的砌块应用于下层，安砌时应选取形状和尺寸较为合适的砌块，尖锐凸出部分应敲除。竖缝较宽时，应在砂浆中塞以小石块，但不得在石块下面用高于砂浆砌缝的小石片支垫。

浆砌块石的砌筑施工应符合下列规定：

①块石应平砌，每层石料高度应大致相同。对外圈定位行和镶面石块，应丁顺相间或两顺一丁排列，砌缝宽度应不大于30 mm，上下竖缝的错开距离应不小于80 mm。

②砌体里层平缝的宽度不应大于30 mm，竖缝宽度不应大于40 mm，用小石子混凝土砌筑时不应大于50 mm。

4. 浆砌粗料石及混凝土预制块的砌筑施工

砌筑前，应先计算层数并选好料，砌筑时应严格控制平面位置和高度。镶面石应一丁一顺排列，砌缝应横平竖直。砌缝的宽度，对粗料石不应大于20 mm，对混凝土预制砌块不应大于10 mm；上下层竖缝错开的距离应不小于100 mm，同时在丁石的上层或下层不宜有竖缝。砌体里层为浆砌块石时，应符合块石浆砌的规定。

想一想

砌筑用砂浆应满足哪些要求？

三、墩台施工

当基础砌筑完毕，并检查平面位置和高程均符合设计要求后，即可砌筑墩、台身。砌筑前应将基础顶面洗刷干净，砌筑时，桥墩先砌上下游圆石头或分水尖，桥台先砌四角转角石，后在已砌石料上挂线，砌筑边部外露部分，最后砌筑腹部。

墩、台身可采用浆砌片石、块石或粗料石。表面石料一般采用一丁一顺的排列方法，砌筑进度应均匀，高低不应相差过大，每砌2~3层应大致找平。为了美观和更好地防水，墩、台表面砌缝的外露面需另行勾缝，但隐蔽处只需用砂浆刮平即可。可按自然缝勾缝，如图2.1.29(a)所示，或按一定尺寸勾成方格缝，如图2.1.29(b)所示。勾缝的形式一般采用凸缝或平缝，浆砌规则块材也可采用凹缝。勾缝砂浆的强度等级应按设计文件规定，一般主体工程不低于M10，附属工程不低于M7.5。砌筑时，外层砂浆留出距石面10~20 mm的空隙，以备勾缝。勾缝最好在整个墩、台砌筑后自上而下进行，以保证勾缝整齐干净，如图2.1.29(c)所示。

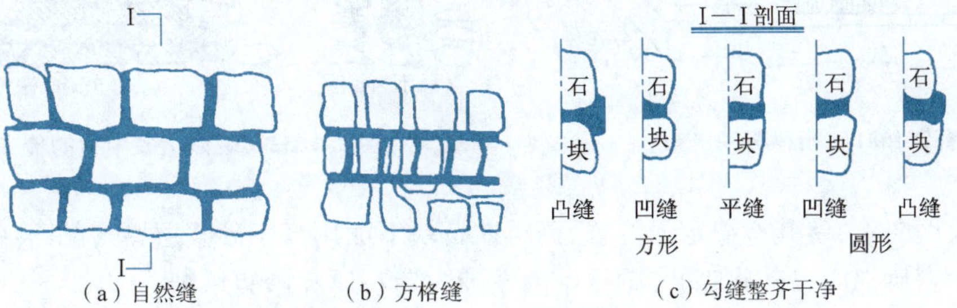

(a) 自然缝　　(b) 方格缝　　(c) 勾缝整齐干净

图2.1.29　勾缝的形式

砌筑用砂浆的类别和强度等级应符合设计规定。砂浆强度等级以M××表示，为70.7 mm×70.7 mm×70.7 mm试件标准养护28 d的抗压强度（单位为MPa）。常用的砂浆强度等级分为M20、M15、M10、M7.5、M5、M2.5六个等级。

1. 浆砌片石工艺要点

①灌浆法。砌筑时片石应水平分层铺放，每层高度15~20 cm，空隙应以碎石填塞，灌以流动性较大的砂浆，边灌边砌。对于基础工程，可用平板振捣器振捣，振捣器应放置在石块上面的砂浆层上，直到砂浆不再渗入砌体后，方可结束。

②铺浆法。先铺一层坐浆，把片石铺上，每层高度一般不应超过40 cm。并选择厚度合适的石块，用作砌平整理，空隙处先填满较稠的砂浆，用灰刀或捣固棒插实，再用适当的小石块卡紧填实。然后再铺上坐浆，用同样的方法继续铺砌上层石块。

③挤浆法。先铺一层坐浆，再将片石铺上，经左右轻轻扰动几下，再用手锤轻击石块，将灰缝砂浆挤压密实。在已砌好片石侧面继续安砌时，应在相邻侧面先抹砂浆，再砌片石，并向下面和抹浆的侧面用手挤压，用锤轻击，使下面和侧面的砂浆挤实。分层高度宜在70~120 cm之间，分层与分层间的砌缝应大致砌成水平。

2. 浆砌块石工艺要点

一般多采用铺浆法和挤浆法。砌体应分层平砌，石块丁顺相间，上下层竖缝应尽量错开，分层厚度一般不小于20 cm。对于厚大砌体，如不易按石料厚度砌成水平层时，可设法搭配，使每隔70~120 cm能够砌成一个比较平整的水平层，如图2.1.30所示。

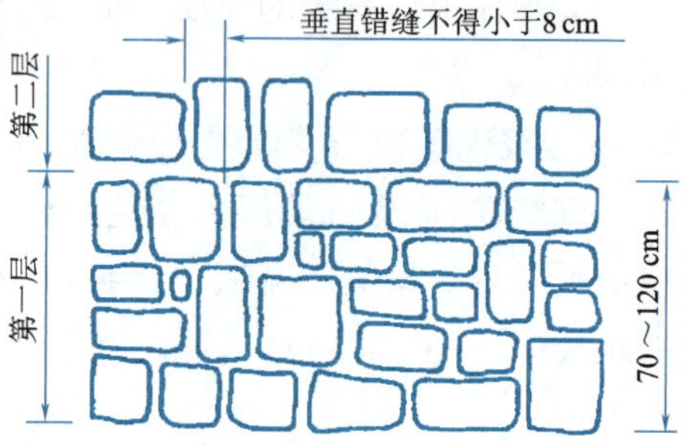

图2.1.30 厚大块石砌体

3. 浆砌粗料石工艺要点

一般采用铺浆和挤浆相结合的方法。砌筑前应按石料及灰缝厚度，预先计算层数，使其符合砌体竖向尺寸。石块上下和两侧修凿面都应和石料表面垂直，同一层石块和灰缝宽度应取一致。

砌筑时宜先将已修凿的石块试摆，为求水平缝一致，可先平放于木条和铁棍上，然后将石块沿边棱(见图2.1.31)*A*—*A*翻开，在石块砌筑地点的砌石上及侧缝处抹砂浆一层并将其摊平，再将石块翻回原位，以木槌轻击，使石块结合紧密。垂直缝中砂浆若有不满，应补填插捣至溢出为止。石块下垫放的木条或铁棍，在砂浆捣实后即行取出，空隙处再以砂浆填补压实。

4. 砌筑注意事项

为了使各个石块结合而成的砌体结合紧密，能抵抗作用在其上的外力，砌筑时必须做到下列几点：

①石料在砌筑前应清除污泥、灰尘及其他杂质，以利石块与砂浆的黏合。在砌筑前应将石块充分润湿，以免石块吸收砂浆中的水分。

②各种石料砌缝宽度应满足前述规定，如图2.1.32所示，这样集中力能分布到砌体整体上。

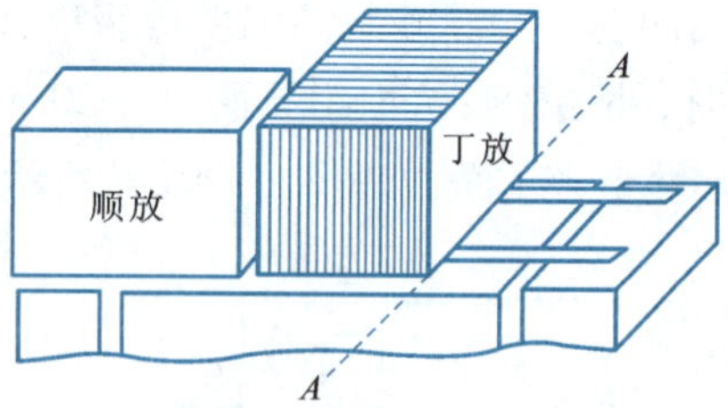

图2.1.31 粗料石砌筑

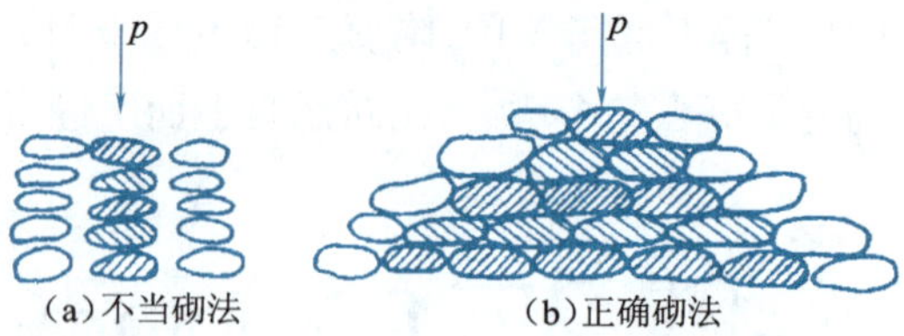

图2.1.32 砌体上集中力的传布

③应将石块大面向下，使其有稳定的位置，不得在石块下面用高于砂浆层厚度的石块支垫。

④浆砌砌体中石块都应以砂浆隔开，砌体中的空隙应用石块和砂浆填满。

⑤在砂浆尚未凝固的砌层上，应避免受外力碰撞。砌筑中断后应洒水润湿，进行养护。重新开始砌筑时，应将原砌筑表面清扫干净，洒水润湿，再铺浆砌筑。

看一看

请在现实生活中找到砌筑实体并与图2.1.32进行比对。

四、墩台砌体的质量要求

砌体质量应符合下列规定：

①砌体所用各项材料类别、规格及质量符合要求。

②砌缝砂浆或小石子混凝土铺填饱满，强度符合要求。

③砌缝宽度、错缝距离符合规定，勾缝坚固、整齐，深度和形式符合要求。

④砌筑方法正确。

⑤砌体位置、尺寸不超过允许偏差。

墩、台砌体位置及外形尺寸允许偏差见表2.1.1。

表2.1.1　墩、台砌体位置及外形尺寸允许偏差

项　目		规定值或允许偏差
砂浆强度/MPa		在合格标准内
轴线偏差/mm		≤20
墩台长、宽/mm	片石	+40，−10
	块石	+30，−10
	粗料石	+20，−10
侧面平整度/mm	片石	≤30
	块石	≤20
	粗料石	≤10
竖直度或坡度/%	片石	≤0.5
	块石、粗料石	≤0.3
墩台顶面高程/mm		±10

查一查

砂浆强度如何测定？

自学自测

一、判断题

1. 砌石基础应分层卧砌，上下错缝，内外搭砌。（　　）
2. 片石混凝土中用片石的数量不宜超过混凝土结构体积的20%。（　　）
3. 大体积混凝土中用片石时，片石的抗压强度应不小于30 MPa及混凝土的强度。（　　）
4. 拌制好的混凝土运输至现场后，可直接倒入基坑内。（　　）
5. 墩、台施工放样是先放出墩、台砌筑的轮廓线，再定出墩、台的中心线。（　　）
6. 垂线法适宜于墩、台身和基础较低的定位放样。（　　）
7. 墩、台身砌筑时，桥墩先砌上下游圆石头或分水尖，桥台先砌四角转角石。（　　）
8. 石料在砌筑前应清除污泥、灰尘及其他杂质，以利石块与砂浆的黏合。（　　）
9. 墩、台身砌筑时，在砂浆尚未凝固的砌层上，可以受外力碰撞。（　　）
10. 砌体中石块都应以砂浆隔开，砌体中的空隙应用石块和砂浆填满。（　　）

二、选择题

1. 重力式桥墩墩帽，四周应挑出墩身约（　　）作为滴水。

A. 5～10 cm　　B. 10～15 cm　　C. 15～20 cm　　D. 20～25

2. 埋置式桥台,适用于当路堤填土高度超过(　　)时。

A. 6~8 m　　B. 8~10 m　　C. 10~12 m　　D. 4~6 m

3. 轻型桥台,需设置支承梁,支承梁的尺寸一般为(　　)。

A. 20 cm×30 cm　　B. 30 cm×40 cm　　C. 40 cm×50 cm　　D. 10 cm×20 cm

4. 为确保各部尺寸正确,采用瞄准法时,每砌(　　),应用仪器测定中线,进行各部分尺寸的校核,以确保各部尺寸正确。

A. 2~3 m　　B. 3~4 m　　C. 4~5 m　　D. 5~6 m

5. 为了吊垂球方便,吊点与轮廓线间应留(　　)距离。

A. 0~3 cm　　B. 1~2 cm　　C. 2~4 cm　　D. 4~5 cm

6. 符合工程要求的岩石,经开采并加工而成的形状大致方正的石块是(　　)。

A. 片石　　B. 块石　　C. 料石　　D. 混凝土预制块

7. 墩、台身砌筑时,外层砂浆留出距石面(　　)的空隙,以备勾缝。

A. 0~10 mm　　B. 10~20 mm　　C. 20~30 mm　　D. 30~40 mm

8. 浆砌片石的砌缝宽度一般不应大于(　　)。

A. 2 cm　　B. 3 cm　　C. 4 cm　　D. 5 cm

文本

参考答案

9. 灌浆法砌筑片石时,应水平分层铺放,每层高度约为(　　)。

A. 10~15 cm　　B. 15~20 cm　　C. 20~30 cm　　D. 30~40 cm

10. 浆砌片石一般适用于高度小于(　)的墩、台身、基础、镶面以及各式墩、台身填腹。

A. 4 m　　B. 6 m　　C. 8 m　　D. 5 m

任务实施

根据施工合同要求,桥梁圬工墩台工程施工工作内容程序如下。

一、准备工作

项目部根据分工进行施工技术资料准备、施工机具设备材料准备工作,做好参与人员的技术培训交底工作,对施工相关人员进行安全教育及安全设施使用指导;做好测量放线工作。

二、制订墩台施工方案

技术负责人根据墩台施工图纸及施工现场实际条件,考虑施工单位的设备机具情况,同时考虑材料供应情况和一线人员施工熟练程度,制订符合规范要求切实可行的圬工墩台施工方案。

三、现场施工组织

1. 定位放样

测量员根据墩台中心线,测放出墩台轮廓线。

2. 确定砂浆配合比。

砂浆配合比应根据试验确定,具有良好的和易性。

3. 砌筑墩台身

砌筑前洗刷基础顶面,确定砌筑定位方法,测定砂浆稠度指标,按照材料特性选择砌筑工艺,注意砌筑顺序及石料的排列,2~3层大致找平,砌缝宽度与石材类别相对应,不得超出规范要求。

四、质量控制

项目部要组织相关人员对施工质量进行过程性抽检控制,主要包括测量数据、材料试验、设备机具的使用状况、安全和环保措施落实,使各项工作满足要求,后续施工工作顺利实施。

五、内业资料整理

整理墩台施工测量资料、试验资料、施工记录资料、施工联系函及图纸变更等资料,予以存档。

【圬工墩台施工工作单】

计 划 单

学习情境二	桥梁墩台施工	任务1	圬工墩台施工
工作方式	组内讨论、团结协作共同制订计划：小组成员进行工作讨论，确定工作步骤	计划学时	1学时
完成人			

计划依据：某桥梁墩台施工图

序号	计划步骤	具体工作内容描述
1	准备工作 （准备资料，谁去做？）	
2	组织分工 （成立组织，人员具体都完成什么？）	
3	制订两套施工方案（各有何特点？）	
4	现场施工 （施工顺序如何？）	
5	质量控制 （谁负责？检查哪些项目？）	
6	资料整理 （谁负责？整理哪些内容？）	
制定计划说明	（写出制订计划中人员为完成任务的主要建议或可以借鉴的建议、需要解释的某一方面）	

决 策 单

<table>
<tr><td>学习情境二</td><td colspan="2">桥梁墩台施工</td><td>任务 1</td><td>圬工墩台施工</td></tr>
<tr><td>决策学时</td><td colspan="4">1 学时</td></tr>
<tr><td colspan="5">决策目的:确定本小组最优施工方案</td></tr>
<tr><td rowspan="7">施工方案优劣比较</td><td colspan="2">施工方案特点</td><td rowspan="2">比对项目</td><td rowspan="2">确定最优方案(划√)</td></tr>
<tr><td>方案 1 名称</td><td>方案 2 名称</td></tr>
<tr><td></td><td></td><td>施工设备选择是否适用</td><td rowspan="6">方案 1 优
□

方案 2 优
□</td></tr>
<tr><td></td><td></td><td>施工顺序是否合理</td></tr>
<tr><td></td><td></td><td>关键工序施工方法是否满足质量控制要求</td></tr>
<tr><td></td><td></td><td>安全措施是否到位</td></tr>
<tr><td></td><td></td><td>环保措施是否符合规定</td></tr>
<tr><td colspan="3">方案 1 施工流程图</td><td>方案 2 施工流程图</td></tr>
</table>

作 业 单

学习情境二	桥梁墩台施工	任务 1	圬工墩台施工
参加人员	第　　组		开始时间：
	签名：		结束时间：
序号	工作内容记录 （根据实施的具体工作记录，包括存在的问题及解决办法）		分工 （负责人）
1			
2			
⋮			
小结	主要描述完成的成果及是否达到目标		存在的问题

检 查 单

学习情境二		桥梁墩台施工	任务 1	圬工墩台施工				
检查学时		课内 1 学时		第 组				
检查目的及方式		教师过程监控小组的工作情况，如检查等级为不合格，小组需要整改，并拿出整改说明						
序号	检查项目	检查标准	检查结果分级（在检查相应的分级框内划“√”）					
			优秀	良好	中等	合格	不合格	
1	准备工作	资源是否已查到、材料是否准备完整						
2	分工情况	安排是否合理、全面，分工是否明确						
3	工作态度	小组人员是否积极主动、全员参与						
4	纪律出勤	是否按时完成负责的工作内容、遵守工作纪律						
5	团队合作	是否相互协作、互相帮助，是否听从指挥						
6	创新意识	任务完成不照搬照抄，看问题具有独到见解，具备创新思维						
7	完成效率	工作单是否记录完整，小组是否按照计划完成任务						
8	完成质量	工作单填写是否准确，记录单检查及修改是否达标						
检查评语						教师签字：		

任务评价

小组工作评价单

<table>
<tr><td>学习情境二</td><td colspan="2">桥梁墩台施工</td><td>任务1</td><td colspan="3">圬工墩台施工</td></tr>
<tr><td colspan="3">评价学时</td><td colspan="4">课内1学时</td></tr>
<tr><td colspan="3">班级：</td><td colspan="4">第　组</td></tr>
<tr><td>考核情境</td><td>考核内容及要求</td><td>分值（满分100分）</td><td>小组自评（10%）</td><td>小组间互评（20%）</td><td>教师评价（70%）</td><td>实得分（∑）</td></tr>
<tr><td rowspan="4">汇报展示（20分）</td><td>演讲资源利用</td><td>5</td><td></td><td></td><td></td><td></td></tr>
<tr><td>演讲表达和非语言技巧应用</td><td>5</td><td></td><td></td><td></td><td></td></tr>
<tr><td>团队成员相互配合程度</td><td>5</td><td></td><td></td><td></td><td></td></tr>
<tr><td>时间与完整性</td><td>5</td><td></td><td></td><td></td><td></td></tr>
<tr><td rowspan="3">质量评价（40分）</td><td>工作完整性</td><td>10</td><td></td><td></td><td></td><td></td></tr>
<tr><td>工作质量</td><td>5</td><td></td><td></td><td></td><td></td></tr>
<tr><td>报告完整性</td><td>25</td><td></td><td></td><td></td><td></td></tr>
<tr><td rowspan="5">团队情感（25分）</td><td>核心价值观</td><td>5</td><td></td><td></td><td></td><td></td></tr>
<tr><td>创新性</td><td>5</td><td></td><td></td><td></td><td></td></tr>
<tr><td>参与率</td><td>5</td><td></td><td></td><td></td><td></td></tr>
<tr><td>合作性</td><td>5</td><td></td><td></td><td></td><td></td></tr>
<tr><td>劳动态度</td><td>5</td><td></td><td></td><td></td><td></td></tr>
<tr><td rowspan="2">安全文明（10分）</td><td>工作过程中的安全保障情况</td><td>5</td><td></td><td></td><td></td><td></td></tr>
<tr><td>工具正确使用和保养、放置规范</td><td>5</td><td></td><td></td><td></td><td></td></tr>
<tr><td>工作效率（5分）</td><td>能够在要求的时间内完成，每超时5分钟扣1分</td><td>5</td><td></td><td></td><td></td><td></td></tr>
</table>

小组成员素质评价单

<table>
<tr><td>学习情境二</td><td colspan="3">桥梁墩台施工</td><td>任务 1</td><td colspan="3">圬工墩台施工</td></tr>
<tr><td>班级</td><td></td><td>组别</td><td colspan="2"></td><td>成员姓名</td><td colspan="2"></td></tr>
<tr><td>评分说明</td><td colspan="7">每个小组成员评价分为自评和小组其他成员评价两部分，取平均值计算，作为该小组成员的任务评价个人分数。评价项目共设计五个，依据评分标准给予合理量化打分。小组成员自评分后，要找小组其他成员不记名方式打分</td></tr>
<tr><td>评分项目</td><td>评分标准</td><td>自评分</td><td>成员 1 评分</td><td>成员 2 评分</td><td>成员 3 评分</td><td>成员 4 评分</td><td>成员 5 评分</td></tr>
<tr><td>核心价值观（20 分）</td><td>没有违背社会主义核心价值观的思想及行动</td><td></td><td></td><td></td><td></td><td></td><td></td></tr>
<tr><td>工作态度（20 分）</td><td>按时完成负责的工作内容、遵守纪律，积极主动参与小组工作，全过程参与，吃苦耐劳，具有工匠精神</td><td></td><td></td><td></td><td></td><td></td><td></td></tr>
<tr><td>交流沟通（20 分）</td><td>能良好地表达自己的观点，能倾听他人的观点</td><td></td><td></td><td></td><td></td><td></td><td></td></tr>
<tr><td>团队合作（20 分）</td><td>与小组成员合作完成任务，做到相互协作、互相帮助、听从指挥</td><td></td><td></td><td></td><td></td><td></td><td></td></tr>
<tr><td>创新意识（20 分）</td><td>看问题能独立思考，提出独到见解，具有创新思维解决遇到的问题</td><td></td><td></td><td></td><td></td><td></td><td></td></tr>
<tr><td>最终小组成员得分</td><td colspan="7"></td></tr>
</table>

任务反思

学习情境二	桥梁墩台施工		任务 1	圬工墩台施工	
班级		组别		成员姓名	
情感反思	通过对本任务的学习和实训，你认为自己在社会主义核心价值观、职业素养、学习和工作态度等方面需要提高什么？				
知识反思	通过对本任务的学习，你掌握了哪些知识点？请画出思维导图				
技能反思	在完成本任务的学习和实训过程中，你主要掌握了哪些技能？				
方法反思	在完成本任务的学习和实训过程中，你主要掌握了哪些分析和解决问题的方法？				

任务2 钢筋混凝土墩台施工

任务单

学习情境二	桥梁墩台施工			任务2	钢筋混凝土墩台施工
任务学时	课内6学时（课外2学时）				
布置任务					
任务目标	1. 能确定钢筋混凝土墩台模板的制作与安装方法； 2. 能够阐述钢筋混凝土墩台的施工工艺； 3. 能列出盖梁施工方法； 4. 能够写出钢筋混凝土墩台施工的技术交底； 5. 能够在完成任务过程中养成职业素养，树立攻坚克难、勇攀高峰的职业精神。				
任务描述	施工单位在完成桥梁基础施工之后，应进行桥梁墩台工程施工。技术负责人应根据墩台施工图纸及施工现场周边环境、材料设备供应情况合理选择墩台身和盖梁模板及支设方案、混凝土拌制、运输、浇筑及振捣方式；在开工前制订完成满足规范要求的墩台施工方案，指导墩台施工工作。				
学时安排	资讯	计划	决策	实施	检查	评价
	1学时（1）	1学时	1学时	1学时（1）	1学时	1学时
对学生学习及成果的要求	1. 每位同学均能按照自学资讯思维导图自主学习，并完成课前自学的问题训练和自学自测； 2. 严格遵守课堂纪律，学习态度认真、端正，能够正确评价自己和同学在本任务中的素质表现； 3. 每位同学必须积极参与小组工作，在教师的示范指导下完成钢筋混凝土墩台施工的对应工作，做到积极主动不推诿，能够与小组成员合作完成工作任务； 4. 每位同学均需独立或在小组同学的帮助下完成技能训练工作单，并提请检查、签认，对提出的建议务必及时修改； 5. 每组必须完成全部“钢筋混凝土墩台施工”工作的工作单，并提请教师进行小组评价，小组成员分享小组评价分数或等级； 6. 每名同学均完成任务反思，以小组为单位提交。					

自学资讯思维导图

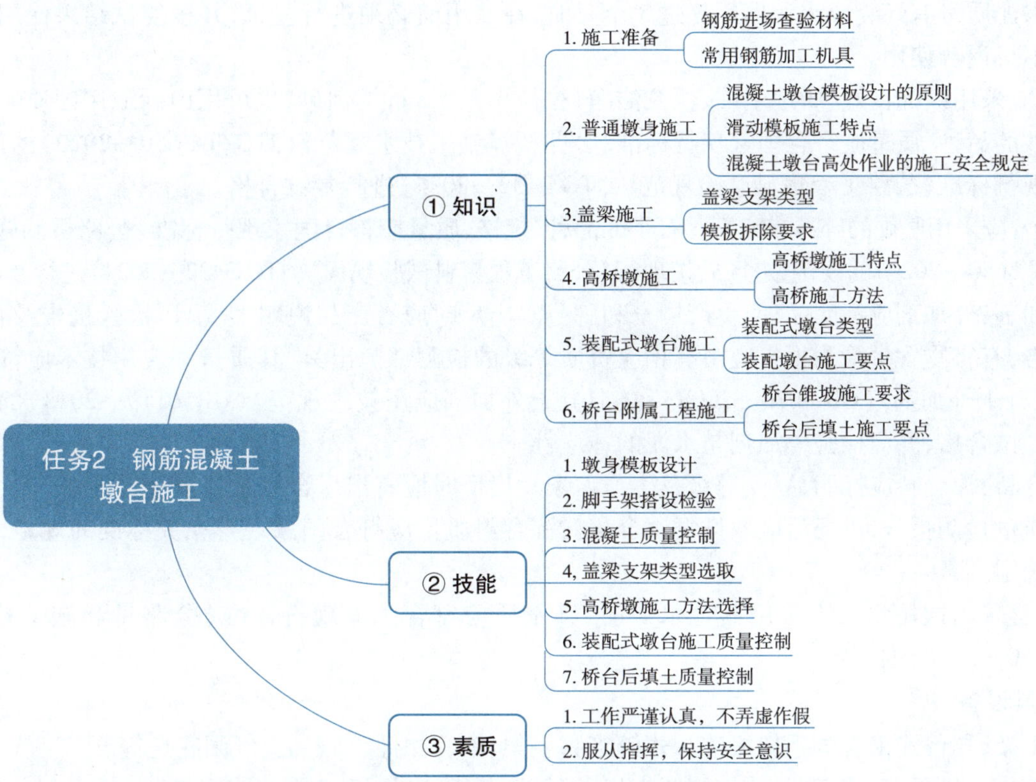

课 前 自 学

钢筋混凝土墩台具有多种不同的构造形式，应针对具体构造，选择合适的模板，制订合理的专项施工技术方案，控制各工序施工质量。

任务知识 2.1　钢筋混凝土墩台施工一般要求

一、施工准备

1. 技术准备

①认真审核设计图纸，编制分项工程施工方案，进行模板设计并经审批。

②已进行钢筋的取样试验、钢筋翻样及配料单编制工作。

③组织有关方面对模板进行进场验收。

④进行混凝土各种原材料的取样试验工作，设计混凝土配合比。

⑤对操作人员进行培训，向有关人员进行安全、技术交底。

2. 材料要求

①钢筋：钢筋出厂时，应具有出厂质量证明书和检验报告单。品种、级别、规格和性能应符合设计要求；进场时，应抽取试件做力学性能复试，其质量必须符合国家现行标准《钢筋混凝土用钢　第 1 部分：热轧光圆钢筋》（GB 1499. 1—2024）、《钢筋混凝土用钢　第 2 部分：热轧带肋钢筋》（GB 1499. 2—2024）等的规定。当发现钢筋脆断、焊接性能不良或力学性能显著不正常等现象时，应对该批钢筋进行化学分析或其他专项检验。

②电焊条：电焊条应有产品合格证，品种、规格、性能等应符合国家现行相关标准的规定。选用的焊条型号应与母材强度相适应。

③水泥：宜采用硅酸盐水泥和普通硅酸盐水泥。水泥进场应有产品合格证或出厂检验报告，进场后应对强度、安定性及其他必要的性能指标进行取样复试，其质量必须符合国家现行标准《通用硅酸盐水泥》(GB 175—2023)等的规定。

当对水泥质量有怀疑或水泥出厂超过3个月时，在使用前必须进行复试，并按复试结果使用。不同品种的水泥不得混合使用。

④砂：应采用级配良好、质地坚硬、颗粒洁净、粒径小于5 mm的河砂，也可用山砂或用硬质岩石加工的机制砂。砂的品种、质量应符合国家现行标准《公路桥涵施工技术规范》(JTG/T 3650—2020)的规定，进场后按国家现行标准《公路工程集料试验规范》(JTG 3432—2024)进行复试合格。

⑤石子：应采用坚硬的碎石或卵石。石子的品种、规格、质量应符合国家现行标准《公路桥涵施工技术规范》(JTG/T 3650—2020)的规定，进场后按现行《公路工程集料试验规程》(JTG 3432—2024)进行复试合格。

⑥外加剂：外加剂应标明品种、生产厂家和牌号。出厂时应有产品说明书、出厂检验报告及合格证、性能检测报告，有害物含量检测报告应由有相应资质等级的检测部门出具，其质量和应用技术应符合国家现行标准《混凝土外加剂》(GB 8076—2008)和《混凝土外加剂应用技术规范》(GB50119—2013)的规定。进场应取样复试合格，并应检验外加剂与水泥的适应性。

⑦掺合料：掺合料应标明品种、等级及生产厂家。出厂时应有出厂合格证或质量证明书和法定检测单位提供的质量检测报告，进场后应取样复试合格。混合料质量应符合国家现行相关标准的规定，其掺量应通过试验确定。

⑧水：宜采用饮用水。当采用其他水源时，其水质应符合国家现行标准《公路桥涵施工技术规范》(JTG/T 3650—2020)的规定。

3. 机具设备

①脚手架：扣件式钢管脚手架或碗扣式钢管脚手架、钢管扣件、脚手板、可调底托等。

②钢筋加工机具：钢筋弯曲机、钢筋调直机、钢筋切断机、电焊机、砂轮切割机等。

③模板施工机具：电锯、电刨、手电钻、模板、方木或型钢、可调顶托等。

④混凝土施工机具：混凝土搅拌机、混凝土运输车、混凝土输送泵、行走式起重机、混凝土振捣器等。

⑤其他机具设备：空压机、发电机、水车、水泵等。

⑥工具：气焊割枪、扳手、铁錾、铁锹、铁抹、木抹、斧子、钉锤、缆风绳、对拉螺杆及PVC管、钉子、8#铁丝、钢丝刷等。

4. 作业条件

①基础(承台或扩大基础)和预留插筋经验收合格。

②基础(承台或扩大基础)与墩台接缝位置按有关规定已充分凿毛。

③作业面已临时通水通电，道路畅通，场地平整，满足施工要求。

④所需机具已进场，机械设备状况良好。

查一查

钢筋出厂应具有哪些材料，进场后应抽检哪些力学性能？

二、施工工艺

1. 工艺流程

钢筋混凝土墩台施工流程如图2.2.1所示。

2. 操作工艺

(1)测量放线

墩柱和台身施工前应按图纸测量定线，检查基础平面位置、高程及墩台预埋钢筋位置。放线时依据基准控制桩放出墩台中心点或纵横轴线及高程控制点，并用墨线弹出墩柱、台身结构线、平面位置控制线。测放的各种桩都应标注编号，涂上各色油漆，醒目、牢固，经复核无误后进行下道工序施工。

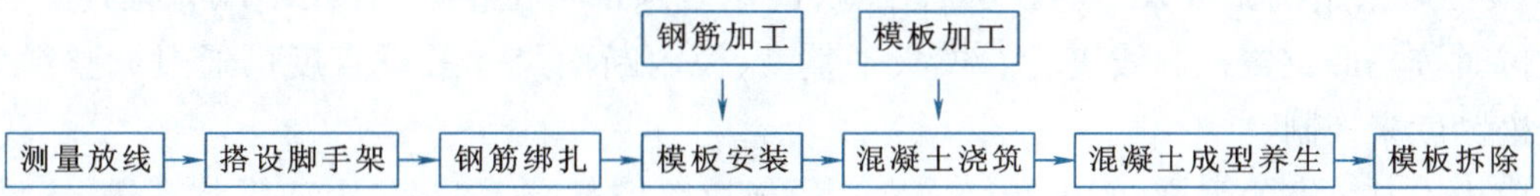

图 2.2.1　墩台施工流程图

(2)搭设脚手架

①脚手架安装前应对地基进行处理,地基应平整坚实,排水顺畅。

②脚手架应搭设在墩台四周环形闭合,以增加稳定性。

③脚手架除应满足使用功能外,还应具有足够的强度、刚度及稳定性。

(3)钢筋加工及绑扎

①墩、台身钢筋加工应符合一般钢筋混凝土构筑物的基本要求,严格按设计和配料单进行,加工方法参照规范关于桥梁钢筋加工及安装的规定。

②基础(承台或扩大基础)施工时,应根据墩柱、台身高度预留插筋。若墩、台身不高,基础施工时可将墩、台身钢筋按全高一次预埋到位;若墩、台身太高,钢筋可分段施工,预埋钢筋长度宜高出基础顶面 1.5 m 左右,按 50% 截面错开配置,错开长度应符合规范规定和设计要求,一般不小于钢筋直径的 35 倍且不小于 500 mm,连接时宜采用帮条焊或直螺纹连接技术。预埋位置应准确,满足钢筋保护层要求。

③钢筋安装前,应用钢丝刷对预埋钢筋进行调直和除锈除污处理,对基础混凝土顶面应凿去浮浆,清洗干净。

④钢筋需接长且采用焊接搭接时,可将钢筋先临时固定在脚手架上,然后再行焊接。采用直螺纹连接时,将钢筋连接后再与脚手架临时固定。在箍筋绑扎完毕即钢筋已形成整体骨架后,即可解除脚手架对钢筋的约束。

⑤墩、台身钢筋的绑扎除竖向钢筋绑扎外,水平钢筋的接头也应内外、上下互相错开。

⑥所有钢筋交叉点均应进行绑扎,绑丝扣应朝向混凝土内侧。

⑦钢筋骨架在不同高度处绑扎适量的垫块,以保持钢筋在模板中的准确位置和保护层厚度。保护层垫块应有足够的强度及刚度,宜使用塑料垫块。使用混凝土预制垫块时,必须严格控制其配合比,保证垫块强度,垫块设置宜按照梅花形均匀布置,相邻垫块距离以 750 mm 左右为宜,矩形柱的四面均应设置垫块。

(4)模板加工及安装

①圆形或矩形截面墩柱宜采用定型钢模板,薄壁墩台、肋板桥台及重力式桥台视情况可使用木模、钢模和钢木混合模板。

②采用定型钢模板时,钢模板应由专业生产厂家设计及生产,拼缝以企口为宜。

③圆形或矩形截面墩柱模板安装前应进行试拼装,合格后安装。安装宜现场整体拼装后用汽车吊就位。每次吊装长度视模板刚度而定,一般为 4 ~ 8 m。

④采用木质模板时,应按结构尺寸和形状进行模板设计,设计时应考虑模板有足够的强度、刚度和稳定性,保证模板受力后不变形、不位移,成型墩台的尺寸准确。墩台圆弧或拐角处,应设计制作异形模板。

⑤木质模板的拼装与就位。

a. 木质模板以压缩多层板及竹编胶合板为宜,视情况可选用单面或双面覆膜模板,覆膜一侧面向混凝土一侧,次龙骨应选用方木,水平设置,主龙骨可选用方木及型钢,竖向设置,间距均应通过计算确定。内外模板的间距用拉杆控制。

b. 木质模板拼装应在现场进行,场地应平整。拼装前将次龙骨贴模板一侧用电刨刨平,然后用铁钉将次龙骨固定于主龙骨上,使主次龙骨形成稳固框架,然后铺设模板,模板拼缝夹弹性止浆材料。要求设拉杆时,须用电钻在模板相应位置打眼。每块拼装大小应根据模板安装就位所采用设备而定。

c. 模板就位可采用机械或人工。就位后用拉杆、基础顶部定位楔、支撑及缆风绳将其固定，模板下口用定位楔定位时按平面位置控制线进行。模板平整度、模内断面尺寸及垂直度可通过调整缆风绳松紧度及拉杆螺栓松紧度来控制。

⑥墩台模板应有足够的强度、刚度和稳定性。模板拼缝应严密不漏浆，表面平整不错台。模板的变形应符合模板计算规定及验收标准对平整度控制要求。

⑦薄壁墩台、肋板墩台及重力式墩台宜设拉杆。拉杆及垫板应具有足够的强度及刚度。拉杆两端应设置软木锥形垫块，以便拆模后，去除拉杆。

⑧墩台模板，宜在全桥使用同一种材质、同一种类型的模板，钢模板应涂刷色泽均匀的脱模剂，确保混凝土外观色泽均匀一致。

⑨混凝土浇筑时应设专人维护模板和支架，如有变形、移位或沉陷，应立即校正并加固。预埋件、保护层等发现问题时，应及时采取措施纠正。

⑩采用翻转模板、爬升模板和滑升模板时，应满足相关规范规定。

(5)混凝土浇筑

①浇筑混凝土前，应检查混凝土的均匀性和坍落度，并按规定留取试件。

②应根据墩、台所处位置，混凝土用量，拌和设备等情况合理选用运输和浇筑方法。

③采用预拌混凝土时，应选择合格供应商，并提供预拌混凝土出厂合格证和混凝土配合比通知单。

④混凝土浇筑前，应将模内的杂物、积水和钢筋上的污垢彻底清理干净，并办理隐、预检手续。

⑤大截面墩台结构，混凝土宜采用水平分层连续浇筑或倾斜分层连续浇筑，并应在下层混凝土初凝前浇完上层混凝土。

水平分层连续浇筑上下层前后距离应保持 1. 5 m 以上。

倾斜分层坡度不宜过陡，浇筑面与水平夹角不得大于 25°。

⑥墩柱因截面小，浇筑时应控制浇筑速度。首层混凝土浇筑时，应铺垫 50 ~ 100 mm 厚与混凝土同配比的小石子水泥砂浆一层。混凝土应在整截面内水平分层，连续浇筑，每层厚度不宜大于 0. 3 m。如因故中断，间歇时间超过规定则应按施工缝处理。

⑦柱身高度内如有系梁连接，则系梁应与墩柱同时浇筑，当浇筑至系梁上方时，浇筑速度应适当放缓，以免混凝土从系梁顶涌出。V 形墩柱混凝土应对称浇筑。

⑧墩柱混凝土施工缝应留在结构受剪力较小，且宜于施工部位，如基础顶面、梁的承托下面。

⑨在基础上以预制混凝土管等作墩柱外模时，预制管节安装时应符合下列要求：

a. 基础面宜采用凹槽接头，凹槽深度不应小于 50 mm。

b. 上下管节安装就位后，用四根竖方木对称设置在管柱四周并绑扎牢固，防止撞击错位。

c. 混凝土管柱外模应加斜撑以保证浇筑时的稳定性。

d. 管口应用水泥砂浆填严抹平。

⑩钢板箍钢筋混凝土墩柱施工，应符合下列要求：

a. 钢板箍、法兰盘及预埋螺栓等均应由具有相应资质的厂家生产，进场前应进行检验并出具合格证。厂内制作及现场安装应满足钢结构施工的有关规定。

b. 在基础施工时应依据施工图纸将螺栓及法兰盘进行预埋，钢板箍安装前，应对基础、预埋件及墩柱钢筋进行全面检查，并进行彻底除锈除污处理，合格后施工。

c. 钢板箍出厂前在其顶部对称位置焊吊耳各一个，安装时由吊车将其吊起后垂直下放到法兰盘上方对应位置，人工配合调整钢板箍位置及垂直度，合格后由专业工人用电焊将其固定，稳固后摘下吊钩。

d. 钢板箍与法兰盘的焊接由专业工人完成，为减小焊接变形的影响，焊接时应对称进行，以便很好地控制垂直度与轴线偏位。混凝土浇筑前按钢结构验收规范对其进行验收。

e. 钢板箍墩柱宜灌注补偿收缩混凝土。

f. 对钢板箍应进行防腐处理。

⑪浇筑混凝土一般应采用振捣器振实。使用插入式振捣器时，移动间距不应超过振捣器作用半径的 1.5 倍；与侧模应保持 50～100 mm 的距离；插入下层混凝土 50～100 mm；必须振捣密实，直至混凝土表面停止下沉、不再冒出气泡、表面平坦、不泛浆为止。

(6)混凝土成型养生

①混凝土浇筑完毕，应用塑料布将顶面覆盖，凝固后及时洒水养生。

②模板拆除后，及时用塑料布及阻燃保水材料将其包裹或覆盖，并洒水湿润养生。养生期一般不少于 7 昼夜。也可根据水泥、外加剂种类和气温情况而确定养生时间。

(7)模板及脚手架拆除

侧模在混凝土强度能够保证结构表面及棱角不因拆模被损坏时进行，上系梁底模的拆除应在混凝土强度达到设计值的 75% 后进行。

3. 季节性施工

(1)雨期施工

①雨期施工中，脚手架地基须坚实平整、排水顺畅。

②模板涂刷脱模剂后，要采取措施避免脱模剂受雨水冲刷而流失。

③及时准确地了解天气预报信息，避免雨中进行混凝土浇筑。

④高墩台采用钢模板时，要采取防雷击措施。

(2)冬期施工

①应根据混凝土搅拌、运输、浇筑及养护的各环节进行热工计算，确保混凝土入模温度不低于 5 ℃。

②混凝土的搅拌宜在保温棚内进行，对集料、水泥、水、掺合料及外加剂等应进行保温存放。

③视气温情况可考虑水、集料的加热，但首先应考虑水的加热，若水加热仍不能满足

施工要求时，应进行集料加热。水和集料的加热温度应通过计算确定，但不能超过有关标准的规定。投料时水泥不得与 80 ℃以上的水直接接触。

④混凝土运输时间尽可能缩短，运输混凝土的容器应采取保温措施。

⑤混凝土浇筑前应清除模板、钢筋上的冰雪和污垢，保证混凝土成型开始养护时的温度，用蓄热法时不得低于 10 ℃。

⑥根据技术、经济比较可以选择使用蓄热法、综合蓄热法及暖棚法进行混凝土养护。

⑦在确保混凝土达到临界强度且混凝土表面温度与大气温度差小于 15 ℃时，方可撤除保温措施及拆除模板。

看一看

请查找并观看插入式振捣器振捣混凝土视频，总结要点。

三、质量标准

1. 基本要求

①钢筋、电焊条的品种、规格和技术性能应符合国家现行标准规定和设计要求。

②受力钢筋同一截面的接头数量、搭接长度和焊接、机械接头质量应符合规范要求。

③所用的水泥、砂、石、水、掺合料及外加剂的质量规格，必须符合有关技术规范的要求，按规定的配合比施工。

④混凝土应振捣密实，不得出现孔洞和露筋现象。

2. 实测项目

现浇墩、台身实测项目见表 2.2.1 及表 2.2.2。

表 2.2.1　现浇墩、台身实测项目

项次	检查项目		规定值或允许偏差	检查方法和频率
1△	混凝土强度/MPa		在合格标准内	按 JTG F80/1 附录 D 检查
2	断面尺寸/mm		±20	尺量:每施工节段测 1 个断面,不分段施工的测 2 个断面
3	全高竖直度/mm	$H \leqslant 5$ m	≤5	全站仪或铅锤法:纵、横向各测 2 处
		5 m < $H \leqslant 60$ m	≤H/1 000,且≤20	全站仪:纵、横向各测 2 处
		H > 60 m	≤H/3 000,且≤30	
4	顶面高程/mm		±10	水准仪:测量 3 处
5△	轴线偏位/mm	$H \leqslant 60$ m	≤10,且相对前一节段≤8	全站仪:每施工节段测顶面边线与两轴线交点
		H > 60 m	≤15,且相对前一节段≤8	
6	节段间错台/mm		≤5	尺量:测每节每侧面
7	平整度/mm		≤8	2 m 直尺:检查竖直、水平两个方向,每 20 m^2 测 1 处
8	预埋件位置/mm		符合设计规定,设计未规定时:≤5	尺量:每件

注:H 为墩、台身高度,“项次”列加△的为重点检查项目。

表 2.2.2　预制墩身实测项目

项次	检查项目		规定值或允许偏差	检查方法和频率
1△	混凝土强度/MPa		在合格标准内	按 JTG F80/1 附录 D 检查
2	断面尺寸/mm	外轮廓	±15	尺量:测 2 个断面
		壁厚	±10	
3	高度/mm		±10	尺量:测中心线处
4	平整度/mm		≤5	2 m 直尺:每侧面测 1 处,每处测竖直、水平两个方向
5	支座垫石预留位置/mm		≤10	尺量:每个检查
6	墩顶预埋件位置/mm		≤5	尺量:每件测

3. 外观鉴定

①混凝土表面平整,施工缝平顺,外露面色泽一致,沉降装置必须垂直、上下贯通。

②混凝土蜂窝麻面面积不得超过该面面积的 0.5%,深度超过 10 mm 的必须处理。

③混凝土表面不应出现非受力裂缝,裂缝宽度超过设计规定或设计未规定时超过 0.15 mm 必须处理。

四、成品保护

①钢模板安装前均匀涂抹脱模剂,涂好后立即进行安装,防止污染,不得在模板就位后涂刷脱模剂,以免污染钢筋。

②现浇墩台拆模(不含系梁)须在混凝土强度达到 2.5 MPa 后进行,在拆除模板时注意轻拿轻放,不得强力拆除,以免损坏结构棱角或清水混凝土面。

③在进行基坑回填或台背填土时,结构易损部位要用木板包裹,以免夯实机械运行过程中将其损坏。回填时,宜对称回填对称夯实,距离结构 0.5 ~ 0.8 m 范围内宜采用人工夯实。

五、应注意的质量问题

①混凝土浇筑前要用高强度等级砂浆将底口封严,以防出现烂根现象。

②为防止出现露筋现象,要按要求的位置或数量安装保护层垫块。当使用混凝土垫块时,要保证其具有足够的强度。在施工中宜使用塑料垫块。

③为保证结构表面质量,要保证脱模剂涂刷均匀并避免脱模剂流失,以免混凝土硬化收缩出现黏模现象;混凝土浇筑时振捣适宜,以防产生孔洞及麻面。

④保证混凝土供应的连续性,以确保混凝土不出现冷缝。

⑤墩台混凝土浇筑脚手架,不得与模板支架联结,应自成体系,防止模板出现位移。

六、环境、职业健康安全管理措施

1. 环境管理措施

(1)施工垃圾及污水的清理排放处理

①在施工现场设立垃圾分拣站，施工垃圾及时清理到分拣站后统一运往处理站处理。

②进行现场搅拌作业的，必须在搅拌机前台及运输车清洗处设置排水沟、沉淀池，废水经沉淀后方可排入市政污水管道。

③其他污水也不得直接排入市政污水管道内，必须经沉淀后方可排入。

(2)施工噪声的控制

①要杜绝人为敲打、叫嚷、野蛮装卸噪声等现象，最大限度减少噪声扰民。

②电锯、电刨、搅拌机、空压机、发电机等强噪声机械必须安装在工作棚内，工作棚四周必须严密围挡。

③对所用机械设备进行检修，防止带故障作业、噪声增大。

(3)施工扬尘的控制

①对施工场地内的临时道路要按要求硬化或铺以炉渣、砂石，并经常洒水压尘。

②对离开工地的车辆要加强检查清洗，避免将泥土带上道路，并定时对附近的道路进行洒水压尘。

③水泥和其他易飞扬的细颗粒散体材料，应安排在库内存放或严密遮盖。

④运输水泥和其他易飞扬的细颗粒散体材料和建筑垃圾时，必须封闭、包扎、覆盖，不得沿途泄漏遗撒，卸车时采取降尘措施。

⑤运输车辆不得超量运载。运载工程土方最高点不得超过槽帮上沿 500 mm，边缘低于车辆槽帮上沿 100 mm，装载建筑渣土或其他散装材料不得超过槽帮上沿。

2. 职业健康安全管理措施

①施工前应搭好脚手架及作业平台，脚手架搭设必须由专业工人操作。脚手架及工作平台外侧设栏杆，栏杆不少于两道，防护栏杆须高出平台顶面 1.2 m 以上，并用防火阻燃密目网封闭。脚手架作业面上脚手板与龙骨固定牢固，并设挡脚板。

②采用吊斗浇筑混凝土时，吊斗升降应设专人指挥。落斗前，下部的作业人员必须躲开，不得身倚栏杆推动吊斗。

③高处作业时，上下应走马道(坡道)或安全梯。梯道上防滑条宜用木条制作。

④混凝土振捣作业时，必须戴绝缘手套。

⑤暂停拆模时，必须将活动件支稳后方可离开现场。

任务知识 2.2　盖梁施工

柱式桥墩和桩柱式桥墩是公路桥梁采用较多的桥墩形式之一，它是由墩柱和盖梁两部分组成的。下面我们介绍盖梁施工工艺，具体流程如图 2.2.2 所示。

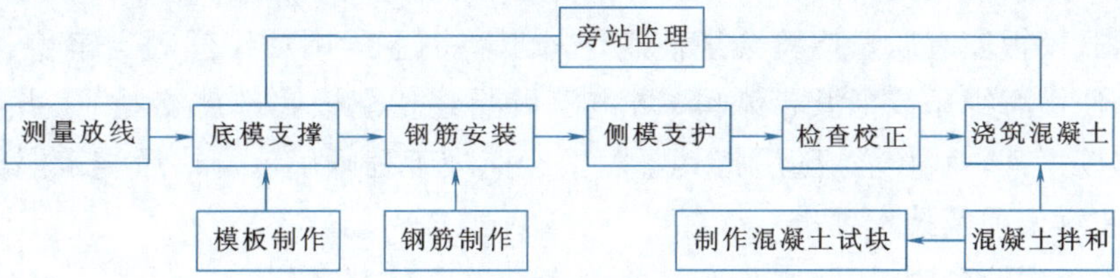

图 2.2.2　盖梁施工工艺图

一、测量放样

在立柱检验合格经监理工程师认可，并达到设计强度的 75% 时，由测量人员放线给出柱顶的中心及盖梁轴线，并应注意墩柱的偏心误差及垂直度应满足规范要求。

二、在成型的墩柱边搭设脚手架施工的注意事项

①脚手架连接材料应使用扣件,接头应错开,螺栓要紧固。立杆底端需使用立杆底座。

②脚手板要铺满、绑牢,无探头板,并要牢固地固定在脚手架的支撑上。脚手架的任何部位均不得与模板相连。

③脚手架要设置栏杆,敷设的安全设施应经常检查,确保操作人员和小型机械安全通行。

④脚手架上的材料和工具要堆放整齐,杂物应及时清除。

⑤脚手架高度在 10 ~ 15 m 时应设置一组(4 ~ 6 根)缆风绳。每增高 10 m 应再加设一组。缆风绳与地面夹角为 45° ~ 60°,缆风绳的地锚锚固在地面以下,并应设围栏,防止碰撞破坏。

⑥在拆除脚手架时,周围应设置护栏或警戒标志,拆除的脚手杆、板应用人工传递或吊送,严禁随意抛弃。

三、钢筋制作绑扎

根据盖梁的构造特点,盖梁钢筋加工在钢筋场地加工成型,运至现场进行绑扎、焊接,绑扎、焊接时注意搭接或焊接长度满足规范要求,一个断面内的接头数量符合规范要求。

钢筋骨架制作及质量控制。钢筋骨架棚内整体制作,运到施工点,进行安装焊接。具体如下:

①钢筋的加工。将钢筋表面油渍、漆皮、鳞锈等清除干净;成盘的钢筋和弯曲的钢筋要调直。钢筋的弯制和末端的弯钩应符合设计要求。

②钢筋的连接。受力钢筋接头,不宜绑接。根据设计要求,普通混凝土中直径大于 12 mm 的钢筋宜采用焊接。钢筋焊接前,必须根据施工条件进行试焊,合格后方可正式施焊。焊工必须持考试合格证上岗。钢筋接头采用搭接电弧焊时,两钢筋搭接端部应预先折向一侧,使两接合钢筋轴线一致。接头双面焊缝的长度不应小于 5 d,单面焊缝的长度不应小于 10 d。受拉钢筋的搭接长度,与混凝土强度有关,应严格按规范要求执行。受压钢筋绑扎接头的搭接长度,应取受拉钢筋绑扎接头搭接长度的 0.7 倍。钢筋搭接处,应在中心和两端用铁丝扎牢。

③骨架的焊接拼装应在支立坚固的盖梁底模上进行,操作时符合以下要求:拼装时应按设计图纸放大样,放样时应考虑焊接变形;拼装前要检查每根接头是否符合焊接要求;在需要焊接的位置用楔形卡卡住,防止电焊局部变形。待所有焊接点卡好后,先在焊缝两端点焊定位,然后进行焊缝施焊;施焊顺序宜由中到边对称地向两端进行,先焊骨架下部,后焊骨架上部。相邻的焊缝采用分区对称跳焊,不得顺方向一次焊成。安装后主钢筋间距误差不超过 ±20 mm,箍筋间距误差不大于 ±10 mm。

④钢筋骨架安装后应按照设计高程将骨架与墩柱预留的钢筋进行搭接,注意焊接质量及搭接长度。

四、模板制作及安装

在脚手架支立牢固后安装盖梁底模,并涂刷脱模剂。盖梁底模主要依靠墩柱预留孔安装穿心棒进行支撑,穿心棒两侧安装钢管,钢管上焊接钢板,千斤顶支立在钢板上,千斤顶上架设工字钢主梁,工字钢上铺设方木,安装底模。然后绑扎钢筋骨架,钢筋骨架绑扎完毕后安装侧模,模板尺寸根据设计图纸定制,误差在规范允许范围内,模板安装质量应符合规范规定。工字钢主梁用对拉丝固定牢稳,模板间使用螺母拧紧固定,并在接缝处使用海绵条或橡胶带塞紧,防止模板漏浆。模板底部严格找平,并控制其垂直度和水平度,并使用全站仪校正其轴线位置,随后将其紧固。经监理工程师确认合格后浇筑混凝土。

安装模板时的注意事项及技术要求:

①各模板块之间用螺栓紧固,用防水胶布将接缝张贴严密,以防漏浆。

②两侧模间采用拉杆螺栓按规定间距拉紧,防止侧模在混凝土浇筑过程中受振动力的作用下发生撑模。模板外侧设斜支撑,其数量应保证模板牢固、稳定,以防在浇筑混凝土过程中发生位移、挠曲和变形。

③模板与钢筋骨架之间要满足保护层的需要,钢筋骨架不得紧贴模板,以防露筋。

④模板的平面位置、几何尺寸及顶面高程等要满足设计要求。

⑤为了增进混凝土表面亮度和光洁度,减少气泡,模板表面涂抹优质脱模剂,注意不得污染钢筋骨架。

待脱模剂全面覆盖板面并干后，用吊车安装就位。起吊时人工配合用缆绳稳住，准确就位，以防钢筋和模板碰撞变形，擦掉脱模剂或对模板造成划迹。

⑥模板支立完成，经自检合格并报请监理工程师验收合格后方可进行混凝土浇筑。

五、混凝土浇筑

混凝土由搅拌站搅拌，混凝土罐车运输至浇筑位置，采用吊车配合漏斗进行浇筑。浇筑时，按先墩顶、后悬臂和中间的顺序，水平分层、分段、对称连续浇筑，以保证支承台（或工作台）受力均衡，应严格控制水灰比、坍落度。保证振捣棒的移动间距为其作用半径的1.5倍，每层混凝土振捣厚度控制在30 cm以内，混凝土振捣应密实，避免漏振及过振现象。

六、模板拆除

在一般情况下混凝土浇筑48 h之后，混凝土强度能达到2.5 MPa后即可进行侧模拆除。拆模时，先放松拉杆，不得用铁棒硬撬，以防破损模板和结构混凝土。拆除后应及时清洗修整，涂刷以备再次使用。

七、养护

在盖梁模板拆除后，洒水采用塑料薄膜或土工布严密包裹养生，并应始终保证膜内潮湿状态。在塑料薄膜无法覆盖到的地方应经常喷水进行养生，保证混凝土表面处于潮湿状态。

八、实测项目

墩、台帽或盖梁实测项目具体见表2.2.3。

表2.2.3　墩、台帽或盖梁实测项目

项次	检查项目	规定值振捣或允许偏差	检查方法和频率
1△	混凝土强度/MPa	在合格标准内	按JTG F80/1附录D检查
2	断面尺寸/mm	±20	尺量：检查3个断面
3	轴线偏位/mm	≤10	全站仪：纵、横各测量2点
4	顶面高程/mm	±10	水准仪：测量5点
5	支座垫石预留位置/mm	≤10	尺量：每个
6	平整度/mm	≤8	2 m直尺：每侧面测3处，每处测长度方向

做一做

请为圆形墩柱上的矩形盖梁设计一套模板。

任务知识2.3　墩台身施工

桥墩根据高度不同，在施工过程中需满足各自对应的要求。

对高度小于40 m的桥墩，其施工应符合下列规定：

①桥墩施工前，应对其施工范围内基础顶面的混凝土进行凿毛处理，并应将表面的松散层、石屑等清理干净；对分节段施工的桥墩，其接缝亦应做相同的凿毛和清洁处理。

②应尽量缩短首节桥墩墩身与承台之间浇筑混凝土的间隔时间，间歇期宜不大于10 d，当不能满足间歇期要求时，应采取防止墩、台身混凝土开裂的有效措施，墩身平面尺寸较大时，首节墩身可与承台同步施工。

③桥墩高度小于或等于10 m时，可整体浇筑施工；高度超过10 m时，可分节段，施工节段的高度宜根据施工环境条件和钢筋定尺长度等因素确定。上一节段施工时，已浇节段的混凝土强度应不低于2.5 MPa，各节段之间浇筑混凝土的间歇期宜控制在7 d以内。

④桥墩的钢筋可分节段制作和安装，且应保证其连接精度；条件具备时，亦可采用整体制作，整体安装的方式施工，但在制作、存放、运输和安装时应采取有效措施，保证其刚度，避免产生过大的变形。

⑤在模板安装前，应在基础顶面放出桥墩的轴线及边缘线，对分节段施工的桥墩，其首节模板安装的平面位置和垂直度应严格控制。模板在安装过程中应通过测量监控措施保证桥墩的垂直度，并应有防倾覆的临时措施；对风力较大地区的墩身模板，应考虑其抗风稳定性。

⑥浇筑混凝土时，串筒、溜槽等的布置应便于混凝土的摊铺和振捣，并应明确划分工作区域。混凝土浇筑完成后，应及时进行养护，养护时间应不少于 7 d。

⑦作业人员的上下步梯宜采用钢管脚手架或专用产品搭设，并应进行专项设计，设置时应固定在已浇筑完成的墩身上。

⑧桥墩高处作业的施工安全应符合规范相关规定。

一、模板

模板制作：模板采用大块整体钢模，选用大于 6 mm 厚钢板面板。要求模板表面平整，尺寸偏差符合设计要求，具有足够的刚度、强度、稳定性，且拆装方便接缝严密不漏浆。

模板加固应经过受力验算，加劲肋采用型钢。实体墩台身施工，模板框架采用 14#槽钢，加劲肋采用 50 mm 等边角钢加固。

模板安装好后，检查轴线、高程符合设计要求后加固，保证模板在灌注混凝土过程受力后不变形、不移位。模内干净无杂物，拼合平整严密。支架结构的立面、平面安装牢固，并能抵挡振动时偶然撞击。支架立柱在两个互相垂直的方向加以固定，支架支承部分安置在可靠的地基上。模板检查合格后，刷脱模剂。

要把整修模板作为一道重要工序，凡使用的钢模，每次使用前，模板应认真修理平整，不平要找平，开焊处要补焊磨光，上紧扣件，方能灌注混凝土。

在混凝土灌注过程中应指定专人加强检查、调整，以保证混凝土建筑物形状、尺寸和相互位置的正确。

二、钢筋施工

桥梁墩台钢筋由加工厂统一下料加工，运至现场绑扎安装。钢筋的制作和安装必须符合现行规范和验收标准要求。

钢筋基本要求：运到钢筋加工场的钢筋具有出厂合格证，表面洁净。使用前将表面杂物清除干净。钢筋平直，无局部弯折。各种钢筋下料尺寸符合设计及规范要求。

成型安装要求：桩顶锚固筋与承台或墩台基础锚固筋按规范和设计要求连接牢固，形成一体；基底预埋钢筋位置准确，满足钢筋保护层的要求；钢筋骨架绑扎适量的垫块，以保持钢筋在模板中的准确位置和保护层厚度。

为保证浇筑混凝土时钢筋保护层厚度，且必须保证在混凝土表面看不到垫块痕迹，因此侧模安装可采用的塑料垫块或钢筋骨架外侧绑扎特殊造型的同级混凝土垫块。以增加混凝土表面的美观性。

钢筋接头所在截面按规范要求错开布置，同一截面钢筋接头不得超过该截面钢筋总数的 50%。钢筋加工时应采用闪光对焊或电弧连接，并以闪光对焊为主；以承受静力荷载为主的直径为 28 ~ 32 mm 带肋钢筋，可采用冷挤压套筒连接；现场钢筋连接也可采用螺丝套筒连接。

墩身钢筋安装时，需注意综合接地钢筋的贯通连接。综合接地钢筋必须是由承台施工时预埋的墩身接地钢筋引入，并与托盘（墩顶）的接地钢筋焊接，以便上梁。焊接采用“L”型 ϕ16 钢筋焊接，并与接地端子焊接。接地方面的钢筋单面焊接长度不小于 20 cm。

三、混凝土浇筑

①混凝土可采用自动计量集中拌和站拌和，混凝土输送车运输，泵送入模。

②混凝土坍落度要严格按照试验的数据控制，混凝土自由倾落高度超过 2 m 时，必须用滑槽或串筒灌注，串筒出口距混凝土表面 1.5 m 左右。防止混凝土离析。

③浇筑前对支架、模板、钢筋和预埋件进行检查，并将模板内的杂物、积水和钢筋上的污垢清理干净；模板的缝隙填塞严密，内面涂刷脱模剂。

④浇筑时检查混凝土的均匀性和坍落度。混凝土分层浇筑厚度不超过 30 cm，并用插入式振动器振捣密实。振动器移动间距不超过其作用半径的 1.5 倍与模板保持 5～10 cm 的间距，插入下层 5 cm 左右，防止碰撞模板钢筋及预埋件。

⑤混凝土的捣固：混凝土的捣固是保证质量的关键工序，必须严密组织，规范操作。一是必须固定人员，责任到人，分片承包。二是捣固要适当，既要防止振捣不足，也要防止振捣过度，以混凝土不再下沉、表面开始泛浆、不出现气泡为度。

⑥混凝土的浇筑连续进行，如因故必须间断时，其间断时间小于前层混凝土的初凝时间或能重塑的时间，并经试验确定，若超过允许间断时间，须采取保证质量措施或按工作缝处理。大体积混凝土施工中要注意内外温差及混凝土核心温度最大值的控制。

⑦浇筑混凝土时，应经常检查模板、钢筋、沉降观测点及预埋部件的位置和保护层的尺寸，确保其位置正确不发生变形。

⑧在混凝土浇筑过程中，随时观察所设置的预埋螺栓、预留孔、预埋支座的位置是否移动，若发现移位时及时校正。注意模板、支架等支撑情况，设专人检查，如有变形，移位或沉陷立即校正并加固。混凝土浇筑完成后，及时用塑料薄膜包裹并定时洒水养护。当昼夜平均气温低于 5 ℃时或最低气温低于 -3 ℃时，应按冬期施工处理。

⑨混凝土浇筑必须坚持动态质量控制和“三方值班制”（工程项目领导、技术和试验人员），人、机、料、工每一个环节应具备条件，不得盲目施工。

⑩墩台身混凝土的养护

墩台身养护，结合当地气温特点，可采用塑料薄膜包裹进行保湿保温养护，如遇冬季气温变化幅度较大，需要按冬季施工方案进行保温时，采用覆盖保温方式养护。养护时间按施工规范要求操作。

四、支承垫石和锚栓孔

支承垫石浇筑采用定制钢模板，与墩身模板连接牢固，采取全桥联测和跟踪测量的方法，精确控制各墩支承垫石顶面相对和绝对高程满足设计要求。预留孔洞定位准确，固定牢固，施工时跟踪测量，施工完适时拆除模具，清理孔洞，检查位置、深度，进行二次处理。预留孔洞当年不能实现架梁，需要越冬时，必须采取封闭措施，确保孔内不积水。

五、施工注意事项

①桥台耳墙高度范围内的台身和托盘、顶帽应一次性浇筑成型。

②外加剂：所使用的外加剂使用前必须经过试验室鉴定合格后，由项目负责人批准使用，使用外加剂时须采用计量装置。

③原材料：同一桥用同一厂同一标号的水泥，砂石料也必须来自同一料场，同一材质。

④桥墩严禁偏压。

⑤墩台施工完毕，应对全桥进行中线、水平及跨度贯通测量，并标出各墩台的中心线、支座十字线、梁端线及锚栓孔位置。暂不架梁的锚栓孔或其他预留孔，应排除积水将孔口封闭。

⑥墩台顶帽施工前后均应复测其跨度及支承垫石高程。施工中应确保支承垫石钢筋网及锚栓孔位置正确，垫石顶面平整，高程符合设计及规范要求。

⑦施工缝。混凝土圬工的施工接缝，应按设计指定的定型图规定办理。当设计无规定时，应按下列要求：

混凝土基础和混凝土墩台身的接缝，应按墩身的周边（略小于 5 cm）预埋 ϕ16 mm 以上钢筋（光圆钢筋两端需弯标准弯钩，螺纹钢筋两端弯成直钩）或其他铁件，埋入与露出长度不小于钢筋直径的 30 倍（不含弯钩），间距不大于钢筋直径的 20 倍。

六、墩台身质量标准

墩台混凝土必须是原装原色，色泽一致、结构尺寸准确，棱角分明，强度符合设计要求，且表面光洁平整，接茬顺直；混凝土表面严禁涂、刷、抹。

墩台前后、左右边缘距设计中心线尺寸误差不超过 ±20 mm。

支承垫石顶面高程允许偏差 0 ~ −10 mm，平整度不大于 2 mm；每孔混凝土梁一端两支承垫石顶面高差不超过 5 mm。各种预埋件、预留孔位置正确，无漏项。

查一查

请查找墩身综合接地钢筋的作用并写在下面。

任务知识 2.4　高桥墩施工方法

公路或铁路桥梁通过深沟宽谷或大型水库时采用高桥墩，其特点是墩高圬工数量多，而工作面积小，施工条件差，需要采用特殊的施工工艺。高桥墩常用的施工方法有滑动模板施工、翻升模板施工、爬升模板施工。这些施工方法的共同特点是，模板依附于浇筑完成的墩壁，随着墩身的逐步加高而向上升高。

对高度大于或等于 40 m 的高墩，其施工除应满足任务知识 2.3 中墩身施工要求之外，尚应符合下列规定：

①施工前应编制专项施工方案，对各项临时受力结构和临时设施应进行必要的施工设计计算和验算。

②宜设置塔吊或其他可靠的起重设备，用于施工期间钢筋或其半成品材料以及其他材料的垂直起吊运输。

③宜设置施工电梯作为运送作业人员和小型机具、操作工具的垂直运输设施。

④对塔吊和施工电梯的平面位置宜根据环境条件和桥墩的结构特点进行比较选择，其布置除应方便施工操作，亦不应影响到其他作业的安全。塔吊和施工电梯均应有可靠的附墙安全措施。

⑤模板体系宜根据施工的环境条件、桥墩截面形式的特点、分节段施工高度、施工作业人员的经验等因素综合选择确定。模板的施工要求应符合规范的相关规定。

⑥绑扎和安装钢筋时，应在作业面设置具有外围护的操作平台。当采用劲性骨架辅助钢筋安装时，劲性骨架宜在地面上制作好后再起吊就位安装。整体制作安装的钢筋应有保证刚度防止变形的可靠措施。钢筋的主筋宜采用机械方式连接。

⑦混凝土的垂直输送以采用泵送方式，泵管可沿已施工完成的墩身或搭设专用支架进行布设，而不应布设在塔吊和施工电梯上。

⑧混凝土的浇筑施工要求应符合规范规定，每一节段混凝土的养护时间应不少于 7 d，养护用的水管可布设在墩身上，且应与电缆分开设置。

⑨高墩施工前应编制测量控制方案，施工过程中应对墩身的平面位置和垂直度进行监控，条件具备时宜采用激光铅垂仪进行控制。施工测量中应考虑日照对墩墩身扭转的影响，当日照影响较大时，测量宜在夜间气温相对稳定的时段进行。

一、滑动模板施工

滑动模板（以下简称“滑模”）施工的桥墩高度已达百余米。滑模施工的主要优点有以下几方面：施工进度快，在一般气温条件下，每昼夜平均进度可达 5 ~ 6 m；滑动好，采用干硬性混凝土，机械振捣，连续作业，可提高墩台质量；滑模可用于直坡墩身，也可用于斜坡墩身，模板本身附带内外吊篮、平台与拉杆等，以墩身为支架，墩身混凝土的浇筑随模板缓慢滑升连续不断地进行，故而安全可靠。滑模施工适宜浇筑低流动度或半干硬性混凝土，同时由于其工作原理，要求结构物结构形式单一、断面变化少、无局部凸出物及其他预埋件等物体，应用范围较为狭窄。适用于等截面或变截面的实体或薄壁空心墩。

滑模浇筑混凝土施工要点如下：

1. 滑模组装

在墩位上就地进行组装时，安装步骤为：

①在基础顶面搭枕木垛，定出桥墩中心线。

②在枕木垛上先安装内钢环，并准确定位，再依次安装辐射梁、外钢环、立柱、千斤顶、模板等。

③提升整个装置，撤去枕木垛，再将模板落下就位，随后安装其余设施；内外吊架待模板滑升至一定高度，及时安装；模板在安装前，表面需涂润滑剂，以减少滑升时的摩阻力；组装完毕后，必须按设计要求及组装质量标准进行全面检查，并及时纠正偏差。

2. 浇筑混凝土

滑模宜浇筑低流动度或半干硬性混凝土，浇筑时应分层、分段对称地进行，分层厚度以 20 ~ 30 cm 为宜，浇筑后混凝土表面距模板上缘宜有不小于 10 ~ 15 cm 的距离。混凝土入模时，要均匀分布，应采用插入式振捣器捣固，振捣时应避免触及钢筋及模板，振捣器插入下一层混凝土的深度不得超过 5 cm；脱模时混凝土强度应为 0.2 ~ 0.5 MPa，以防在其自重压力下坍塌变形。为此，可根据气温、水泥强度等级经试验后掺入一定量的早强剂，以加速提升；脱模后 8 h 左右开始养护，用吊在下吊架上的环绕墩身的带小孔的水管来进行。养护水管一般设在距模板下缘 1.8 ~ 2.0 cm 处效果较好。

3. 提升与收坡

整个桥墩浇筑过程可分为初次滑升、正常滑升和最后滑升三个阶段。从开始浇筑混凝土到模板首次试升为初次滑升阶段。初浇混凝土的高度一般为 60 ~ 70 cm，分三次浇筑，当底层混凝土强度达到 0.2 ~ 0.5 MPa 时即可试升。将所有千斤顶同时缓慢起升 5 cm，以观察底层混凝土的凝固情况。现场鉴定可用手指按刚脱模的混凝土表面，基本按不动，但留有指痕，砂浆不沾手，用指甲划过有痕，滑升时能耳闻“沙沙”的摩擦声，这些表明混凝土已具有 0.2 ~ 0.5 MPa 的脱模强度，可以再缓慢提升 20 cm 左右。初升后，经全面检查设备，即可进入正常滑升阶段。即每浇筑一层混凝土，滑模提升一次，使每次浇筑的厚度与每次提升的高度基本一致。在正常气温条件下，提升时间不宜超过 1 h。最后滑升阶段是混凝土已经浇筑到需要高度，不再继续浇筑，但模板尚需继续滑升的阶段。浇完最后一层混凝土后，每隔 1 ~ 2 h 将模板提升 5 ~ 10 cm，滑动 2 ~ 3 次后即可避免混凝土模板胶合。滑模提升时应做到垂直、均衡一致，顶架间高差不大于 20 mm，顶架横梁水平高差不大于 5 mm。并要求三班连续作业，不得随意停工。随着模板的提升，应转动收坡丝杆，调整墩壁曲面的半径，使之符合设计要求的收坡坡度。

4. 接长顶杆、绑扎钢筋

模板每提升至一定高度后，就需要穿插进行接长顶杆、绑扎钢筋等工作。为了不影响提升时间，钢筋接头均应事先配好，并注意将接头错开。对预埋件及预埋的接头钢筋，滑模抽离后，要及时清理，使之外露。

在整个施工过程中，工序的改变或发生意外事故会使混凝土的浇筑工作停止较长时间，即需要进行停工处理。例如，每隔半小时左右稍微提升模板一次，以免黏结；停工时在混凝土表面要插入短钢筋等，以加强新老混凝土的黏结；复工时还需将混凝土表面凿毛，并用水冲走残渣，湿润混凝土表面，浇筑一层厚度为 2 ~ 3 cm 的 1:1 水泥砂浆，然后再浇筑原配合比的混凝土，继续滑模施工。

5. 滑模的拆除

滑模拆除流程：滑模平台清理→滑模脱空→拆除内外平台与吊篮架板→拆除中心拉盘→塔吊吊索将提升架绷紧→分段割除滑模装置→吊卸至地面分割区→分割滑模装置→材料整理堆放。

二、翻升模板施工

翻升模板（以下简称“翻模”）由三节大块钢模板与支架、钢管脚手架工作平台组合而成（施工中，随着墩柱高度的增加将支架与已浇墩柱相连接，以增加支架的稳定性）。施工时第一节模板支立于承台上，第二节模板支立于第一节模板上。当第二节混凝土强度达到 3 MPa 以上、第一节混凝土强度达到 10 MPa 以上时，拆除第一节模板并将模板表面清理干净、涂上脱模剂后，用吊车和手动葫芦将其翻升至第二节模板上，第三节模板置于第一节模板上。此时全部施工荷载由已硬化并具有一定强度的墩身混凝土传至承台。

以此循环,直至达到设计高度。适用于等截面或变截面的实体或薄壁空心墩等,范围较广。

1. 准备工作

翻模施工系统由塔吊(提升机构)、工作平台、模板系统和安全设施组成,如图 2.2.3 所示。

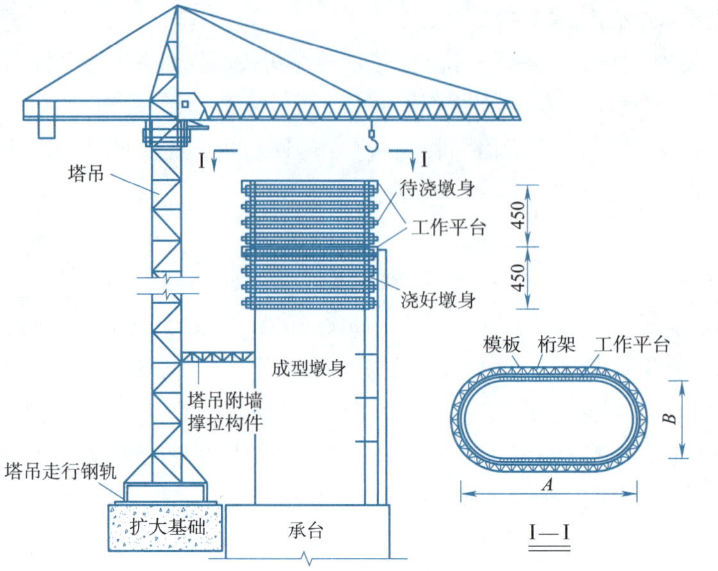

图 2.2.3 翻模施工系统(尺寸单位:cm)

模板系统由内模和外模、拉杆组成。外模为自制大块模板,每节高度为 2 ~ 3 m,每套三节。模板面板采用 4 ~ 6 mm 钢板,以减低重量,利于模板翻动。内模采用定型模板进行拼装。内外模板均采用塔吊进行翻升。工作平台由竖向槽钢、底部横向角钢和木板组成,设上下两层,主要提供模板组装、拆模作业空间。

安全设施由上部平台围栏、安全网等组成。人员的上下通过旁边的塔吊与工作平台搭设临时水平通道。

2. 模板、支架的设计与加工

①模板高度的选定:因墩身较高,综合考虑了节段施工时间、机具长度及钢筋配料和减少混凝土施工缝的数量的目的,共加工 3 层模板,每层 2 m,总共 6 m。施工时,每次浇筑 2 节模板的高度,即每次翻两层模板,浇筑 4 m 高的混凝土。

②模板构造的设计:薄壁空心墩身采用内外两套模板,外模采用整体钢模板,内模采用定型钢模板。由于墩身高,模板倒用次数多,钢外模面板使用 6 mm 厚钢板制作,模板设有[16 槽钢竖肋及[12 槽钢后架,竖肋和后架皆组焊而成,后架为施工提供较为宽阔的操作平台,同时多层后架通过螺栓连接后组成空间桁架,保证了翻模模板的空间刚度,能有效地减少模板对拉杆的使用,提高墩身混凝土的外观质量。

薄壁墩身的 4 个拐角设计为直角,但直角的混凝土容易发生掉角、漏浆的质量通病,因此在设计模板时,把墩身的直角改为直径 2 cm 的小圆角,这样既不用变更钢筋的位置,又能保证拐角处混凝土的质量。

③模板翻升:翻模施工时,落模后需要将模板向外滑出再起吊,即在每块模板后架底横杆上设有简易滚轮滑轨,滑出后再利用塔吊向上翻升。翻模时,保留最顶上一层模板,作为翻升下层模板的持力部分,然后,把最下两层模板拆开并滑出,利用塔机将模板吊起,并放置于顶层模板相应平面位置上,将模板与周围模板连接。重复以上操作至墩身浇筑完成。

④墩身空心顶部的模板设计:主墩顶部 3 m 范围和过渡墩顶部 2.5 m 范围为实心段。在进行该实心段混凝土施工时,考虑在墩身内部预埋钢板,焊上“牛腿”,铺上工字钢、方木和竹胶板作为支架,然后绑扎钢筋,浇筑混凝土。支架放在墩身内不再取出。

⑤模板的脱模剂:为了保证混凝土的外观质量,模板的脱模剂应采用无色长效专用脱模剂。

3. 操作平台设置

操作平台搭设在模板固定架上,每层外模板均设模板固定架,固定架用 L50 等边角钢焊接成三角形固定在内外模板的背楞和围带上。施工平台用内外模板固定架搭设。外侧施工平台宽 0.8 ~ 1.0 m,平台顶面沿周边设立防护栏杆,栏杆外侧至模板固定架底部设封闭安全网。施工平台上面铺设 5 cm 厚木板,供操作人员作业、行走，存放小型机具。

4. 塔吊、电梯设置

在每个施工墩位处设置塔吊一台，塔吊中心位于路线中心线上，与墩身中心成等腰三角形布置，具体位置根据地形情况确定。其负责双幅桥墩模板、小型机具的提升及浇筑时混凝土的垂直运输等。

同时设置1～2 t的载重电梯。塔吊的高度根据墩的高度确定。电梯、塔吊基础要根据设备使用要求和结构设置。

5. 上下安全通道的设置

墩身施工时，人员上下的安全通道采用门式爬梯。爬梯设置在两个主墩中间，为了保持爬梯的稳定，每5 m高与墩身加固一次，通过墩身的通气孔把爬梯固定在墩身上，以利于施工和检查人员上下行走、安全便捷。

6. 钢筋的制作和绑扎

为了便于绑扎薄壁墩身的钢筋，在薄壁墩身的中间空心处搭设钢管支架，作为存放钢筋的平台，同时在墩身四个角的位置及墩身的长边中间位置预埋6根7.5 cm×7.5 cm的角铁，角铁与中间的钢管支架连成一个整体，作为绑扎钢筋的依托支架。在浇筑混凝土时，把角铁直接浇在墩身中，不再取出。

加工钢筋前，首先将钢筋表面油渍、漆皮、鳞锈等清除干净，对弯曲变形的钢筋进行调直。依据图纸设计进行下料，弯制加工，并按图纸钢筋编号对钢筋分类编号存放。竖向钢筋采用直螺纹套筒管机械连接方式，利用墩内钢管支架定位、固定钢筋。在钢筋的绑扎中，钢筋的交叉点应用铁丝绑扎结实，必要时可用点焊焊牢。部分纵横水平钢筋可预放在绑扎位置，留出下人振捣混凝土的空间，边浇筑混凝土边定位绑扎。为保证保护层厚度，在钢筋与模板间设置PVC垫块。

7. 模板安装

钢筋绑扎完毕，经检查合格后可以开始立模。立模前，先清除接茬处杂物，若承台表面不平整，在承台顶面外模的位置铺一层2 cm左右的1:2的找平砂浆，模板与找平砂浆之间安放10 cm宽、5 cm厚的海绵条防止漏浆。钢模的支立采用塔吊配合，先支立外侧端模两块，然后依次支立外侧前后边模两块。模板使用4 mm钢丝临时固定在站立钢筋上，模板之间用连接螺栓（ϕ21 mm）连接。最后调整外侧模板的垂直度，拧紧连接螺栓。

第一层模板支立完后，拼装第二层2.5 m高的端模和边模。两层模板之间塞入防止漏浆的2 cm宽、0.5 cm厚的海绵条。如果两块模板不平整，用麻丝填缝纠正，位置校正后安装在第一、第二层模板上的三角支架及安全栏杆，支架顶面铺设脚手板作为之后的工作平台。检查、调整所有模板的垂直度、空间位置及水平高程。

8. 混凝土搅拌、运输

混凝土在拌和站集中拌和，施工时采用混凝土搅拌运输车运送混凝土，垂直运输用输送泵。对混凝土倾注高度超过2 m的，采用串筒下料，防止混凝土离析。混凝土输送泵的管道依托塔吊搭设和固定。

9. 墩身混凝土浇筑及养护

（1）浇筑前准备工作

混凝土浇筑前应检查模板的高程、尺寸、位置、强度、刚度、牢固性、平整度、内侧的光洁度等内容是否满足要求，不得有缝隙和孔洞。模板接缝是否严密，隔离剂是否涂抹均匀，模板中的垃圾应清理干净；钢筋及预埋件的数量、型号、规格、摆放位置、保护层厚度等是否满足要求，并做好隐蔽工程验收记录。

（2）混凝土振捣

由于墩身混凝土的倾落高度近10 m，所以必须采用串筒下料。混凝土的浇筑过程中，要按一定的顺序和方向分层进行，振捣方式采用插入式振捣器。混凝土每层铺设厚度不可太厚，一般分层厚度为振捣器作用部分长度的1.25倍，每层浇筑厚度不大于30 cm。应沿浇筑的顺序方向，采用斜向振捣法，振捣棒与水平面倾角为30°左右。棒头朝前进方向，插棒间距以50 cm为宜，防止漏振。应依自动滑动的混凝土坡面循序进行，不得进行跳跃式振捣。有倾斜面时，应从低处开始，逐层扩展升高，并保持水平分层。在折角处，应作为一层处理。用插入式振捣器应快插慢拔，插点应均匀排列，逐点移动，顺序进行，不得遗漏，做到振捣密实。移动间距不大于振捣棒作用半径的1.5倍。振捣上一层时应插入下层5 cm，以清除两层间的接缝。插入式振捣器的机头不得贴上模板，靠近模板振动时要保持5～10 cm的间距。当振捣折角处不可避免地靠近模板时，可用胶皮包裹机头。

严禁利用钢筋振动进行振捣。施工中注意各种钢筋及铁件的预埋。每次振捣的时间要严格掌握。插入式振捣器，一般只要15～30 s。混凝土应振捣到浆体停止下沉、无明显气泡上升、表面平坦泛浆、呈现薄层水泥浆的状态为止，然后慢提振捣器。振捣时间不宜过长，否则会产生离析现象。

(3)混凝土养护

混凝土养护采用无色塑料薄膜包裹、自然蒸养的方法，但必须保证有足够的水分以及塑料膜无破损、不透气。

10. 模板的翻转安装

待上节混凝土强度达到15 MPa时，即可拆除下节外模。先抽出拉杆，然后卸除模板的连接螺栓，将模板向外拉出，高空作业时，要预先用倒链将模板吊在上层的模板上并拉紧，防止模板突然脱落。待外面完全与混凝土脱离后，用塔吊微微吊起模板，将倒链解下，然后将模板吊到模板修整处进行修整。待钢筋安装完毕，用塔吊将模板吊起进行安装。

三、爬升模板施工

爬升模板简称爬模，是一种适用于现浇钢筋混凝土竖直或倾斜结构施工的模板工艺，如墙体、桥墩、塔柱等。爬模是综合大模板与滑模工艺和特点的一种模板工艺，具有大模板和滑模共同的优点。

爬模与滑模一样，在结构施工阶段依附在建筑竖向结构上，随着结构施工而逐层上升，这样模板可以不占用施工场地，也不用其他垂直运输设备。另外，它装有操作脚手架，施工时有可靠的安全围护，故可不搭设外脚手架，特别适用于在较狭小的场地上施工。

爬模与大模板一样，是逐层分块安装的，故其垂直度和平整度易于调整和控制，可避免施工误差的积累。由于模板能自爬，不需起重运输机械吊运，减少了施工中起重运输机械的吊运工作量，能避免大模板受大风影响而停止工作的问题。由于自爬的模板上悬挂有脚手架，省去了结构施工阶段的外脚手架。爬模分有爬架爬模和无爬架爬模两类。有爬架爬模由爬升模板、爬架和爬升设备三部分组成。

1. 爬模基本构造

爬模的基本构造可以分为提升架(或称门架)和支承架两部分，提升架带着模板、围圈和作业台架吊挂在支承架上；支承架为简单框架，插置在提升架中，下端有紧固装置，可与模板下面已硬化的混凝土墙体相固定，上端伸出提升架的顶部，可以安装各种提升装置，以传递提升架的全部荷载。

爬模所用的提升架可以利用滑模的提升架进行改装，使支承架可以插置其中。在提升架上安装模板、吊脚手架和作业台架的方法，基本上与滑模相同。模板的高度可以设定为150 cm，用组合钢模板错缝拼配成所需长度，具有组合刚度，能起到板梁的作用，提升架的间距可以设定为150 cm，组合大模板通过竖楞和丝杠固定在提升架的两股上，如此可以简化模板两侧的围圈。每次浇筑，按设定间距预埋穿墙螺栓，作为固定支承架之用，也可作为对拉螺栓以抵抗侧压力。

对于圆形截面的筒壁结构，150 cm高的模板用组合钢模板竖向配置，横向设置两道围圈形成弧度，通过丝杠固定在提升架的两股上。形成圆周的内、外模板，由围圈分成若干整体，便于分区脱模。在提升架顶杠和支承架顶杠之间，可用不同的方法，设置不同类型的提升设施。

2. 爬模施工技术要点

(1)爬模施工流程

在已完成的桥墩基础上绑扎钢筋，立模，安装爬架预埋件→浇筑墩身混凝土，拆模，养护→在墩身上安设爬架轨道，安设爬架→绑扎钢筋，立模，浇筑混凝土→拆模，养护→设爬架轨道，爬升→绑扎钢筋，立模→进入下一循环。

(2)安设轨道

利用埋于墩身内的预埋螺母,将轨道附在桥墩上,也可利用桥墩对拉螺栓将轨道固定于桥墩上。

(3)绑扎钢筋

钢筋在加工厂加工好后运至现场,吊至墩位处进行绑扎,钢筋绑扎或焊接时的搭接长度符合施工规范要求,同一截面的接头数量不超过规定的数量。钢筋安装完后,周边钢筋交错绑扎上圆形混凝土垫块,以避免拆模后混凝土表面有垫块的痕迹。

(4)混凝土的灌注

混凝土在搅拌站集中拌和,通过混凝土搅拌运输车水平运输至墩台处,再由塔吊将混凝土送入模板,插入振动棒振捣密实。

(5)拆模及混凝土的养护

工人将模板一块一块地拆下,暂时放在中层操作台座上,最上一层模板不需拆除。拆模后需要马上进行混凝土的养护。当气温较高的时候,采用塑料薄膜包裹、膜内浇水的方式养护。

(6)爬架的爬升

墩身模板拆除,轨道敷设后,进行爬架的爬升。利用可移装的液压千斤顶一端安于轨道上的销孔中,另外一端安于爬架上,一个行程可爬升约 450 mm,每走完一个行程后,用穿销固定,使缸体恢复原位,然后开始另一个顶升行程。

(7)模板的提升

操作工人利用爬架立柱上设置的手动导链将模板提起然后立模。从基础到墩身,再到墩顶的整个施工过程中,每层模型都应严格检查,复核断面和高程尺寸,确保墩位正确。

想一想

翻模施工可以采取哪些措施来提高墩身混凝土外观质量?

任务知识 2.5　装配式墩台施工

跨越山谷、险沟、海洋的大桥建设中,由于施工场地狭窄,机械设备难以到达施工现场,或者是运输成本过高等原因,大桥的墩台常采用装配式施工方法。装配式墩台的优点是结构形式轻便、安装速度快,不需要大型水上拌和船等设备,节省施工造价并能保证预制构件质量。

一、装配式墩台类型

工程中常用的钢筋混凝土装配式墩台大致分为以下两种类型:装配式柱式墩、后张法预应力混凝土装配式墩。

1. 装配式柱式墩施工

装配式柱式墩是将桥墩分解成若干轻型部件,在工厂或工地集中预制,再运送到现场装配成桥墩。装配式柱式墩形式有双柱式、排架式、板凳式和钢架式。拼接接头是装配式柱式墩施工的关键工序,既要牢固、安全,又要结构简单、便于施工,常用的拼接接头有以下几种类型。

(1)承插式接头

将预制构件插入相应的预留孔内,底部铺设 2 cm 砂浆,插入长度一般为 1.2 ~ 1.5 倍的构件宽度,四周以半干硬性混凝土填充,常用于立柱与基础的接头连接。

(2)钢筋锚固接头

构件上预留钢筋或型钢,插入另一构件的预留槽内,或将钢筋互相焊接,再灌入半干硬性混凝土,多用于立柱与墩帽处的连接。

(3)焊接接头

将预埋在构件中的钢筋与另一构件的预埋钢筋用电焊连接,外部再用混凝土封闭。这种接头易于调整误差,多用于水平连接杆与立柱的连接。

(4)扣环式接头

相互连接的构件按预定位置预埋环式钢筋,安装时柱脚先坐落在承台的柱芯上,上下环式钢筋互相错接,扣环间插入U形短钢筋焊牢,四周再绑扎钢筋一圈,立模浇筑外围接头混凝土。

(5)法兰盘接头

在相连接构件两端安装法兰盘,连接时用法兰盘连接,要求法兰盘预埋位置必须与构件垂直。接头处可不用混凝土封闭。

2. 后张法预应力混凝土装配式墩施工

后张法预应力混凝土装配式墩由基础、实体墩身及装配式墩身三部分组成。装配式墩身由基本构件、隔板、顶板及顶帽四种不同形式的构件组成,用高强钢丝穿入预留的上下贯通的孔道内,张拉锚固而成。实体墩身是装配墩身与基础的连接段。

后张法预应力混凝土装配式墩施工工序为施工准备、构件预制及墩身装配,施工时应注意以下几点:

①实体段墩台身灌注时要按拼装构件孔道的相对位置,预留张拉孔道及工作孔。

②构件的水平拼装缝采用的水泥砂浆,不宜过干或过稀。砂浆厚度应为15 mm左右,以便于调整构件水平高程。

③构件起吊时,要先冲洗底部泥土杂物。同时可在构件四角孔道内插入一根钢管,下端露出30 cm左右作为导向。

④注意测量纵横向中心线位置,检查中心线无误后方可松开吊钩。

二、装配式墩台施工要点

1. 装配式桥墩预制

装配式桥墩预制的模板一般选取无拉杆模板,模板设计为三部分:底模支架、内模和外模。装配式桥墩预制施工工艺流程如图2.2.4所示。

2. 运输与安装

(1)预制墩运输

预制场至施工现场的纵向移动采用平台车。运输中应采取固定措施,防止墩身在平移过程中失稳,同时在起终点两端动力设备上安装限速装置。构件运至施工现场后,使用起重设备将构件吊放到指定地点。

(2)墩身安装要点

①承台内墩柱预埋件控制。承台内墩柱预埋件主要有:墩柱、墩座预埋钢筋,预制墩柱混凝土短柱下的预埋钢板。在施工中应仔细复核测量位置,确保预埋件在承台内,特别是承台顶面的位置、高程、角度的准确。

②预制墩柱的吊装定位。墩身精确定位是施工的关键,由于受到一些自然条件的影响,如海上施工时,浮吊很难精确地将墩柱安放在设计指定位置,为此,需在承台上预先设置定位导向装置,以确保安装精度。

③墩柱与承台的连接。墩柱与承台的连接方式有多种,常采用湿接头形式。墩柱主筋与承台内预埋钢筋可采用搭接连接,并用水平钢筋加强。预制墩柱临时固定后,绑扎墩座内钢筋,然后浇筑墩座混凝土。

④墩柱顶面设置支座垫块,调节墩柱高程。为使主梁支座与梁体密贴、无脱空现象,应在支座垫块处预留空隙,用钢楔块将支座顶紧梁底,在空隙中心浇筑水泥砂浆。

⑤墩身节段安装过程中,需跟踪测量墩身节段的高程、平面位置和倾斜度,发现偏差时,可在短柱支承面上适当用钢板调整墩身节段平面安装位置和倾斜度。

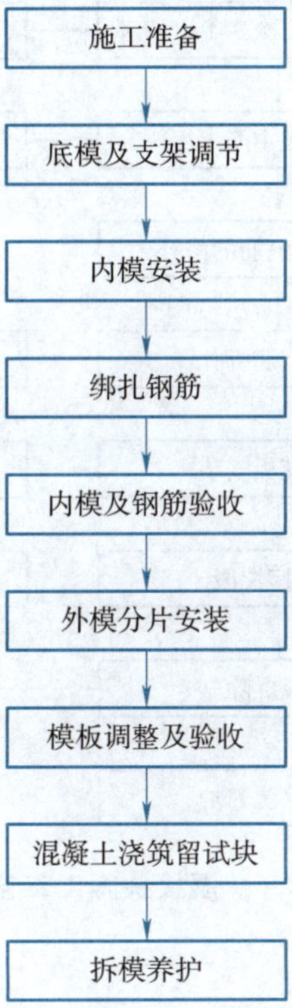

图 2.2.4　装配式桥墩预制施工工艺流程

3. 湿接缝连接

预制墩身与承台连接常采用现浇混凝土湿接头的方式，即在承台与墩身之间设现浇混凝土墩座，预制墩身与承台的预留钢筋通过现浇墩座湿接头连接，锚固于墩座内。墩座湿接头连接示意图如图 2.2.5 所示。

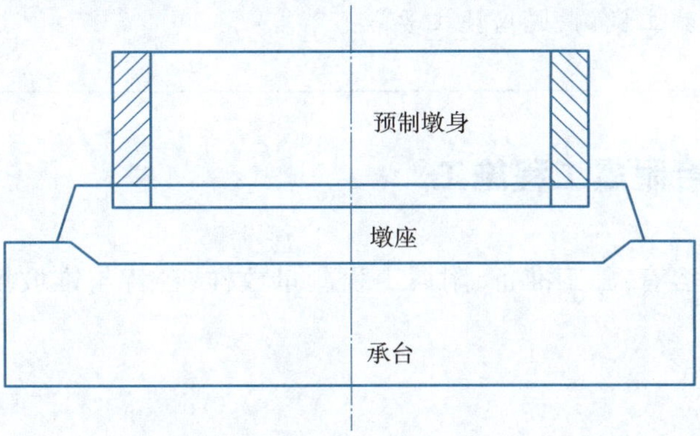

图 2.2.5　墩座湿接头连接示意图

(1)湿接头施工工艺

现浇墩座钢筋采用环氧涂层钢筋，施工中容易被锈蚀，需要重新打磨并涂抹环氧涂料。墩座湿接头施工在预制墩身安装之后进行，主要工序包括钢筋绑扎、模板安装、混凝土浇筑及养护等几道工序。在承台混凝土浇筑前，根据设计要求在承台顶面预埋钢板，并在预制墩身内预埋导向架钢板，以形成预制墩身的支承和精确定位。湿接头施工工艺流程如图 2.2.6 所示。

(2)墩座湿接头混凝土防裂措施

①支墩周围设钢筋架。

墩身安装所使用的支墩附近的混凝土是最容易出现裂缝的地方，为避免支墩对墩座混凝土的约束应力，在每个支墩的四周需要设置几层井字钢筋架。

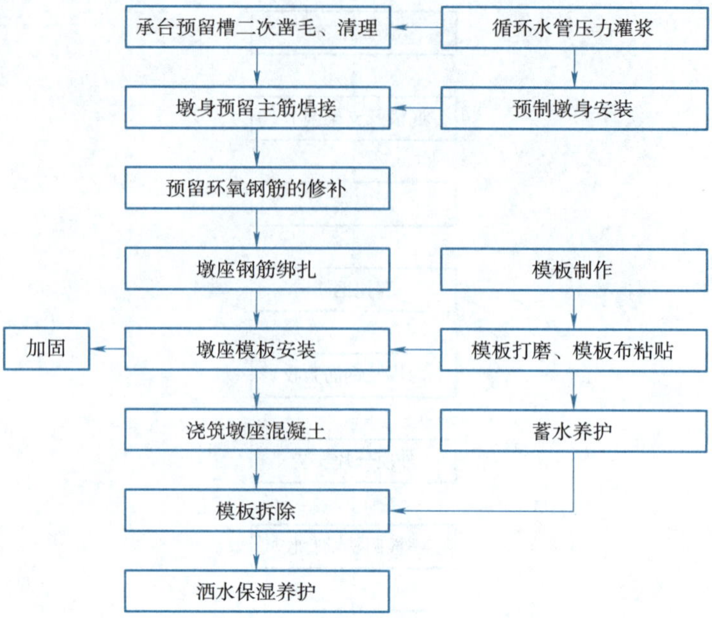

图 2.2.6　湿接头施工工艺流程

②环氧钢筋外侧埋设不锈钢网片。

通过在环氧钢筋外侧布设不锈钢网片，可以减少表面收缩裂缝。网片采用环氧铅丝和钢筋骨架绑扎固定牢靠，避免混凝土浇筑时发生向外偏移的现象。

③配合比优化及温控。

为了降低水化热，选用适当的混凝土配合比，并在一天中气温较低时浇筑混凝土，浇筑时应对墩座混凝土进行温度控制，使其内外温差控制在 25 ℃以内。

找一找

请查找一个装配式墩台施工案例，概括施工要点。

任务知识 2.6　桥台附属工程施工

桥台附属工程的施工内容有：施工准备、附属工程测量放样、台背与锥坡填土、锥坡砌筑、台后泄水盲沟设置等。

一、施工准备

桥台混凝土浇筑完毕，并且混凝土强度达到设计要求的强度；做好砌筑和填土方案，施工材料到场；做好施工放样工作，以及防雨施工措施。

施工机械及工艺装备：挖土机械采用挖掘机推土机等，夯土机械采用振动平板夯（电动机，柴油机）等。

二、附属工程测量放样

锥坡放样的基本方法：先将坡脚椭圆曲线放出，然后在锥坡顶的交点处钉上一根木桩，系上一根可伸缩的长木条或铁丝，使其与椭圆曲线上各点相连。长木条或铁丝沿椭圆曲线运动的轨迹，就是浆砌或干砌石料时的曲面。砌筑时，随时转动长木条或铁丝来校核曲面，如图 2.2.7 所示。放样应先根据锥体的高度 H、桥头道路边坡坡率 m 和桥台河坡边坡坡率 n，计算出锥坡面椭圆的长轴 A 和短轴 B，以此作为锥坡底椭圆曲线的平面坐标轴。

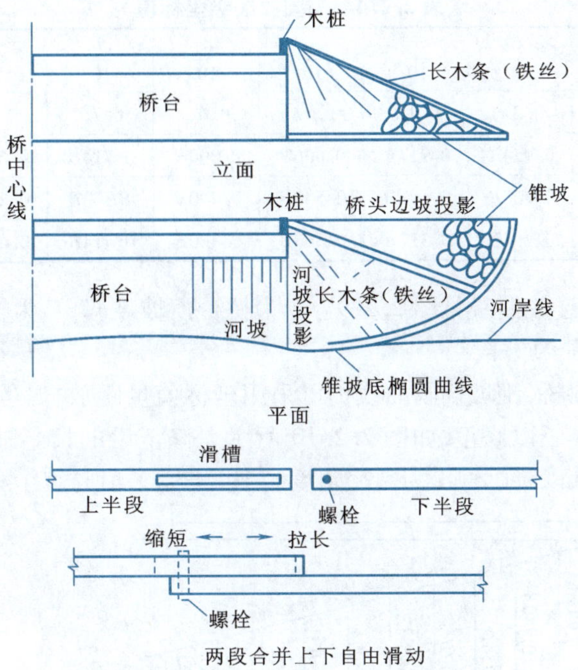

图 2.2.7　锥坡与可伸缩的长木条

①图解法（双圆垂直投影）。当桥头锥坡处无堆积物，而河坡处又较干燥，可用图解法放出椭圆曲线，如图 2.2.8 所示。

用 A（长轴）和 B（短轴）作半径，画出同心四分之一圆，如图 2.2.9 所示。将圆分成若干等分，由等分点分别与圆心相连，得若干条射线（射线越多，连成的椭圆曲线越精确），与大圆曲线得交点 1、2、3……，与小圆曲线得交点 1′、2′、3′……，过大圆各交点与过小圆各交点互作垂线相交得 Ⅰ、Ⅱ、Ⅲ……各点，连接起来成椭圆曲线。

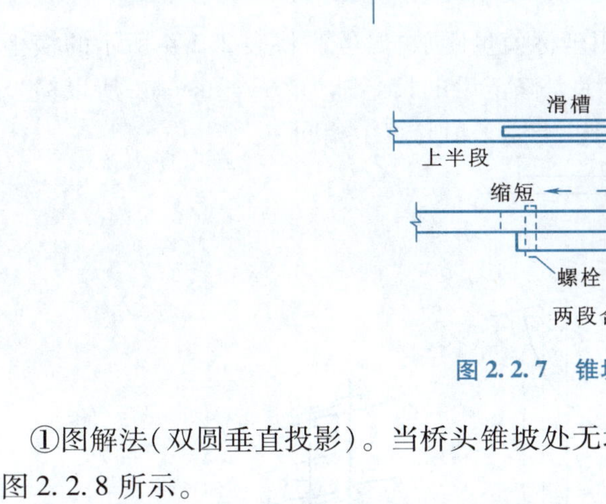

图 2.2.8　图解法（桥的右上角锥坡）

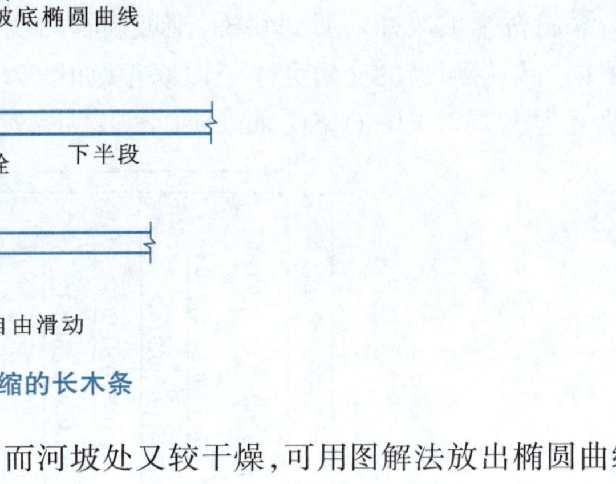

图 2.2.9　对角线曲线坐标法（桥的右上角锥坡）

②对角线曲线坐标法。当桥头锥坡处有堆积物或河坡处有水而无法作 1/4 同心圆时，可采用对角线坐标法作出锥坡底的椭圆曲线。

将长半轴分为 10 等分，则椭圆曲线纵坐标的 Y 值可根据表 2.2.4 求得。以 EF 连线为基线，分 EF 为 10 等分，在此线上由 E 点量 nc 距离，在平行于 OE 轴方向量 Y 值，得 P 点。

$$Y_n = Y - Y'_n$$

式中，Y 为椭圆曲线纵坐标值（见表 2.2.4）；n 为等分数值（如 10 等分，n 为 0.1、0.2、0.3、0.4，…，1）。

表 2.2.4　椭圆曲线纵坐标值

等分 n 值	$\frac{1}{10}$	$\frac{2}{10}$	$\frac{3}{10}$	$\frac{4}{10}$	$\frac{5}{10}$	$\frac{6}{10}$	$\frac{7}{10}$	$\frac{8}{10}$	$\frac{9}{10}$	$\frac{9.5}{10}$	$\frac{10}{10}$
横坐标 X 值	$0.1A$	$0.2A$	$0.3A$	$0.4A$	$0.5A$	$0.6A$	$0.7A$	$0.8A$	$0.9A$	$0.95A$	A
纵坐标 Y 值	$0.995B$	$0.980B$	$0.954B$	$0.917B$	$0.866B$	$0.800B$	$0.714B$	$0.600B$	$0.436B$	$0.312B$	0
Y'_n	$0.900B$	$0.800B$	$0.700B$	$0.600B$	$0.500B$	$0.400B$	$0.300B$	$0.200B$	$0.100B$	$0.050B$	0
$Y_n=Y-Y'_n$	$0.095B$	$0.180B$	$0.254B$	$0.317B$	$0.366B$	$0.400B$	$0.414B$	$0.400B$	$0.336B$	$0.262B$	0

用同样的方法定出各点，连成曲线见图 2.2.9。E 为桥台河坡坡脚，F 为桥头道路边坡坡脚，由于 E 和 F 为固定两点，故方向准确，易于放样。

③斜桥锥坡放样。遇到斜桥，锥坡椭圆曲线仍可采用坐标值量距放样，但需将表 2.2.4 所示的横坐标值根据桥梁与河道的交角大小予以修正，如图 2.2.10 所示。修正后的长半轴为 $OF=A\sec\alpha$，所以横坐标的数值为表 2.2.4 中的 x 值乘以 $\sec\alpha$（α 为斜交角度）。纵坐标 Y 值与表中相同。

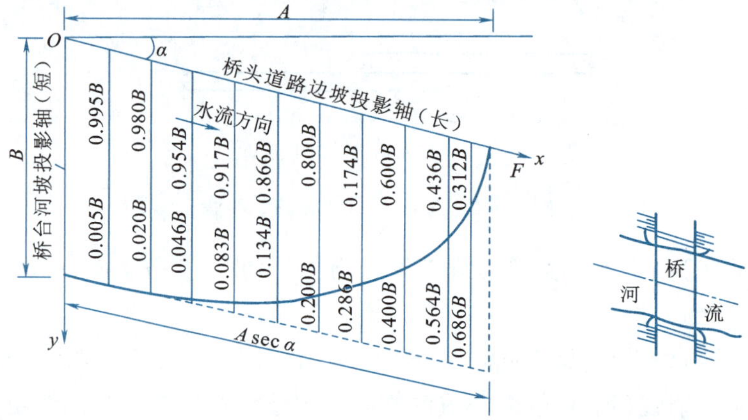

图 2.2.10　斜桥锥坡底曲线（桥的右上角锥坡）

三、锥坡砌体施工

锥坡施工主要包括填土和坡脚与坡面的石块砌筑。此项工作要在桥台竣工后及与台后填土同时进行，并应按设计宽度一次填足。

先测放出锥坡底脚椭圆曲线，再根据坡脚的设计高度与宽度，用片石或块石砌筑锥坡坡脚，坡脚底层应用碎石或卵砾石作反滤层，防止锥坡内土方被水冲流失。石块缝隙需用砂浆填满，可不必勾缝。

坡脚砌筑完毕后，在锥坡内进行填土并分层夯实使之达到最佳密实度，在坡面上预留出坡面石块的砌筑厚度。填土高度应按设计高程和坡度一次填足，若砌筑石块厚度不够，可将土挖去一部分，不允许在填土不足时，用临时填土或砌石补边等法处理。锥坡拉线放样时，坡顶应预先放高约 2 ~ 4 cm，使锥坡随同锥体填土沉降后，坡度仍符合设计规定。

锥坡坡面一般用块石或片石砌筑，石料底部需用粒径不大于 5 cm、含泥量不超过 5% 和含砂量不超过 40%，铺砌厚度不小于 30 cm 的砂砾作垫层。砌筑时，应经常用坡面长尺或铁丝纠正坡面石块的平整度与坡度。根据土质情况，应在坡面设置泄水孔。锥坡与路肩或地面的连接必须平顺，以利排水，并避免砌体背后冲刷或渗透坍塌。坡面石块缝隙需用砂浆嵌实并应勾成自然状态的凸缝。方格缝适用于挡土墙的勾缝。

四、桥台后填土施工

①桥台台背、锥坡、护坡的各种填料。宜采用天然砂砾、二灰土、水泥稳定土或粉煤灰等轻质材料，不得采用含有泥草、腐殖质或冻土块的土。

②台背填土应顺路线方向，自台身起，其填土的长度在顶面应不小于桥台高度加 2 m，在底面应不小于 2 m，拱桥台背填土的长度不应小于台高的 3 ~ 4 倍。锥坡填土应与台背填土同时进行，并应按设计宽度一次填足。

③台背回填应严格控制分层厚度和密实度，应设专人负责监督检查，检查频率应每 50 m^2 检验 1 点，不足 50 m^2 时应至少检验 1 点，每点均应合格，且宜采用小型机械压实。桥涵台背填土的压实度不应小于96%。

④台背填土的顺序应符合设计规定。设计未规定时，拱桥台背填土宜在主拱圈安装或砌筑以前完成；梁式桥的轻型桥台台背填土，宜在梁体安装完成以后，在两端桥台平衡地进行；埋置式桥台台背填土，宜在柱侧对称、平衡地进行。

⑤在位于软土地基处的桥台，可采取先填筑再进行基础和台身施工的方式。

五、修筑排水盲沟

根据图纸要求，在台后盲沟的现场施工放样完成，按规定做碎石倒滤层，防止台后受水侵蚀变形，将水引流至路基外。并经复核与现场地形符合，与桥涵、结构物与线外排水系统或自然水系能平顺衔接，能够形成完整的排水系统。

写一写

请把桥台台背、锥坡、护坡填土可用的填料写在下面。

自 学 自 测

一、判断题

1. 浇筑混凝土前，木模板可以使用废机油做脱模剂。　（　　）
2. 整体吊装模板高空作业量大，不安全。　（　　）
3. 斜拉桥的索塔多采用滑动钢模板。　（　　）
4. 桥梁墩台如果浇筑的平面面积过大，宜分块浇筑。各分块每块高度不宜超过 2 m。　（　　）
5. 桥梁墩台分块浇筑时，块与块间的竖向接缝面应与墩台身或基础平截面长边平行，与平截面短边垂直。　（　　）
6. 墩台身混凝土未达到终凝前，不得泡水。　（　　）
7. 较高的墩台施工时多用悬吊式脚手架。　（　　）
8. 圆端形桥墩的砌石顺序，应自中间开始，按丁顺排列接砌镶面石。　（　　）
9. 砌石灰缝互相垂直，石块间错缝距离应大于等于 10 cm。　（　　）
10. 墩台身混凝土浇筑完成后，进行墩台帽混凝土浇筑。　（　　）

二、单项选择题

1. 墩台模板的荷载主要有（　　）对侧面模板的压力和（　　）时产生的水平荷载。

A. 新浇混凝土　倾倒混凝土　　B. 新浇混凝土　振捣混凝土

C. 倾倒混凝土　振捣混凝土　　D. 施工设备　新浇混凝土

2. 重力式墩台施工更适合采用的模板类型是（　　）。

A. 整体吊装模板　B. 拼装式模板　C. 组合型钢模板　D. 滑动钢模板

3. 柱式桥墩施工更适合采用的模板类型是（　　）。

A. 拼装式模板　B. 整体吊装模板　C. 组合型钢模板　D. 滑动钢模板

4. 桥梁墩台浇筑的平面面积过大，不能在前层混凝土初凝或能重塑前浇筑完成次层混凝土时，为保证结构的整体性，宜分块浇筑。分块时应注意：各分块面积不得小于（　　）。

A. 30 m^2　B. 40 m^2　C. 60 m^2　D. 50 m^2

5. 台身强度达到设计强度的（　　）以上时，方可进行填土。

A. 50%　B. 60%　C. 75%　D. 90%

6. 浆砌片石一般适用于高度小于（　　）m 的墩台身施工。

A. 6　B. 8　C. 10　D. 12

7. 为避免桥梁墩台施工中出现冷缝，应保证在上层混凝土振捣时，下层混凝土（　　）。

A. 已初凝　　B. 未初凝　　C. 无任何要求　　D. 以上答案都不对

8. 混凝土运输、浇筑及间歇的全部时间不应超过混凝土的(　　)。当下层混凝土初凝后浇筑上一层混凝土时,应按施工缝进行处理。

A. 终凝时间　　B. 水化时间　　C. 初凝时间　　D. 搅拌时间

9. 桥梁设计和施工中要进行强度、刚度和稳定性验算,这里的刚度是指(　　)。

A. 应力　　B. 应变　　C. 挠度　　D. 弯矩

文本

参考答案

10. 墩台施工程序为(　　)。

(1)墩台底面放线　(2)绑扎钢筋　(3)安装模板

(4)养护、拆模　(5)基底处理　(6)浇筑混凝土

A. (1)→(2)→(3)→(6)→(5)→(4)　B. (1)→(5)→(2)→(3)→(6)→(4)

C. (1)→(5)→(3)→(2)→(6)→(4)　D. (1)→(3)→(5)→(2)→(6)→(4)

任务实施

根据施工合同要求,桥梁钢筋混凝土墩台工程施工工作内容程序如下。

一、准备工作

项目部根据分工进行施工技术资料准备、施工机具设备材料准备工作,做好参与人员的技术培训交底工作,对施工相关人员进行安全教育及安全设施使用指导,做好测量放线工作。

二、制订钢筋混凝土墩台施工方案

技术负责人根据墩台施工图纸及施工现场实际条件,考虑施工单位的设备机具情况,同时考虑材料供应情况和一线人员施工熟练程度,制订符合规范要求切实可行的钢筋混凝土墩台施工方案。

三、现场施工组织

1. 工作面检查

基础及预留筋验收合格;基础与墩台接缝已凿毛。

2. 测量放线

测量员测放墩台中心点及高程控制点,弹出结构线、平面位置控制线。

3. 浇筑墩台身

①搭设脚手架。脚手架搭设符合规范要求,自身具有足够的强度、刚度和稳定性。

②钢筋加工及绑扎。钢筋加工应按设计和配料单进行,加工方法符合规范规定。

③模板加工及安装。根据墩台类别选择合适模板进行加工,安装完成进行检查,确保不变形,不漏浆。

④混凝土浇筑。检验混凝土施工性能,按规定留置试块。浇筑顺序及方法满足规范对该类别墩台规定,注意养生时长及拆模顺序。

4. 盖梁施工

墩台身强度满足要求并经监理工程师验收通过后进行盖梁施工。根据墩台身高度及施工现场条件选择合理施工方法;脚手架、钢筋、模板及混凝土施工满足规定。施工完毕进行质量检查。

四、质量控制

项目部要组织相关人员对施工质量进行过程性抽检控制,主要包括测量数据、材料试验、设备机具的使用状况、安全和环保措施落实,使各项工作满足要求,后续施工工作顺利实施。

五、内业资料整理

整理墩台施工测量资料、试验资料、施工记录资料、施工联系函及图纸变更等资料,予以存档。

【钢筋混凝土墩台施工工作单】

计 划 单

学习情境二	桥梁墩台施工	任务 2	钢筋混凝土墩台施工
工作方式	组内讨论、团结协作共同制订计划:小组成员进行工作讨论,确定工作步骤	计划学时	1 学时
完成人			
计划依据:某桥梁墩台施工图			

序号	计划步骤	具体工作内容描述
1	准备工作 (准备资料,谁去做?)	
2	组织分工 (成立组织,人员具体都完成什么?)	
3	制订两套施工方案(各有何特点?)	
4	现场施工 (施工顺序如何?)	
5	质量控制 (谁负责? 检查哪些项目?)	
6	资料整理 (谁负责? 整理哪些内容?)	
制订计划说明	(写出制订计划中人员为完成任务的主要建议或可以借鉴的建议、需要解释的某一方面)	

决 策 单

<table>
<tr><td>学习情境二</td><td colspan="2">桥梁墩台施工</td><td>任务 2</td><td>钢筋混凝土墩台施工</td></tr>
<tr><td>决策学时</td><td colspan="4">1 学时</td></tr>
<tr><td colspan="5">决策目的:确定本小组最优施工方案</td></tr>
<tr><td rowspan="7">施工方案优劣比较</td><td colspan="2">施工方案特点</td><td rowspan="2">比对项目</td><td rowspan="2">确定最优方案（划√）</td></tr>
<tr><td>方案 1 名称</td><td>方案 2 名称</td></tr>
<tr><td></td><td></td><td>施工设备选择是否适用</td><td rowspan="6">方案 1 优
□

方案 2 优
□</td></tr>
<tr><td></td><td></td><td>施工顺序是否合理</td></tr>
<tr><td></td><td></td><td>关键工序施工方法是否满足质量控制要求</td></tr>
<tr><td></td><td></td><td>安全措施是否到位</td></tr>
<tr><td></td><td></td><td>环保措施是否符合规定</td></tr>
<tr><td colspan="3">方案 1 施工流程图</td><td>方案 2 施工流程图</td></tr>
</table>

作业单

学习情境二	桥梁墩台施工	任务2	钢筋混凝土墩台施工
参加人员	第　　组		开始时间：
	签名：		结束时间：
序号	工作内容记录 （根据实施的具体工作记录，包括存在的问题及解决办法）		分工 （负责人）
1			
2			
⋮			
小结	主要描述完成的成果及是否达到目标		存在的问题

检 查 单

学习情境二	桥梁墩台施工			任务 2	钢筋混凝土墩台施工		
检查学时	课内 1 学时				第　　组		
检查目的及方式	教师过程监控小组的工作情况，如检查等级为不合格，小组需要整改，并拿出整改说明						
序号	检查项目	检查标准	检查结果分级（在检查相应的分级框内划"√"）				
			优秀	良好	中等	合格	不合格
1	准备工作	资源是否已查到、材料是否准备完整					
2	分工情况	安排是否合理、全面，分工是否明确					
3	工作态度	小组人员是否积极主动、全员参与					
4	纪律出勤	是否按时完成负责的工作内容、遵守工作纪律					
5	团队合作	是否相互协作、互相帮助，是否听从指挥					
6	创新意识	任务完成不照搬照抄，看问题具有独到见解，具备创新思维					
7	完成效率	工作单是否记录完整，小组是否按照计划完成任务					
8	完成质量	工作单填写是否准确，记录单检查及修改是否达标					
检查评语					教师签字：		

任务评价

小组工作评价单

学习情境二	桥梁墩台施工		任务2	钢筋混凝土墩台施工		
评价学时			课内1学时			
班级：			第　组			
考核情境	考核内容及要求	分值（满分100分）	小组自评（10%）	小组间互评（20%）	教师评价（70%）	实得分（∑）
汇报展示（20分）	演讲资源利用	5				
	演讲表达和非语言技巧应用	5				
	团队成员相互配合程度	5				
	时间与完整性	5				
质量评价（40分）	工作完整性	10				
	工作质量	5				
	报告完整性	25				
团队情感（25分）	核心价值观	5				
	创新性	5				
	参与率	5				
	合作性	5				
	劳动态度	5				
安全文明（10分）	工作过程中的安全保障情况	5				
	工具正确使用和保养、放置规范	5				
工作效率（5分）	能够在要求的时间内完成，每超时5分钟扣1分	5				

小组成员素质评价单

学习情境二	桥梁墩台施工			任务2	钢筋混凝土墩台施工			
班级		组别		成员姓名				
评分说明	每个小组成员评价分为自评和小组其他成员评价两部分，取平均值计算，作为该小组成员的任务评价个人分数。评价项目共设计五个，依据评分标准给予合理量化打分。小组成员自评分后，要找小组其他成员不记名方式打分							
评分项目	评分标准	自评分	成员1评分	成员2评分	成员3评分	成员4评分	成员5评分	
核心价值观（20分）	没有违背社会主义核心价值观的思想及行动							
工作态度（20分）	按时完成负责的工作内容、遵守纪律，积极主动参与小组工作，全过程参与，吃苦耐劳，具有工匠精神							
交流沟通（20分）	能良好地表达自己的观点，能倾听他人的观点							
团队合作（20分）	与小组成员合作完成任务，做到相互协作、互相帮助、听从指挥							
创新意识（20分）	看问题能独立思考，提出独到见解，具有创新思维解决遇到的问题							
最终小组成员得分								

任务反思

学习情境二	桥梁墩台施工		任务2	钢筋混凝土墩台施工	
班级		组别		成员姓名	
情感反思	通过对本任务的学习和实训，你认为自己在社会主义核心价值观、职业素养、学习和工作态度等方面需要提高什么？				
知识反思	通过对本任务的学习，你掌握了哪些知识点？请画出思维导图				
技能反思	在完成本任务的学习和实训过程中，你主要掌握了哪些技能？				
方法反思	在完成本任务的学习和实训过程中，你主要掌握了哪些分析和解决问题的方法？				

学习情境三 桥梁上部结构施工

学习指南

情境导入

某市江南中环路跨河桥，上部结构为普通钢筋混凝土空心板和预应力钢筋混凝土空心板，下部结构为桩柱式桥墩，薄壁式轻型桥台，钻孔灌注桩基础；桥面铺装为沥青混凝土和防水混凝土，D80 型伸缩装置。在墩台施工已经完成并验收合格后需进行上部结构施工，前期需要做好准备工作，施工过程中要做好现场施工组织，同时控制施工质量，请你编制上部桥跨结构施工实施的具体指导方案，保障施工单位按时顺利开展施工作业。

学习目标

知识目标：

1. 识别桥梁主梁及桥面系施工图；
2. 区别桥梁主梁种类并描述其结构组成；
3. 描述预应力混凝土施工技术要求；
4. 能区分不同类别主梁及桥面系施工方法；
5. 能阐述不同类别主梁及桥面系施工流程。

能力目标：

1. 能够进行上部结构施工图纸识读及审核工作；
2. 能够编制桥梁主梁施工技术交底资料及施工方案；
3. 能够编制桥面系施工技术交底资料及施工方案。

素质目标：

1. 培养自主学习能力，树立终身学习意识；
2. 具备求真务实、开拓进取的职业创新意识；
3. 具备“认真负责、爱岗敬业、吃苦耐劳、诚实守信”的工作作风。

工作任务

任务1　钢筋混凝土简支梁桥施工　　参考学时:课内 12 学时(课外 6 学时)

任务2　预应力混凝土梁桥施工　　参考学时:课内 10 学时(课外 4 学时)

任务3　拱桥施工　　参考学时:课内 6 学时(课外 2 学时)

任务4　桥面系施工　　参考学时:课内 8 学时(课外 2 学时)

文本

架桥重器——昆仑号架桥机

任务1　钢筋混凝土简支梁桥施工

任务单

<table>
<tr><td>学习情境三</td><td colspan="3">桥梁上部结构施工</td><td>任务1</td><td colspan="2">钢筋混凝土简支梁桥施工</td></tr>
<tr><td>任务学时</td><td colspan="6">课内 12 学时(课外 6 学时)</td></tr>
<tr><td colspan="7">布置任务</td></tr>
<tr><td>任务目标</td><td colspan="6">1. 能够选择支架和模板的安装方法,理解施工预拱度的设置要求;
2. 能进行钢筋下料长度的计算,解释钢筋加工、接长、安装的一般方法;
3. 能够描述混凝土拌和、运输、浇筑、振捣、养护等工序;
4. 能够概括桥梁装配式构件的施工方法;
5. 能够主动帮助小组落后的其他成员,具备团队意识和奉献精神。</td></tr>
<tr><td>任务描述</td><td colspan="6">施工单位在完成桥梁墩台施工之后,应进行桥梁上部结构施工。技术负责人应根据主梁施工图纸及施工现场周边环境、材料设备情况确定主梁施工方法、支架模板架设、钢筋加工安装及混凝土浇筑方案;在开工前制订完成满足规范要求的简支梁施工方案,指导主梁施工工作。</td></tr>
<tr><td rowspan="2">学时安排</td><td>资讯</td><td>计划</td><td>决策</td><td>实施</td><td>检查</td><td>评价</td></tr>
<tr><td>2 学时(2)</td><td>2 学时</td><td>2 学时</td><td>2 学时(4)</td><td>2 学时</td><td>2 学时</td></tr>
<tr><td>对学生学习及成果的要求</td><td colspan="6">1. 每位同学均能按照自学资讯思维导图自主学习,并完成课前自学的问题训练和自学自测;
2. 严格遵守课堂纪律,学习态度认真、端正,能够正确评价自己和同学在本任务中的素质表现;
3. 每位同学必须积极参与小组工作,在教师的示范指导下完成钢筋混凝土简支梁桥施工的对应工作,做到积极主动不推诿,能够与小组成员合作完成工作任务;
4. 每位同学均需独立或在小组同学的帮助下完成技能训练工作单,并提请检查、签认,对提出的建议或有错误务必及时修改;
5. 每组必须完成全部“钢筋混凝土简支梁桥施工”工作的工作单,并提请教师进行小组评价,小组成员分享小组评价分数或等级;
6. 每名同学均完成任务反思,以小组为单位提交。</td></tr>
</table>

自学资讯思维导图

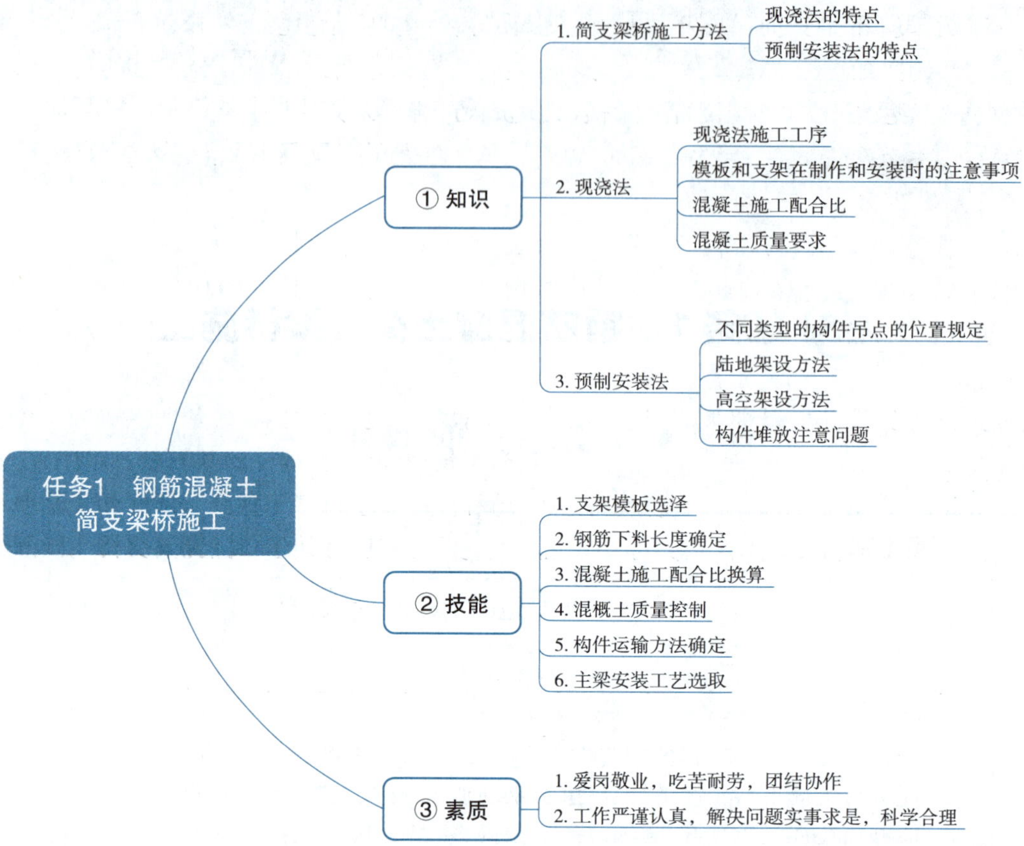

课 前 自 学

1. 简支梁桥施工方法

钢筋混凝土简支梁桥上部结构的施工方法主要有现浇法和预制安装法。

(1)现浇法(就地浇筑施工)

现浇法是在桥孔位置搭设支架,在支架上安装模板,绑扎及焊接钢筋骨架,并在现场浇筑混凝土,待混凝土达到强度后拆除模板和支架的施工方法。由于施工需用大量的模板和支架,一般仅在小跨径桥或交通不便的边远地区采用。但对一些变宽的异形桥、弯桥等复杂的混凝土结构,加之近年来临时钢构件和万能杆件系统的大量应用,在其他施工方法都比较困难时,或经过比较,该方法施工方便、费用较低时,也常在大、中跨径桥梁中采用就地浇筑法。

现浇法的特点:

①无须预制场地,不需大型起吊和运输设备。

②梁体钢筋可不中断,桥梁整体性好,施工平稳可靠。

③施工中无体系转换。

④预应力混凝土连续梁桥可以采用强大预应力体系,使结构构造简化,方便施工。

⑤需要大量的模板和支架,跨河桥梁搭设支架还会影响河道的通航与排洪,施工期间支架可能受到洪水和漂浮物的威胁。

⑥施工工期长、费用高,需要有较大的施工场地,施工管理复杂。

(2)预制安装法(装配式施工)

在预制工厂或在运输方便的桥址附近设置预制场进行梁的预制工作,然后采用一定的架设方法进行安装。预制构件安装的方法很多,各种方法需不同的安装设备,可根据施工的实际情况合理选择。

预制安装法的特点:

①上下部结构可平行施工,工期短。

②由于是工厂生产制作,构件质量好,有利于确保构件质量和尺寸精度,并尽可能多地采用机械化施工。

③混凝土收缩徐变影响小,质量易于控制。

④有效利用了劳动力,降低了工程造价。

⑤施工速度快,适用于紧急施工工程。

⑥需预制场地和运输吊装设备,当预制块间受力钢筋中断时需作接缝处理。

2. 简支梁桥的施工工序

①就地浇筑钢筋混凝土简支梁桥的施工工序一般为:搭设支架→安装模板→安装钢筋骨架→现场浇筑混凝土→拆除模板。

②装配式钢筋混凝土简支梁桥的施工工序一般为:

装配式梁(板)等构件预制→构件移运堆放→运输→预制梁(板)架设安装→横向联结施工→桥面系施工。

比一比

现浇法和预制安装法各有何优点?

任务知识 1.1　支架和模板的施工

支架和模板是施工过程中的临时结构物,其控制着梁体尺寸的精度,而且对工程质量、施工进度、施工安全和工程造价有直接影响。

一、支架

1. 支架类型及构造

就地浇筑简支梁桥的上部结构时,应在桥孔位置搭设支架,以支承模板和钢筋混凝土以及其他施工荷载。支架的类型主要有:

①满布式木支架。满布式木支架常用于陆地、不通航的河道、桥墩不高或桥位处水位不深的桥梁。其形式可采用排架式、人字撑式或八字撑式。排架式是最简单的满布式支架,主要由排架和纵梁等部件组成,纵梁为抗弯构件,跨径一般不大于4 m。人字撑式和八字撑式支架构造较复杂,纵梁需加设可变形的人字撑或八字撑。因此,在浇筑混凝土时应适当安排浇筑程序,均匀、对称地进行浇筑,以防发生较大变形。此类支架的跨径可达8 m左右。

满布式木支架的排架,可设置在枕木或桩基上,基础需坚实可靠,以保证排架的沉陷值不超过规定要求。当排架较高时,为保证支架的横向稳定,除在排架上设置撑木外,还需在排架两端外侧设置斜撑木或斜立柱。

满布式支架的卸落设备一般采用木楔、木马或砂筒等,可设置在纵梁支点处或桩顶帽木上面。

②钢木混合支架。为加大支架跨径,减少排架数量,支架的纵梁可采用工字钢,其跨径可达10 m,并且支架多改用木框架结构,以提高支架的承载力及稳定性,如图3.1.1所示。

③万能杆件拼装支架。用万能杆件可拼装成各种跨度和高度的支架,其跨度需与杆件本身长度成整倍数。

用万能杆件拼装的桁架高度,可达2 m、4 m、6 m或6 m以上。当高度为2 m时,腹杆拼为三角形;高度为 4 m 时，腹杆拼为菱形；高度超过 6 m 时，则拼成多斜杆的形式。

用万能杆件拼装墩架时，柱与柱之间的距离应与桁架之间的距离相同，桩高除柱头及柱脚外，应为 2 m 的倍数。

用万能杆件拼装的支架在荷载作用下的变形较大，应考虑预加压重，预加重力相当于灌注的混凝土重力。

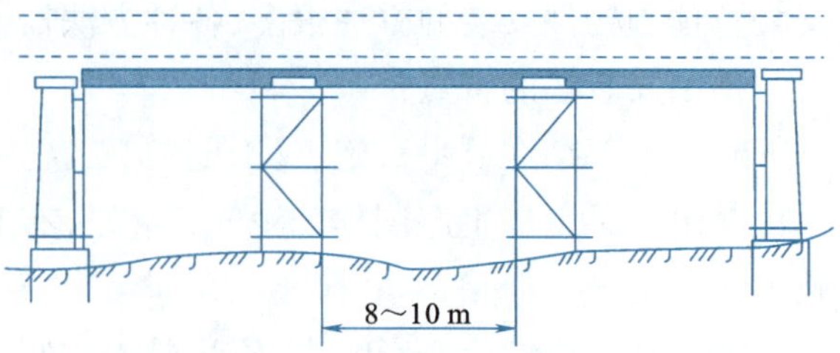

图 3.1.1　钢木混合支架

④装配式公路钢桥桁节拼装支架。用装配式公路钢桥桁节可拼装成桁架梁和塔架。为加大桁架梁孔径和利用墩、台作支承，也可拼成八字斜撑桁架梁。桁架梁之间，应用抗风拉杆和木斜撑等进行横向联结．以保证桁架梁的稳定。

装配式公路钢桥桁节拼装的支架在荷载作用下的变形很大，应进行预压。

⑤轻型钢支架。桥下地面较平坦，有一定承载力的梁桥，为节省木料，宜采用轻型钢支架。轻型钢支架的梁和柱，以工字钢、槽钢或钢管为主要材料，斜撑、连接系等可采用角钢。构件应制成统一规格和标准，排架应预先拼装成片或组，并以混凝土、钢筋混凝土枕木或木板作为支承基底。为了防止冲刷，支承基底需埋入地面以下适当的深度。为适应桥下高度，排架下应垫以一定厚度的枕木或木楔等。为便于支架和模板的拆卸，纵梁支点处应设置木楔，如图 3.1.2 所示。

⑥墩、台自承式支架。在墩、台上留下承台或预埋件，上面安装横梁及架设适宜长度的工字钢或槽钢，即构成模板的支架。这种支架适用于跨径不大的梁桥，但支立时需考虑梁的预拱度、支架梁的伸缩以及支架和模板的卸落等所需条件。

⑦模板车式支架。这种支架适用于跨径不大，桥墩为立柱式的多跨梁桥，如图 3.1.3 所示，在墩柱施工完毕后即可立即铺设轨道，拖进孔间，进行模板的安装，此法可简化安装工序，节省安装时间。

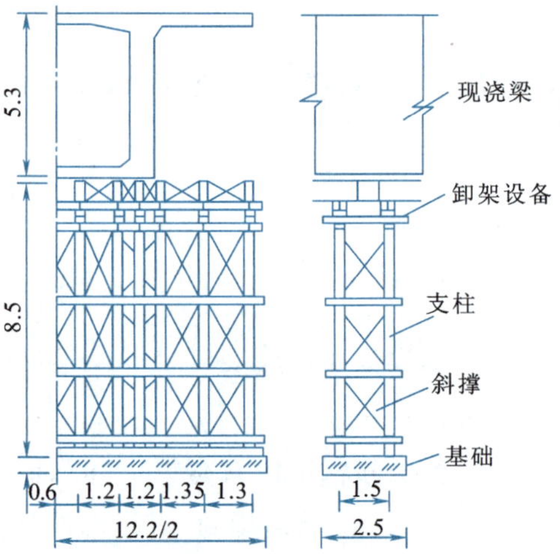

（a）顺桥向　（b）横桥向

图 3.1.2　轻型钢支架（尺寸单位：m）

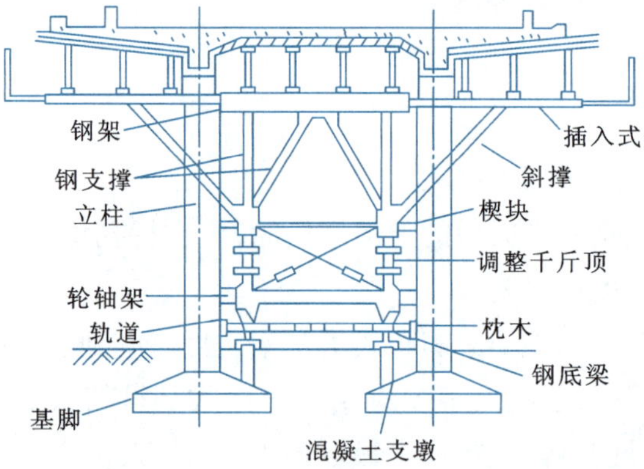

图 3.1.3　模板车式支架

当上部构造混凝土浇筑完毕，强度达到要求后，模板车即可整体向前移动，但移动时需将斜撑取下，将插入式钢梁节段推入中间钢梁节段内，并将千斤顶放松。

2. 支架的制作要求

①支架宜采用标准化、系列化、通用化的钢构件制作拼装。

②制作木支架时，两相邻立柱的连接接头宜分设在不同的水平面上，并应减少长杆件接头。主要压力杆的接长连接，宜使用对接法，并宜采用木夹板或铁夹板夹紧；次要构件的连接可采用搭接法。

3. 支架的安装要求

①支架应按施工图设计的要求进行安装。立柱应垂直，节点连接应可靠。

②支架在纵桥向和横桥向均应加强水平、斜向连接，增强整体稳定。高支架应设置足够的斜向连接、

扣件或缆风绳，横向稳定应有保证措施。

③支架在安装完成后，应对其平面位置、顶部高程、节点连接及纵横向稳定性进行全面检查，检查符合要求，方可进行下一工序。

4. 支架的预压

支架宜根据其结构形式、所用材料和地基情况的不同，在施工前确定是否对其进行预压，并应符合下列要求：

①对位于刚性地基上的刚度较大且非弹性变形可确定控制在一定范围内的支架，在经计算并通过一定审核程序，确认其满足强度、刚度和稳定性等要求的前提下，可不预压；但在施工过程中应对支架的材料和安装施工质量采取严格的管控措施。

②对位于软土地基或软硬不均地基上的支架，宜通过预压的方式，消除地基的不均匀沉降和支架的非弹性变形。

③对支架进行预压时，预压荷载宜为支架所承受荷载的 1.05 ~ 1.10 倍，预压荷载的分布宜模拟需承受的结构荷载及施工荷载。

④对采用定型钢管脚手架作为承重杆件的满布式支架进行预压时，可按现行《钢管满堂支架预压技术规程》(JGJ/T 194—2009)的规定执行。

5. 支架的预拱度和卸落装置

支架应结合模板的安装一并考虑设置预拱度和卸落装置，并应符合下列规定：

①设置的预拱度值，应包括结构本身需要的预拱度和施工需要的预拱度两部分。

②施工预拱度应考虑下列因素：模板、支架承受施工荷载引起的弹性变形；受载后由于杆件接头的挤压和卸落装置压缩而产生的非弹性变形；支架地基在受载后的沉降变形。

③专用支架应按其产品的要求进行模板的卸落；自行设计的普通支架应在适当部位设置相应的木楔、木马、砂筒或千斤顶等卸落装置，并应根据结构形式、承受的荷载大小确定卸落量。

支架制作、安装质量应分别符合模板、支架的制作、安装质量标准。

思一思

为什么要进行支架预压？

二、模板

1. 模板类型及构造

(1)模板的类型

模板按制作材料可分为以下几种：

①木模。桥梁施工中最常用的模板是木模，其由紧贴于混凝土表面的模板、支撑模板的肋木、立柱或横枋和拉杆等组成，如图 3.1.4 所示。其优点是制作容易，但木材耗量大、成本较高。

模板可以竖直拼装[见图 3.1.5(a)]或水平拼装[见图 3.1.5(b)]，厚度通常为 3 ~ 5 cm，板宽为 15 ~ 20 cm，不宜过薄或过宽，以免翘曲。

肋木一般用 8 cm × 12 cm 或 10 cm × 12 cm 枋木，间距为模板跨度，可根据模板的厚度、受力的大小、模板的强度和刚度进行验算而定。

立柱可用 10 cm × 12 cm 或 10 cm × 14 cm 的枋木、也可用 100 mm × 100 mm × 12 mm 角钢制作，或用万能杆件代用。立柱的间距即肋木的跨度，根据对肋木的强度和刚度的验算而定。

拉杆是立柱的支点，承受立柱传来的反力，一般采用两端带丝扣的，$\phi16$ 或 $\phi12$ 圆钢。拉杆的间距，在水平方向按立柱间距设置；竖直方向即立柱的跨径，在选定了立柱的断面以后，由对立柱的强度和刚度验算求得。

②钢模。钢模是用钢板代替木模板，用角钢代替肋木和立柱。钢板厚度一般为 4 mm，角钢尺寸应根据计算确定。

钢模造价虽高，但周转次数多，实际成本低；结实耐用，接缝严密，能经受强力振捣；浇筑的构件表面光滑，故目前采用日益增多。

③钢木结合模。钢木结合模用角钢作支架，木模板用平头开槽螺栓连接于角钢上，表面钉以黑铁皮。这种模板节约木料，成本较低，同时具有较大的刚度和稳定性，如图 3.1.6 所示。

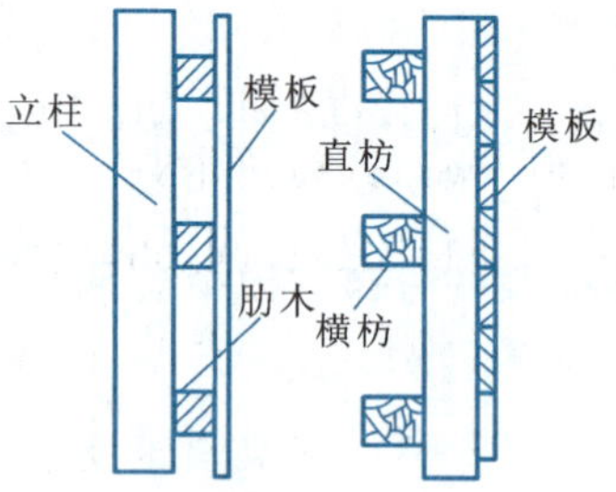

（a）竖直　（b）水平

图 3.1.4　木模构造

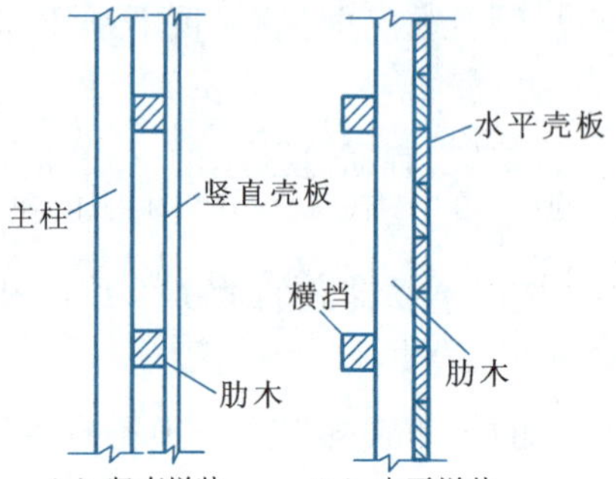

（a）竖直拼装　（b）水平拼装

图 3.1.5　模板的基本构造

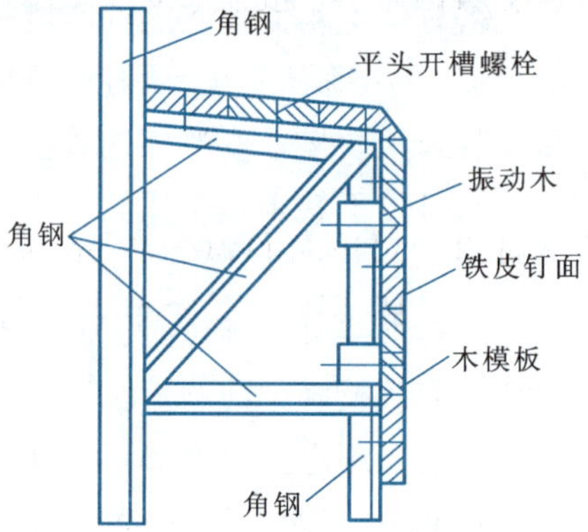

图 3.1.6　钢木结合模构造

④土模。土模节约木材和铁件，但用工较多，制作要求严格，预埋构件较难固定，雨季施工困难。按其位置高低可分为三种：

a. 地下式土模：在已平整的地坪上就地放样，挖槽成型，构件大多埋入地下，外露 5 cm 左右。

b. 半地下式土模：构件一半埋入地下，所挖出的土作为两边侧模。

c. 地上式土模：构件全部外露在地坪上，侧模由填土夯筑而成。

（2）上部结构模板的构造实例

①实心板模板。图 3.1.7 为装配式钢筋混凝土实心板的模板构造，模板为单元可拆式，设置模板的地基应夯实整平，图中的小木桩只有在地基较软的情况下才采用。

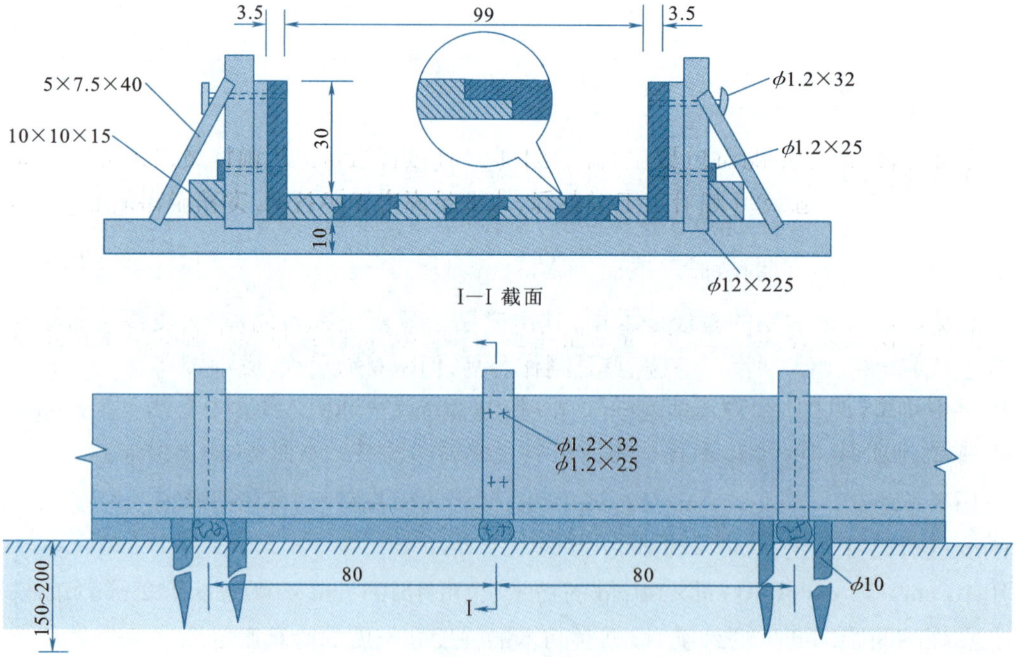

图 3.1.7　实心板模板构造（尺寸单位：cm）

②空心板模板。图 3.1.8 为装配式钢筋混凝土空心板的模板构造，图 3.1.9 为芯模构造。它采用四合

式活动模板，为了便于搬运装拆，按桥长分为两节，每节由四块单元体组成，每隔 70 cm 左右设木骨架一道，且以扁铁条相连接。中间设活动支撑板，支撑板除一个角用铰链连接外，其余三个角均以活榫支撑，支撑板中间开孔，用来适应拉条在立芯模和拆芯模时的活动范围。芯模在底板浇筑后架立，顶上用临时支架固定，在两侧混凝土浇筑高度达芯模的 2/3 时，可将顶上的临时支架拆除。

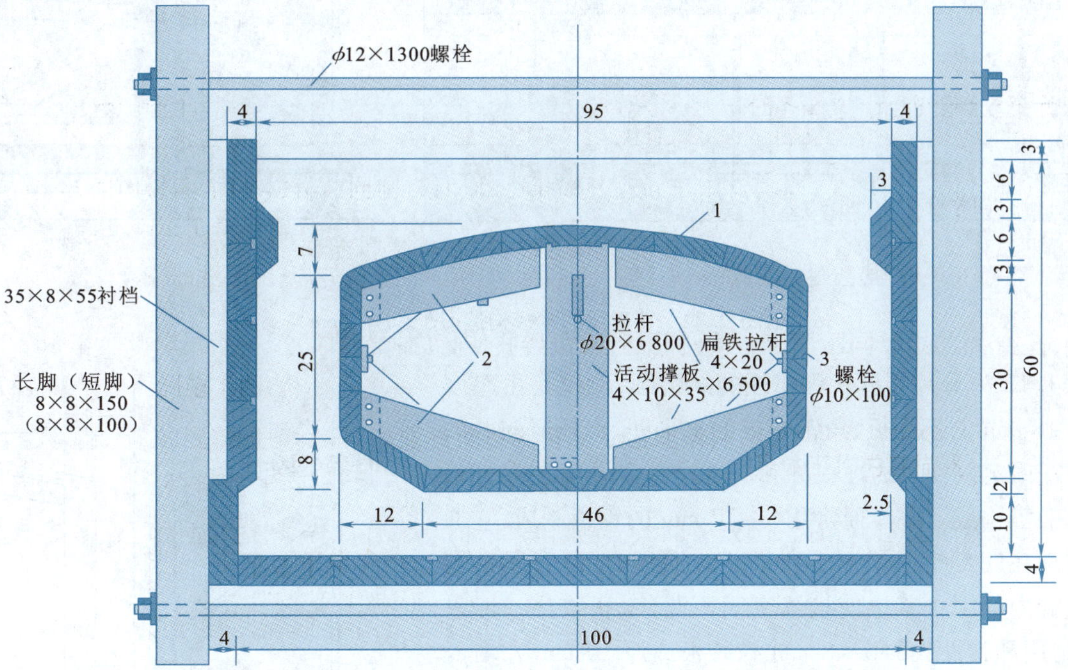

1—芯模板；2—骨架；3—铁铰链。

图 3.1.8　空心板模板横截面构造（单位：铁件为 mm 其他为 cm）

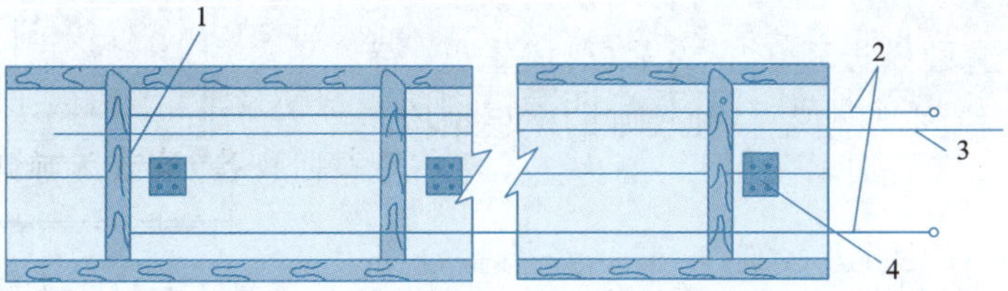

1—活动支撑板；2—扁铁条；3—拉条；4—铁铰。

图 3.1.9　芯模构造

目前也采用充气胶囊作为空心板的内模，如图 3.1.10 所示。胶囊可单独使用，也可与外套胶囊结合使用。使用时充气成型，所需气压根据混凝土侧压力与胶囊内径大小而定。

图 3.1.10　空心板空气胶囊内模

③T 形梁模板。图 3.1.11 为 T 形梁分片装拆式木制模板结构图，相邻横隔板之间的模板形成一个柜箱，在柜箱内的横档上可安装附着式振捣器。梁体两侧的一对柜箱用顶部横木和穿通梁肋的螺栓拉杆来固定，并借柱底的木楔进行装、拆调整。

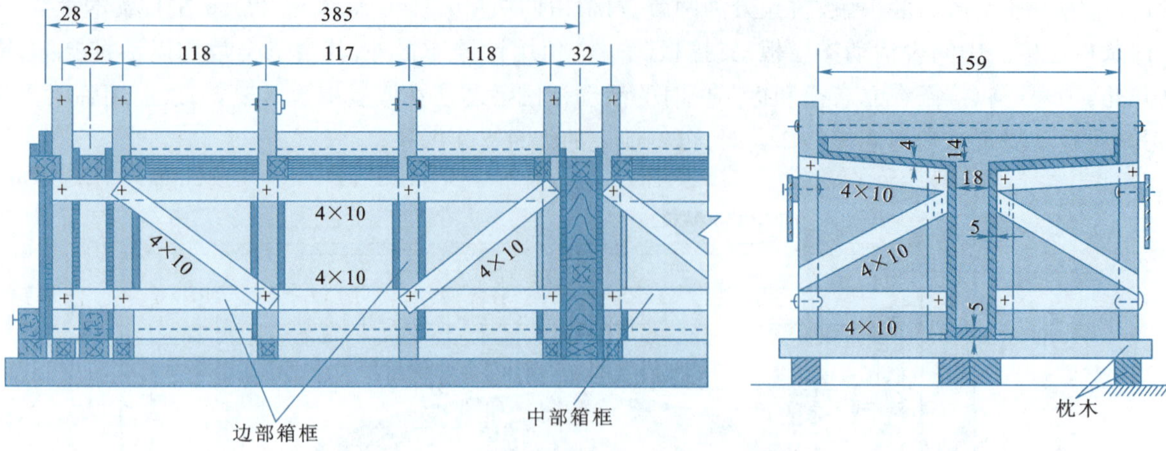

图 3.1.11　T 形梁的木模构造(尺寸单位:cm)

图 3.1.12 为分片装拆式钢模板的结构图,侧模是由厚度一般为 4 ~ 8 mm 的钢壳板、角钢做成的水平肋、支托竖向肋的支撑、斜撑、固定侧模用的顶横杆和底部拉杆以及安装在壳板上的振捣架等构成。底模通常用6 ~ 12 mm 的钢板制成,它通过垫木支承在底部钢横梁上。在拼装钢模板时,所有紧贴混凝土的接缝内都用止浆垫使接缝密闭不漏浆,止浆垫一般采用柔软、耐用和弹性大的 5 ~ 8 mm 橡胶板或厚 10 mm 左右的泡沫塑料。

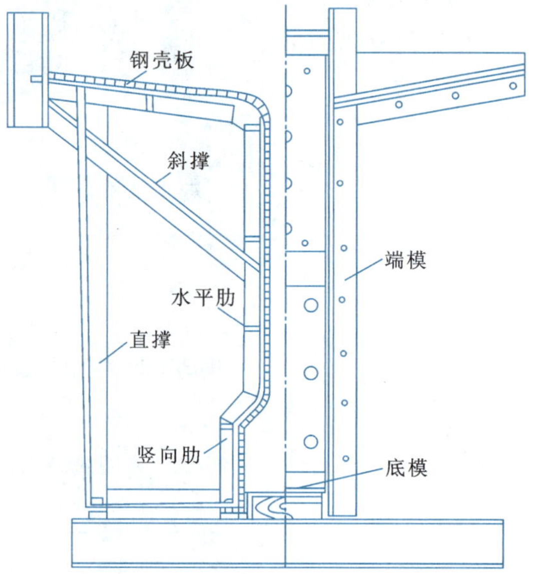

图 3.1.12　分片拆装式钢模板的结构图

如果将钢模板中的钢制壳板换成水平拼装的木壳板,用埋头螺栓连接在角钢竖肋上,在木壳板上再钉一层薄铁皮,这样就做成钢木结合模板,这种模板不仅节约木材,成本低,而且具有较大的刚度和紧密稳固性,也是一种较好的模板结构。

2. 模板的制作要求

①钢模板应按批准的加工图进行制作,成品经检验合格后方可使用。组装前应对零部件的几何尺寸和焊缝进行全面检查,合格后方可进行组装。面板变形及整体刚度应符合《公路桥涵施工技术规范》(JTG/T 3650—2020)第 5. 2. 8 的规定。

②制作钢木组合模板时,钢与木之间的接触面应贴紧。面板采用防水胶合板的模板,除应使胶合板与背楞之间密贴外,对在制作过程中裁切过的防水胶合板茬口,应按产品的要求及时涂刷防水涂料。

③木模板与混凝土接触的表面应刨光且应保持平整。木模板的接缝可制作成平缝、搭接缝或企口缝,当采用平缝时,应有防止漏浆的措施;转角处应加嵌条或做成斜角。

④采用其他材料(高分子合成材料面板、硬塑料或玻璃钢)制作模板时,其接缝应严密,边肋及加强肋应安装牢固,并应与面板成一整体。

3. 模板的安装要求

①模板应按设计要求准确就位,且不宜与脚手架连接。

②安装侧模板时,支撑应牢固,应防止模板在浇筑混凝土时产生位移。

③模板在安装过程中,必须设置防倾覆的临时固定措施。

④模板安装完成后,其尺寸、平面位置和顶部高程等应符合设计要求,节点联系应牢固。

⑤梁板等结构物的底模板应设置预拱度。

⑥固定在模板上的预埋件和预留孔洞均不得遗漏,安装应牢固,位置应准确。

查一查

模板在施工使用过程中易出现哪些问题，对应的预防措施分别是什么？

三、支架和模板的制作与安装

1. 支架和模板在制作和安装时的注意事项

①构件连接应尽量紧密，以减小支架变形，使沉降量符合预计数值。

②为保证支架稳定，应防止支架与脚手架和便桥等接触。

③模板的接缝必须密合，如有缝隙，需堵塞严密，以防跑浆。

④建筑物外露面的模板应抛光并涂以石灰乳浆、肥皂水或润滑油等润滑剂。

⑤为减少施工现场的安装拆卸工作和便于周转使用，支架和模板应尽量制成装配式组件或块件。

⑥钢制支架宜制成装配式常备构件，制作时应注意构件外形尺寸的准确性，一般应使用样板放样制作。

⑦模板应用内撑支撑，用螺栓栓紧。使用木内撑时，应在浇筑到该部位时及时撤去木撑。

2. 制作及安装质量标准

模板在使用前应进行检验，保证其坚固、稳定，位置及尺寸符合设计要求。模板制作和安装时的允许偏差见《公路桥涵施工技术规范》(JTG/T 3650—2020)中的规定，具体见表3.1.1、表3.1.2。

表3.1.1　模板制作质量标准

项目			允许偏差/mm
木模板制作	模板的长度和宽度		±5
	不刨光模板相邻两板表面高低差		3
	刨光模板相邻两板表面高低差		1
	平板模板表面最大的局部不平	刨光模板	3
		不刨光模板	5
	拼合板中木板间的缝隙宽度		2
	榫槽嵌接紧密度		2
钢模板制作	外形尺寸	长和宽	+0，-1
		肋高	±5
	面板端偏斜		0.5
	连接配件(螺栓、卡子等)的孔眼位置	孔中心与板面的间距	±0.3
		板端中心与板端的间距	+0，-0.5
		沿板长、宽方向的孔	±0.6
	板面局部不平		1
	板面和板侧挠度		±1

注：板面局部不平用2 m靠尺、塞尺检测。

表3.1.2　模板安装质量标准

项目		允许偏差/mm
模板高程	基础	±15
	柱梁	±10
	墩台	±10
模板尺寸	上部结构的所有构件	+5，-0
	基础	±30
	墩台	±20

续上表

项　目		允许偏差/mm
轴线偏位	基础	15
	柱	8
	梁	10
	墩台	10
装配式构件支承面的高程		+2，-5
模板相邻两板表面高低差		2
模板表面平整		5
预埋件中心线位置		3
预留孔洞中心线位置		10
预留孔洞截面内部尺寸		+10，-0

3. 支架和模板的安装

①安装前按图纸要求检查支架和模板尺寸与形状，合格后才准进入施工现场。

②安装后不便涂刷脱模剂的内侧模板应在安装前涂刷脱模剂，顶板模板安装后，绑扎钢筋前涂刷脱模剂。

③支架结构应满足立模高程的调整要求，按设计高程和施工预拱度立模。

④承重部位的支架和模板，必要时应在立模后预压，消除非弹性变形和基础的沉陷。预压重力相当于以后所浇筑混凝土的重力，当结构分层浇筑混凝土时，预压重力可取浇筑混凝土质量的80%。

⑤相互连接的模板，模板面要对齐，连接螺栓不要一次紧到位，整体检查模板线形，发现偏差及时调整后再锁紧连接螺栓，固定好支撑杆件。

⑥模板连接缝间隙大于2 mm应用灰膏类填缝或用粘胶带密封。预应力管道锚具处空隙大时用海绵泡沫填塞，防止漏浆。

⑦主要起重机械必须配备经过专门训练的专业人员操作，指挥人员、驾驶员和挂钩工人要统一信号。

⑧遇6级以上大风时应停止施工作业。

四、支架和模板应符合的规定

①模板和支架应具有足够的强度、刚度和稳定性，应能承受施工过程中所产生的各种荷载。

②模板、支架的构造应简单、合理，结构受力应明确，安装拆除应方便。

③模板应能与混凝土结构或构件特征、施工条件和浇筑方法相适应，应保证结构物各部位尺寸和相应位置的准确。

④模板的板面应平整，接缝处应严密且不漏浆；模板与混凝土的接触面应涂刷隔离剂，但不得采用废机油等油料，且不得污染钢筋及混凝土的施工缝。

⑤支架应稳定、牢固，应能抵抗在施工过程中可能发生的振动和偶然荷载。

五、施工预拱度

1. 预拱度的概念

在支架上浇筑梁式上部构造时，卸架后上部构造要产生一定的挠度。为使上部构造在卸架后能获得设计规定的外形，需在施工时设置预拱度。

2. 确定预拱度时应考虑的因素

①卸架后上部构造本身及活载一半所产生的竖向挠度δ_1；

②支架在荷载作用下的弹性压缩δ_2；

③支架在荷载作用下的非弹性压缩 δ_3；

④支架基底在荷载作用下的非弹性沉陷 δ_4；

⑤由混凝土收缩及温度变化而引起的挠度 δ_5。

3. 预拱度的设置

根据梁的挠度和支架变形所计算出来的预拱度之和为预拱度最高值，应设置在梁跨中。其他各点预拱度，应以中间点为最高值，以梁两端为零，按直线或二次抛物线进行分配。

六、支架和模板的拆除

①模板、支架的拆除期限和拆除程序等应根据结构物特点、模板部位和混凝土所应达到的强度要求确定，并应严格按其相应的施工图设计的要求进行。

②非承重侧模板应在混凝土抗压强度达到 2.5 MPa，且能保证其表面及棱角不致因拆模而受损坏时方可拆除。

③芯模和预留孔道的内模，应在混凝土强度能保证其表面不发生塌陷或裂缝现象时，方可拆除。

④钢筋混凝土结构的承重模板、支架，应在混凝土强度能承受其自重荷载及其他可能的叠加荷载时，方可拆除。

⑤对预应力混凝土结构，在符合（非承重侧模板应在混凝土抗压强度达到 2.5 MPa，且能保证其表面及棱角不致因拆模而受损坏时方可拆除）的条件下，其侧模应在预应力钢束张拉前拆除；底模及支架应在结构建立预应力后方可拆除。

⑥模板支架的拆除应遵循后支先拆、先支后拆的原则顺序进行。墩台的模板宜在其上部结构施工前拆除。

⑦拆除梁、板等结构的承重模板时，在横向应同时、在纵向应对称均衡卸落。简支梁、连续梁结构的模板宜从跨中向支座方向依次循环卸落；悬臂梁结构的模板宜从悬臂端开始顺序卸落。

⑧拆除模板支架时，不得损伤混凝土结构。

列一列

请把模板支架的拆除原则列在下面横线上。

____

任务知识 1.2　钢筋的加工与安装

普通钢筋从加工到形成钢筋骨架需要经过钢筋的调直、切断、除锈、弯制、焊接和绑扎等工序，加工之前还应先对钢筋进行抽检。

一、准备工作

1. 钢筋的检查与保管

（1）钢筋的外观检查和力学性能检查

进场钢筋应具有出厂质量证明书和试验报告单，进场时除应检查外观和标志外，尚应按不同的钢种、等级、牌号、规格及生产厂家分批抽取试样进行力学性能检验，检验试验方法应符合现行国家标准的规定。钢筋经进场检验合格后方可使用。

（2）钢筋的保管

钢筋进场后，应妥善保管，具体应做到：

①钢筋堆放选择在地势较高处，上用料棚遮盖，下设垫块或台座，不能直接置于地面，防止水浸和雨淋。

②钢筋应按不同钢种、等级、牌号、规格及生产厂家等分类挂牌堆放，并标明数量，设立识别标志，存放时间宜不超过6个月。

③钢筋在运输过程中应避免锈蚀、污染或被压弯。

2. 钢筋的调直

直径10 mm以下的细钢筋多卷成盘形，粗钢筋常弯成“发卡”形，以便运输和储存。因此，运到工地的钢筋应先调直。

采用冷拉方法调直钢筋时，HPB300级钢筋的冷拉率不宜大于2%；HRB400级钢筋的冷拉率不宜大于1%。

钢筋宜采用数控化机械设备在专用厂房中集中下料和加工，其形状、尺寸应按照设计的规定进行加工。加工后的钢筋，其表面不应有削弱钢筋截面的痕迹。

3. 钢筋的除锈

钢筋表面应洁净、无损伤，使用前应将表面的油渍、漆皮、鳞锈等清除干净，使钢筋与混凝土间的黏结力得以充分发挥。可用钢丝刷或喷砂枪喷砂进行除锈去污，也可将钢筋在砂堆中来回抽以除锈去污。带有颗粒状或片状老锈的钢筋不得使用。

4. 钢筋的配料

应根据设计图将不同直径和长度的钢筋按规格和编号顺序填写配料单，见表3.1.3。

表3.1.3 钢筋配料单

构件号	图号	钢号	钢筋编号	直径	形状	下料长度	根数	总数	备注

(1)钢筋的弯钩

钢筋的弯制和端部的弯钩应符合设计要求，设计未要求时，应符合表3.1.4的规定。

表3.1.4 受力主钢筋制作和末端弯钩形状

弯曲部位	弯曲角度	形状图	钢筋种类	弯曲直径 D	平直段长度
末端弯钩	180°	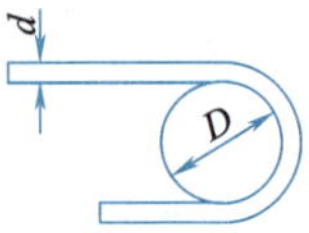	HPB300	≥2.5d	≥3d
	135°	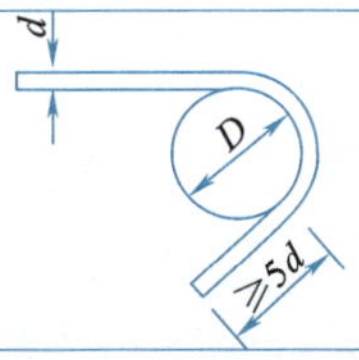	HRB400 HRBF400 HRB500 RRB400	≥5d	≥5d
	90°	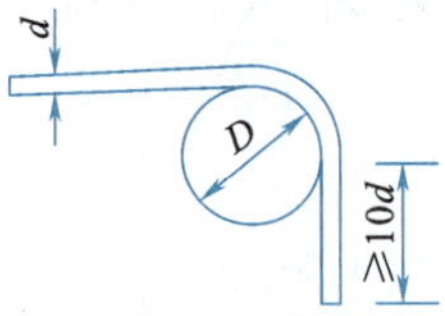	HRB400 HRBF400 HRB500 RRB400	≥5d	≥10d
中间弯钩	≤90°	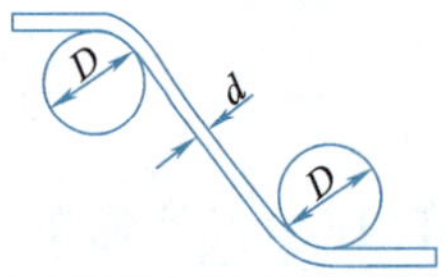	各种钢筋	≥20d	—

注：采用环氧树脂涂层钢筋时，除应满足表内规定外，当钢筋直径 d≤20 mm时，弯钩内直径 D 不应小于5d；当 d>20 mm时，弯钩内直径 D 不应小于6d；直线段长度不应小于5d。

箍筋的末端应弯钩，弯钩的形状应符合设计规定。弯钩的弯曲直径应大于被箍受力主钢筋的直径，且HPB300级钢筋应不小于箍筋直径的2.5倍，HRB400级钢筋应不小于箍筋直径的5倍。弯钩平直部分的长度，一般结构应不小于箍筋直径的5倍；有抗震要求的结构，不应小于箍筋直径的10倍。设计对弯钩的形状未规定时，可按图3.1.13(a)、图3.1.13(b)加工；有抗震要求的结构，可按图3.1.13(c)加工。

(2)钢筋的弯折

根据结构受力要求,有时需将部分受力钢筋弯折,如图 3.1.14 所示。

(a) 90°/180°　　(b) 90°/90°　　(c) 135°/135°

图 3.1.13　箍筋弯钩形式图

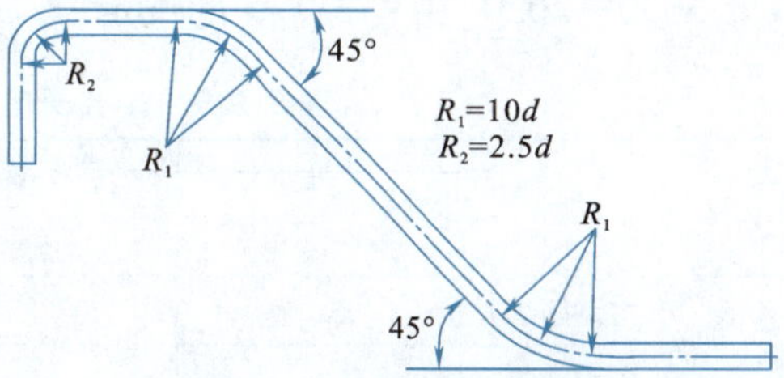

图 3.1.14　钢筋的弯折

(3)下料长度计算

钢筋下料长度 = 钢筋设计长度 + 接头长度 − 弯曲伸长量

其中,钢筋设计长度—施工图上标明的钢筋长度值;

接头长度—钢筋接长所需要的长度;

弯曲伸长量—钢筋弯曲后长度的伸长值,一般按下列数字估算伸长量:弯 45°时伸长 0.5d;弯 90°时伸长 1d;弯 180°时伸长 1.5d。d 为钢筋的直径。

(4)钢筋的切断

钢筋的切断可依直径大小,用人工或机械方法进行。人工截切直径 25 mm 以上的钢筋,可用钢锯;截切 10 ~ 22 mm 的钢筋,可用上下搭口及铁锤;截切 10 mm 以下的钢筋可用剪刀。机械截切可用电动剪切机。

做一做

按照下料长度计算规则制作铁丝模型并对其尺寸进行检验。

二、钢筋加工

1. 钢筋的弯制成型

钢筋应按设计尺寸和形状用冷弯的方法弯制成型。

(1)人工弯筋器

当弯制钢筋的工作量不大时,可用人工弯筋器在成型台上弯制。人工弯筋器由扳手与底盘组成,底盘固定于成型台两端,底盘上有固定的扳柱,扳柱间的净距应较弯曲的最大钢筋直径大 2 mm。当弯曲较细的钢筋时,应加以适当厚度的钢套,以防弯制时钢筋滑动。

扳手与扳柱间的净距称为扳距。为保证钢筋弯制的形状和尺寸准确,弯制钢筋时应有一定的扳距,扳距由钢筋直径与弯曲角度大小决定,弯制钢筋时应缓慢进行,不能骤然加力,以免弯曲处发生裂痕。

(2)电动弯筋机

当弯制大量钢筋时,宜采用电动弯筋机,能弯制 6 ~ 40 mm 的钢筋,并可弯成各种角度。弯制每种钢筋的第一根时,应反复修正,使其与设计尺寸和形状相符,并以此样件做标准,用以检验以后弯制的钢筋。成型后的钢筋,对受力钢筋顺长度方向加工后的全长允许偏差 ± 10 mm;弯起钢筋各部分尺寸允许偏差 ±20 mm;箍筋、螺旋筋各部分尺寸允许偏差 ±5 mm。

2. 钢筋的连接

宜采用焊接接头或机械连接接头。绑扎接头仅当钢筋构造复杂施工困难时方可使用,绑扎钢筋的接头直径不宜大于 28 mm,对轴心受压和偏心受压构件中的受压钢筋可不大于 32 mm;轴心受拉和小偏心受拉构件不应采用绑扎接头。

受力钢筋的连接接头应设置在内力较小处,并应错开布置。对焊接接头和机械连接接头,在接头长度区段内，同一根钢筋不得有两个接头；对绑扎接头，两接头间的距离不应小于1.3倍搭接长度。配置在接头长度区段内的受力钢筋，其接头的截面面积占总截面面积的百分率，应符合《公路桥涵施工技术规范》(JTG/T 3650—2020)中表3.1.5的规定。

表3.1.5　接头长度区段内受力钢筋接头面积的最大百分率

接头形式	接头面积最大百分率(%)	
	受拉区	受压区
主钢筋绑扎接头	25	50
主钢筋焊接接头	50	不限制

注：1. 焊接接头长度区段内是指35*d*(*d*为钢筋直径)长度范围内，但不得小于500 mm，绑扎接头长度区段是指1.3倍搭接长度。
2. 在同一根钢筋上宜少设接头。
3. 装配式构件连接处的受力钢筋焊接接头可不受此限制。
4. 绑扎接头中钢筋的横向净距不应小于钢筋直径且不应小于25 mm。

3. 钢筋的焊接

钢筋的焊接接头形式有闪光对焊、电弧焊、电渣压力焊或气压焊，但电渣压力焊仅可用于竖向钢筋的连接，不得用作水平钢筋和斜筋的连接。钢筋焊接的接头形式、焊接方法和焊接材料应符合相关规范的规定。

每批钢筋焊接前，应先选定焊接工艺和焊接参数，按实际条件进行试焊。并检验接头外观质量及规定的力学性能，试焊质量经检验合格后方可正式施焊。焊接时对施焊场地应有适当的防风、雨、雪、严寒的措施。

(1)闪光对焊

闪光对焊广泛用于钢筋连接及预应力钢筋与螺丝端杆的焊接。热轧钢筋的焊接宜优先用闪光对焊。钢筋闪光对焊是利用对焊机使两段钢筋接触，通过低电压的强电流，待钢筋被加热到一定温度变软后，进行轴向加压顶锻，形成对焊接头。钢筋闪光对焊工艺常用的有连续闪光焊、预热闪光焊和闪光—预热—闪光焊。对Ⅳ级钢筋有时在焊接后还进行通电热处理。

①闪光对焊接头的质量检验，应分批进行外观检查和力学性能检验，并应符合下列规定：

a. 在同一台班内，由同一焊工完成的300个同牌号、同直径钢筋焊接接头应作为一批。当同一台班内焊接的接头数量较少时，可在一周之内累计计算；累计仍不足300个接头时，应按一批计算。

b. 力学性能检验时，应从每批接头中随机切取6个接头，其中3个做拉伸试验，3个做弯曲试验。

c. 焊接等长的预应力钢筋(包括螺丝端杆与钢筋)时，可按生产时同等条件制作模拟试验。

d. 螺丝端杆接头可仅做拉伸试验。

e. 封闭环式箍筋闪光对焊接头，以600个同牌号、同规格的接头作为一批，可仅做拉伸试验。

②闪光对焊接头外观检查应满足下列要求：

a. 接头处不得有横向裂纹。

b. 与电极接触处的钢筋表面不得有明显烧伤。

c. 接头处弯折角不得大于3°。

d. 接头处的轴线偏移不得大于钢筋直径的0.1倍，且不得大于2 mm。

(2)电弧焊

电弧焊是将一根导线接在被焊钢筋上，另一根导线接在夹有焊条的焊钳上，将接触焊件接通电流，并立即将焊条提起2~3 mm，产生电弧(温度高达4 000 ℃)，将焊条和钢筋熔化并汇合成一条焊缝，至此焊接结束。电弧焊宜采用双面焊缝，仅在双面焊缝无法施焊时，方可采用单面焊缝。

①焊接接头其技术要求如下：

a. 采用搭接电弧焊时，被焊接的两根钢筋的轴线应位于同一直线上，即将两钢筋搭接端部预先折向一侧。

b. 当采用帮条电弧焊时，帮条应采用与主筋相同强度等级的钢筋，其总截面面积应不小于被焊接钢筋的截面积，两帮条的轴线与被焊接的两钢筋轴线处于同一平面内。

②电弧焊接头的质量检验，应分批进行外观检查和力学性能检验，并应符合下列规定：

a. 应以300个同牌号钢筋、同形式接头作为一批，不足300个时仍应作为一批，每批应随机切取3个接头，做拉伸试验。

b. 钢筋与钢板电弧搭接焊接头可仅进行外观检查。

c. 在同一批中若有几种不同直径的钢筋焊接接头，应在最大直径钢筋接头中切取3个试件。

③电弧焊接头外观检查结果应满足下列要求：

a. 焊缝表面应平整，不得有凹陷或焊瘤。

b. 焊接接头区域不得有肉眼可见的裂纹。

c. 咬边深度、气孔、夹渣等缺陷允许值及接头尺寸的允许偏差，应符合《公路桥涵施工技术规范》表A.3.2的规定。

d. 坡口焊、熔槽帮条焊和窄间隙焊接头的焊缝余高不得大于3 mm。

(3)钢筋电渣压力焊

钢筋电渣压力焊接头的质量检验，应分批进行外观检查和力学性能检验。检验应以300个同牌号钢筋接头作为一批；不足300个接头时，仍应作为一批。每批应随机切取3个接头做拉伸试验。

(4)钢筋气压焊

压焊接头外观检查应满足下列要求：

①接头处的轴线偏移不得大于钢筋直径的0.15倍，且不得大于4 mm；当不同直径钢筋焊接时，应按最小钢筋直径计算。当大于上述规定值时，但在钢筋直径的0.3倍以下时，可加热矫正；当大于0.3倍时，应切除重焊。

②接头处的转弯角不得大于3°；当大于规定值时，应重新加热矫正。

③镦粗直径 d 不得小于钢筋直径的1.4倍，当小于上述规定值时，应重新加热镦粗。

④镦粗长度不得小于钢筋直径的1.0倍，且凸起部分应平缓圆滑；当小于上述规定值时，应重新加热镦长。

4. 铁丝绑扎搭接

当没有焊接条件时，接头可用铁丝绑扎搭接，但钢筋直径不能超过25 mm，其搭接长度见表3.1.6。但对轴心受拉和小偏心受拉构件中主钢筋均应焊接，不得采用绑扎接头。绑扎接头的末端距钢筋弯折处的距离，应不小于钢筋直径的10倍，接头不宜位于构件的最大弯矩处。

表3.1.6 受拉钢筋绑扎接头的搭接长度

钢筋类型	混凝土强度等级	
	C25	≥C30
HPB300	$40d$	$35d$
HRB400、HRBF400、RRB400	—	$45d$
HRB500	—	$50d$

注：1. 当带肋钢筋直径 d 不大于25 mm时，其受拉钢筋的搭接长度应按表中值减少 $5d$ 采用；当带肋钢筋直径 d 大于25 mm时，其受拉钢筋的搭接长度应按表中值增加 $5d$ 采用。

2. 当混凝土在凝固过程中受力钢筋易受扰动时，其搭接长度应增加 $5d$。

3. 在任何情况下，纵向受拉钢筋的搭接长度不应小于300 mm；受压钢筋的搭接长度不应小于200 mm。

4. 环氧树脂涂层钢筋的绑扎接头搭接长度，受拉钢筋按表值的1.5倍采用。

5. 两根不同直径的钢筋搭接长度，以较细的钢筋直径计算。

接头的绑扎的要求如下：

①受拉区的HPB300级钢筋绑扎接头的末端应做弯钩，HRB400、HRBF400、HRB500和RRB400钢筋的绑扎接头末端可不做弯钩。

②直径不大于12 mm的受压HPB300级钢筋的末端可不做弯钩，但搭接长度不应小于钢筋直径的30倍。

③钢筋搭接处，应在中心和两端用铁丝扎牢。

5. 机械连接

钢筋的机械连接宜采用镦粗直螺纹、滚轧直螺纹或套筒挤压接头，且适用于HRB400、HRBF400、HRB500和RRB400热轧带肋钢筋。各类接头的性能均应符合现行《钢筋机械连接技术规程》(JTJ 107—2016)的规定，且应符合下列要求：

①钢筋机械连接接头的等级应选用Ⅰ级或Ⅱ级，接头的性能指标应符合现行《公路桥涵施工技术规范》(JTG/T 3650—2020)附录B的规定。

②钢筋机械连接接头的材料、制作、安装施工及质量检验和验收，应符合现行《钢筋机械连接用套筒》(JG/T 163—2013)和《钢筋机械连接技术规程》(JTJ 107—2016)的规定。

③钢筋机械连接件的最小混凝土保护层厚度，应符合设计受力主筋混凝土保护层厚度的规定，且不得小于20 mm；连接件之间或连接件与钢筋之间的横向净距应不小于25 mm。

④连接套筒、锁母、丝头等在运输和储存过程中应采取防护措施，防止雨淋、沾污和损伤。

查一查

请上网查阅相关资料了解目前桥梁施工中钢筋连接主要采用哪些方式，各有何特点？

三、钢筋骨架焊接与安装

1. 钢筋骨架焊接

钢筋骨架焊接应采用电弧焊，先焊成单片平面骨架，然后再将平面骨架焊成立体骨架，使骨架有足够的刚性和不变形性，以便吊运。

钢筋在焊接过程中，由于温度变化，骨架将会发生翘曲变形，使骨架形状和尺寸不符合设计要求，同时会使焊缝产生收缩应力而开裂。因此，为了防止施焊过程中骨架变形，常用先点焊后跳焊(即错开焊接次序)的方法进行焊接；另外采用双面焊缝使骨架变形尽可能地均匀对称。

钢筋按设计图纸布置就绪后，各钢筋用点焊固定相对位置，使钢筋骨架各部位不致因施焊时加热膨胀及冷却收缩而走动。

无论点焊或全焊，骨架相邻部位的钢筋不能连续施焊，而应该错开焊接(即跳焊)，如图3.1.15所示。同一部位有多层钢筋时，各条焊缝也不能一次焊好，应错开施焊。当多层钢筋直径不同时，可先焊两直径相同的，再焊直径不同的。

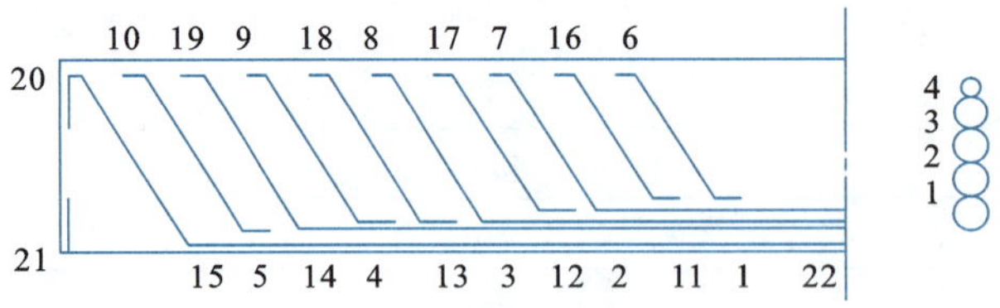

图3.1.15 钢筋骨架焊接顺序

在拼装T形骨架时，还应考虑焊接变形和梁的预拱度对骨架尺寸的影响，在电焊工作台上预留拱度，其值可参考表3.1.7的规定。

表3.1.7 焊接骨架预留拱度值

T梁跨径/m	10	16	20
工作台上预拱度/cm	3~5	4~5	5~7

2. 钢筋的安装

安装钢筋之前，应详细检查模板各部尺寸、模板有无歪斜、裂缝及变形等。所有变形和尺寸与设计不符之处应在安装钢筋之前予以修正。

对集中加工、整体安装的半成品钢筋和钢筋骨架，在运输时应采用适宜的装载工具，并应采取增加刚度、防止其扭曲变形的措施。

焊接成型的钢筋骨架，安装时用起重设备吊入模板内即可。

绑扎钢筋的安装：梁肋钢筋一般先安箍筋，再安下排主筋，后安上排钢筋。在钢筋安装中，为保证位置正确，达到设计及构造要求，需注意以下几点：

①钢筋交叉应用铁丝绑扎结实，必要时亦可用电焊焊接。

②除设计有特殊规定外，梁中箍筋应与主筋垂直。

③箍筋弯钩的叠合处，在梁中应沿梁长方向置于上面并交错布置。

④为了保证混凝土保护层厚度，应在钢筋与模板间设置混凝土垫块。垫块应错开布置，并与钢筋扎紧。

⑤为保证及固定钢筋相互间的横向净距，两排钢筋之间可使用混凝土隔块，或用短钢筋扎结坚固。

⑥为保证钢筋骨架有足够的刚度，必要时可增加架立钢筋。

安装钢筋时的允许偏差，不得大于表 3.1.8 中的规定值。

表 3.1.8 安装钢筋时的允许偏差值

检查项目			允许偏差/mm
受力钢筋间距	两排以上排距		±5
	同排	梁、板、拱肋及拱上建筑	±10(±5)
		基础、锚碇、墩台身、墩柱	±20
箍筋、构造钢筋、螺旋筋间距			±10
钢筋骨架尺寸	长		±10
	宽、高或直径		±5
弯起钢筋位置			±20
保护层厚度	柱、梁、拱肋及拱上建筑		±5
	基础、锚碇、墩台身、墩柱		±10

注：小型构件的钢筋安装按总数抽查 30%；表中基础不包括混凝土桩及地下连续墙。

文本

混凝土施工配合比案例计算

任务知识 1.3 混凝土的施工

一、混凝土施工配合比

试验室配合比计算是以干燥材料为基准的，而施工现场存放的砂石材料都含有一定水分，所以要将试验室配合比换算为施工配合比。下面介绍混凝土施工配合比的确定。

施工时，每立方米混凝土水、砂和石的实际称量为：

水的称量 = 用水量 - 砂、石材料中含水的质量；

砂的称量 = 砂的用量 + 砂中含水的质量；

石的称量 = 石的用量 + 石料中含水的质量；

水泥称量不变。

思一思

用试验室配合比现场直接配置施工用混凝土会出现什么情况？

二、混凝土的拌制

①混凝土的配料宜采用自动计量装置,各种衡器的精度应符合要求,计量应准确。计量器应定期标定,迁移后应重新进行标定。拌制混凝土所用的各种材料,配料数量的允许质量偏差应符合《公路桥涵施工技术规范》规定见表 3.1.9。

表 3.1.9　配料数量允许质量偏差

材料类别	允许偏差/%	
	现场拌制	预制场或集中搅拌站拌制
水泥、干燥状态的掺合物	±2	±1
粗、细集料	±3	±2
水、外加剂	±2	±3

②外加剂宜以稀释溶液加入,其稀释用水和原液中的水量,应从拌合加水量中扣除。加入搅拌筒的外加剂溶液应充分溶解,并搅拌均匀。掺合料应采用与水泥相同的输送、计量方式加入。

③混凝土应采用机械拌制,拌制时,自全部材料装入搅拌筒开始搅拌至开始出料的最短搅拌时间,应按照搅拌机产品说明书的要求并经试验确定。

④混凝土拌合料应搅拌均匀,颜色一致,不得有离析和泌水现象,对在施工现场集中拌制的混凝土,应检测其拌和物的均匀性。检测时,应在搅拌机的卸料过程中,从卸料流的 1/4 ~3/4 之间部位取试样进行试验,实验结果应符合下列规定:

a. 混凝土中砂浆密度两次测值的相对误差应不大于 0.8%。

b. 单位体积混凝土中粗集料含量两次测值的相对误差应不大于 5%。

⑤混凝土搅拌完毕后,应按下列要求检测混凝土拌和物的各项性能:

a. 混凝土拌和物的坍落度及其损失,宜在搅拌地点和浇筑地点分别取样检测,每一工作班或每一单元结构不应少于两次,评定时应以浇筑地点的测值为准。当混凝土拌和物从搅拌机出料起至浇筑入模的时间不超过 15 min 时,其坍落度可仅在搅拌地点取样检测。

b. 必要时,尚宜对工作性能、泌水率及含气量等混凝土拌和物的其他指标进行检测。

三、混凝土的运输

运输能力应与混凝土的凝结速度和浇筑速度相适应,应使浇筑工作不间断且混凝土运到浇筑地点时仍能保持其均匀性和规定的坍落度。混凝土的运输宜采用搅拌运输车,或在条件允许时采用泵送方式运输,对寒冷、严寒或炎热的天气情况,搅拌运输车的搅拌罐和泵送管应有保温或隔热措施;采用吊斗或其他方式运输时,运距宜不超过 100 m 且不得使混凝土产生离析。

1. 运输工具

①手推车。主要用于短距离水平运输,轻巧方便,其容量为 0.07 ~0.1 m^3。

②机动翻斗车。轻便灵活、速度快、效率高、能自动卸料、操作简便,用于短距离混凝土的运输或砂石等散装材料的倒运。其容量为 0.4 m^3,一般与出料容积为 400 L 的搅拌机配套使用。

③混凝土搅拌运输车。它是将搅拌筒安装在汽车底盘上,再把搅拌站生产的混凝土装入拌筒内,然后运至施工现场。在运输过程中,混凝土搅拌筒始终作慢速转动,从而使混凝土经过长期运输后,不会出现离析现象,保证了混凝土的质量。常用于混凝土的长距离运输。

采用搅拌运输车运输混凝土时,途中应以 2 ~4 r/min 的慢速进行搅拌,卸料前应以常速再次搅拌。混凝土运至浇筑地点后发生离析、泌水或坍落度不符合要求时,应进行第二次搅拌,二次搅拌时不宜任意加水,确有必要时,可同时加水、相应的胶凝材料和外加剂并保持其原水胶比不变;二次搅拌仍不符合要求时,则不得使用。

当运输距离很长,采用上述运输工具难以保证混凝土质量时,可采用装载干料运输、拌和用水另外存放的方法，当快到浇筑地点时加水搅拌，待到达浇筑地点时已拌和完成，便可进行浇筑。

④混凝土泵。混凝土泵是利用泵体的挤压力将混凝土挤进管路系统并到达浇筑地点，同时完成水平运输和垂直运输。混凝土泵适用于多层建筑、水下及隧道等工程施工。其优点是既能连续浇筑混凝土、中间不停顿、施工速度快、生产效率高、降低劳动强度，还可以提高混凝土的强度和密实度。

混凝土泵有活塞泵、气压泵和挤压泵等类型，应用最广泛的是活塞泵。根据其构造和工作机理的不同，活塞泵又可分为机械式和液压式两种。

混凝土采用泵送应满足：混凝土的供应宜使输送混凝土的泵能连续工作，泵送的间歇时间宜不超过15 min，在泵送过程中，受料斗内应具有足够的混凝土，应防止吸入空气产生阻塞；输送管应顺直，转弯处应圆缓，接头严密不漏气；向低处泵送混凝土时，应采取必要措施，防止混凝土离析或堵塞输送管。

目前，混凝土的最大运输距离，水平运输可达800 m，垂直运输可达300 m。

2. 运输过程中的质量控制

混凝土应以最少的转运次数和最短的时间，从搅拌地点运至浇筑现场。混凝土从搅拌机中卸出到浇筑完毕的延续时间不宜超过表3.1.10所示的规定。

表3.1.10　混凝土从搅拌机中卸出到浇筑完毕的延续时间

混凝土强度等级	气温	
	≤25 ℃	>25 ℃
≤C30	210 min	180 min
>C30	180 min	150 min

注：对掺有外加剂或采用快硬水泥拌制的混凝土，其延续时间应按试验确定。

在运输过程中，由于运输工具失水漏浆、集料吸水和夏季高温天气等原因，混凝土坍落度会有不同程度的减小。为了保证混凝土运至施工现场后能顺利浇筑，运输工具应严密不漏浆，运输前用水湿润容器，夏季应采取措施防止水分大量蒸发。

四、混凝土的浇筑

混凝土浇筑对于混凝土的密实性、结构的整体性和构件尺寸的准确性都起着决定性作用，故在浇筑过程中，需采取一系列措施来保证混凝土工程的质量。

1. 一般要求

(1)浇筑前准备工作

混凝土浇筑前应检查模板的高程、尺寸、位置、强度和刚度等是否满足要求；模板的清洁、润滑和紧密程度；木模板应浇水湿润；钢筋及预埋件的数量、型号、规格、摆放位置和保护层厚度等是否满足要求。

(2)混凝土的自由倾落高度

为保证混凝土在自由倾落过程中不发生离析现象，应遵守下列规定：

①从高处直接倾卸时，自由倾落高度不宜超过2 m。

②当倾落高度超过2 m时，应通过串筒、溜管(槽)或振动溜管(槽)等设施输送；倾落高度超过10 m时，应设置减速装置。

③在串筒出料口下面，混凝土堆积高度不宜超过1 m。

④当钢筋较密时，混凝土自由倾落高度不宜超过30 cm，以免因钢筋碰撞而导致石子与砂浆分离。

(3)混凝土浇筑层厚度

混凝土应按一定的厚度、顺序和方向分层浇筑，且应在下层混凝土初凝或能重塑前浇筑完成上层混凝土；上下层同时浇筑时，上层与下层的前后浇筑距离应保持1.5 m以上；在倾斜面上浇筑混凝土时，应从低处开始，逐层扩展升高，并保持水平分层。混凝土分层浇筑厚度不宜超过表3.1.11规定。

表3.1.11　混凝土分层浇筑厚度

捣实方法	浇筑厚度/mm
用插入式振动器	300

续上表

捣实方法		浇筑厚度/mm
用附着式振动器		300
用表面振动器	无筋或配筋稀疏时	250
	配筋较密时	150

注:表内规定可根据结构物和振动器型号等情况适当调整。

(4)工作缝的处理

混凝土浇筑工作需连续进行,如必须停歇,间歇时间应尽量缩短,并在前层混凝土初凝前完成次层混凝土的浇筑。混凝土运输浇筑的间歇时间不得超过表3.1.10所示规定。当间歇时间超过表中的数值时,应按浇筑中断处理,并应留置施工缝,同时应记录。

①处理层混凝土表面的松弱层应予以凿除。对处理层混凝土的强度,当采用水冲洗凿毛时,应达到0.5 MPa;人工凿毛时,应达到1.0 MPa。

②经凿毛处理后的混凝土面,应采用洁净水冲洗干净。

③重要部位及有抗震要求的混凝土结构或钢筋稀疏的钢筋混凝土结构,宜在施工缝处补插锚固钢筋。

④有抗渗要求的混凝土,其施工缝宜做成凹形、凸形或设置止水带;施工缝为斜面时宜浇筑或凿成台阶。

2. 混凝土浇筑方法

混凝土的浇筑方法直接影响混凝土的密实度和整体性。必须根据混凝土的拌制能力、运距、浇筑速度、气温和振捣能力等因素,制定混凝土的浇筑工艺。

中小跨径的T梁一般采用水平分层浇筑,空心板一般也是先浇底板水平层混凝土。

对于大型构造物,每小时混凝土浇筑量相当大,使混凝土的生产能力很难适应,采用斜层浇筑方法,可减少浇筑层的面积,从而减少每小时混凝土的浇筑量;也可上下层同时浇筑,但上层和下层前后浇筑距离应保证在1.5 m以上;当面积超过100~150 m^2时,还可把混凝土分成几个单元浇筑,每个单元面积不小于50 m^2,高度不小于1.5 m,上下两个单元之间的直缝应彼此相间,互相错开1~1.5 m,单元间结合处按工作缝处理。

选一选

请为倾落高度4 m的混凝土选择浇筑器具,并列在下面横线上。

五、混凝土的振捣

为了增加混凝土的密实度,提高混凝土的强度和耐久性,应用振捣器对混凝土进行振捣,在缺乏或不能用振动器时,可采用人工振捣。

1. 人工振捣

采用人工振捣的混凝土,应按规定分层浇筑,每层需用捣钉捣实,并注意沿模板边缘捣边。捣边时要用手锤轻敲模板,使之振动。捣实时应注意均匀进行,大力振捣不如用小力振捣快而有效。

2. 机械振捣

(1)平板式振捣

采用平板振捣器放在浇筑层的表面振捣,适用于振捣面积较大的混凝土,如矩形板、空心板的底板和顶板。振动器的移位间距应使振动器平板能覆盖已振实部分不小于100 mm。

(2)附着式振捣

采用附着式振捣器安装在模板外部振捣,适用于薄壁构件,如T形梁的主梁和横隔板。振捣器的布置与构件厚度有关,当厚度小于15 cm时,可两面交错布置;当厚度大于15 cm时,应两面对称布置。振捣器布置的间距不应大于它的作用半径。此法是借助振动模板以捣实混凝土，效果并不理想，且对模板要求高，故一般只在钢筋过密而无法采用插入式振捣器时方可采用。

(3)插入式振捣

采用插入式振捣器插入混凝土内部振捣，适用于非薄壁构件的振捣，如实心板、墩台基础和墩台身。振捣棒插入混凝土时应垂直，不可触及模板和钢筋，与侧模应保持50～100 mm的距离。插点要均匀，两点间距离以1.5倍作用半径为宜，如图3.1.16所示。作用半径可实际测得，一般为40～50 cm。振捣上一层的混凝土时应将振捣器略微插入下层(3～5 cm)，以消除两层之间的接触面。

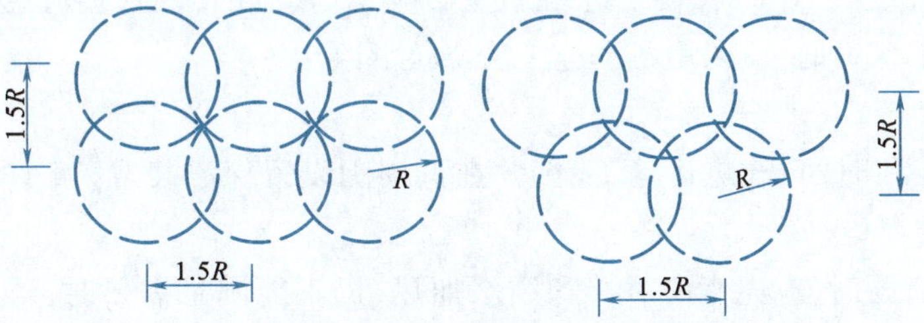

图3.1.16　插入式振捣器移位示意图

振捣时间以混凝土停止下沉、不出现气泡、表面呈现浮浆为度。达到这种程度所需时间，平板式振捣器为25～40 s；插入式振捣器为15～30 s。过久的振捣所造成的危害比振捣不足更大。

说一说

请描述混凝土充分振捣时的现象。

六、混凝土的养护与模板拆除

1. 混凝土的养护

①对于塑性混凝土应在浇筑后12 h内，对于干硬性混凝土应在浇筑后1～2 h内，用湿麻袋、草帘或湿砂遮盖，并经常洒水。

②混凝土洒水养护时间随环境气温和水泥品种而异，在常温下(15 ℃～25 ℃)，用普通水泥拌制的不得少于7 d；用矾土水泥拌制的不得少于3 d；用矿渣水泥、火山灰质水泥拌制的或在施工中掺用塑化剂的不得少于14 d。干燥、炎热天气应适当延长，气温低于5 ℃时不得浇水。

③浇水次数的多少，以能保持混凝土表面处于湿润状态为度。

④混凝土浇筑完毕后的硬化初期(最初的2～3 d)，应尽量使其不受任何振动。

2. 模板与支架的拆除

模板和支架的卸落应从挠度最大处(正弯矩最大处)开始，分别向两支点对称均匀、逐次进行，使整个承重结构逐渐受力，以免突然受力而遭到破坏。

模板与支架的拆除期限与混凝土的硬化速度、气温及结构性质等有关，见表3.1.12。

表3.1.12　模板和支架拆除的最短期限(d)

混凝土强度达设计强度的百分数	拆模项目	昼夜平均温度/℃			
		30～20	20～15	15～10	10～5
25%	梁及柱的侧面模板，以及不承受混凝土的模板	2	3	4	5
50%	跨径小于3 m的底面模板，墩、台直立模板，主梁侧面模板	6	7	8	10
70%	跨径大于3 m的底面模板，跨径小于12 m的底面模板及其支架	12	14	18	24
100%	跨径大于12 m主梁的底面模板及其支架，拱架模板，拱架及其支架	21	25	28	35

拆除模板和支架时应注意：

①在混凝土未达到允许拆模所需强度之前，不能拆除模板或支架；

②为了判定混凝土强度是否达到拆模所需的要求，要根据与构件同条件养护的混凝土试件的强度试验结果来确定；

③拆模顺序是先拆除不承重的侧面模板，再拆除承重的水平模板。

3. 混凝土冬季施工要点

混凝土受冻后，其硬化作用即行停止，温度回升后，虽能重新硬化，但最终强度被削弱了。经验证明，当混凝土硬化达到设计强度的70%时，再受冻就不受影响了，气温回升后，仍可达到正常的强度。当室外日平均气温连续5 d低于5 ℃时，应采用冬季施工法浇筑混凝土。

（1）一般措施

减少用水量，增加拌和时间，改进运输工具，并在其周围设置保温装置，减少热量损失。

（2）原材料加热

①当温度不能满足需要时，应先考虑对拌和用水加热，仍不能满足需要时，再对集料进行加热。水泥只保温，不得加热。各项材料加热的温度不得超过表3.1.13的规定。

表3.1.13　拌和水及集料最高温度(℃)

项　目	拌和水	集　料
强度等级小于42.5级的普通硅酸盐水泥、矿渣硅酸盐水泥	80	60
强度等级等于及大于42.5级的普通硅酸盐水泥、矿渣硅酸盐水泥	60	40

注：当集料不加热时，水可加热到100 ℃，但水泥不应与80 ℃以上的水直接接触。

②冬季拌和混凝土时，集料不得带有冰雪和冻结块。投料前，用热水或蒸气冲洗搅拌机。拌和时，先将集料和水拌和一定时间，再加水泥搅拌，以避免水泥与热水接触，产生“假凝现象”。拌和时间应较常温时延长50%。混凝土拌和物的出机温度不宜低于10 ℃，入模温度不得低于5 ℃。

（3）掺用早强剂

掺用早强剂，可加快混凝土强度发展，防止混凝土早期冻结。常用的有氯化钙、氯化钠、三乙醇胺、亚硝酸钠复合剂等。

（4）提高养护温度

①蓄热法：养护时不得低于10 ℃，外界气温不低于－20 ℃时一般采用加厚模板、双层模板，覆盖稻草、草帘、锯末等作为保温材料。

②暖棚法：是把结构物用棚子盖起来，在棚内生火，使温度保持在10 ℃左右，不低于5 ℃。

③电热法：在混凝土内埋入导线（钢筋或铅丝）通电，使电能变为热能。

④蒸汽加热法：是把构件放在封闭的养护室内，通常以湿热蒸气加以养护。

蒸汽养护分三个阶段：

a. 升温阶段：为防止混凝土因体积膨胀太快而产生裂缝，升温时塑性混凝土不宜超过10～15 ℃/h，干硬性混凝土不宜超过30～35 ℃/h，厚大构件不宜超过10 ℃/h，且当表面系数小于6时，也不得超过10 ℃/h。

b. 恒温阶段：硅酸盐水泥、普通水泥拌制的混凝土养护温度不宜超过60 ℃，其他水泥拌制的混凝土不宜超过80 ℃～85 ℃。恒温时间为8～12 h。

c. 降温阶段：降温时不宜超过15～20 ℃/h，对厚大构件不宜超过10 ℃/h。

4. 混凝土的质量检查

混凝土质量检查应贯穿于施工全过程，从混凝土配料、搅拌、运输、浇筑直至最后对混凝土试块强度的评定。只有对每一个环节认真施工、加强监督，才能保证混凝土的质量。

（1）基本要求

①原材料。施工中要经常检查水泥的品种、标号是否与设计一致；使用时是否已超过3个月的有效期；

配合比是否严格执行；砂石的级配、含泥量和杂质含量是否满足要求等。每一工作班至少检查两次。

②混凝土搅拌后。检查坍落度是否满足设计要求，每一工作班至少检查两次。混凝土运至浇筑地点的坍落度与要求的坍落度差值不得超过表 3.1.14 中的规定。

表 3.1.14　混凝土坍落度与要求坍落度之间的允许偏差（mm）

要求坍落度	< 50	50 ~ 90	> 90
允许偏差	±10	±20	±30

③制作混凝土试件，应根据工程量大小、工程部位等情况，按下列要求确定：

a. 不同标号和不同配合比的混凝土应分别制作试件。

b. 对墩、台每 100 ~ 150 m^3 混凝土应制作试件一组；对钢筋混凝土结构每 50 ~ 100 m^3 混凝土应制作试件一组。

c. 每一班至少制作试件一组，如配合比相同，并经适当控制时，同一工程不同部位的混凝土，可合并制作试件一组。

d. 对于零星分散的混凝土工程，可根据质量控制情况及当地条件，减少或免留试件。

（2）外观检查及允许偏差

混凝土结构拆模后，应检查其表面有无麻面、蜂窝、露筋、孔洞等缺陷，预留孔道是否畅通无堵塞，如有应加以修正。

①麻面，是模板表面粗糙、清理不干净、接缝不严密发生漏浆或振捣不充分等原因引起的，构件表面呈现无数的小凹点，无钢筋外露现象。

②蜂窝，是材料配合比不准确、浆少石多、振捣中严重漏浆或振捣不充分等原因引起的，结构中出现蜂窝状窟窿，集料间有空隙存在。

③露筋，是由于垫块位移、钢筋紧贴模板、混凝土保护层厚度不够，石子粒径过大、配筋过密、水泥砂浆不能充满钢筋四周，混凝土振捣不密实、漏浆等原因引起的，结构内钢筋未被混凝土包住而暴露在外。

对较小面积且数量不多的蜂窝、露筋、露石的混凝土表面，可用钢丝刷或压力水洗刷基层，再用 1:2 ~ 1:2.5 的水泥砂浆抹平即可。

对较大面积的蜂窝、露筋、露石的混凝土表面，应按全深度凿去薄弱混凝土层和突出的集料颗粒，再用钢丝刷或压力水将表面冲洗干净，最后用比原混凝土强度高一级的细集料混凝土堵塞，并振捣密实。

④孔洞，是混凝土漏振或离析、石子成堆、杂物掺入混凝土中等原因引起的，混凝土结构局部没有混凝土，形成空腔。

修补孔洞时，可先将孔洞处松软的混凝土和突出的集料颗粒凿去，顶部凿成斜面，再用清水冲洗干净，保持湿润状态 72 h 以后，用水泥砂浆或水泥浆将结合面抹一遍，然后用比原混凝土强度高一级的细集料混凝土浇筑，振捣密实并加强养护。

⑤裂缝，是混凝土结构常见的缺陷，产生的原因较复杂，如养护不当、表面失水过多、温差过大等易产生干缩裂缝或温度裂缝；地基不均匀沉降可造成构件产生贯穿的裂缝。

对于结构表面细小裂缝可将裂缝冲洗干净，再用水泥砂浆填补；对于较大较深的裂缝，可先将裂缝凿成凹槽，用水冲洗干净后，再用 1:2 ~ 1:2.5 水泥砂浆或环氧胶泥填补；对结构整体性和承载力有明显影响或影响结构防水、防渗性能的裂缝，可采用灌浆方法修补，对于宽度小于 0.5 mm 的裂缝可采用化学灌浆，对于宽度大于 0.5 mm 的裂缝可采用水泥灌浆。

想一想

混凝土试块制作应遵循哪些规则？

任务知识 1.4　装配式构件的起吊、运输与安装

一、装配式构件的起吊和运输

1. 构件的起吊和堆放

构件的起吊，是指把预制构件从预制厂底座上移出来，也称为“出坑”。

(1)吊点选择

构件起吊的位置一般为吊环或吊孔的位置。

①细长构件。细长构件中所放的钢筋，是按照起吊受力情况配置的；而吊点位置是根据细长构件内正弯矩和负弯矩相等条件确定的。因此，吊点选择不当会使构件产生裂缝以至断裂。

无预埋吊环或吊孔时，对于上下面有相同配筋的等截面直杆构件，单点吊可设在离端头 0.293L 处，双点吊可设在离端头(0.22～0.25)L 处，L 为构件长。

②一般构件。一般构件多采用双点吊，如梁、板等。由于钢筋配置上下不对称，上缘稀少，下缘密集，一般均在距支点不远处设置吊点，以减少起吊时吊点处负弯矩。

③厚大构件。厚大构件多采用四点吊，以防止吊运过程中构件翻身。

(2)起吊方法

①三角扒杆偏吊法。三角扒杆偏吊法就是将手拉葫芦斜挂在三角扒杆上，偏吊一次移动一次扒杆，把构件逐步移出，如图 3.1.17 所示。

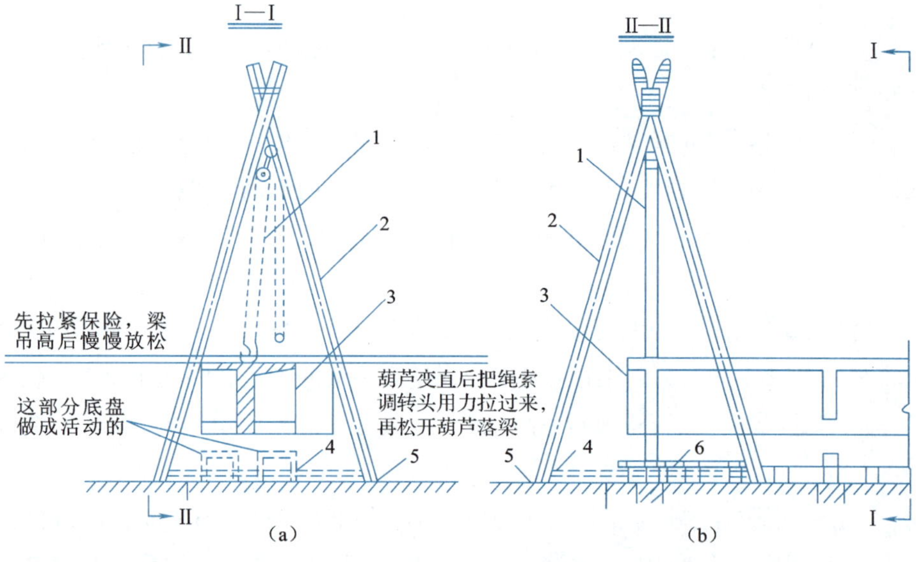

1—手拉葫芦；2—三角扒杆；3—梁；4—绊脚绳；5—木楔；6—底座。

图 3.1.17　三角扒杆偏吊法

②横向移滚法。横向移滚法就是把构件从预制底座上抬高后，在构件底面两端装置横向移动设备，用手拉葫芦牵引，把构件移出底座，如图 3.1.18 所示。

在装置横向滚移设备时，从底座上抬高构件的办法有吊高法和顶高法。吊高法是用小型门架配手拉葫芦把构件从底座吊起，如图 3.1.19 所示。顶高法是用特制凹形托架(见图 3.1.20)配千斤顶把构件从底座顶起，如图 3.1.21 所示。滚移设备包括走板、滚筒和滚道三部分，如图 3.1.22 所示。走板托在构件底面，与构件一起行走。滚筒放在走板与滚道之间，由于它的滚动而使构件行走。滚筒用硬木或无缝钢管制成，其长度比走板宽度每边长出 15～20 cm，以便操作。滚道是滚筒的走道，有木滚道和钢轨滚道两种。

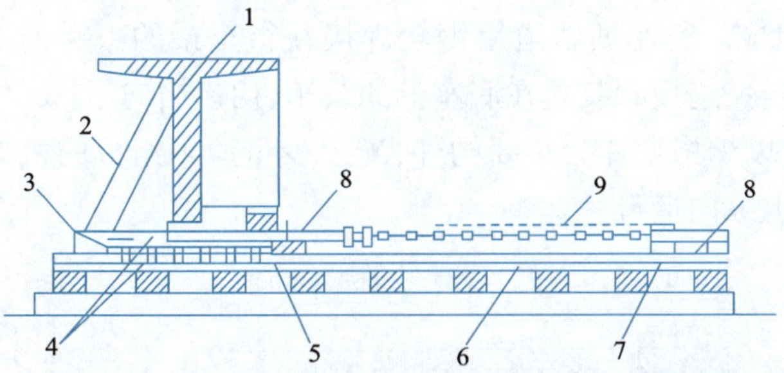

1—梁;2—临时支撑;3—保险三角木;4—走板及滚筒;5—端横隔板下用木块垫实;6—滚道;7—手拉葫芦用木板垫平;8—千斤索;9—手拉葫芦。

图 3.1.18　横向滚移法

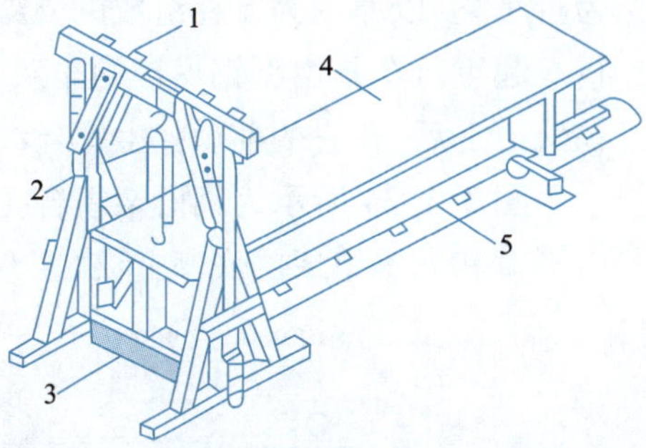

1—小型门架;2—手拉葫芦;3—滚移设备;4—梁;5—梁的底座。

图 3.1.19　小型门架吊梁

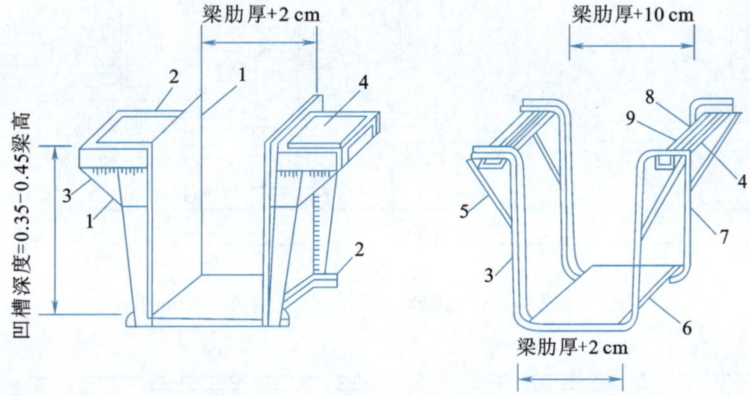

1—钢板;2—槽钢;3—焊缝;4—加强钢板;5—圆钢加强;6—支承钢板;7—小钢轨骨架;8—定位钢板;9—钢轨。

图 3.1.20　凹形托架

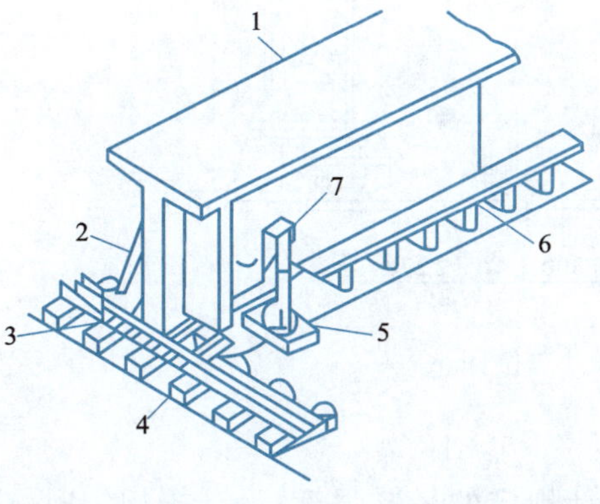

1—梁;2—斜支撑;3—滚移设备;4—端横隔梁下面用木楔塞紧;5—千斤顶;6—梁的底座;7—凹形托梁。

图 3.1.21　千斤顶顶梁

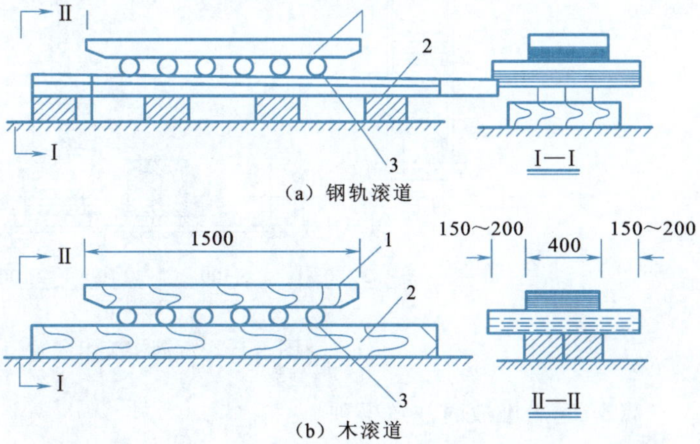

1—走板;2—滚道;3—滚筒。

图 3.1.22　滚移设备(尺寸单位:mm)

③龙门吊机法。就是用专设的龙门吊机把构件从底座上吊起,横移至运输轨道,卸落在运构件的平车上。

龙门吊机(也称龙门架)是由底座、机架和起重行车三部分组成,运行在专用轨道上。吊机的运动方向有三个,即荷重上下升降、行车的横向移动和机架的纵向运动,可用电力或人力推动。

龙门吊机的结构有钢木组合和钢桁架组合两种。图 3.1.23 所示为钢木组合龙门吊机,它是以工字梁为行车梁、以原木为支柱组成的支架，安装在窄轨平车和方木组成的底座上，可以在专用的轨道上纵向运行。起重行车是由型钢焊接的车架和槽轮所组成。行车的轨道用钢轨焊接在行车梁的工字钢上，行车装在轨道上后，在它的前后扎上钢丝绳，通过导向轮，连接到装置在底座上的绞车，用以横向运行。

图 3. 1. 24 所示为钢桁架组合龙门吊机，它以钢桁架片为主要构件，配上少量原木组成的机架，安装在由平车和方木组成的底座上，也在专用的轨道上纵向运行。

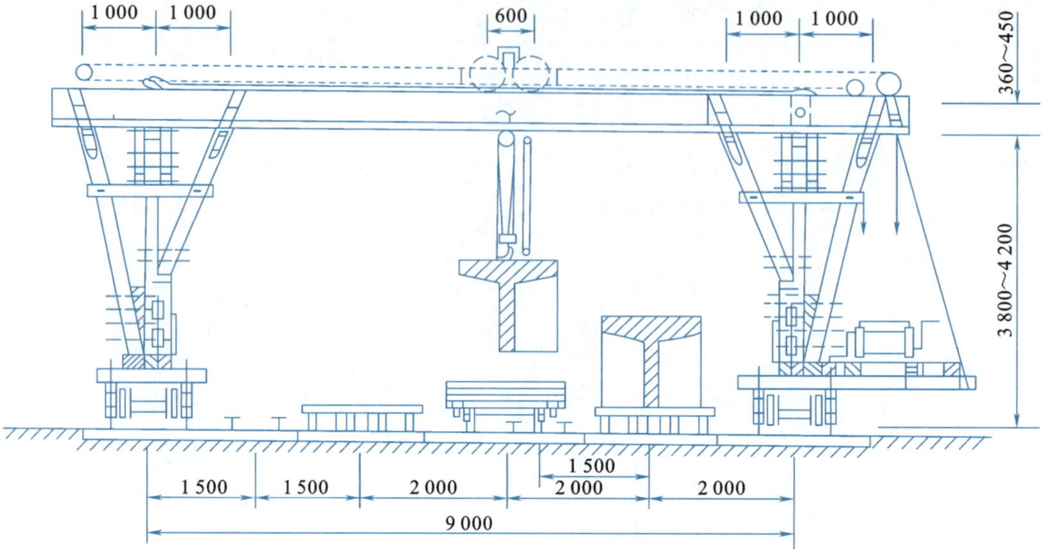

图 3. 1. 23　钢木组合龙门吊机（尺寸单位：mm）

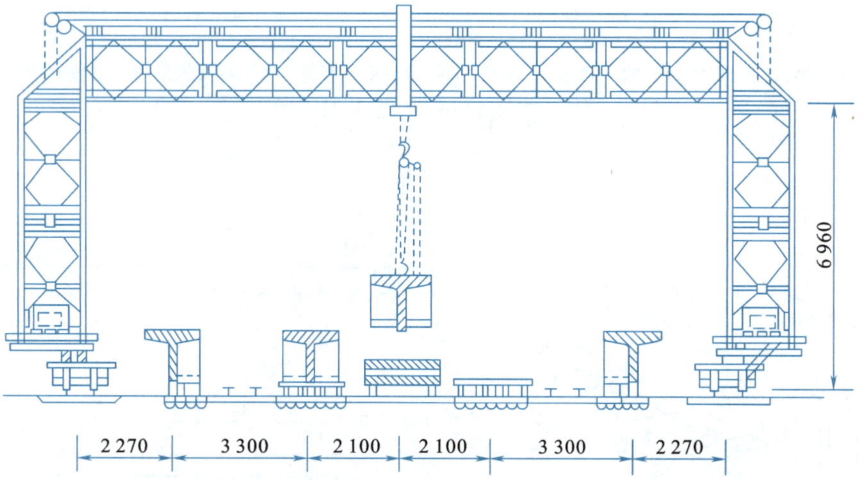

图 3. 1. 24　钢桁架组合龙门吊机（尺寸单位：mm）

（3）起吊堆放时注意事项

①预制构件在起吊移运和堆放时，混凝土强度不应低于设计规定的吊装强度；设计未规定时，应不低于设计强度的 80%；对于跨径≤3 m 的板等构件，混凝土强度应达到强度等级设计值的 50% 后，方可起吊移运。

②预制构件在拆模后、出坑前，应检查其实际尺寸、伸出的预埋钢筋（或钢板）、吊环的位置及混凝土质量，并进行适当修补处理。尖角、凸出或细长构件在装卸移运过程中应用木板保护。

③构件的吊环应顺直，使吊环能顺利套入。吊绳（千斤绳）交角大于 60°时，必须设置吊架或扁担，使吊环垂直受力，以防吊环折断或破坏临时吊环处的混凝土。如用钢丝绳捆绑起吊时，需用木板、麻袋等垫衬，以保护混凝土的棱角。

④预制板、梁构件移运和堆放时的支点位置应与吊点位置一致，并应支承牢固。起吊及堆放板式构件

时，注意不要吊错上下面位置，以免折断。顶起构件时必须垫好保险垛。构件移运时应有特制的固定架，放置时应竖立或稍微倾斜，防止倾覆。平放时两端吊点处必须设支搁方木，以免因产生负弯矩而断裂。

⑤堆放预制构件的场地，应平整压实不积水。雨季和春季冻融期间，必须注意防止地面软化下沉而造成构件折断和损坏。

⑥预制构件应按吊运及安装次序顺号堆放，并注意在相邻两构件之间留出适当通道。构件堆垛时应设置在垫木上，吊环应向上，标志应向外；构件混凝土养护期未满时，应继续养护。

⑦构件堆放时，应按构件刚度和受力情况决定平放还是竖放，并保持稳定。水平分层堆放构件时，其堆垛高度应按构件强度、地面耐压力和垫木强度以及堆垛稳定性而定。一般大型构件以 2 层为宜，不宜超过 3 层。小型构件堆放如有折断可能时，应以其刚度较大方向作为竖直方向。

⑧堆放构件必须在吊点处设垫木，层与层之间应以垫木隔开，多层垫木位置应在一条垂直线上。

2. 构件的运输

装配式预制构件通常在桥头附近的预制场或桥梁预制厂内预制。为此，需要通过一定的运输工具将预制构件运到桥头或桥孔下。从工地预制场到桥头或桥孔下的运输称为场内运输，将预制梁从桥梁预制厂(或场)运往桥孔或桥头的运输称为厂外运输。

(1)场内运输

①纵向滚移法运梁。用滚移设备，以人力或电动绞车牵引，把构件从工地预制场运往桥位处。其设备和操作方法与横向滚移基本相同，不过走板的宽度要适当加宽，以便在走板上装置斜撑，使 T 形梁具有足够的稳定性，如图 3.1.25 所示。

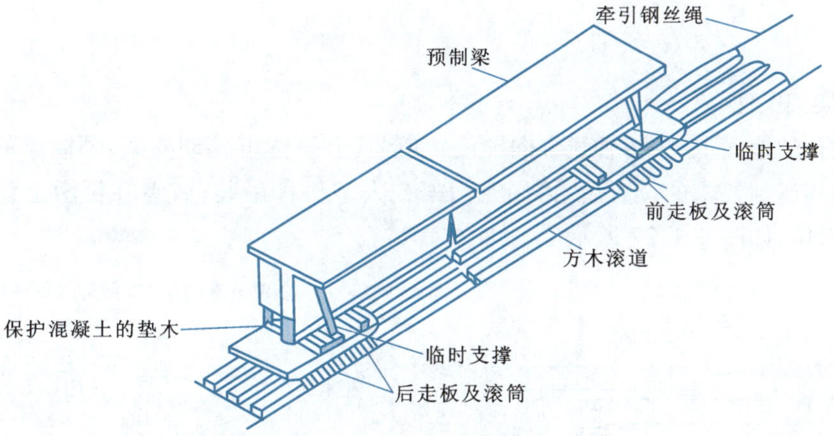

图 3.1.25　纵向滚移法运梁

②轨道平车法运梁。把构件吊装在轨道平车上，用电动绞车牵引，沿专用临时铁路线运往桥位处。轨道平车设有转盘装置，以便装上车后能在曲线轨道上运行。同时装设制动装置，以便在运行过程中发生情况时刹车。运构件时，牵引的钢丝绳必须挂在后面一辆平车上，或从整根构件的下部缠绕一周后再引向导向轮至绞车。对于 T 形梁，还应加设斜撑，以确保稳定，如图 3.1.26 所示。

(2)场外运输

距离较远的场外运输，通常采用汽车、大型平板拖车、火车或驳船。

受车厢长度、载重量的限制，一般中、小跨径的预制板、梁或小构件(如栏杆、扶手等)可用汽车运输。50 kN 以内的小构件可用汽车吊装卸；大于 50 kN 的构件可用轮胎吊、履带吊、龙门架或扒杆装卸。要运较长构件时，可在汽车上先垫以长的型钢或方木，再搁放预制构件，构件的支点应放在近两端处，以避免道路不平、车辆颠簸引起的构件开裂。特别长的构件应采用大型平板拖车或特制的运梁车运输。常见的平板车可参见《公路桥涵施工技术规范》。

使用大型平板拖车运梁时，车长应满足支承间距要求，构件装车时需平衡放正，以使车辆承重对称均匀。构件支点下及相邻两构件间，需垫麻袋或草帘，以防止构件相互碰撞。构件下的支点需设活动转盘以免搓伤混凝土。预制简支梁运输时应竖立放置，并用斜撑支撑（应支在梁腹上，不得支在梁板上，以免梁板根部发生负弯矩而开裂），以防梁倾倒。

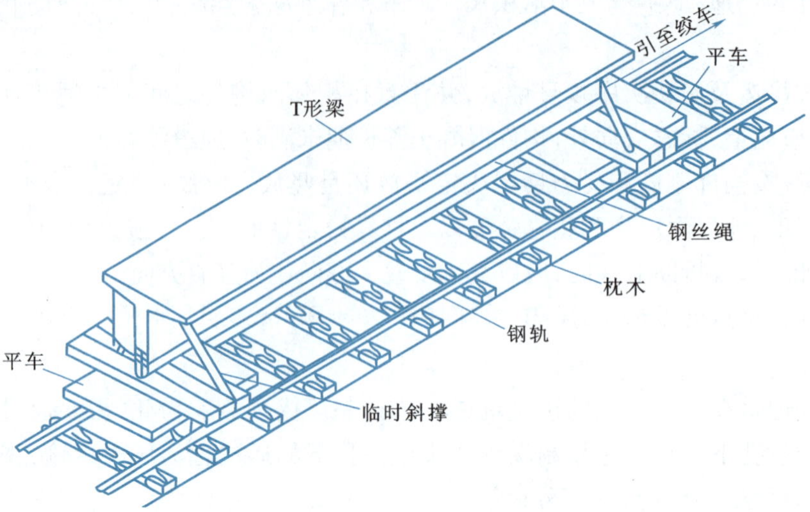

图 3.1.26　轨道平车法运梁

二、装配式构件的安装

构件安装是装配式简支梁桥施工中的关键性工序。从架梁工艺类别来分，有陆地架梁法、浮运架梁法和高空架梁法等。

1. 陆地架梁法

（1）移动式支架架梁法

此法是在架设孔的地面上，顺桥轴线方向铺设轨道，其上设置可移动支架，预制梁的前端搭在支架上，通过移动支架将梁移运到要求的位置后，再用龙门架或人字扒杆吊装；或者在桥墩上设枕木垛，用千斤顶卸下，再将梁横移就位，如图 3.1.27 所示。

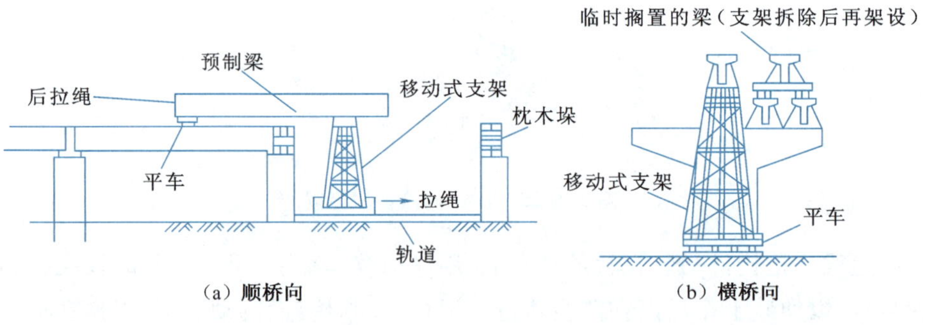

图 3.1.27　移动式支架架梁法

利用移动支架架设，设备较简单，可安装重型的预制梁。无动力设备时，可使用手摇卷扬机或绞盘移动支架进行架设。一般不适宜在桥孔下有水、地基过于松软、桥墩过高的情况下使用。

（2）摆动式支架架梁法

此法是将预制梁（板）沿路基牵引到桥台上并稍悬出一段，悬出距离根据梁的截面尺寸和配筋确定。从桥孔中心河床上悬出的梁（板）端底下设置人字扒杆或木支架，如图 3.1.28 所示，前方用牵引绞车牵引梁（板）端，此时支架随之摆动而到对岸。为防止摆动过快，应在梁（板）的后端用制动绞车牵引制动。

此法较适宜用于高跨比稍大的桥梁，当河中有水时也可用此法，但需在水中设一个简单的小墩，以供设立木支架用。

（3）自行式吊机架梁法

一般中小跨径预制梁（板）的架设安装多采用自行式吊机。其优点是本身有动力、架设迅速、可缩短工期，不需要架设临时动力设备，不必进行架设设备的准备工作，不需要其他方法架梁时所具备的技术工种。

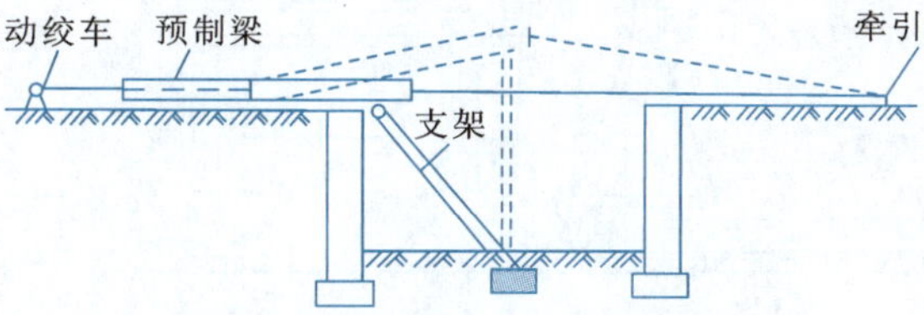

图 3.1.28　摆动式支架架梁法

自行式吊机架梁可采用一台吊机架设、两台吊机架设、吊机和绞车配合架设等方法。

当预制梁重量不大，而吊机又有相当的起重能力，河床坚实无水或少水，允许吊机行驶、停搁时，可采用一台吊机架梁法，如图 3.1.29(a)所示。此时应注意钢丝绳与梁面夹角一般以 45°～60°为宜，否则应使用起重梁(扁担梁)。对跨径不大的预制梁，吊机起重臂跨径 10 m 以上且起重能力超过梁重的 1.5 倍时，吊机可放在一孔已安装好的桥面上，架设安装次一孔梁(板)。

两台吊机架梁法是用两台自行式吊机各吊住梁(板)的一端，将梁(板)吊起并架设安装。吊机和绞车配合架梁，如图 3.1.29(b)所示。预制梁一端用拖履滚筒支垫，另一端用吊机吊起，前方用绞车或绞盘牵引预制梁前进。梁前进时，吊机起重臂随之转动。梁前端就位后，吊机行驶到后端，提起梁后端取出拖履滚筒，将梁放下就位。

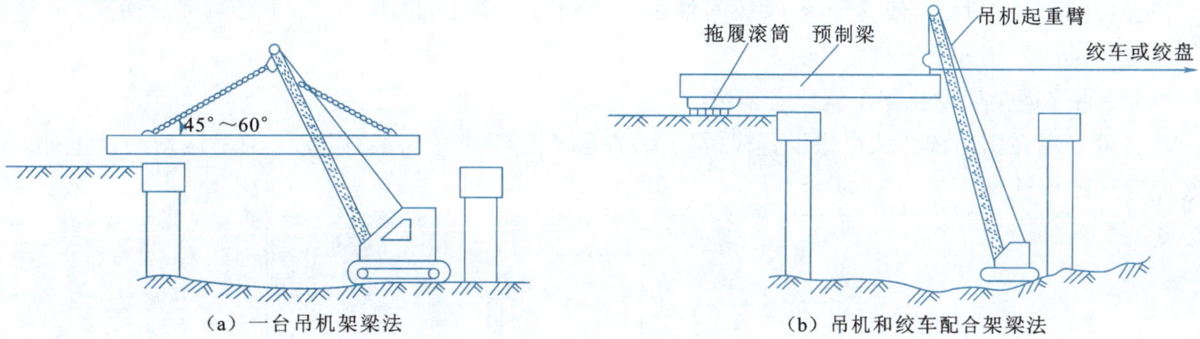

(a) 一台吊机架梁法　　(b) 吊机和绞车配合架梁法

图 3.1.29　自行式吊机架梁法

(4)跨墩或墩侧龙门架架梁法

此法是以胶轮平板拖车、轨道平车或跨墩龙门架将预制梁送到桥孔，再用跨墩龙门架或墩侧高低脚龙门架将梁吊起，然后横移到梁设计位置，最后落梁就位完成架梁工作。

轨道基础要按承受最大反力时能保持安全的原则进行加固处理。河滩上如有浅水，可在水中填筑临时路堤，水稍深时可考虑修建临时便桥，在便桥上铺设轨道。此法应与其他架设方法进行技术经济比较以决定取舍。

此法的优点是架设安装速度较快，河滩无水时较经济，架设时不需要复杂的技术工艺，作业人员较少。但缺点是龙门吊机设备费用较高，尤其对于高桥墩情况。

跨墩龙门架的架梁程序，如图 3.1.30(a)所示，预制梁可由轨道平车运送至桥孔，如两台龙门架吊机自行且能达到同步运行时，也可利用跨墩龙门架将梁吊着运送到桥孔，再吊起横移落梁就位。

墩侧高低脚龙门架，如图 3.1.30(b)所示，其架设程序与跨墩龙门架基本相同，但预制梁必须用轨道平车或胶轮平车拖板运送至桥孔。一孔各片梁安装完毕后，将 1 号墩的龙门架拆除运送到 3 号墩安装使用，以后如此循环使用。为了加快预制梁吊起横移就位速度，可准备 3 台高低脚龙门架，设置在 1、2、3 号墩侧。待第一跨各梁安装完毕，即可安装第二跨，与此同时，将 1 号墩的龙门架拆除运送到 4 号墩安装使用。这种高低脚龙门架较跨墩龙门架可减少一条轨道，一条腿的高度也可降低，但增加运、拆、装龙门架的工作量，并需要多准备 1 台龙门架。

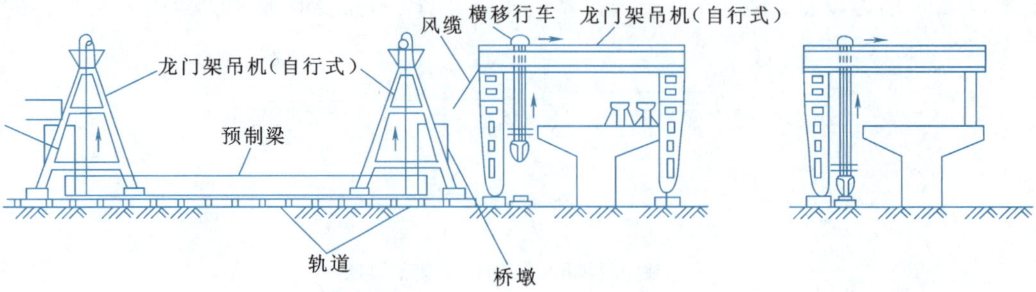

(a)跨墩龙门架架梁　　(b)墩侧高低脚龙门架架梁

图 3.1.30　龙门架架梁法

找一找

陆地架梁法中适合较高桥墩的有哪几种?

2. 浮运架梁法

浮运架梁法是将预制梁移装到浮船上,并浮运到架设孔,然后就位安装。采用此法时,河流需有适当的水深,水深由梁重而定,一般宜大于 2 m;水位应平稳或涨落有规律,如潮汐河流;流速及风力不大;河岸能修建预制梁装卸码头;具有坚固适用的船只。其优点是桥跨中不需设临时支架,可以用一套浮运设备架设安装多跨同跨径预制梁,较为经济;架梁时浮运设备停留在桥孔的时间较少,不影响河流通航。

浮运架设法采用如下三种方法:

(1)装船浮运至架设孔起吊就位安装法

此法可采用在引道栈桥或岸边设置栈桥码头,在码头上组拼龙门架,用龙门架吊运预制梁上船。预制梁装船浮运架设法如图 3.1.31 所示。

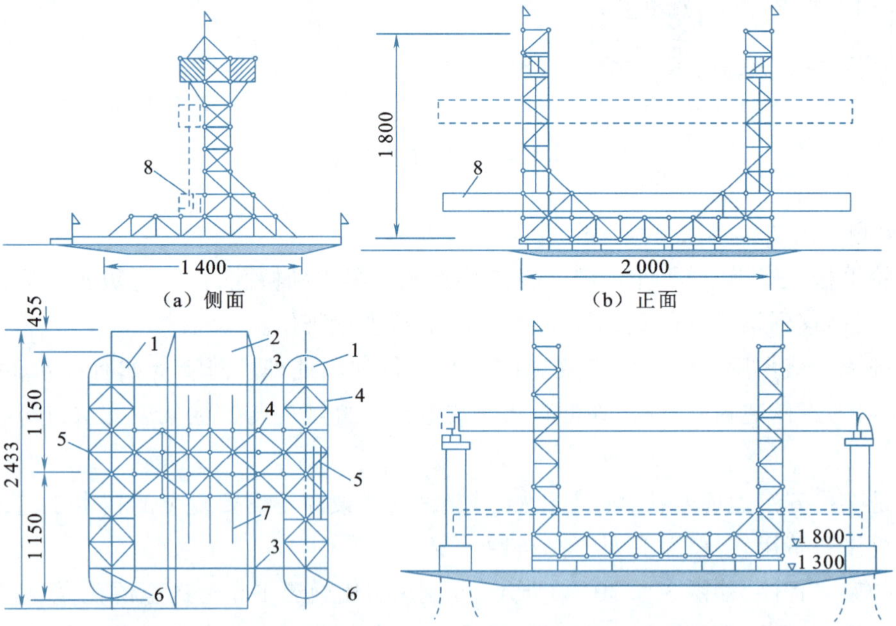

(a)侧面　(b)正面　(c)平面　(d)墩位安装

1—190 kN 浮桥船;2—800 kN 铁驳船;3—联结 36 号工字钢;4—万能杆件;5—吊点位置;6—50 kN 卷扬机;7—56 号工字钢;8—预制梁。

图 3.1.31　预制梁装船浮运架设法(尺寸单位:mm)

(2)浮船充排水架设法

将预制梁装载在一艘或两艘浮船中的支架枕木垛上,使梁底高度高于墩、台支座顶面 0.2 ~ 0.3 m,然后将浮船托运至架设孔,充水入浮船,使浮船吃水加深,降低梁底高度使预制梁安装就位。在有潮汐的河流上架设预制梁时,可利用潮汐时水位的涨落调整梁底高程,安装就位。若潮汐水位高度不够,可在浮船中用水泵充水或排水进行解决。

(3)浮船支架拖拉架设法

将预制梁拖拉滚移到岸边,并将其一端拖至浮船支架上,再用如前所述的移动式支架架设法沿桥轴线拖拉浮船至对岸,预制梁亦相应拖拉至对岸。预制梁前端抵达安装位置后,用龙门架或人字扒杆安装就位,如图 3.1.32 所示。

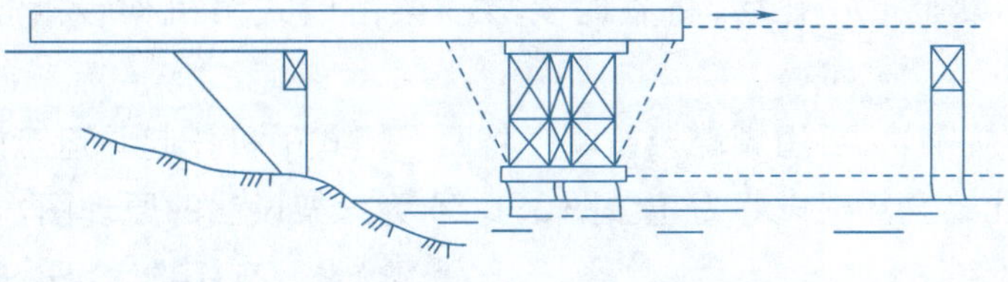

图 3.1.32 浮船支架拖拉架设法

3. 高空架梁法

(1)联合架桥机架梁(蝴蝶架架梁法)

此法适用于架设安装跨径 30 m 以下的多孔桥梁。其优点是完全不设桥下支架,不受水深流急影响,架设过程中不影响桥下通航、通车,预制梁的纵移、起吊、横移、就位都比较方便。缺点是架设设备用钢量较多,但可周转使用。

联合架桥机由两套门式吊机、一个托架(即蝴蝶架)、一根两跨长的钢导梁三部分组成,如图 3.1.33 所示。钢导梁顶面铺设运梁平车和托架行走的轨道。门式吊机由工字梁组成,并在上下翼缘处及接头的地方用钢板加固。门式吊机顶横梁上设有吊梁用的行走小车。为了不影响架梁的净空位置,其立柱做成拐脚式(俗称拐脚龙门架)。门式吊机的横梁高程,由两根预制梁叠起的高度加平车及起吊设备高确定。蝴蝶架是专门用来托运门式吊机转移的,它由角钢组成。整个蝴蝶架放在平车上,可沿导梁顶面轨道行走。

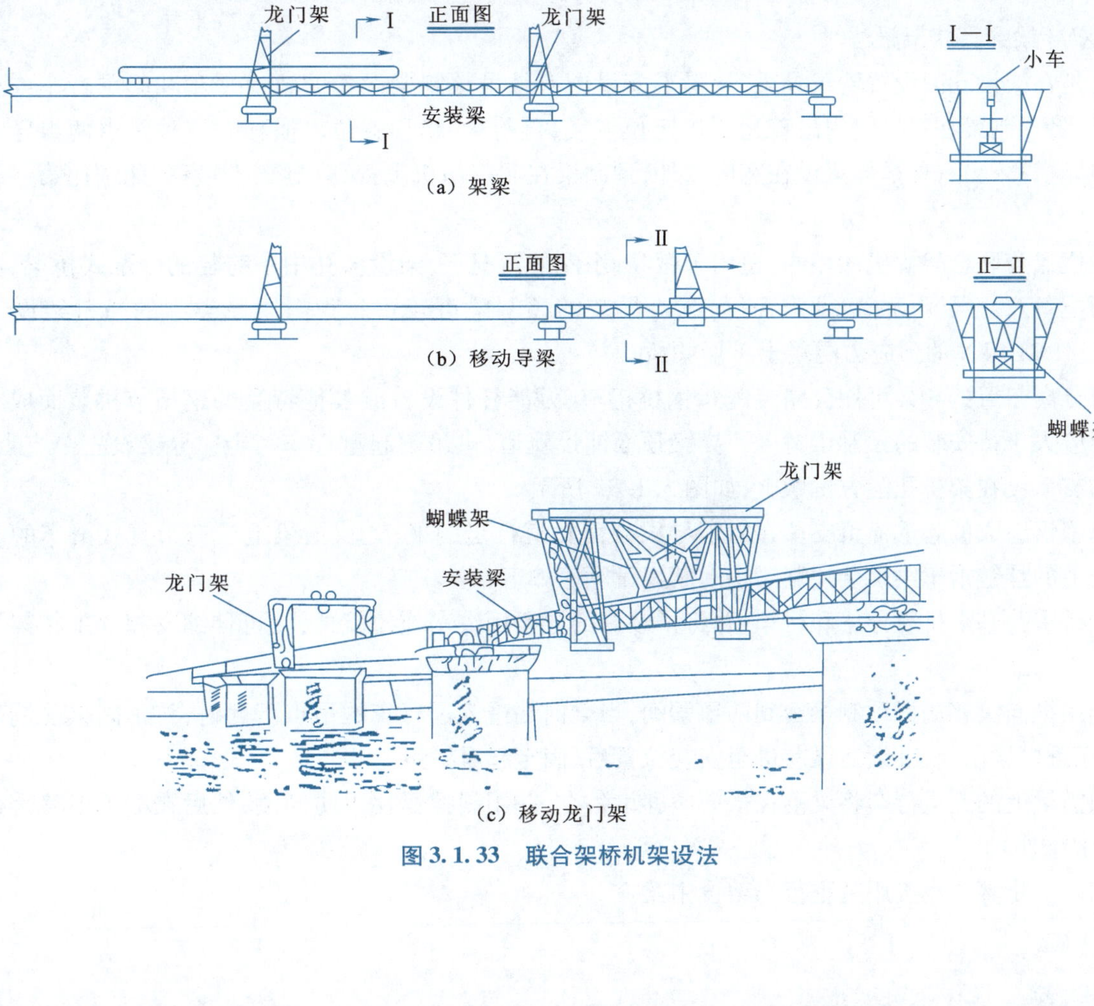

图 3.1.33 联合架桥机架设法

联合架桥机架梁顺序如下：

①在桥头拼装导梁，梁顶铺设钢轨，并用绞车纵向拖拉导梁就位。

②拼装蝴蝶架和门式吊机，用蝴蝶架将两个门式吊机移运至架梁孔的桥墩(台)上。

③用平车将预制梁沿轨道运送至架梁孔位，将导梁两侧可以安装的预制梁用两个门式吊机吊起，横移并落梁就位。

④将导梁所占位置的预制梁临时安放在已架设好的梁上。

⑤用绞车纵向拖拉导梁至下一孔后，将临时安放的梁由门式吊机架设就位，并用电焊将各梁联结起来。

⑥在已架设的梁上铺接钢轨，再用蝴蝶架按顺序将两个门式吊机托起并运至前一孔的桥墩上。

如此反复，直至将各孔梁全部架设好为止。图3.1.34为该架设法的原理图。

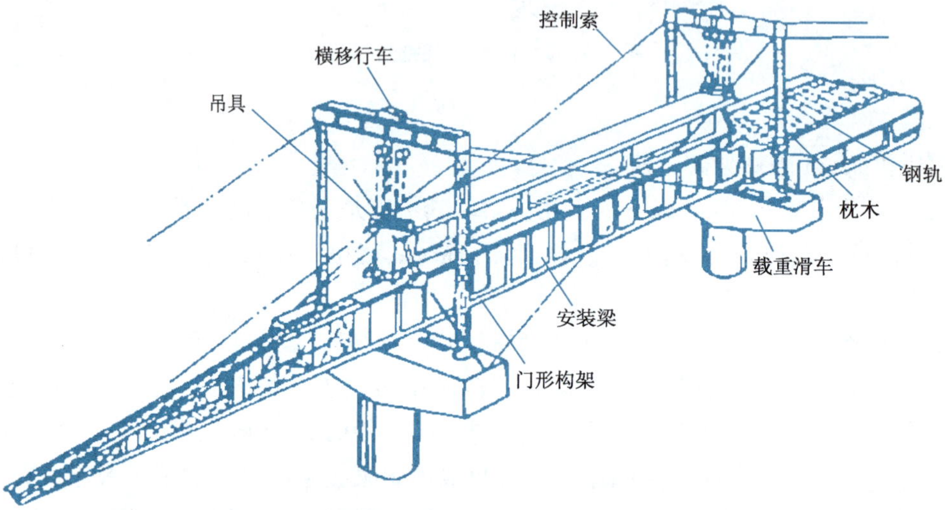

图3.1.34 联合架桥机(单导梁)架设法原理图

(2)双导梁穿行式架梁法

此法是在架设孔间设置两组导梁，导梁上安设配有悬吊预制梁设备的轨道平车和起重行车或移动龙门式吊机，将预制梁在双导梁内吊着运到规定位置后，再落梁、横移就位。横移时一种是由两组导梁吊着预制梁整体横移；另一种是导梁设在宽度以外，预制梁在龙门吊机上横移，导梁不横移，此法比第一种横移法安全。

此法优点与联合架桥机法相同，适用于墩高、水深的情况下，架设多孔中小跨径的装配式桥梁，但不需蝴蝶架而配备双组导梁，故架设跨径可较大，吊装的预制梁可较重。我国用该类型的吊机架设了梁长51 m、重达1 310 kN的预应力混凝土T形梁桥。

两组分离布置的导梁可用公路装配式钢桥桁节、万能杆件设备或其他特制的钢桁节拼装而成。两组导梁净距应大于待安装的预制梁宽度。导梁顶面铺设轨道，供吊梁起重行车行走。导梁设三个支点，前端可伸缩的支承设在架桥孔前方桥墩上，如图3.1.35所示。

两个型钢组成的起重横梁支承在能沿导梁顶面轨道行走的平车上，横梁上设有带复式滑车的起重行车。行车上的挂链滑车供吊装预制梁用。其架设顺序如下：

①在桥头路基上拼装导梁和行车，并将拼装好的导梁用绞车拖拉就位，使可伸缩支脚支承在架梁孔的前墩上。

②先用纵向滚移法把预制梁运到两导梁间，当梁前端进入前行车的吊点下面时，将预制梁前端稍稍吊起，前方起重横梁吊起，继续运梁前进至安装位置后，固定起重横梁。

③用横梁上的起重行车将梁落在横向滚移设备上，并用斜撑撑住以防倾倒，然后在墩顶横移落梁就位(除一片中梁外)。

④用以上步骤并直接用起重行车架设中梁。

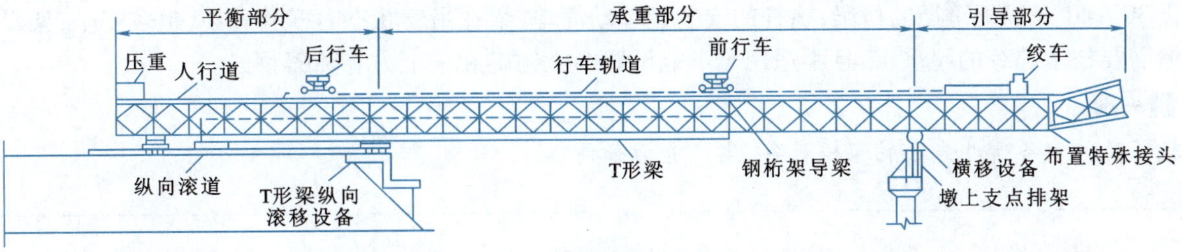

（a）导梁纵断面

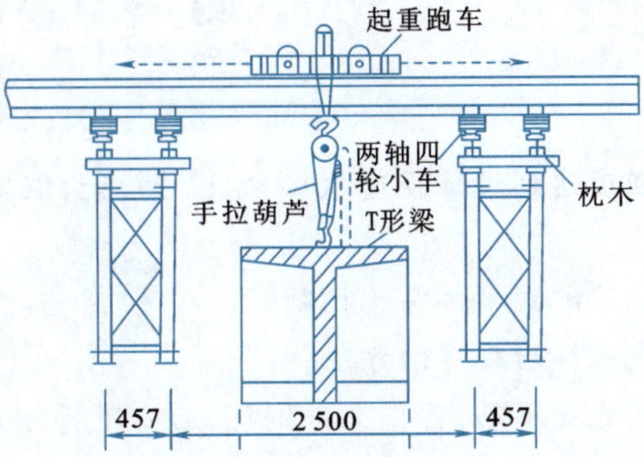

（b）导梁横断面

图 3.1.35　双导梁穿行式架梁法

如用龙门吊机吊着预制梁横移，其方法同联合架桥机架梁。此法预制梁的安装顺序是先安装两个边梁，再安装中间各梁。全孔各梁安装完毕并符合要求后，将各梁横向焊接联系，然后在梁顶铺设移运导梁的轨道，将导梁推向前进，安装下一孔。

重复上述工序，直至全桥架梁完毕。

(3) 自行式吊车桥上架梁法

在预制梁跨径不大，重量较轻且梁能运抵桥头引道上时，可直接用自行式伸臂吊车（汽车吊或履带吊）来架梁。但是，对于架桥孔的主梁，当横向尚未连成整体时，必须核算吊车通行和架梁工作时的承载能力。此种架梁方法简单方便，几乎不需要任何辅助设备，如图 3.1.36 所示。

(4) 扒杆纵向"钓鱼"架梁法

此法是用立在安装孔墩、台上的两副人字扒杆，配合运梁设备，以绞车互相牵吊，在梁下无支架、导梁支托的情况下，把梁悬空吊过桥孔，再横移落梁，就位安装的架梁法，其架梁示意图如图 3.1.37 所示。

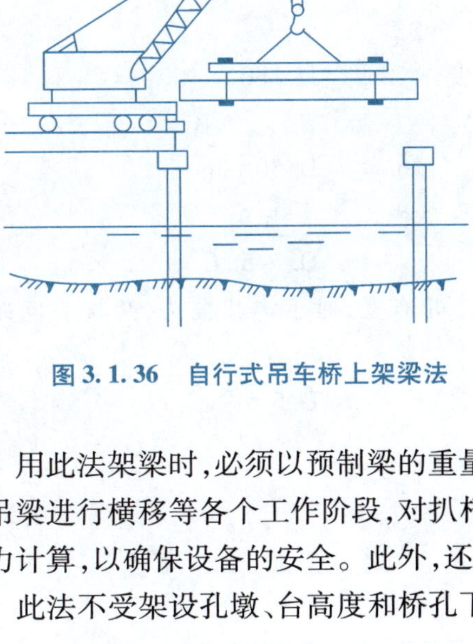

图 3.1.36　自行式吊车桥上架梁法

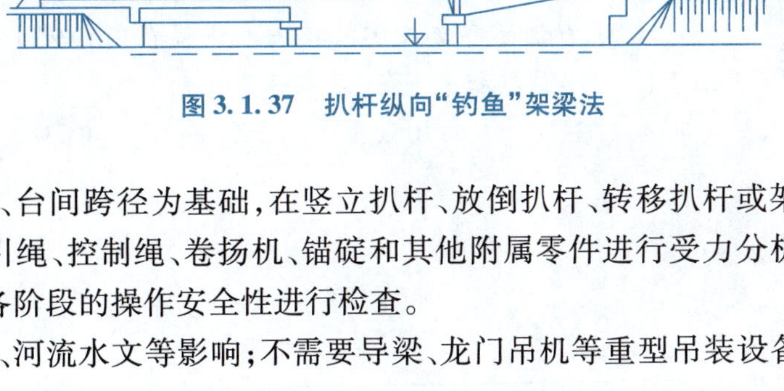

图 3.1.37　扒杆纵向"钓鱼"架梁法

用此法架梁时，必须以预制梁的重量和墩、台间跨径为基础，在竖立扒杆、放倒扒杆、转移扒杆或架梁或吊梁进行横移等各个工作阶段，对扒杆、牵引绳、控制绳、卷扬机、锚碇和其他附属零件进行受力分析和应力计算，以确保设备的安全。此外，还需对各阶段的操作安全性进行检查。

此法不受架设孔墩、台高度和桥孔下地基、河流水文等影响；不需要导梁、龙门吊机等重型吊装设备即可架设30~40 m以下跨径的桥梁;扒杆的安装及移动简单,梁在吊着状态时横移容易,也较安全,架设速度快。但需要技术熟练的起重工,且不适用于不能设置缆索锚碇和梁上方有障碍物处。

搜一搜

我国目前具备哪些先进的架桥设备,生产能力如何?

自学自测

一、判断题

1. 钢筋混凝土构件在混凝土强度达到设计强度80%以上,预应力混凝土构件在预应力张拉以后才可出坑。 ( )
2. 就地浇筑梁桥的施工质量比装配式梁桥易于控制。 ( )
3. 焊接钢筋骨架时一般采用先点焊后跳焊的方法。 ( )
4. 梁肋绑扎钢筋的安装顺序是先安箍筋,再安上排钢筋,后安下排钢筋。 ( )
5. 两根焊接钢筋在接头处的偏移不大于5 mm。 ( )
6. 混凝土从高处直接倾卸时,其自由倾落高度一般不宜超过4 m。 ( )
7. 混凝土分层浇筑时,应在下层混凝土初凝或能重塑前浇筑完成上层混凝土。 ( )
8. 人工振捣混凝土时,小力振捣不如大力振捣快而有效。 ( )
9. 混凝土洒水养护的时间随环境气温和水泥品种而异。 ( )
10. 混凝土搅拌后主要检查其均匀性。 ( )

二、选择题

1. 钢筋在进场前不需要检查的内容有( )。

A. 外观的检查　B. 力学性能检查
C. 抽检　D. 钢筋的等级和规格

2. 盘条钢筋拉直时应对拉力进行控制,任何一段伸长量不超过( )。

A. 2%　B. 1%　C. 3%　D. 4%

3. 闪光对焊接头处如有弯折,其角度不得大于( )。

A. 2°　B. 3°　C. 4°　D. 5°

4. 现场拌制混凝土时,水泥、混合材料、水和外加剂的配料误差不得超过( )。

A. ±1%　B. ±2%　C. ±3%　D. ±4%

5. 小于等于C30的混凝土在气温小于25 ℃时,从搅拌机中卸出到浇筑完毕所延续的时间不宜超过( )min。

A. 120　B. 150　C. 210　D. 180

6. 浇筑钢筋较密的混凝土时,自由倾落高度一般不超过( )。

A. 20 cm　B. 30 cm　C. 40 cm　D. 50 cm

文本

参考答案

7. 当室外日平均气温连续5 d低于( )时,应采取冬季施工方法施工。

A. 0 ℃　B. 5 ℃　C. 10 ℃　D. −5 ℃

8. 受力钢筋焊接或绑扎接头应设置在内力较小处,并错开布置,对于绑扎接头,两接头间距不小于( )倍搭接长度。

A. 1.3　B. 2.5　C. 3　D. 5

任务实施

根据施工合同要求，桥梁简支梁施工工作内容程序如下。

一、准备工作

项目部根据分工进行施工技术资料准备、施工机具设备材料准备工作，做好参与人员的技术培训交底工作，对施工相关人员进行安全教育及安全设施使用指导，做好测量放线工作。

二、制订桥梁简支混凝土梁施工方案

技术负责人根据主梁施工图纸及施工现场实际条件，考虑施工单位的设备机具情况，同时考虑材料供应情况和一线人员施工熟练程度，制订符合规范要求切实可行的桥跨主梁施工方案。

三、现场施工组织

1. 工作面检查

墩台身、盖梁及支座混凝土强度达标，平面位置及高程符合设计及规范要求，通过监理工程师验收。

2. 简支梁施工

①搭设支架。确定支架类型后进行设计验算，选择符合质量合格的材料进行支架搭设，按照规范要求进行检查。

②安装模板。根据主梁截面类型、现场施工条件等因素综合考虑模板类型，经设计验算后加工安装，检查其位置及尺寸是否准确，脱模剂涂刷和表面平整度等是否符合要求。

③安装钢筋骨架。根据设计图纸计算钢筋下料长度进行加工，注意钢筋搭接接头百分率控制要求，安装时检查其位置的准确性和保护层厚度是否达标。

④浇筑混凝土。选择合理的运输浇筑设备工具，做好质量控制，如坍落度实验、试块留置、振捣及养护等工作。

⑤拆除模板。经同条件养护试块或其他技术手段衡量混凝土强度，达到拆模标准后即可拆模，一般先拆侧模，再拆底模，先支的后拆，后支的先拆。

四、质量控制

项目部要组织相关人员对施工质量进行过程性抽检控制，主要包括测量数据、材料试验、设备机具的使用状况、安全和环保措施落实，使各项工作满足要求，后续施工工作顺利实施。

五、内业资料整理

整理简支梁施工测量资料、试验资料、施工记录资料、施工联系函及图纸变更等资料，予以存档。

笔记栏

【钢筋混凝土简支梁桥施工工作单】

计 划 单

<table>
<tr><td>学习情境三</td><td colspan="2">桥梁上部结构施工</td><td>任务 1</td><td>钢筋混凝土简支梁桥施工</td></tr>
<tr><td>工作方式</td><td colspan="2">组内讨论、团结协作共同制订计划：小组成员进行工作讨论，确定工作步骤</td><td>计划学时</td><td>2 学时</td></tr>
<tr><td>完成人</td><td colspan="4"></td></tr>
<tr><td colspan="5">计划依据：某桥梁桥跨结构施工图</td></tr>
<tr><td>序号</td><td>计划步骤</td><td colspan="3">具体工作内容描述</td></tr>
<tr><td>1</td><td>准备工作
（准备资料，谁去做？）</td><td colspan="3"></td></tr>
<tr><td>2</td><td>组织分工
（成立组织，人员具体都完成什么？）</td><td colspan="3"></td></tr>
<tr><td>3</td><td>制订两套施工方案（各有何特点？）</td><td colspan="3"></td></tr>
<tr><td>4</td><td>现场施工
（施工顺序如何？）</td><td colspan="3"></td></tr>
<tr><td>5</td><td>质量控制
（谁负责？ 检查哪些项目？）</td><td colspan="3"></td></tr>
<tr><td>6</td><td>资料整理
（谁负责？ 整理哪些内容？）</td><td colspan="3"></td></tr>
<tr><td>制订计划说明</td><td colspan="4">（写出制订计划中人员为完成任务的主要建议或可以借鉴的建议、需要解释的某一方面）</td></tr>
</table>

决 策 单

<table>
<tr><td>学习情境三</td><td colspan="2">桥梁上部结构施工</td><td>任务 1</td><td>钢筋混凝土简支梁桥施工</td></tr>
<tr><td>决策学时</td><td colspan="4">2 学时</td></tr>
<tr><td colspan="5">决策目的：确定本小组最优施工方案</td></tr>
<tr><td rowspan="7">施工方案优劣比较</td><td colspan="2">施工方案特点</td><td rowspan="2">比对项目</td><td rowspan="2">确定最优方案
（划√）</td></tr>
<tr><td>方案 1 名称</td><td>方案 2 名称</td></tr>
<tr><td></td><td></td><td>施工设备选择是否适用</td><td rowspan="5">方案 1 优
□</td></tr>
<tr><td></td><td></td><td>施工顺序是否合理</td></tr>
<tr><td></td><td></td><td>关键工序施工方法是否满足质量控制要求</td></tr>
<tr><td></td><td></td><td>安全措施是否到位</td></tr>
<tr><td></td><td></td><td>环保措施是否符合规定</td></tr>
<tr><td colspan="3">方案 1 施工流程图</td><td>方案 2 施工流程图</td><td>方案 2 优
□</td></tr>
</table>

作业单

学习情境三	桥梁上部结构施工	任务1	钢筋混凝土简支梁桥施工
参加人员	第　　组		开始时间：
	签名：		结束时间：
序号	工作内容记录 （根据实施的具体工作记录，包括存在的问题及解决办法）		分工 （负责人）
1			
2			
⋮			
小结	主要描述完成的成果及是否达到目标		存在的问题

检查单

学习情境三	桥梁上部结构施工		任务 1	钢筋混凝土简支梁桥施工			
检查学时	课内 2 学时			第　　组			
检查目的及方式	教师过程监控小组的工作情况，如检查等级为不合格，小组需要整改，并拿出整改说明						
序号	检查项目	检查标准	检查结果分级（在检查相应的分级框内划“√”）				
			优秀	良好	中等	合格	不合格
1	准备工作	资源是否已查到、材料是否准备完整					
2	分工情况	安排是否合理、全面，分工是否明确					
3	工作态度	小组人员是否积极主动、全员参与					
4	纪律出勤	是否按时完成负责的工作内容、遵守工作纪律					
5	团队合作	是否相互协作、互相帮助，是否听从指挥					
6	创新意识	任务完成不照搬照抄，看问题具有独到见解，具备创新思维					
7	完成效率	工作单是否记录完整，小组是否按照计划完成任务					
8	完成质量	工作单填写是否准确，记录单检查及修改是否达标					
检查评语						教师签字：	

任务评价

小组工作评价单

学习情境三	桥梁上部结构施工		任务 1	钢筋混凝土简支梁桥施工		
评价学时			课内 2 学时			
班级：			第　组			
考核情境	考核内容及要求	分值（满分100分）	小组自评（10%）	小组间互评（20%）	教师评价（70%）	实得分（Σ）
汇报展示（20分）	演讲资源利用	5				
	演讲表达和非语言技巧应用	5				
	团队成员相互配合程度	5				
	时间与完整性	5				
质量评价（40分）	工作完整性	10				
	工作质量	5				
	报告完整性	25				
团队情感（25分）	核心价值观	5				
	创新性	5				
	参与率	5				
	合作性	5				
	劳动态度	5				
安全文明（10分）	工作过程中的安全保障情况	5				
	工具正确使用和保养、放置规范	5				
工作效率（5分）	能够在要求的时间内完成，每超时5分钟扣1分	5				

小组成员素质评价单

学习情境三	桥梁上部结构施工		任务 1	钢筋混凝土简支梁桥施工		
班级		组别		成员姓名		
评分说明	每个小组成员评价分为自评和小组其他成员评价两部分，取平均值计算，作为该小组成员的任务评价个人分数。评价项目共设计五个，依据评分标准给予合理量化打分。小组成员自评分后，要找小组其他成员不记名方式打分					

评分项目	评分标准	自评分	成员 1 评分	成员 2 评分	成员 3 评分	成员 4 评分	成员 5 评分
核心价值观（20 分）	没有违背社会主义核心价值观的思想及行动						
工作态度（20 分）	按时完成负责的工作内容、遵守纪律，积极主动参与小组工作，全过程参与，吃苦耐劳，具有工匠精神						
交流沟通（20 分）	能良好地表达自己的观点，能倾听他人的观点						
团队合作（20 分）	与小组成员合作完成任务，做到相互协作、互相帮助、听从指挥						
创新意识（20 分）	看问题能独立思考，提出独到见解，具有创新思维解决遇到的问题						
最终小组成员得分							

任务反思

学习情境三	桥梁上部结构施工		任务1	钢筋混凝土简支梁桥施工	
班级		组别		成员姓名	
情感反思	通过对本任务的学习和实训，你认为自己在社会主义核心价值观、职业素养、学习和工作态度等方面需要提高什么？				
知识反思	通过对本任务的学习，你掌握了哪些知识点？请画出思维导图				
技能反思	在完成本任务的学习和实训过程中，你主要掌握了哪些技能？				
方法反思	在完成本任务的学习和实训过程中，你主要掌握了哪些分析和解决问题的方法？				

任务2　预应力混凝土梁桥施工

任 务 单

<table>
<tr><td>学习情境三</td><td colspan="3">桥梁上部结构施工</td><td>任务2</td><td colspan="2">预应力混凝土梁桥施工</td></tr>
<tr><td>任务学时</td><td colspan="6">课内10学时(课外4学时)</td></tr>
<tr><td colspan="7">布置任务</td></tr>
<tr><td>任务目标</td><td colspan="6">1. 能够列出先张法施工的关键程序；
2. 能够阐述预应力筋张拉程序与操作要点，能进行钢筋下料长度计算；
3. 能够解释后张法施工的关键工序，了解穿束、张拉等预应力操作要点；
4. 能够描述悬臂浇筑法、悬臂拼装法施工要点；
5. 能够在完成任务的过程中诚实守信、合法合规，树立建设优质工程的职业理想。</td></tr>
<tr><td>任务描述</td><td colspan="6">施工单位在完成桥梁墩台施工之后，应进行桥梁上部结构施工。技术负责人应根据主梁施工图纸及施工现场周边环境、设备材料供应情况确定梁体施工方法、模板支架搭设方案、预应力筋张拉方案、混凝土浇筑养护方案等；在开工前制订完成满足规范要求的主梁施工方案，指导主梁施工工作。</td></tr>
<tr><td rowspan="2">学时安排</td><td>资讯</td><td>计划</td><td>决策</td><td>实施</td><td>检查</td><td>评价</td></tr>
<tr><td>2学时(2)</td><td>1学时</td><td>1学时</td><td>4学时(2)</td><td>1学时</td><td>1学时</td></tr>
<tr><td>对学生学习及成果的要求</td><td colspan="6">1. 每位同学均能按照自学资讯思维导图自主学习，并完成课前自学的问题训练和自学自测；
2. 严格遵守课堂纪律，学习态度认真、端正，能够正确评价自己和同学在本任务中的素质表现；
3. 每位同学必须积极参与小组工作，在教师的示范指导下完成预应力混凝土梁桥施工的对应工作，做到积极主动不推诿，能够与小组成员合作完成工作任务；
4. 每位同学均需独立或在小组同学的帮助下完成技能训练工作单，并提请检查、签认，对提出的建议或有错误务必及时修改；
5. 每组必须完成全部"预应力混凝土梁桥施工"工作的工作单，并提请教师进行小组评价，小组成员分享小组评价分数或等级；
6. 每名同学均完成任务反思，以小组为单位提交。</td></tr>
</table>

自学资讯思维导图

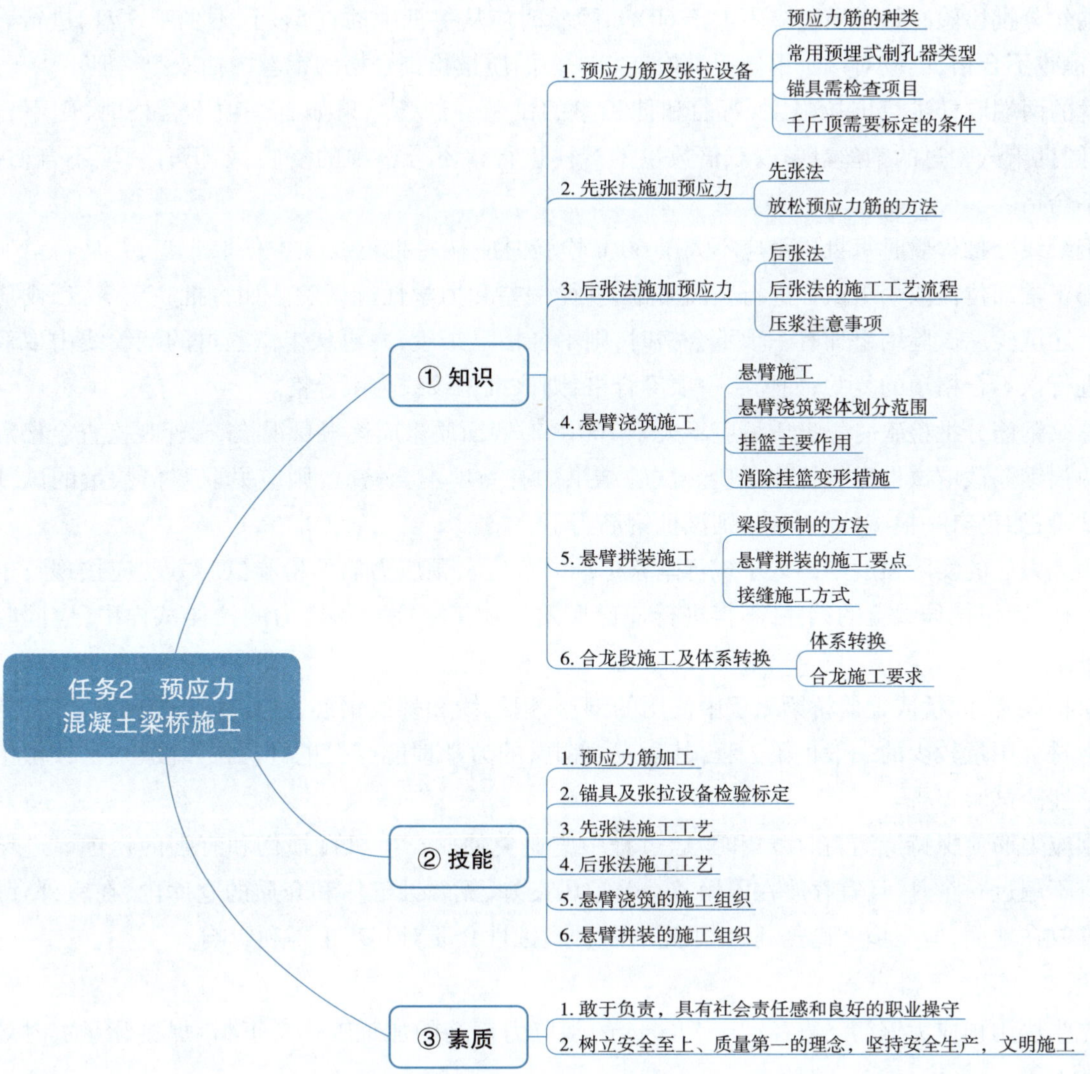

课　前　自　学

预应力混凝土梁桥和钢筋混凝土梁桥的施工方法基本相同，所不同的是需要在梁正常使用前给梁体施加预压应力，而预压应力是依靠张拉预应力钢筋来实现的。我们仅介绍混凝土的预应力施工和梁桥的悬臂施工法。

预应力混凝土工程施工前，应采取必要的安全防护措施，防止发生事故。

任务知识 2.1　预应力混凝土施工

预应力混凝土施工主要包括预应力筋及加工、张拉所需要的机具设备和预应力的施加方法等问题。

一、预应力筋及其制作

1. 预应力筋制作要求

预应力混凝土结构所采用的钢丝、钢绞线、螺纹钢筋等材料的性能和质量，应符合现行国家标准的规定。

2. 预应力筋验收标准

预应力筋进场时应分批验收,验收时,除应按合同要求对其质量证明书、包装、标志和规格等进行检查外,还应按下列规定进行检验:

①钢丝分批检验时每批质量应不大于60 t。检验时应从每批中抽查5%且不少于5盘,进行表面质量检查,如检查不合格,则应对该批钢丝逐盘检查。在表面质量检查合格的钢丝中抽取5%,但不少于3盘,在每盘钢丝的两端取样进行抗拉强度、弯曲和伸长率的试验。试验结果如有一项不合格时,则不合格盘报废,并从同批未试验过的钢丝盘中取双倍数量的试样进行该不合格项的复验;如仍有一项不合格,则该批钢丝为不合格。

②钢绞线分批检验时每批质量应不大于60 t,检验时应从每批钢绞线中任取3盘,并从每盘所选的钢绞线端部正常部位截取一组试样进行表面质量、直径偏差和力学性能试验。如每批少于3盘,则应逐盘取样进行上述试验。试验结果如有一项不合格时,则不合格盘报废,并再从未试验过的钢绞线中取双倍数量的试样进行该不合格项的复验;如仍有一项不合格,则该批钢绞线为不合格。

③螺纹钢筋分批检验时每批质量应不大于100 t,对表面质量应逐根目视检查,外观检查合格后在每批中任选两根钢筋截取试件进行拉伸试验。试验结果如有一项不合格时,则应另取双倍数量的试件重做全部各项试验;如仍有一根试件不合格,则该批钢筋为不合格。

④预应力筋的实际强度不得低于现行国家标准的规定。预应力筋的检验试验方法应按现行国家标准的规定执行,用作拉伸试验的试件,不得进行任何形式的加工。在对预应力的拉伸试样中,应同时测定其弹性模量。

⑤对特大桥、大桥或重要桥梁工程中使用的钢丝、钢绞线和螺纹钢筋,进场时应按上述规定进行检验;对预应力材料用量较少的一般桥梁工程,其预应力钢材的力学性能可仅进行抗拉强度检验,或由生产厂家提供力学性能试验报告。

⑥预应力筋应保持清洁,在存放和搬运过程中应避免使其产生机械损伤和有害的锈蚀。进场后的存放时间宜不超过6个月,且宜存放在干燥、防潮、通风良好、无腐蚀气体和介质的仓库内;在室外存放时,不得直接堆放在地面,应支垫并遮盖,防止雨露和各种腐蚀性介质对其产生不利影响。

3. 预应力钢筋下料

①先张法用预应力钢筋。直径大于12 mm的预应力钢筋的加工工作有下料、焊接、冷拉、时效及端头镦粗或轧丝等。

钢筋下料时,应按钢筋的计算长度、工作长度和原材料的试验数据确定下料长度,做到合理配料,尽量减少接头数目。

钢筋的下料长度可选用下式计算:

$$L=\frac{l}{1+\delta_1-\delta_2}+nb+L_0 \tag{3.2.1}$$

式中:L——下料长度;

l——计算长度;

δ_1——冷拉伸长率,一般为2%~4%;

δ_2——弹性回缩率,一般为0.45%;

n——接头数目;

b——焊接接头预留量,每个接头的预留量与钢筋的直径有关,一般选用25~35 mm;

L_0——工作长度,先张法时的工作长度根据台座情况定,采用轧丝锚具时取0.15 m,两端张拉时取0.2 m。

采用先张法预制构件时,若是在长线台座上同时生产几片梁(板),下料长度应包括梁与梁间连接器的长度。

小资料:

①几个概念。

钢筋计算长度:施工图纸上标明的长度。

钢筋工作长度:张拉设备所需要的钢筋长度。

②焊接。

目前生产的粗钢筋的长度,最长有 12 m,施工时常需要接长使用。

③冷拉。

钢筋焊接接长后,冷却至正常温度后即可进行冷拉。

冷拉钢筋的目的是提高钢筋的屈服强度。冷拉时最好采用双控,即同时控制钢筋的应力和伸长率,一般是以应力控制为主,伸长率控制为辅。

④时效。

冷拉后的钢筋,屈服强度提高,但脆性也相应地增加了。因此钢筋冷拉后将钢筋置于一定的温度下经过一段时间,使钢筋逐渐硬化,从而使钢筋的强度有所提高,并且使钢筋的弹性模量得到恢复,这就是所谓的时效处理。一般情况下,时效是个缓慢的过程,主要是和温度有关。有条件时可将冷拉后的钢筋在 1 000 ℃的恒温下搁置 2 h 左右,此即为人工时效;否则可采用自然时效,即在自然温度为 20 ~ 30 ℃时,钢筋至少应放置 24 h。

⑤钢筋端头的镦粗或轧丝。

此项工作可在钢筋冷拉前进行,亦可在其冷拉后加工,可采用镦粗机或轧丝机加工。

②后张法用预应力钢筋。后张法用预应力钢筋的下料长度可按下式计算:

下料长度 = 孔道净长(计算长度) + 构件两端的预留长度(工作长度)

4. 高强钢丝和钢绞线的成束

成束时要保持钢丝一端齐平再向另一端进行。首先用梳丝板(见图 3.2.1)将其理顺,然后每隔 1.0 ~ 1.5 m 衬以长 3 ~ 4 cm 的螺旋衬圈或短钢管,并在衬圈处用铁丝缠绕 20 ~ 30 道。绑扎的铁丝扣应弯入钢丝束内,以免影响穿束。绑束完成后,应按设计编号挂牌堆放,以免搬运钢束时,支点间的跨度不得大于 3 m,两端悬空的不得大于 1 m。

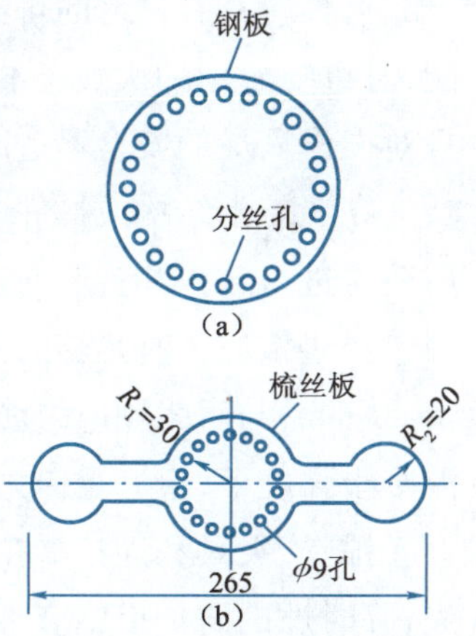

图 3.2.1 梳丝板的构造

(尺寸单位:mm)

5. 后张法预应力筋位置的设置

在后张法预应力混凝土结构中,力筋的孔道宜由浇筑在混凝土中的刚性或半刚性管道构成。对于一般工程,也可采取钢管抽芯、胶管抽芯及金属伸缩套管抽芯等方法预留。设置于混凝土中的刚性或半刚性管道不应漏浆,且具有足够的强度和刚度,在力的作用下保持原有形状,并能按要求传递粘结应力。

刚性和半刚性管道为预埋式的制孔器;钢管抽芯、胶管抽芯及金属伸缩套管抽芯等为抽拔式制孔器。

力筋孔道的内横截面面积至少应是预应力筋净截面面积 2.0 ~ 2.5 倍。对于超长钢束的管道,亦应通过试验来确定其面积比。

常见的预埋式制孔器是钢管和波纹状的金属螺旋管。这种制孔器是按筋束的设计位置固定在钢筋骨架中,混凝土浇筑后,即可形成预应力筋的孔道。

金属螺旋管是后张法施工中使用最广泛的制孔器,这是因为它具有局部抗压强度大、内壁摩阻力小、与混凝土的联结性能好、易弯曲等优点。它的缺陷是需要比钢管更密的定位钢筋,以及电焊时要严加防范,以免发生管道线形变样和管道漏浆等。金属螺旋管如图 3.2.2 所示。

刚性管道一般是指壁厚不小于 2 mm 的平滑钢管,且应具有光滑的内壁并可被弯曲成适当的形状而不出现卷曲或被压扁;半刚性管道是波纹状的金属螺旋管或高密度聚乙烯塑料管,制作金属螺旋管的钢带厚度不得小于0.3 mm。为提高管道的防腐性能，金属管道应尽量采用镀锌材料。

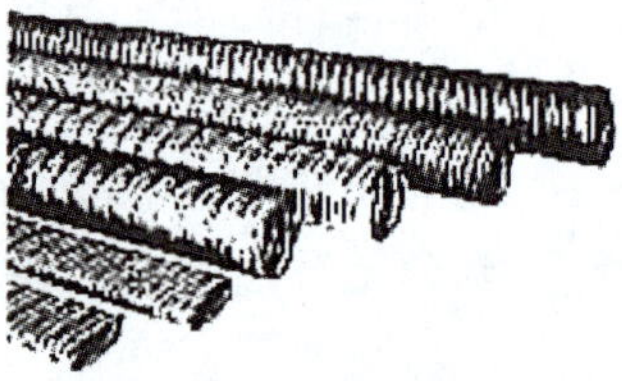

图 3.2.2 金属螺旋管

抽拔式制孔器采用橡胶管时，管内插入一根比橡胶管内径小8～10 mm的钢筋，即芯棒，或充以压力水增加刚度；采用钢管时，钢管表面应平滑，焊接接头应平顺。橡胶管是按设计位置固定在钢筋骨架中，等混凝土抗压强度达到0.4～0.8 MPa时，抽拔时不得损伤结构混凝土，可先将芯棒抽出再拔出橡胶管，从而形成孔道。制孔器的抽拔时间与预制时的气温有关，必须严格掌握，否则将会出现塌孔或拔不出的情况。抽拔时间可按100 h除以预制场温度来估算。抽芯后，应采用通孔器或压气、压水等方法对孔道进行检查，如发现孔道堵塞或有残留物或与临孔有串通，应及时处理。

查一查

请上网查找预应力在我国第一次应用于桥梁工程中的案例并总结其解决的主要问题。

二、锚具、夹具及连接器

1. 一般要求

锚具、夹具和连接器应按设计规定采用，其性能和质量应符合现行规范《预应力筋用锚具、夹具和连接器》(GB/T 14370—2015)的规定。

锚具应满足分级张拉、补张拉以及放松预应力的要求，锚固多根预应力筋的锚具除应具有整束张拉的性能外，尚应具有单根张拉的性能；用于承受低应力或动荷载的夹片式锚具应具有放松性能；锚具的锚口摩阻损失率宜不大于6%。

夹具应具有良好的自锚性能，松锚性能和安全的重复使用性能，主要锚固零件应具有良好的防锈性能，可重复使用的次数应不少于300次。需敲击才能松开的夹具，必须保证其对预应力筋的锚固没有影响，且对操作人员的安全不造成危险。

在混凝土结构或构件中的永久性预应力筋连接器，应符合锚具的性能要求；用于先张法施工且在张拉后还需进行放张和拆卸的连接器，应符合夹具的性能要求。

锚垫板应具有足够的强度和刚度，且宜设置锚具对中止口以及压浆孔或排气孔，压浆孔的内径宜不小于20 mm，与后张预应力筋用锚具或连接器配套的锚垫板和局部加强钢筋，在规定的局部承压试件尺寸及混凝土强度下，应满足传力性能要求。

锚具、夹具和连接器在存放、搬运及使用期间均应妥善防护，避免锈蚀、沾污、遭受机械损伤、混淆和散失，临时性的防护措施应不影响其安装和永久性防腐的实施。

预应力筋用锚具产品配套使用，同一结构或构件中应采用同一生产厂的产品，工作锚不得作为工具锚使用，夹片式锚具的限位板和工具锚采用与工作锚同一生产厂的配套产品。

2. 锚具的分类

锚具按其传力锚固的受力原理，可分为：

(1)依靠摩阻力锚固的锚具

如楔形锚、锥形锚和用于锚固钢绞线的JM锚具等。都是借助张拉而来的回缩或千斤顶顶压，带动锥销或夹片将筋束楔紧于锥孔中而锚固的。

(2)依靠承压锚固的锚具

如镦头锚、钢筋螺纹锚等，利用钢丝的镦粗头或钢筋螺纹承压进行锚固的。

(3)依靠黏结力锚固的锚具

如先张法的筋束锚固，以及后张法固定端的钢绞线压花锚具等，都是利用筋束与混凝土之间的黏结力进行锚固的。

3. 目前桥梁施工中几种常用的锚具

(1)锥形锚

锥形锚(又称弗式锚)是用于锚固 ϕ5 mm 钢丝束的锚具。它由锚圈和锚塞(又称锥销)两个部分组成,如图 3. 2. 3 所示。多用于张拉吨位较小的预应力结构中。

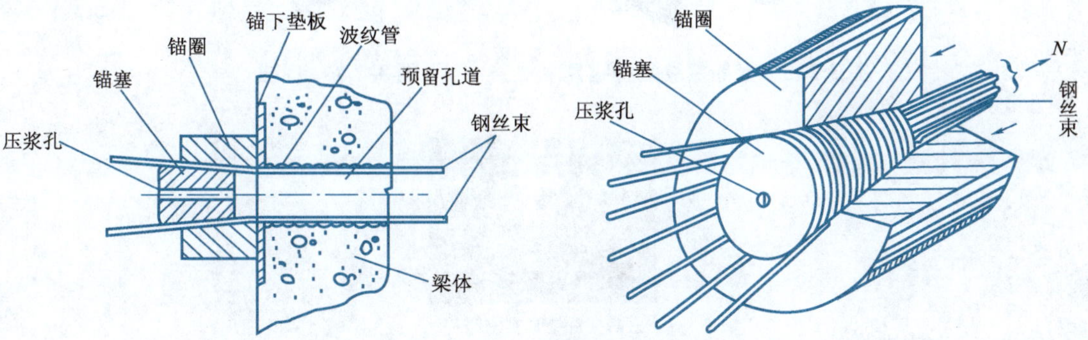

(a) 锥形锚构造图

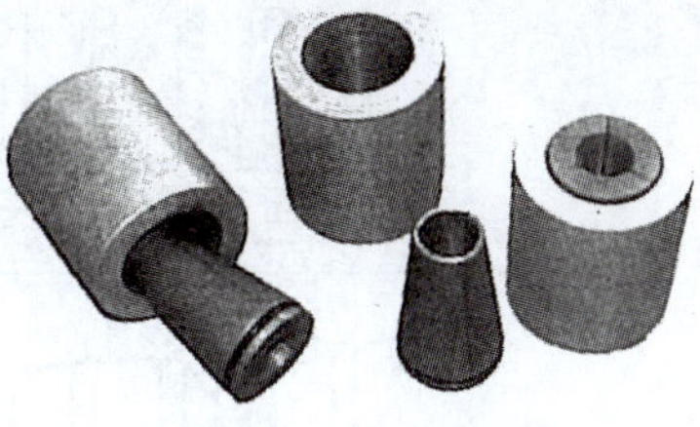

(b) 锥形锚实物照片

图 3. 2. 3 锥形锚

目前桥梁中常用的锥形锚,有用来锚固 18ϕ5 mm 钢丝束和锚固 24ϕ5 mm 钢丝束的两种锚具。

(2)镦头锚

镦头锚主要用于锚固钢丝束,也可锚固直径在 14 mm 以下的钢筋束。它是利用钢丝或热轧粗钢筋两端的镦粗来锚固预应力钢筋(见图 3. 2. 4)。

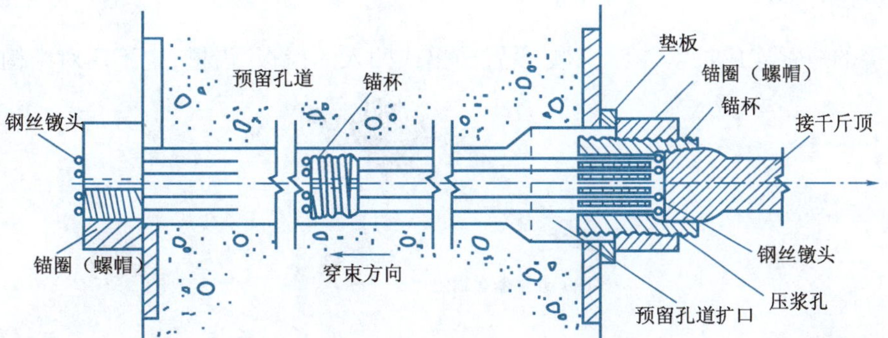

图 3. 2. 4 镦头锚示意图

目前有锚固 12 ~ 133 根 ϕ5 mm 和 12 ~ 84 根 ϕ7 mm 两种锚具系列。

(3)钢筋螺纹端杆锚具

当采用高强粗钢筋作为预应力筋束时,可采用螺纹端杆锚具固定,即利用粗钢筋两端的螺纹,在钢筋张拉后直接拧上螺帽进行锚固(见图 3. 2. 5)。

(4)扁锚

这是 20 世纪 80 年代开发的一种新型夹片式锚具(见图 3. 2. 6),因其外形是扁形的,故称为扁锚。

(5)夹片锚具

夹片锚具主要作为锚固钢绞线筋束之用。有单夹片锚具和多孔夹片锚具之分。目前有 JM 锚、XM 锚、

QM 锚、YM 锚及 OVM 锚具系列。图 3. 2. 7 所示为 YM-15 锚具。

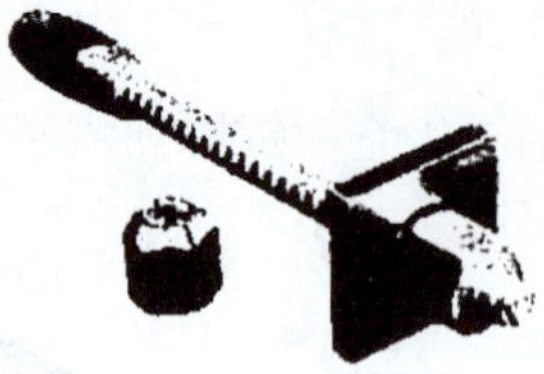

图 3. 2. 5　钢筋螺纹端杆锚具

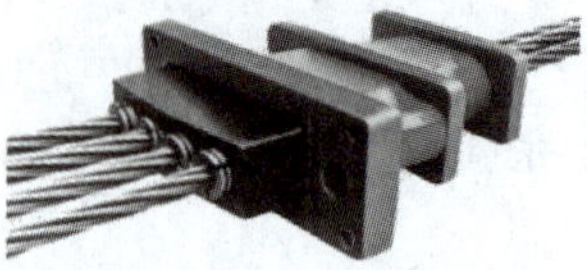

图 3. 2. 6　扁锚

(a)夹片锚具实物照片

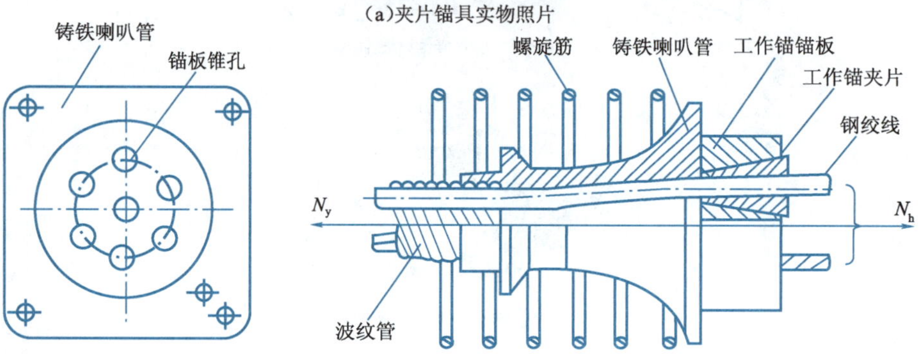

(b) 夹片锚具示意图

图 3. 2. 7　YM-15 锚具

(6)连接器

连接器(见图 3. 2. 8)是将两段预应力索连接成整体的机具。连接器的用途有:

①将特别长的预应力索在弯矩较小的部位断开,变成多个短索,逐段张拉,逐段连接,使预应力索连成一体。

②将分段搭接的短索连成长索,梁上不必设置凸出或凹入的齿板、齿槽,也不用对结构局部加厚。

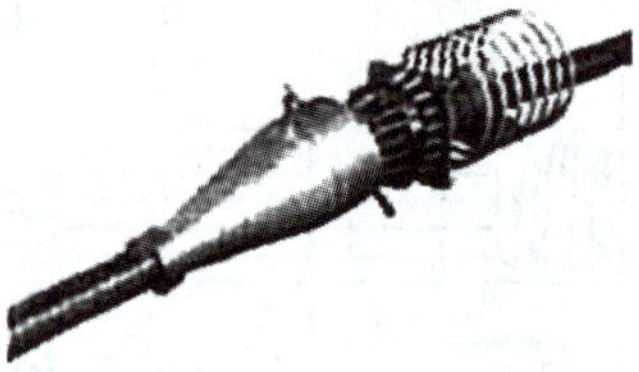

(a) 连接器实物照片

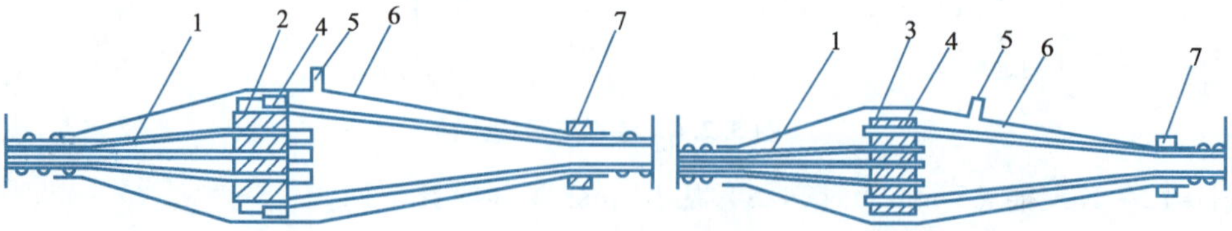

(b) 索间连接式连接器

1—钢绞线束;2—镦头锚具;3—夹片;4—连接体;5—灌浆口;6—护罩;7—钢环图。

图 3. 2. 8　连接器

4. 锚具的检验

锚具是建立预应力和保证结构安全的关键,因此,既要求锚具的尺寸和形状准确,又要求锚具具有足够的承载能力和良好的使用性能，还要具有可靠的锚固性能，从而能充分发挥预应力筋的强度，安全地实现预应力张拉作业。夹具应具有良好的自锚性能、松锚性能和重复使用性能；对于连接器，当用于后张法时，必须符合锚具的性能要求，用于先张法时，必须符合夹具的性能要求；锚固性能不可靠或承载能力不够的锚具、夹具和连接器不得用于预应力混凝土构件施工中。

按使用要求，锚具的锚固性能分为以下两类。

①Ⅰ类锚具：适用于承受动载、静载的预应力混凝土结构；

②Ⅱ类锚具：仅适用于有黏结预应力混凝土结构中预应力筋应力变化不大的部位。

对锚具的技术要求有：

（1）静载锚固性能

锚具的静载锚固性能用锚具效率系数表示，其表达式为：

$$\eta_a = F_{aP\mu} / \eta_P F^c_{aP\mu} \tag{3.2.2}$$

式中　$F_{aP\mu}$——预应力筋锚具组装件的实测极限拉力（kN）；

$F^c_{aP\mu}$——预应力筋锚具组装件中各根预应力钢材计算极限拉力之和（kN）；

η_P——预应力筋的效率系数。

预应力筋效率系数 η_P 按下列规定取用：

①对于重要的预应力混凝土结构工程使用的锚具，应按国家现行标准《预应力筋用锚具、夹具和连接器应用技术规程》（JGJ 85—2010）计算确定；

②对于一般预应力混凝土结构工程使用的锚具，当预应力筋为钢丝、钢绞线或热处理钢筋时，η_P 取 0.97；当预应力筋为冷拉Ⅱ、Ⅲ、Ⅳ级钢筋时，η_P 取 1.00。

为了保证预应力筋在破坏时锚具有足够的延伸性，总应变 $\varepsilon_{aP\mu,tot}$ 也必须满足一定的要求，因此Ⅰ、Ⅱ类锚具的静载锚固性能应由预应力锚固组装件静载试验测定的锚具效率系数和达到实测极限拉力时的总应变 $\varepsilon_{aP\mu,tot}$ 确定，其值应符合表 3.2.1 规定。

表 3.2.1　锚具效率系数和总应变指标

锚具类型	锚具效率系数	实测极限拉力的总应变 $\varepsilon_{aP\mu,tot}$	锚具类型	锚具效率系数	实测极限拉力的总应变 $\varepsilon_{aP\mu,tot}$
Ⅰ	≥0.95	≥2.0	Ⅱ	≥0.90	≥17

（2）动载锚固性能

①疲劳荷载性能。Ⅰ类锚具组装件必须能经受循环次数为 200 万次的疲劳性能试验。当预应力筋为钢丝、钢绞线或热处理钢筋时，试验应力上限为预应力筋强度标准值的 65%，应力幅度为 80%。

②周期荷载性能。用于抗震结构的锚具，尚应能承受 50 次循环的周期荷载试验。当预应力筋为钢丝、钢绞线或热处理钢筋时，试验应力上限为预应力筋强度标准值的 100%，下限为 40%。

（3）其他要求

①锚具或其附件上宜设置灌浆孔道，灌浆孔道应使浆液有通畅的截面面积。

②用于后张法的预应力筋连接口，必须符合Ⅰ类锚具锚固性能的要求。

③夹具的静载锚固性能应符合表 3.2.1 中Ⅰ类锚具的效率系数和锚固性能的要求。

（4）锚具质量检验

预应力筋锚具、夹具和连接器，应按合同核对其型号、规格和数量，以及适用的预应力筋品种、规格和强度等级，且生产厂家应提供产品质保书、产品技术手册、锚固区传力性能型式检验报告，以及夹片式锚具的锚口摩擦损失测试报告或参数。产品按合格验收后，应按下列规定进行进厂检验。

①外观及尺寸检查：应从每批产品中抽取 2% 且不少于 10 套的样品，检查其外形尺寸、表面裂纹及锈蚀情况。外形尺寸应符合产品质保书所示的尺寸范围，且表面不得有裂纹及锈蚀。当有下列情况之一时，本批产品应逐套检查，合格后方可进入后续检查：

a. 当有一个零件不符合产品质保书所示的外形尺寸,则应另取双倍数量的零件重新检查,仍有一个不合格;

b. 当有一个零件表面有裂纹或夹片、锚孔锥面有锈。

对配套使用的锚垫板和螺旋筋可按上述方法进行外观检查,但允许表面有轻度锈蚀。

②硬度检查:应从每批产品中抽取3%且不少于5套样品(对多孔夹片式锚具的夹片,每套抽取6片),对其中有硬度要求的零件进行硬度检验,每个零件测试3点,其硬度应符合产品质保书的规定。当有一个零件不合格时,则应另取双倍数量的零件重做检验;如仍有一个零件不合格,应对本批产品逐个检验,合格者方可使用或进入后续检验。

③静载锚固性能试验:应在外观检查和硬度检验均合格的同批产品中抽取样品,与相应规格和强度等级的预应力筋组成3个预应力筋—锚具组装件,进行静载锚固性能试验。如有一个试件不符合要求时,则应另取双倍数量的样品重做试验;仍有一个试件不符合要求,则该批锚具为不合格产品。静载锚固试验方法应符合现行国家标准《预应力筋用锚具、夹具和连接器》(GB/T 14370—2015)的规定。

④对特大桥、大桥和重要桥梁工程中使用的锚具产品,应进行上述3项检查和检验;对锚具用量较小的一般中、小桥梁工程,如生产厂能提供有效的静载锚固性能试验合格的证明文件,则仅需进行外观检查和硬度检验。

⑤进场检验时,同种材料、同一生产工艺条件下、同批进场的产品可视为同一验收批。锚具的每个验收批不宜超过2 000套;夹具、连接器的每个验收批不宜超过500套;获得第三方独立认证的产品其验收批可扩大1倍。检验合格的产品,在现场的存放期超过一年时,再用时应进行外观检查。

思一思

对锚具和夹具各有什么要求?

三、施加预应力的一般规定

①预应力筋的张拉宜采用穿心式双作用千斤顶,整体张拉或放张宜采用具有自锚功能的千斤顶,千斤顶的额定张拉力宜为所需张拉力的1.5倍,且不得小于1.2倍。

②与千斤顶配套使用的压力表应选用防震型产品,最大读数应为张拉力的1.5~2.0倍,标定精度不应低于1.0级。

③张拉机具设备应与锚具产品配套使用,并在使用时进行校正、检验和标定。

④张拉用的千斤顶与压力表应配套标定、配套使用。当处于下列情况之一时,应重新进行标定:使用时间超6个月,或张拉次数超300次,或使用中出现异常,或检修更换配件后。

⑤施加预应力前,施工现场应已具备批准的张拉顺序、张拉程序、施工作业指导书,经培训的施工人员及防护措施。且检验达到锚具安装正确、构件混凝土强度和弹性模量(龄期)满足要求。

⑥千斤顶安装时,工具锚应与前端的工作锚对正,工具锚和工作锚之间的各根预应力筋不得错位或扭绞。实施张拉时,千斤顶与预应力筋、锚具的中心线应位于同一轴线上。

⑦预应力筋的张拉顺序和张拉控制力应符合设计规定,当需超张拉或计入锚圈口预应力损失时可比设计规定提高5%,但任何情况下均不得超过设计规定的最大控制应力。

⑧预应力筋采用应力控制方法张拉时,应对伸长值进行校核。实际伸长值与理论伸长值的差值应控制在±6%以内,否则应暂停张拉并查明原因并调整。

⑨预应力筋的理论伸长值 $\Delta L_1=(P_pL)/(A_pE_p)$,$P_p$ 为预应力筋的平均张拉力,直线筋取张拉端的拉力。

⑩预应力筋张拉时,先调整到初应力 σ_0,σ_0 应为 σ_{con} 的10%~25%,伸长值应从初应力时开始量测。预应力筋的实际伸长值 ΔL_S 除量测的伸长值外,尚应加上初应力以下的推算伸长值。

$\Delta L_S=\Delta L_1$(从初应力至最大张拉应力间的实测伸长值)$+\Delta L_2$(初应力以下的推算伸长值,可采用相邻级的伸长值)。

预应力筋张拉控制应力的精度为 ±1.5%。

⑪预应力筋的锚固,应在张拉控制应力处于稳定状态下进行。锚固阶段张拉端锚具变形、预应力筋的回缩量和接缝压缩值,应不大于设计规定和《公路桥涵施工技术规范》的要求。

⑫张拉锚固后,建立在锚下的实际有效预应力与设计张拉控制应力的相对偏差应不超过 ±5%,且同一断面中预应力束的有效应力的不均匀度应不超过 ±2%。

⑬预应力筋张拉、锚固过程中及锚固完成后,均不得大力敲击或振动器具。预应力筋锚固后需放松时,对夹片式锚具宜采用专门的放松装置松开;对支撑式锚具可采用张拉设备缓慢地松开。

⑭预应力筋在张拉时,应采取有效的安全防护措施,预应力筋两端的正面严禁站人和穿越。

四、先张法施加预应力

1. 准备工作

(1)张拉台座

先张法板梁是在张拉台座上进行制作的。

张拉台座可分为墩式台座和槽式台座两种。

①墩式台座(见图 3.2.9)。墩式台座是由台面、承力架、横梁和定位钢板等组成。它靠自重力和土压力来平衡张拉力所产生的倾覆力矩,并靠土壤的反力和摩擦力来抵抗水平位移。

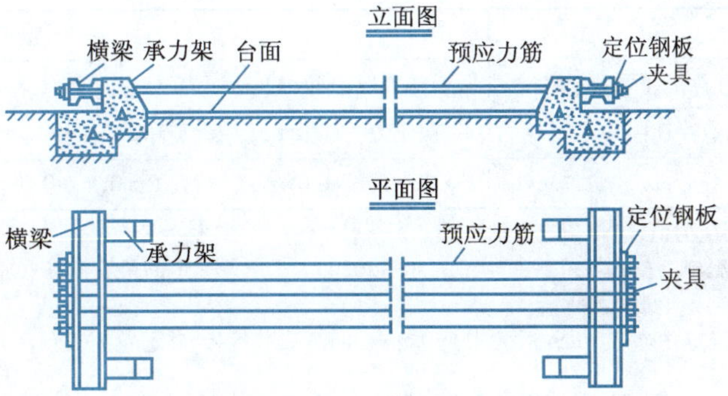

图 3.2.9 墩式台座

台面是制梁的底模,有整体式混凝土台面和装配式混凝土台面两种。承力架要承受全部的张拉力,所以要有足够的承载能力和稳定性。横梁是将预应力筋张拉力传给承力架的构件,为保证其承载力,常用型钢制成;设计时,要根据横梁的跨径、张拉力的大小确定其截面尺寸,并保证其刚度和稳定性。定位钢板是用来固定预应力筋的位置,采用上面打孔的钢板制成,钢板的厚度应保证承受张拉力后具有足够的刚度。定位钢板上孔的位置按预应力筋的位置确定,为便于穿筋,孔径比钢筋的直径大 2 ~5 mm。

②槽式台座(见图 3.2.10)。由台面、传力柱、横梁、横系梁、定位钢板等组成。它适用于现场地质条件差,台座又不是很长时的情况。传力柱和横系梁是由钢筋混凝土制成的,其他与墩式台座相同。

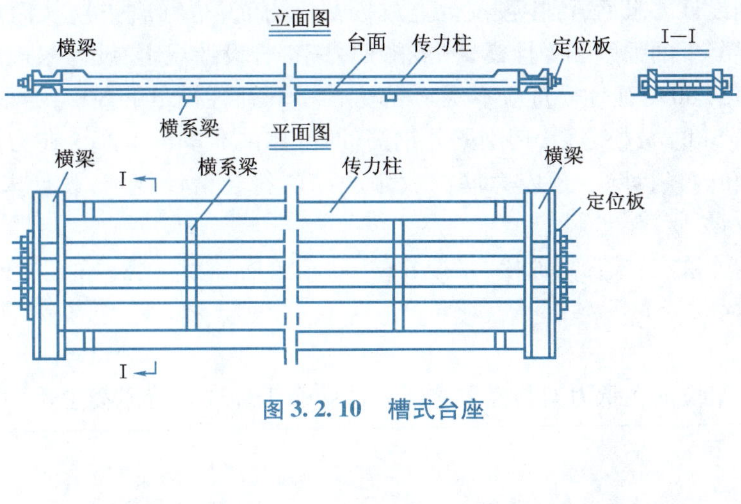

图 3.2.10 槽式台座

(2)安装定位板、预应力筋及检查

预应力筋张拉前,应先安装定位钢板,检查定位钢板的钻孔位置和孔径大小是否符合设计要求,然后将定位钢板固定在横梁上,再安装预应力筋。

对于长线台座,预应力筋需要先用连接器串联。

先张法的墩式台座应进行专门设计,并应具有足够强度、刚度和稳定性,抗倾覆安全系数不小于1.5,抗滑移系数不小于1.3,锚固横梁受力后挠度不大于2 mm。

2. 张拉工艺

钢筋数量、位置和张拉设备经过检查后,才可进行张拉。

先张法梁通常采用一端张拉,另一端在张拉前要设置好固定装置或安放好预应力筋的放松装置。当然也有采用两端张拉的方法。

①单根张拉设备比较简单,吨位低,但张拉速度慢。张拉的顺序应按不使台座承受大偏心力而定。

②多根同时张拉一般需有两个大吨位拉伸机,张拉速度快。数根钢筋张拉时,必须注意使它们的初始长度一致,张拉后每根(束)钢筋的应力均匀。为此可在钢筋的一端选用螺丝端杆锚具,另一端选用镦粗夹具与拉伸机连接,这样可以利用螺丝端杆的螺帽调整各根钢筋的初始长度。如果钢筋直径较小,在保证每根钢筋下料长度精确的情况下,两端都可采用镦粗夹具。此外还必须使两个千斤顶与钢筋对称布置,两个千斤顶油路串通,同步进行工作。

③先张法预应力筋张拉程序,见表3.2.2。

表3.2.2 先张法预应力筋张拉程序

预应力筋种类		张拉程序
钢丝、钢绞线	夹片式等具有自锚性能的锚具	低松弛预应力筋:0→初应力→σ_{con}(持荷5 min锚固)
	其他锚具	0→初应力→1.05σ_{con}(持荷5 min)→0→σ_{con}(锚固)
螺纹钢筋		0→初应力→1.05σ_{CON}(持荷5 min)→0.9σ_{CON}→σ_{CON}(锚固)

注:1. 表中σ_{con}为张拉时的控制应力值,包括预应力损失值。
2. 超张拉数值超过《公路桥涵施工技术规范》(JTG/T 3650—2020)7.6.3条规定的最大超张拉应力限值时,应按该条规定的限制张拉应力进行张拉。
3. 张拉螺纹钢筋时,应在超张拉并持荷5 min后放张至0.9σ_{con}时再安装模板、普通钢筋及预埋件等。

④张拉时,预应力筋的断丝数量不得超过表3.2.3的规定。

表3.2.3 先张法预应力筋断丝限制

类　别	检查项目	控制数
钢丝、钢绞线	同一构件内断丝数不得超过钢丝总数	1%
钢筋	断筋	不容许

⑤预应力筋张拉完毕后,其位置与设计位置的偏差应不大于5 mm,同时不应大于构件最短边长的4%,且宜在4 h内浇筑混凝土。

3. 放松预应力筋

当混凝土强度达到设计要求后,可在张拉台上放松预应力筋(也称放张),从而对预制梁施加预应力。预应力筋放张时构件混凝土的强度和弹性模量(或龄期)应符合设计规定;设计未规定时,混凝土的强度应不低于设计强度等级值的80%,弹性模量应不低于混凝土28 d弹性模量的80%,当采用混凝土龄期代替弹性模量控制时应不少于5 d。放松之后,切割梁外钢筋,即可移位准备再生产。在力筋放张之前,应将限制位移的侧模、翼缘模板和内模拆除。预应力筋的放张顺序应符合设计规定;设计未规定时,应分阶段、均匀、对称、相互交错地放张。

放松预应力钢筋的方法有:千斤顶放松、张拉放松、砂箱放松、滑楔放松等。以下简单介绍常用的前三种放松方法。

(1)千斤顶放松法

如图3.2.11所示,张拉前在承力架与横梁之间安放两个千斤顶。待混凝土达到规定放张强度后,即可让两个千斤顶同步回程，使拉紧的力筋慢慢回缩，将力筋放松。

注意：用千斤顶放张时，应分数次完成，不可一次放张完成。

(2)张拉放松法

①在张拉端利用连接器、拉杆、双螺帽放松预应力筋，如图 3.2.12 所示。将固定在横梁定位板前的双螺帽慢慢旋动，同一组放松的预应力筋螺帽旋动的距离应相等，然后再将千斤顶回油，力筋就慢慢回缩，张拉力即被释放。如果采用单根放松时，应先两侧后中间，分阶段进行，不得一次将一根力筋松完。

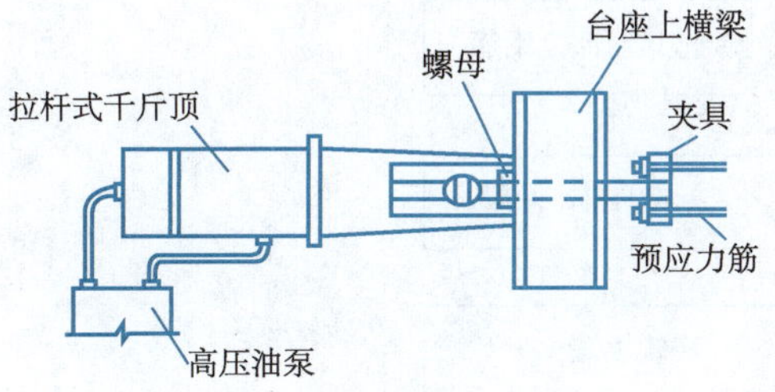

图 3.2.11　千斤顶放松示意图

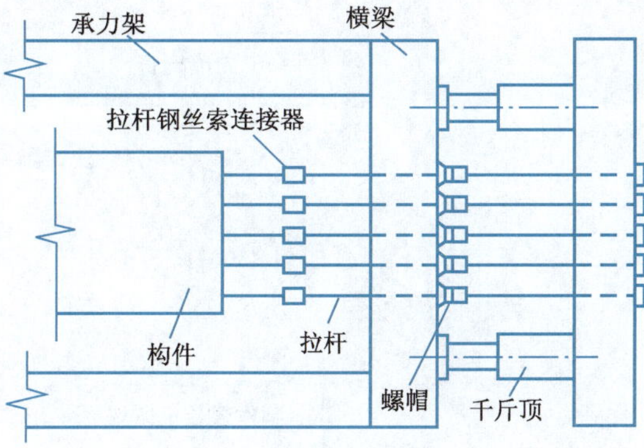

图 3.2.12　张拉端张拉放松示意图

②在台座固定端设置螺杆和张拉架，张拉架顶紧横梁让预应力筋锚固在张拉架上，如图 3.2.13 所示。放松时，先略微拉紧力筋，让其伸长一些，然后拧松螺帽，再将千斤顶回油，力筋就慢慢回缩，张拉力即被释放。

(3)砂箱放松法

如图 3.2.14 所示，张拉前将放松装置放在台座承力架与横梁之间。张拉前砂筒的活塞要全部拉出，筒内装满烘干细砂，张拉时筒内砂子被压实，承担横梁的反力。多根整批预应力筋的放张采用砂箱放张时放沙速度应均匀一致。放松钢筋时，打开砂口，活塞缩回，钢筋逐渐放松。

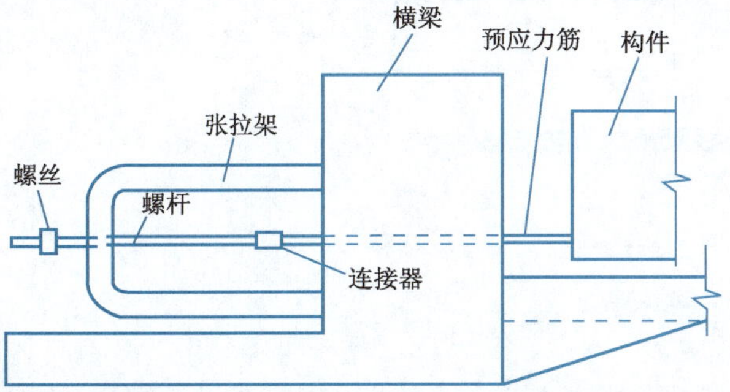

图 3.2.13　固定端张拉放松示意图

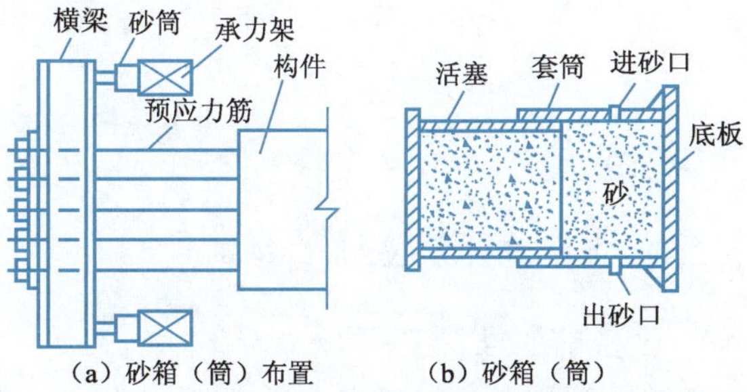

图 3.2.14　砂箱放松示意图

放张后，预应力筋在构件端部的内缩值宜不大于 1.0 mm；预应力筋放张后，对钢丝和钢绞线，应采用机械切割的方式进行切断，对螺纹钢筋可采用乙炔-氧气切割，但应采取必要措施防止高温对其产生不利影响；长线台座上预应力筋的切断顺序，应由放张端开始，依次向另一端切断。

预应力混凝土梁桥预制工艺，与普通混凝土梁桥基本一致。图 3.2.15 给出的是先张法空心板梁预制工艺流程图，以便于学生从这个简单的预制流程中加深对混凝土梁桥预制工艺全过程的认识。

想一想

放张预应力筋的方法有哪些？

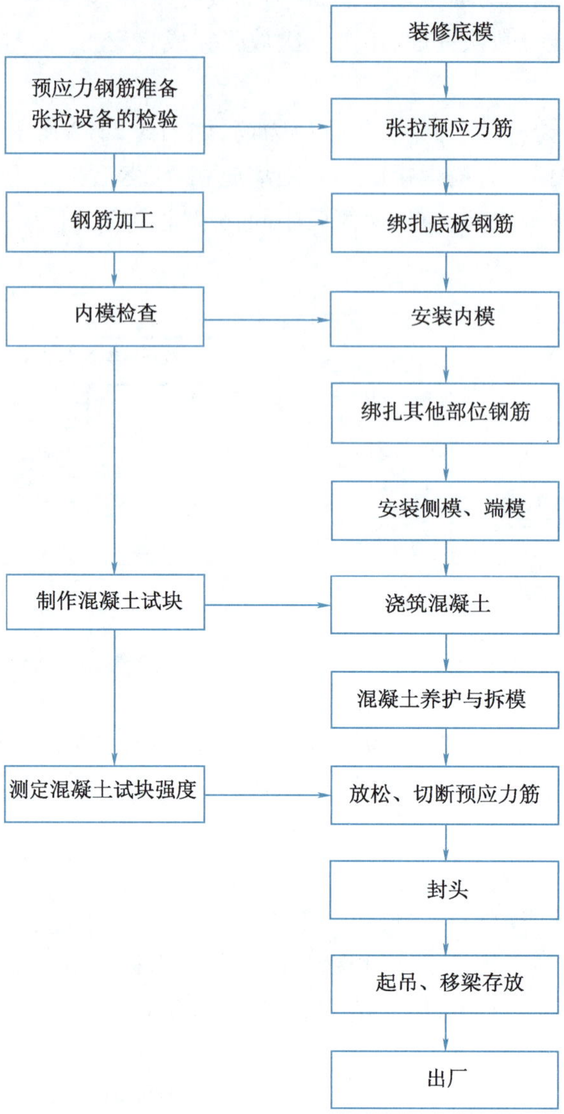

图 3.2.15　先张法空心板梁预制工艺流程

五、后张法施加预应力

1. 张拉前的准备工作

后张法预制梁施加预应力时，结构或构件混凝土的强度和弹性模量（或龄期）应符合设计规定；设计未规定时，混凝土的强度应不低于设计强度等级值的 80%，弹性模量应不低于混凝土 28 d 弹性模量的 80%，当采用混凝土龄期代替弹性模量控制时应不少于 5 d。张拉前需要完成梁内预留孔道、编束、制锚穿束和张拉机具设备的准备工作。

（1）穿束

预应力筋可在浇筑混凝土之前或之后穿入孔道。若是在混凝土浇筑之后穿入，需要等梁体混凝土强度达到强度设计值的 80% 以上时，才可以进行穿束。

穿束前，应检查锚垫板和孔道，锚垫板位置应准确，孔道内应畅通，无水和其他杂物。为确保孔道通畅，先用空压机吹风等方法清除孔道内的污物积水。

穿束可采用人工直接穿束，也可借助一根 5 m 长钢丝作为引线，用卷扬机牵引进行穿束工作。穿束时钢丝束从一端穿入预留孔道，钢丝束在孔道两端头伸出的长度应大致相等。目前，穿钢绞线束的新方法是用专门的穿束机，将钢绞线从盘架上拉出后从孔道的一端快速地（速度为 3 ~ 5 m/s）推送入孔道，当戴有护头的束前端穿出孔道另一端时，用电动切线机按规定伸出长度予以截断，再将护头戴在第二束的端头上进行穿束，直至穿到规定的束数。

(2)检查孔道

对在混凝土浇筑之前穿束的孔道，力筋安装完成后，应进行全面检查，以查出可能被损坏的孔道。在混凝土浇筑之前，必须将孔道上一切非有意留的孔、开口或损坏之处修复，并应检查力筋能否在孔道内自由滑动。

(3)预应力筋安装后的保护

①对在混凝土浇筑和养生之前安装在孔道内，但在下列规定时限内没有压浆的预应力筋，应采取防锈或其他防腐蚀的措施，直至压浆。不同暴露条件下，未采取防腐蚀措施的力筋在安装后直至压浆时的容许间隔时间见表3.2.4。

表3.2.4 容许间隔时间

空气湿度	间隔时间/d
空气湿度大于70%或盐分过大时	7
空气湿度40%~70%时	15
空气湿度小于40%时	20

②力筋安装在孔道中后，孔道端部开口应密封以防止湿气进入。采用蒸气养生时，在养生完成之前不应安装力筋。

③在任何情况下，当在安装有预应力筋的构件附近进行电焊时，对全部预应力筋和金属件均应进行防护，防止溅上焊渣或造成其他损坏。

2. 张拉工艺

预应力筋的张拉顺序应符合设计要求，当设计未作规定时，可采取分批、分阶段对称张拉。

(1)张拉端的设置

预应力筋张拉端的设置应符合设计要求，当设计无具体要求时，应符合下列规定：

①对曲线预应力筋或长度大于等于20 m的直线预应力筋，宜在两端张拉；对长度小于20 m的直线预应力筋，可在一端张拉。

②曲线配筋的精轧螺纹钢筋应在两端张拉，直线配筋的可在一端张拉。

③当同一截面中有多束一端张拉的预应力筋时，张拉端宜分别设置在结构或构件的两端；预应力筋采用两端张拉时，宜两端同时张拉，或先在一端张拉锚固后，再在另一端补足预应力值进行锚固。

(2)张拉程序

后张法梁的预应力筋(束)张拉程序根据锚具形式和筋束种类不同而不同，见表3.2.5。

表3.2.5 后张法预应力筋张拉程序

锚具和预应力筋类别		张拉程序
夹片式等具有自锚性能的锚具	钢绞线束、钢丝束	低松弛预应力筋：0→初应力→σ_{con}(持荷5 min锚固)
其他锚具	钢绞线束、钢丝束	0→初应力→1.05σ_{con}(持荷5 min)→σ_{con}(锚固)
		0→初应力→1.05σ_{con}(持荷5 min)→0→σ_{con}(锚固)
螺母锚固锚具	螺纹钢筋	0→初应力→σ_{con}(持荷5 min)→0→σ_{con}(锚固)

注：1. 表中σ_{con}为张拉时的控制应力值，包括预应力损失值。

2. 两端同时张拉时，两端千斤顶升降压、画线、测伸长等工作应基本一致。

3. 超张拉数值超过《公路桥涵施工技术规范》(JTG/T 3650—2020)7.6.3条规定的最大超张拉限值时，应按该条规定的限值进行张拉。

3. 张拉注意事项

①预应力钢筋在张拉时，混凝土强度不得低于强度设计值的80%或设计的规定值。

②混凝土抗压强度必须是与构件同条件养护的混凝土试件的抗压强度测定值。

③预应力筋张拉过程中严禁操作人员(包括其他人员)站在千斤顶后方,防止断丝或滑丝伤人。

④曲线预应力钢材或长度大于等于20 m的直线预应力钢筋宜采用两端张拉的方法。

⑤认真做好张拉记录,当发现实际伸长量与理论计算值相差太多(一般在±6%之间)时,立即停止张拉,分析原因。

⑥张拉预应力钢材断丝、滑移不得超过规定的控制数,见表3.2.6。

表3.2.6 后张预应力筋断丝、滑移限制

类　别	检查项目	控制数
钢丝束钢绞线束	每束钢丝断丝或滑丝	1根
	每束钢绞线断丝或滑丝	1丝
	每个断面断丝之和不超过该断面钢丝总数的百分比	1%
螺纹钢筋	断筋或滑移	不容许

注:1. 钢绞线断丝系指单根钢绞线内钢丝的断丝。
2. 超过表列控制数时,原则上应更换;当不能更换时,在许可的条件下,可采取补救措施,如提高其他束预应力值,但必须满足设计各阶段极限状态的要求。

⑦必须在张拉控制应力达到稳定后方可锚固。对夹片式锚具,锚固后夹片顶面应平齐,其相互间的错位宜不大于2 mm,且露出锚具外的高度应不大于4 mm,锚固完毕并经检验确认合格后方可切割端头多余的预应力筋,切割时应采用砂轮锯,严禁采用电弧进行切割,同时,不得损伤锚具。

⑧切割后预应力筋的外露长度不小于30 mm,且应不小于1.5倍预应力筋直径。锚具应采用封端混凝土保护,当需长期外露时,应采取防止锈蚀的措施。

4. 后张孔道压浆及封锚

①预应力筋张拉锚固后,孔道应尽早压浆,且应在48 h内完成,否则应采取防止预应力筋锈蚀的措施

②压浆应采用专用压浆料或专用压浆剂配制的浆液进行压浆,应采用高效减水剂,掺合料品种宜为Ⅰ级粉煤灰,膨胀剂宜用钙矾石系或复合型膨胀剂,配制的浆液性能应符合规定。

③压浆设备性能要求:搅拌机转速不低于1 000 r/min;储料罐应有搅拌功能且有网格尺寸不大于3 mm的过滤网;压浆机采用活塞式可连续作业的压浆泵,不得采用风压式压浆泵,压力表最小分度值应不大于0.1 MPa;真空辅助压浆中采用的真空泵应能达到0.10 MPa的负压力。

④孔道压浆前,准备工作要求:应在工地试验室对压浆材料加水进行试配;应对孔道进行清洁处理,可用水冲洗,再用压缩空气将孔道内的所有积水吹出;应对压浆设备进行清洗。

⑤压浆顺序:压浆时,对曲线孔道和竖向孔道应从最低点的压浆孔压入;对水平直线孔道,可从任意一端的压浆孔压入;构件中上下分层设置的孔道,按先下层、后上层的顺序压浆;同一管道的压浆应连续进行,一次完成。压浆应缓慢、均匀地进行,不得中断,并应将所有最高点的排气孔依次打开和关闭,使孔道内排气通畅。

⑥浆液自拌完成至压入孔道的延续时间不宜超过40 min。

⑦对水平或曲线孔道压浆压力宜为0.5~0.7 MPa,超长孔道最大压力不宜超过1.0 MPa,对竖向孔道,压浆压力宜为0.3~0.4 MPa。压浆的充盈度应达到孔道另一端饱满且排气孔排出与规定流动度相同的水泥浆为止,关闭出浆口后,宜保持一个不小于0.5 MPa时长3~5 min的稳压期。

⑧采用真空辅助压浆时,压浆前应对孔道进行抽真空,真空度宜稳定在-0.06~-0.10 MPa范围内,真空度稳定后,应立即开启孔道压浆端阀门,同时启动压浆泵进行连续压浆。

⑨压浆时,每一工作班应制作留取不少于3组尺寸为40 mm×40 mm×160 mm的试件,标养28 d,进行抗压强度、抗折强度试验。试验方法应按现行《水泥胶砂强度检验方法(ISO法)》(GB/T 17671—2021)的规定执行;质量检验评定方法应符合《公路工程质量检验评定标准　第一册　土建工程》(JTG F80/1—2017)附录M的规定。

⑩压浆过程中及压浆后48 h内,构件及环境温度不得低于5 ℃,否则应采取保温措施并应按冬期施工

要求处理，浆液中可适当掺入引气剂，但不得掺用防冻剂。

当环境温度高于35 ℃时，压浆宜在夜间进行。

⑪压浆后应通过检查孔抽查压浆的密实情况，如有不实，应及时进行补压浆处理。

⑫压浆完成后，应及时对锚固端按设计要求进行封闭保护或防腐处理，需要封锚的锚具，应对梁端混凝土凿毛并将其周围冲洗干净，设置钢筋网浇筑封锚混凝土，封锚采用与结构或构件同强度的混凝土并严格控制封锚后梁体长度。

长期外露的锚具，应采取防锈措施。

⑬对后张预制构件，在孔道压浆前不得安装就位；压浆后应在浆液强度达到规定强度后方可移运和吊装。

后张法预制工艺流程如图3.2.16所示。

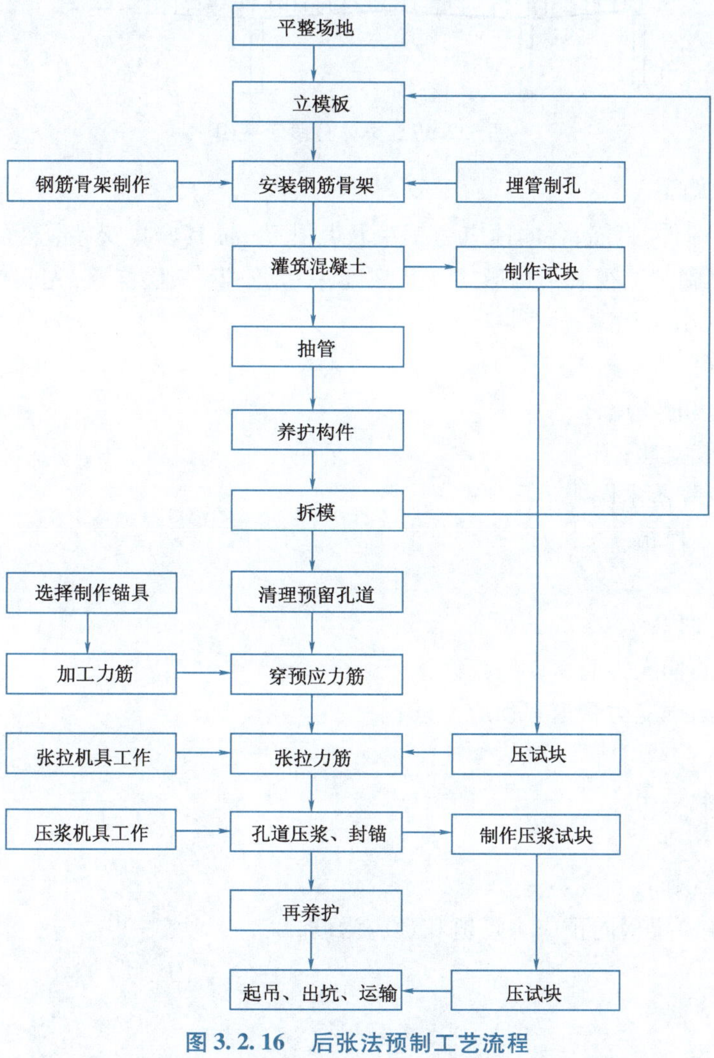

图3.2.16 后张法预制工艺流程

想一想

孔道压浆的作用是什么？

任务知识2.2 悬臂施工

悬臂施工法也称为分段施工法，悬臂施工法是以桥墩为中心向两岸对称地、逐节悬臂接长的施工方法。预应力混凝土桥梁采用悬臂施工法是从钢桥悬臂拼装发展而来。悬臂施工法最早主要用于修建预应力T型刚构桥，由于悬臂施工方法的优越性，后来被推广用于预应力混凝土悬臂梁桥、连续梁桥、斜腿刚构桥、桁架桥、拱桥及斜拉桥等。

悬臂施工法又可分为悬臂浇筑法和悬臂拼装法。下面对这两种施工方法均进行简单的介绍。

一、悬臂浇筑法

1. 梁体分段要求

悬臂浇筑施工时，梁体一般要分为四部分浇筑，如图 3.2.17 所示。Ⅰ为墩顶梁段（又称 0 号块），Ⅱ为由 0 号块两侧对称分段悬臂浇筑部分，Ⅲ为边孔在支架上浇筑部分，Ⅳ为主梁在跨中合龙段。主梁各部分的长度视主梁形式和跨径、挂篮的形式及施工周期而定。0 号块一般为 5 ~ 10 m，悬浇分段一般为 2 ~ 6 m，支架现浇段一般为 2 ~ 3 个悬臂浇筑分段长，合龙段一般为 1 ~ 3 m。

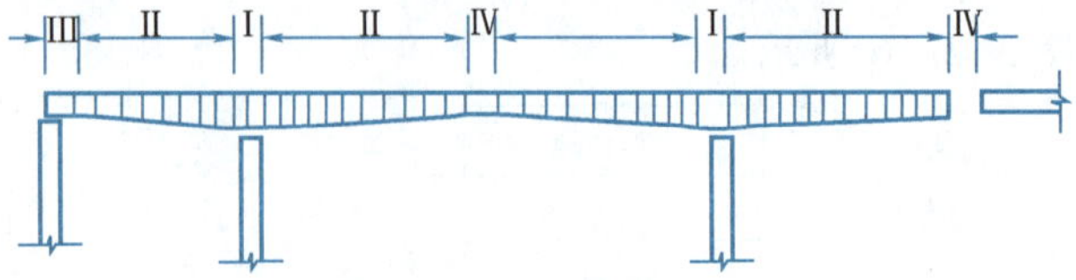

图 3.2.17　梁体分段示意图

2. 悬臂梁段 0 号块施工

0 号块结构复杂，预埋件、钢筋、各向预应力钢束及其孔道、锚具密集交错，梁面有纵横坡度，端面与待浇段密切相连，务必精心施工。视其结构形式及其高度，一般分 2 ~ 3 层浇筑，先底板、再腹板、后顶板。

(1)悬臂梁段 0 号块施工程序

①安装墩顶托架平台；

②浇筑支座垫石及临时支座；

③安装永久盆式橡胶支座；

④安装底、侧钢梁及降落木楔或千斤顶；

⑤安装底板部分堵头模板；

⑥托架平台试压；

⑦调整模板位置及高程；

⑧绑扎底板和腹板的伸入钢筋；

⑨安装底板上的竖向预应力管道和预应力筋；

⑩监理工程师验收；

⑪浇筑底板第一层混凝土；

⑫混凝土养护；

⑬绑扎腹板、横隔梁钢筋；

⑭安装腹板纵向、横隔梁横向预应力管道和预应力筋；

⑮安装全套模板；

⑯监理工程师验收；

⑰浇筑腹板横隔板；

⑱混凝土养护；

⑲拆除部分内模后，安装顶板底模；

⑳安装顶板端模；

㉑绑扎顶板底层钢筋网及管道定位筋；

㉒安装顶板纵向预应力管道及横向预应力管道和预应力筋；

㉓安装顶板上层钢筋网；

㉔监理工程师验收；

㉕浇筑顶板混凝土；

㉖纵向胶管抽拔；

㉗管道清理及混凝土养生；

㉘拆除顶、底板端模；

㉙两端混凝土连接面凿毛；

㉚混凝土强度达到设计要求强度后张拉竖横向预应力筋；

㉛竖横向预应力管道压浆；

㉜拆除内模、侧模和底模；

㉝拆除墩顶托架平台。

若墩梁刚性固结时，可省去②、③施工步骤。

(2)施工托架施工要点

采用悬臂浇筑法施工时，墩顶0号块梁段采用在托架上立模现浇。施工托架可根据承台形式、墩身高度和地形情况，分别支承在承台、墩身或地面上。

常用施工托架有扇形托架(见图3.2.18)、高墩托架(见图3.2.19)、墩顶预埋牛腿托架平台(见图3.2.20)、临时墩及型钢结构支承平台(见图3.2.21)等。托架的顶面尺寸，视拼装挂篮的需要和拟浇梁段的长度而定，横桥向的宽度一般应比箱梁底板宽出1.5～2.0 m，以便设立箱梁边肋的外侧模板。托架顶面(或增设垫梁)应与箱梁底面纵向线形的变化一致。

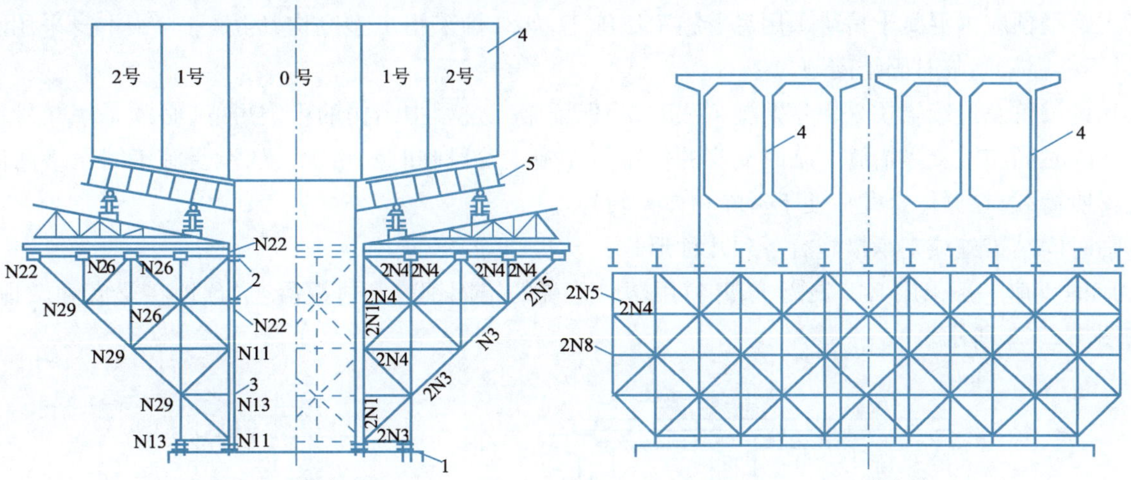

(a) 顺桥向　　(b) 横向桥

1—预埋螺栓；2—预埋钢筋；3—硬木；4—箱梁；5—底模垫梁。

图3.2.18　扇形托架(尺寸单位：mm)

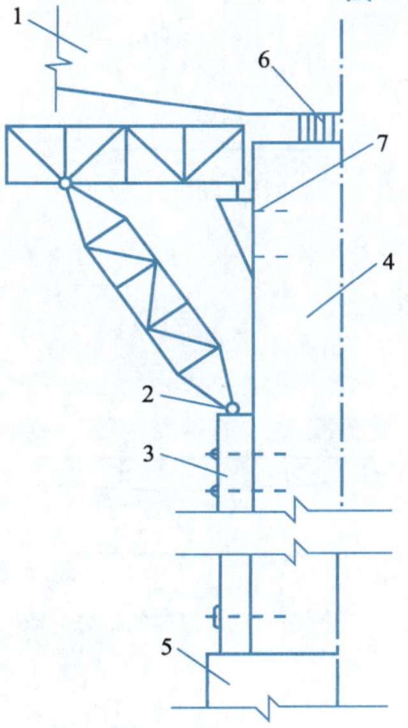

1—箱梁；2—圆柱形铰；3—承托槽钢；4—墩身；5—承台；6—支座；7—预埋牛腿。

图3.2.19　高墩托架

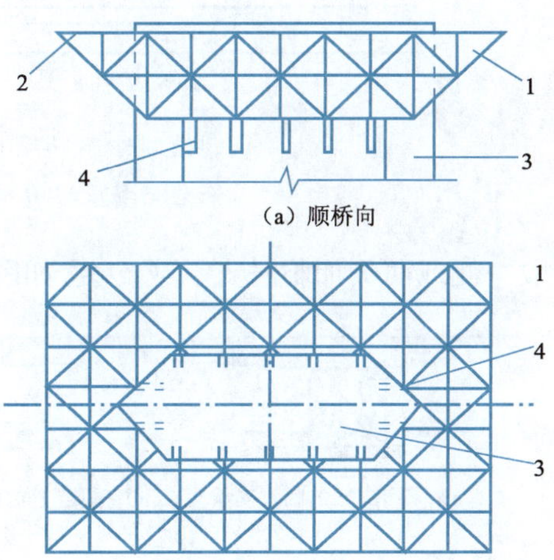

(a) 顺桥向

(b) 平面

1—万能杆件托架；2—平台面层结构；3—桥墩；4—预埋牛腿支点。

图3.2.20　墩顶预埋牛腿托架平台

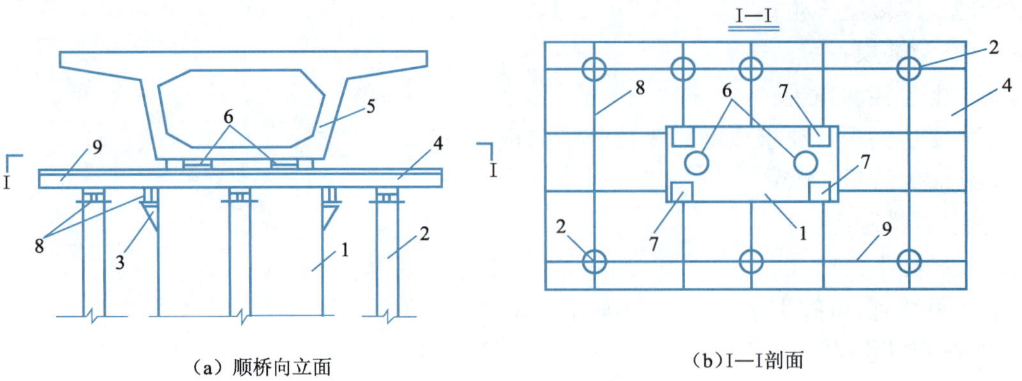

1—墩柱;2—临时墩;3—牛腿;4—支撑平台;5—箱梁;6—支座;7—临时支座;8—平台纵梁;9—平台横梁。

图 3.2.21　临时墩及型钢结构支撑平台

托架可以现场整体拼装,亦可分部在邻近场地或船上拼装再运吊就位整体组装。托架总长度视装挂篮的需要而决定。

(3)临时固结措施施工要点

①大跨径预应力混凝土桥梁采用悬臂施工法施工,如结构采用T型刚构,因墩身与梁本身采用刚性连接,所以不存在梁墩临时固结问题。

②悬臂梁桥及连续梁桥采用悬臂施工法时,为保证施工过程中结构的稳定可靠,必须采用0号块梁段与桥墩间临时固结或支撑措施。临时支座的作用是在施工阶段临时固结墩、梁,承受施工时由墩两侧传来的悬浇梁段荷载,在梁体合龙后便于拆除和体系转换。

③临时固结措施或支承措施有下列几种形式:

a. 临时支座一般采用C40混凝土,并将用塑料包裹的锚固钢筋穿过混凝土,预埋在梁底和墩顶中,其布置如图3.2.22所示。

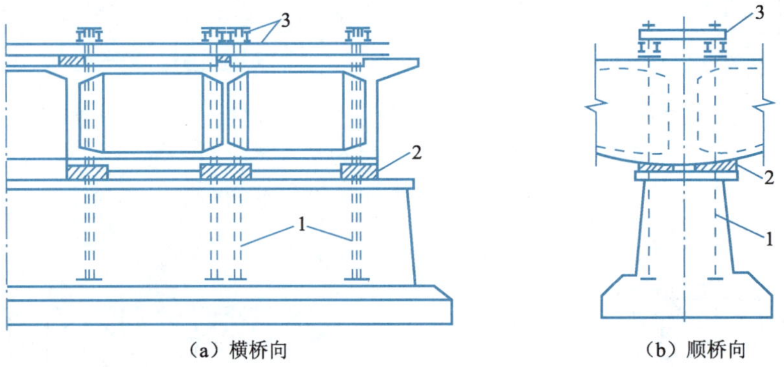

1—预埋临时锚固用预应力钢筋;2—支座;3—工字钢。

图 3.2.22　0号块与桥墩的临时固结

b. 在桥墩一侧或两侧加临时支承或支墩,如图3.2.23所示。

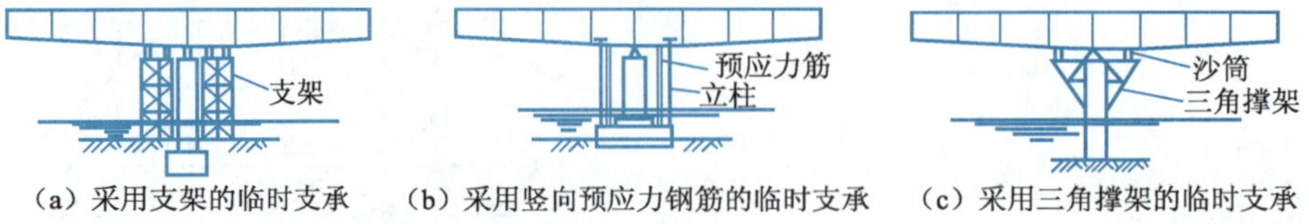

图 3.2.23　临时支承措施

c. 将0号块梁段临时支承在扇形或门式托架的两侧。

d. 临时支承可用10～20 cm厚夹有电阻丝的硫磺砂浆层、砂筒或混凝土块等卸落设备,以使体系转换时，较方便地解除临时支承。

(4)0 号块模板和支架施工要点

模板和支架是0 号块施工的关键，其设计、施工的主要技术要求是：

①有足够的刚度和强度；

②准确计算在浇筑过程中结构的弹性变形和非弹性变形；

③施工偏差和定位要求应符合有关规范的规定；

④便于操作，确保施工质量。

当墩身较低时，可采用在扇形托架或临时墩及型钢结构支承平台顶面上立模板、搭支架，浇筑0 号块混凝土；也可由墩顶放置的型钢和墩身预埋的牛腿作贝雷梁的支承形成0 号块的施工托架，在托架上立模板、搭支架，浇筑混凝土。

(5)预应力管道的设置

为确保预应力筋位置、穿束、张拉、灌浆的施工质量，必须确保预应力管道的质量。一般采用预埋铁皮管或铁皮波纹管和橡胶抽拔管。三向预应力筋管道的铁皮管和波纹管需由专用设备加工卷制，孔径按设计要求而定；橡胶抽拔管管壁用多层橡胶夹布在专业厂家制作，抽拔管宜在混凝土初凝后终凝前(150 ~ 200 ℃ · h—胶管被混凝土全部埋没的时间与平均温度的乘积)时进行。抽拔时用尼龙绳锁住外露胶管，启动卷扬机抽拔，视设置管的长度和阻力一次可抽拔5 ~ 8 根。为避免抽拔时塌孔，宜将波纹管与胶管相间布置，采用架立钢筋固定管道的空间位置。铁皮管或抽拔管后的管道，必须用小于内径10 mm 的梭形钢锤清孔，以便清除异物、补救塌孔，保证力筋穿孔畅通。

(6)预加应力

预加应力施工，详见本任务前述内容。

3. 挂篮

挂篮是悬臂浇筑施工的主要机具。挂篮是一个能沿着轨道行走的活动脚手架，挂篮悬挂在已经张拉锚固的箱梁梁段上，悬臂浇筑时箱梁梁段的模板安装、钢筋绑扎、管道安装、混凝土浇筑、预应力筋张拉、压浆等工作均在挂篮上进行。当一个梁段的施工程序完成后，挂篮解除后锚，移向下一梁段施工。所以挂篮既是空间的施工设备，又是预应力筋未张拉前梁段的承重结构。挂篮结构除应满足强度、刚度和稳定性要求外，尚应满足《公路桥涵施工技术规范》(JTG/T 3650—2020)第17.5.1 条的规定。

(1)挂篮的类型

随着施工技术的不断发展，挂篮已经由原来的压重平衡式发展成现在通用的自锚平衡式。自锚式挂篮结构形式主要有桁架式和斜拉式两种。

桁架式挂篮按其组成部件的不同，可分为万能杆件挂篮、贝雷梁或装配式公路钢桁梁组合式的挂篮等。按桁架构成形状的不同，又可分为平行桁架式挂篮、平弦无平衡重式挂篮、弓弦式挂篮和菱形式挂篮等，如图3.2.24 所示。

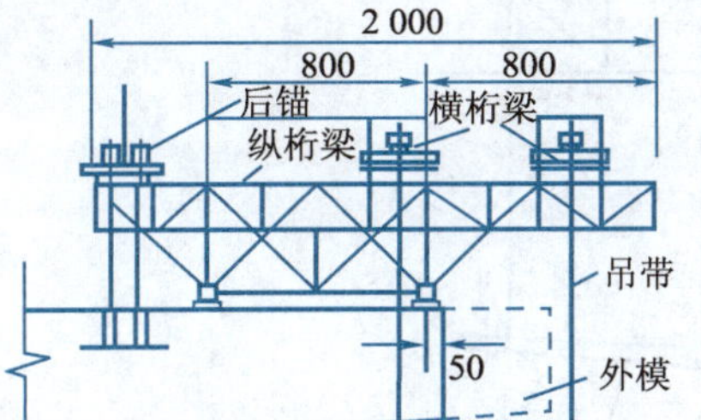

(a) 平行桁架式挂篮

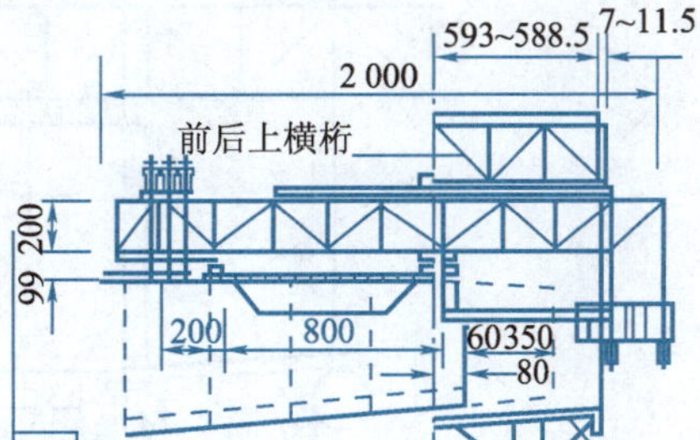

(b) 平弦无平衡重式挂篮

图3.2.24 常用桁架式挂篮类型图(尺寸单位:mm)

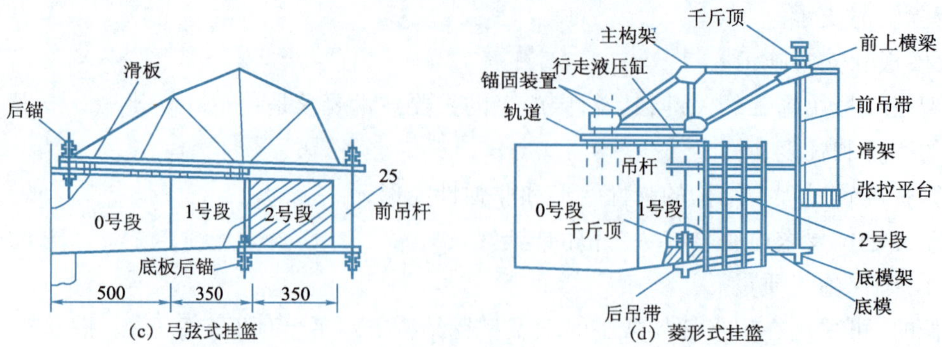

（c）弓弦式挂篮　　（d）菱形式挂篮

图 3. 2. 24　常用桁架式挂篮类型图（尺寸单位：mm）（续）

斜拉式挂篮也叫轻型挂篮，主要是为了减轻挂篮自重，以达到减少施工节段的临时钢丝束，如图 3. 2. 25 所示。

挂篮纵横桁架系布置如图 3. 2. 26 所示。

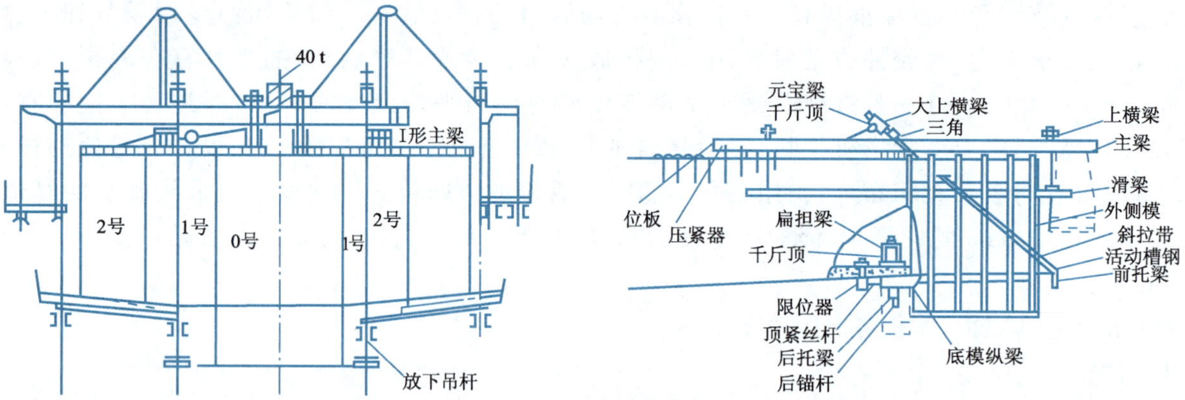

（a）三角组合式挂篮　　（b）滑动斜拉式挂篮

图 3. 2. 25　常用斜拉式挂篮示意图

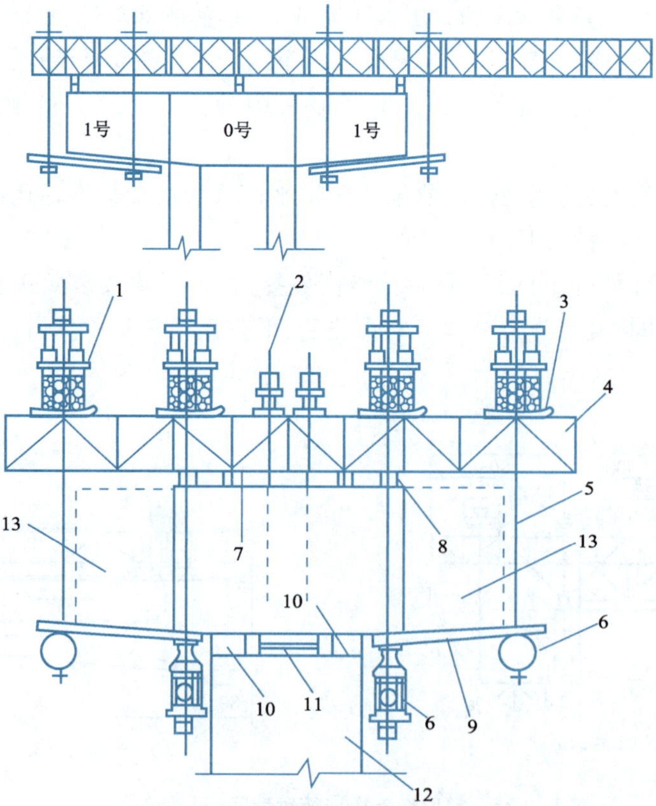

（a）挂篮施工纵断面

图 3. 2. 26　挂篮纵横桁架系布置图

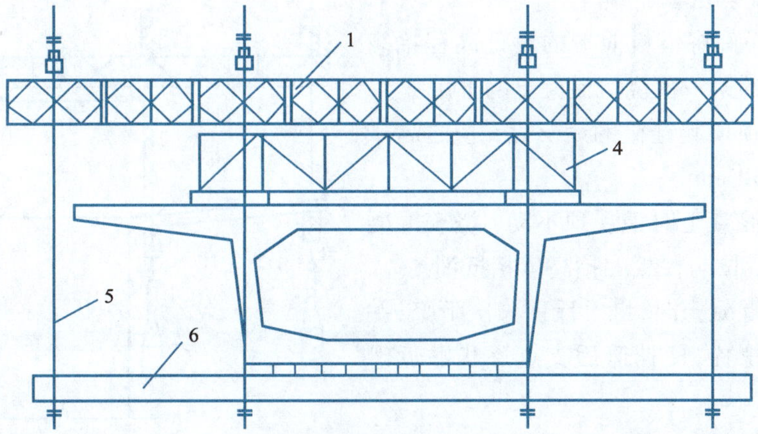

(b) 挂篮施工正面

1—主桁横梁；2—后锚点；3—行走滑板；4—主纵桁梁；5—吊杆；6—底篮横梁（钢管）；7— 后支点；8—前支点；9—底模；10—临时固定支座；11—永久支座；12—桥墩；13—待浇梁段。

图 3.2.26　挂篮纵横桁架系布置图(续)

①主纵桁梁。主纵桁梁是挂篮悬臂的承重结构，可由万能杆件或贝雷桁架(或装配式公路钢桁架)组拼或采用钢板或大号型钢加工而成。

②行走系统。行走系统包括支腿和滑道及拖移收紧设备。采用电动卷扬机牵引，通过圆棒滚动或在铺设的上、下滑道上移动。滑道要求平整光滑，摩阻力小，拆装方便，能反复使用。目前大多采用上滑道覆一层不锈钢薄板，下滑道用槽钢，内设聚四氟乙烯板，行走方便、安全，稳定性好。

③底篮。底篮直接承受悬浇梁段的施工重力，可供立模板、绑扎钢筋、浇筑混凝土、养生等工序用，由下横桁梁和底模纵横及吊杆(吊带)组成。横梁可用万能杆件或贝雷桁架或型钢、钢管构成，底模纵梁用多根 24～30 号槽钢或工字钢；吊杆一般可用 ϕ32 mm 的精轧螺纹钢筋。

④后锚系统。后锚是主纵桁梁的自锚平衡装置，由锚杆压梁、压轮、连接件、升降千斤顶等组成，目的是防止挂篮在行走状态及浇筑混凝土梁段时倾覆失稳。系统结构按计算确定，混凝土浇筑前，应按设计锚力的 0.6、1.0、1.5 倍分别用千斤顶检验锚杆。

(2)挂篮安装的注意事项

①挂篮组拼后，应全面检查安装质量，并做载重试验，以测定其各部位的变形量，并设法消除其永久变形。

②在起步长度内梁段浇筑完成并获得要求的强度后，在墩顶拼装挂篮。有条件时，应在地面上先进行试拼装，以便在墩顶熟练有序地开展挂篮拼装工作。拼装时应对称进行。

③挂篮的操作平台下应设置安全网，防止物件坠落，以确保施工安全。挂篮应采用全封闭形式，四周设围护，上下应有专用扶梯，方便施工人员上下挂篮。

④挂篮行走时，须在挂篮尾部压平衡重，以防倾覆。浇筑混凝土梁段时，必须在挂篮尾部将挂篮与梁进行锚固。

(3)消除挂篮变形的措施

每个悬浇段的混凝土一般可分两次或三次浇筑完成(混凝土数量少的也可以采用一次浇筑完成)，为了使后浇混凝土不引起先浇混凝土的开裂，需要消除后浇混凝土引起的挂篮变形。常采用的措施有：

①箱梁混凝土一次浇筑法。箱梁混凝土采用一次浇筑，并在底板混凝土凝固前全部浇筑完毕。这样可以使挂篮的变形全部发生在混凝土塑性状态时，从而避免裂纹的产生。需要注意的是，在混凝土浇筑之前要预留下沉量。

②水箱法。挂篮水箱法试压示意图见图 3.2.27。这种方法是在浇筑混凝土之前，先在水箱里注入相当于混凝土重量的水，在混凝土浇筑过程中，逐步放水使挂篮的载重和挠度基本相符。

③抬高挂篮的后支点法。

a. 浇筑混凝土之前，将模板前端的设计高程抬高10～30 mm，作为预留的第一次浇筑混凝土的下沉量。

b. 用螺旋式千斤顶顶起挂篮的后支点，使之高于滑道或钢轨顶面20～30 mm。

c. 在浇筑第一次混凝土时千斤顶不动，浇筑混凝土的重力使挂篮的下沉量与模板的抬高量相抵消。

d. 在浇筑第二次混凝土时，将千斤顶分次下降，并随即收紧后锚系统的螺栓，使挂篮后支点逐步贴近滑道或轨道面。

e. 随着后支点的下降，以前支点为轴的挂篮前端必然上升一数值，此数值正好与第二次混凝土重力使挂篮所产生的挠度相抵消，从而保证箱梁底板不会发生下沉变形。

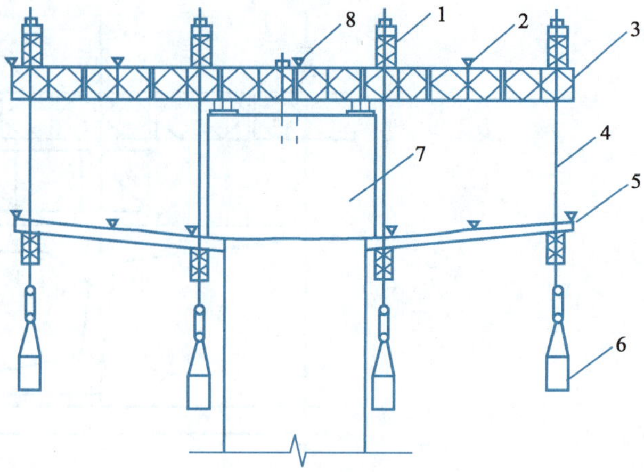

1—横桁梁；2—观测点；3—纵桁梁；4—吊杆；5—底篮；6—水箱；7—墩顶梁段；8—后锚固。

图 3.2.27 挂篮水箱法试压示意图

4. 混凝土的施工

混凝土的施工过程前面任务中已作介绍，故不再赘述。悬臂浇筑梁段时需注意的几点：

①挂篮就位后，安装并校正模板，此时应对浇筑预留悬臂梁段混凝土进行抬高，以使施工完成的桥梁符合设计高程。抬高值包括施工期结构挠度、因挂篮重力和临时支承释放时支座产生的压缩变形等。

②模板安装应该核准中心位置及高程，模板与前一段混凝土面应平整密贴。如上一节段施工后出现中线或高程误差需要调整时，应在模板安装时予以调整。

③安装预应力预留管道时，应与前一段预留管道接头严密，并用胶布包裹，防止灰浆渗入管道。管道四周应布置足够的定位钢筋，确保预留管道位置正确，线形平顺。

④浇筑混凝土时，可以从前端开始，应尽量对称平衡浇筑。浇筑时应加强振捣，并注意对预应力筋预留管道的保护。

⑤为提高混凝土早期强度，以加快施工速度，在设计混凝土配合比时，一般加入早强剂或减水剂，如上海地区一般采用SN-2减水剂，混凝土梁段浇筑一般5～7 d一个周期。为防止混凝土出现过大的收缩、徐变，应在配合比设计时按规范要求控制水泥用量。

⑥梁段拆模后，应对梁段的混凝土表面进行凿毛处理，以加强接头混凝土的连接。

⑦箱梁梁段混凝土浇筑，一般采用一次浇筑法，即在箱梁顶板中部留一窗口，混凝土由窗口注入箱内，再分布到底板上。当箱梁断面较大时，考虑梁段混凝土数量较多，每个节段可分为二次浇筑，先浇筑底板到肋板倒角以上，待底板混凝土达一定强度后，再支内模，浇筑肋板上段和顶板。其接缝按施工缝要求进行处理。

⑧箱梁梁段分次浇筑混凝土时，为了不使后浇混凝土的重力引起挂篮变形，导致先浇混凝土开裂，要有消除后浇混凝土引起挂篮变形的措施。

5. 合龙段施工及体系转换

连续梁的分段悬浇施工，常采用对称施工，但在一定条件下也可不用对称施工。全梁施工过程是从各墩顶0号段开始至该T构的完成，再将各T构拼接而形成整体连续梁。这种T构的拼接就是合龙。

合龙是连续梁施工和体系转换的重要环节，合龙施工必须满足设计要求的受力状态和保持梁体线形，并要控制合龙段的施工误差。

结构体系转换是指在施工过程中，当某一施工程序完成后，桥梁结构的受力体系发生了变化，如简支体系转化为悬臂体系和连续体系等，这种转化的过程就是体系转换。

连续梁分段悬浇施工的受力特点，就是利用连续梁的负弯矩预应力筋为支承，悬浇中各独立T构的梁体处于负弯矩受力状态。随着各T构的依次合龙，梁体也依次转化为正负弯矩交替分布形式，这一转化就是连续梁的体系转换。因此，连续梁悬浇施工的过程是其体系转换的过程，也就是悬浇时实行支座临时固结、各T构的合龙、固结的适时解除、预应力的分配以及分批依次张拉预应力筋的过程。

合龙施工前应对两端悬臂梁段的轴线、高程和梁长受温度影响的偏移值进行观测，并应根据实际观测值进行合龙的施工计算，确定准确的合龙温度、合龙时间及合龙程序。合龙时宜采取措施将合龙口两侧的悬臂端予以临时连接后，再浇筑合龙段混凝土。在合龙口两侧的梁体顶面设置等重压载水箱，并在浇筑合龙段混凝土时同步卸载。

合龙段的混凝土宜在一天中气温最低且稳定的时段内浇筑，浇筑后应及时覆盖洒水养护，养护时间宜不少于14 d。

合龙的程序和顺序应符合设计规定。通常多跨连续梁合龙段施工的顺序为先各边跨，再各次边跨，最后为中跨。次边跨和中跨合龙段施工的原则和要求类似边跨合龙施工，中跨合龙段因温差引起的变形变位大，由此产生的应力也大，对合龙前临时连续约束的设施亦有更高的要求。

搜一搜

请上网搜查一个关于减小挂篮变形措施的实际工程案例。

二、悬臂拼装法

悬臂拼装施工工序主要包括梁体节段的预制、移位、堆放、运输；节段起吊拼装；悬拼梁体体系转换；合龙段施工。

1. 节段预制

悬臂拼装的核心是梁的吊运与拼装，而梁体节段的预制则是悬臂拼装的基础。

梁段预制的方法通常有立式预制和卧式预制两种。下面主要讲述立式预制，卧式预制只作简要描述。

(1)立式预制

节段可采用短线法或长线法进行预制，预制台座应稳固、坚固。

①长线预制。长线预制通常在预制厂或施工现场较大的预制场进行。首先按桥梁底缘曲线制作固定台座(见图3.2.28)，然后在台座上安装底模进行节段混凝土浇筑工作。组成T构半悬臂或全悬臂的各梁段均在固定台座上的活动模板内浇筑而成，且相邻段相互贴合浇筑，接缝面在浇筑前涂抹隔离剂，以利脱模。

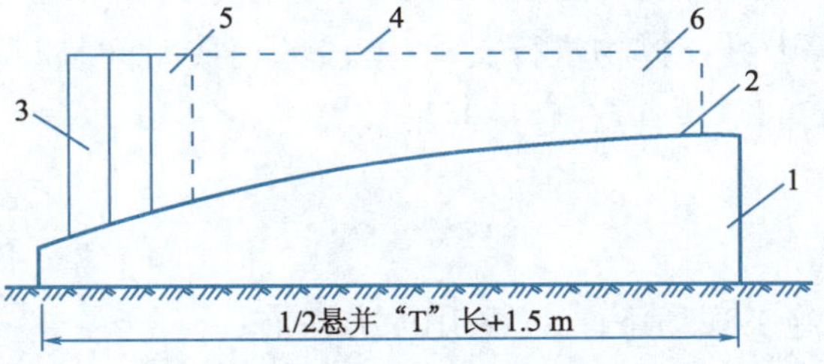

1—长线台座；2—梁底线形；3—预制梁段；4—梁顶线形；
5—待浇梁段；6—待浇梁段位置。

图3.2.28 长线台座

长线预制需要有较大的场地，台座两侧常设挡土墙，内填不沉降的砂石和20 cm厚的混凝土封顶，其上用高强砂浆找平，在砂浆终凝前，再加铺一层镀锌铁皮，并用铁钉固定。

台座底座的最小长度应不小于桥孔跨径的一半。底座的形成方法有：

a. 利用预制场的地形填筑土胎，经过加固夯实后再铺砂石层，然后在上面浇筑混凝土，从而形成底板。

b. 在盛产石料的地区，也可以用石砌成所需的梁底缘的形状，顶上加铺混凝土而形成底板。

c. 在地质条件较差的地区，可采用打短桩基础，再在桩基础上搭设排架，排架顶按所需梁底缘的线形设置，排架可采用木材或型钢组成，最后在排架顶上安装梁底模板。

梁体节段的预制一般在底板上进行。侧模板常采用钢模，每段一块，以便于装拆和重复使用。为加快施工进度，保证节段之间密贴，常采用先浇筑奇数段，然后利用奇数段混凝土的端面作模板，再浇筑偶数段；也可以采用分阶段的预制方法。当节段混凝土强度达到设计强度75%以上后，就可吊出预制场地。

②短线预制。短线预制的台座是由基础、可调底座和端模组成（见图3.2.29），台座有3个梁段长。当第一节段混凝土浇筑完成后，在其相邻位置上安装下一节段模板，并利用第一节段混凝土的端面作为第二节段的端模完成第二节段混凝土的浇筑工作。以同样的方法浇筑第三节段的混凝土，同时可将第一节段移出台位，并在前一节段端部组拼下一节段的底模及侧模，再进行混凝土的浇筑。依此过程重复进行，直至梁段预制完成。此法亦称活动底座法。

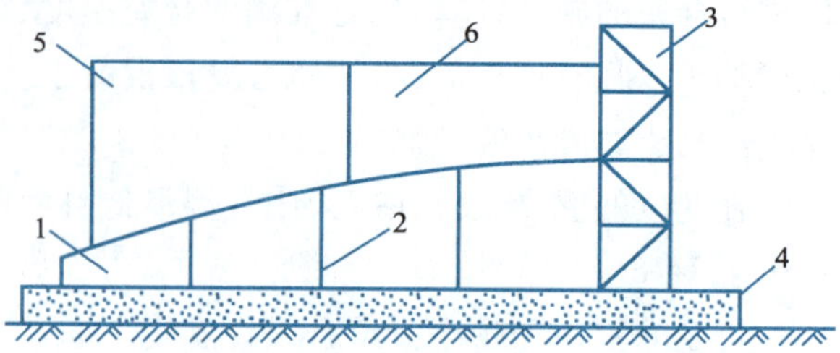

1—台座；2—可调底模；3—封闭式端模；4—基础；5—配筑梁段；6—待浇梁段。

图3.2.29　短线台座

这种方法适合工厂化生产预制，设备可周转使用，但节段的尺寸和相对位置的调整要复杂一些。短线台座除基础部分外，多采用钢材加工制作。

(2)卧式预制

当主梁为桁架梁时，具有较大的桁高和节段长度，且桁架的桁杆截面尺寸不大时，常采用卧式预制。

卧式预制要有一个较大的地坪，地坪的高低要经过测量，并有足够的强度，不致产生不均匀沉陷。对相同尺寸的节段还可以在已预制完成的节段上安装模板进行平卧叠层预制，两层构件间常用塑料布或涂机油等方法分隔。桁架梁预制节段的起吊、翻身工作要求操作细致，并注意选择吊点和吊装机具。

无论是立式预制还是卧式预制，都要求相邻节段之间接触紧密，故必须以前面浇筑完成的节段的端面作为后来浇筑节段的端模，同时必须采用隔离剂使节段出坑时较容易从接缝处脱离。常用的隔离剂有：

①薄膜类，如塑料硬薄膜；

②油脂类，如较好机油，可掺少量黄油以增加黏度，但要注意浇筑后混凝土表面不能变黑；

③皂类，如烷基苯磺酸钠，此类隔离剂成本较高，但使用效果较好。

节段的起吊、移运、存放应符合以下规定：节段从预制台座起吊时，混凝土的强度应符合设计规定；节段的移运，应满足运输安全和施工安全的要求，在移运时，应采取措施防止对节段产生冲击或碰撞；节段在存放台座的叠放层数宜不超过两层，并应对存放台座及其地基的承载力进行验算，节段支点的位置应符合设计规定，采用垫木或橡胶板等弹性支撑物进行支承；节段的存放时间，应符合设计要求，设计未要求时宜不少于90 d，对未达到养护时间的节段，应在存放时继续养护。

2. 梁段起吊拼装

(1)悬臂拼装的方法

预制节段的悬臂拼装根据施工现场条件，可采用的方法有：

①处于岸边的桥跨，如果桥梁不高且可在陆地或便桥上施工时，可采用自行式吊车、门式吊车来拼装。

②处于河中的桥孔，若水流不急，且桥墩不高，可采用水上浮吊进行安装。

③如果桥墩很高，或水流湍急而不便在陆上、水上施工时，就可利用移动式吊车、桁式吊车、缆索起重机等各种吊机进行高空悬臂拼接。

(2)悬臂拼装施工的要点

①支座临时固结或设置临时支架。为了确保连续梁分段悬拼施工的平衡和稳定，常与悬浇方法相同，将T构支座临时固结。当临时固结支座不能满足悬拼要求时，一般考虑在墩的两侧或一侧加临时支架。悬拼完成，T构合龙后，即可恢复原状，拆除支架。

②采用悬臂吊机、缆索、浮吊悬臂拼装时，应按施工荷载对结构和吊具进行强度、刚度、稳定性等的验算，使安全系数满足施工技术标准的要求。施工时注意以下事项：

a. 块件起吊安装前，应对起吊设备进行全面的安全技术检查，并按设计荷载的60%、100%和130%分别进行起吊试验。

b. 吊机重应符合设计要求，应注意吊机的定位和锚固，经检查符合要求后再进行起吊拼装。

c. 桥墩两侧块件宜对称起吊，以保证桥墩两侧受力平衡。

d. 墩侧相邻的1号块件提升到设计高程初步定位后，应立即测量、调整1号块件的纵轴线，使之与梁顶块件纵轴线的延伸线重合，使其横轴线与梁顶块件的横轴线平行且间距符合设计要求。应在检查梁顶块件与1号块件间孔道的接头情况调整并制作接缝孔道接头后才可以将1号块件牢靠固定，其他各个块件连接时，均应按本规定测量调整其位置。

e. 应在施工前绘制主梁安装挠度变化曲线，悬臂拼装过程中应随时观测桥轴线安装挠度曲线的变化情况，并与设计值进行对比，遇有较大偏差时应及时处理，以便控制块件的安装高程。

③接缝处理。梁段拼装过程中的接缝有湿接缝、干接缝和胶接缝等。施工阶段不同、部位不同，常采用的接缝形式也不同。

a. 湿接缝的处理和拼装程序。1号梁段即墩柱两侧的第一个节段，一般与墩柱上的0号块以湿接缝相接。1号块是T型刚构两侧悬臂梁的基准节段，是全跨安装质量的关键。T构悬拼施工时，防止梁上翘和下挠的关键就在于1号块的定位准确。因此，必须采用各种定位方法以确保1号块定位的精度。定位后的1号块可由吊机悬吊支承，也可用下面的临时托架支承。为了便于进行接缝处管道的接头拼装、接头钢筋的焊接和混凝土振捣作业，湿接缝一般取宽度为0.1～0.2 m。

1号梁段湿接缝拼装程序如图3.2.30所示。

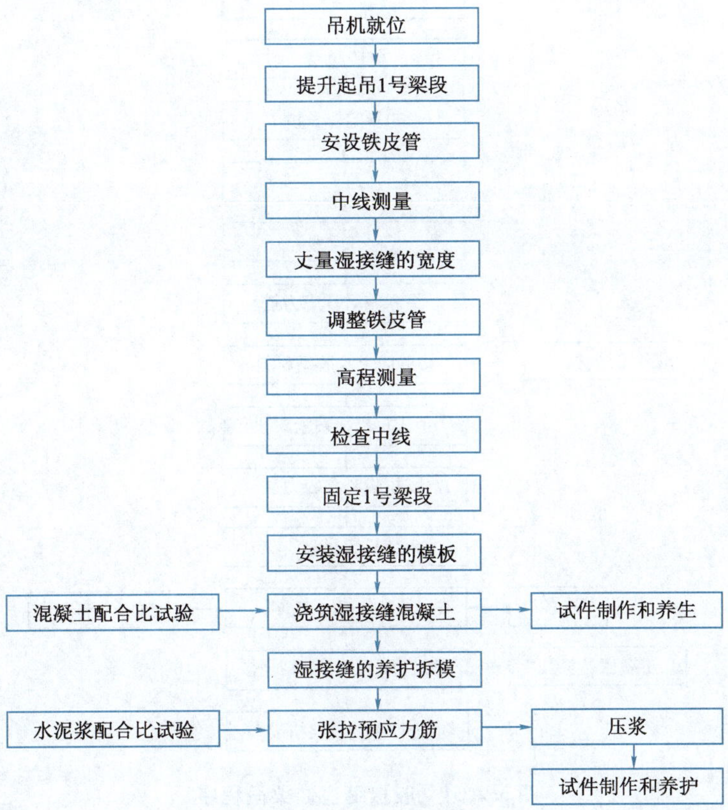

图3.2.30　1号梁段湿接缝拼装程序

想一想

悬臂拼装施工最容易出现哪些质量问题？

跨度大的T型刚构，由于悬臂很长，往往要在悬臂中部设置一道现浇箱梁横隔板，同时设置一道湿接缝。这道湿接缝除了能增加箱梁的刚度外，也可以调整拼装位置。在拼装过程中，如拼装上翘的误差很

大,难以用其他办法补救时,可以增设一道湿接缝来调整。但应注意,增设的湿接缝宽度必须与凿去的节段长度相等。

1 号梁段安装的容许偏差见表 3.2.7。

表 3.2.7　1 号梁段安装的容许偏差(mm)

高　程	中　线	平面位置长度	扭转高差	转角高差
±1	±1	1	1	0.5/m

湿接缝处铁皮管的对接,是一项施工工艺很高且很复杂的技术,在对接中往往不易处理,常会出现铁皮管长度、直径与接缝宽度不相称,预留管道位置不准确,管孔串浆、排气的三通铁皮管错乱等现象,施工时应特别注意。

b. 胶接缝和干接缝。节段采用干接缝的密贴性差,接缝中易进水汽,从而导致钢筋锈蚀,所以一般不宜采用干接缝。

胶接缝多使用环氧树脂胶。环氧树脂胶接缝可使节段连接紧密,可使梁体的抗剪能力和整体刚度提高,同时梁体的不透水性好。

胶接缝是在其他梁段起吊并基本定位后,此时接缝宽为 1.0~1.5 cm,可先将临时预应力筋穿入,安好连接器,再开始涂胶及张拉临时预应力筋,使固化前胶接缝处的压应力不低于 0.3 MPa,此时可解除吊梁的吊钩。胶接缝拼装梁段程序如图 3.2.31 所示。

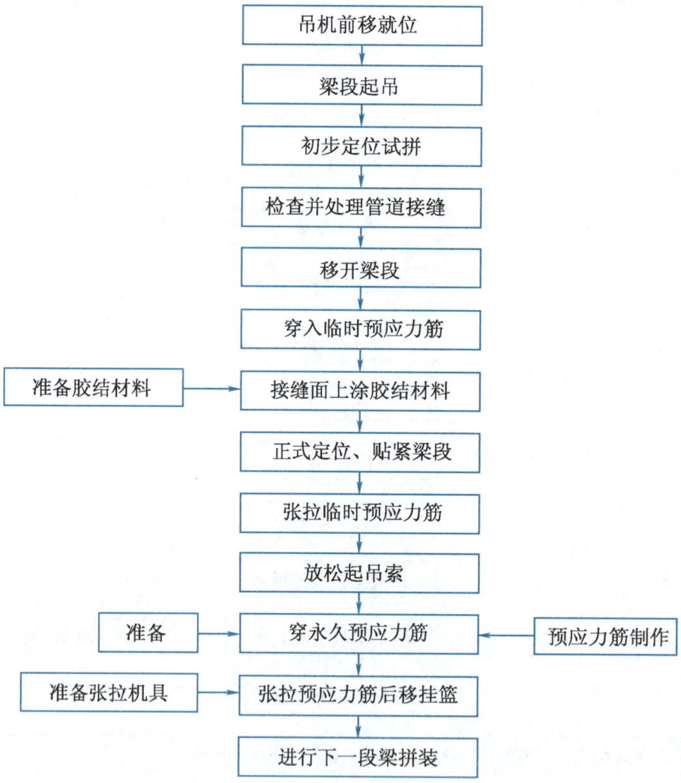

图 3.2.31　胶接缝拼装梁段程序

c. 接缝施工注意事项:混凝土表面应尽量平整,疏松表面层及附着的水泥应清除干净,涂胶前表面应干燥或烘干;胶黏剂宜采用机械拌和,且在使用过程中应连续搅拌并保持其均匀性,胶黏剂应涂抹均匀,覆盖整个匹配面,涂抹厚度宜不超过 3 mm;对胶接缝施加临时预应力进行挤压时,挤压力宜为 0.2 MPa,胶黏剂应在梁体的全段面挤出,且胶接缝的挤压应在 3 h 以内完成;当施工时间超过裸露时间的 70%,在固化之前应清除被挤出的胶结料,胶黏剂在涂抹和挤压时,应采取措施对预应力孔道的端口进行防护,防止胶黏剂进入孔道内。

三、合龙段施工和体系转换

1. 合龙段施工

(1)合龙的方法

合龙段施工常采用的方法有现浇和拼装两种。两种方法各有特点,现浇合龙,影响质量的因素较多,如温差影响、混凝土早期收缩及水化热的影响、已完成梁段混凝土的收缩徐变的影响和结构体系转换等的影响。拼装合龙,施工工序简单,施工速度快,但对预制和拼装的精度要求高。

(2)合龙施工的几个要求

①在满足施工操作要求的前提下,应尽量缩短合龙段的长度,一般采用的是1.5~2.0 m。

②合龙宜在低温下施工。夏季应选择在晚上合龙,并用草袋覆盖,并要加强接头混凝土的养护,使混凝土的早期结硬是在升温受压状态下完成的。

③合龙段混凝土中宜加入减水剂、早强剂,以使混凝土能及早达到设计要求的强度,并能及时张拉预应力筋束,防止合龙段出现裂缝。

④合龙段需采用临时锁定措施,一般是将劲性型钢或预制的混凝土柱安装在合龙段上下部作支撑,然后张拉部分预应力钢束,待合龙段混凝土达到要求强度后,再张拉其余预应力钢束,最后拆除临时锁定装置。

2. 体系转换

这部分内容可参见悬臂浇筑中的相关内容。

自 学 自 测

一、判断题

1. 预应力钢筋下料长度的计算只要考虑台座的长度即可。(　　)
2. 双控时,以应力控制为主,拉伸率控制为辅。(　　)
3. 在预应力混凝土构件中,锚具是核心配件。(　　)
4. 锚具的静载锚固性试验是在外观和硬度检查合格后才能进行。(　　)
5. 千斤顶经过标定后,只要没有使用过,停放多久都可重新使用。(　　)
6. 先张法梁通常采用一端张拉。(　　)
7. 预应力筋采用应力控制方法张拉时,应以伸长值进行校核。(　　)
8. 后张法预制梁时预应力筋只能在混凝土浇筑之后穿入。(　　)
9. 0号块可以放在任意地方。(　　)
10. 封锚混凝土一般不宜低于梁体混凝土强度等级的80%,并不宜低于C30。(　　)
11. 挂篮是空间的施工设备,又是预应力筋未张拉前梁段的结构。(　　)
12. 悬臂浇筑施工中的橡胶抽拔管宜在150~200 ℃·h时抽拔。(　　)
13. 连续梁悬浇施工的过程就是其体系转换的过程。(　　)
14. 为保证节段之间密贴,常采用先浇筑奇数段,利用其混凝土的端面做模板,然后浇筑偶数段。(　　)
15. 悬臂拼装,可以采用不对称起吊安装。(　　)

二、选择题

1. 编束时用梳丝板理顺后,每隔(　　)缠绕铁丝多道。

A. 0.5~1.0 m　　B. 1.0~1.5 m　　C. 1.5~2.0 m　　D. 2.0~2.5 m

2. 力筋孔道的内横截面面积与预应力筋净截面面积比值应(　　)2.0～2.5。

A. 小于　　B. 等于　　C. 大于　　D. 以上都不对

3. 镦头锚主要用于锚固钢丝束,也可锚固直径在(　　)mm 以下的钢筋束。

A. 10　　B. 12　　C. 14　　D. 16

4. 用于钢绞线束的锚具是(　　)。

A. 弗式锚　　B. 镦头锚　　C. 钢筋螺纹端杆锚　　D. 夹片锚

5. 锚具在进行外观检查时,应从每批中抽取 2%,但不少于(　　)套的锚具。

A. 5　　B. 10　　C. 15　　D. 20

6. 拉钢丝或钢绞线时,同一构件内断丝数不得超过钢丝总数的(　　)。

A. 1%　　B. 2%　　C. 3%　　D. 4%

7. 超张拉的方法,主要是为了减少预应力(　　)。

A. 摩擦损失　　B. 温差损失

C. 松弛损失　　D. 混凝土的收缩徐变

8. 预应力筋放松时,混凝土的强度应不低于混凝土强度设计值的(　　)。

A. 65%　　B. 70%　　C. 75%　　D. 80%

9. 当空气湿度小于 40% 时,应力筋在安装后直至压浆时的容许间隔时间是(　　)。

A. 7 d　　B. 15 d　　C. 20 d　　D. 28 d

10. 混凝土采用蒸汽养生时,力筋在养生完成(　　)安装。

A. 之前　　B. 之后　　C. 期间　　D. 无具体要求

11. 张拉力筋时,实测的伸长量与计算的伸长量相差不应大于(　　)。

A. 3%　　B. 5%　　C. 6%　　D. 8%

12. 当气温高于 35 ℃时,压浆宜在(　　)进行。

A. 早晨　　B. 中午　　C. 夜间　　D. 下午

13. 悬臂浇筑的每个节段长为(　　)m。

A. 1～5　　B. 2～6　　C. 3～7　　D. 4～8

14. 托架的顶面,横桥向的宽度一般应比箱梁底板宽出(　　)m。

A. 1～1.5　　B. 1.5～2.0　　C. 2.0～2.5　　D. 2.5～3

15. 浇筑混凝土前,可将模板前端抬高(　　),作为预留的第一次浇筑混凝土的下沉量。

A. 10～20 mm　　B. 10～30 mm　　C. 10～40 mm　　D. 10～50 mm

16. 多跨连续梁合龙段施工的顺序是:先合(　　),再合(　　),最后合(　　)。

A. 边跨、次边跨、中跨　　B. 次边跨、中跨、边跨

C. 中跨、次边跨、边跨　　D. 中跨、边跨、次边跨

17. 长线预制台座的长度应不小于(　　)的一半。

A. 悬臂端跨径　　B. 梁段长度　　C. 桥孔跨径　　D. 最长梁段

18. 短线预制的台座有(　　)个梁段长。

A. 1　　B. 2　　C. 3　　D. 4

19. 处于河中的桥孔,若水流不急,且桥墩不高,可采用(　　)进行安装。

A. 自行式吊车　B. 水上浮吊　　C. 移动式吊车　　D. 缆索起重机

20. 梁段接缝采用湿接缝时,缝宽一般取(　　)m。

A. 0.1～0.2　　B. 0.2～0.3　　C. 0.3～0.4　　D. 0.4～0.5

文本

参考答案

任务实施

根据施工合同要求，桥梁预应力混凝土主梁工程施工工作内容程序如下。

一、准备工作

项目部根据分工进行施工技术资料准备、施工机具设备材料准备工作，做好参与人员的技术培训交底工作，对施工相关人员进行安全教育及安全设施使用指导；做好测量放线工作。

二、制订桥梁预应力混凝土梁施工方案

技术负责人根据主梁施工图纸及施工现场实际条件，考虑施工单位的设备机具情况，同时考虑材料供应情况和一线人员施工熟练程度，制订符合规范要求切实可行的主梁施工方案。

三、现场施工

1. 工作面检查

墩台身、盖梁及支座混凝土强度达标，平面位置及高程符合设计及规范要求，通过监理工程师验收。

2. 悬臂浇筑和悬臂拼装

①悬臂浇筑。根据主梁形式和跨径、挂篮形式和施工工期确定各部分长度，主要分为墩顶0号块，悬臂浇筑Ⅱ段，边孔支架施工Ⅲ段和跨中合龙Ⅳ段。各段根据施工特点分别组织施工，施加预应力。

②悬臂拼装。主要工序包括构件预制，构件移运堆放、运输，梁段起吊拼装，悬拼梁体体系转换，合龙段施工。

四、质量控制

项目部要组织相关人员对施工质量进行过程性抽检控制，主要包括测量数据、材料试验、设备机具的使用状况、安全和环保措施落实，使各项工作满足要求，后续施工工作顺利实施。

五、内业资料整理

整理预应力混凝土主梁工程施工测量资料、试验资料、施工记录资料、施工联系函及图纸变更等资料，予以存档。

笔记栏

【预应力混凝土梁桥施工工作单】

计划单

学习情境三	桥梁上部结构施工	任务2	预应力混凝土梁桥施工
工作方式	组内讨论、团结协作共同制订计划：小组成员进行工作讨论，确定工作步骤	计划学时	1学时
完成人			
计划依据：某桥梁桥跨结构施工图			

序号	计划步骤	具体工作内容描述
1	准备工作 （准备资料，谁去做？）	
2	组织分工 （成立组织，人员具体都完成什么？）	
3	制订两套施工方案（各有何特点？）	
4	现场施工 （施工顺序如何？）	
5	质量控制 （谁负责？检查哪些项目？）	
6	资料整理 （谁负责？整理哪些内容？）	
制定计划说明	（写出制订计划中人员为完成任务的主要建议或可以借鉴的建议、需要解释的某一方面）	

决 策 单

<table>
<tr><td>学习情境三</td><td>桥梁上部结构施工</td><td>任务 2</td><td colspan="2">预应力混凝土梁桥施工</td></tr>
<tr><td>决策学时</td><td colspan="4">1 学时</td></tr>
<tr><td colspan="5">决策目的:确定本小组最优施工方案</td></tr>
<tr><td rowspan="7">施工方案优劣比较</td><td colspan="2">施工方案特点</td><td rowspan="2">比对项目</td><td rowspan="2">确定最优方案(划√)</td></tr>
<tr><td>方案 1 名称</td><td>方案 2 名称</td></tr>
<tr><td></td><td></td><td>施工设备选择是否适用</td><td rowspan="6">方案 1 优
□

方案 2 优
□</td></tr>
<tr><td></td><td></td><td>施工顺序是否合理</td></tr>
<tr><td></td><td></td><td>关键工序施工方法是否满足质量控制要求</td></tr>
<tr><td></td><td></td><td>安全措施是否到位</td></tr>
<tr><td></td><td></td><td>环保措施是否符合规定</td></tr>
<tr><td colspan="3">方案 1 施工流程图</td><td>方案 2 施工流程图</td></tr>
</table>

作 业 单

学习情境三	桥梁上部结构施工	任务 2	预应力混凝土梁桥施工
参加人员	第　　组	开始时间：	
	签名：	结束时间：	
序号	工作内容记录 (根据实施的具体工作记录,包括存在的问题及解决办法)	分工 (负责人)	
1			
2			
⋮			
小结	主要描述完成的成果及是否达到目标	存在的问题	

检 查 单

学习情境三	桥梁上部结构施工		任务 2	预应力混凝土梁桥施工			
检查学时	课内 1 学时			第　　组			
检查目的及方式	教师过程监控小组的工作情况，如检查等级为不合格，小组需要整改，并拿出整改说明						
序号	检查项目	检查标准	检查结果分级（在检查相应的分级框内划“√”）				
			优秀	良好	中等	合格	不合格
1	准备工作	资源是否已查到、材料是否准备完整					
2	分工情况	安排是否合理、全面，分工是否明确					
3	工作态度	小组人员是否积极主动、全员参与					
4	纪律出勤	是否按时完成负责的工作内容、遵守工作纪律					
5	团队合作	是否相互协作、互相帮助，是否听从指挥					
6	创新意识	任务完成不照搬照抄，看问题具有独到见解，具备创新思维					
7	完成效率	工作单是否记录完整，小组是否按照计划完成任务					
8	完成质量	工作单填写是否准确，记录单检查及修改是否达标					
检查评语						教师签字：	

任 务 评 价

小组工作评价单

学习情境三	桥梁上部结构施工		任务 2	预应力混凝土梁桥施工		
评价学时			课内 1 学时			
班级：			第　　组			
考核情境	考核内容及要求	分值（满分 100 分）	小组自评（10%）	小组间互评（20%）	教师评价（70%）	实得分（∑）
汇报展示（20 分）	演讲资源利用	5				
	演讲表达和非语言技巧应用	5				
	团队成员相互配合程度	5				
	时间与完整性	5				
质量评价（40 分）	工作完整性	10				
	工作质量	5				
	报告完整性	25				
团队情感（25 分）	核心价值观	5				
	创新性	5				
	参与率	5				
	合作性	5				
	劳动态度	5				
安全文明（10 分）	工作过程中的安全保障情况	5				
	工具正确使用和保养、放置规范	5				
工作效率（5 分）	能够在要求的时间内完成，每超时 5 分钟扣 1 分	5				

小组成员素质评价单

学习情境三	桥梁上部结构施工		任务2	预应力混凝土梁桥施工			
班级		组别		成员姓名			
评分说明	每个小组成员评价分为自评和小组其他成员评价两部分，取平均值计算，作为该小组成员的任务评价个人分数。评价项目共设计五个，依据评分标准给予合理量化打分。小组成员自评分后，要找小组其他成员不记名方式打分						
评分项目	评分标准	自评分	成员1评分	成员2评分	成员3评分	成员4评分	成员5评分
核心价值观（20分）	没有违背社会主义核心价值观的思想及行动						
工作态度（20分）	按时完成负责的工作内容、遵守纪律，积极主动参与小组工作，全过程参与，吃苦耐劳，具有工匠精神						
交流沟通（20分）	能良好地表达自己的观点，能倾听他人的观点						
团队合作（20分）	与小组成员合作完成任务，做到相互协作、互相帮助、听从指挥						
创新意识（20分）	看问题能独立思考，提出独到见解，具有创新思维解决遇到的问题						
最终小组成员得分							

任 务 反 思

学习情境三	桥梁上部结构施工		任务 2	预应力混凝土梁桥施工	
班级		组别		成员姓名	
情感反思	通过对本任务的学习和实训，你认为自己在社会主义核心价值观、职业素养、学习和工作态度等方面需要提高什么？				
知识反思	通过对本任务的学习，你掌握了哪些知识点？请画出思维导图				
技能反思	在完成本任务的学习和实训过程中，你主要掌握了哪些技能？				
方法反思	在完成本任务的学习和实训过程中，你主要掌握了哪些分析和解决问题的方法？				

任务3 拱桥施工

任 务 单

学习情境三	桥梁上部结构施工			任务3	拱桥施工
任务学时	课内6学时(课外2学时)				
布置任务					
任务目标	1. 能阐述拱桥的有支架施工; 2. 能阐述拱桥的无支架施工; 3. 能够列举钢筋混凝土拱桥的施工要点; 4. 能够在完成任务过程中激励学生树立专业信心,增强学生的民族自尊心和自豪感。				
任务描述	施工单位在完成桥梁墩台施工之后,应进行桥梁上部结构施工。技术负责人应根据拱桥施工图纸及施工现场周边环境、材料设备供应情况选择合理的拱桥方法支架模板搭设方案、钢筋骨架安装方案和混凝土浇筑养护方案等;在开工前制订完成满足规范要求的拱体施工方案,指导拱桥施工工作。				
学时安排	资讯	计划	决策	实施	检查	评价
	1学时(1)	1学时	1学时	1学时(1)	1学时	1学时
对学生学习及成果的要求	1. 每位同学均能按照自学资讯思维导图自主学习,并完成课前自学的问题训练和自学自测; 2. 严格遵守课堂纪律,学习态度认真、端正,能够正确评价自己和同学在本任务中的素质表现; 3. 每位同学必须积极参与小组工作,在教师的示范指导下完成拱桥施工的对应工作,做到积极主动不推诿,能够与小组成员合作完成工作任务; 4. 每位同学均需独立或在小组同学的帮助下完成技能训练工作单,并提请检查、签认,对提出的建议或有错误务必及时修改; 5. 每组必须完成全部"拱桥施工"工作的工作单,并提请教师进行小组评价,小组成员分享小组评价分数或等级; 6. 每名同学均完成任务反思,以小组为单位提交。				

自学资讯思维导图

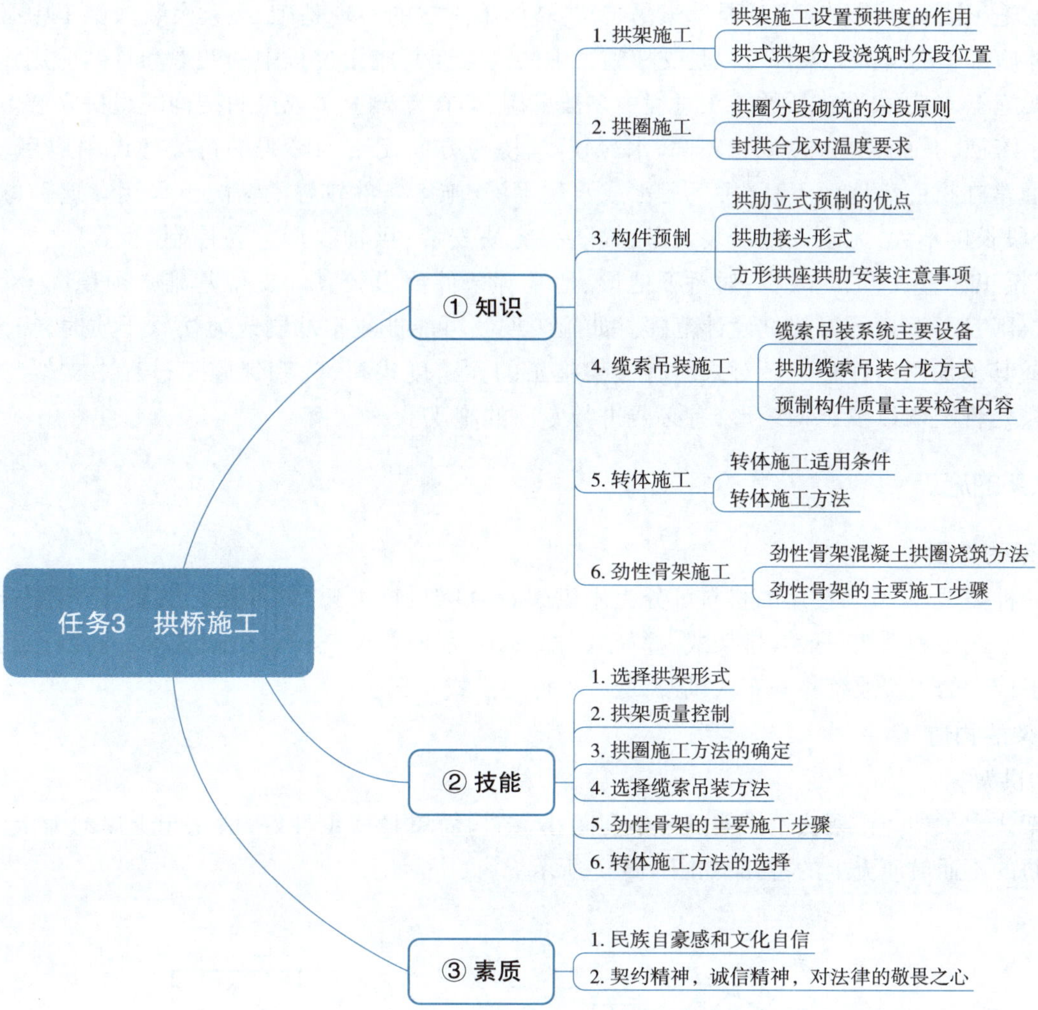

课前自学

拱桥指的是在竖直平面内以拱作为上部结构主要承重构件的桥梁，其造型优美，曲线圆润，富有动态感。拱桥是我国公路上广泛使用的一种桥型。拱桥和梁桥一样，由上部结构(桥跨结构)及下部结构组成。它与梁桥的区别，主要在于其桥跨结构外形的不同和两者受力性能有差别。由于拱式结构在竖向荷载作用下，支承处不仅产生竖向反力，而且还产生水平推力。由于这个水平推力的存在，拱的弯矩将比相同跨径的梁的弯矩小得多，而使整个拱主要承受压力。这样，拱桥不仅可以利用钢、钢筋混凝土等材料来修筑，而且还可以根据拱的这个受力特点，充分利用抗压性能较好而抗拉性能较差的圬工材料(石料、混凝土等)来修建。

拱桥施工方法主要有有支架施工法、无支架缆索吊装法、悬臂施工法、转体施工法、劲性骨架施工方法等，那么一座拱桥究竟采用哪种施工方法较合理，就要根据其结构形式、跨径大小、建桥材料、桥址环境的具体情况以及方便、经济、快速的原则而定了。

我们主要学习拱桥的有支架施工法和无支架施工法。

查一查

赵州桥先进的施工工艺措施。

任务知识 3.1　拱桥有支架施工

有支架施工法从一定程度上讲是缆索吊装法、转体施工法的实现基础，缆索吊装法施工中必不可少的塔架和转体施工中的组拼支架都可以是支架施工中的拱架在其应用过程中的变形和具体应用。有支架施工又叫拱架施工，在过去石拱桥的施工过程中多被采用，即在支架上实现拱肋结构的组拼安装。支架施工方法在中小跨径、不通航或通航要求不高、水深较浅、桥跨方向无结构障碍的桥梁建设中应用较多，有支架施工法通常在拱肋离地面不高、桥下无水或水位不深、施工条件较好的情况下采用。这种方法的优点是：拱肋分段长度不大，无须大型吊装设备；横斜撑容易安装；拱轴线形容易控制。不足之处是：拱肋接头较多，焊接工作量大，工期较长；对桥下地形、地基等条件要求较高。支架基础必须稳固，承重后应能保持均匀沉降且下沉量不得超过设计范围。如施工期间可能被流水冲刷或为松软土质时，需采用桩基、框架结构或其他加固措施施工。对采用有支架施工的大跨度拱桥，为确保施工过程中支架与结构的强度、刚度、稳定性要求以及结构线形，有必要进行专门的施工。

一、拱架的施工

1. 拱架的类型

拱架的种类很多，按其使用的材料可分为木拱架、钢拱架、竹拱架、竹木混合拱架、钢木组合拱架以及土牛拱胎等形式。木拱架一般有排架式、撑架式、扇形式、叠桁式及三铰木桁架式等。前四种因在桥孔中间设有或多或少的支架故统称满布式拱架，最后一种为拱式拱架。

2. 拱架的构造

(1) 木拱架

①排架式木拱架。排架式木拱架的排架间距小，结构简单且稳定性好，适用于干岸河滩上流速小、不受洪水威胁的不通航河流上的桥孔，如图 3.3.1 所示。

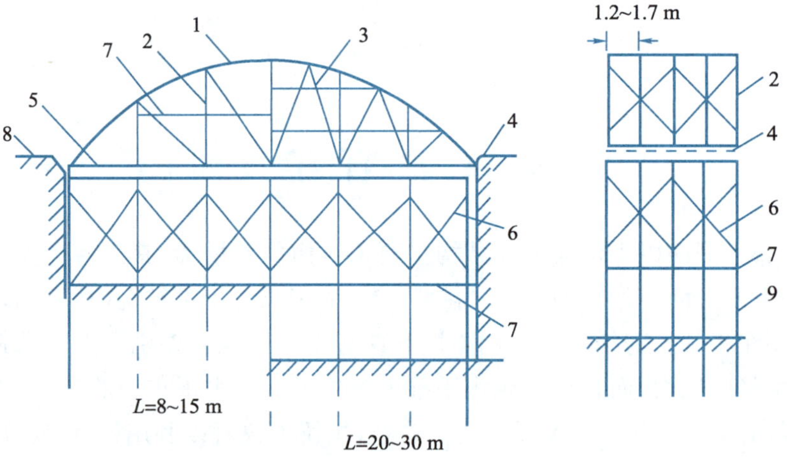

1—弓形木；2—立柱；3—斜撑；4—卸架设备；5—水平拉杆；6—斜夹木；7—水平夹木；8—桥墩（台）；9—桩木。

图 3.3.1　排架式木拱架

a. 构造。拱架通常由拱架上部（拱盔）、卸架设备、拱架下部（支架）三个部分组成。拱架上部是由斜梁、立柱、斜撑和拉杆组成拱形桁架（拱盔），拱架下部是由立柱及横向联系（斜夹木和水平夹木）组成支架，上下部之间放置卸架设备（木楔或砂筒等）。在斜梁上钉以弧形垫木以适应拱腹曲线形状，故将斜梁和弧形垫木合称为弓形木。弓形木支承在立柱或斜撑上，长度一般为 1.5 ~2.0 m。在弓形木上设置横梁，其间距一般为 0.6 ~0.7 m，上面再纵向铺设模板。当拱架横向的间距较密时，也可不设横梁，而直接在弓形木上面铺设模板，如图 3.3.2 所示。

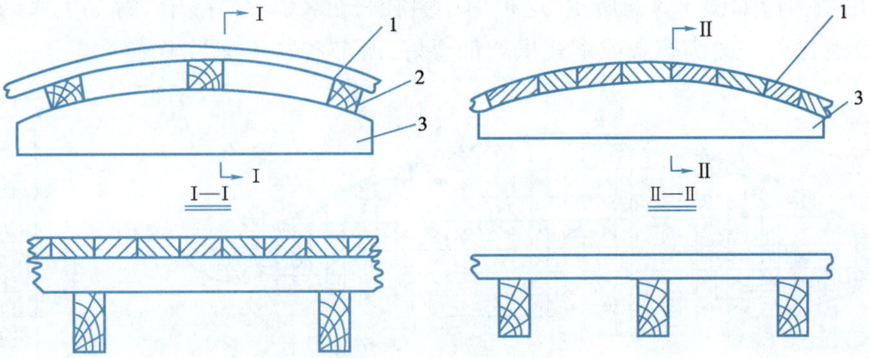

1—模板；2—横木；3—弓形木。

图 3.3.2　弓形木构造

b. 支架基础：支架基础必须稳固，承重后应能保持均匀沉降且下沉量不得超过设计范围。基础为石质时，将表土挖去，立柱根部岩面应凿低、凿平。基础为密实土时，如施工期间不会被流水冲刷，可采用枕木或铺砌石块作支架基础；如基础施工期间可能被流水冲刷或为松软土质时，需采用桩基、框架结构或其他加固措施施工（比如采用夯填碎石补强，砂砾土用水泥固结，再在其上浇混凝土基座作为支架基础）。

②撑架式木拱架式拱架。撑架式木拱架式拱架是用少数框架式支架加斜撑来代替数目众多的立柱，如图 3.3.3 所示。其木材用量较排架式拱架少，构造上也不复杂，而且能在桥孔下留出适当的空间，减小洪水及漂流物的威胁，并在一定程度上满足通航的要求。

③三铰木桁架式拱架。三铰木桁架式拱架是典型的拱式拱架，它在桥孔中可完全不设支架，所以适合于经常性通航、水域较深或墩、台较高的桥孔，其构造如图 3.3.4 所示。

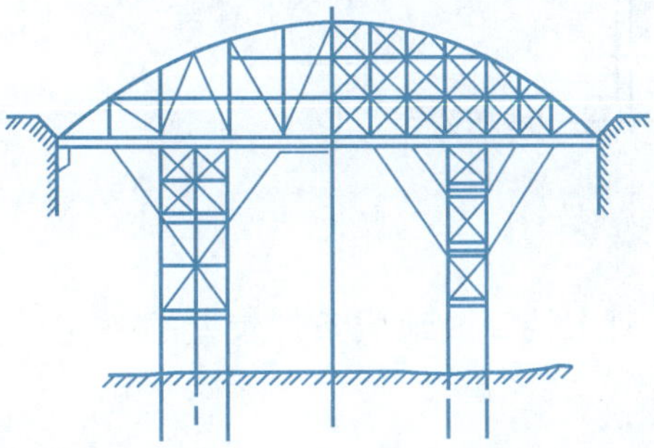

图 3.3.3　撑架式木拱架

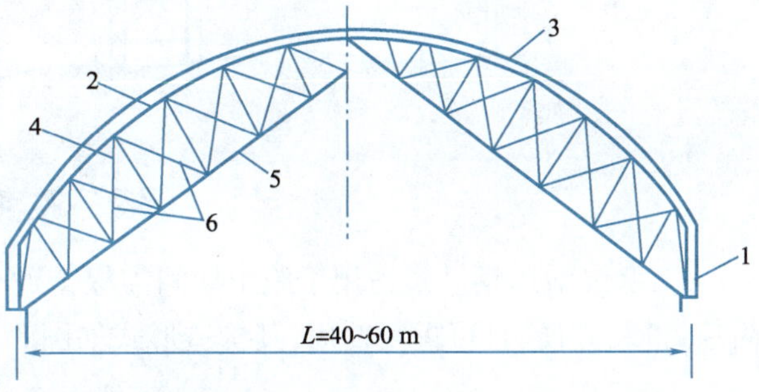

1—垫块；2—上弦；3—模板；4—竖杆；5—下弦；6—斜杆。

图 3.3.4　三铰木桁架式拱架

④木拱架的其他形式。

a. 扇形式拱架比撑架式拱架复杂，但支架（或支点）间距可以比撑架式更大些，当设置中间支架有困难或者拱度很大时宜采用这种木拱架形式，其构造如图 3.3.5 所示。

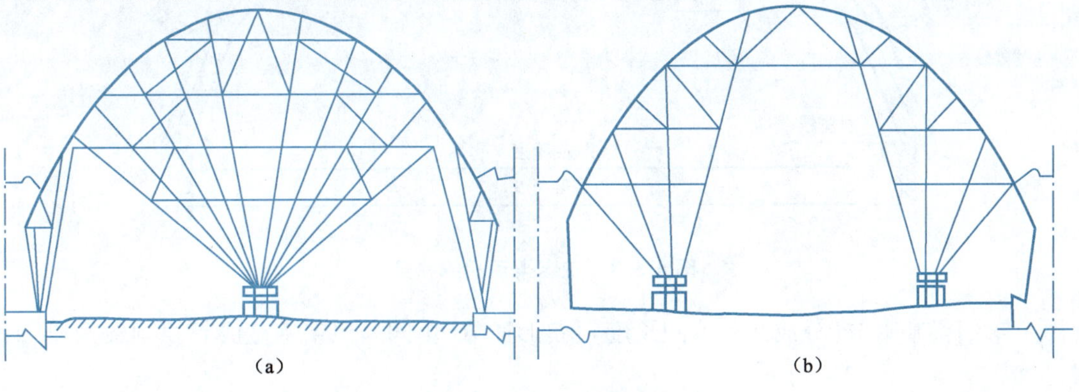

图 3.3.5　扇形式木拱架构造

b. 叠桁式木拱架构造如图 3.3.6 所示,这种用小直径杆件支撑的“叠桁”解决了大跨径高支架的整体刚度和稳定问题。它比单一的满布式或桁式拱架都要好,既节省材料又易于施工。

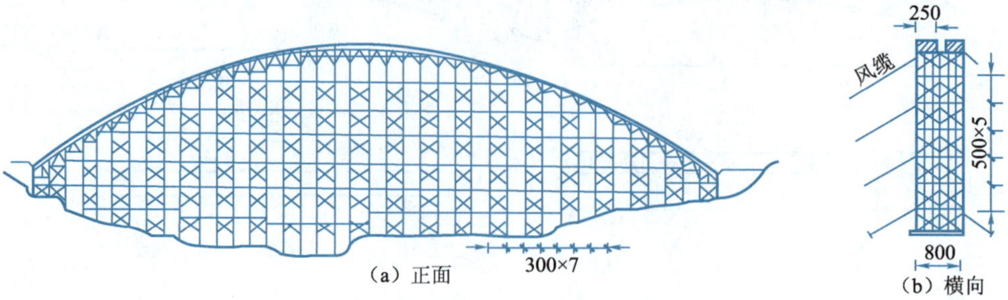

图 3.3.6 叠桁式木拱架构造(尺寸单位:mm)

(2)钢拱架和钢木组合拱架

①工字梁钢拱架。工字梁钢拱架可采用两种形式:

a. 钢木组合拱架是在木支架上用工字钢梁代替木斜梁,以加大斜梁的跨度,减少支架用量。工字钢梁顶面可用垫木垫成拱模弧线,其构造形式如图 3.3.7 所示。

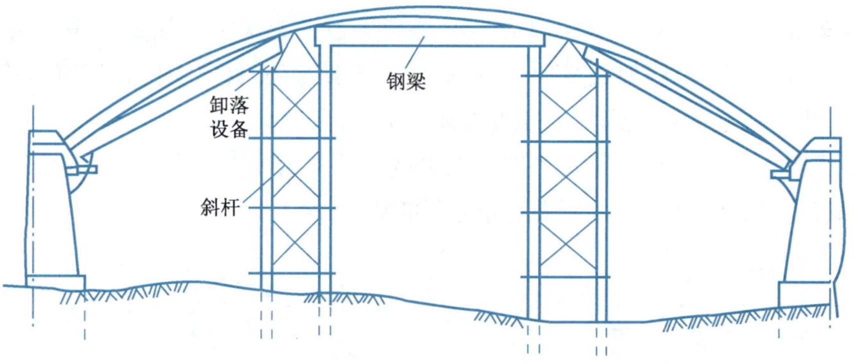

图 3.3.7 钢木组合拱架

b. 工字梁活用钢拱架适用于施工期间需保持通航、墩台较高、河水较深或地质条件较差的桥孔,它构造简单,拼装方便,且可重复使用,其构造形式如图 3.3.8 所示。

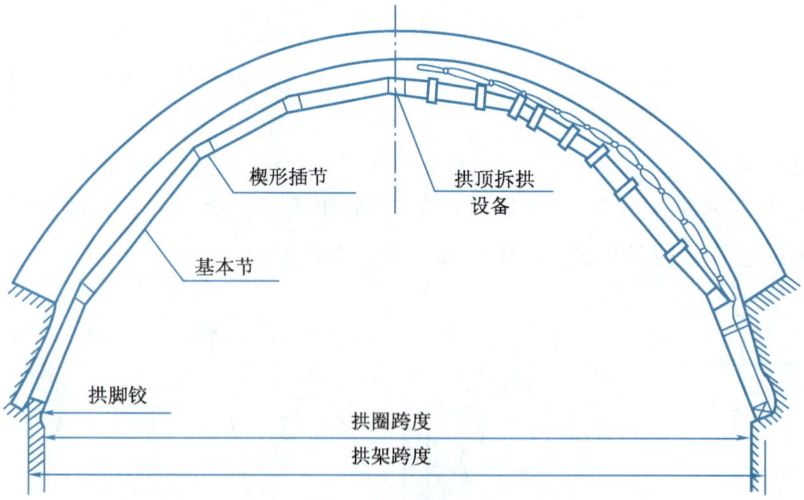

图 3.3.8 工字梁活用钢拱架

拱架由工字钢梁基本节(分成几种不同长度)、楔形插节(由同号工字钢截成)、拱顶铰及拱脚铰等基本构件组成。

②钢桁架拱架。钢桁架拱架的结构类型有很多种，我们以常备拼装式桁架型拱架为例来学习钢桁架拱架的构造。

此种拱架由标准节段、拱顶段、拱脚段和连接杆等以钢销或螺栓联结而成。一般钢桁架式拱架采用三铰拱，以使拱架能适应施工荷载产生的变形。拱架横桥向可由若干组拱片组成，每组的拱片数及组数依桥梁跨径、荷载大小和桥宽而定，每组拱片及各组间由纵、横联结系联成整体。可用变换连接杆长度的方法来调整曲度和跨径，其构造如图 3. 3. 9 所示。

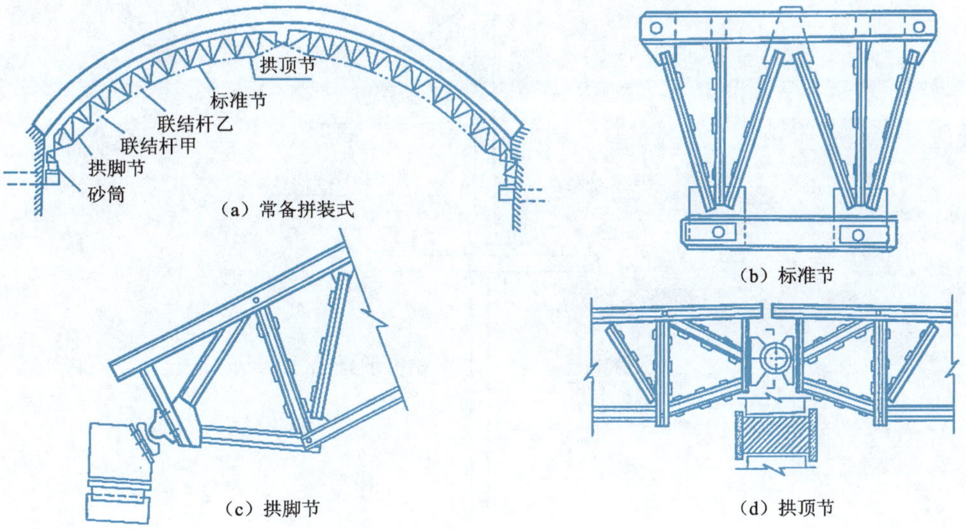

图 3. 3. 9　常备拼装式桁架型拱架

③扣件式钢管拱架。扣件式钢管拱架就是将房建施工用的钢管脚手架移植到拱桥施工中作为拱架。它不仅在陆地上可使用，在水深 7 m 左右的河流中也可使用。

扣件式钢管拱架一般不分支架和拱盔部分。它是一个空间框架结构，所有杆件（钢管）通过各种不同形式的扣件实现联结，也不需设置卸落拱架的设备。

扣件式钢管拱架（见图 3. 3. 10）一般由立杆（立柱）、小横杆（顺水流方向）、大横杆（顺桥轴线方向）、剪刀撑、斜撑、扣件（见图 3. 3. 11，直角扣件、回转扣件和钢管对接扣件）和缆风索组成。

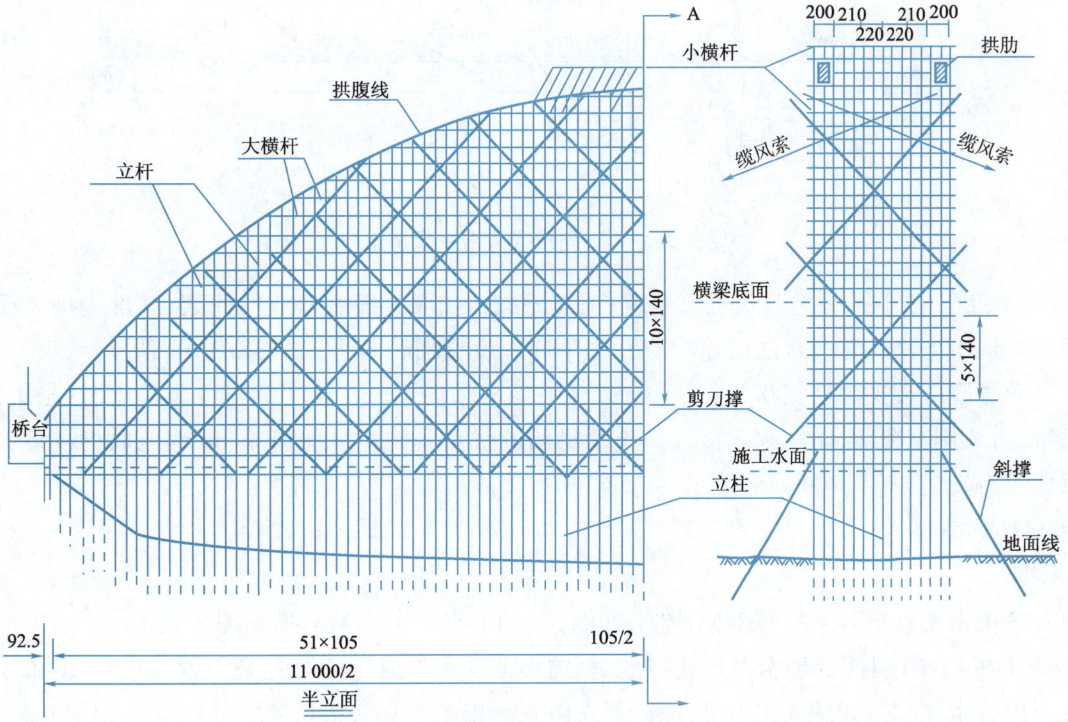

图 3. 3. 10　扣件式钢管拱架（尺寸单位：mm）

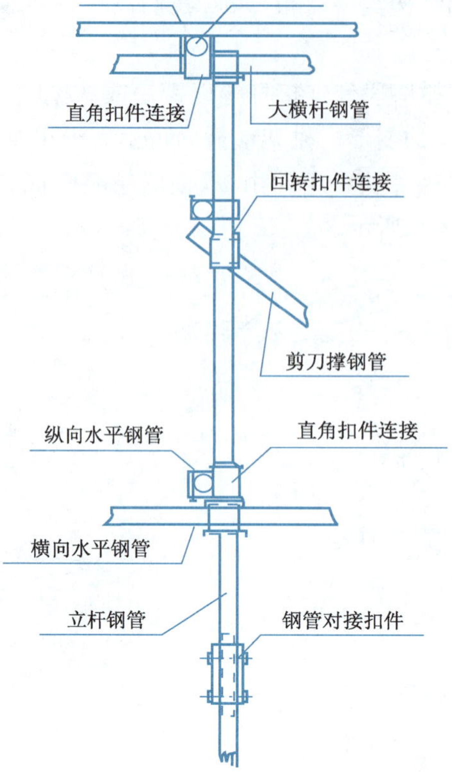

图 3.3.11　扣件

④斜拉式贝雷平梁拱架。斜拉式贝雷平梁拱架的构造如图 3.3.12 所示，可应用在几跨拱架连续施工的情况。在距边墩一定位置处设一临时墩，在中间墩墩顶各设一个塔柱，塔柱顶端伸出斜拉杆拉住贝雷平梁，平梁上设拱盔，形成几孔连续的斜拉式贝雷平梁拱架结构。其主要构件均由常备式贝雷桁架、支撑架、加强弦杆等组成，结构构造处理较方便。此种拱架适用于山区河流、航道复杂河流地段或峡谷间施工的刚架拱桥及其他类似条件的桥梁现浇施工。

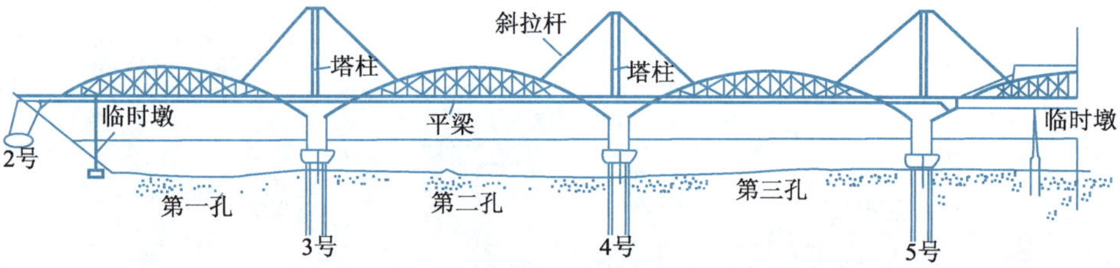

图 3.3.12　斜拉式贝雷平梁拱架

(3)土牛拱胎。土牛拱胎是用土填筑而成，顶面做成与拱圈腹面相适应的曲面，并准确埋入弓形木，使填土顶面与弓形木齐平。在有水的河流中应在土牛底部设置临时涵洞，如图 3.3.13 所示。

土牛顶面宽度应较拱圈略宽 0.5 ~ 1.0 m，以免边缘松动坍塌。在施工期间可能降雨时，土牛顶面应铺一层油毛毡，边坡用草覆盖，防止雨水浸入。土牛拱胎的优点是施工方法简单，可就地取材，节约木料。其缺点是耗费劳力较多，施工期间妨碍泄洪。

3. 拱架的卸架设备

(1)木楔

木楔有简单木楔和组合木楔等不同构造，如图 3.3.14 所示。简单木楔如图 3.3.14(a)、图 3.3.14(b)所示，由两块1:6 ~ 1:10 斜面的硬木楔形块组成，构造简便。落架时用锤轻轻敲击木楔小头，将木楔取出，拱架即下落。组合木楔构造如图 3.3.14(c)所示，它由三块楔形木和一根拉紧螺栓组成。卸架时只需扭松螺栓，木楔徐徐下降，拱架即可逐渐降落。

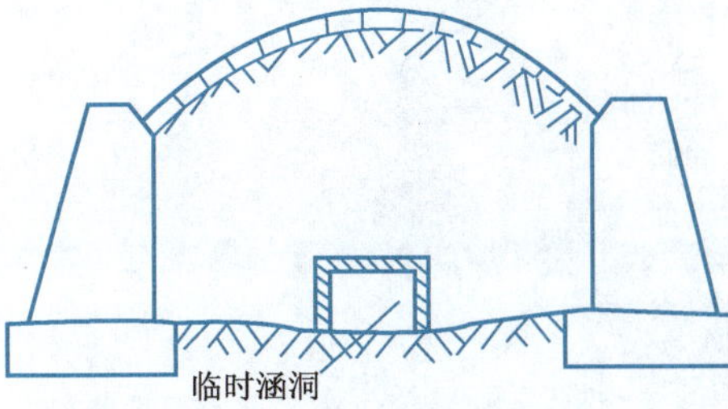

图 3.3.13 土牛拱胎

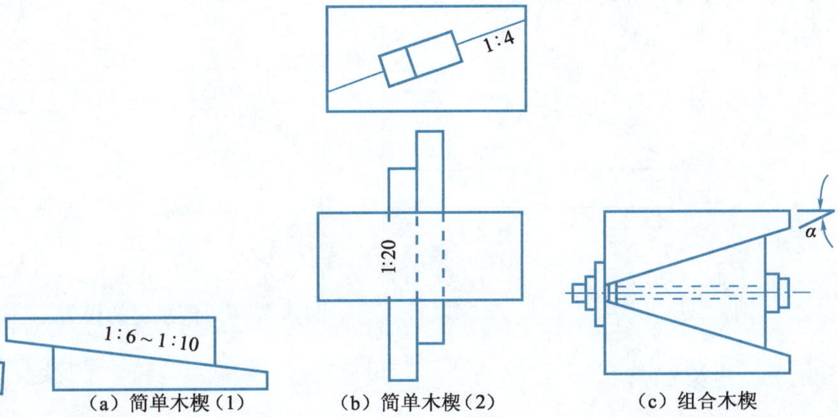

图 3.3.14 木楔

(2)砂筒或千斤顶

拱式拱架及大跨径拱架,宜采用砂筒或千斤顶卸架。砂筒的构造如图 3.3.15 所示,内装砂子的砂筒可由铸铁制成圆筒或用方木拼成方盒。砂筒上面的顶芯可用钢材或混凝土制成。砂筒与顶芯间的空隙应以沥青填塞,以免砂子受潮不易流出。卸架是靠砂子从砂筒下部的泄砂孔流出而实现的。因此要求筒里的砂子干燥、均匀、洁净。由砂子的泄出量来控制砂筒顶芯的降落量(即控制拱架卸落的高度)这样就能由卸沙孔的开与关,分数次进行卸架,并能使拱架均匀下降而不受振动。

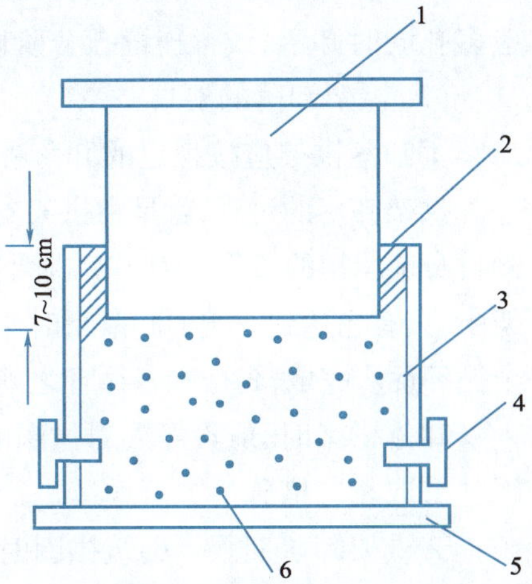

1—活塞;2—沥青;3—钢板筒;
4—泄砂孔;5—垫板;6—砂。

图 3.3.15 砂筒

4. 拱架的制作与安装

(1)拱架的制作与安装方法

在设计和安装拱架时,应结合桥位处地形、地基等实际条件进行多方面的技术经济比较。主要原则是拱架要有足够的强度、刚度和稳定性。拱架可就地拼装,也可根据起吊设备能力,预拼成组件后再进行安装。下面以满布式木拱架为例,学习拱架的制作及安装方法。

拱架制作安装时,拱架尺寸和形状要符合设计要求,立柱位置准确且保持直立,各杆件连接接头要紧密,支架基础要牢固,高拱架应特别注意它的横向稳定性。拱架全部安装完成后,应全面检查,确保结构牢固可靠。程序如下:

①在平台上,按拱圈(或拱肋)内弧线加施工预拱度值放出拱模弧线,并将拱模弧线分成若干段,定出弧形木接头位置和排架、斜撑、拉杆的中心线或叠桁式拱架拱盔顶板和立柱顶端的中心线和位置。

②在样台上量出各杆件尺寸,制作各杆件大样。

③竖立支架立柱(预先对地基整平、夯实、设置枕梁)。

④安装帽木和夹木,并在帽木的立柱位置放上卸落设备。

⑤在支架及卸落设备上抄平,定出拱架上部大梁水平线。

⑥安装水平大梁、立柱、斜撑、夹木、弧形木、横梁和模板等,并注意控制弧形木各节点高程及拱架中线偏离。拱架较高时,可在支架两侧设置斜撑和在拱冠两侧设置缆风绳,以增强拱架横向稳定性。

(2)施工预拱度的设置

拱架在拱桥施工中承受荷载后,会产生弹性的和非弹性的变形。另外,当拱圈砌筑完毕且强度达到要求而卸落拱架后,在自重力、温度变化等因素影响下,拱圈也会产生弹性下沉。为了使拱圈的拱轴线符合设计要求,必须在拱架上预设施工预拱度,以抵消上述各种可能发生的竖直变形。

设置预拱度时,拱顶处应按全部预拱度总值设置,拱脚处为零,其余各点可按拱轴纵坐标高度比例或按二次抛物线分配，如图 3.3.16 所示。

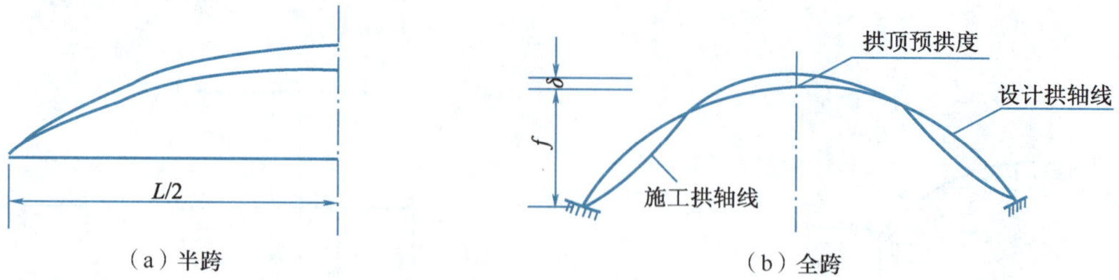

图 3.3.16 预拱度的设置

5. 拱架卸落

(1) 卸落程序

在纵向应对称均衡卸落，在横向应同时卸落。满布式拱架卸落时，可从拱顶向拱脚依次循环卸落；拱式拱架可在两支座处同时均匀卸落。多孔拱桥卸架时，若桥墩允许承受单孔施工荷载，可单孔卸落，否则应多孔同时卸落，或各连续孔分阶段卸落。

(2) 拱架卸落的要求

①卸落拱架应按拟定的卸落程序进行，分几个循环卸完，卸落量开始宜小，以后逐渐增大。

拱架卸落的过程，就是由拱架支承的拱圈（或拱上建筑已完成的整个拱桥上部结构）的重力逐渐转移给拱圈自身来承担的过程。为了对拱圈受力有利，拱架不能突然卸除，而应按一定的卸架程序和方法进行。在卸架中，只有当达到一定的卸落量时，拱架才脱离拱圈体并实现力的转移。所以拱架的卸落量应分成几次和几个循环逐步完成，各次和各循环之间有一定间歇。间歇后应将松动的卸落设备顶紧，使拱圈体落实。

卸落拱架时，应设专人对拱圈的挠度和墩台的位置等情况进行监测，当有异常时，应暂停卸落，查明原因并采取相应措施后方可继续进行。

②拱架卸落期限。砌筑拱圈时，应待砌筑砂浆强度达到设计强度的 85% 以后才能卸落拱架；浇筑拱圈、拱肋，只有当接头混凝土及拱肋横向联结构件混凝土的强度达到设计强度的 85% 或满足设计规定后，方可开始卸架。此外还须考虑拱上建筑、拱背填料、连拱等因素对拱圈受力的影响，尽量选择对拱体产生最小应力的时机为宜，过早或过迟卸架都将使拱圈受力不利。

一般情况下，卸架期限应选择在下列阶段并符合以下规定：

a. 实腹式拱在护拱、侧墙完成后；

b. 空腹式拱在拱上小拱横墙完成后、小拱圈砌筑前；

c. 裸拱卸架时，应对裸拱进行截面强度及稳定性验算，并采取必要的稳定措施；

d. 如必须提前卸架，应适当提高砂浆（或混凝土）强度或采取其他措施；

e. 较大跨径拱桥的拱架卸落期限，一般在设计中有明确规定，应按设计规定进行。

6. 拱圈模板的制作

(1) 板拱模板

板拱拱圈模板（底模）的厚度应根据弧形木或横梁间距的大小来确定。一般有横梁时底模板厚度为 4 ~ 5 cm，直接搁在弧形木上时为 6 ~ 7 cm。有横梁时为使顺向放置的模板与拱圈内弧线圆顺一致，可预先将木板压弯。40 m 以上跨径的拱桥模板可不必事先压弯。

石砌板拱拱圈的模板，应在拱顶处预留一空当，以便于拱架的拆卸。

混凝土和钢筋混凝土板拱拱圈模板，板面应刨平，拼缝应严密以防漏浆。侧面模板应在样台上按拱圈弧线大样分段制作。在拱轴线与水平面倾角较大区段，应设置顶面盖板，以防混凝土流失。

(2) 拱肋模板

拱肋模板如图 3.3.17 所示，其底模与混凝土或钢筋混凝土板拱拱圈底模基本相同，拱肋之间及横撑间的空当也可不铺底模。

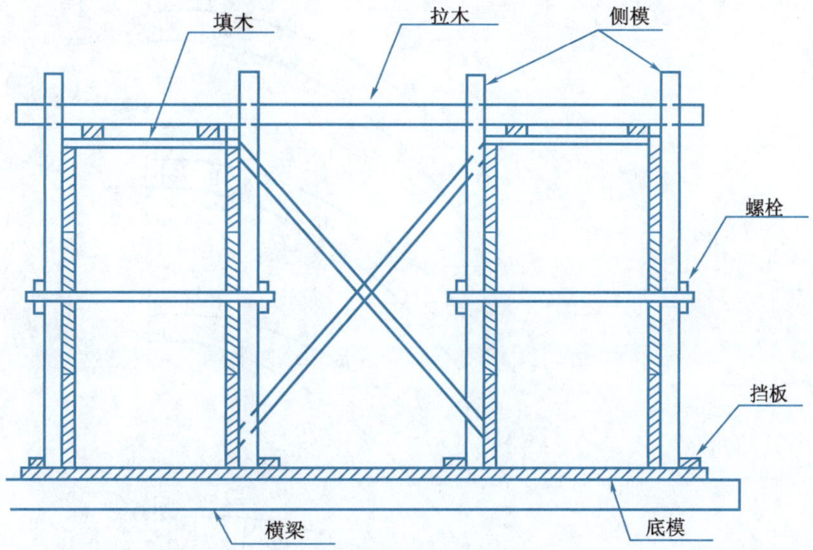

图 3.3.17　拱肋模板横截面

拱肋侧面模板，一般应预先按样板分段制作，然后拼装在底模板上，并用拉木、螺栓拉杆及斜撑等固定。安装时，应先安置内侧模板，等钢筋入模后再安置外侧模板。模板宜在适当长度内设一道变形缝，以避免在拱架沉降时模板间相互顶死。

拱肋间的横撑模板与上述侧模构造基本相同，处于拱轴线较陡位置时，可用斜撑支撑在底模板上。

列一列

请列举常见的卸架设备，写在下面横线上。

二、拱圈（或拱肋）的浇筑施工

1. 连续浇筑

跨径小于 16 m 的拱圈（或拱肋）混凝土，应按拱圈全宽度、自两端拱脚向拱顶对称地连续浇筑，并在拱脚处混凝土初凝前全部完成。如预计不能在限定时间内完成，则须在拱脚处预留一个隔缝并最后浇筑隔缝混凝土。

2. 分段浇筑

跨径大于等于 16 m 的拱圈（或拱肋），为避免拱架变形而产生裂缝以及减少混凝土的收缩应力，应采用沿拱跨方向分段对称浇筑的施工方法。分段位置应以能使拱架受力对称、均匀和变形小为原则，拱式拱架宜设置在拱架受力反弯点、拱架节点、拱顶及拱脚处；满布式拱架宜设置在拱顶、$L/4$ 部位、拱脚及拱架节点等处，分段长度一般为 6 ~ 15 m。各分段点应预留间隔缝，间隔缝的位置应避开横撑、隔板、吊杆及刚架节点等处，间隔缝的宽度一般为 50 ~ 100 cm，以便于施工操作和钢筋连接。如图 3.3.18 所示，分段浇筑程序应符合设计要求，且对称于拱顶进行，使拱架变形保持对称均匀和尽可能地小。

填充间隔缝混凝土，应由两拱脚向拱顶对称进行。拱顶及两拱脚间隔缝应在最后封拱时浇筑，间隔缝与拱段的接触面应事先按施工缝进行处理。各段的接缝面应与拱轴线垂直，并应注意以下几点：

①间隔缝混凝土的浇筑应符合设计规定，设计未规定时，应在拱圈混凝土强度达到设计强度的 85% 后进行；

②为缩短拱圈合龙和拱架拆除的时间，间隔缝内的混凝土强度可采用比拱圈高一等级的半干硬性混凝土；

③封拱合龙的温度应符合设计要求，如设计无规定时，宜选择夜间气温较稳定时段的温度。拱圈合龙前如采取千斤顶对两侧拱圈施加压力的方法调整拱圈的应力时，拱圈混凝土的强度应达到设计规定的强度。

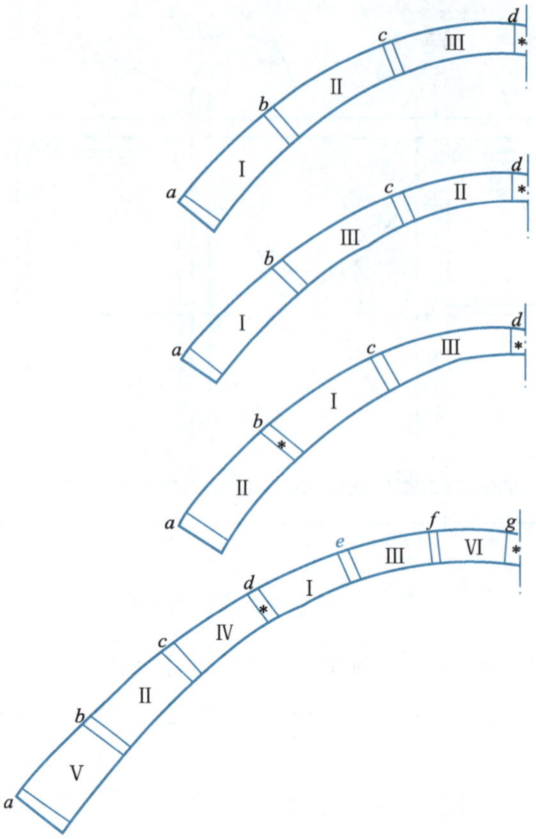

图 3.3.18　拱圈分段浇筑的施工程序

3. 箱形截面拱圈(或拱肋)的浇筑

大跨径拱桥一般采用箱形截面的拱圈(或拱肋),为减轻拱架负担,一般采取分环、分段的浇筑方法。分段的方法与上述相同,分环的方法一般有以下两种。

(1)分成二环浇筑

先分段浇筑底板(第一环),然后分段浇筑腹板、横隔板及顶板混凝土(第二环)。

(2)分成三环浇筑

先分段浇筑底板(第一环),然后分段浇筑腹板和横隔板(第二环),最后分段浇筑顶板(第三环)。

分环、分段浇筑时,拱圈(或拱肋)的合龙方法有两种:一种是采取分环填充间隔缝合龙;另一种是全拱圈(或拱肋)浇筑完成后最后一次填充间隔缝合龙。采取前者时,已合龙的环层可起到拱架作用,在浇筑后一环混凝土时,可减轻拱架的负担,但施工工期较一次合龙的方法长。采用后者时,拱圈(或拱肋)仍必须一环一环地分段浇筑,但不是浇完一环合龙一环,而是在最后一环混凝土浇完后,一次填充各环间隔缝完成拱圈(或拱肋)的合龙。因此,采用这种合龙方法时,上下环的间隔缝位置应互相对应和贯通,其宽度一般为 2 m 左右,有钢筋接头的间隔缝一般为 4 m 左右。如图 3.3.19 为箱形截面拱圈采用分环分段浇筑方法的例子。

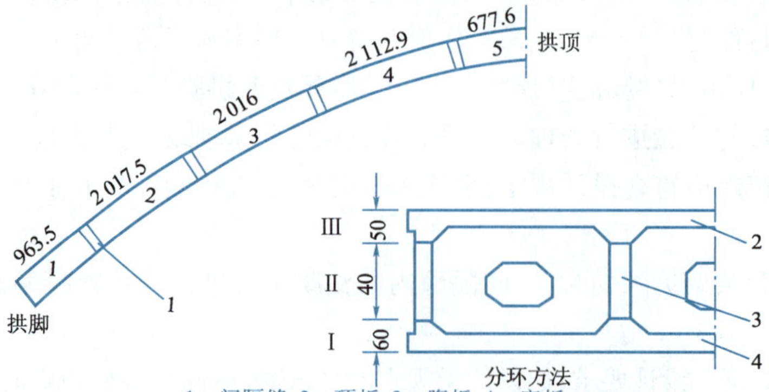

1—间隔缝;2—顶板;3—腹板;4—底板。

图 3.3.19　箱形截面拱圈采用分环分段浇筑示意图(尺寸单位:cm)

4. 钢筋接头布置

为适应拱圈(或拱肋)在浇筑过程中的变形,拱圈(或拱肋)的主钢筋或钢筋骨架一般不使用通长钢筋,而在适当位置的间隔缝中设置钢筋接头,一般安排在设计规定的最后浇筑的几个间隔缝内,并应在这些间隔缝浇筑时再连接。如图3.3.18所示为主钢筋接头位置布置示意图,有*形符号处为有主钢筋接头的间隔缝。

分环浇筑拱圈(或拱肋)时,钢筋可分环绑扎。分环绑扎时各种预埋钢筋应予临时固定,并在浇筑混凝土前进行检查和校正。

5. 钢筋混凝土拱桥拱上建筑施工

(1)钢筋与模板

为简化在拱圈(或拱肋)上进行的施工作业,拱上建筑的钢筋宜预先绑扎或焊接成钢筋骨架,模板宜预先组装成整块或整体。钢筋骨架和整体式模板可用缆索吊车运到拱上安装。

(2)混凝土的浇筑

拱上建筑的施工应由拱顶向拱脚,或由拱脚向拱顶对称、均衡地进行。大跨径拱桥拱上建筑的浇筑程序,应按设计规定进行。无设计规定时按拱圈(或拱肋)最有利的受力情况进行。

练一练

请为某18 m拱圈混凝土设计初步浇筑方案。

任务知识3.2　拱桥无支架缆索吊装施工

在峡谷河段、通航河段、有漂流物影响河段修建拱桥,以及采用有支架的方法施工将会遇到很大困难或是很不经济时,便可以考虑采用无支架的施工方法。缆索吊装施工是目前我国大跨度拱桥无支架施工的主要方法,在就地浇筑拱桥的拱架和劲性骨架及钢管混凝土拱桥的钢管拱肋吊装中也是经常采用的。下面介绍缆索吊装施工的几项主要工艺。

一、构件的预制、堆放与运输

1. 构件的预制

(1)拱肋立式预制

立式浇筑方法预制拱肋,具有起吊方便、节省木材的优点。底模采用土牛拱胎密排浇筑时,能减小预制场地,是预制拱肋最常用的方法,尤其适用于大跨径拱桥。

①土牛拱胎立式预制。该法施工方便,适用性较强。填筑土牛拱胎时,应分层夯实,表面土中宜掺入适量石灰,并加以拍实,然后用栏板套出圆滑的弧线,如图3.3.20所示。为便于固定侧模,表层宜按适当距离埋入横木,也可用粗钢筋或钢管固定侧模。土牛拱胎的表面,可铺一层木板、油毛毡或水泥袋,也可抹一层水泥砂浆。侧模可采用4~5 cm厚的木板或其他适宜材料。当采用密排浇筑时,可利用已浇拱肋作侧模,但须用油毛毡、塑料布等隔开。

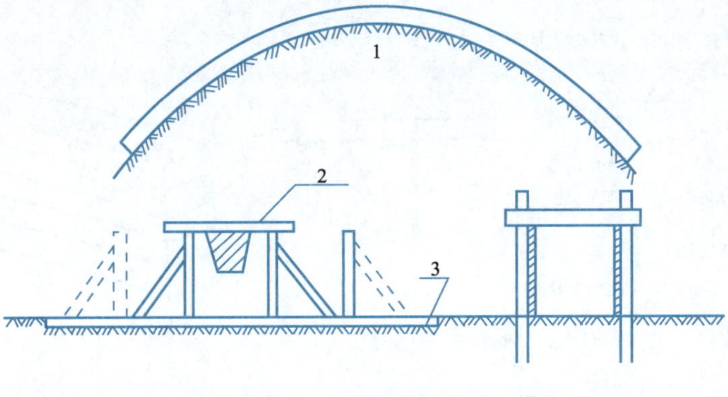

1—土牛拱胎;2—凹形拱肋扶手;3—横木。

图3.3.20　土牛拱胎立式预制拱肋

②木架立式预制。当取土及填土不方便时,可采用木支架进行装模和预制,但拆除支架时须注意拱肋的强度和受力状态,防止拱肋发生裂纹。

③条石台座立式预制。条石台座由数个条石支墩、底模支架和底模等组成,如图 3.3.21 所示。

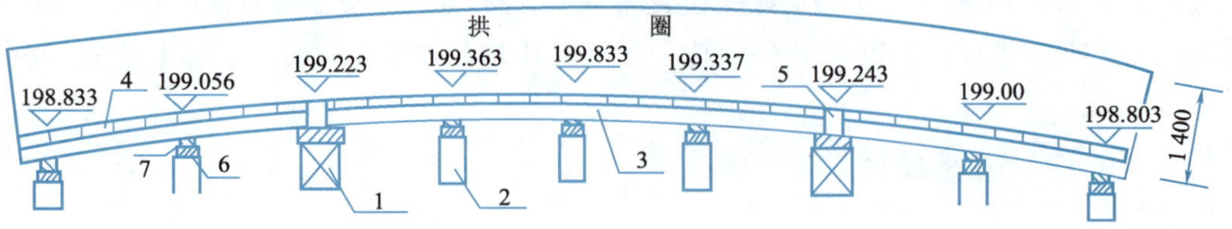

1—滑道支墩;2—条石支墩;3—底模支架;4—底模;5—船形滑板;6—木楔;7—混凝土帽梁。

图 3.3.21　条石台座立式预制布置图(尺寸单位:mm)

条石支墩是用 M5 砂浆砌筑块石而成。支墩平面尺寸应根据拱肋的长度和宽度决定;支墩高度根据拱肋端头下高程及便于横移拱肋操作确定,顶部用砂浆抹平或再浇筑 20 ~ 25 cm 高的混凝土。每个台座设 2 个滑道支墩。

滑道支墩顶面埋设钢板,以便拱肋移运。

底模支架由槽钢、角钢等型钢组成。底模可采用组合钢模,为便于脱模,可将钢模点焊在底模支架上。底模支架应根据拱肋高程作适当预弯。每个支墩处设木楔用于脱模。

条石台座预制拱肋,脱模方便;由于滑道支墩处设有滚筒和船形滑板,移梁容易,因此不需要专门的起重设备,施工方法简单。

(2)拱肋卧式预制

卧式预制,拱肋的形状和尺寸较易控制,特别是空心拱肋,浇筑混凝土时操作方便,且节约木材,但起吊时容易损坏。卧式预制一般有下列几种方法。

①木模卧式预制。预制拱肋数量较多时,宜采用木模,如图 3.3.22(a)所示。浇筑截面为 L 形或倒 T 形时(双曲拱拱肋),拱肋的缺口部分可用黏土砖或其他材料垫砌。

②土模卧式预制。在平整好的土地上,根据放样尺寸,挖出与拱肋尺寸大小相同的土槽,然后将土槽壁仔细抹平、拍实,铺上油毛毡或水泥袋,便可浇筑拱肋。虽然此法节省材料,但土槽开挖较费工且容易损坏,尺寸也不如木模准确,仅适用于预制少量的中小跨拱桥中,如图 3.3.22(b)所示。

③卧式叠浇。如图 3.3.23 所示,卧式叠浇一般可达 5 层,浇筑时每层拱肋接触面用油毛毡、塑料布或其他隔离剂隔开。卧式叠浇的优点是节省预制场地和模板,但先期预制的拱肋不易取出,影响工期。

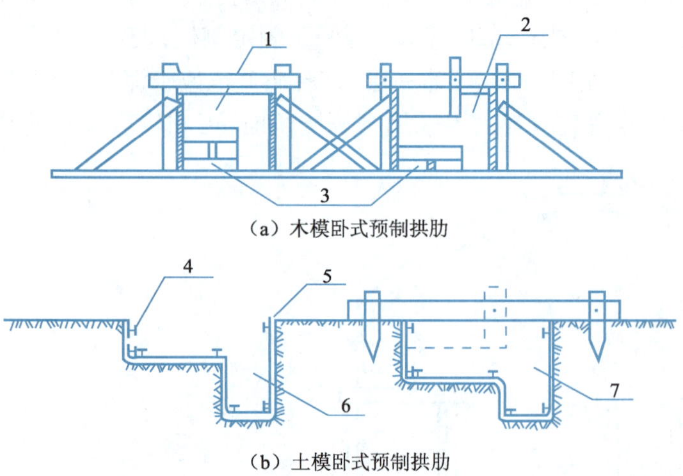

1、6—边肋;2、7—中肋;3—砖砌垫块;4—圆钉;5—油毛毡。

图 3.3.22　拱肋卧式预制

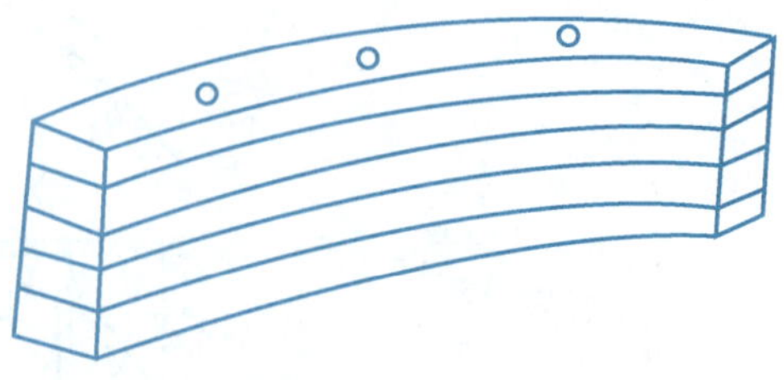

图 3.3.23　拱肋卧式叠浇

2. 拱肋分段与接头

(1)拱肋的分段

拱肋跨径在30 m以内时,可不分段或仅分2段;在30~80 m范围时,可分3段;大于80 m时一般分5段。拱肋分段吊装时,理论上接头宜选择在拱肋自重弯矩最小的位置及其附近,但实际运用中一般为等分,这样各段重力基本相同,吊装设备较省。

(2)拱肋的接头形式

①对接。为方便预制,简化构造,当拱肋分2段吊装时多采用对接形式,如图3.3.24(a)、(b)所示。对接接头在连接处为全截面通缝,要求接头的连接材料强度高,一般采用螺栓或电焊钢板。

②搭接。分3段吊装的拱肋,因接头处在自重弯矩较小的部位,一般宜采用搭接形式,如图3.3.24(c)所示。分5段安装的拱肋,边段与次边段拱肋的接头也可采用搭接形式。

搭接接头受力较好,但构造复杂,预制也较困难,须用样板校对、修凿,确保拱肋安装质量。

③现浇接头。用简易排架施工的拱肋,可采用主筋焊接或主筋环状套接的现浇接头,如图3.3.24(d)所示。

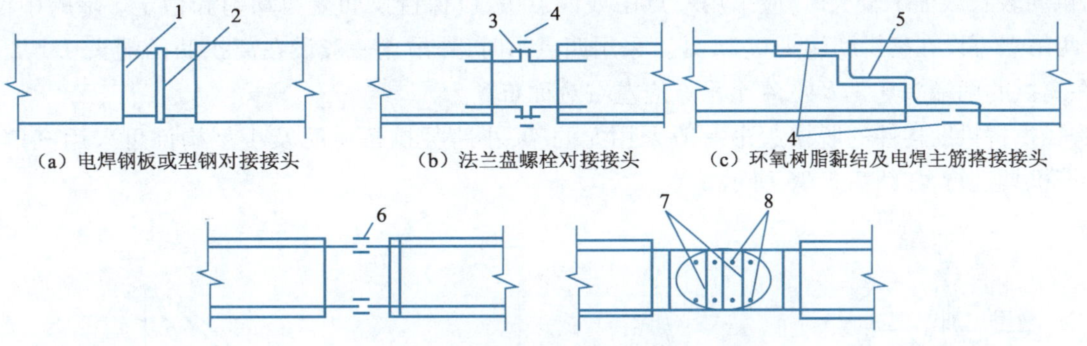

(a)电焊钢板或型钢对接接头　(b)法兰盘螺栓对接接头　(c)环氧树脂黏结及电焊主筋搭接接头

(d)主筋焊接或主筋环状套接绑扎现浇接头

1—预埋钢板或型钢;2—电焊缝;3—螺栓;4—电焊;5—环氧树脂;6—主筋对接和绑焊;7—箍筋;8—横向插销。

图3.3.24　拱肋接头形式

3. 拱座

拱肋与墩、台的连接,称为拱座。拱座主要有图3.3.25几种形式,其中插入式及方形拱座因其构造简单、钢材用量少、嵌固性能好,采用较为普遍。

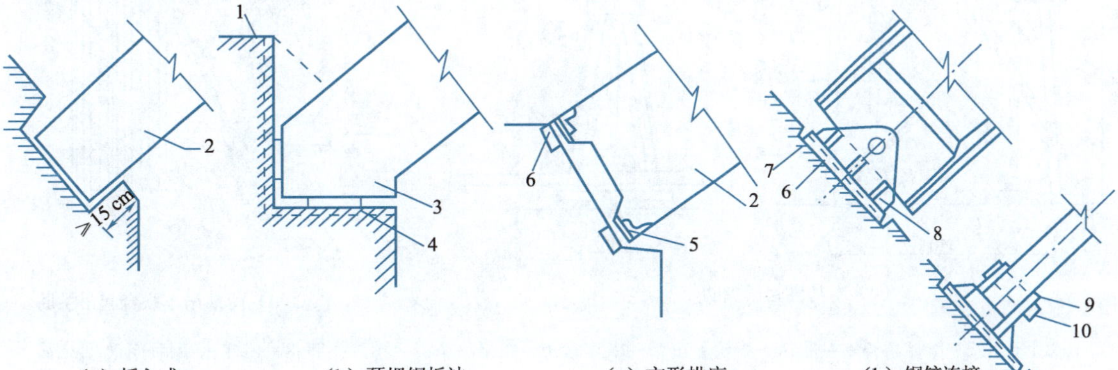

(a)插入式　(b)预埋钢板法　(c)方形拱座　(b)钢铰连接

1—预留槽;2—拱肋;3—肋座;4—铸铁垫板;5—预埋角钢;6—预埋钢板;7—铰座底板;8—加劲钢板;9—铰轴支撑;10—钢铰轴。

图3.3.25　拱座形式

预埋钢板法,如图3.3.25(b)所示,是在拱座上预埋角钢和型钢,与边段拱肋端头的型钢焊接。这种方法施工简单,但对型钢预埋精度要求较高。

按无铰拱设计的肋拱桥，其拱肋宜采用插入式以加强与墩、台的连接，在拱脚插入端应适当加长拱肋，安装时将拱肋加长部分插入拱座预留孔内，合龙定位后，即可封槽。

采用方形拱座的拱肋，在安装时可利用水平面与垂直面，适当调整拱肋和墩、台间的尺寸差。调整时一般用铸铁块嵌紧，然后灌以高等级小石子混凝土封固。

4. 拱肋起吊、运输及堆放

(1)拱肋脱模、运输、起吊时间的确定

装配式拱桥构件在脱模、移运、堆放、吊装时，混凝土的强度不应低于设计所要求的吊装强度，若无设计要求，一般不得低于设计强度的 85%。为加快施工进度，可掺入适量早强剂。在低温环境下，可用蒸气养护。

(2)场内起吊

拱肋移运起吊时的吊点位置应按设计图上设计位置进行，如图上无要求应结合拱肋的形状、拱肋截面内的钢筋布置以及吊运、搁置过程中的受力情况综合考虑确定，以保证移运过程中的安全稳定。当采用两点吊时，吊点位置应设在拱肋弯曲平面重心轴之上，一般可设在离拱肋端头(0.22 ~ 0.24)L 处(L 为拱肋长度)。当拱肋较长或曲率较大时，应采用三点吊或四点吊，以保持拱肋受力均匀和稳定。除跨中设一吊点外，其余两吊点可设在离拱肋端头 0.2L 处。采用四点吊时，外吊点一般设在离拱肋两端头 0.17L 处，内吊点可设在离拱肋两端头 0.37L 处，4 个吊点应左右对称布置。

大跨径拱桥拱肋构件的脱模起吊一般采用龙门架，小跨径拱桥拱肋及小型构件可采用三角扒杆、马凳、吊车等机具进行，如图 3.3.26 所示。

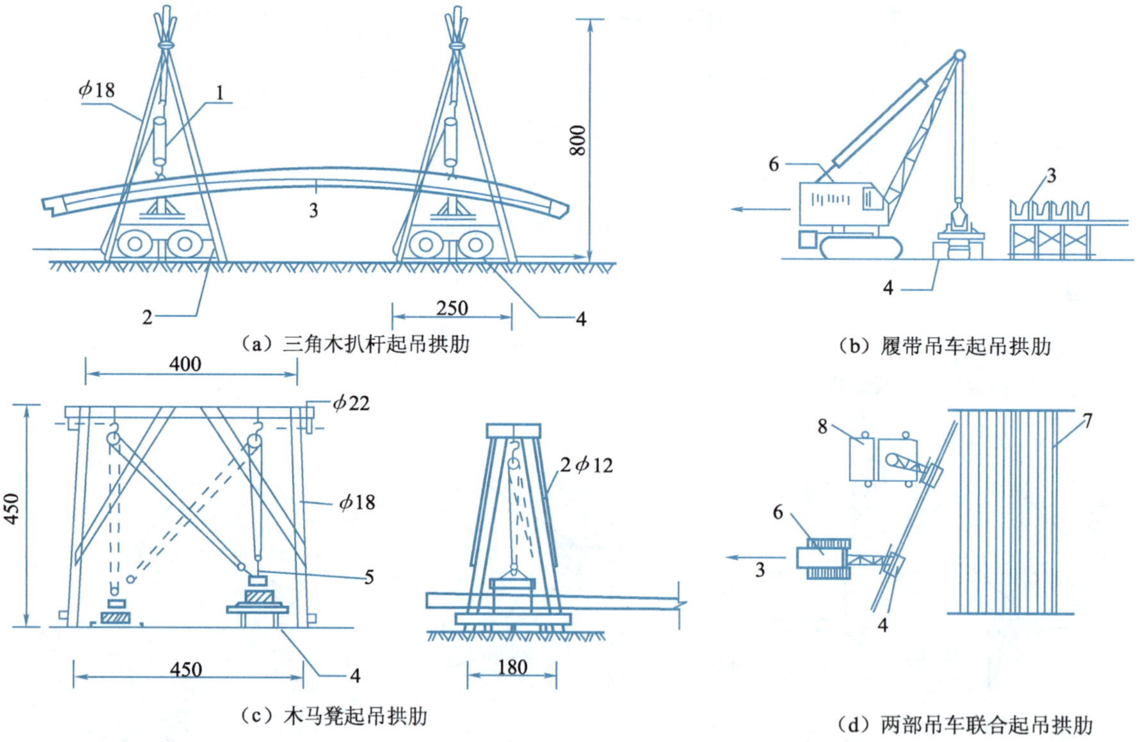

1—滑轮组；2—千斤顶；3—拱肋；4—胶轮平车；5—横移索；6—履带吊车；7—预制拱肋；8—汽车吊机固定回转起吊。

图 3.3.26 拱肋起吊方法(尺寸单位：cm)

(3)场内运输(包括纵横移)

场内运输可采用龙门架、胶轮平板挂车、汽车平板车、轨道平车或船只等机具进行。

(4)构件堆放

拱肋堆放时应尽可能卧放，特别是矢跨比小的构件(拱肋、拱块)，卧放时应垫 3 点，垫木位置应在拱肋中央及离两端 0.15L 处，3 个垫点应同高度。如必须立放时，应搁放在符合拱肋曲度的弧形支架上，如无此种支架，则应垫搁3个支点，其位置在中央及距两端0.2L处，各支点高度应符合拱肋曲度，以免拱肋折断。

堆放构件的场地应平整夯实，不致积水，当因场地有限而采用堆垛时，应设置垫木。堆放高度按构件强度、地面承载力、垫木强度以及堆放的稳定性而定，一般以2层为宜，不应超过构件。应按吊运及安装次序顺序堆放，并留适当通道，防止越堆吊运。

二、缆索吊装设备和吊装准备工作

1. 缆索吊装设备的组成与使用

缆索吊装设备又称缆索起重机，主要用于高差较大的垂直吊装和高空纵向运输，吊运质量从几吨到上百吨，纵向运距从几十米到几百米。其设备可自行设计、就地安装，也可采用定型产品运至现场安装。

缆索吊装系统应满足《公路桥涵施工技术规范》的规定，由主索、天线滑车、起重索、牵引索、起重及牵引绞车、主索锚碇、塔架、缆风索等主要设备组成，如图3.3.27所示。

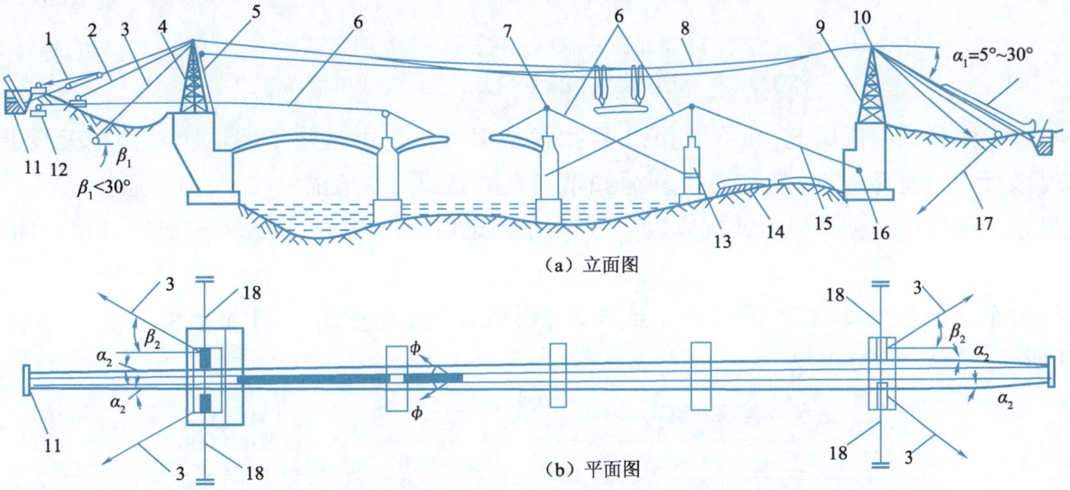

1—主索张紧绳；2—1号起重索；3—后浪风；4—塔架；5—2号起重索；6—扣索；7—平滚；8—主索；9—塔顶索鞍；10—地垄；11—手摇绞车；12—扣塔；13—待吊肋段；14—单排立柱浪风；15—法兰螺丝；16—牵引索；17—侧向浪风；18—浪风。

图3.3.27　缆索吊装布置示例

①主索。主索又称承重或运输天线，它横跨桥墩支承在两岸塔架的索鞍上，两端锚固于锚碇上，吊运构件的行车支承于主索上。

②起重索。起重索套绕于天线滑车组，作起吊重物之用。一端与绞车滚筒相连，另一端固定于对岸的锚碇上。这样，当行车在主索上沿桥跨作往复运动时，可保持行车与吊钩间的起重索长度不随行车的移动而改变，如图3.3.28所示。

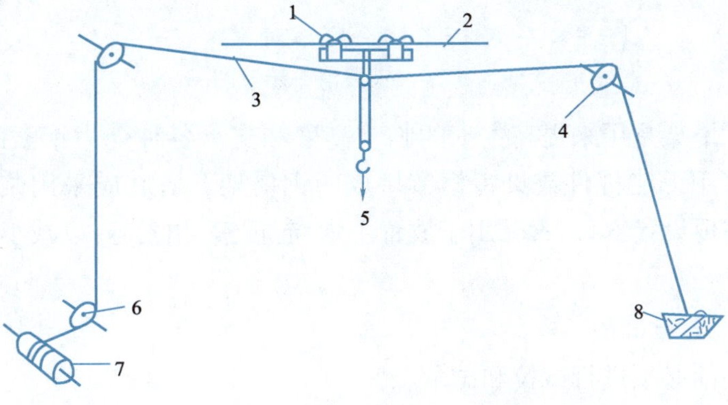

1—行车；2—主索；3—起重索；4—滑轮组；5—吊重；6—转向滑轮组；7—卷扬机滚筒；8—地锚。

图3.3.28　起重索的布置图

③牵引索。牵引索是牵引天线滑车沿主索作水平移动的拉绳。每岸各设一台绞车,一台用于前进牵引,一台用于后退牵引,而牵引一端固定在滑车上,另一端与绞车相连。

④结索。结索用于悬挂分索器,使主索、起重索和牵引索相互之间不干扰,且仅承受分索器重力和自重。

⑤扣索。为了暂时固定分段拱肋,在拱肋无支架施工中,边段拱肋及次边段拱肋均用扣索悬挂。按支承扣索结构物的位置和扣索本身的特点分为:天扣、塔扣、通扣、墩扣等类型,可根据具体情况选用,也可混合使用。边段拱肋扣索悬挂方法如图 3.3.29 所示。

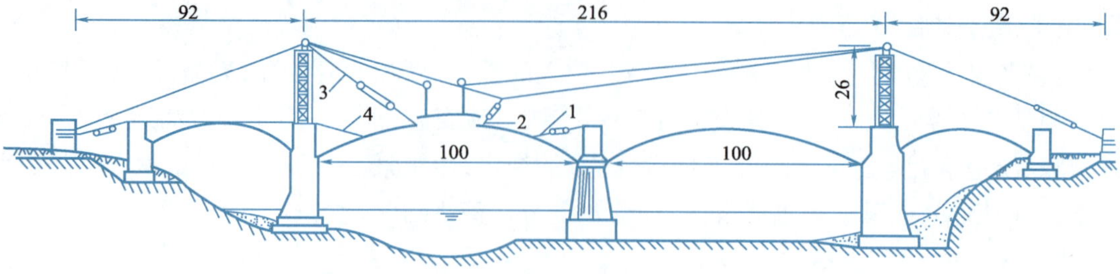

1—墩扣;2—天扣;3—塔扣;4—通扣。

图 3.3.29　边段拱肋扣索悬挂示意图(尺寸单位:m)

图中 1 号扣索锚固在桥墩上,简称墩扣;2 号扣索是用另一组主索跑车将拱肋悬挂在天线上,简称天扣;3 号扣索支承在主索塔架上,简称塔扣;4 号扣索一直贯通到两岸地锚前收紧,简称通扣。

⑥缆风索。缆风索又称浪风索或抗风索,主要用于稳定塔架(或索架和墩上排架),调整和固定预制构件的位置。

⑦天线滑车。天线滑车又称骑马滑车或跑车,由跑车轮、起重滑车组和牵引系统三部分组成,如图 3.3.30 所示。

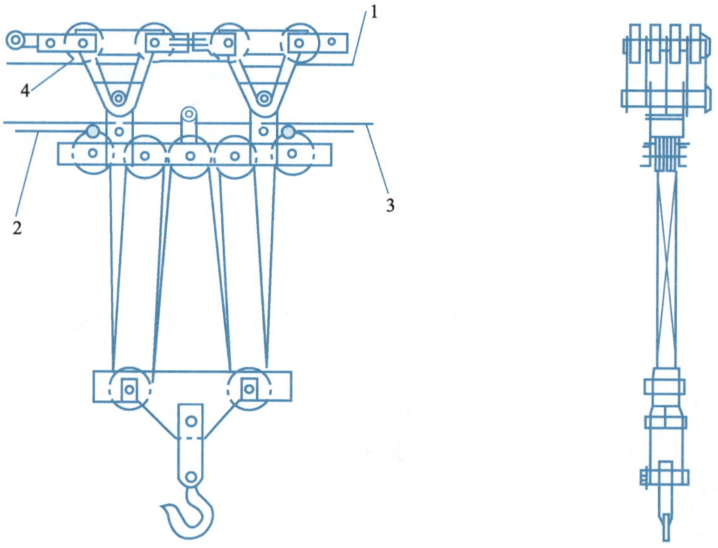

1—主索;2—起重索;3—另一跑车起重索;4—跑车轮。

图 3.3.30　天线滑车示意图

⑧塔架和索鞍塔架。塔架是用来提高主索的临空高度和支承各种受力钢索的结构物,由塔身、塔顶、塔底等组成。塔身材料多用万能杆件或贝雷桁节拼成的钢塔架。塔底应采用浆砌片石或片石混凝土基础,如图 3.3.31 所示。塔顶设置索鞍,索鞍用于放置主索、起重索、扣索等,以减小钢绳与塔架间的摩阻力,如图 3.3.32 所示。

2. 缆索吊装设备的检查与试吊

缆索吊装设备在使用前必须进行试拉和试吊。

①地锚试拉。一般每一类地锚取一个进行试拉。缆风索的土质地锚要求位移小,因此在有条件时宜全部试拉,使其预先完成一部分位移。可利用地锚相互试拉,受拉值一般为设计荷载的 1.3 ~ 1.5 倍。

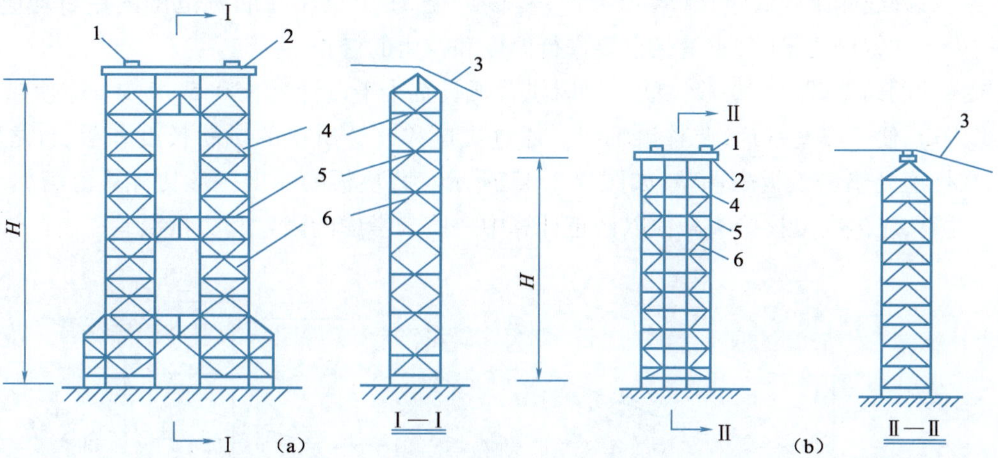

1—索鞍;2—帽梁;3—主索;4—立柱;5—水平撑;6—斜撑。

图 3.3.31　塔架

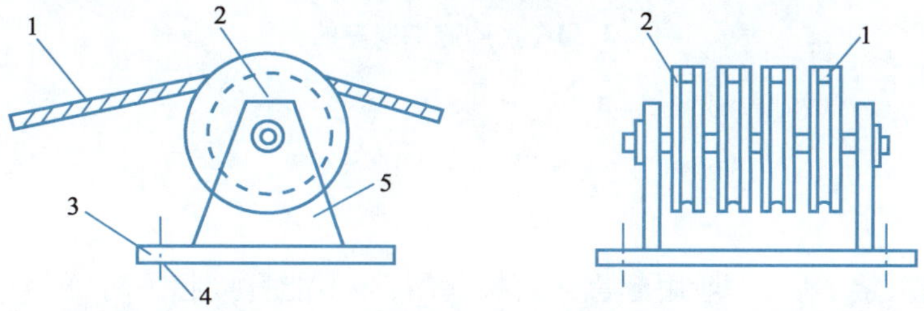

1—主索;2—滑轮;3—垫板;4—连接螺栓(固定于塔架上);5—支承板。

图 3.3.32　索鞍构造图

②扣索对拉。扣索是悬挂拱肋的主要设备,因此必须通过试拉来确保其可靠性。可将两岸的扣索用卸甲连在一起,将收紧索收紧进行对拉,这样可全面检查扣索、扣索收紧索、扣索地锚和动力装置等是否达到了要求。

③主索系统试吊。主索系统试吊一般分跑车空载反复运转、静载试吊和吊重运行三步骤。必须待每一步骤检查、观测工作完成并无异常现象后,方可进行下一步骤。试吊重物可以利用钢筋混凝土预制构件、钢轨和钢梁等,一般按设计吊重的60%、100%、130%,分几次进行。

在各阶段试吊中,应连续观测塔架位移、主索垂度和主索受力的均匀程度;动力装置工作状态、牵引索、起重索在各转向轮上运转情况;主索地锚稳固情况以及检查通信、指挥系统的通畅性能和各作业组之间的协调情况。在有条件时,应施测主索、牵引索和起重索的拉力。

试吊后应综合各种观测数据和检查情况,对设备的技术状况进行分析和鉴定,然后提出改进措施,确定能否进行正式吊装。

3. 吊装准备工作

①预制构件质量检查。预制构件起吊安装前必须进行质量检查,不符合质量标准和设计要求的不准使用,有缺陷的应预先予以修补。

拱肋接头和端头应用样板校验,突出部分应予以凿除,凹陷部分应用环氧树脂砂浆抹平。

接头混凝土接触面应凿毛,钢筋应除锈。螺栓孔应用样板套孔,如不合适应适当扩孔。拱肋接头及端头应标出中线。

应仔细检测拱肋上下弦长,如与设计不符者,应将长度大的弧长凿短。拱肋在安装后如发生结合面张口现象,可在拱座和接头处垫塞钢板。

②墩、台拱座尺寸检查。墩、台拱座混凝土面要修平,水平顶面高程应略低于设计值,预留孔长度应不小于计算值,拱座后端面应与水平顶面相垂直,并与桥墩中线平行。在拱座面上应标出拱肋安装位置的台

口线及中线。用红外线测距仪或钢尺(装拉力计)复核跨径,每个拱座在肋宽范围内左右均应至少丈量2次。用装有拉力计的钢尺丈量时,丈量结果要进行温度和拉力的修正。

③跨径与拱肋的误差调整。每段拱肋预制时拱背弧长宜小于设计弧长0.5~1.0 cm,使拱肋合龙时结合面保留上缘张口,便于嵌塞钢片,调整拱轴线。通过丈量和计算所得的拱肋长度和墩、台之间净跨的施工误差,可以在拱座处垫铸铁板来调整,如图3.3.33所示。背垫板的厚度一般比计算值增加1~2 cm,以缩短跨径。合龙后,应再次复核接头高程以修正计算中一些未考虑的因素和丈量误差。

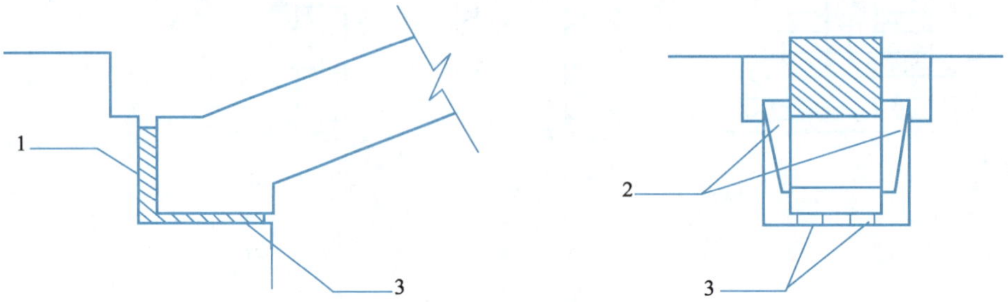

1—背调整垫板;2—左、右木楔;3—底调整垫板。

图3.3.33 拱肋施工误差的调整

三、缆索吊装施工

1. 拱肋缆索起吊

拱肋由预制场运到主索下后,一般用起重索直接起吊,当不能直接起吊时,可采用下列方法进行。

(1)翻身

卧式预制拱肋在吊装前,需要"翻身"成立式,常用就地翻身和空中翻身两种方法。

①就地翻身,如图3.3.34(a)所示,先用枕木垛将平卧拱肋架至一定高度,使其在翻身后两端头不至碰到地面,然后用一根短千斤将拱肋吊点与吊钩相连,边起重拱肋边翻身直立。

②空中翻身,如图3.3.34(b)所示,在拱肋的吊点处用一根串有手链滑车的短千斤,穿过拱肋吊环,将拱肋兜住,挂在主索吊钩上,然后收紧起重索起吊拱肋,当拱肋起吊至一定高度时,缓慢放松手链滑车,使拱肋翻身为立式。

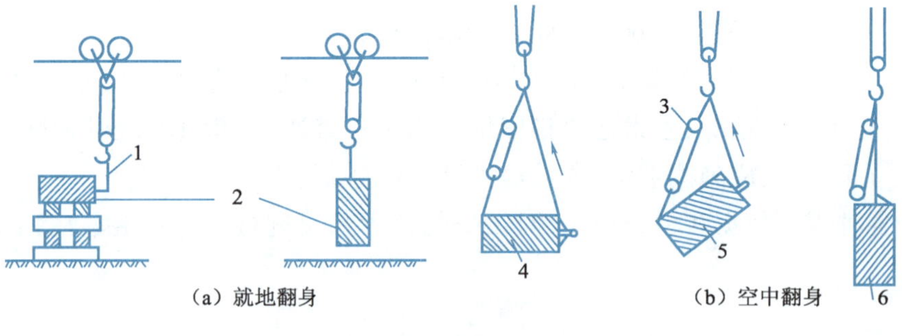

1—短千斤;2—拱肋;3—手链滑车;4—平放;5—放松;6—翻身。

图3.3.34 拱肋翻身

(2)掉头

为方便拱肋预制,边段拱肋有时采用同一方向预制,这样部分拱肋在安装时,掉头方法常因设备不同而异:

①在河中起吊时,可利用装载拱肋的船进行掉头。

②在平坦场地采用胶轮平车运输时,可将跑车与平车配合起吊将拱肋掉头。

③用一个跑车吊钩将拱肋吊离地面约50 cm,再用人工拉动麻绳使拱肋旋转180°掉头放下,当一个跑车承载力不够时,可在两个跑车下另加一钢扁担起吊,旋转调头。

(3)吊鱼

如图3.3.35所示,当拱肋从塔架下面通过后,在塔架前起吊而塔架前场地不足时,可先用一个跑车吊起一个吊点并向前牵出一段距离后,再用另一个跑车吊起第二个吊点。用此法起吊,并用单点向前牵引拱肋时,须拉住尾索,以防拱肋向前滑动。

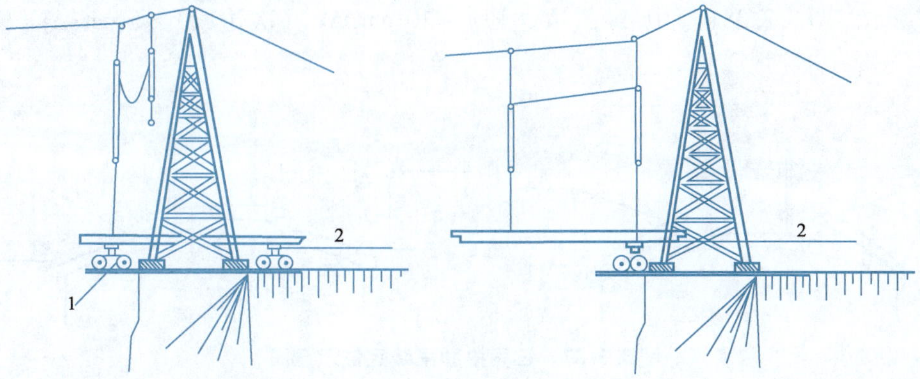

1—悬臂钢架;2—尾索。

图3.3.35　吊鱼

(4)穿孔

拱肋在桥孔中起吊时,最后几段拱肋常须在该孔已合龙的拱肋之间穿过,俗称穿孔,如图3.3.36所示,穿孔前应将穿孔范围内的拱肋横夹木暂时拆除。在拱肋两端另加稳定缆风索,穿孔时应防止碰撞已合龙的拱肋,故主索宜布置在两拱肋中间。

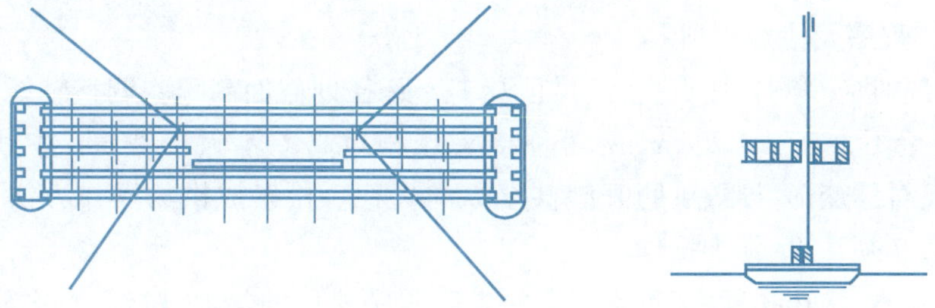

图3.3.36　穿孔

(5)横移起吊

当主索布置在对中拱肋位置,不宜采用穿孔工艺起吊时,可以用横移索帮助拱肋横移起吊。

2. 拱肋缆索吊装程序

拱肋安装时,各段拱肋的高程和线形应根据施工控制的要求确定,宜从拱脚段开始,依次向拱顶分段吊装就位。扣锁的扣挂应稳妥可靠,应使拱肋断面不产生扭斜,且各段拱肋的上端头均应通过扣索的调整使其略高于设计高程。多跨拱桥安装时,应根据桥墩承受不平衡水平推力的能力,经计算确定相邻孔拱肋的安装顺序。以下为常规安装程序。

(1)三段吊装程序

当拱肋分三段吊装,采用螺栓对接接头时,宜先将边段拱肋初步悬挂定位,调整扣索,使上端头高程比设计高程值高出约5～10 cm,然后准确悬吊拱顶段,使两端头高程比设计值约高出1～2 cm,最后放松两拱段扣索使其均匀下降与拱顶段合龙,安装接头螺栓。

当采用阶梯形搭接接头时,宜先准确扣挂两拱脚段,调整扣索使其上端头高程比设计值高出3～5 cm,再安装拱顶段使之与拱脚段合龙,如图3.3.37所示。

(2)五段吊装程序

当拱肋分五段吊装时边段拱肋悬挂就位的方法与三段吊装边段拱肋就位方法基本相同,定位后接头高程应较设计高程高15～20 cm。次边段与边段拱肋安装定位时,为了防止拱肋接头处开裂,要求在两台水准仪配合观测下，保持次边段上端头抬高值约为次边段下端头抬高值的2倍关系，反复调整高程，使次边段定位完成后 $\Delta y_{下}$ 约为5 cm，$\Delta y_{上}$ 10 cm（$\Delta y_{上}$、$\Delta y_{下}$ 分别指次边段定位后上、下端头的预加高度）。拱顶段拱肋定位时准确悬吊拱顶段，使两端头高程比设计值约高出1～3 cm，按照先边扣索，后次边扣索的松索顺序两侧均匀对称地放松扣索，反复循环直到与拱顶段接头合龙。调整拱肋中线位置，偏差在1～2 cm范围内，如图3.3.38所示。图3.3.38(c)中 $\Delta y_{上}$（次边段）≈10 cm；$\Delta y_{下}$（次边段）≈5 cm；$\Delta y_{顶}$（拱顶段）≈1～3 cm。

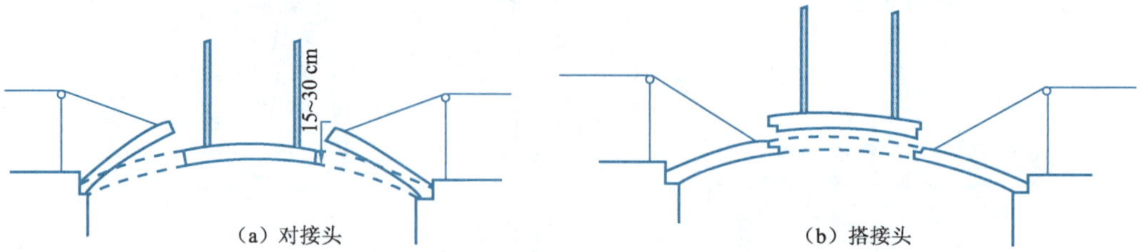

(a) 对接头　　(b) 搭接头

图3.3.37　三段拱肋吊装定位示意图

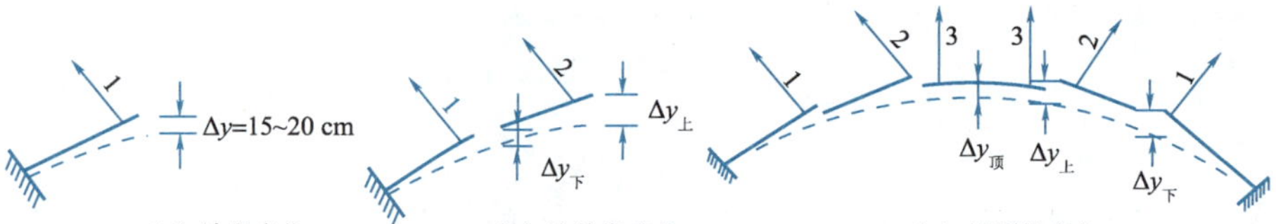

(a) 边段定位　　(b) 次边段定位　　(c) 拱顶段定位

1—边扣索；2—次边扣索；3—起重索。

图3.3.38　五段拱肋吊装定位示意图

(3)拱肋松索成拱程序及注意事项

①松索调整拱轴线时应观测各接点高程、拱顶及1/8跨径处截面高程。调整轴线时精度要求为：每个接头点与设计高程之差不大于±1.5 cm，两对称接头点相对高差不大于2 cm，中线偏差不超过0.5～1.0 cm，以防止出现反对称变形、导致拱肋开裂甚至纵向失稳。松索成拱的操作方法是否正确，直接影响合龙后拱肋的拱轴线，必须认真、仔细操作。

②松索时应按边扣索、次边扣索、起重索三者的先后顺序对称均匀地进行。每次松索量以控制各接头高程变化不超过1 cm为限。

③用铸铁楔、薄钢板嵌塞拱肋接头缝隙。

④拱肋松索成拱是一个反复循环的过程，将索放松压紧接头缝后，应再调整中线偏差到0.5～1.0 cm以内，固定缆风索将接头螺栓旋紧。

⑤电焊各接头部件，全部松索成拱。电焊时，宜采取分层、间隔、交错施焊的方法，每层不可一次焊得过厚，以防灼伤周围混凝土。电焊后必须将各接头螺栓旋紧焊死。

⑥对于大跨径分五段或三段吊装的拱肋，在合龙成拱后，可保留起重索和扣索部分受力（称留索），待拱肋接头的连接工序基本完成后再完成松索。留索受力的大小取决于拱肋接头的密合程度和拱肋的稳定性。施工实践中，起重索受力一般保留在拱肋重力的5%～10%，扣索基本放松。

3. 拱肋的横向稳定措施和纵向稳定措施

在吊装过程中，为了减少拱肋的自由长度和增强拱肋的横向整体性，拱肋之间的横向联系是一项必不可少的施工措施。一般采用的有横向稳定缆风索和横向联系的木夹板、木剪刀撑、钢筋拉杆、钢横梁和钢筋混凝土横系梁等形式，如图3.3.39～图3.3.41所示。

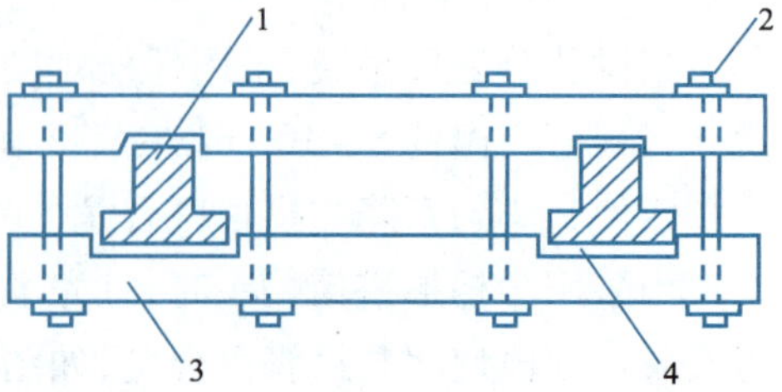

1—拱肋；2—螺栓；3—横夹木；4—砍口凹槽。

图3.3.39　拱肋间的横夹木构造

当拱肋接头处可能发生上冒变形时，可在其位置下方设置下拉索来控制其变形。下拉索一般对称布置，如图3.3.42所示。

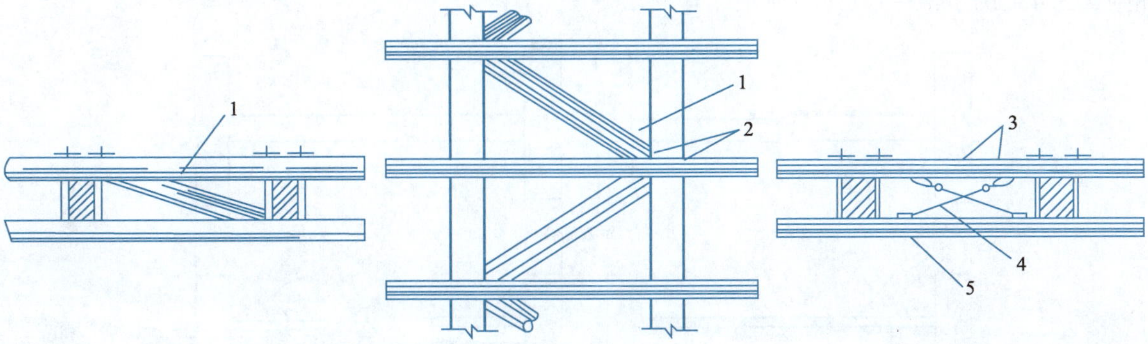

1—圆木；2—马钉；3—花篮螺栓；4—拉杆；5—铅丝。

图 3.40　木剪刀撑

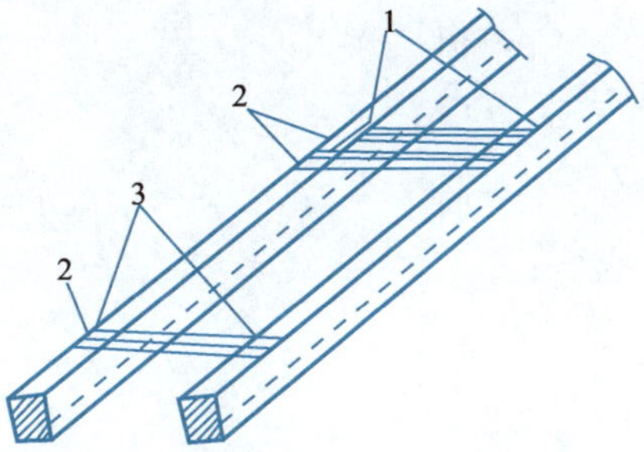

1—拱肋接头处外露钢筋；
2—临时焊接角钢；3—拱肋吊环钢筋。

图 3.3.41　钢横梁

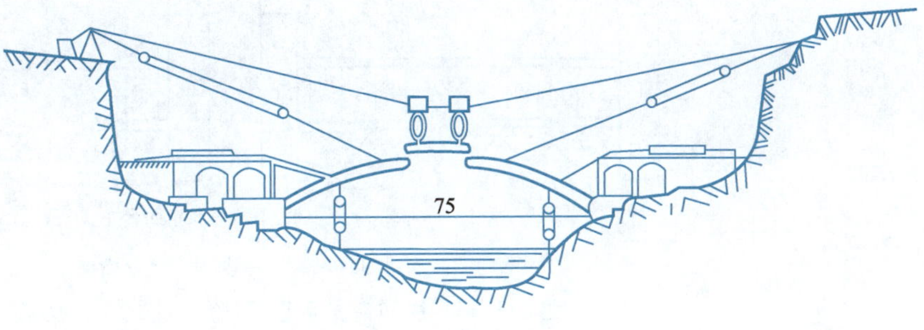

图 3.3.42　拱肋下拉索布置图(尺寸单位：m)

4. 拱肋缆索吊装合龙方式

边段拱肋悬挂固定后，就可以吊运中段拱肋进行合龙。拱肋合龙后，通过接头、拱座的联结处理，使拱肋由铰接状态逐步成为无铰拱。因此，拱肋合龙是拱桥无支架吊装中一项关键工作。

拱肋合龙的方式比较多，主要根据拱肋自身的纵向与横向稳定性、跨径大小、分段多少、地形和机具设备条件等不同情况，选用不同的合龙方式。

(1)单基肋合龙

拱肋整根预制吊装或分两段预制吊装的中小跨径拱桥，当拱肋高度大于 $0.009L \sim 0.012L$(L 为跨径)，拱肋底面宽度为肋高的 0.6～1.0 倍，且横向稳定系数不小于 4 时，可以进行单基肋合龙。这时其横向稳定性主要依靠拱肋接头附近所设的缆风索来加强，因此缆风索必须十分可靠。这种方法多用于缆风索锚固在两河岸的单孔桥中。实践证明，只要拱肋有足够量的缆风索，一般情况下都可以采用单基肋合龙。

单基肋合龙的最大优点是所需要的扣索设备少，相互干扰也少，因此也可用在扣索设备不足的多孔桥跨中。在跨径较大时，第一片拱肋的单肋合龙后，第二片拱肋也可以独立设置缆风索进行单肋合龙，待两片拱肋完成接头连接工序后，再将两片拱肋横向连成整体。跨径比较小的桥梁，则第二片拱肋完成接头连接工序后，再将两片拱肋横向连成整体。跨径比较小的桥梁，则第二片拱肋可不设缆风索，利用木夹板与第一片拱肋的横向联系即可。图 3.3.43(a)为单基肋合龙的缆风索布置示意图。

(2)悬挂多段边段或次边段拱肋后单基肋合龙

拱肋分三段或五段预制吊装的大、中跨径拱桥，当拱肋高度不小于跨径的 1/100 且其单肋合龙横向稳定安全系数不小于 4 时，可采用悬扣边段或次边段拱肋，用木夹板临时联接两拱肋后，单根拱肋合龙，设置稳定缆风索，成为基肋。待第二根拱肋合龙后，立即安装两肋拱顶段及次边段的横夹木，并拉好第二根拱肋的风缆。如横系梁采用预制安装，应将横系梁逐根安上，使两肋及早形成稳定、牢固的基肋。其余拱肋的安装，可依靠与“基肋”的横向联结，达到稳定。悬挂多段边段或次边段拱肋后，进行单根肋合龙松索的方法如图 3.3.43(b)、图 3.3.43(c)所示。

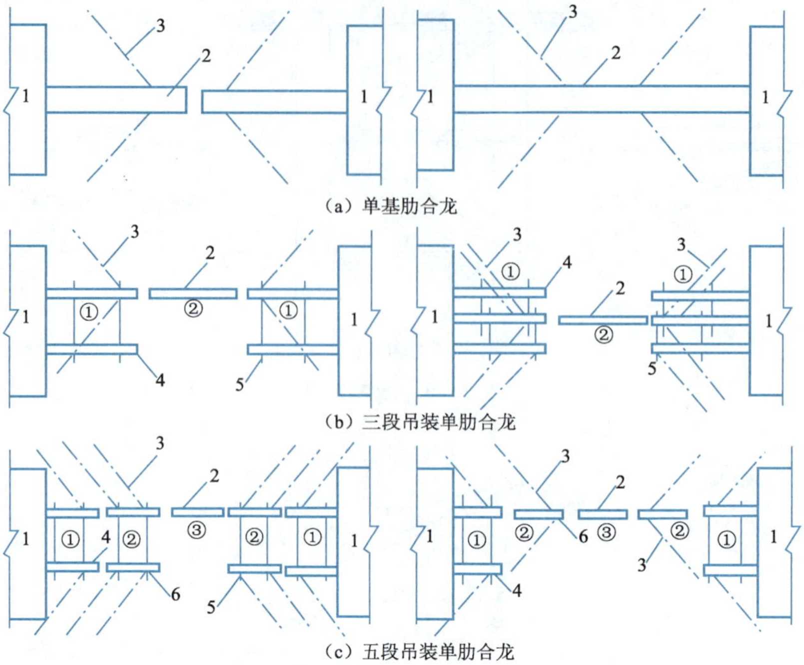

1—墩台;2—基肋;3—风缆;4—拱脚段;5—横夹木;6—次拱脚段。

图 3.3.43　拱肋合龙示意图(图中①、②、③为施工程序号)

(3)双基肋同时合龙

当拱肋跨径大于等于 80 m,或虽小于 80 m 但单肋合龙横向稳定安全系数小于 4 时,拱肋缆风索很长或缆风角度不好(一般要求每对风缆与拱肋轴线水平投影的夹角不小于 50°)时,应采用"双基肋"合龙的方法。先将第一根拱肋合龙并调整轴线,楔紧拱脚及接头缝后,松索压紧接头缝,但不卸掉扣索和起重索,然后将第二根拱肋合龙,并使两根拱肋横向联结固定。拉好风缆后,在同时松卸两根拱肋的扣索和起重索。这种方法需要两组主索设备。

(4)留索单肋合龙

在采用两组主索设备吊装而扣索和卷扬机设备不足时,可以先用单肋合龙方式吊装一片拱肋合龙。待合龙的拱肋松索成拱后,将第一组主索设备中的牵引索、起重索用卡子固定,抽出卷扬机和扣索移动到第二组主索中使用。等第二片拱肋合龙并将两片拱肋用木夹板横向联结、固定后,再松起重索并将扣索移到第一组主索中使用。

5. 拱上构件吊装

主拱圈以上的结构部分,均称为拱上构件。拱上构件的砌筑同样应按规定的施工程序对称均衡地进行,以免产生过大的拱圈应力。为了能充分发挥缆索吊装设备的作用,可将拱上构件中的立柱、盖梁、行车道板、腹拱圈等做成预制构件,用缆索吊装施工,以加快施工进度。

说一说

请查找一个拱桥缆索吊装施工案例,简要汇报。

任务知识 3.3　拱桥无支架其他方法施工

一、劲性骨架施工

劲性骨架法是以钢骨架作为拱圈的劲性拱架,采用现浇混凝土包裹骨架,最后形成钢筋混凝土拱桥。施工中首先将拱圈的全部受力钢筋按设计形状和尺寸制成,并安装就位,合龙形成钢骨架,然后用系吊在钢骨架上的吊篮逐段浇筑混凝土,当骨架全部由混凝土包裹后,就形成钢筋混凝土拱圈(或拱肋)。用这种方法施工的钢骨架，不但需满足拱圈的要求，而且施工中还起临时拱架的作用，因此，需有一定的刚性。一般选用劲性钢材，如角钢、槽钢、钢管等作为拱圈的受力钢筋。劲性骨架法因能解决拱桥施工的"自架设问题"，目前主要用于大跨径拱桥之中。这种埋入式拱架的方法在国内外已有施工实例，国外称为"米兰拱"。

采用劲性骨架的拱桥上部施工，主要施工步骤为：劲性钢骨架制作—劲性钢骨架安装—拱肋浇筑—横梁和吊杆安装。

1. 劲性钢骨架的制作

劲性骨架设计，主要由施工阶段荷载控制。除验算使用阶段受力外，应分别验算骨架安装阶段及各环拱圈混凝土浇筑阶段的受力状态，同时考虑劲性骨架结构构件的受力历程，防止局部构件先期失稳。劲性骨架混凝土拱圈施工过程的各阶段都必须有足够的强度、刚度和稳定性。

劲性骨架可根据施工图设计选定的钢桁架拱圈、钢管混凝土拱圈或钢管混凝土组拼桁架拱圈，分别采用工厂制作、现场分段吊装，架设成拱。

我国中承式就地浇筑钢筋混凝土肋拱桥，多采用型钢劲性骨架施工。劲性钢骨架可由16Mn型钢焊接制成，钢骨架顺桥向分段制作。钢骨架的制作是在放样台上进行的。在大样上确定一个符合大多数节段的曲率，按确定的曲率将弦杆型钢在冷弯台座上冷弯成型，然后在大样上拼焊加工。焊成的钢骨架应进行探伤检查。

钢骨架还可采用钢管，此法采用不同形状的钢管（如单管形、哑铃形、矩形、三角形或集束形），或者以无缝钢管做弦杆，以槽钢、角钢等作为腹杆组成空间桁架结构，先分段制作成钢骨架，具体制作工序同钢管混凝土拱。然后吊装合龙成拱，再利用钢骨架做支架，浇筑钢管内混凝土，待钢管内混凝土达到一定强度后，形成钢管混凝土劲性骨架，然后在其上悬挂模板，按一定的浇筑程序分环（层）分段浇筑拱圈混凝土直至形成设计拱圈截面。先浇的混凝土凝结成型后可作为承重结构的一部分，与劲性骨架共同承受后浇各部分混凝土的重力；同时，钢管中的混凝土与钢骨架共同承受钢骨架外包混凝土重力，从而降低了钢骨架的用钢量，减少了钢骨架的变形，故利用钢管混凝土作为劲性骨架浇筑拱圈的方法比型钢劲性骨架法更具优越性。图3.3.44为钢管混凝土劲性骨架构造及浇筑顺序图。

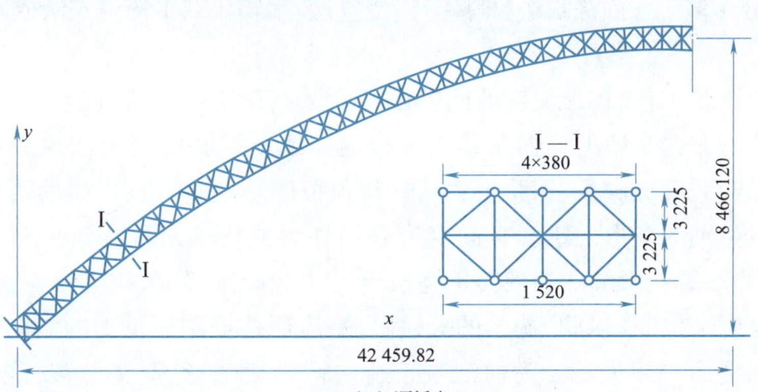

（a）顺桥向

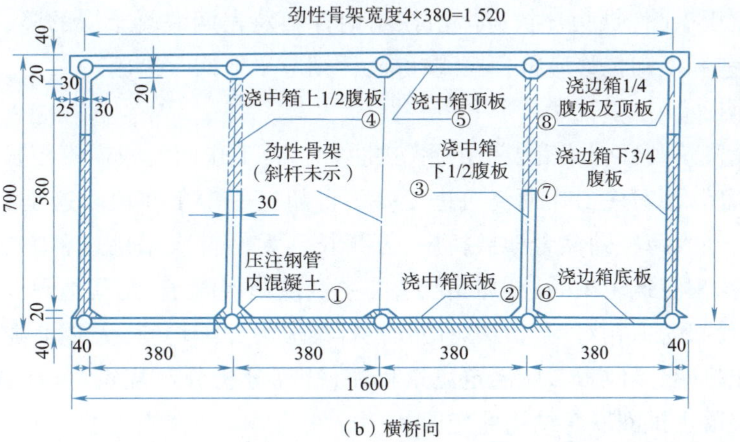

（b）横桥向

图3.3.44　钢管混凝土劲性骨架构造及浇筑顺序

2. 劲性钢骨架安装

钢骨架可采用少支架或无支架进行分段吊装。少支架吊装通常采用两副龙门架吊机和临时施工支架,先将两边段吊装就位,用临时支架支承,再用两台吊机将中段提升就位。无支架吊装可采用缆索吊装。如图3.3.45所示,吊装设备包括:吊运天线、跑马滑车、起吊滑车组、索塔、扣索、锚碇等。索塔高度根据主索的工作垂度、钢骨架高度、起吊滑车组高度、千斤绳高度、操作安全高度等因素确定,塔由万能杆件组拼而成。

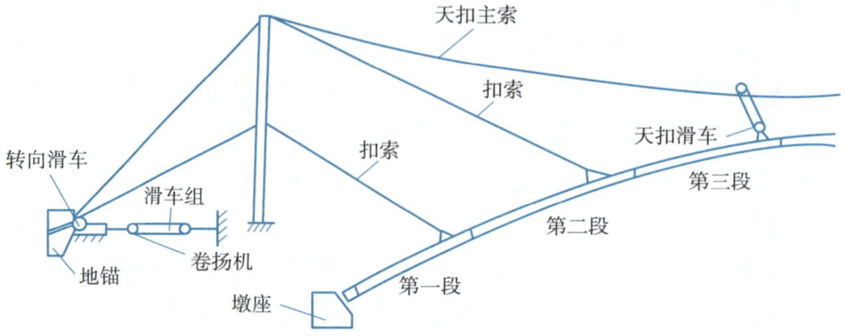

图3.3.45 吊装设备

钢骨架安装时,每段平卧钢骨架利用滚筒移至桥台,再将钢骨架竖转90°成设计安装状态。用平车将钢骨架运至起吊位置,由吊机或吊运天线运至安装位置,先用螺栓将各段进行临时联结,待钢骨架合龙调整后再将各段接头焊接。对于大跨径劲性骨架的安装,关键是应确保钢骨架在整个施工过程中的竖向和横向稳定。钢骨架在安装中要根据设计要求,设置所需的横向联结系。为了保证钢骨架的稳定和对拱轴线进行调整,每段骨架均设有一组八字风缆。

3. 劲性骨架浇筑拱圈

(1)浇筑方法

劲性骨架浇筑混凝土拱圈,主要用于大跨径拱桥、无支架悬挂模板现浇。劲性骨架混凝土拱圈的浇筑方法,可依具体条件采用分环多工作面浇筑法、分环分段浇筑法、水箱压载平衡浇筑法或斜拉扣索连续浇筑法。

(2)注意事项

在进行拱肋混凝土浇筑工作时,最关键的问题是要确保钢骨架在浇筑混凝土过程中的稳定,为此应在钢骨架上按稳定计算所需布置足够的横向联结系和横向风缆。拱肋混凝土浇筑采用单肋分环,两岸从拱脚到拱顶对称浇筑。拱箱截面分底板、下肋板、上肋板、顶板四环浇筑完成。拱肋混凝土在浇筑过程中,钢骨架会随浇筑位置而发生轴线变形。拱肋竖向变形采用外力或均衡对称浇筑调整。为适应钢骨架变形,避免混凝土开裂,应适当设置变形缝。当混凝土浇筑至$L/4$截面区段时,拱$L/4$截面高程下降,拱顶上升,两者达到最大值。这是整个拱圈(拱肋)施工的关键阶段,应严格控制好拱圈的竖向及横向变形,防止钢骨架杆件应力超过极限强度而导致失稳。为使混凝土适应钢骨架变形,避免开裂,浇筑第一环(层)混凝土时,可在$L/4$截面处设变形缝,变形缝宽200 mm,待浇完第一环混凝土后用高一级混凝土填实。

浇筑劲性骨架混凝土拱圈(拱肋)时,应严格控制钢骨架及先期混凝土层的竖、横向变形,其变形值应符合设计要求,相对高差和横向位移应符合检测标准,否则应采取纠正措施。

(3)分环多工作面浇筑

分环多工作面均衡浇筑劲性骨架混凝土拱圈(拱肋)时,各工作面可根据模板长度分成若干工作段,各工作面要求对称均衡浇筑,两对应工作面浇筑进度差不得超过一个工作段。这是我国传统的双曲拱桥拱板混凝土的浇筑方法。在大跨径劲性骨架拱桥中,万州长江大桥首次采用这种方法。这种方法是采用横向分环、纵向分段的方法来浇筑主拱圈外包混凝土,在主拱拱箱混凝土,尤其是底板混凝土的浇筑过程中,多工作面作业,使劲性骨架受力相对均匀,从而使劲性骨架应力分配均匀,变形和顺。

对劲性骨架混凝土拱圈分环浇筑,应制定浇筑程序,计算分析分环浇筑、分环合龙和分环承载各阶段的骨架及骨架与分环混凝土拱圈联合结构的变形、应力及稳定性,并在施工过程中严格监控。

依据分环浇筑需要,可采用水箱加载法、锚索加载法或联合加载方法压载,减少劲性骨架变形。

水箱加载法是在浇筑拱箱混凝土时，在拱肋顶部布置水箱，随着混凝土浇筑的推进，根据拱箱特征、变形观测值，结合应力（应变）监测情况，通过对水箱加水加载和排水卸载，实现对拱轴线竖向变形的控制和应力的调整。

锚索加载法是利用钢索把加载点和地锚相连，中间设置拉力紧固器，按计算加载量加载的方法。这种利用地锚加载的办法优缺点并存，优点是加载量控制方便，缺点是仅适用于旱地和干涸的河床。后续这种方法得到改进，把由拉力紧固器提供外力改进为以悬挂重物实现预加载，这种改进使得锚索加载法不再受地形限制。

施工设计要对压载、卸载程序、方法妥善安排，并计算分环拱圈混凝土浇筑、压载、卸载过程的变形及骨架结构受力状态。实施过程严格监控，保持劲性骨架的竖向、横向变形在设计允许范围内。

（4）斜拉扣挂法

斜拉扣挂法就是在拱圈（拱肋）适当位置选取扣点，用钢绞线作为扣索（斜拉索），两岸设置临时塔架，在混凝土浇筑过程中，根据各断面的应力情况进行张拉或放松，实现从拱脚到拱顶连续浇筑混凝土。其思路是借助钢骨架阶段吊装的扣索来调整混凝土浇筑阶段内力。通过对扣索的张放，给拱肋施加一定量的拉力，以减少各浇筑阶段混凝土产生的弯矩，从而达到减小应力、控制变形的目的。此法与前面提到的两种外力平衡法反其道而行之，锚索加载法和水箱加载法都是通过外力给主拱施加方向向下的荷载，斜拉扣挂法则通过扣索给主拱施加方向为斜上的荷载。

用斜拉扣挂分环连接浇筑劲性骨架混凝土拱圈（拱肋）时，应选择可靠和操作方便的扣挂及张拉系统，选好扣点和索力，设计好扣索的张拉与放松程序，以便有效地控制拱圈截面应力和变形，确保混凝土从拱脚向拱顶、对称连续浇筑的实施。扣点作为施加在拱肋上拉力的作用点，其位置很重要，可根据受力要求并考虑钢骨架吊装大段的接头位置合理选择。

扣索的索力可采用指定应力法来确定，即指定拱肋断面的应力在某一范围内，在浇筑某一环混凝土时，如应力在此范围内，可不张拉扣索，如超出指定范围，则用扣索来调整应力。扣索的张拉与放松过程，一般是从拱脚往上浇筑混凝土时，拱脚附近的截面上缘受拉，这时就需要靠张拉扣索来调整应力，浇至一定长度后，拱脚转而受压，趋于全拱均匀受荷，就要逐渐放松扣索。混凝土浇完扣索已松完，转变为纯拱受荷体系。

锚索加载法和水箱加载法都可以与斜拉扣挂法联合使用，具体做法是从拱脚到 $L/4$ 采用斜拉扣挂法，$L/4$ 到拱顶采用锚索加载法或水箱加载法，这样，无论是扣索、锚索的拉力还是水箱的重量都可以大幅减小，使得拱圈的应力和变形更易控制。

此外，多点均衡浇筑法也可与斜拉扣挂法联合使用，这种方法可以在靠近拱脚段的拱肋上适当位置选取扣点，用钢缆作为扣索，通过塔架固定在地锚上，这样做的好处是可以使拱脚段的混凝土一次浇筑量大为增加，同时又可以减轻拱脚的负担，远离拱脚段仍采用多点均衡浇筑法。这种方法尤其适用于大跨径劲性骨架混凝土拱桥，它可充分利用缆索吊装塔架。

绘一绘

请根据图 3.3.44 绘制劲性骨架浇筑施工流程图。

二、转体施工

转体施工法一般适用于单孔或三孔拱桥的施工。其基本原理是：将拱圈或整个上部结构分为两个半跨，分别在河流两岸利用地形或简单支架现浇或预制装配半拱，然后利用一些机具设备和动力装置将其两半跨拱体转动至桥轴线位置（或设计高程）合龙成拱。采用转体法施工拱桥的特点是：结构合理，受力明确，节省施工用材，减少安装架设工序，变复杂的、技术性强的水上高空作业为岸边陆上作业，施工速度快，不但施工安全、质量可靠，而且在通航河道或车辆频繁的跨线立交桥的施工中可不干扰交通、不间断通航、减少对环境的损害、减少施工费用和机具设备，是具有良好的技术经济效益和社会效益的桥梁施工方法之一。

转体可以采用平面转体、竖向转体或平竖结合转体等方法，目前已应用在拱桥、桁架拱、T 型刚构、斜拉桥、斜腿刚构等不同桥型上部结构的施工中。

1. 平面转体

本法适用于深谷、河岸较陡峭、预制场地狭窄或无法采用现浇或吊装的施工现场。在桥墩(台)的上、下游两侧利用山坡地形的拱脚向河岸方向与桥轴线成一定角度搭设拱架,在拱架上现浇拱(肋)箱或组拼箱段以完成二分之一跨拱,其拱顶高程与设计高程相同(应设置预留高度)。利用转动体系,将两岸拱箱相继旋转合龙就位。要使得拱箱平衡稳定旋转就位,拱箱的平衡是平转法的关键,使拱箱旋转平衡的方法有以下两种。

(1)有平衡重转体

拱箱(肋)在旋转中是利用扣索悬扣于桥台上,在桥台后(或拱体的另一端)要加平衡重,用以平衡拱箱(肋)的质量,以达到平稳转体(见图 3.3.46),平衡重一般是通过计算利用桥台圬工或在桥台配置一定质量(条块石或其他重物),待拱箱(肋)合龙,转动体系封体后再拆除配重。

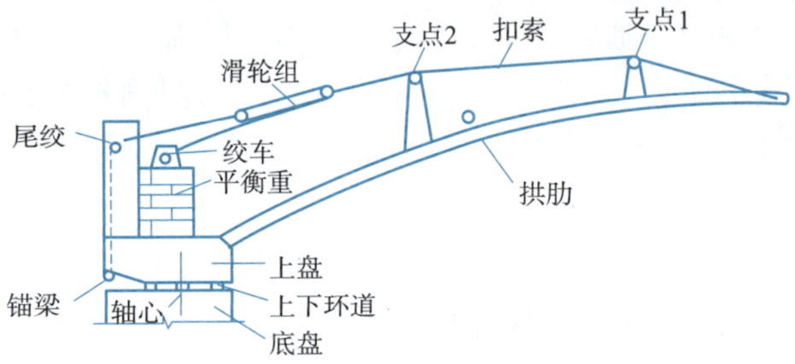

(a)氟滑板环道转体

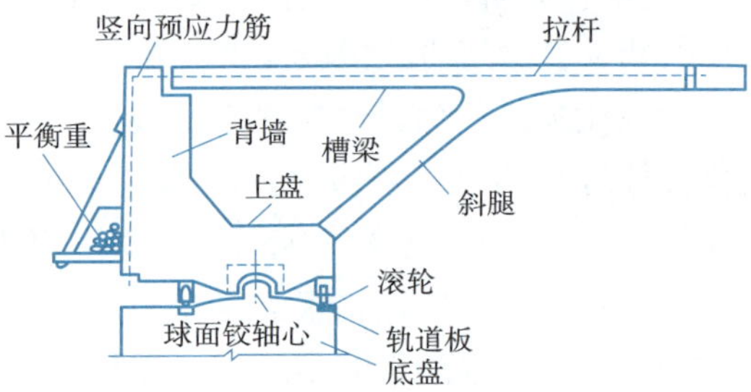

(b)球面铰转体

图 3.3.46 有平衡重转体体系构造示意图

(2)无平衡重转体

由锚碇、尾索、水平撑、锚梁、斜锚索组成的锚固体系来取代转体所需的平衡重,这种转体方法不需利用(或少利用)墩、台圬工或配重。拱桥无平衡重转体一般构造图如图 3.3.47 所示。

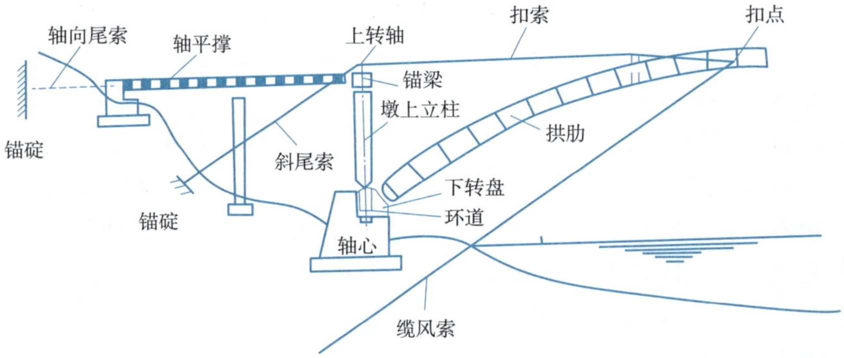

图 3.3.47 拱桥无平衡重转体一般构造图

2. 竖向转体

竖向转体适用于桥址地势平坦、桥孔下无水或水浅的情况。在一孔中的两端桥墩(台)从拱座开始顺桥向各搭设半孔拱架(或土拱胎),在其上现浇或组拼拱箱(肋或钢管肋),利用敷设在两岸桥台(墩)上的扣索(扣索一端系在拱顶端,另一端通过桥台(墩)顶进入卷扬机),先收紧一端扣索,拱箱(肋)即以拱座铰为中心,竖直旋转,使拱顶达设计高程,同法收紧另一端扣索,合龙。

竖向转体视拱箱(肋)预制(或现浇)的方式不同分为以下两种:

①俯卧预制后向上转体。

②竖直向上预制后再向下转体就位:在桥孔或墩、台上、下游侧均无搭设拱架进行拱箱(肋)现浇、组拼

的施工现场，多采用此种方法，其主要原理是：从拱座（在拱座与拱箱用铰连接）向上现浇或组拼拱箱（肋），每现浇或组拼一定长度节段后用临时扣索和风缆将其稳定，照此办法直至拱箱（肋）完成1/2跨。在拱顶设置转体用扣索（其另一面设拉索）及在拱箱（肋）的两侧设顶缆，将1/2跨拱箱（肋）稳定，拆除临时扣索及临时风缆，收紧拉索，放松扣索及风缆，使拱箱（肋）徐徐向下转体。本法适用于钢管劲性骨架拱桁的预制安装，竖向转体施工转动体系示意图如图3.3.48所示。

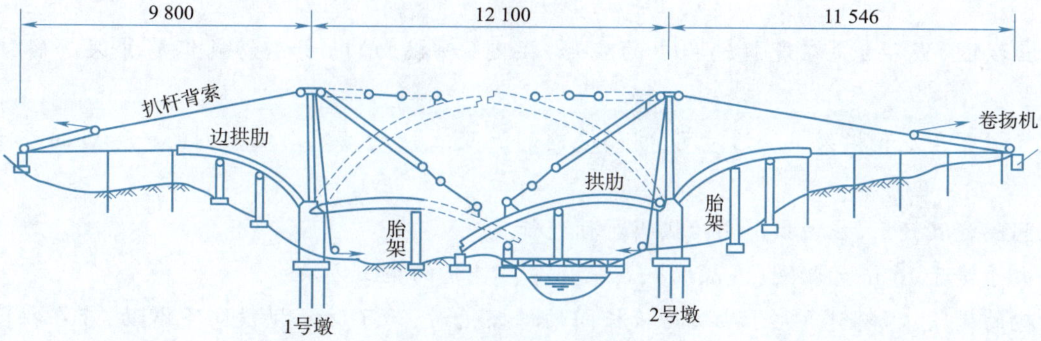

图3.3.48 竖向转体施工转动体系示意图（尺寸单位：cm）

3. 平竖结合转体

由于受到河岸地形条件的限制，拱桥采用转体施工时，可能遇到既不能在设计高程处预制半拱，也不可能在桥位竖平面内预制半拱的情况（如在平原区的中承式拱桥）。此时，拱体只能在适当位置预制后既需平转、又需竖转才能就位。这种平竖结合转体基本方法与前述相似，但其转轴构造较为复杂。当地形、施工条件适合时，混凝土肋拱、刚架拱、钢管混凝土可选用此法施工。

想一想

转体施工在城市道路桥梁施工中发挥了哪些重要作用？

笔记栏

自学自测

一、判断题

1. 封拱合龙温度应符合设计要求，如设计无规定时，一般宜在接近当地的年平均温度或在 5 ~ 15 ℃之间进行。（　　）

2. 为防止拱圈（或拱肋）在浇筑过程中的变形，拱圈（或拱肋）的主钢筋或钢筋骨架一般使用通长钢筋。（　　）

3. 为缩短拱圈合龙和拱架拆除的时间，间隔缝内的混凝土强度可采用比拱圈高一等级的半干硬性混凝土。（　　）

4. 填充间隔缝混凝土，应由拱顶向两拱脚对称进行。（　　）

5. 跨径大于等于 16 m 的拱圈（或拱肋），应采用分段浇筑的施工方法。（　　）

6. 隔开砌的拱段，其倾斜角大于砌块与模板间的摩擦角时，为了防止拱段向下滑动，应在拱段下侧临时设置分段支撑。（　　）

7. 跨径大于等于 25 m 的拱圈，一般采用分段砌筑或分环分段相结合的方法砌筑。（　　）

8. 分环砌筑时，应待下环砌筑合龙、砌缝砂浆强度达到设计强度的 100% 以上，再砌筑上环。（　　）

9. 空缝的填塞，应在砌缝砂浆强度达到设计强度的 85% 后进行，填塞时应分层捣实。（　　）

10. 主拱圈强度达到后，拱上构件的砌筑可以怎么施工方便怎么来。（　　）

二、选择题

1. 砌筑拱圈必须待砌筑砂浆强度达到设计强度的（　　）后才能卸落拱架。

A. 50%　　B. 70%　　C. 85%　　D. 100%

2. 下列（　　）不属于木拱架的构造。

A. 拱盔　　B. 卸架设备　　C. 支架　　D. 扣件

3. 跨径小于 16 m 的拱圈（或拱肋）混凝土应采用（　　）浇筑方法。

A 分环　　B. 分段　　C. 连续　　D. 分环、分段

4. 分段浇筑中，间隔缝的宽度一般为（　　），以便于施工操作和钢筋连接。

A. 50 ~ 100 cm　　B. 5 ~ 10 cm　　C. 6 ~ 15 cm　　D. 200 cm

5. 连续浇筑是按拱圈全宽度、（　　）连续浇筑。

A. 自左端拱脚向右端拱脚　　B. 自两端拱脚向拱顶对称

C. 自拱顶向两端拱脚对称　　D. 自右端拱脚向左端拱脚

6. 间隔缝混凝土应在拱圈分段混凝土强度达到设计强度的（　　）后进行。

A. 30%　　B. 50%　　C. 75%　　D. 85%

7. 箱形截面拱圈（或拱肋）的浇筑一般采取（　　）的浇筑方法。

A. 分环、分段　　B. 分段　　C. 连续　　D 分环

8. 拱圈分段砌筑时，砌筑顺序为（　　），两半跨应同时对称地进行，最后砌筑拱顶石合龙。

A. 先砌拱脚段和拱顶段、后砌 1/4 跨径段

B. 先砌拱脚段和 1/4 跨径段、后砌拱顶段

C. 先砌 1/4 跨径段、后砌拱脚段和拱顶段

D. 先砌 1/4 跨径段和拱顶段、后砌拱脚段

9. 拱圈分段砌筑时，各段间应预留空缝，空缝宽度宜为（　　）。

A. 1 ~ 2 cm　　B. 30 ~ 40 cm　　C. 3 ~ 4 cm　　D. 10 ~ 20 cm

10. 刹尖封顶应在拱圈砌缝砂浆达到设计强度的（　　）后方可进行。

A. 30%　　B. 70%　　C. 100%　　D. 85%

文本

参考答案

任 务 实 施

根据施工合同要求，桥梁主拱施工工作内容程序如下。

一、准备工作

项目部根据分工进行施工技术资料准备、施工机具设备材料准备工作，做好参与人员的技术培训交底工作，对施工相关人员进行安全教育及安全设施使用指导；做好测量放线工作。

二、制订拱桥主拱施工方案

技术负责人根据拱桥施工图纸及施工现场实际条件，考虑施工单位的设备机具情况，同时考虑材料供应情况和一线人员施工熟练程度，制订符合规范要求切实可行的拱桥施工方案。

三、现场施工组织

1. 工作面检查

墩台身、拱座混凝土强度达标，通过监理工程师验收。

2. 拱桥主拱施工

①有支架施工。根据主梁形式和跨径、施工现场环境确定支架、模板类别设计验算并架设，加工安装钢筋骨架，进行混凝土浇筑养护作业。

②无支架施工。主要包括缆索吊装、悬臂施工、转体施工和劲性骨架施工。

四、质量控制

项目部要组织相关人员对施工质量进行过程性抽检控制，主要包括测量数据、材料试验、设备机具的使用状况、安全和环保措施落实，使各项工作满足要求，后续施工工作顺利实施。

五、内业资料整理

整理拱桥主拱施工测量资料、试验资料、施工记录资料、施工联系函及图纸变更等资料，予以存档。

笔记栏

【拱桥施工工作单】

计 划 单

学习情境三	桥梁上部结构施工	任务 3	拱桥施工
工作方式	组内讨论、团结协作共同制订计划：小组成员进行工作讨论，确定工作步骤	计划学时	1 学时
完成人			

计划依据：某桥梁桥跨结构施工图

序号	计划步骤	具体工作内容描述
1	准备工作 （准备资料，谁去做？）	
2	组织分工 （成立组织，人员具体都完成什么？）	
3	制订两套施工方案（各有何特点？）	
4	现场施工 （施工顺序如何？）	
5	质量控制 （谁负责？检查哪些项目？）	
6	资料整理 （谁负责？整理哪些内容？）	
制定计划说明	（写出制订计划中人员为完成任务的主要建议或可以借鉴的建议、需要解释的某一方面）	

决 策 单

<table>
<tr><td>学习情境三</td><td colspan="2">桥梁上部结构施工</td><td>任务 3</td><td>拱桥施工</td></tr>
<tr><td>决策学时</td><td colspan="4">1 学时</td></tr>
<tr><td colspan="5">决策目的：确定本小组最优施工方案</td></tr>
<tr><td rowspan="7">施工方案优劣比较</td><td colspan="2">施工方案特点</td><td rowspan="2">比对项目</td><td rowspan="2">确定最优方案（划√）</td></tr>
<tr><td>方案 1 名称</td><td>方案 2 名称</td></tr>
<tr><td></td><td></td><td>施工设备选择是否适用</td><td rowspan="8">方案 1 优
□

方案 2 优
□</td></tr>
<tr><td></td><td></td><td>施工顺序是否合理</td></tr>
<tr><td></td><td></td><td>关键工序施工方法是否满足质量控制要求</td></tr>
<tr><td></td><td></td><td>安全措施是否到位</td></tr>
<tr><td></td><td></td><td>环保措施是否符合规定</td></tr>
<tr><td colspan="3">方案 1 施工流程图</td><td>方案 2 施工流程图</td></tr>
</table>

作 业 单

<table>
<tr><td>学习情境三</td><td colspan="2">桥梁上部结构施工</td><td>任务3</td><td>拱桥施工</td></tr>
<tr><td rowspan="2">参加人员</td><td colspan="3">第　　组</td><td>开始时间：</td></tr>
<tr><td colspan="3">签名：</td><td>结束时间：</td></tr>
<tr><td>序号</td><td colspan="3">工作内容记录
（根据实施的具体工作记录，包括存在的问题及解决办法）</td><td>分工
（负责人）</td></tr>
<tr><td>1</td><td colspan="3"></td><td></td></tr>
<tr><td>2</td><td colspan="3"></td><td></td></tr>
<tr><td>⋮</td><td colspan="3"></td><td></td></tr>
<tr><td></td><td colspan="3"></td><td></td></tr>
<tr><td></td><td colspan="3"></td><td></td></tr>
<tr><td></td><td colspan="3"></td><td></td></tr>
<tr><td></td><td colspan="3"></td><td></td></tr>
<tr><td></td><td colspan="3"></td><td></td></tr>
<tr><td></td><td colspan="3"></td><td></td></tr>
<tr><td></td><td colspan="3"></td><td></td></tr>
<tr><td></td><td colspan="3"></td><td></td></tr>
<tr><td></td><td colspan="3"></td><td></td></tr>
<tr><td rowspan="2">小结</td><td colspan="3">主要描述完成的成果及是否达到目标</td><td>存在的问题</td></tr>
<tr><td colspan="3"></td><td></td></tr>
</table>

检 查 单

学习情境三		桥梁上部结构施工	任务 3	拱桥施工			
检查学时		课内 1 学时		第　　组			
检查目的及方式		教师过程监控小组的工作情况，如检查等级为不合格，小组需要整改，并拿出整改说明					
序号	检查项目	检查标准	检查结果分级（在检查相应的分级框内划“√”）				
			优秀	良好	中等	合格	不合格
1	准备工作	资源是否已查到、材料是否准备完整					
2	分工情况	安排是否合理、全面，分工是否明确					
3	工作态度	小组人员是否积极主动、全员参与					
4	纪律出勤	是否按时完成负责的工作内容、遵守工作纪律					
5	团队合作	是否相互协作、互相帮助，是否听从指挥					
6	创新意识	任务完成不照搬照抄，看问题具有独到见解，具备创新思维					
7	完成效率	工作单是否记录完整，小组是否按照计划完成任务					
8	完成质量	工作单填写是否准确，记录单检查及修改是否达标					
检查评语						教师签字：	

任务评价

小组工作评价单

学习情境三	桥梁上部结构施工		任务3	拱桥施工			
评价学时			课内1学时				
班级：			第　组				
考核情境	考核内容及要求	分值（满分100分）	小组自评（10%）	小组间互评（20%）	教师评价（70%）	实得分（∑）
汇报展示（20分）	演讲资源利用	5				
	演讲表达和非语言技巧应用	5				
	团队成员相互配合程度	5				
	时间与完整性	5				
质量评价（40分）	工作完整性	10				
	工作质量	5				
	报告完整性	25				
团队情感（25分）	核心价值观	5				
	创新性	5				
	参与率	5				
	合作性	5				
	劳动态度	5				
安全文明（10分）	工作过程中的安全保障情况	5				
	工具正确使用和保养、放置规范	5				
工作效率（5分）	能够在要求的时间内完成，每超时5分钟扣1分	5				

小组成员素质评价单

<table>
<tr><td>学习情境三</td><td colspan="3">桥梁上部结构施工</td><td colspan="2">任务 3</td><td colspan="3">拱桥施工</td></tr>
<tr><td>班级</td><td></td><td>组别</td><td colspan="3"></td><td>成员姓名</td><td colspan="2"></td></tr>
<tr><td>评分说明</td><td colspan="8">每个小组成员评价分为自评和小组其他成员评价两部分，取平均值计算，作为该小组成员的任务评价个人分数。评价项目共设计五个，依据评分标准给予合理量化打分。小组成员自评分后，要找小组其他成员不记名方式打分</td></tr>
<tr><td>评分项目</td><td colspan="2">评分标准</td><td>自评分</td><td>成员 1 评分</td><td>成员 2 评分</td><td>成员 3 评分</td><td>成员 4 评分</td><td>成员 5 评分</td></tr>
<tr><td>核心价值观（20 分）</td><td colspan="2">没有违背社会主义核心价值观的思想及行动</td><td></td><td></td><td></td><td></td><td></td><td></td></tr>
<tr><td>工作态度（20 分）</td><td colspan="2">按时完成负责的工作内容、遵守纪律，积极主动参与小组工作，全过程参与，吃苦耐劳，具有工匠精神</td><td></td><td></td><td></td><td></td><td></td><td></td></tr>
<tr><td>交流沟通（20 分）</td><td colspan="2">能良好地表达自己的观点，能倾听他人的观点</td><td></td><td></td><td></td><td></td><td></td><td></td></tr>
<tr><td>团队合作（20 分）</td><td colspan="2">与小组成员合作完成任务，做到相互协作、互相帮助、听从指挥</td><td></td><td></td><td></td><td></td><td></td><td></td></tr>
<tr><td>创新意识（20 分）</td><td colspan="2">看问题能独立思考，提出独到见解，具有创新思维解决遇到的问题</td><td></td><td></td><td></td><td></td><td></td><td></td></tr>
<tr><td>最终小组成员得分</td><td colspan="8"></td></tr>
</table>

任务反思

学习情境三	桥梁上部结构施工		任务3	拱桥施工	
班级		组别		成员姓名	
情感反思	通过对本任务的学习和实训,你认为自己在社会主义核心价值观、职业素养、学习和工作态度等方面需要提高什么?				
知识反思	通过对本任务的学习,你掌握了哪些知识点?请画出思维导图				
技能反思	在完成本任务的学习和实训过程中,你主要掌握了哪些技能?				
方法反思	在完成本任务的学习和实训过程中,你主要掌握了哪些分析和解决问题的方法?				

任务4　桥面系施工

任务单

学习情境三	桥梁上部结构施工			任务4	桥面系施工
任务学时	课内8学时(课外2学时)				
布置任务					
任务目标	1. 能阐述人行道及栏杆的施工方法； 2. 能阐述桥面铺装的施工方法； 3. 能够描述伸缩缝的安装要求； 4. 能够概括桥面连续的施工方法； 5. 能够在完成任务过程中培养职业素养，做到工作程序严谨认真，不偷工减料、弄虚作假。				
任务描述	施工单位在完成桥梁主梁工程施工之后，应进行桥面系施工。技术负责人应根据桥面系施工图纸及施工现场条件、材料设备供应情况选择合理的构件施工方法；在开工前制订完成满足规范要求的桥面系构件施工方案，指导桥面系施工工作。				
学时安排	资讯	计划	决策	实施	检查	评价
	1学时(1)	1学时	1学时	3学时(1)	1学时	1学时
对学生学习及成果的要求	1. 每位同学均能按照自学资讯思维导图自主学习，并完成课前自学的问题训练和自学自测； 2. 严格遵守课堂纪律，学习态度认真、端正，能够正确评价自己和同学在本任务中的素质表现； 3. 每位同学必须积极参与小组工作，在教师的示范指导下完成桥面系施工的对应工作，做到积极主动不推诿，能够与小组成员合作完成工作任务； 4. 每位同学均需独立或在小组同学的帮助下完成技能训练工作单，并提请检查、签认，对提出的建议或有错误务必及时修改； 5. 每组必须完成全部“桥面系施工”工作的工作单，并提请教师进行小组评价，小组成员分享小组评价分数或等级； 6. 每名同学均完成任务反思，以小组为单位提交。					

自学资讯思维导图

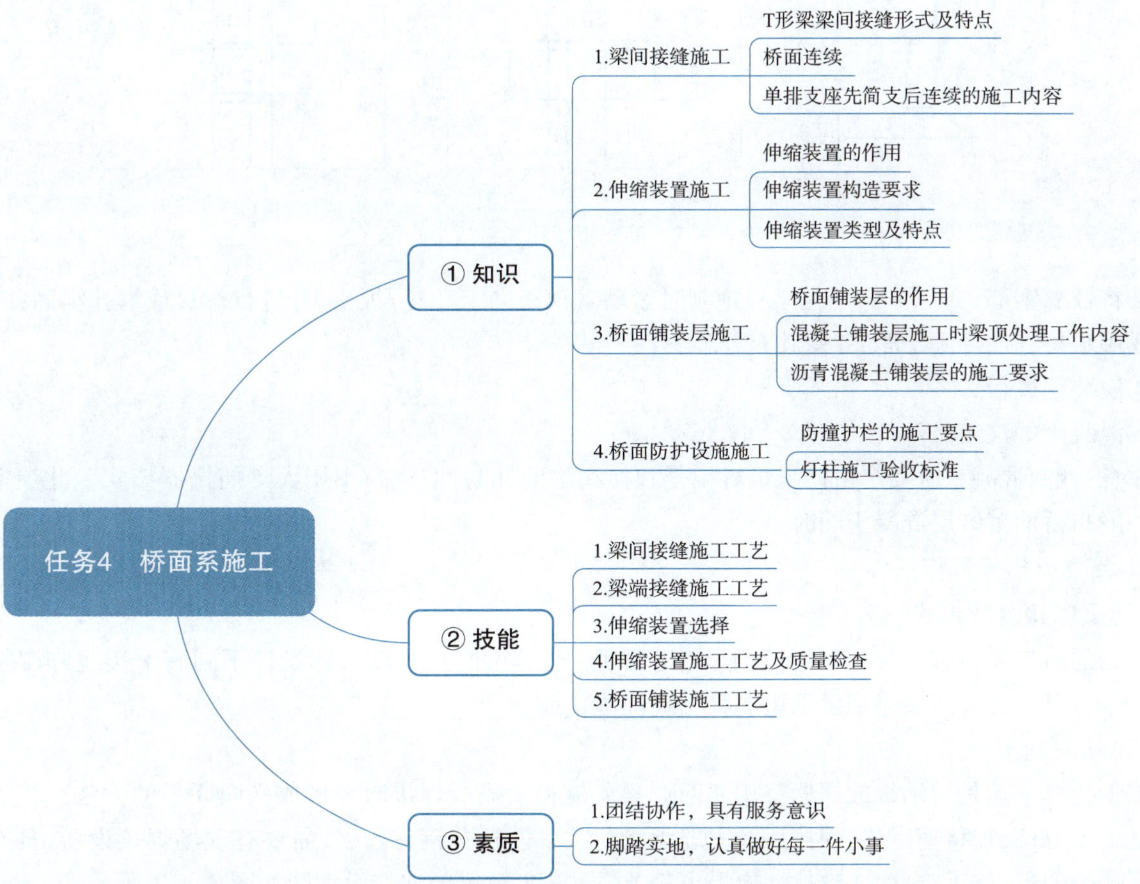

课前自学

桥面系包括桥面铺装、伸缩缝装置、桥面连续、泄水管、桥面防水、桥面防护设施(防撞护栏或人行道栏杆、灯柱等)、桥头搭板等。桥面系是桥梁服务车辆、行人,实现其功能的最直接部分。其施工质量不仅影响桥梁的外形美观而且关系到桥梁的使用寿命、行车安全及舒适性,因此,对桥面系的施工必须给予足够的重视。本任务就桥面铺装、伸缩缝装置、桥面连续、桥面防护设施(防撞护栏或人行道栏杆、灯柱等)的施工加以介绍。另外,由于梁间铰接缝多是和桥面系同时施工,所以梁间铰接缝施工也在本任务中介绍。

任务知识 4.1　梁间铰接缝施工

梁间铰接缝是保证桥梁上部形成整体结构、满足设计受力模式、实现荷载横向分布的重要构造,施工要按设计及规范要求进行,保证工程质量。

一、简支梁桥梁(板)间接缝施工

1. 简支板桥铰接缝

(1)铰接缝的形式

简支板桥纵向铰接缝构造如图 3.4.1 所示,企口铰接形状由空心板预制时形成。

(2)铰接缝的施工

①将相邻两块板底部紧密接触,形成铰缝混凝土底模;

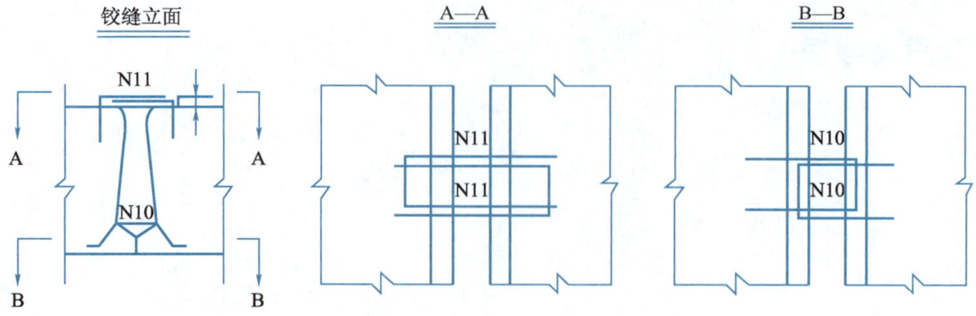

图 3.4.1　简支板桥纵向铰接缝构造

②将铰缝钢筋 N10 和 N11(在梁板预制时紧贴着模板向上竖起)扳平,并进行焊接或绑扎牢固;

③用水将缝内冲洗干净,并使其充分湿润;

④安装侧模板;

⑤混凝土的浇筑。

注意:拌制混凝土时要严格控制集料粒径和拌和物的和易性;浇筑中用人工插捣器捣实。此项混凝土施工一般与桥面铺装层混凝土同时进行。

2. 简支梁桥梁间接缝

(1)梁间接缝的形式

常见的简支梁桥有 T 形梁和箱形梁。对于 T 形梁,其梁间接缝按梁体设计不同有干接缝和湿接缝两种;对于箱形梁,其梁间接缝通常采用混凝土现浇湿接缝。

(2)接缝施工

①干接缝。这是用钢板或螺栓将相邻两片梁翼板和横隔板焊接起来形成横向联系的方法。该方法的优点是施工方便、连接速度快、焊接后能立即承受荷载。但耗费钢材较多、需要有现场焊接设备,且有时需在桥下进行仰焊,施工难度大,整体性效果也稍差一些。T 形梁的连接示意图如图 3.4.2 所示。

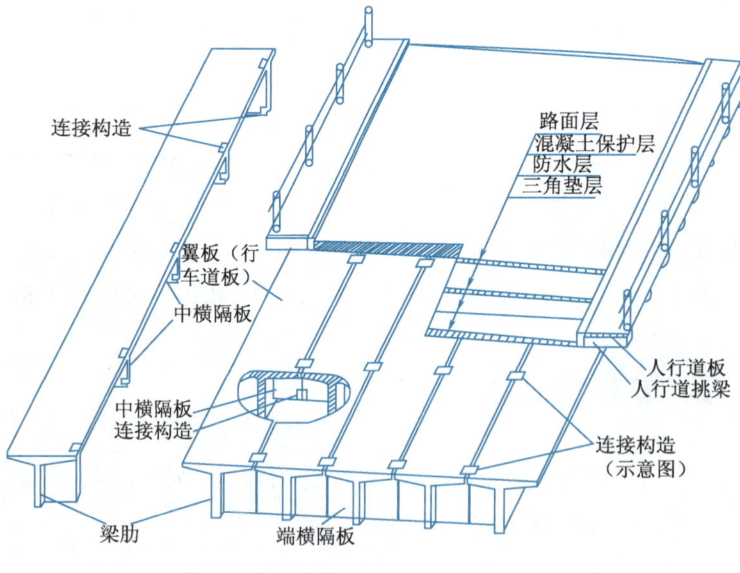

图 3.4.2　T 形梁的连接示意图

a. 焊接钢板:在 T 形梁翼缘板及横隔梁相应位置有预埋钢板,梁架设安置好后,把相应位置的钢板焊接相连,使其形成整体。

如图 3.4.3 所示,在横隔梁靠近下部边缘的两侧和顶部的翼板内均埋有焊接钢板 A 和 B,焊接钢板是预先与横隔梁的受力钢筋焊接在一起并安装在骨架中。当 T 形梁安装就位后即在横隔梁的预埋钢板上再加焊钢板使其连成整体。端横隔梁的焊接钢板接头构造与中横隔梁相同,但由于其外侧(近墩、台一侧)不好施焊,故焊接接头只设在内侧。

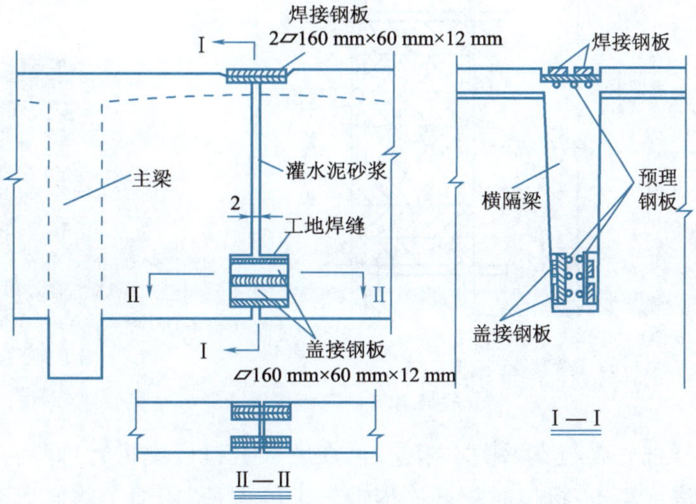

图 3.4.3 钢板焊接连接构造

b. 将相邻横隔梁之间的缝隙用水泥砂浆填满,所有外露钢板用水泥浆封盖。

为了简化接头的现场施工,也可采用螺栓接头。此种接头方法基本上与焊接钢板接头相同,不同之处是钢板间不用焊接,而是用螺栓将钢板连接。为此在钢板上要预留螺栓孔。这种接头具有不用特殊机具和拼装迅速的优点,但在运营过程中螺栓易于松动,需要定期进行检查维修。

②湿接缝。湿接缝构造如图 3.4.4 所示。无论是 T 梁还是箱梁,其构造相同,都是把翼板和横隔板用现浇相连。图中阴影部分即为现浇混凝土。梁翼缘板的钢筋外伸,横隔梁在预制时要在接缝处伸出钢筋和预埋扣环钢筋 A。接缝宽度为 0.2 ~0.5 m。

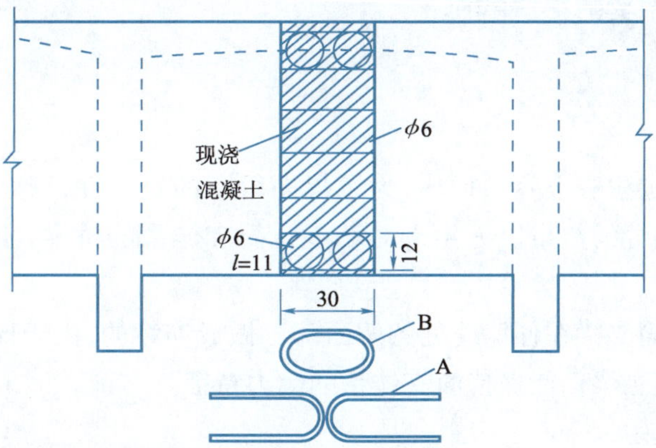

图 3.4.4 湿接缝构造示意图(尺寸单位:cm)

这种湿接缝的优点是节省钢材用量、整体性好;缺点是施工较复杂、接缝混凝土养生达到初凝后方能承受荷载。

T 形梁湿接缝的施工程序如下:

a. 钢筋对接:将相邻梁间对应的翼板及横隔板上外伸的钢筋和扣环钢筋对接,外伸钢筋采用焊接,并在两扣环钢筋上安置腰圆形的接头扣环钢筋 B,然后在形成的圆环内插入短分布筋,一般是 $\phi6$ 的钢筋。

b. 安装横隔板处接缝的模板,并浇筑混凝土。

c. 翼板接缝施工:如图 3.4.5 所示,由底梁支撑着模板,其重量靠连接螺杆传递给支撑横木,而横木支承在两边的翼缘板上。

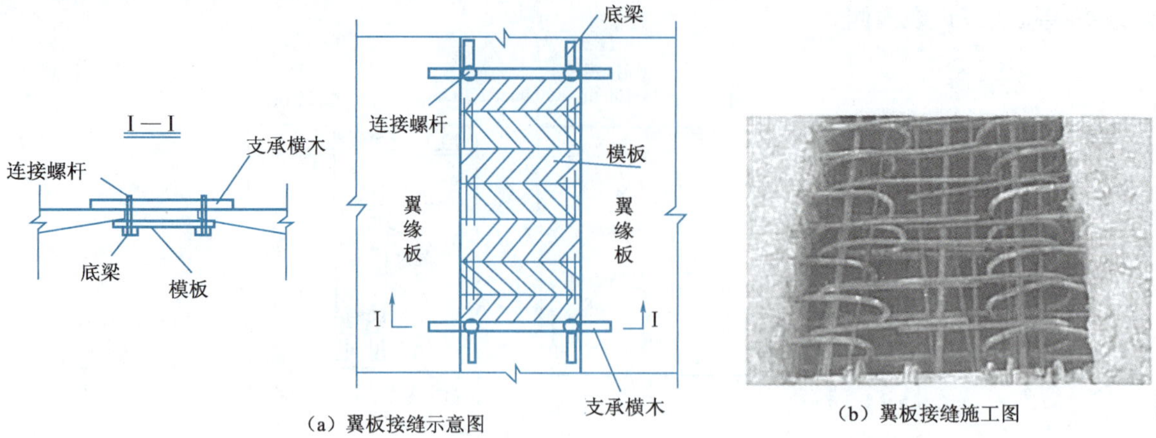

图 3.4.5　翼板接缝

施工程序是:先用螺杆把底梁与支承横木相连;再在底梁上钉设模板,钉好后上紧连接螺杆上的螺栓,使模板固定牢靠;然后现浇混凝土;拆模时松开连接螺杆上的螺栓,用绳子将底梁和模板徐徐放至桥下,以便回收利用。若为高空作业,桥下水流湍急,也可使用一次性模板,松开螺杆后掉至河中,不再使用。

比较而言,横隔板的湿接缝施工难度较大,应在翼板接缝之前施工。端横隔板的施工较简单,工人可以站在墩、台帽上立模浇筑接缝混凝土。中横隔板接缝施工则较为困难,若条件允许,可在桥下设临时支架或用高空作业车将工人送至预定高度立模浇筑;若桥下有水,则应设法从桥面向下悬吊施工,不仅模板要有悬吊设施,人员也要系安全带从桥面悬吊下去施工,要特别注意施工安全。

写一写

请把 T 形梁梁间接缝的常见形式写在下面横线上。

二、桥面连续和连续梁桥梁端接缝的施工

1. 桥面连续

(1)桥面连续的原理

桥面上的伸缩缝在使用过程中很容易损坏,为了提高行车的舒适性,减轻桥梁的养护工作,延长桥梁的使用寿命,应力求减少伸缩缝的数量。近年来对于多孔简支体系的桥梁,减少伸缩缝的措施,主要就是采用桥面连续。

桥面连续的实质就是将简支梁在伸缩缝处的桥面部分做成连续的,由于此处的刚度不大,所以不会影响简支梁的基本受力性质,使主梁仍能保持简支体系的受力特征。

(2)桥面连续的基本构造

①简支板桥。简支板桥的桥面连续,是在桥面铺装混凝土中设置连接钢筋网,钢筋网跨越相邻板两端接缝处,并在接缝处设置假缝和垫铺橡胶片,将混凝土桥面铺装在一定长度范围内与板隔开,使梁端之间的变形由这一整段铺装层来分布承担,从而减少混凝土铺装层中的拉应力。

②肋板式简支梁桥。先把梁端接头处的桥面板用钢筋连接起来,连接钢筋在一定长度范围内用玻璃丝布和聚乙烯胶带包裹,使其与现浇混凝土隔开。梁端之间的变形就由这段范围内的分布钢筋承担。另外,在桥面铺装混凝土中设置连续钢筋网,使整个桥面铺装形成连续结构。

桥面连续的跨数及联跨长度应根据当地气温和桥梁跨径由设计部门计算确定。桥面连续一般为 3 ~ 7 跨一联。通常跨径大时,一联的跨数少;跨径小时,一联的跨数多。

(3)桥面连续的施工

桥面连续与桥面铺装层混凝土同时施工,其主要的施工工序如下。

①铺设钢筋网。

②安装纵向联结钢筋:为保证梁体伸缩应力能通过连续部位传递,在桥面连续处的桥面铺装顶层部位

增加一层纵向联结钢筋。另外，在桥面连续处的桥面铺装底层还要增设分布钢筋和连接筋。

③填塞梁端缝隙：浇筑混凝土之前用轻质包装板将梁端缝隙填塞密实，既保证上部现浇混凝土不致下落，又能使梁体自由伸缩。

④假缝的形成：为保证桥面在温度下降时不产生任意裂缝，在混凝土浇筑完成，混凝土强度形成后，在桥面连续处梁间接缝顶部的正中心位置锯以 1.5 cm 深的假缝，用水清洗，然后用沥青马蹄脂填实。

桥面连续如图 3.4.6 所示。

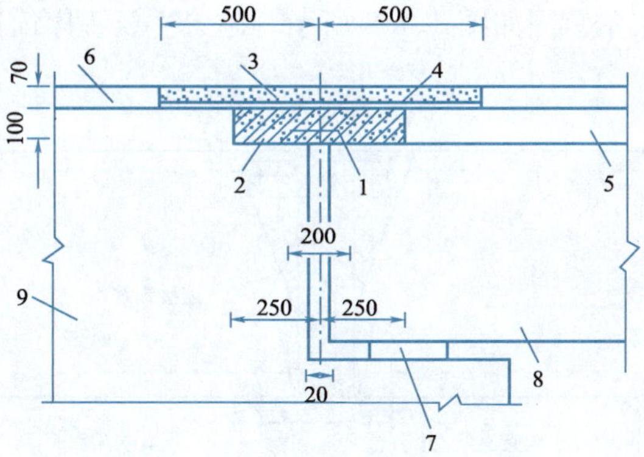

1—钢板（A_3，200 mm×500 mm×12 mm）；2—Ⅰ型改性沥青混凝土；3—Ⅱ型改性沥青混凝土；4—编织布；5—桥面现浇混凝土层；6—沥青混凝土铺装；7—板式橡胶支座；8—预制板；9—背墙。

图 3.4.6　GP 型桥面连续（尺寸单位：mm）

2. 先简支后连续的连续梁桥的梁端接缝施工

（1）概述

先简支后连续的连续梁桥，在墩顶处的连续有单支座和双支座两种方式，它们的施工工艺和体系转换方法有所不同。

（2）两种方式的施工简介

①单排支座先简支后连续梁桥。这种连续梁桥建成后在墩顶连续处只有一排支座，内力分配效果好，负弯矩峰值较高，能大幅削减跨中正弯矩，而且内力分布均衡。但施工方法较为复杂，并且在连续处还要设置顶部预应力钢筋，施工过程如图 3.4.7 所示。

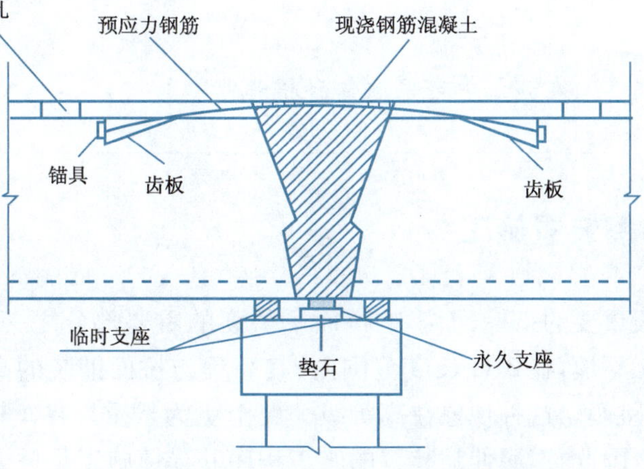

图 3.4.7　单支座先简支后连续施工示意图

a. 预制和安装主梁：预制主梁时，在梁端顶板上预留预应力孔道，并预设齿板，预留工作人洞。连续一端均不做封锚端，将顶板、底版、腹板普通钢筋伸出梁端。架梁时先设置两排临时支座，使梁呈简支状态。临时支座用硫磺砂浆和电热丝制作，既要保证强度，又能在通电加热后融化。

b. 放置永久性支座：主梁架好后，在墩顶设计位置处安放永久性支座及垫石。

c. 设置钢筋：把设计要求的普通钢筋焊接相连，并布设箍筋。在顶部布设与原梁体预留道相对应的预应力筋孔道，并布置模板。

d. 浇筑混凝土、养生及拆模：现浇连接混凝土、养生至强度达到90%后拆除模板。

e. 安装预应力筋并张拉：自主梁顶板预留人孔进入，穿丝并张拉预应力钢筋，并予以锚固。

f. 拆除临时支座实现体系转换：给临时支座通电使其受热软化，然后拆除临时支座，从而使永久支座发挥作用，实现体系转化。

g. 现浇混凝土封闭人孔，即完成连续化施工。

②双排支座先简支后连续梁桥。这类连续梁受力接近于简支梁，内力分布不均匀。但由于施工简单，体系转化方便，被广泛采用，施工示意图如图 3.4.8 所示。施工主要程序简述如下。

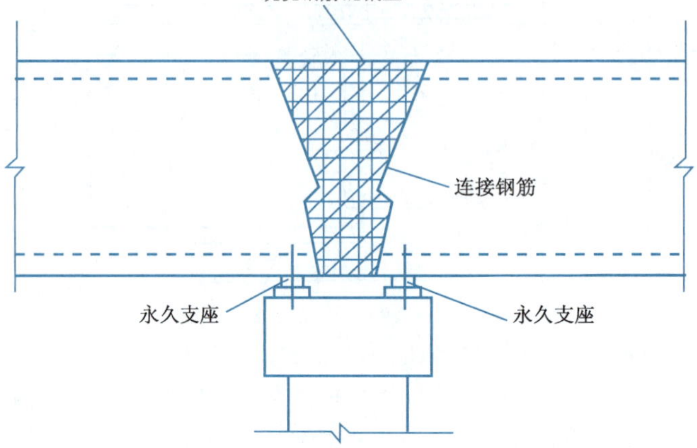

图 3.4.8　双排支座先简支后连续施工示意图

a. 主梁预制、安装、支座的安放：预制主梁时，连续一端的梁端不进行封端处理，并将顶板、腹板、底板普通钢筋外伸；梁架设前一次性将两排永久性支座安放牢固。

b. 安装模板及钢筋焊接：梁架设就位后在梁端底部和两边梁外侧安放模板，中间以梁端为模板；将两梁端外留钢筋焊接相连，注意使搭接长度和位置满足规范要求。

c. 现浇与梁体相同标号的混凝土，养生达到要求后即实现体系转化，完成连续化施工。

这种方法不用更换支座，也不在梁顶施加预应力，故简单实用。只是由于连接处墩顶有负弯矩，而又没有施加预应力，必然会产生正常裂缝。为防止桥面上的水从缝中渗入，锈蚀钢筋需在梁端顶部前后各 4 m 范围内设置防水层。

思一思

桥面连续易出现哪些病害？在施工中可采取何种措施？

任务知识 4.2　伸缩装置施工

桥面的平整度是一个很重要的指标，而影响桥面平整度的重要部分之一则是桥梁的伸缩装置。如果由于施工程序不合理或施工不慎，在 3 m 长度范围内，其高程与桥面铺装的高程有正负误差，将造成行车的不舒适，严重的则会造成跳车。这种现象在高等级公路上更为严重。在车辆跳跃的反复冲击下，会很快导致桥梁伸缩装置的破坏。因此，遵照伸缩装置的施工程序并谨慎施工是桥梁伸缩装置成功的重要保证。

下面通过伸缩装置的构造和施工两方面进行讲述。

一、伸缩装置的类型

1. 伸缩装置的概念

(1)定义

为适应材料收缩和膨胀变形对结构的影响，而在桥梁结构的两端设置的间隙称为伸缩缝；而为了使车辆平稳通过桥面并满足桥面变形的需要，在桥面伸缩接缝处设置的各种装置统称为伸缩装置。

(2)设置伸缩装置的目的

①满足结构的变形要求。

②保证桥面的平整。

③防止梁端撞击台背、梁端撞击梁端。

2. 伸缩装置的构造要求

为了保证伸缩装置能正常使用,应满足的构造要求是:

①能自由伸缩和转动。

②牢固可靠。

③车辆行驶时平顺、无突跳和噪声。

④能防止雨水渗入和能及时排除,并能防止污物侵入和阻塞。

⑤易于安装、检查、养护和清除污物。

⑥价格低廉。

3. 伸缩装置的类型

在我国公路桥梁和城市桥梁工程上使用的伸缩装置种类繁多,按其传力方式及构造特点可以分为对接式、钢质支承式、橡胶组合剪切式、模数支承式、无缝式五类伸缩装置。其形式、型号、结构特点见表3.4.1。本节着重介绍伸缩装置的传力方式和构造特点。

表3.4.1　桥梁伸缩装置分类

类别	形式	种类型	说　明
对接式	填塞对接型	沥青、木板填塞型	以沥青、木板、麻絮、橡胶等材料填塞缝隙的构造(在任何状态下,都处于压缩状态)
		U型镀锌铁皮型	
		矩形橡胶条型	
		组合式橡胶条型	
		管形橡胶条型	
	嵌固对接型	W型	采用不同形状的钢构件将不同形状的橡胶条嵌固,以橡胶条(带)的拉压变形吸收梁变位的构造
		SW型	
		M型	
		SDⅡ型	
		PG型	
		FV型	
		GNB型	
		GQF-C型	
钢质支承式	钢质型	钢梳齿板型	采用面层钢板或梳齿钢板的构造
		钢板叠合型	
橡胶组合剪切式	板式橡胶型	BF、JB、JH、SD、SC、SB、SG、SEG型	将橡胶材料与钢件组合,以橡胶剪切变形吸收梁的伸缩变形,桥面板缝隙支承车轮荷载的构造
		SEJ型	
		UG型	
		BSL型	
		CD型	
模数支承式	模数式	TS型	采用异性钢材或钢组焊件与橡胶密封条(带)组合的支承式构造
		J-75型	
		SSF型	
		SG型	
		XF斜向型	
		GQF-MZL型	

续上表

类别	形式	种类型	说　　明
无缝式	暗缝型	GP 型(桥面连续)	路面施工前安装的伸缩构造
		TST 型弹塑体	以路面等变形吸收梁变形的构造
		EPBC 弹性体	

(1)对接式伸缩装置

根据构造形式和受力特点的不同,又可分为填塞对接型和嵌固对接型。

①填塞对接型伸缩装置。这类伸缩装置的伸缩体,所用材料主要有矩形橡胶条、组合式橡胶条、管形橡胶条、M 型橡胶条等,也有采用泡沫塑料板或合成树脂材料等。

这种伸缩装置是以沥青、木板、麻絮、橡胶等材料填塞缝隙,伸缩体在任何情况下多处于受压状态。它一般用于伸缩量在 40 mm 以下的常规桥梁上,现今已不多采用了。

②嵌固对接型伸缩装置。这种伸缩装置是利用不同形状的钢构件将不同形状的橡胶条(带)嵌牢固定,并以橡胶条(带)的拉压变形来吸收梁体的变形,其伸缩体可以处于受压状态,也可以处于受拉状态。它被广泛应用于伸缩量在 80 mm 及以下的桥梁中。图 3.4.9 为 W 型伸缩装置横断面图。

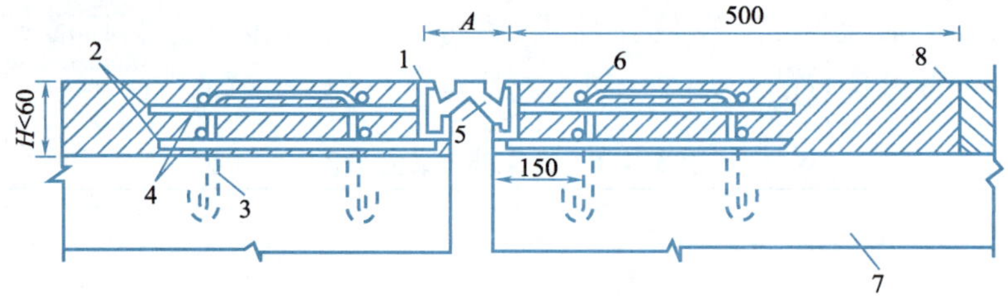

1—用钢板弯制 L 钢;2、3—预埋钢筋;4—水平加强钢筋;5—W 型橡胶条;6—现浇 C30 混凝土;7—行车道上部构件;8—桥面铺装。

图 3.4.9　W 型伸缩装置横断面图(尺寸单位:mm)

(2)钢质支承式伸缩装置

此类伸缩装置是用钢材装配而成,能直接承受车轮荷载。这类伸缩装置的形状、尺寸种类很多,其中面层钢板成齿形,从左右伸出桥面板间隙处相互啮合的悬臂式构造,或者面层钢板成悬架的支承式构造,都称为梳形钢板伸缩装置,国内常见的是梳齿形板型和折板型。面层钢板成为矩形的叠合悬架式构造,称为叠合式钢板伸缩装置,见图 3.4.10。

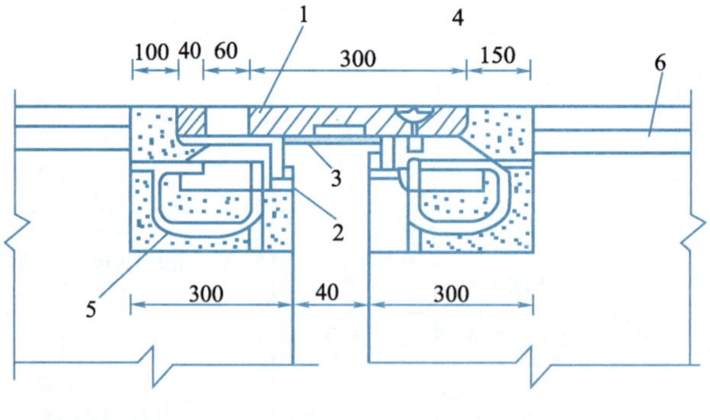

1—钢板;2—角钢;3—排水导槽;4—沉头螺钉;5—锚固钢筋;6—桥面铺装。

图 3.4.10　叠合式钢板伸缩装置构造示意图(尺寸单位:mm)

(3)橡胶组合剪切式(板式)伸缩装置

这种伸缩装置主要是利用橡胶材料剪切模量低的原理制造而成。剪切型橡胶伸缩体的上下都设有凹槽,橡胶体内埋设有承重钢板和锚固钢板,并设有螺栓孔,通过螺栓与梁端连成整体。它是利用凹槽之间的橡胶体的剪切变形来吸收梁体结构的变形;利用橡胶体内的预埋钢板承受车辆荷载。板式橡胶伸缩装置构造如图 3.4.11 所示。

①剪切型板式橡胶伸缩装置,由橡胶伸缩体与锚固系统组成,如图 3.4.12 所示。

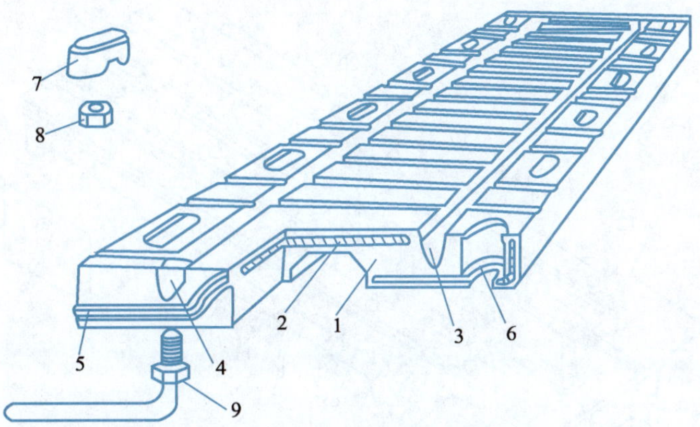

1—橡胶;2—加强钢板;3—伸缩用槽;4—止水块;5—嵌合部;6—螺帽垫板;7—腰型盖帽;8—螺帽;9—螺栓。

图 3.4.11　板式橡胶伸缩装置构造示意图

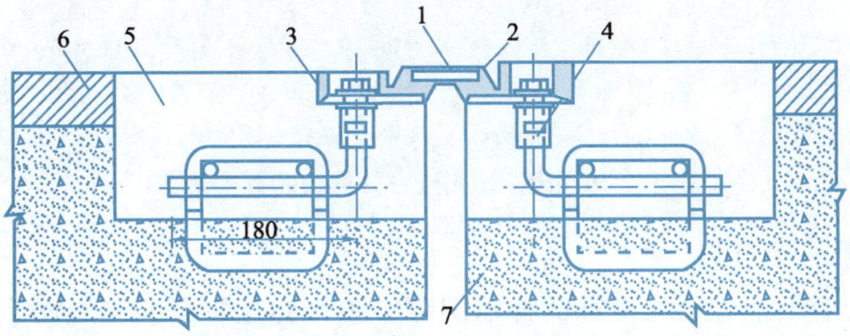

1—支撑钢板;2—橡胶;3—地板角钢;4—L 型锚固螺栓;5—现浇 C50 树脂混凝土;6—铺装;7—梁体。

图 3.4.12　剪切型板式橡胶伸缩装置锚固系统

②对接组合型板式橡胶伸缩装置,由上下开槽的防水表层橡胶体、梳形承托钢板、槽体角钢及锚固系统四大部分组成,如图 3.4.13 所示。

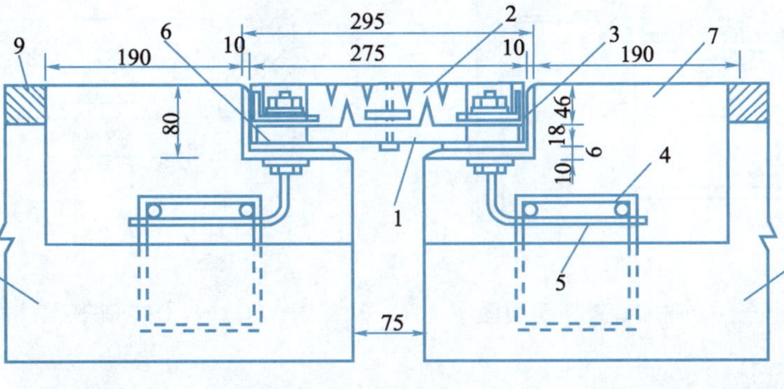

1—支撑钢板;2—橡胶;3—角钢;4—预埋钢筋;5—锚固螺栓;6—缓冲橡胶垫铺装;

7—现浇 C50 混凝土;8—行车道板;9—桥面铺装。

图 3.4.13　对接组合型板式橡胶伸缩装置构造图(尺寸单位:mm)

这种伸缩装置是一种刚柔结合的装置,具有跨越间隙大、行车平稳的优点,因此在桥梁工程中被广泛地应用。

(4)模数支承式伸缩装置

这类伸缩装置,均由 V 形截面或其他截面形状的橡胶密封条(带)嵌接于异形边钢梁内,从而组成可伸缩的密封体。异形钢梁直接承受车辆荷载,且可根据要求的伸缩量,随意增加中钢梁和密封橡胶条(带),可形成各种伸缩量的产品。它的特点是,吸振缓冲性能好、容易做到密封、能承受在大位移量下的车辆荷载。图 3.4.14、图 3.4.15 为 SG 型伸缩装置的构造图和横断面图,它的最大位移量可达 640 mm。

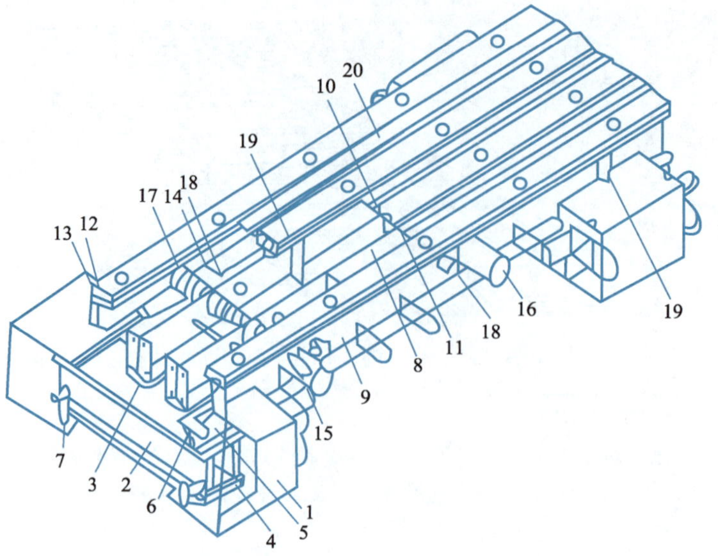

1—横梁支承箱;2—活动横梁;3—滑板;4—四氟板橡胶支承垫;5—橡胶滚轴;6—滚轴支架;
7—限位栓;8—工字形中间梁;9—工字形边梁;10—弹簧;11—下盖板;12—边上盖板;
13—边下盖板;14—弹簧;15—钢穿心杆;16—套筒;17—弹簧插座;18—限位栓;19—腹板加劲;20—橡胶伸缩带。

图 3.4.14　SG 型(模数式)伸缩装置构造图

(5)无缝式(暗缝型)伸缩装置

它是接缝构造不伸出桥面,在桥梁端部的伸缩间隙中填入弹性材料并铺上防水材料,然后在桥面铺装层铺筑黏弹性复合材料,使伸缩接缝处的桥面铺装与其他铺装部分形成一连续体,用连接缝的沥青混凝土等材料的变形承受伸缩的一种结构。如我国常用的 TST 弹性体(见图 3.4.16)GP 型桥面连续构造(见图 3.4.6)等。

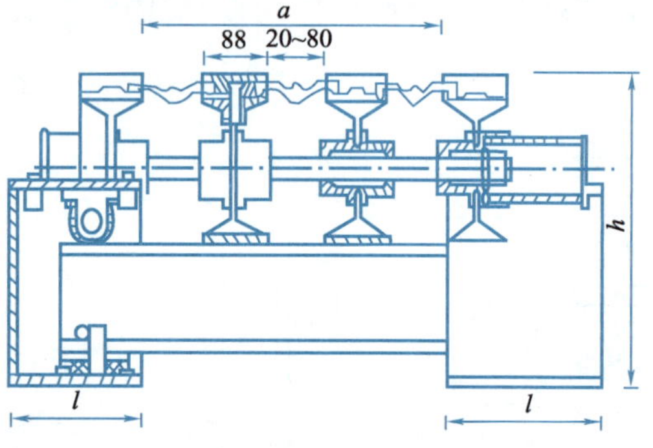

图 3.4.15　SG 型(模数式)伸缩装置横断面图

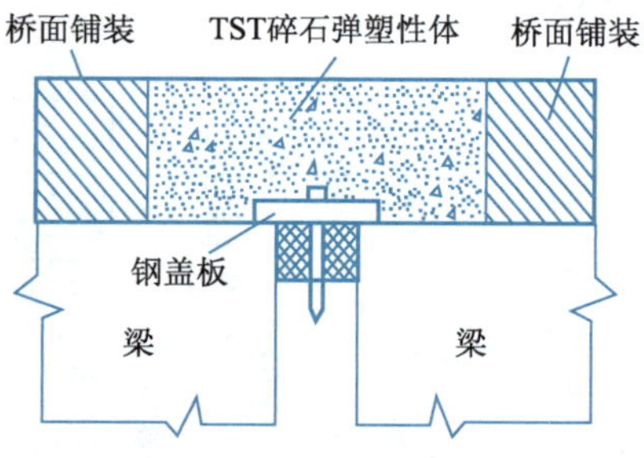

图 3.4.16　TST 碎石弹性伸缩缝构造

这类伸缩装置的特点是:

①能适应桥梁上部构造的伸缩变形和少量的转动变形。

②使桥面铺装形成连续体,行车舒适性好。

③防水性能好。

④养护方便。

⑤施工简单,且易于维修和更换。

GP 型桥面连续构造,这种伸缩装置虽然具有很多优点,但这种结构多是在桥面铺装完成后,再用切割机切割桥面,并在槽口内注入嵌缝材料而成。所以它仅适用于较小的接缝部位或伸缩量小于 5 mm 的桥梁,且桥面是沥青混凝土的情况。

TST 弹塑体伸缩装置是将专用特制的弹塑体材料 TST,加热熔化后灌入经清洗加热的碎石中,形成“TST 碎石桥梁弹性接缝”,由碎石支持车辆荷载,用专用黏合剂保证其界面强度,其适用范围是 -25 ~ 60 ℃温度地区,伸缩量在 50 mm 以下的公路桥梁、城市立交桥、高架桥的伸缩接缝。

伸缩装置的钢构件外观应光洁、平整，不得扭曲变形，且应进行有效的防腐处理。伸缩装置应在工厂进行组装，出厂时应附有效的产品质量合格证明文件；吊装位置应采用明显颜色标明；在运输和存放过程中，应避免阳光直接暴晒或雨淋雪浸，并应保持清洁，防止变形。

忆一忆

根据所学内容，结合本人生活经验，你见过哪些桥梁伸缩装置？

二、伸缩装置的施工工艺

1. 填塞对接型伸缩装置

成型的伸缩装置，要求具有适度的压缩性、恢复性和抗老化性，在气温发生变化时不发生硬化和脆化。

(1)填塞对接型桥梁伸缩装置在安装过程中应注意的问题

①所采用的伸缩体产品质量要符合有关规定。

②安装伸缩装置一定要遵循图 3.4.17 的施工程序，以保证其安装质量。

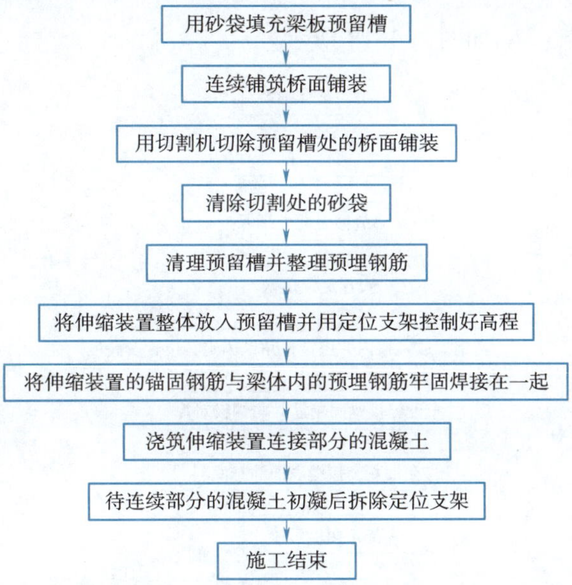

图 3.4.17　填塞对接型伸缩装置施工程序

③伸缩装置在进行锚固时，多采用现浇 C50 混凝土，在混凝土内适当地布置一些钢筋或钢筋网，此钢筋要与梁(板)体钢筋焊接在一起。C50 混凝土的厚度不能小于 12 cm，顺桥方向的宽度不小于 30 cm。

④安装时一定要保证伸缩体在设计的最低温度时，仍处于压缩状态。

⑤安装时一定要保证伸缩体与混凝土的可靠黏结——采用胶黏剂。

⑥伸缩体一定要低于桥面高程，安装时应保证伸缩体在最大压缩状态下，也不会高出桥面高程。

(2)胶黏剂

①配胶。

②操作：将接缝处混凝土表面泥土、杂质清除干净，并用钢丝刷刷一遍，用吹灰机将浮土吹尽，保证结合面干燥。

③涂胶和贴合：涂胶层厚度以不小于 1 mm 为宜。

④将伸缩体压缩放入接缝缝隙内。

⑤固化：在常温下，24 h 内固化(也可根据需要调整固化时间)。

2. 嵌固对接型伸缩装置

特点是将不同形状的橡胶条用不同形状的钢构件嵌固起来，然后通过锚固系统将它们与接缝处的梁体锚固成整体。它在安装时的主要步骤和应注意的事项是：

①首先要处理好伸缩装置接缝处的梁端。因为梁预制时的长度有一定误差，再加上吊装就位时的误差，使伸缩接缝处的梁端参差不齐。故首先要处理好梁端，以便有利于伸缩装置的安装。

②切除桥梁伸缩装置处的桥面铺装，并彻底清理梁端预留槽及预埋钢筋，槽深不得小于 12 cm。

③用 4 ~ 5 根角铁作定位角铁，将钢构件点焊或用螺栓固定在定位角铁上，一起放入清理好的预留槽内。立好端模（用聚乙烯泡沫塑料片材作端模，可以不拆除），并检查有无漏浆的可能。

④将连接钢筋与梁体预埋钢筋牢固焊接，并布置两层钢筋网。然后浇筑混凝土，或环氧树脂混凝土浇捣密实并严格养生。当混凝土初凝后，应立即拆除定位角铁，以防止气温变化导致梁体伸缩引起锚固系统的松动。

⑤安装密封胶条。

3. 钢制支承式伸缩装置

常用的钢制伸缩装置是由梳形板、连接件及锚固系统组成。有的钢制梳齿形伸缩装置在梳齿之间填塞有合成橡胶，起防水作用。

（1）施工安装程序

钢制伸缩装置的施工安装工序，如图 3.4.18 所示。

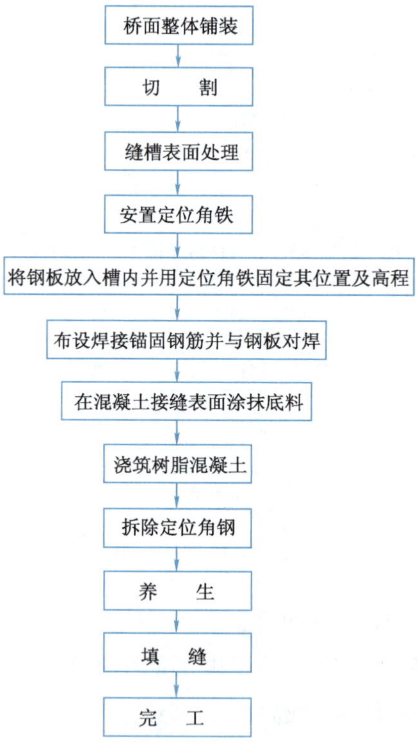

图 3.4.18　钢制支撑式伸缩装置施工安装工序

（2）施工应注意的问题

①定位角铁的拆除一定要及时，以保证伸缩装置因温度变化而自由伸缩，也可采用其他方法，把相对的梳齿铁固定在两个不同的定位角铁上，让它们连同相应的角铁自由伸缩。

②安装施工应仔细进行，防止产生梳齿不平、扭曲及其他的变形。安装时一定将构件固定在定位角铁上，以保证安装精度，要严格控制好梳齿间的槽向间隙，由于伸缩方向性的误差及横向伸缩等原因，在最高温度时，梳齿横向间隙不得小于 5 mm，齿板的间隙应不小于 15 mm。

③当构件安装及位置固定好之后，就可着手进行锚固系统的树脂混凝土浇筑，为了锚固系统可靠牢固，必须配备较多的连接钢筋及钢筋网，这给树脂混凝土的浇筑带来不便。因此，浇筑混凝土一定要认真细心，尤其是角隅周围的混凝土，一定要捣固密实，千万不可有空洞。在钢梳齿根部可适当钻些直径为 20 mm 的小孔，以利于浇筑混凝土时空气的排除。

④对于小规模的伸缩装置，由于清扫和维修非常困难，故一般都不做接缝内的排水设施，但此时必须考虑支座的防水及台座排水与及时清塞等，所以它也只能用于跨河流或不怕漏水场地的桥跨结构。这种伸缩装置，在营运中必须加强养护，及时清除掉梳齿之间灰尘及石子之类的杂物，以保证它的正常使用。

⑤对于焊接而成的梳齿形构件，焊缝一定要考虑汽车反复冲击下的疲劳强度。

安装时的间隙 ΔL 控制，单位是 mm：

$$\Delta L = 总伸缩量 - 施工时伸缩量 + 最小间隙$$

也可用如下简化式计算，单位是 mm。

钢梁时：

$$\Delta L = 0.66L - [(t+10) \times 0.012L] \times 1.1 + 15$$

预应力混凝土梁时：

$$\Delta L = (0.44 + 0.6\beta)L - [(t+5) \times 001L] \times 1.1 + 15$$

钢筋混凝土梁时：

$$\Delta L = (0.44 + 0.2\beta)L - [(t-5) \times 0.01L] \times 1.1 + 15$$

式中：L——伸缩区段长（m）；

t——安装的温度（℃）；

β——徐变、干燥收缩的递减系数，见表 3.4.2。

表 3.4.2　β 系数

混凝土的龄期/月	0.25	0.5	1	3	6	12	24
徐变、干燥收缩的递减系数 β	0.8	0.7	0.6	0.4	0.3	0.2	0.1

4. 组合剪切板式橡胶伸缩装置

板式橡胶伸缩装置，具有构造简单、安装方便、经济适用等优点，主要适用于伸缩量为 30 ~ 60 mm 的二级以下的公路桥梁。

（1）剪切型板式橡胶伸缩装置

①安装程序。剪切型板式橡胶伸缩装置，由橡胶伸缩体与锚固系统组成，其安装的工艺流程如图 3.4.19 所示。

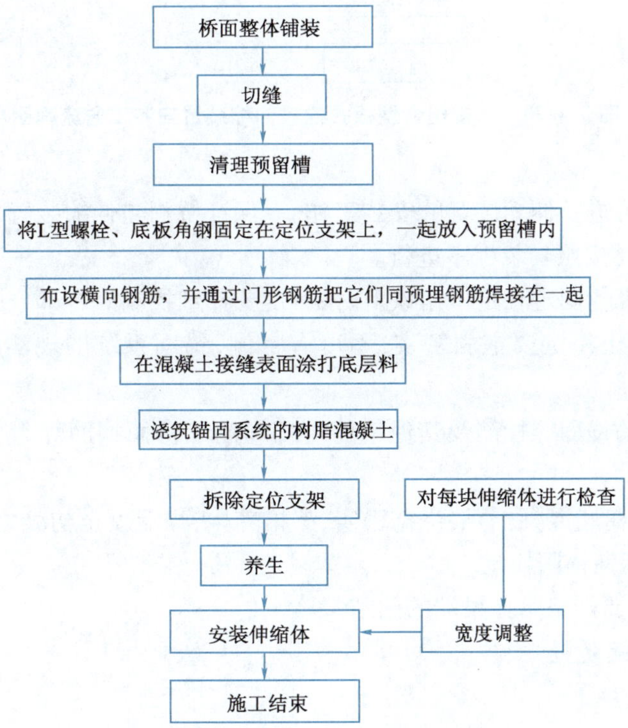

图 3.4.19　剪切板式橡胶伸缩装置工艺流程

②施工注意事项。

a. 桥面施工完成后方可进行伸缩装置的安装工作，以保证桥面与伸缩装置之间的平整度。

b. 伸缩装置安装一定要按照安装程序进行，尤其要注意及时拆除定位支架顺桥向的联系角钢。

c. 梁端加强角钢下的混凝土一定要饱满密实，不可有空洞、角钢要设排氧孔。

d. 一定要将伸缩装置的锚固螺栓筋及其他钢筋与预埋筋和桥面钢筋焊为一体，锚固螺栓筋的直径不得小于 18 mm。

(2)对接组合型板式橡胶伸缩装置

①安装程序。对接组合型板式橡胶伸缩装置，由上下开槽的防水表层橡胶体、梳形承托钢板、槽体角钢及锚固系统四大部分组成，安装的工艺流程如图 3.4.20 所示。

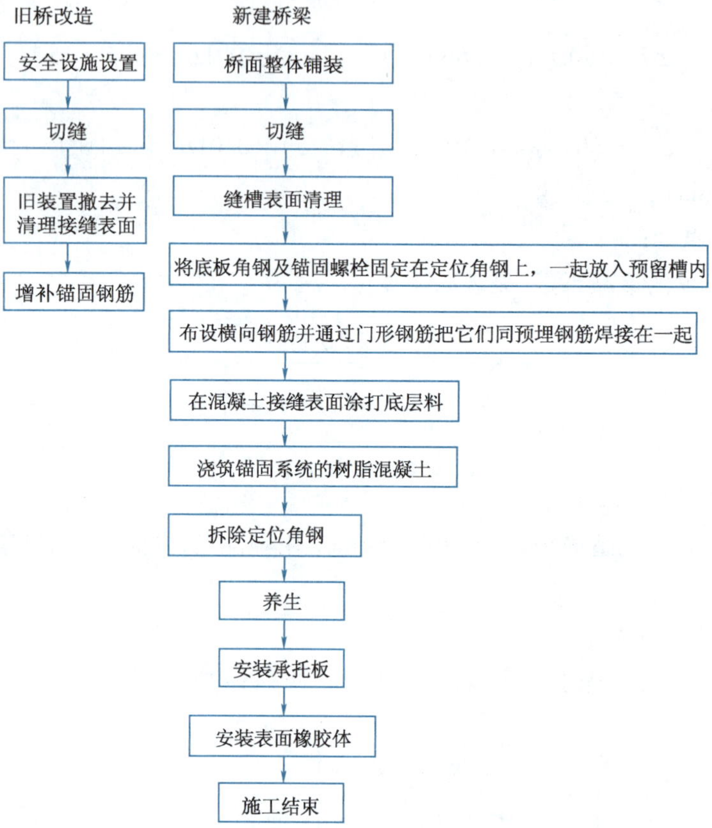

图 3.4.20　对接组合型板式橡胶伸缩装置安装工艺流程图

②施工注意事项。

a. 桥面施工完成后方可进行伸缩装置的安装工作，以保证桥面与伸缩装置之间的平整度。

b. 伸缩装置安装一定要按照安装程序进行。

c. 将底板角钢及锚固螺栓固定在定位角铁上时，一定要仔细控制好各部位的尺寸与高程。

d. 底板角钢下的混凝土一定要饱满密实，不可有空洞，锚固系统的现浇树脂混凝土厚度不得小于 15 cm。

e. 一定要将伸缩装置的锚固螺栓筋及其他钢筋与预埋筋和桥面钢筋焊为一体，锚固螺栓筋的直径不得小于 18 mm。

f. 浇筑混凝土(或环氧树脂混凝土)要浇捣密实，严格养生，当混凝土初凝之后，立即拆除定位角铁，以防气温变化造成梁体伸缩而使锚固松动。

g. 在吊装大梁时，一定要严格掌握梁端的间隙。

5. 无缝式(暗缝式)伸缩装置

(1)桥面连续型(GP 型)

此类伸缩装置的特点是桥面铺装为整体型，施工要求如下：

①防水接缝材料应具有较好的抗老化性能,能与壁面强力黏结,适应伸缩变形,恢复性能好,并具有一定强度以抵抗砂石材料的刺破力。

②塞入物用于防止未固化的接缝材料往下流动,需要有足够的可压缩性能,如泡沫橡胶或聚乙烯泡沫塑料板等。在施工桥面铺装的现浇层时就把它当作接缝处的模板。

(2)TST 弹塑体伸缩装置

其施工步骤为:

①切割槽口或拆除旧装置。

②设置膨胀螺栓和钢筋。

③清洗烘干。

④涂黏合剂。

⑤放置海绵、钢盖板。

⑥主层施工。

⑦表层施工。

⑧振碾。

⑨修整。

外观要求:表面 TST 不高于石料面 2 mm,表面间断凹陷应小于 35 mm,不深于 3 mm。一般情况下施工后 1 ~ 3 h 即可开放交通。

列一列

伸缩装置在施工中面临的客观困难有哪些,如何克服?

任务知识 4.3 桥面铺装层及桥面防护设施施工

桥面铺装层及其他附属工程是整座桥梁施工的最后一道工序,同时也是桥梁服务车辆、行人,并实现其功能的最直接的部分。由于桥面构造多属外露工程,且直接与车辆、行人接触,对车辆和行人的安全及桥梁的美观有着十分重要的影响。

桥面防护设施包括人行道、栏杆、防撞护栏、泄水管、灯柱支座、桥面防水、桥头搭板等。高等级公路以及位于二、三级公路上的桥梁通常采用防撞护栏,而城市立交桥,城镇公路桥及低等级公路桥往往要考虑人群通行,需要设置人行道和栏杆。灯柱一般只在城镇内桥梁上设置。

一、桥面铺装层施工

1. 钢筋混凝土铺装层施工的主要项目及注意事项

(1)梁顶高程的测定和调整

预应力混凝土空心板或梁在预制后存梁期间,由于预应力的作用,往往会产生反拱。如果反拱过大就会影响到桥面铺装层的施工,因此设计中对存梁时间、存梁方法都作了一定要求。

如果架梁前已发现反拱过大,则应采取降低墩顶高程、减少垫石厚度等方法,以保证铺装层厚度。

架梁后对梁顶高程应进行测量,测定各跨中线、边线的跨中和墩顶处的高程,分析评价其是否满足规范要求。若偏差过大,则应采取调整桥面高程、改变引线纵坡等方法,以保证铺装层厚度,使桥梁上部结构形成整体。

(2)梁顶处理

为了使现浇混凝土铺装层与梁、板结合更好,预制梁板时对其顶面进行拉毛处理。有些设计中要求梁顶每隔 50 cm,设一条 1 ~ 1.5 cm 深的齿槽。

浇筑前要用清水冲洗梁顶,不能留有灰尘、油渍、污渍等,并使板顶充分湿润。

(3)绑扎布设桥面钢筋网

按设计文件要求,下料制作钢筋网,用混凝土垫块将钢筋网垫起,满足钢筋设计位置及混凝土净保护层的要求。若为低等级公路桥梁,用铺装层厚度调整桥面横坡,横向分布钢筋要做相应的弯折,与桥面横坡一致。

在两跨连接处,若为桥面连续,应同时布设桥面连续的构造钢筋;若为伸缩缝,要注意做好伸缩缝的预埋钢筋。

(4)混凝土浇筑

①对行车道板板顶处理情况、钢筋网布设等进行检查,满足设计和规范要求后,即可进行混凝土的浇筑。

②若设计为防水混凝土,其配合比及施工工艺应满足规范要求。

③浇筑时应由桥一端向另一端推进,连续施工,防止产生施工缝。

④用平板式振捣器振捣,要保证振捣密实。

⑤施工结束后注意养护,高温季节应采用草帘等覆盖,并定时洒水养生;在桥两端设置隔离设施,防止施工或地方车辆通行,影响混凝土强度。

⑥待混凝土强度形成后,方能开放交通或铺筑上层沥青混凝土。

2. 沥青混凝土铺装层施工

桥面沥青混凝土与同等级公路沥青混凝土路面的材料、工艺、施工方法相同,一般与路面同时施工。施工要求如下:

①采用拌和厂集中拌和,现场机械摊铺。

②沥青材料及混合料的各项指标应符合设计和施工规范要求。沥青混合料每日应做抽提试验(包括马歇尔稳定度试验),严格控制各种矿料和沥青用量,以及各种材料和沥青混合料的加热温度。

③用胶轮压路机进行碾压成型,碾压温度要符合要求。

④摊铺后进行质量检测,强度和压实度要达到合格,厚度允许偏差 +10 mm, -5 mm,平整度 IRI 对于高等级公路桥梁不超过 2.5 m/km,均方差不超过 1.5 mm;其他公路桥梁 IRI 值不超过 4.2 m/km,均方差不超过 2.5 mm,最大偏差值不超过 5 mm,横坡不超过 ±0.3%。

⑤ 铺装后桥面泄水孔的进水口应略低于桥面面层,以保证排水顺畅。

找一找

桥面铺装层施工前,梁顶高程需满足哪些条件?

二、人行道、栏杆、护栏和灯柱的施工

1. 人行道

人行道位于行车道两侧,它是专供行人行走的桥面部分。

我国每条人行道的宽度值是 0.75 ~1.00 m,高度至少要高出行车道 0.20 ~0.25 m,以保证行人和行车的安全。人行道的一般构造如图 3.4.21 所示。

2. 栏杆

栏杆是设置在桥面两侧,用来保证车辆和行人安全过桥的防护设施。栏杆通常用钢筋混凝土、钢、铸铁或圬工材料制作,可分为节间式(见图 3.4.22)和连续式(见图 3.4.23)。

节间式由栏杆柱、扶手及栏板组成,便于预制安装;连续式由扶手、栏板和底座组成,它的扶手是连续的,这种栏杆结构简单,但一般自重较大。

①栏杆的分类。按制作材料的不同,栏杆可分为钢筋混凝土栏杆、钢栏杆、混合式栏杆、木栏杆及塑料栏杆等,公路桥梁上常采用前两种。

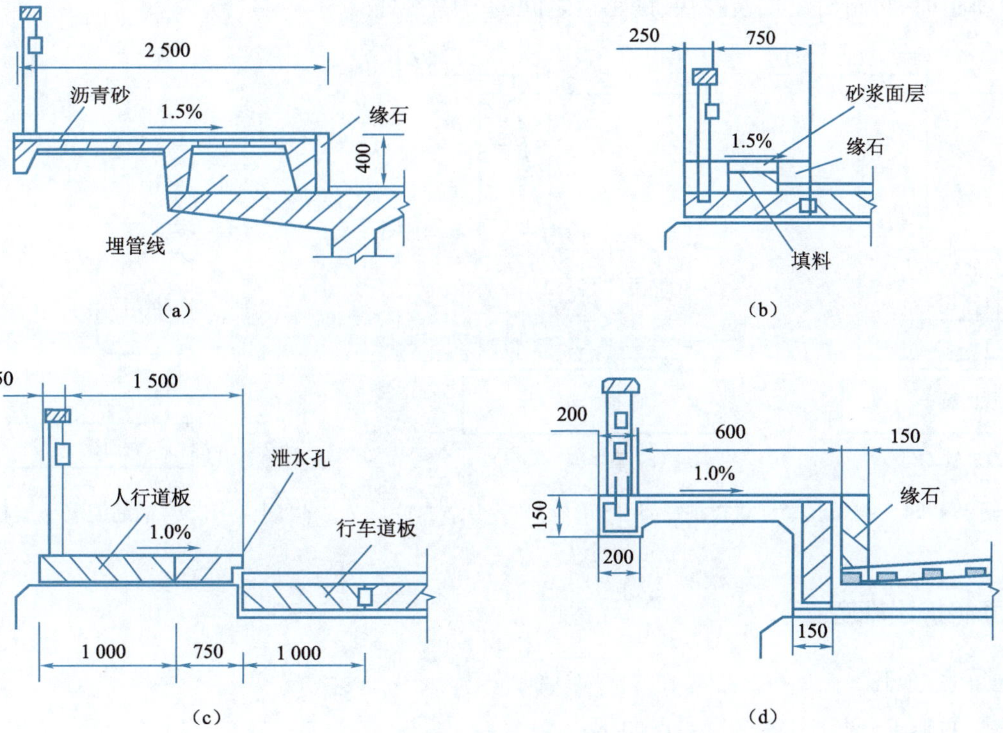

图 3.4.21 人行道一般构造图(尺寸单位:mm)

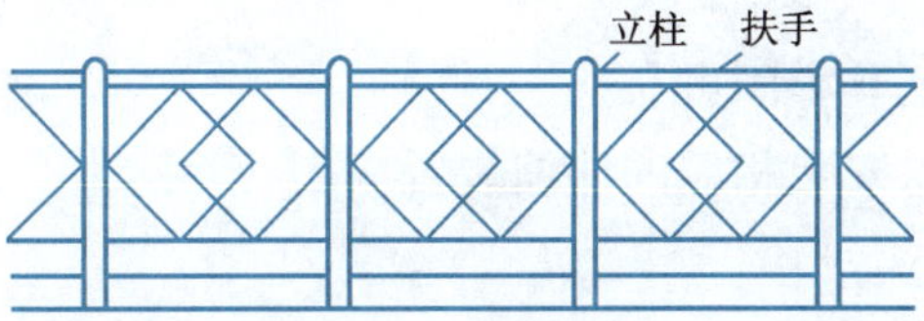

图 3.4.22 节间式栏杆

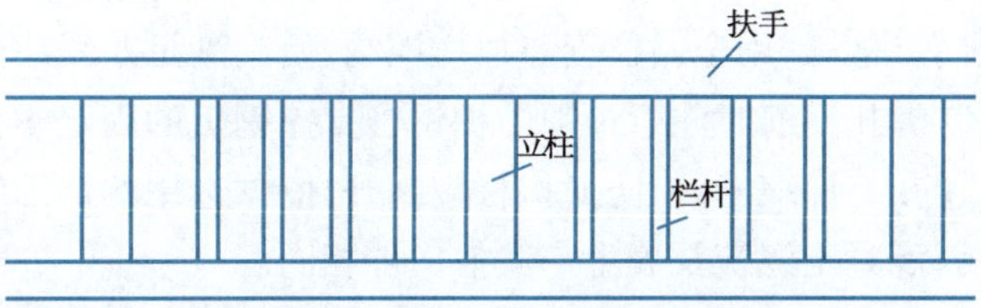

图 3.4.23 连续式栏杆

按栏杆的高度,可分为高栏杆、中栏杆和低栏杆。公路与城市道路桥梁上的栏杆高度不得小于1.1 m。

②栏杆的强度。桥梁栏杆的计算,在整座桥梁的设计计算中不是设计的主要内容,但作为一种安全防护措施,其坚固性和耐久性是不可轻视的。

③栏杆的美学要求。栏杆是桥梁的表面构造物,它设置在桥梁两侧的边缘,对桥梁起着装饰的作用。栏杆的造型选择应与周围的环境(包括风景及风土人情)相适应,栏杆的装饰和颜色要与大自然的景色协调,并且要与桥梁的基色相匹配。

3. 护栏

护栏是为使车辆与车辆或车辆与行人分道行驶以及防止车辆驶离规定行车道位置而设置的安全防护设施。通常,前者称为防护栏,后者称为防撞护栏。防护栏是用混凝土预制或金属材料制作并用钢链或钢管相连;防撞护栏是用钢筋混凝土预制或现浇,具有一定的抗撞能力,以保证行车的安全。高速公路上的桥梁均需要设置防撞护栏。

护栏按设置部位可分为桥侧护栏、桥梁中央分隔带护栏和人行道与车道分界护栏。按构造特征可分为钢筋混凝土墙式护栏(见图3.4.24)、梁柱式护栏(见图3.4.25)和组合式护栏。护栏的埋置方式有立柱直接埋入式、法兰盘连接式和通过传力钢筋把桥梁护栏和桥面板浇筑成一体等三种形式。

4. 灯柱

位于城镇和市郊人口稠密地区的桥梁,应当考虑桥上的照明问题,因此需要设置照明灯柱。

对于较窄的桥梁,灯柱可安装在栏杆上;如果人行道较宽时,可将灯柱设置在靠近路缘石处;当桥面很宽并分快慢车道时,可将灯柱安装在快、慢车道之间的分隔带处。

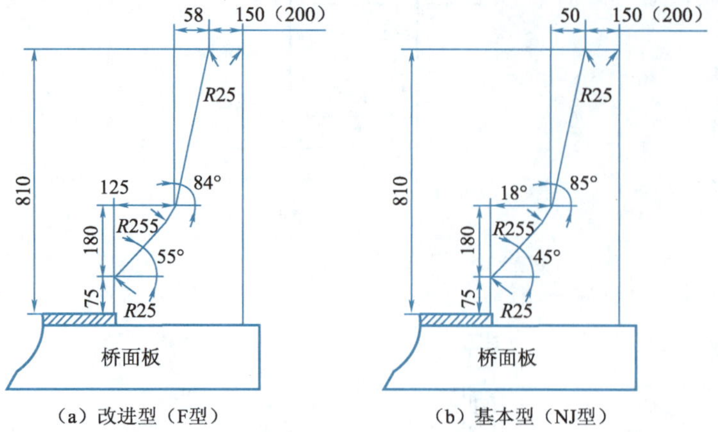

图 3.4.24　钢筋混凝土墙式护栏(尺寸单位:mm)

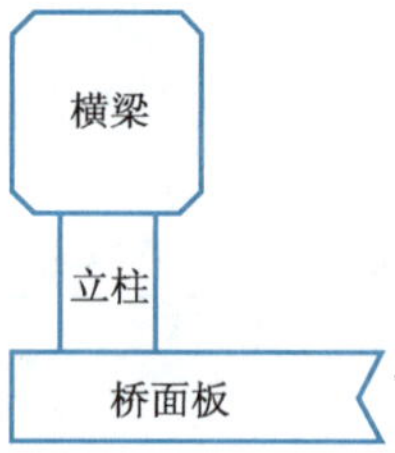

图 3.4.25　钢筋混凝土梁柱式护栏

三、桥面防护设施施工

1. 防撞护栏施工

防撞护栏的施工(见图 3.4.26)要点如下:

①边板(梁)预制时应在翼板上按设计位置预埋防撞护栏锚固钢筋。

②支设护栏模板时应先进行测量放样,确保位置准确。特别是位于曲线上的桥梁,应首先计算出护栏各控制点坐标,用全站仪逐点放样控制,使其满足曲线线形要求。

③绑扎钢筋时注意预埋防护钢管支撑钢板的固定螺栓,保证其牢固可靠。

④在有伸缩缝处,防撞护栏应断开,依据选用的伸缩缝形式,安装相应的伸缩装置。

⑤混凝土浇筑及养生与其他构件相同。

图 3.4.26　护栏施工图

2. 人行道、栏杆施工

人行道、栏杆通常采用预制安装的施工方法。有些桥的人行道采用整块预制,分中块和端块两种,若为斜交桥其端块还要作特殊设计。预制时要严格按照设计尺寸制模成形。也有桥梁的人行道采用分构件预制法,一般分为 A 挑梁、B 挑梁、路缘石、支撑梁、人行道板五部分,如图 3.4.27 所示。A、B 挑梁和人行道板为预制构件,路缘石和支撑梁采用现浇施工。注意 A 挑梁上要留有槽口,保证立柱的安装固定。

栏杆多为预拼装。施工时应注意以下几点:

①悬臂式安全带和悬臂式人行道构件必须与主梁横向联结或拱上建筑完成后才可安装。

②安全带梁及人行道梁必须安放在未凝固的 M20 稠水泥砂浆上,并以此来形成人行道顶面设计的横向排水坡。

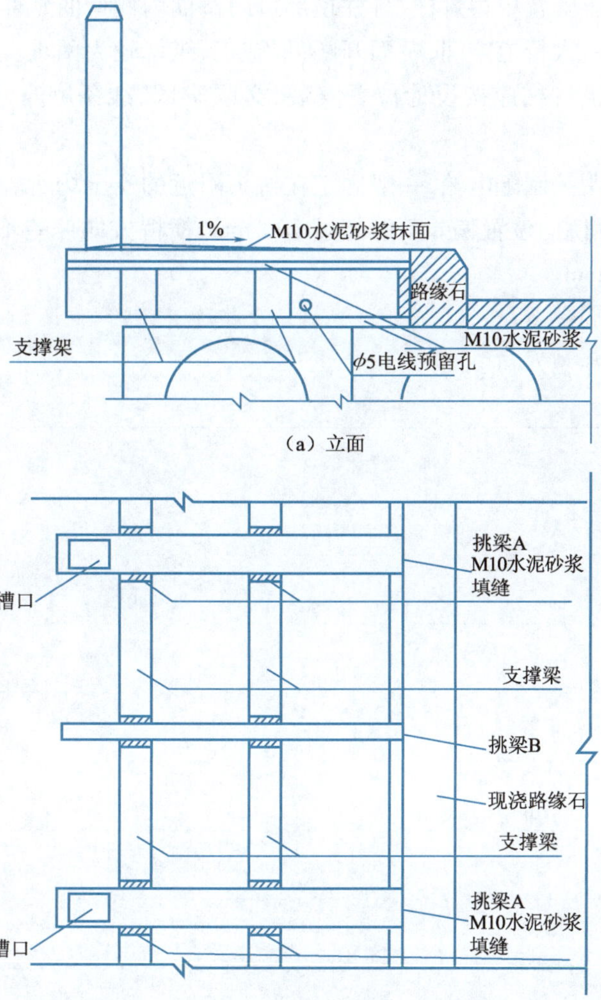

图 3.4.27　分构件预制人行道构造图

③人行道板必须在人行道梁锚固后才可铺设，对设计无锚固的人行道梁，人行道板的铺设应按照由里向外的次序。

④栏杆块件必须在人行道板铺设完毕后才可安装，安装栏杆柱时，必须全桥对直、校平（弯桥、坡桥要求平顺）、竖直后用水泥砂浆填缝固定。

⑤在安装有锚固的人行道梁时，应对焊接认真检查，注意施工安全。

⑥为减少路缘石与桥面铺装层中渗水，缘石宜采用现浇混凝土，使其与桥面铺装的底层混凝土结为整体。

3. 灯柱安装

（1）设在人行道路缘石边和快慢分隔带的灯柱

这类灯柱的施工布设较为简单，通常是在人行道下或分隔带内布埋管线，按设计位置预设灯柱基座，在基座上安装灯柱、灯饰，连接好线路即可。

这种布设方法大方、美观、灯光效果好，适合于人行道较宽（大于 1 m）或有快、慢车道的情况。因桥面较宽，为了不影响行人和车辆的通行，要求灯柱布置得高一些。

（2）设在栏杆立柱上的灯柱

这种灯柱的布设稍麻烦一些，电线在人行道下预埋后，还要在立柱内布设线管通至顶部。因立柱既要承受栏杆上传来的荷载，又要承受灯柱的重量，所以，带灯柱的立柱要特殊设计和制作。另外，在立柱顶部还要预设灯柱基座，保证其连接牢固。

这种情况一般只适用于安置单边灯柱,灯柱顶部可向桥面内侧弯曲延伸一部分,以保证照明效果。

此类灯柱的优点是不占人行道空间,桥面开阔,但施工、维修较为困难。

施工规范明确要求桥上灯柱应按设计位置安装,必须牢固,线条顺直,整齐美观,灯柱电路必须安全可靠。

大型桥梁需要配置照明控制配电箱,一般固定在桥头附近的安全场所。

检查验收标准:灯柱顺桥向位置偏差不能超过 100 mm,横桥方向偏差不能超过 20 mm。竖直度:顺桥向、横桥向均不能超过 10 mm。

练一练

防撞护栏施工要点是什么?

笔记栏

自学自测

一、判断题

1. 对于多孔简支体系的梁桥，减少伸缩缝的主要措施就是采用桥面连续。 (　　)

2. 桥面连续的跨数，通常是跨径大时一联的跨数多。 (　　)

3. 为保证桥面在温度下降时不产生裂缝，混凝土浇筑完成后，需在连续处接缝顶部设假缝。 (　　)

4. 先简支后连续的连续梁桥，在墩顶处采用单排支座比采用双排支座好。 (　　)

5. 单排支座的连续方式，在架梁时先设两排橡胶临时支座，使梁呈简支状态。 (　　)

6. 设置伸缩装置的主要目的是保证桥面的平整。 (　　)

7. 橡胶伸缩体上有凹槽，橡胶体内埋设有承重钢板和锚固钢板的伸缩装置形式是固嵌对接型。 (　　)

8. 边板(梁)预制时应在翼板上按设计位置预埋防撞护栏锚固钢筋。 (　　)

9. 人行道板是在人行道梁锚固前安装的。 (　　)

10. 灯柱施工完毕后的竖直度要求不能超过10 mm。 (　　)

二、选择题

1. 箱形梁梁间接缝通常采用(　　)。

A 企口接缝　　B. 干接缝　　C. 湿接缝　　D. 以上都不对

2. 湿接缝的宽度为(　　)m。

A. 0.1～0.4　　B. 0.2～0.5　　C. 0.3～0.6　　D. 0.4～0.7

3. 企口缝进行混凝土浇筑时，采用(　　)捣实。

A. 人工插捣器　　B. 附着式振捣器　　C. 平板式振捣器

4. T形梁每个横隔梁内的预埋钢板有(　　)片。

A. 1　　B. 2　　C. 3　　D. 4

5. 桥面连续的实质就是将简支梁在(　　)处的桥面做成连续的。

A. 横向连接　　B. 伸缩缝　　C. 人行道和行车道板

6. 桥面连续一般是(　　)跨一联。

A. 1～5　　B. 2～6　　C. 3～7　　D. 4～8

7. 桥面连续施工时所铺的钢筋网，网格尺寸为(　　)。

A. 10 cm×10 cm　　B. 15 cm×15 cm

C. 20 cm×20 cm　　D. 25 cm×25 cm

8. 人行道至少要高出行车道(　　)m，以保证行人和行车的安全。

A. 0.1～0.25　　B. 0.2～0.25　　C. 0.1～0.3　　D. 0.2～0.3

9. 较窄的桥梁，灯柱可安装在(　　)处。

A. 桥头　　B. 栏杆　　C. 路缘石　　D. 分隔带

10. 在有伸缩缝处，防撞栏杆应(　　)

A. 断开　　B. 连续　　C. 换形式　　D. 以上都不对

文本

参考答案

任务实施

根据施工合同要求，桥梁桥面系施工工作内容程序如下。

一、准备工作

项目部根据分工进行施工技术资料准备、施工机具设备材料准备工作，做好参与人员的技术培训交底工作，对施工相关人员进行安全教育及安全设施使用指导；做好测量放线工作。

二、制订桥面系施工方案

技术负责人根据桥面系施工图纸及施工现场实际条件，考虑施工单位的设备机具情况，同时考虑材料供应情况和一线人员施工熟练程度，制订符合规范要求切实可行的桥面系施工方案。

三、现场施工组织

1. 完善施工道路，清理梁面

架梁后对梁顶高程进行测量，进行偏差复核。

2. 栏杆施工

栏杆现浇施工的主要工序包括：测量定位、钢筋绑扎安装、模板安装、混凝土浇筑、拆模养生、切缝填缝。

3. 桥面铺装施工

桥面铺装各层材料按照设计要求施工，施工前复测梁顶高程，钢筋网铺设满足保护层厚度要求，混凝土摊铺可采用人工配合机械施工。

4. 伸缩装置安装

清理梁缝，根据采用伸缩装置类别进行安装，保证安装精度。

四、质量控制

项目部要组织相关人员对施工质量进行过程性抽检控制，主要包括测量数据、材料试验、设备机具的使用状况、安全和环保措施落实，使各项工作满足要求，后续施工工作顺利实施。

五、内业资料整理

整理桥面系施工测量资料、试验资料、施工记录资料施工联系函及图纸变更等资料，予以存档。

笔记栏

【桥面系施工工作单】

计划单

学习情境三	桥梁上部结构施工	任务 4	桥面系施工
工作方式	组内讨论、团结协作共同制订计划:小组成员进行工作讨论,确定工作步骤	计划学时	1 学时
完成人			
计划依据:某桥梁桥跨结构施工图			

序号	计划步骤	具体工作内容描述
1	准备工作 (准备资料,谁去做?)	
2	组织分工 (成立组织,人员具体都完成什么?)	
3	制订两套施工方案(各有何特点?)	
4	现场施工 (施工顺序如何?)	
5	质量控制 (谁负责?检查哪些项目?)	
6	资料整理 (谁负责?整理哪些内容?)	
制定计划说明	(写出制订计划中人员为完成任务的主要建议或可以借鉴的建议、需要解释的某一方面)	

决 策 单

<table>
<tr><td>学习情境三</td><td colspan="2">桥梁上部结构施工</td><td>任务 4</td><td>桥面系施工</td></tr>
<tr><td>决策学时</td><td colspan="4">1 学时</td></tr>
<tr><td colspan="5">决策目的:确定本小组最优施工方案</td></tr>
<tr><td rowspan="7">施工方案优劣比较</td><td colspan="2">施工方案特点</td><td rowspan="2">比对项目</td><td rowspan="2">确定最优方案(划√)</td></tr>
<tr><td>方案 1 名称</td><td>方案 2 名称</td></tr>
<tr><td></td><td></td><td>施工设备选择是否适用</td><td rowspan="5">方案 1 优
□</td></tr>
<tr><td></td><td></td><td>施工顺序是否合理</td></tr>
<tr><td></td><td></td><td>关键工序施工方法是否满足质量控制要求</td></tr>
<tr><td></td><td></td><td>安全措施是否到位</td></tr>
<tr><td></td><td></td><td>环保措施是否符合规定</td></tr>
<tr><td colspan="3">方案 1 施工流程图</td><td>方案 2 施工流程图</td><td>方案 2 优
□</td></tr>
</table>

作业单

学习情境三	桥梁上部结构施工	任务 4	桥面系施工
参加人员	第　　组		开始时间：
	签名：		结束时间：
序号	工作内容记录 （根据实施的具体工作记录，包括存在的问题及解决办法）		分工 （负责人）
1			
2			
⋮			
小结	主要描述完成的成果及是否达到目标		存在的问题

检查单

学习情境三	桥梁上部结构施工		任务4	桥面系施工			
检查学时	课内1学时			第　　组			
检查目的及方式	教师过程监控小组的工作情况，如检查等级为不合格，小组需要整改，并拿出整改说明						
序号	检查项目	检查标准	检查结果分级（在检查相应的分级框内划“√”）				
			优秀	良好	中等	合格	不合格
1	准备工作	资源是否已查到、材料是否准备完整					
2	分工情况	安排是否合理、全面，分工是否明确					
3	工作态度	小组人员是否积极主动、全员参与					
4	纪律出勤	是否按时完成负责的工作内容、遵守工作纪律					
5	团队合作	是否相互协作、互相帮助，是否听从指挥					
6	创新意识	任务完成不照搬照抄，看问题具有独到见解，具备创新思维					
7	完成效率	工作单是否记录完整，小组是否按照计划完成任务					
8	完成质量	工作单填写是否准确，记录单检查及修改是否达标					
检查评语						教师签字：	

任务评价

小组工作评价单

学习情境三	桥梁上部结构施工		任务 4	桥面系施工		
评价学时			课内 1 学时			
班级：			第　　组			
考核情境	考核内容及要求	分值（满分 100 分）	小组自评（10%）	小组间互评（20%）	教师评价（70%）	实得分（∑）
汇报展示（20 分）	演讲资源利用	5				
	演讲表达和非语言技巧应用	5				
	团队成员相互配合程度	5				
	时间与完整性	5				
质量评价（40 分）	工作完整性	10				
	工作质量	5				
	报告完整性	25				
团队情感（25 分）	核心价值观	5				
	创新性	5				
	参与率	5				
	合作性	5				
	劳动态度	5				
安全文明（10 分）	工作过程中的安全保障情况	5				
	工具正确使用和保养、放置规范	5				
工作效率（5 分）	能够在要求的时间内完成，每超时 5 分钟扣 1 分	5				

小组成员素质评价单

<table>
<tr><td>学习情境三</td><td colspan="4">桥梁上部结构施工</td><td colspan="2">任务 4</td><td colspan="2">桥面系施工</td></tr>
<tr><td>班级</td><td></td><td colspan="2">组别</td><td colspan="2"></td><td>成员姓名</td><td colspan="2"></td></tr>
<tr><td>评分说明</td><td colspan="8">每个小组成员评价分为自评和小组其他成员评价两部分，取平均值计算，作为该小组成员的任务评价个人分数。评价项目共设计五个，依据评分标准给予合理量化打分。小组成员自评分后，要找小组其他成员不记名方式打分</td></tr>
<tr><td>评分项目</td><td>评分标准</td><td>自评分</td><td>成员 1
评分</td><td>成员 2
评分</td><td>成员 3
评分</td><td>成员 4
评分</td><td>成员 5
评分</td><td></td></tr>
<tr><td>核心价值观
（20 分）</td><td>没有违背社会主义核心价值观的思想及行动</td><td></td><td></td><td></td><td></td><td></td><td></td><td></td></tr>
<tr><td>工作态度
（20 分）</td><td>按时完成负责的工作内容、遵守纪律，积极主动参与小组工作，全过程参与，吃苦耐劳，具有工匠精神</td><td></td><td></td><td></td><td></td><td></td><td></td><td></td></tr>
<tr><td>交流沟通
（20 分）</td><td>能良好地表达自己的观点，能倾听他人的观点</td><td></td><td></td><td></td><td></td><td></td><td></td><td></td></tr>
<tr><td>团队合作
（20 分）</td><td>与小组成员合作完成任务，做到相互协作、互相帮助、听从指挥</td><td></td><td></td><td></td><td></td><td></td><td></td><td></td></tr>
<tr><td>创新意识
（20 分）</td><td>看问题能独立思考，提出独到见解，具有创新思维解决遇到的问题</td><td></td><td></td><td></td><td></td><td></td><td></td><td></td></tr>
<tr><td>最终小组
成员得分</td><td colspan="8"></td></tr>
</table>

任务反思

<table>
<tr><td>学习情境三</td><td colspan="3">桥梁上部结构施工</td><td>任务 4</td><td>桥面系施工</td></tr>
<tr><td>班级</td><td></td><td>组别</td><td></td><td>成员姓名</td><td></td></tr>
<tr><td>情感反思</td><td colspan="5">通过对本任务的学习和实训，你认为自己在社会主义核心价值观、职业素养、学习和工作态度等方面需要提高什么？</td></tr>
<tr><td>知识反思</td><td colspan="5">通过对本任务的学习，你掌握了哪些知识点？请画出思维导图</td></tr>
<tr><td>技能反思</td><td colspan="5">在完成本任务的学习和实训过程中，你主要掌握了哪些技能？</td></tr>
<tr><td>方法反思</td><td colspan="5">在完成本任务的学习和实训过程中，你主要掌握了哪些分析和解决问题的方法？</td></tr>
</table>

学习情境四 涵洞施工

学习指南

情境导入

济泰高速公路，全长约55.9 km，主线采用双向六车道，设计车速达到120 km/h，该条线路共建成互通式立交9处，涵洞44道，通道17道，天桥2座，起点位于济南市绕城高速公路与二环东路南延交叉处，终点位于泰安市徂徕镇东北部。现进行涵洞工程施工，前期需要做好准备工作，施工过程中要做好现场施工组织，同时控制施工质量，请你编制涵洞工程施工实施的具体指导方案，保障施工单位按时顺利开展施工作业。

学习目标

知识目标：

1. 识读涵洞施工图，描述涵洞结构组成；
2. 描述涵洞类型，指出适用范围；
3. 能区分不同类别涵洞施工方法；
4. 能绘制不同类别涵洞施工工艺流程图；
5. 描述不同类别涵洞施工的质量控制要求。

能力目标：

1. 能够进行涵洞施工图纸识读及审核工作；
2. 能够编制涵洞施工技术交底资料及施工方案。

素质目标：

1. 具备自立、自信、自强，热爱本专业的职业素养；
2. 具备严于律己、忠于职守、奉献社会的职业道德；
3. 具有不畏辛苦、攻坚克难的职业意识，具备严谨细致的工作作风。

工作任务

任务1 圆管涵施工　　参考学时:课内6学时(课外2学时)

任务2 钢筋混凝土箱涵施工　　参考学时:课内4学时(课外2学时)

文本 匠心独运——广济桥

本文 钢筋混凝土管涵施工图纸

任务1 圆管涵施工

任务单

<table>
<tr><td>学习情境四</td><td colspan="3">涵洞施工</td><td>任务1</td><td colspan="2">圆管涵施工</td></tr>
<tr><td>任务学时</td><td colspan="6">课内6学时(课外2学时)</td></tr>
<tr><td colspan="7">布置任务</td></tr>
<tr><td>任务目标</td><td colspan="6">1. 能够识读各类涵洞的施工图;
2. 能够描述涵洞施工前应进行的准备工作;
3. 能够结合具体情况进行涵洞的施工放样;
4. 能够准确地对外购涵洞进行质量检验;
5. 能够规范地进行涵洞基坑的开挖;
6. 能够规范地进行各类钢筋混凝土管涵的施工;
7. 能够在完成任务过程中弘扬工匠精神、工匠文化,恪尽职业操守、精益求精。</td></tr>
<tr><td>任务描述</td><td colspan="6">施工单位在审核完涵洞施工图纸之后(施工图纸见二维码),应进行涵洞工程施工。技术负责人应根据圆管涵施工图纸及施工现场周边环境、地质水文情况选择合理的开挖支护方案、管涵就位方法;在开工前制订完成满足规范要求的圆管涵施工方案,指导圆管涵施工工作。</td></tr>
<tr><td rowspan="2">学时安排</td><td>资讯</td><td>计划</td><td>决策</td><td>实施</td><td>检查</td><td>评价</td></tr>
<tr><td>1学时(1)</td><td>1学时</td><td>1学时</td><td>1学时(1)</td><td>1学时</td><td>1学时</td></tr>
<tr><td>对学生学习及成果的要求</td><td colspan="6">1. 每位同学均能按照自学资讯思维导图自主学习,并完成课前自学的问题训练和自学自测;
2. 严格遵守课堂纪律,学习态度认真、端正,能够正确评价自己和同学在本任务中的素质表现;
3. 每位同学必须积极参与小组工作,在教师的示范指导下完成圆管涵施工的对应工作,做到积极主动不推诿,能够与小组成员合作完成工作任务;
4. 每位同学均需独立或在小组同学的帮助下完成技能训练工作单,并提请检查、签认,对提出的建议务必及时修改;
5. 每组必须完成全部“圆管涵施工”工作的工作单,并提请教师进行小组评价,小组成员分享小组评价分数或等级;
6. 每名同学均完成任务反思,以小组为单位提交。</td></tr>
</table>

自学资讯思维导图

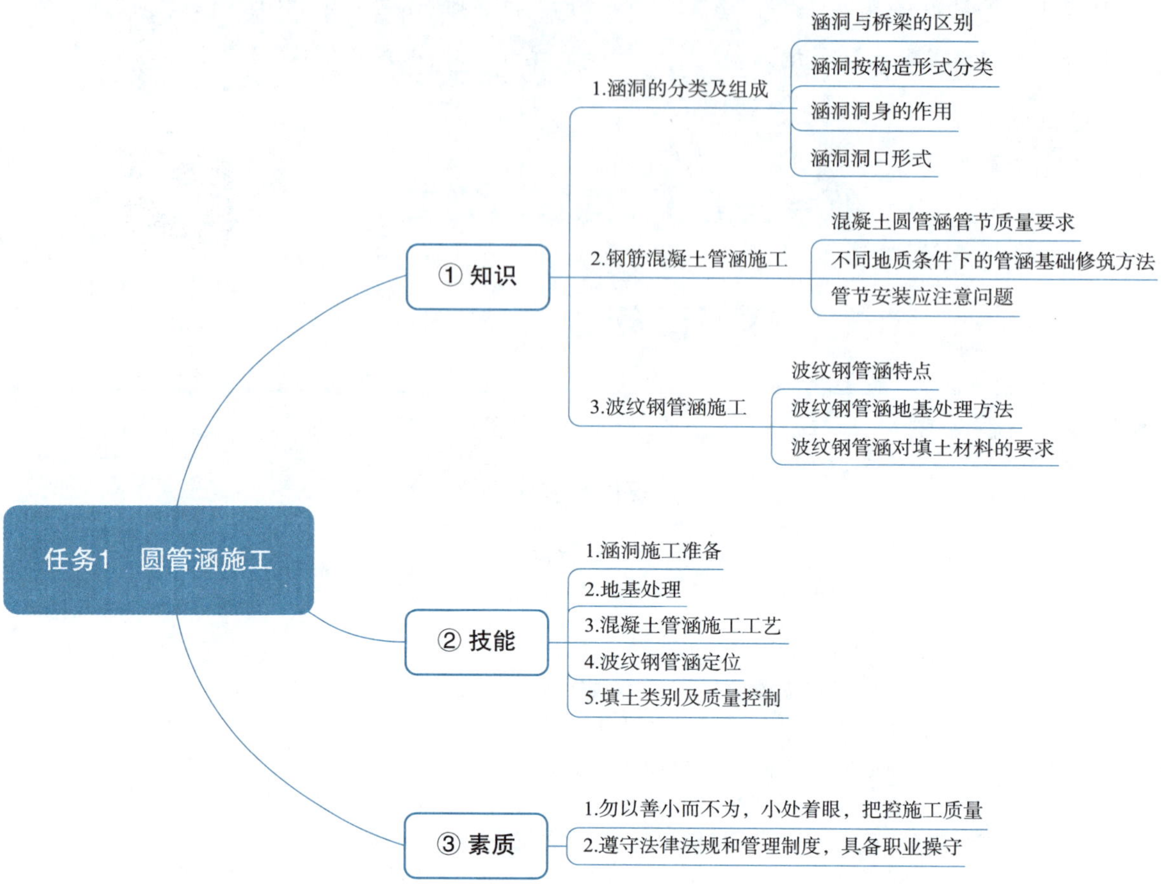

课 前 自 学

公路跨越沟谷、溪沟、河流、道路、人工渠道以及排除路基内侧边沟水流时，常常需要修建各种横向排水构造物，最常见的排水构造物就是涵洞。对具有全封闭、全立交、固定进出口和分道分向行驶特点的高速公路所增加的通道和涵洞则更多，使得涵洞的工程数量和造价在整个路线工程中占有很大的比例。涵洞施工质量好坏，直接影响公路工程的整体质量及使用性能，以及周围农田的灌溉、排水等。因此，对涵洞施工同样不可忽视，应在施工前做好充分准备，周密安排，施工过程中严格控制施工质量，确保其质量达到设计及规范要求。

任务知识 1.1　涵洞的划分及分类

一、涵洞的划分

桥梁和涵洞是按照跨径大小来划分的。根据交通部《公路工程技术标准》(JTG B01—2014)的规定，凡单孔跨径小于 5 m 的统称涵洞。而圆管涵和箱涵不论管径或跨径大小、孔数多少，均称涵洞。

涵洞的单孔跨径系指标准跨径，以净跨径为准。即设支座的涵洞为相邻两墩、台身顶内缘之间的水平距离，不设支座的涵洞为上、下部结构相交处内缘间的水平距离。

为了便于编制标准设计，增强构件的互换性，对于小于 5 m 的桥涵，宜采用标准化跨径。对于涵洞其标准化跨径由《公路工程技术标准》规定如下：0. 75 m、1. 0 m、1. 25 m、1. 5 m、2. 0 m、2. 5 m、3. 0 m、4. 0 m、

5.0 m,具体见表4.1.1。

表 4.1.1　各类涵洞适宜的跨径

构造形式	适用的跨径(或直径)/cm	构造形式	适用的跨径(或直径)/cm
圆管涵	50、75、100、125、150、200	拱涵	100、150、200、250、300、400
盖扳涵	50、75、100、125、150、200、250、300、400	箱涵	200、250、300、400、500

注:1. 跨径50 cm的涵洞仅用于农田灌溉渠。

2. 石盖板涵的跨径仅为50 cm、75 cm、100 cm、125 cm。

辨一辨

标准跨径3.5 m,请问该结构是小桥还是涵洞?

二、涵洞的分类

1. 按建筑材料分类

①石涵。石涵是以石料为主要材料建造的涵洞,常做成石盖板涵或石拱涵。石涵造价和养护费用低,可节省钢材和水泥,经久耐用,在石料丰富地区应当优先考虑采用石涵。

②混凝土涵。混凝土涵洞是以混凝土为主要材料建造的涵洞。可节省钢筋,便于预制,但损坏后修理和养护较困难。按力学性能不同,混凝土涵洞又有混凝土圆管涵、混凝土盖板涵、混凝土拱涵之分。

③钢筋混凝土涵。钢筋混凝土涵是以钢筋混凝土为主要材料建造的涵洞,多用于管涵、盖板涵和箱涵。钢筋混凝土涵洞身坚固,经久耐用,养护费用小。特别是管涵和盖板涵由于运输和安装均较便利,是目前公路工程采用较为广泛的类型。

④其他材料组成的涵洞。对于小孔径涵洞有时也可以采用其他材料建造,如砖、陶瓷、铸铁、钢波纹管、石灰三合土等。这类涵洞有砖涵、陶瓷管涵、波纹管涵、石灰三合土涵。

2. 按构造形式分类

①圆管涵。受力情况和适应基础的性能较好,仅设置端墙,不需要墩、台,所以圬工数量小,造价较低,但使用时须有足够的填土高度,在低路堤时,使用受到限制。

②盖板涵。构造简单,维修容易,有利于在低填土路基上设置,且能做成明涵。跨径较小时用石盖板,跨径较大时用钢筋混凝土盖板。

③拱涵。跨径较大,承载潜力较大,砌筑技术易掌握,使用寿命长。但自重引起的恒载也较大,对地基要求较高,施工工序较繁多。常在跨越深沟或高路堤时设置。山区石料资源丰富,可用石拱涵。

④箱涵。箱涵为整体闭合式钢筋混凝土框架结构,具有良好的整体性及抗震性,对地基适应性较强。但由于箱涵施工较困难,用钢量多,造价高,故一般仅在软土地基上采用。常用于高速公路人行通道。

3. 按涵洞顶填土高度分类

①暗涵。当涵洞洞顶填土高度大于或等于0.5 m时为暗涵,一般用在高填方路段,如图4.1.1(a)所示。

②明涵。当涵洞洞顶填土高度小于0.5 m时为明涵,常用在低填方或挖方路段。通常采用盖板涵洞,如图4.1.1(b)所示。

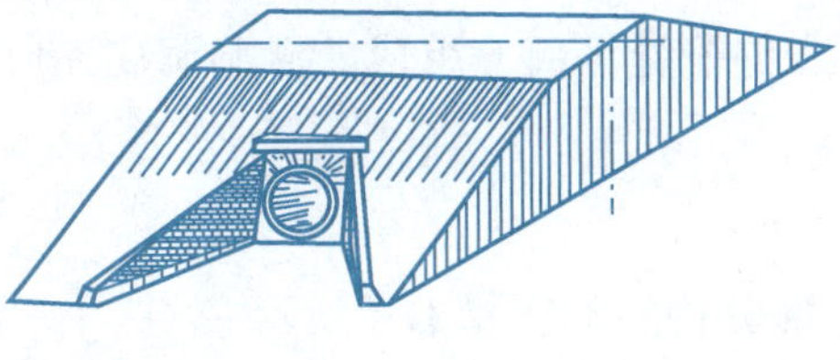

(a) 暗涵

(b) 明涵

图 4.1.1　涵洞

4. 按水力性质分类

①无压力式涵洞。涵洞水流通过涵洞全长时，水面不接触涵洞顶面，涵前不容许涌水或涌水不高，涵洞处于无压力状态。公路工程宜采用无压力式涵，如图 4.1.2(a)所示。

②半压力式涵洞。涵洞进水口被水淹没，洞内水流不接触洞顶，出口不被水淹没，涵洞处于半压力状态。半压力式涵因水流起落变化引起水流不稳定，在公路上不常用，如图 4.1.2(b)所示。

③压力式涵洞。涵洞进、出水口都被水淹没，涵前水深在 1.2 倍涵洞的净高以上，水流在压力下通过涵洞，涵洞处于压力状态。压力式涵必须保证涵身不漏水，以防水渗入路基，影响路基强度和稳定性；同时由于流速较大，必须加深涵洞基础和加强涵底铺砌工程，来保证进出口、基底和其附近路基、农田不致被冲毁，所以一般在确保提高排洪能力的情况下，才可采用压力式涵洞，如图 4.1.2(c)所示。

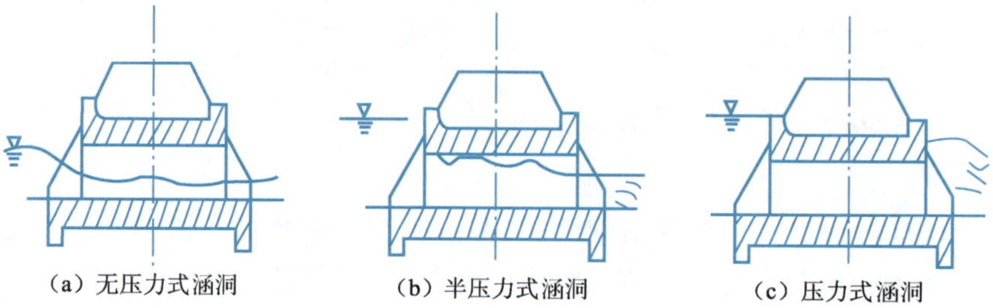

图 4.1.2　涵洞的分类

④倒虹吸涵洞。路线两侧水深都大于涵洞进出口高度，且进出水口必须设置竖井，如图 4.1.3 所示。由于倒虹吸涵洞易被泥沙及漂浮物淤塞，涵管接头又易漏水，养护困难，故一般仅适用于横穿路线的沟渠水面高程基本同于或略高于路基高程的情况。

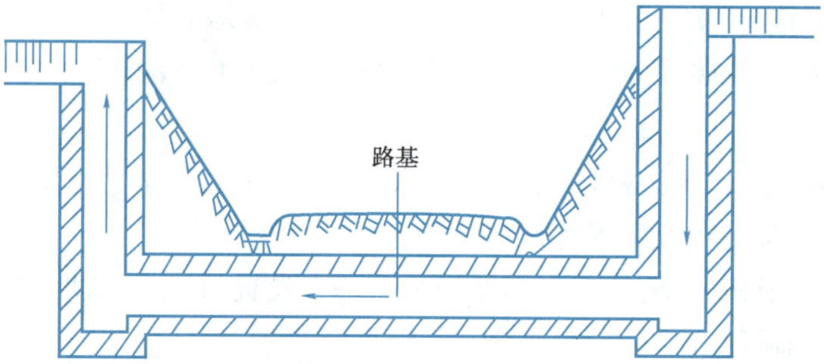

图 4.1.3　竖井式倒虹吸涵洞

想一想

箱涵的主要特点是什么？

三、涵洞的洞身构造

洞身是形成过水孔道的主体，它应具有保证设计流量通过的必要孔径，同时又要求本身坚固而稳定。洞身的作用是一方面保证水流通过，另一方面直接承受荷载压力和填土压力，并将其传递给地基。洞身通常由承重结构（如拱圈、盖板等）、涵台、基础以及防水层、伸缩缝等部分组成。涵洞洞底还应有适当的纵坡度，以利排水。

1. 圆管涵

圆管涵主要由管身、基础、接缝及防水层等组成，各部分构造如图 4.1.4 所示。

①管身。管身是管涵的主要组成部分，通常由钢筋混凝土或波纹钢制成。钢筋混凝土管身管径一般小于 1.50 m，管身多采用预制安装，预制长度通常有 0.5 m、1.0 m 和 2.0 m 等几种。波纹钢管身管径由于

其管内粗糙系数较大，一般较钢筋混凝土管的管径增大一级，壁厚一般小于10 mm，在我国已得到越来越广泛的应用。

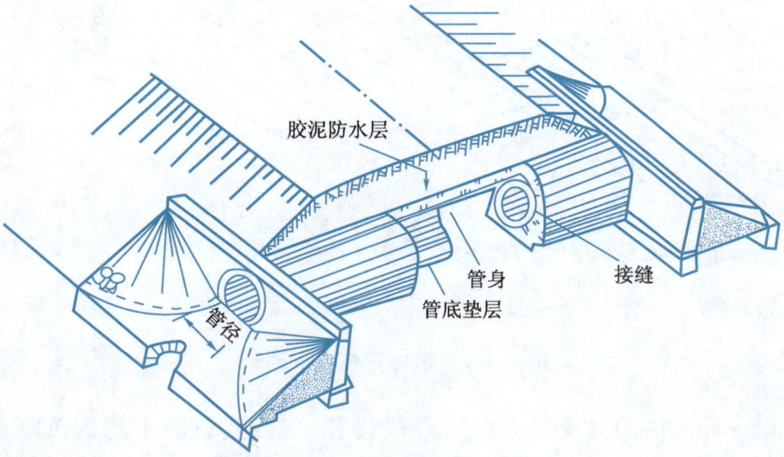

图 4.1.4　圆管涵各组成部分

②基础。钢筋混凝土圆管涵视地基强度不同可分别采用混凝土或浆砌片石基础（软弱地基）、垫层基础（黏土或砂土地基）、混凝土平整层（岩石地基）等。波纹管涵管座基础材料必须匀质、无大石块等硬物，且不能直接置于岩石或混凝土基础上。

③接缝及防水层。圆管涵多采用预制拼装施工，为防止圆管涵接头漏水，应作接缝防水处理。钢筋混凝土圆管涵接缝处理一般采用平口接头填缝（见图4.1.5）或企口接头填缝（见图4.1.6）形式。波纹管涵的接缝多采用螺栓连接的形式。

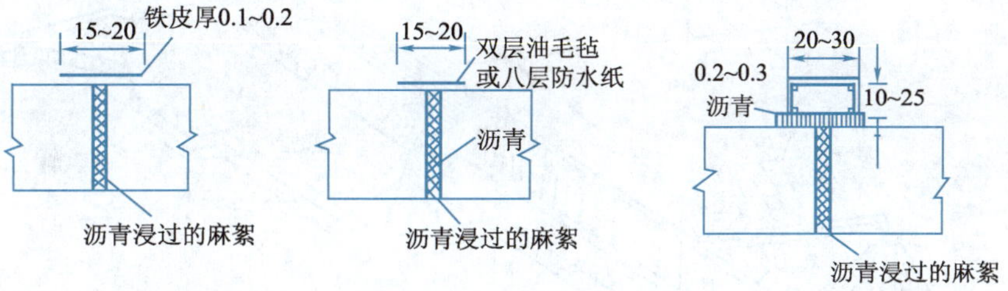

图 4.1.5　圆管涵平口接头接缝（尺寸单位：cm）

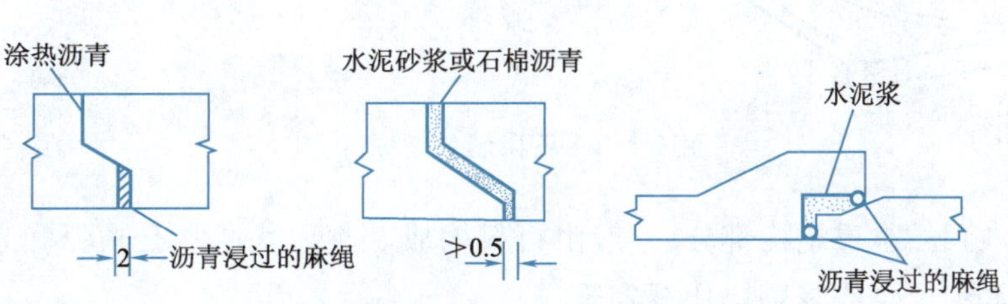

图 4.1.6　圆管涵企口接头填缝（尺寸单位：cm）

圆管涵防水层一般采用塑性黏土。波纹管涵一般不做防水处理，但应用沥青混合材料进行防锈处理。

2. 盖板涵

盖板涵主要由盖板、涵台、基础、洞身铺底、伸缩缝及防水层等组成，各部分构造如图4.1.7所示。

①盖板。盖板是涵洞的主要承重结构，宜采用钢筋混凝土盖板，厚度一般为8～30 cm，跨径为1.5～6 m，只有跨径在1 m以下的盖板涵且石料丰富时，才可采用石盖板。

②涵台、基础及洞身铺底。一般用浆砌（或干砌）块、片石或混凝土修筑。基础厚度一般为60 cm，铺底厚度一般为30 cm。

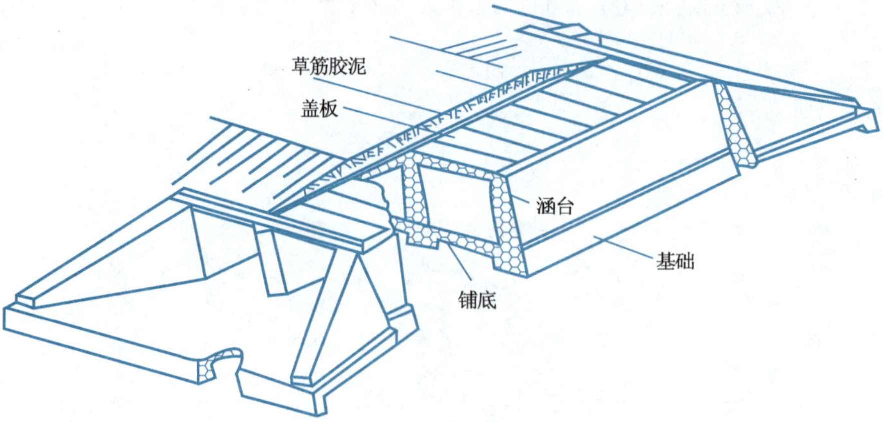

图 4.1.7　盖板涵各组成部分

③沉降缝及防水层。涵洞沿洞身长度方向应分段设置沉降缝,以防不均匀沉降而引起涵身断裂。一般沿洞身每隔 4 ~6 m 设一道,缝宽 2 ~3 cm,缝内填塞沥青麻絮等具有弹性和不透水的材料。沉降缝应断开整个断面(包括基础)。为了防止雨水从路基中浸入涵洞结构,影响结构的寿命和安全,应在涵洞洞身及端墙在基础面以上被土掩埋部分的表面设置防水层。常用的方法有涂刷热沥青层、设置防水砂浆和涂抹草筋胶泥等。

3. 拱涵

拱涵最常见的是石拱涵。主要由拱圈、护拱、拱上侧墙、涵台、基础、铺底、沉降缝及排水设施等组成。各部分构造如图 4.1.8 所示。

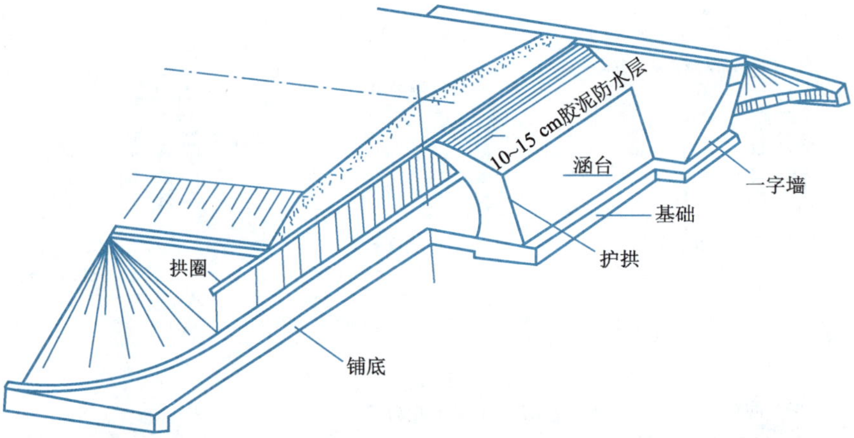

图 4.1.8　石拱涵各组成部分

①拱圈。拱圈是拱涵的承重结构部分,一般由石料构成。其形状通常有圆弧和悬链线两种,常采用等厚的圆弧拱。石拱圈常用干砌或浆砌块片石砌筑。

②护拱。护拱的主要作用是保护拱圈,防止活载冲击。通常用 M5 或 M7.5 水泥砂浆砌片石构成。护拱的高度一般为拱涵矢高的一半。

③涵台、拱上侧墙。拱涵的涵台和拱上侧墙一般做成背坡为 4:1 的重力式挡墙形式,多用浆砌块、片石构成。

④基础、铺底。涵台基础的主要作用是扩散地基应力,有整体式和分离式两种。前者多用于地基比较软弱的地段,后者多用于地基强度比较高的场合。

铺底的主要作用是防止水流冲刷,其范围为从进水口端部至出水口端部,一般用浆砌片石或混凝土铺筑。进、出水口铺底两端还应设置截水墙以保护铺底。

⑤防排水设施及沉降缝。拱涵的防排水设施一般设于拱背及台背,其主要作用是排除路基渗水,使拱

圈免受水的侵蚀，以确保路基和拱圈的稳定，如图 4.1.9 所示。

4. 箱涵

箱涵为整体闭合式钢筋混凝土框架结构，主要由钢筋混凝土涵身、翼墙、基础、变形缝等部分组成，各部分构造如图 4.1.10 所示。箱涵有良好的整体性和抗震性，但由于其施工较困难，造价高，故常常仅在软土地基上采用，也常用于建筑高度受到限制的交叉口处。

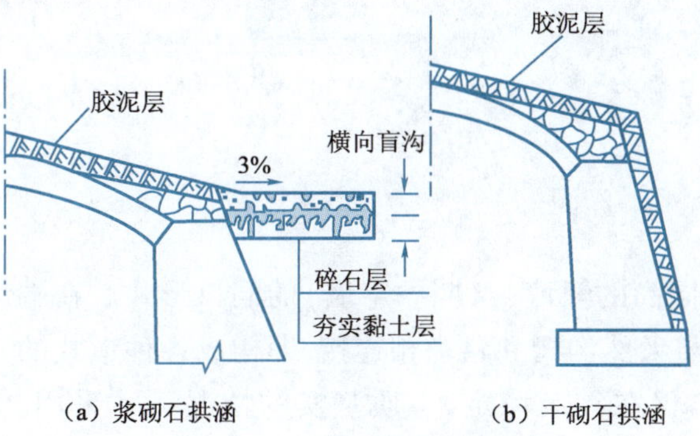

图 4.1.9 石拱涵排水设施

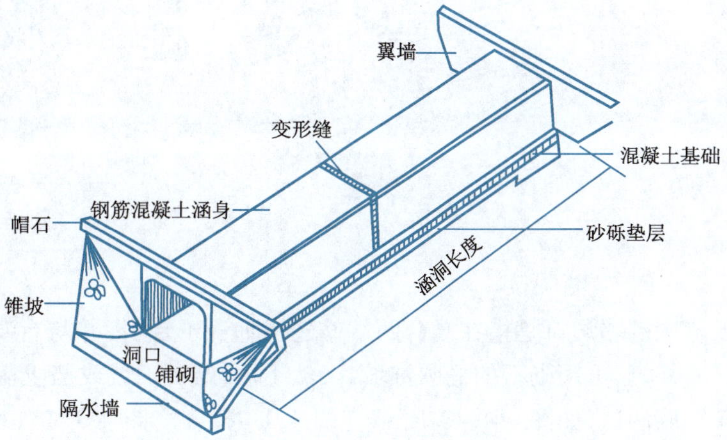

图 4.1.10 钢筋混凝土箱涵各组成部分

①涵身。箱涵涵身由钢筋混凝土组成，其断面一般为长方形或正方形。壁厚一般为 22 ~ 35 cm，箱涵内壁四个折角处往往做成尺寸为 5 cm × 5 cm 的 45°斜面，以增大转角处的刚度。

②翼墙。翼墙在涵身靠洞口侧的两端，与涵身连成整体，主要用于涵身与进出口锥坡的连接，支挡路基填土。其一般为钢筋混凝土薄壁结构，当采用八字墙洞口时，可不做翼墙。

③基础。箱涵基础一般为双层结构，上层为厚 10 cm 的混凝土结构，下层为厚 40 ~ 70 cm 的砂砾石垫层。

④变形缝。箱涵的变形缝一般均设在涵身中部，基础也在此处断开。

忆一忆

盖板涵与梁桥在构造上有何异同？

四、洞口构造

涵洞的洞口是洞身、路基、河道三者的连接构造物，一般由进水口、出水口、沟床加固组成。其主要作用是使涵洞与河道顺接、流水顺畅，确保路基边坡稳定、使之免受水流冲刷。为使水流安全顺畅地通过涵洞，减小水流对涵底的冲刷，需对涵洞洞身底面及进出口底面进行加固铺砌，必要时在进出口前后还需设置调治构造物，进行沟床加固。涵洞洞口的常见形式有八字墙式、端墙式、锥形护坡式和跌水井式等。

1. 八字墙洞口

（1）正八字墙洞口

正八字墙洞口常用于涵洞与路线正交的场合，其形式如图 4.1.11 所示。其主要特点是构造简单，建筑结构比较美观，施工简单，常用于河沟平坦顺直，无明显河槽，且沟底和涵底高差变化不大的情况。

（2）斜八字墙洞口

斜八字墙洞口适用于涵洞与路线斜交的情况，一般有两种做法。

①斜交斜做是指洞口方向（帽石方向）与路线方向平行的形式，如图 4.1.12（a）所示。其主要特点是翼墙端部与路线平行，洞身平投影为平行四边形。此法用工较多，但外形美观且适应水流，故较常采用。

②斜交正做是指涵洞洞口与涵洞纵轴线垂直的形式，如图 4.1.12（b）所示。其主要特点是翼墙内角连线与路线平行，洞身平投影为矩形。此做法构造简单与正交时完全相同。

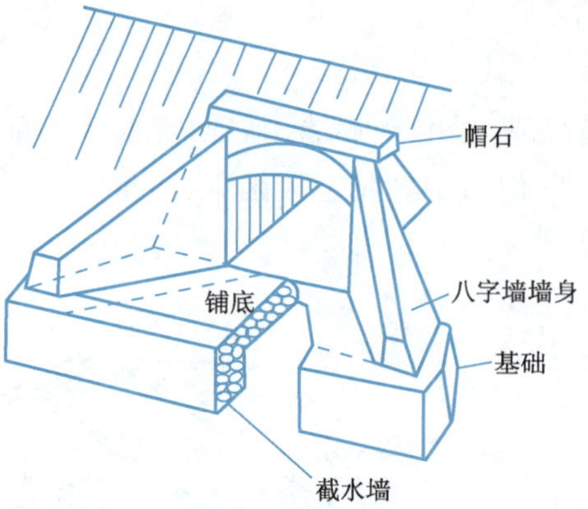

图 4.1.11　正八字墙洞口

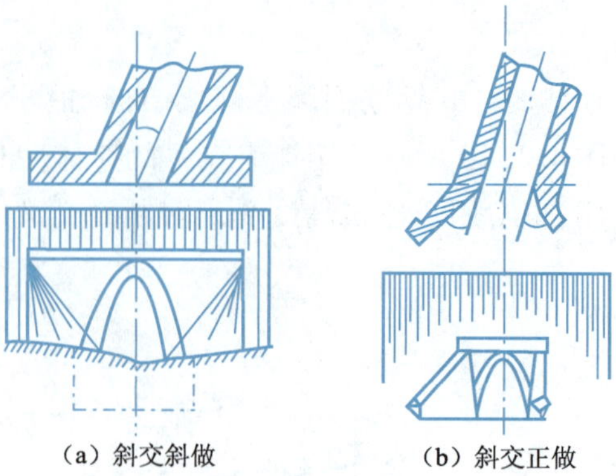

图 4.1.12　斜八字洞口

2. 端墙洞口

端墙洞口是指在涵台两端修建一垂直于台身,并与台身同高的矮墙(又叫一字墙)的洞口形式。在端墙外侧,可用砌石的椭圆锥坡、天然土坡、砌石护坡或挡土墙与天然沟槽和路基相连接,即构成各种形式的端墙洞口,如图 4.1.13 所示。图 4.1.13(a)、图 4.1.13(b)仅在沟床稳定、土质坚实的情况下才采用。图 4.1.13(c)适用于洞口有人工渠道或不受冲刷影响的岩石河沟上采用。有时为改善水力条件,可在图 4.1.13(c)的沟底设置小锥坡,构成图 4.1.13(d)。图 4.1.13(e)的形式仅在洞口路基边坡设有直立式挡墙时才采用。

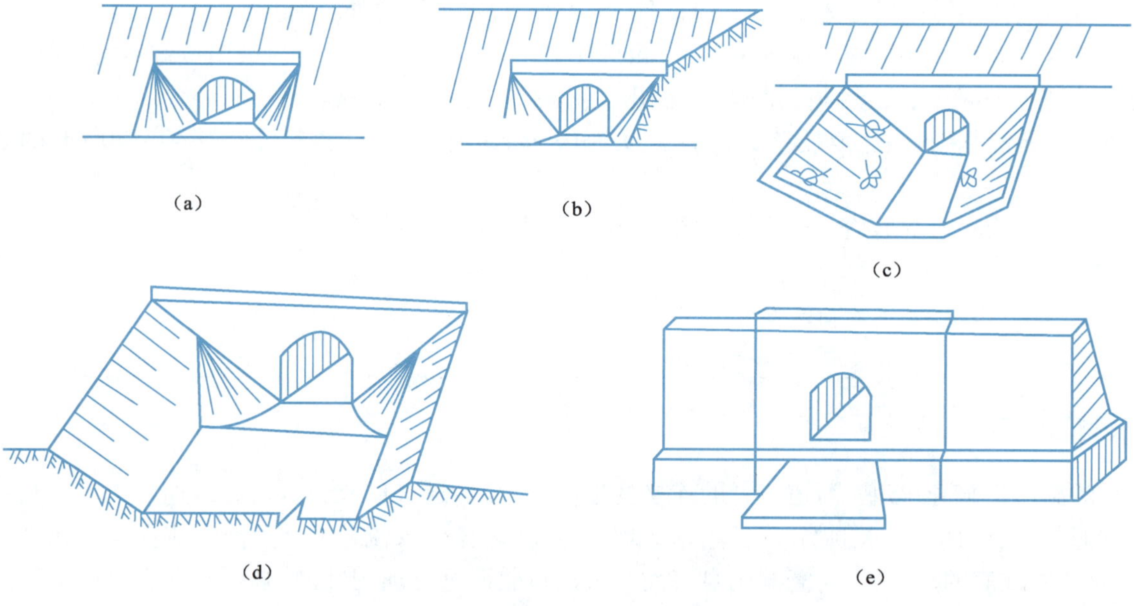

图 4.1.13　端墙洞口

3. 锥形护坡洞口

端墙配锥形护坡洞口,是最常见的一种洞口形式,如图 4.1.14 所示。它的使用条件与八字墙类似。但由于其比八字墙洞口水流条件要好,因而多用于宽浅河沟或孔径压缩较大的情况。当墙高较高时(一般大于 5 m),由于其经济性比八字墙较好,因而更适用于涵台较高的涵洞。

4. 跌水井洞口

当天然河沟纵坡度大于 50% 或路基纵断面设计不能满足涵洞建筑高度要求,涵洞进口开挖大以及天然沟槽与涵洞高差较大时,为使沟槽或路基边沟与涵洞进口连接,常采用跌水井洞口形式。其形式一般有边沟跌水井洞口和一字墙跌水井洞口两种,如图 4.1.15、图 4.1.16 所示。前者主要适用于内侧有挖方边沟的涵洞的进水口,后者适用于一般陡坡沟槽跌水。

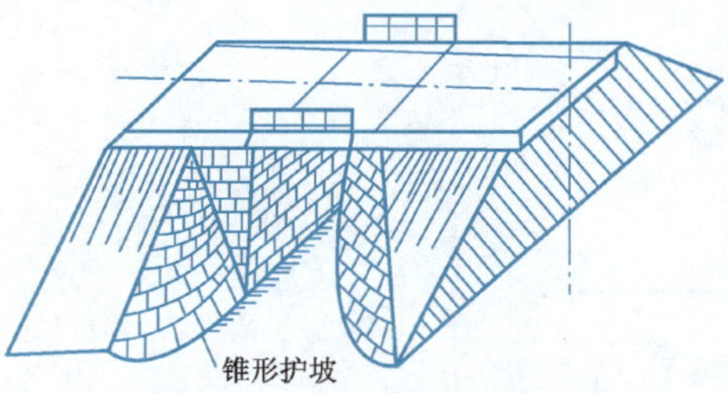

图 4.1.14　锥形护坡洞口

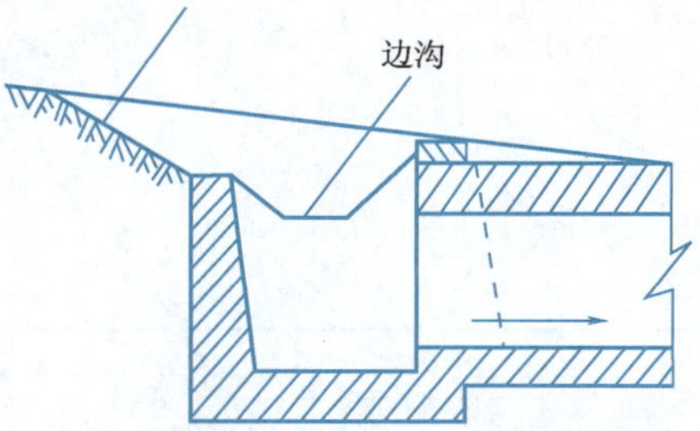

图 4.1.15　边沟跌水井洞口

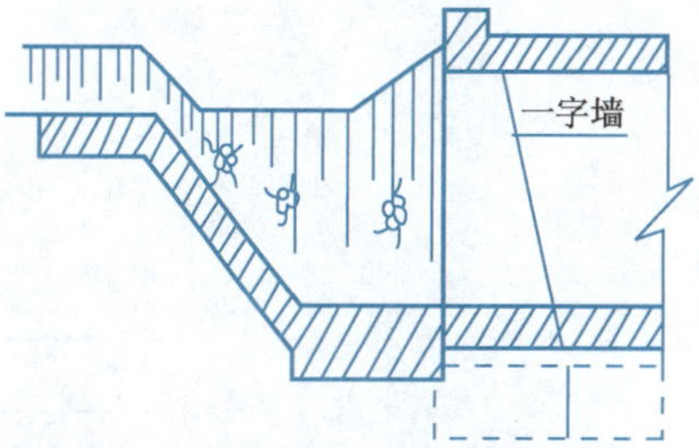

图 4.1.16　一字墙跌水井洞口

任务知识 1.2　涵洞施工工艺

一、涵洞的施工准备工作和施工放样

1. 涵洞施工准备工作

(1)现场核对

涵洞开工前,应组织有关人员对设计文件、图纸、资料进行研究和现场核对,查明是否齐全、清楚,图纸本身及相互之间有无矛盾和错误,必要时进行补充调查。结合现场实际地形、地质情况,对其位置、方向、孔径、长度、出入口高程以及与灌溉系统的连接等进行核对。核对时,还需注意涵轴线是否与河沟中心线一致,不一致时应进行必要的调整,当需要增减涵洞数量、变更涵型、改变涵洞位置或孔径时,应向监理反映,按照合同有关规定办理。

(2)施工详图

设计单位提供的涵洞图纸,一般只包括涵位布置图和涵洞表,在地形简单、地势平缓地区的涵洞,施工单位可按上述资料和涵洞标准图放样施工。但在遇到地形复杂处的陡峻沟谷涵洞、斜交涵洞、平曲线或大纵坡上的涵洞、地质情况与原设计资料不符合的涵洞时,由于其构造和涵台、涵墙、翼墙等各部分尺寸、形状比较复杂,原设计文件、图纸常常不能满足施工需要,施工单位应先绘出定位详图或变更设计图,然后再依图放样施工。

(3)施工现场准备

涵洞施工前,应做好施工场地的控制网测量;做好四通一平;修建施工临时设施;安装调试施工机具;做好材料的储存和堆放;做好开工前的各项试验工作;建立安全、质量保证组织系统等。

2. 施工放样

涵洞测量放样时,应注意核对涵洞纵横轴线的地形剖面图是否与设计图相符,应注意涵洞长度、涵底高程的正确性。对斜交涵洞、曲线上和陡坡上涵洞,应考虑交角、加宽、超高和纵坡对涵洞具体位置、尺寸的影响,并注意锥坡、翼墙、一字墙和涵洞墙身顶部和上下游调治构造物的位置、方向、长度、高度、坡度,使之符合技术要求。

对于涵洞,设计资料一般会给出中心桩号、斜交角、涵长等内容。涵洞施工放样的主要内容是根据施工设计图确定涵洞的中心位置、涵轴线的方向和涵洞基坑的平面位置。涵洞大多位于干沟或小溪流中,施工定位比较简单。涵洞中心位置即涵洞的中心桩位,当涵洞位于路线的直线部分时,通常可以利用离涵洞最近的已经测设的中桩位置,计算涵洞中心到前后中桩的距离,采用直接丈量的方法测设。当涵洞位于曲线部分时,应按曲线测设方法测定。

对于附近有可以利用的导线点时,也可利用路线附近的导线,根据计算的涵洞中心坐标,计算距离和夹角。采用极坐标的方法测设涵洞中心。如图 4.1.17 所示,将经纬仪安置在导线点 A 上,后视导线点 B,然后将照准部旋转角 θ,即为涵洞中心所在方向,在此方向上从 A 点开始量取水平距离 L 所得就是要测设的涵洞中心。

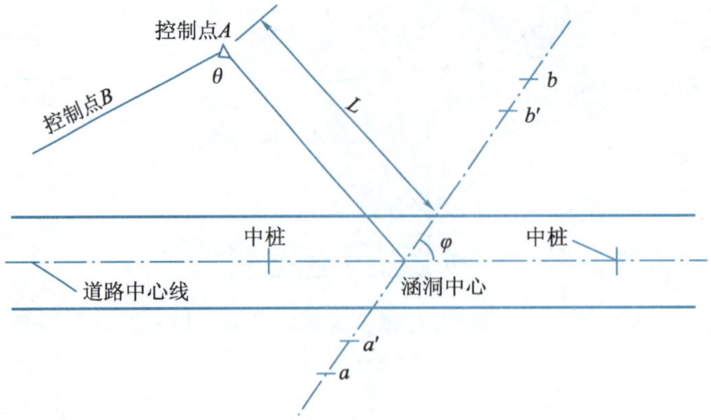

图 4.1.17　涵洞中心桩位及轴线测设

涵轴线的放样，对于正交涵洞，在涵洞中心位置确定以后，将经纬仪架设在涵洞中心桩处，后视路线方向，盘左、盘右旋转 90°（或 270°），取其平均位置，即为涵洞轴线方向。为了方便在施工过程中恢复轴线，一般在轴线方向设立护桩。对于斜交涵洞，可将经纬仪架设在涵洞中心桩处，后视路线方向，盘左、盘右旋转 θ（或 $180° - \theta$），取其平均位置，即为涵洞轴线方向。

如果附近有导线点可以利用，也可根据设计资料，确定轴线上某两点 a 和 b（即确定涵洞中心沿轴线到 a、b 的距离，a、b 应在涵洞边线外侧）的坐标，然后可以用极坐标的方法测设 a 和 b 的实际位置。用小木桩标定涵端，用大木桩延长至施工影响之外控制涵洞轴线，并使桩相对固定。

涵身基坑的放样是依据涵洞中线与涵洞设计图里的基础尺寸，利用经纬仪和钢尺在实地上确定基础的轮廓线。涵洞基础端点的坐标也可通过涵洞中桩的坐标进行计算，用全站仪进行坐标放样，测定各端点的位置。

练一练

涵洞施工前，现场应做好哪些准备工作？

二、钢筋混凝土管涵施工技术

1. 基坑开挖

基坑开挖应满足基础施工时工程结构尺寸、工程质量、操作需要的要求，并能保证施工时的安全，达到节省投资、工期短、回填工程少的目的。具体要求如下：

①将基坑控制桩延长于基坑外 2 m 加以固定。

②基坑开挖应保持良好的排水，在基坑外深挖集水井以利基础底面排水彻底。

③基坑顶面应设置防止地面水流入基坑的设施。基坑顶有动荷载时，坑顶边与动荷载间应留有不小于 1 m 宽的护道，如动荷载过大宜增宽护道。

④基坑坑壁坡度不易稳定并有地下水影响，或放坡开挖场地受到限制，或放坡开挖工程量大时，应根据设计要求进行支护。

⑤基坑坑壁坡度应按地质条件、基坑深度、施工方法等情况确定，以免坍塌。

⑥如用机械开挖基坑，应开挖至设计高程 +20 cm 处后，人工挖除剩余 20 cm 土，以免机械扰动基底土。

⑦基坑开挖后应进行地基承载力的检验，合格后妥善修整，在最短的时间里铺垫层及浇筑基座。若承载力达不到要求，应进行基底处理。

2. 涵管的预制、运输与装卸

公路钢筋混凝土管涵的施工多是预制成管节，每节长度多为 1 m，然后运往现场安装。预制混凝土圆管可采用振动制管法、离心法、悬辊法和立式挤压法。鉴于公路工程中涵管一般多为外购，故对涵管预制不再进行详细说明，但涵管进场后必须对其质量进行检验。

混凝土圆管管节成品质量应符合表4.1.2的规定。

表4.1.2　混凝土圆管管节成品质量标准

项　　目	规定值或允许偏差	项　　目	规定值或允许偏差
混凝土强度（MPa）	在合格标准内	顺直度	矢度不大于0.2%管节长
内径（mm）	不小于设计值	长度（mm）	+5，-0
壁厚（mm）	正值不限，-3		

涵管强度试验应按规范要求的方法进行，其抽样数量及合格要求如下：

①涵管试验数量应为涵管总数的1%~2%，但每种孔径的涵管至少要试验1个。

②如首次抽样试验未能达到试验标准时，允许对其余同孔径管节再抽选2个重新试验。只有当2个重复试验的管节达到强度要求时，涵管才可验收。

③在进行大量涵管检验性试验时，是以试验荷载大于或等于裂缝荷载（0.2 mm）时还没有出现裂缝者为达到标准。

在北方冬季寒冷冰冻地区，钢筋混凝土涵管还应进行吸水率试验，要求钢筋混凝土涵管的吸水率不得超过干管质量的6%。管节运输与装卸过程中，应注意下列问题：

①待运的管节其各项质量应符合前述的质量标准，应特别注意检查待运管节设计涵顶填土高度是否符合设计要求，防止错装、错运。

②运输管节的工具，可根据道路情况和设备条件采用汽车、拖拉机拖车，不通公路地段可采用马车。

③管节的装卸可根据工地条件，使用各种起重设备，如龙门吊机、汽车吊和小型起重工具滑车、链滑车等。

④在装卸和运输过程中，应小心谨慎。运输途中每个管节底面宜铺以稻草，用木块圆木楔紧，并用绳索捆绑固定，防止管节滚动、相互碰撞破坏。固定方法如图4.1.18所示。

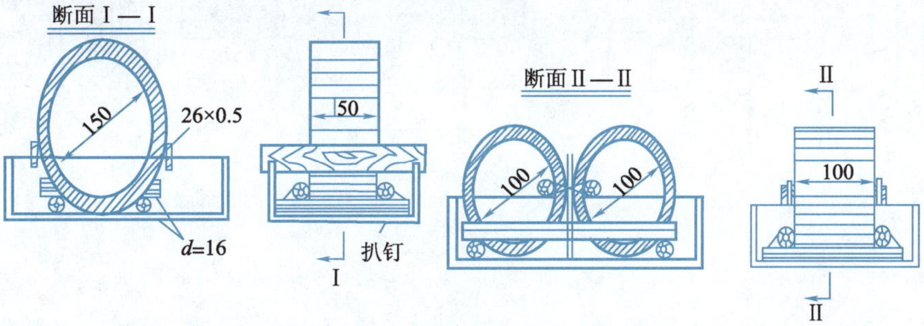

图4.1.18　涵管固定在车身内的方法（尺寸单位：cm）

⑤从车上卸下管节时，应采用起重设备。严禁由汽车上将管节滚下，造成管节破裂。

3. 管涵施工程序

管涵可分为单孔、双孔的有圬工基础和无圬工基础管涵。现将其施工程序简介如下：

（1）单孔有圬工基础管涵

单孔有圬工基础管涵施工程序如图4.1.19所示。

①挖基坑并准备修筑管涵基础的材料。

②砌筑圬工基础或浇筑混凝土基础。

③安装涵洞管节，修筑涵管出入口端墙、翼墙及涵底（端墙外涵底铺装）。

④铺设管涵防水层及修整。

⑤铺设管涵顶部防水黏土（设计需要时），填筑涵洞缺口填土及修建加固工程。

（2）单孔无圬工基础管涵

洞身安装程序如图4.1.20所示。

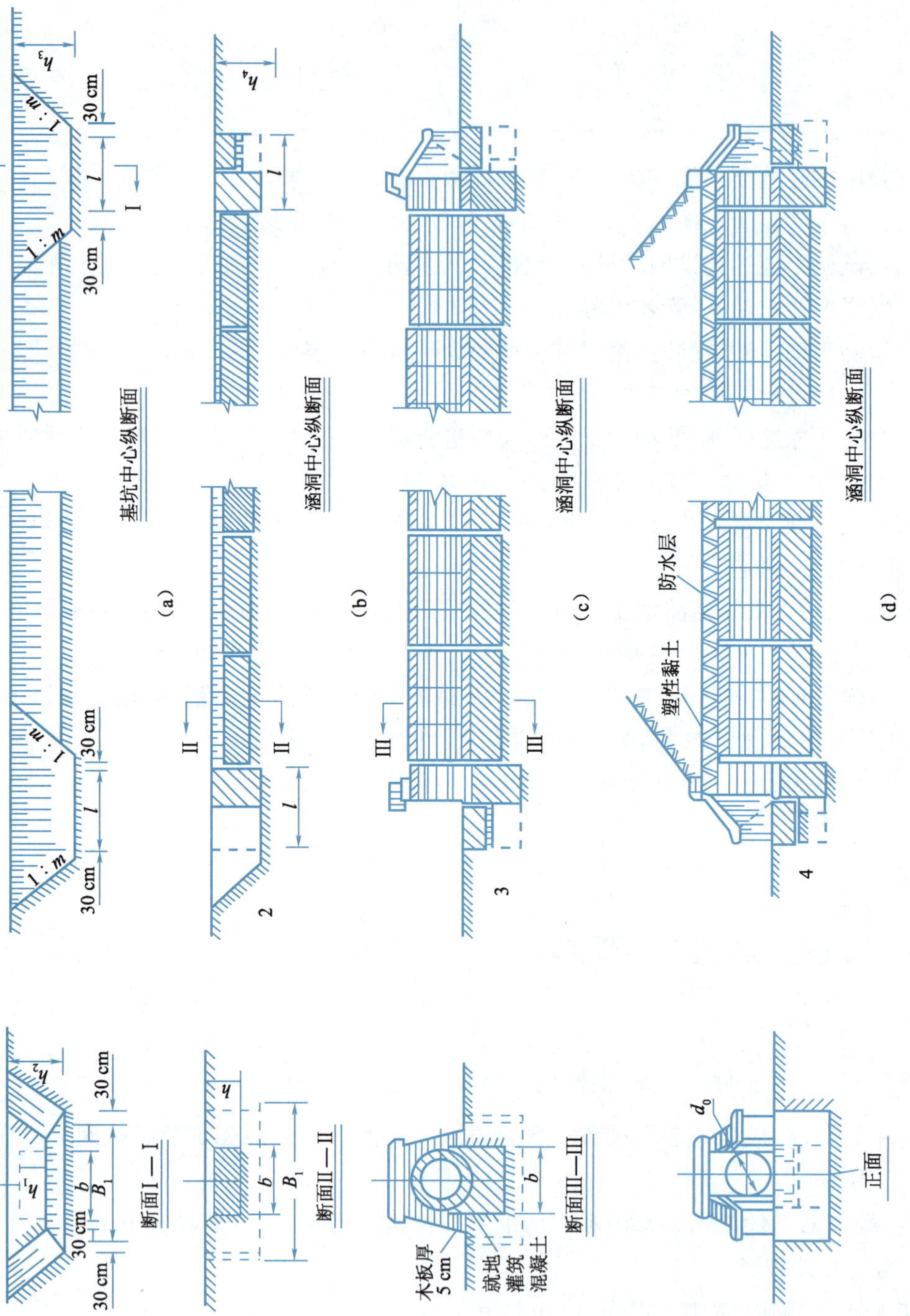

图4.1.19 单孔有圬工基础管涵施工程序

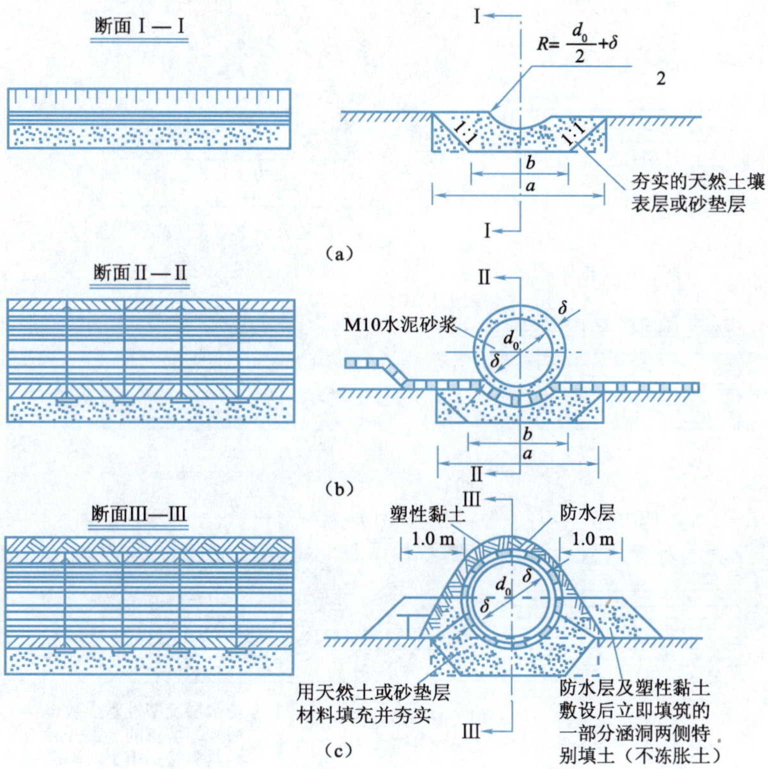

图 4.1.20　单孔无圬工基础管涵洞身安装程序

注：图 4.1.20(a)中砂垫层底宽，非冰冻地区为 b；严重冰冻地区为 a，即上下同宽

①挖基与备料与图 4.1.19 相同。

②在捣固夯实的天然土壤表层或砂垫层上，修筑截面为圆弧状的管座，其深度等于管壁的厚度。

③在圆弧管座上铺设垫层的防水层，然后安装管节，管节间接缝宜留 1 cm 宽，缝中填防水材料。

④在管节的下侧再用天然土或砂砾垫层材料作培填料，并捣实至设计高程，并切实保证培填料与管节密贴。再将防水层向上包裹管节，防水层外再铺设黏质土，水平径线以下的部分，应立即填筑，以免管节下面的砂垫层松散，并保证其与管节密贴。在严寒地区这部分特别填土必须填筑不冻胀土料。

⑤修筑管涵出入口端墙、翼墙及两端涵底和进行整修工作。

(3)双孔无圬工基础管涵

洞身施工程序如图 4.1.21 所示。

①挖基、备料与前同。

②在捣固夯实的天然土表层或砂垫层上修筑圆弧状管座，其深度等于管壁的厚度。

③按图 4.1.21 的程序，先安装右边管并铺设防水层，在左边一孔管节未安装前，在砂垫层上先铺设垫底的防水层，然后按同样的方法安装管节。管节间接缝尽量抵紧，管节内外接缝均以强度 10 MPa 水泥砂浆填塞。

④在管节下侧用天然土或砂垫层材料作填料，夯实至设计高程处，并切实保证与管节密贴。左侧防水层铺设完后，用贫混凝土填充管节间的上部空腔，再铺设软塑状黏土。

防水层及黏土铺设后，涵管两侧水平直径线以下的一部分填土应立即填筑，以免管节下面砂垫层松散。在严寒地区此部分填土必须填筑不冻胀土料。

⑤修筑管涵出入口两端端墙、翼墙及涵底和整修工作。

4. 涵底陡坡台阶式基础管涵

沟底纵坡很陡时，为防止涵洞基础和管节向下滑移，可采用管节为台阶式的管涵，每段长度一般为 3～5 m，台阶高差一般不超过相邻涵节最小壁厚的 3/4。如坡度较大，可按 2～3 m 分段或加大台阶高度，但不应大于 0.7 m，且台阶处的净空高度不应小于 1.0 m。此时在低处的涵顶上应设挡墙，以掩盖可能产生的缝隙，如图 4.1.22 所示。

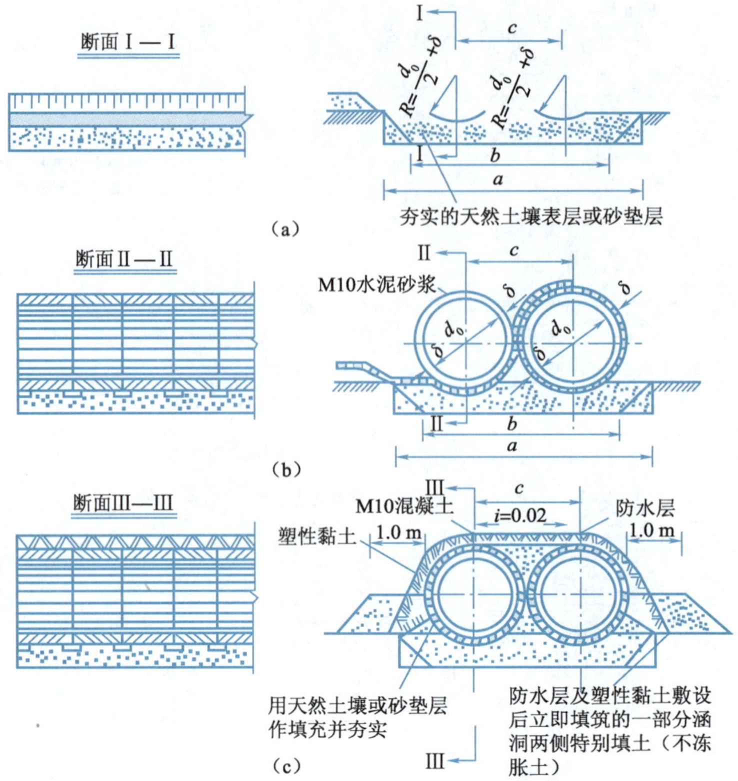

图 4.1.21　双孔无圬工基础管涵洞身施工程序

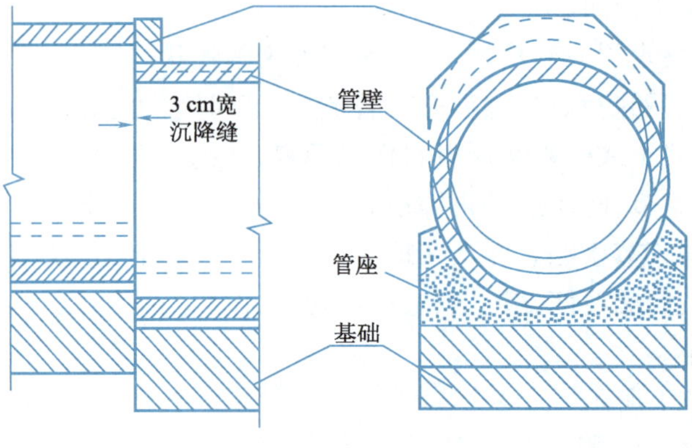

图 4.1.22　陡坡台阶式管涵

无圬工基础的陡坡管涵，只可采用管节斜置的办法，斜置的坡度不得大于5%。

5. 管涵基础修筑

(1)地基土为岩石

管节下采用无圬工基础，管节下挖去风化层或软层后，填筑0.4 m厚砂垫层；出入口两端墙、翼墙下，在岩石层上用C15混凝土作基础，埋置深度至风化层以下0.15～0.25 m并最小等于管壁厚度加5 cm。风化层过深时，可改用片石圬工，最深不大于1 m。管节下为硬岩时，可用混凝土抹成与管节密贴的垫层。

(2)地基土为砾石土、卵石土或砂砾、粗砂、中砂、细砂或匀质黏性土

管节下一般采用无圬工基础，对砾、卵石土先用砂填充地基土空隙并夯实，然后填筑0.4 m厚砂垫层；对粗、中、细砂地基土表层应夯实；对匀质黏性地基土应做砂垫层；出入口两端端墙、翼墙的圬工基础埋置深度，设计无规定时为1.0 m；对于匀质黏性土，负温时的地下水位在冻结深度以上时，出入口两端端墙、翼墙圬工基础埋置深度为1.0～1.5 m；当冻结土深度不深时，基础埋深宜等于冻结深度的0.7倍，当此值大于1.5 m时，可采用砂夹卵石在圬工基础下换填至冻结深度的0.7倍。

(3)地基土为黏性土

管节下应采用0.5 m厚的圬工基础,出入口两端端墙、翼墙基础埋置深度为1.0~0.5 m;当地下水冻结深度不深时,埋深应等于冻结深度;当冻结深度大于1.5 m时,可在圬工基础下用砂夹卵石换填至冻结深度。

(4)必须采用有圬工基础的管涵

①管顶填土高度超过5 m;

②最大洪水流量时,涵前涌水高度超过2.5 m;

③河沟经常流水;

④沼泽地区深度在2.0 m以内;

⑤沼泽地区淤积物、泥炭等厚度超过2.0 m时,应按特别设计的基础施工。

(5)严寒地区的管涵基础施工

常年最冷月份平均气温低于-15 ℃的地区称为严寒地区。

①匀质黏性土和一般黏性土的基础均须采用圬工基础;

②出入口两端端墙、翼墙基础应埋置在冻结线以下0.25 m;

③一般黏性土地区的地下水位在冻结深度以上时,管节下基础埋置深度应为H/8(H为涵底至路面填土高度),但不小于0.5 m,也不得超过1.5 m。

(6)基础砂垫层材料

可采用当地的砂、砾石或碎石,但必须注意清除基底植物层。为避免管节承受冒尖石料的集中应力,当使用碎石、卵石作垫层时,要有一定级配或掺入一定数量的砂,并夯捣密实。

(7)软土地区管涵地基处理

管涵地基土如遇到软土,应按软土层厚度分别进行处理。当软土层厚度小于2.0 m时,可采取换填土法处理,即将软土层全部挖除,换填当地碎石、卵石、砂夹石、土夹石、砾砂、粗砂、中砂等材料并碾压密实,压实度要求为94%~97%。如采用灰土(石灰土、粉煤灰土)换填,压实度要求达到93%~95%,换填土的干密度宜用重型击实试验法确定。碎石或卵石的干密度可取2.2~2.4 t/m^3。换填层上面再砌筑0.5 m厚的圬工基础。

当软土层超过2 m时,应按软土层厚度、路堤高度、软土性质作特殊设计处理。

6. 管节安装

管节安装应从下游开始,使接头面向上游;每节涵管应紧贴于垫层或基座上,使涵管受力均匀;所有管节应按正确的轴线和图纸所示坡度敷设。如管壁厚度不同,应使内壁齐平。在敷设过程中,要保持管内清洁无脏物、无多余的砂浆及其他杂物。

管节的安装方法通常有滚动安装法、滚木安装法、压绳下管法、龙门架安装法、吊车安装法等,可根据施工现场实际情况选用。下面简单介绍滚动安装法、滚木安装法、压绳下管法的施工方法。

(1)滚动安装法

如图4.1.23所示,管节在垫板上滚动至安装位置前,转动90°使其与涵管方向一致,略偏一侧。在管节后端用木撬棍拨动至设计位置,然后将管节向侧面推开,取出垫板再滚回原位。

图4.1.23 涵洞管节滚动安装法

(2)滚木安装法

如图 4.1.24 所示,先将管节沿基础滚至安装位置前 1 m 处,旋转 90°,使与涵管方向一致。把薄铁板放在管节前的基础上,摆上圆木,在管节两端放入半圆形承托木架,以杉木杆插入管内,用力将前端撬起,垫入圆木,如图 4.1.24(c)、图 4.1.24(d)所示。再滚动管节至安装位置,将管节侧向推开,取出滚木及铁板,再滚回来并以撬棍(用硬木护木承垫)仔细调整。

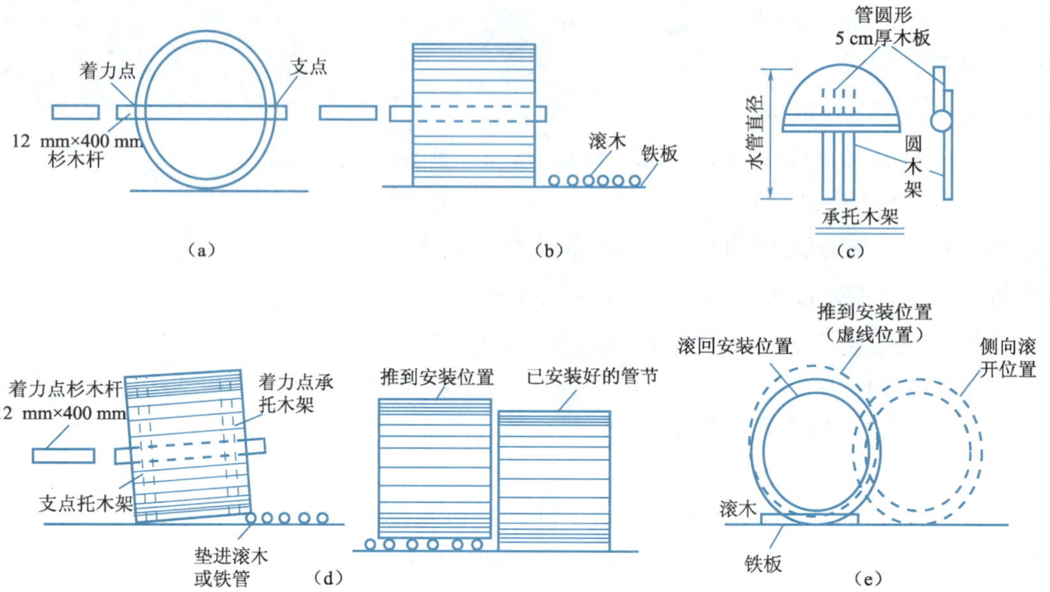

图 4.1.24 涵洞管节滚木安装法

(3)压绳下管法

当涵洞基坑较深,需沿基坑边坡侧向将涵管滚入基坑时,可采用压绳下管法,如图 4.1.25 所示。

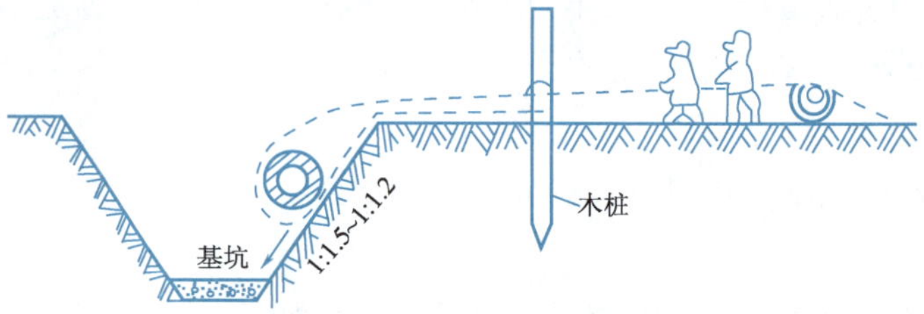

图 4.1.25 涵洞管节压绳下管法

压绳下管法是侧向下管的方法之一。下管前,应在涵管基坑外 3 ~5 m 处埋木桩,木桩桩径不小于 25 cm,长 2.5 m,埋深最小 1 m,桩为缠绳用。在管两端各套一根长绳,绳一端紧固于桩上,另一端在桩上缠两圈后,绳端分别用两组人或两盘绞车拉紧。下管时由专人指挥,两端徐徐松绳,管子渐渐由边坡滚入基坑内。大绳用优质麻制成,直径 50 mm,绳长应满足下管要求。下管前应检查管子质量及绳扣是否牢固,下管时基坑内严禁站人。

管节滚入基坑后,再用滚动安装法或滚木安装法将管节准确安装于设计位置。

7. 管涵施工注意事项

①有圬工基础的管座混凝土浇筑时应与管座紧密相贴,浆砌块石基础应加做一层混凝土管座,使圆管受力均匀;无圬工基础的圆管基底应夯填密实,并做好弧形管座。

②无企口的管节接头采用顶头接缝,应尽量顶紧,缝宽不得大于 1 cm,严禁因涵身长度不够,而将所有接缝宽度加大的方法来凑合涵身长度。管身周围无防水层设计的接缝,需用沥青麻絮或其他具有弹性的不透水材料从内、外侧仔细填塞。设计规定管身外围做防水层的,按前述施工程序施工。

③长度较大的管涵设计有沉降缝的,管身沉降缝应与圬工基础的沉降缝位置一致。缝宽为 2 ~3 cm,应用沥青麻絮或其他具有弹性的不透水材料从内、外侧仔细填塞。

④长度较大、填土较高的管涵应设预拱度。预拱度大小应按设计规定设置。

⑤各管节设预拱度后，管内底面应成平顺圆滑曲线，不得有逆坡。相邻管节如因管壁厚度不一致（在允许偏差内）产生台阶时，应凿平后用水泥环氧砂浆抹补。

绘一绘

绘制单孔有圬工基础圆管涵施工工艺流程图。

三、波纹钢管涵施工

1. 波纹钢管涵的特点

波纹钢管涵是将薄钢板面压成波纹后，卷制成管节，用此种管节修建成的涵洞。为了防止波纹钢管涵锈蚀，波纹钢管节内、外面和紧固连接螺栓或铆钉，都要进行镀锌或镀铝处理。

波纹钢管涵与钢筋混凝土管涵相比，不仅具有管节薄、质量轻、便于叠置捆扎、存放运输、施工工艺简单、组装快速、工期短等优点，而且可根据需要随意组装成任何长度，必要时管身还可拆除，迁往别处修建。在缺乏砂石材料或地基承载力较低的地区，波纹钢管涵的优越性更为显著。另外由于波纹钢管涵是一种柔性结构，因此具有一定的抗震能力，而且能适应较大的沉降与变形。波纹钢管涵的缺点是管内的流水粗糙系数较混凝土管大，同样的泄洪流量采用波纹钢管所需孔径较大；另一缺点是耗用钢材较钢筋混凝土管多。但鉴于这种管涵优点很多，我国钢材年产量已跨居世界前列，在我国波纹钢管涵已得到越来越广泛的使用。

2. 波纹钢管涵的组装与切割

①装卸、运输。波纹管节在吊装、运输、卸落和堆放时，均应小心，切忌滚动，避免碰撞硬物，更不能敲打，以避免波纹管壁变形或损伤镀锌保护层。

②组装、切割。组装波纹管的工具只需钢钎和扳手。组装时要求汇集处任何一点的板块数不多于3块，使板块接头尽量错开。

短涵管可先在附近工地组装好，然后再运到涵位处起吊就位；长涵管可先分段组装，吊运到涵位处，再对接。

拼装波纹管时，上游管节的端头应置于下游管节的内侧，以防管内流水渗入接缝而将地基土掏空，导致全管涵破坏。

大孔径涵管组装时，可在管内放一个可移动的木质工作台，以便于组装作业。

用螺栓组装时，可采用松螺栓组装法。即各个螺孔插入螺栓，套上螺母后，稍初拧，不拧紧螺母，待全部块件组装完毕后，再逐个拧紧螺母。每个螺母的扭力矩不得小于135.6 N·m。最大不得超过203.4 N·m。用机动扳手时，拧扳时间应持续2～5 s。

气割波纹管时，要求被烧割的边缘无氧化物和毛刺。镀锌保护层遭破坏之处，须涂刷防锈剂，以防锈蚀。

3. 波纹钢管涵的施工

（1）临时支撑

实践表明，直径1.25 m以上的波纹管在填土过程中易产生变形，且管顶的下沉量通常都大于管侧填土时的变形，使圆管变成扁管。为避免这种不利状况，可在管顶填土之前，在管内设置一排竖向临时支撑，如图4.1.26所示。

临时支撑的高度可按波纹管竖向直径伸长2%～5%设置，以作为在填土压力作用下预留的压缩量。支撑间距通常为1.0 m左右。直径大于2.0 m的波纹管，以设置横向十字形支撑为宜。

管内临时支撑，待填土不再下沉后拆除。但在实践中，人们往往是经过几星期之后，填土无大量下沉时便将支撑拆除。

（2）填土材料要求与填土工艺

①填土材料要求。各种波纹圆管、拱管和拱形波纹结构在组装铺设完成后，回填时，不需要特殊的填土材料，用一般土质即可。

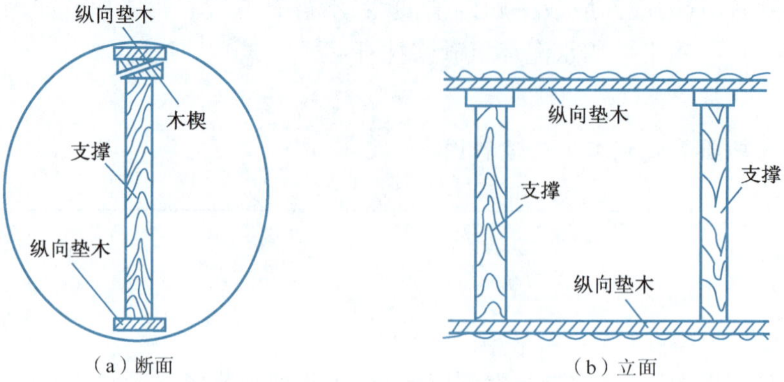

图 4.1.26 填土前的管内临时支撑

砾类土、砂类土是回填的理想材料。若难于找到这类土也可用碎石或砾、卵石与细粒土的混合料。当细粒土的成分为黏性土或粉土时，所掺入的石料体积应占总体积 2/3 以上。

在距波纹管壳 30 cm 范围内的填土里，不得有大边尺寸超过 8 cm 的石块或混凝土块、冻土块、高塑性黏土块或其他有害物质，否则会导致波纹管的局部变形与全管的锈蚀。

②填土工艺。管顶填土，应在管两侧保持对称且均衡的原则下进行。填土方式，必须分层摊铺，逐层压实，每层压实厚度不超过 15 ~25 cm，填土的压实度要求达到重型击实标准 95% 以上，且与该处路基的压实度一致。

暂时未建出、入口圬工端墙的拱式结构，填土起点宜选在涵洞长度方向的中间，然后再向两端推进；若已建两端圬工端墙，填土可从一端开始向另一端推进。

在填土过程中，特别是较大拱形结构，要随时观测波纹壳体的变形是否超过容许值，以便及时改变填土方式。

波纹管涵邻近的填方范围如图 4.1.27 所示。

竖向包括管顶最小填土厚度（见表 4.1.3）的填土，两侧包括图 4.1.27 所示 3/4 倍管径高度范围的管侧填土，应特别注意夯（压）实。管侧填土因地区狭小，不能使用压路机，可使用小型振动夯夯实。管顶填土可按照路基压实采用同样的压实机具。

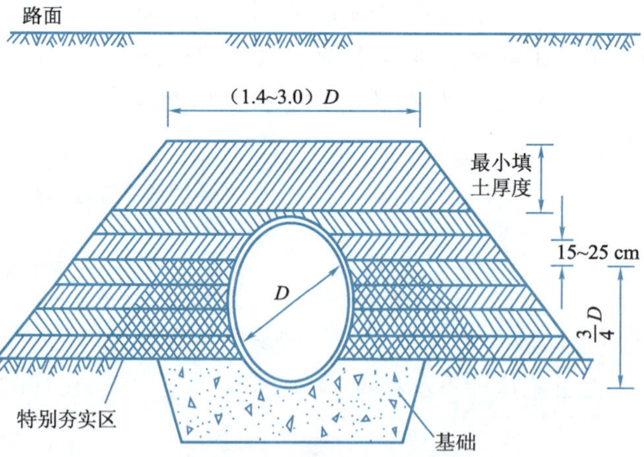

图 4.1.27 波纹管涵邻近填方范围

表 4.1.3 波纹管管顶最小填土厚度（cm）

直径或跨径/m	车辆后轴重力/kN			
	100 ~200	201 ~500	501 ~1 000	1 001 ~2 000
0.75	40	60	80	120

续上表

直径或跨径/m	车辆后轴重力/kN			
	100～200	201～500	501～1 000	1 001～2 000
0.8～1.25	60	80	120	160
1.3～2.0	80	120	160	200

(3)其他注意事项

波纹管涵管顶填土没有达到表4.1.3所列最小厚度时,应禁止一切机动车辆通行。当管顶已填足最小厚度,但仍不能让振动压路机或重型夯锤在其上作业,以免损坏波纹管及邻近填土。

4. 波纹钢管涵的布置

(1)波纹钢管涵与路线斜交时的处理

当波纹钢管涵的管轴与公路中线斜交时,为了避免斜交涵管的端节发生扭曲,斜交角度≤20°时,可将端节涵管用气割切成与公路中线平行的斜面,斜切坡度不宜超过2:1,并用螺栓锚固于端墙或路堤斜坡上。当斜交角度>20°时,宜采取将端节涵管正做伸出路堤边坡外的办法来处理,如图4.1.28所示或符合设计规定。

(2)管底纵坡过大的处理

为减小水流对管底的冲刷,管底纵坡一般不宜大于5%,当管涵位置的天然地面坡度较陡时,可按图4.1.29所示办法处理。当涵底纵坡大于5%时,其基础底部顶每隔3～5 m,设置防滑隔墙(图4.1.29未示出)。

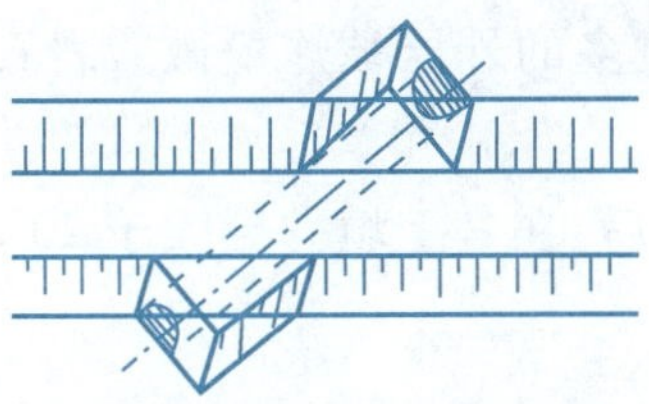

图4.1.28 斜交波纹钢管涵的端节处理

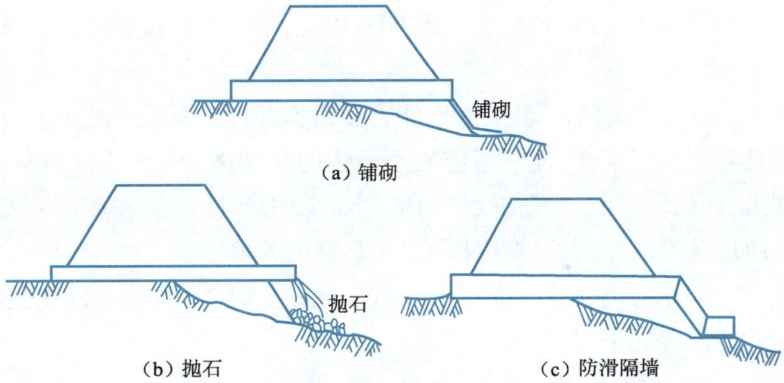

图4.1.29 涵底较陡纵坡的处理

(3)波纹管涵的管座与基础

①一般要求。修建波纹管涵,一般都要在天然地面或经严格夯实的填土上先挖掘埋设管道的沟槽。其开挖槽宽,不仅应方便管侧填土的夯填,而且还应满足设计上需要的基础宽度,如图4.1.30(a)所示。

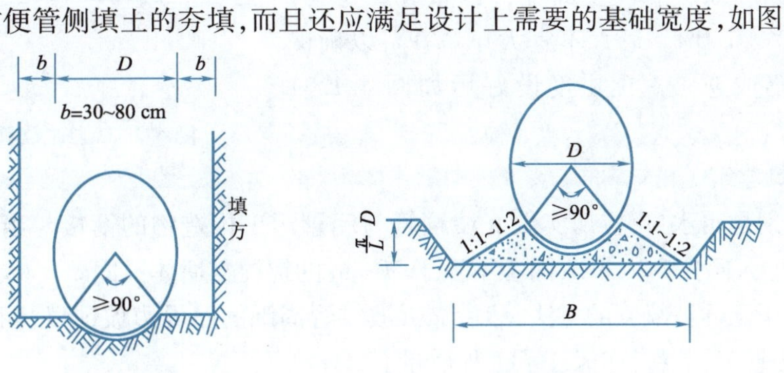

图4.1.30 波纹钢管涵的管座与基础

据经验,在填方不高路段上修建涵洞,以采用先填路基,然后再开挖沟槽埋设涵管的方法较好。

为使作用于管道上的外力较均匀地分布于地基与管侧填土之中，波纹管底还应有一个理想的管座与基础。在波纹管底，不管其基础材料如何，都应在放置管道的基础上修整或填筑一道理想的弧形管座，使管座与管身紧密贴合，如图 4.1.30(b)所示。管座材料必须匀质、无大石块等硬物且坚固耐用。若基础材料甚好，也可直接先将管道置于沟底，随后再认真填筑管身两腋托之下的填土，使之形成一道良好的管座。

波纹管地基或基础要求均匀又坚固，同时，还应具有耐久性。一般波纹管涵基础应具有的最小厚度与宽度见表 4.1.4。

表 4.1.4　波纹管地基或基础所需厚度与宽度

地质条件		基础最小厚度/cm	基础宽度/cm
优质土地基		可直接将地基作为基础	
一般性土质地基	管径 $D<900$ mm	20	$2D$
	管径 $D=900\sim2\ 000$ mm	30	
	管径 $D>2\ 000$ mm	$0.20D$	
岩石地基	20～40 cm，但当填土高度大于 5 m 时，填土每增高 1 m，其厚度增加 4 cm		$2D$
软土地基	$(0.3\sim0.5)D$ 或 50 cm 以上		$(2\sim3)D$

②各种土质地基的处理方法。

a. 优质土地基。未经筛分的砂、碎石、砂砾土以及砂质土都是比较理想的地基材料，但需清除 10 cm 以上的石块等硬物。

b. 一般性土质地基。承载能力不太高的普通地基，需设一定厚度的基础。但是，若将涵管底基槽原状土经严格压实(其压实度达到 90% 以上，最大干密度按重型击实试验计算)以后，也可直接将波纹管置于地基上。

c. 岩石地基。波纹管不能直接置于岩石或混凝土基床上，因过于刚性的支承，不仅会降低管壁本身所具有的良好柔性，而且还会减小涵管的承载能力。所以对岩石地基应挖掉一部分软岩，换填上一层优质土，并认真夯实。开挖软岩沟槽，不能使用烈性炸药和放深孔炮，以避免过多的外层被炸松散。岩石风化层地基不能作为基础，需换填上 3D 宽度的填土。

d. 软土地基。当涵管处于软土地基上时，需对软土路基进行处理，然后，在其上填一层大于 20 cm 厚的优质砂砾垫层，并夯实紧密。

(4)预留拱度

埋设于一般土质地基上的波纹管，经过一段时间后，常会产生一定的下沉，而且往往是管道中部大于两端。因此，铺设于路堤下的波纹管的管身要设置预拱度。其大小根据地基土可能出现的下沉量、涵底纵坡和填土高度等因素综合考虑。通常可为管长的 0.6%～1.0%。最大不宜大于 2.0%，以确保管道中部不出现凹陷或逆坡。预拱度设好后如图 4.1.31 所示。

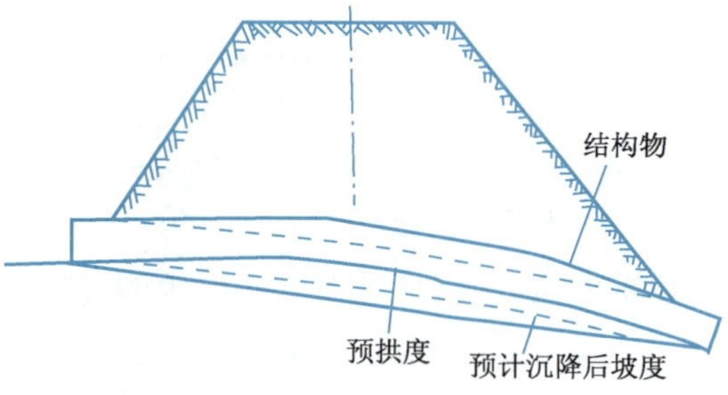

图 4.1.31　波纹管涵安装后的预拱度

(5)波纹管涵洞口建筑

波纹管涵洞口特别是出水口，应切实做好波纹管与涵管圬工构造物的衔接。当管端与刚性墙体相连时，波纹管管壁须用直径不小于 20 mm，间距不大于 50 cm 的螺栓与墙体锚固。

涵洞出水口常采用延伸波纹管的方法，然后靠近波纹管周围的路堤边坡铺以片石或混凝土预制块，如图 4.1.32 所示。此法省工、节料，亦保证了工程质量。

露于路基边坡外的波纹管，可将其沿边坡坡度切除。当管轴与道路中心线平面呈正交时，管端最大可削成 2:1 的斜坡；若管轴与路线平面斜交角 $\alpha>20°$时，需将外露管头切除以顺应斜交角，但管端应予加强。当管径大于 6 m 时，被切割端必须用钢筋混凝土或钢箍加强；当斜交角 $\alpha\leqslant15°$时，管端不削斜。

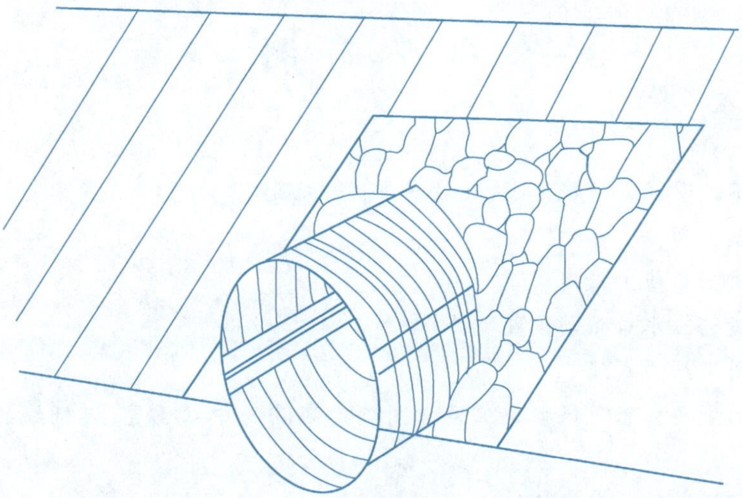

图 4.1.32　波纹管涵洞口边坡铺砌

根据地形、地质以及水流状况，洞口建筑也可采用一字墙、八字墙、门字形墙、集水井等形式。

为加强洞口建筑的安全度，可在洞口局部路堤边坡面上、局部边沟、截水沟里铺砌片石进行防护，并可在边坡上普遍植草，其效果颇佳。

进水口外紧接陡坡沟谷时，可在沟谷中设置进水口跌坎，如图 4.1.33 所示。其水平台阶用半圆波纹管铺砌。根据地形情况也可将跌坎设计为急流槽，但铺底波纹管需用短钢筋与管侧圬工砌体相连。

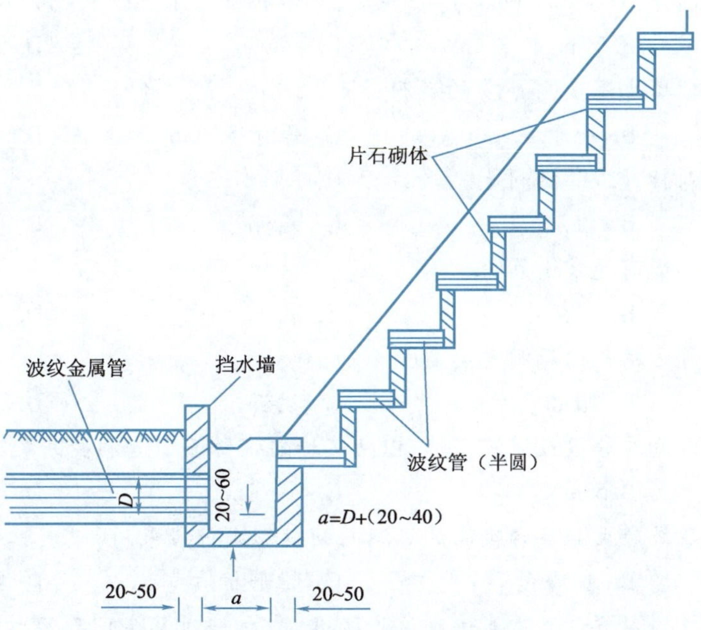

图 4.1.33　波纹管进水口跌坎(尺寸单位:cm)

(6)波纹钢涵管的防锈处理

一般波纹钢涵管及其螺栓、螺母、钩栓等附件出厂时，已经过镀锌或镀铝处理，其镀锌量达 4.25 g/m^2。在没有盐碱水或有害工业废水浸泡以及涵管内经常流水的情况下，其镀膜即可防止锈蚀。否则，可在管节内外常水位以下管壁涂上或喷含有石棉纤维的厚沥青一道，或涂刷两遍沥青和石油的拌和物，以加强防腐蚀作用。此外，还可采用加厚管壁的办法。

忆一忆

可采取何种措施避免波纹钢管涵发生变形？

自学自测

一、判断题

1. 圆管涵和箱涵不论管径或跨径大小、孔数多少，均称涵洞。（　　）

2. 明涵通常采用盖板涵。（　　）

3. 拱涵一般仅在软土地基上采用。（　　）

4. 倒虹吸涵洞一般进出水口必须设置竖井。（　　）

5. 公路工程宜采用半压力式涵。（　　）

6. 涵洞施工放样的主要内容是根据施工设计图确定涵洞的中心位置、涵轴线的方向和涵洞基坑的平面位置。（　　）

7. 涵洞中心位置即涵洞的中心桩位。（　　）

8. 涵洞中心位置的放样可利用路线附近的导线，根据计算的涵洞中心坐标，计算距离和高程，用极坐标的方法测定。（　　）

9. 为了方便在施工过程中恢复涵轴线，一般应在涵轴线方向设立护桩。（　　）

10. 涵洞基坑的放样可通过涵洞中桩的坐标计算涵洞基础各端点的坐标，然后用全站仪进行坐标放样，测定基坑的位置。（　　）

二、选择题

1.《公路工程技术标准》(JTG B01—2014)中规定，凡单孔跨径小于（　　）的统称为涵洞。

A. 10 m　　B. 5 m　　C. 3 m　　D. 50 m

2. 暗涵一般是指洞顶填土高度（　　）的涵洞。

A. 大于 50 cm　　B. 小于 50 cm　　C. 等于 50 cm　　D. 大于 30 cm

3. 常用于高速公路人行通道的涵洞是（　　）。

A. 圆管涵　　B. 拱涵　　C. 箱涵　　D. 盖板涵

4. 在跨越深沟或高路堤时通常设置（　　）。

A. 圆管涵　　B. 拱涵　　C. 箱涵　　D. 盖板涵

5. 常用在低填方或挖方路段的涵洞类型是（　　）。

A. 明涵　　B. 暗涵　　C. 拱涵　　D. 管涵

6. 涵洞沿洞身长度方向应分段设置沉降缝，以防不均匀沉降而引起洞身断裂，每隔（　　）设一道。

A. 大于 2～3 m　　B. 5 m　　C. 4～6 m　　D. 7～8 m

7. 宽浅河沟或孔径压缩较大且涵台较高的涵洞的洞口形式一般采用（　　）。

A. 八字墙　　B. 端墙式　　C. 锥形护坡　　D. 跌水井

8. 外购涵管强度如首次抽样试验未能达到试验标准时，允许对其余同孔径管节再抽选（　　）重新试验。都达到强度要求时，涵管才可验收。

A. 2 个　　B. 3 个　　C. 1 个　　D. 4 个

9. 严寒地区管涵出入口两端的端墙、翼墙基础应埋置在冻结线以下（　　）。

A. 0.20 m　　B. 0.25 m　　C. 0.50 m　　D. 1.0 m

10. 管节安装应从（　　）开始，每节涵管应紧贴于垫层或基座上，使涵管受力均匀。

A. 上游　　B. 下游　　C. 中间　　D. 都可以

文本

参考答案

任务实施

根据施工合同要求，钢筋混凝土圆管涵施工工作内容程序如下。

一、准备工作

项目部根据分工进行施工技术资料准备、施工机具设备材料准备工作，做好参与人员的技术培训交底工作，对施工相关人员进行安全教育及安全设施使用指导，做好测量放线工作。

二、制订钢筋混凝土管涵施工方案

技术负责人根据钢筋混凝土圆管涵施工图纸及施工现场实际条件，考虑施工单位的设备机具情况，同时考虑材料供应情况和一线人员施工熟练程度，制订符合规范要求切实可行的圆管涵施工方案。

三、现场施工组织

1. 基坑开挖

基坑开挖尺寸应满足结构及操作需要，开挖过程中根据土质条件及坑深确定支护方案和排水措施，开挖要避免扰动基底土，开挖后报监理单位组织基底检验。

2. 基础修筑

管涵基础应根据地基土类别进行修筑，满足规范规定。

3. 管节安装

管节安装自下游开始，涵管密贴基座或垫层上，根据基坑深浅和现有机具设备条件选择安装方法，安装的同时铺设防水层。安装后修筑涵管出入口端墙及翼墙。

四、质量控制

项目部要组织相关人员对施工质量进行过程性抽检控制，主要包括测量数据、材料试验、设备机具的使用状况、安全和环保措施落实，使各项工作满足要求，后续施工工作顺利实施。

五、内业资料整理

整理钢筋混凝土圆管涵施工测量资料、试验资料、施工记录资料、施工联系函及图纸变更等资料，予以存档。

笔记栏

【圆管涵施工工作单】

计 划 单

学习情境四	涵洞施工	任务 1	圆管涵施工
工作方式	组内讨论、团结协作共同制订计划:小组成员进行工作讨论,确定工作步骤	计划学时	1 学时
完成人			
计划依据:某公路涵洞施工图			

序号	计划步骤	具体工作内容描述
1	准备工作 (准备资料,谁去做?)	
2	组织分工 (成立组织,人员具体都完成什么?)	
3	制订两套施工方案(各有何特点?)	
4	现场施工 (施工顺序如何?)	
5	质量控制 (谁负责?检查哪些项目?)	
6	资料整理 (谁负责?整理哪些内容?)	
制定计划说明	(写出制订计划中人员为完成任务的主要建议或可以借鉴的建议、需要解释的某一方面)	

决 策 单

<table>
<tr><td>学习情境四</td><td colspan="2">涵洞施工</td><td>任务 1</td><td>圆管涵施工</td></tr>
<tr><td>决策学时</td><td colspan="4">1 学时</td></tr>
<tr><td colspan="5">决策目的：确定本小组最优施工方案</td></tr>
<tr><td rowspan="7">施工方案优劣比较</td><td colspan="2">施工方案特点</td><td rowspan="2">比对项目</td><td rowspan="2">确定最优方案（划√）</td></tr>
<tr><td>方案 1 名称</td><td>方案 2 名称</td></tr>
<tr><td></td><td></td><td>施工设备选择是否适用</td><td rowspan="7">方案 1 优
□

方案 2 优
□</td></tr>
<tr><td></td><td></td><td>施工顺序是否合理</td></tr>
<tr><td></td><td></td><td>关键工序施工方法是否满足质量控制要求</td></tr>
<tr><td></td><td></td><td>安全措施是否到位</td></tr>
<tr><td></td><td></td><td>环保措施是否符合规定</td></tr>
<tr><td colspan="3">方案 1 施工流程图</td><td>方案 2 施工流程图</td></tr>
</table>

作业单

学习情境四	涵洞施工	任务1	圆管涵施工
参加人员	第　　组		开始时间：
	签名：		结束时间：
序号	工作内容记录 （根据实施的具体工作记录，包括存在的问题及解决办法）		分工 （负责人）
1			
2			
⋮			
小结	主要描述完成的成果及是否达到目标		存在的问题

检 查 单

学习情境四		涵洞施工	任务 1	圆管涵施工			
检查学时		课内 1 学时		第　　组			
检查目的及方式		教师过程监控小组的工作情况，如检查等级为不合格，小组需要整改，并拿出整改说明					
序号	检查项目	检查标准	检查结果分级（在检查相应的分级框内划"√"）				
			优秀	良好	中等	合格	不合格
1	准备工作	资源是否已查到、材料是否准备完整					
2	分工情况	安排是否合理、全面，分工是否明确					
3	工作态度	小组人员是否积极主动、全员参与					
4	纪律出勤	是否按时完成负责的工作内容、遵守工作纪律					
5	团队合作	是否相互协作、互相帮助，是否听从指挥					
6	创新意识	任务完成不照搬照抄，看问题具有独到见解，具备创新思维					
7	完成效率	工作单是否记录完整，小组是否按照计划完成任务					
8	完成质量	工作单填写是否准确，记录单检查及修改是否达标					
检查评语						教师签字：	

任务评价

小组工作评价单

学习情境四	涵洞施工		任务1	圆管涵施工			
评价学时			课内1学时				
班级：			第　　组				
考核情境	考核内容及要求	分值（满分100分）	小组自评（10%）	小组间互评（20%）	教师评价（70%）	实得分（∑）	
汇报展示（20分）	演讲资源利用	5					
	演讲表达和非语言技巧应用	5					
	团队成员相互配合程度	5					
	时间与完整性	5					
质量评价（40分）	工作完整性	10					
	工作质量	5					
	报告完整性	25					
团队情感（25分）	核心价值观	5					
	创新性	5					
	参与率	5					
	合作性	5					
	劳动态度	5					
安全文明（10分）	工作过程中的安全保障情况	5					
	工具正确使用和保养、放置规范	5					
工作效率（5分）	能够在要求的时间内完成，每超时5分钟扣1分	5					

小组成员素质评价单

学习情境四	涵洞施工			任务 1	圆管涵施工		
班级		组别		成员姓名			
评分说明	每个小组成员评价分为自评和小组其他成员评价两部分，取平均值计算，作为该小组成员的任务评价个人分数。评价项目共设计五个，依据评分标准给予合理量化打分。小组成员自评分后，要找小组其他成员不记名方式打分						
评分项目	评分标准	自评分	成员 1 评分	成员 2 评分	成员 3 评分	成员 4 评分	成员 5 评分
核心价值观（20 分）	没有违背社会主义核心价值观的思想及行动						
工作态度（20 分）	按时完成负责的工作内容、遵守纪律，积极主动参与小组工作，全过程参与，吃苦耐劳，具有工匠精神						
交流沟通（20 分）	能良好地表达自己的观点，能倾听他人的观点						
团队合作（20 分）	与小组成员合作完成任务，做到相互协作、互相帮助、听从指挥						
创新意识（20 分）	看问题能独立思考，提出独到见解，具有创新思维解决遇到的问题						
最终小组成员得分							

任务反思

学习情境四	涵洞施工			任务1	圆管涵施工
班级		组别		成员姓名	
情感反思	通过对本任务的学习和实训，你认为自己在社会主义核心价值观、职业素养、学习和工作态度等方面需要提高什么？				
知识反思	通过对本任务的学习，你掌握了哪些知识点？请画出思维导图				
技能反思	在完成本任务的学习和实训过程中，你主要掌握了哪些技能？				
方法反思	在完成本任务的学习和实训过程中，你主要掌握了哪些分析和解决问题的方法？				

任务2 钢筋混凝土箱涵施工

任 务 单

<table>
<tr><td>学习情境四</td><td colspan="3">涵洞施工</td><td>任务2</td><td colspan="2">钢筋混凝土箱涵施工</td></tr>
<tr><td>任务学时</td><td colspan="6">课内4学时(课外2学时)</td></tr>
<tr><td colspan="7">布置任务</td></tr>
<tr><td>任务目标</td><td colspan="6">1. 能组织装配式拱涵、盖板涵和箱涵预制构件的预制、运输和安装;
2. 能够指出各类涵洞防水层的设置部位,描述防水层的施工;
3. 能够解释涵洞各个部位沉降缝的施工;
4. 能够在任务完成过程中,培养学生爱岗敬业、不畏艰辛、吃苦耐劳的工作作风。</td></tr>
<tr><td>任务描述</td><td colspan="6">施工单位在审核完涵洞施工图纸之后(施工图纸见二维码),应进行涵洞工程施工。技术负责人应根据箱涵施工图纸及施工现场周边环境、地质水文情况选择合理的开挖方式、基础施工及地基处理方案、模板支架搭设方案、混凝土浇筑方法等;在开工前制订完成满足规范要求的钢筋混凝土箱涵施工方案,指导箱涵施工工作。</td></tr>
<tr><td rowspan="2">学时安排</td><td>资讯</td><td>计划</td><td>决策</td><td>实施</td><td>检查</td><td>评价</td></tr>
<tr><td>0学时(1)</td><td>1学时</td><td>1学时</td><td>1学时(1)</td><td>0.5学时</td><td>0.5学时</td></tr>
<tr><td>对学生学习及成果的要求</td><td colspan="6">1. 每位同学均能按照自学资讯思维导图自主学习,并完成课前自学的问题训练和自学自测;
2. 严格遵守课堂纪律,学习态度认真、端正,能够正确评价自己和同学在本任务中的素质表现;
3. 每位同学必须积极参与小组工作,在教师的示范指导下完成拱涵、盖板涵、箱涵施工的对应工作,做到积极主动不推诿,能够与小组成员合作完成工作任务;
4. 每位同学均需独立或在小组同学的帮助下完成技能训练工作单,并提请检查、签认,对提出的建议或有错误务必及时修改;
5. 每组必须完成全部“钢筋混凝土箱涵施工”工作的工作单,并提请教师进行小组评价,小组成员分享小组评价分数或等级;
6. 每名同学均完成任务反思,以小组为单位提交。</td></tr>
</table>

自学资讯思维导图

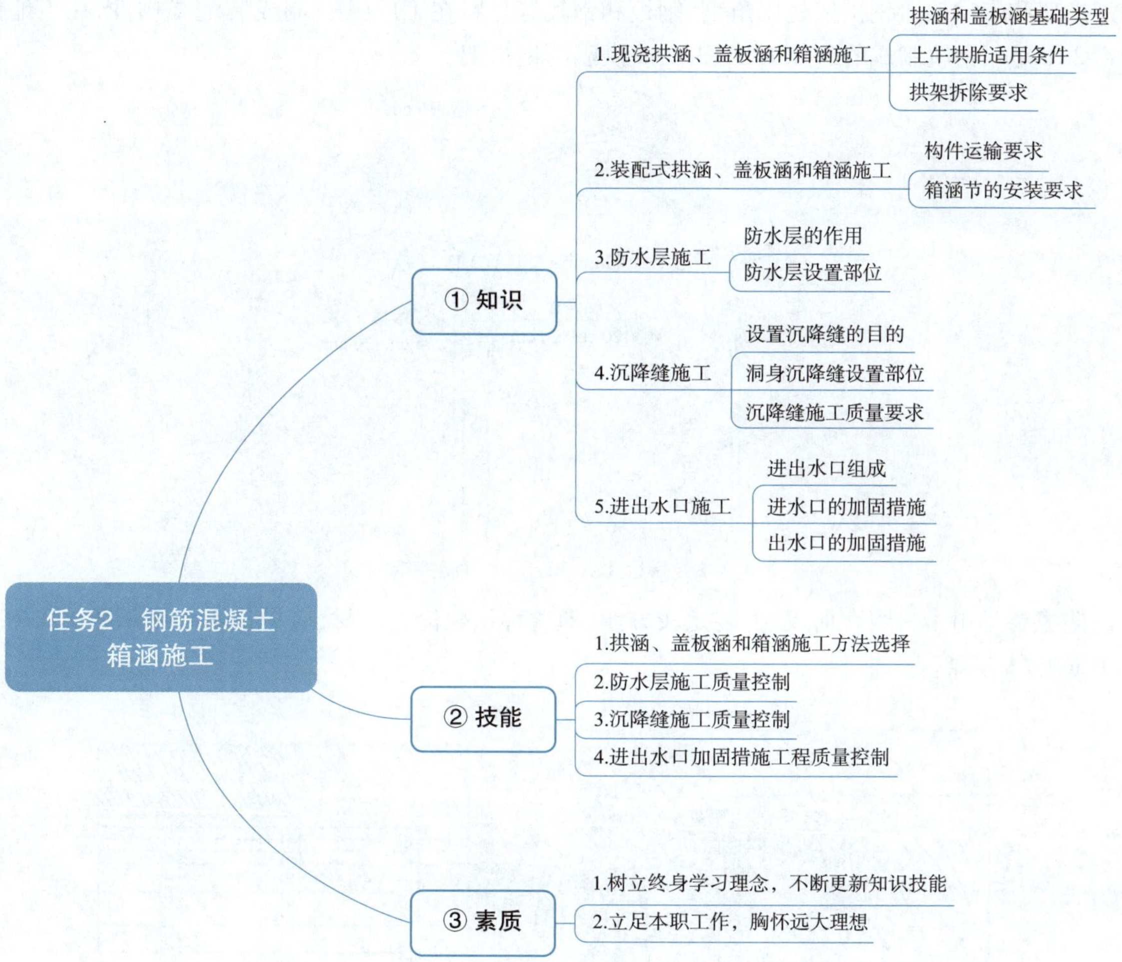

课 前 自 学

拱涵、盖板涵和箱涵的施工，可分成就地浇筑和预制安装两大类。

任务知识 2.1　钢筋混凝土箱涵施工工艺

一、就地浇筑的拱涵和盖板涵

1. 拱涵和盖板涵的基础

①整体式基础。两座涵台的下面和孔径中间使用整块的混凝土浇筑的基础称为整体式基础。其地基土的承载力应满足设计文件规定。若设计无规定，则填方高 H 在 1 ~ 12 m 时，必须大于 0.2 MPa；H 大于 12 m 时必须大于 0.3 MPa。湿陷性黄土地基，不论其表面承载力多大，均不得使用整体式基础。

②非整体式基础。两座涵台的下面为独立的现浇混凝土或浆砌片石基础，两者之间不相连的称为非整体式基础。其地基土要求的容许承载力较上述的基础高，当设计文件无规定时，一般应大于 0.5 MPa。

③板凳式基础。两座涵台下面的混凝土基础之间用较薄的混凝土或钢筋混凝土板在顶部连接，一起浇筑成似板凳一样的基础。其地基土容许承载力的要求处于前两者之间，设计文件无规定时，应为大于 0.4 MPa 的砂类土或“中密”以上的碎石土。

上述地基土的承载力大小可用轻型动力触探仪进行测试。

根据当地材料情况，基础可采用C15片石混凝土或M5水泥砂浆砌片石，石料强度不得低于25 MPa。

2. 支架和拱架

①钢拱架和木拱架。钢拱架是用角钢、钢板和钢轨等材料在工厂(场)制成装配式构件，在工地拼装使用。图4.2.1是用钢轨制成的跨径1.5～3.0 m拱涵的钢拱架。

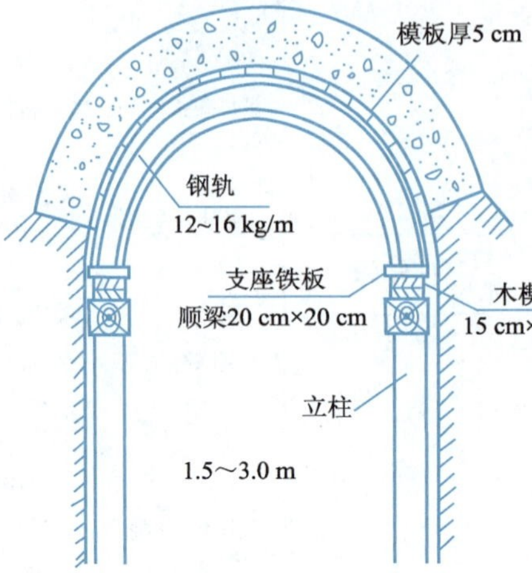

图4.2.1　跨径1.5～3.0 m拱涵的钢拱架

木拱架主要是由木材组合而成，拆装比较方便，但这种拱架浪费木材，应尽量不使用。图4.2.2为跨径2.0～3.0 m的木拱架。

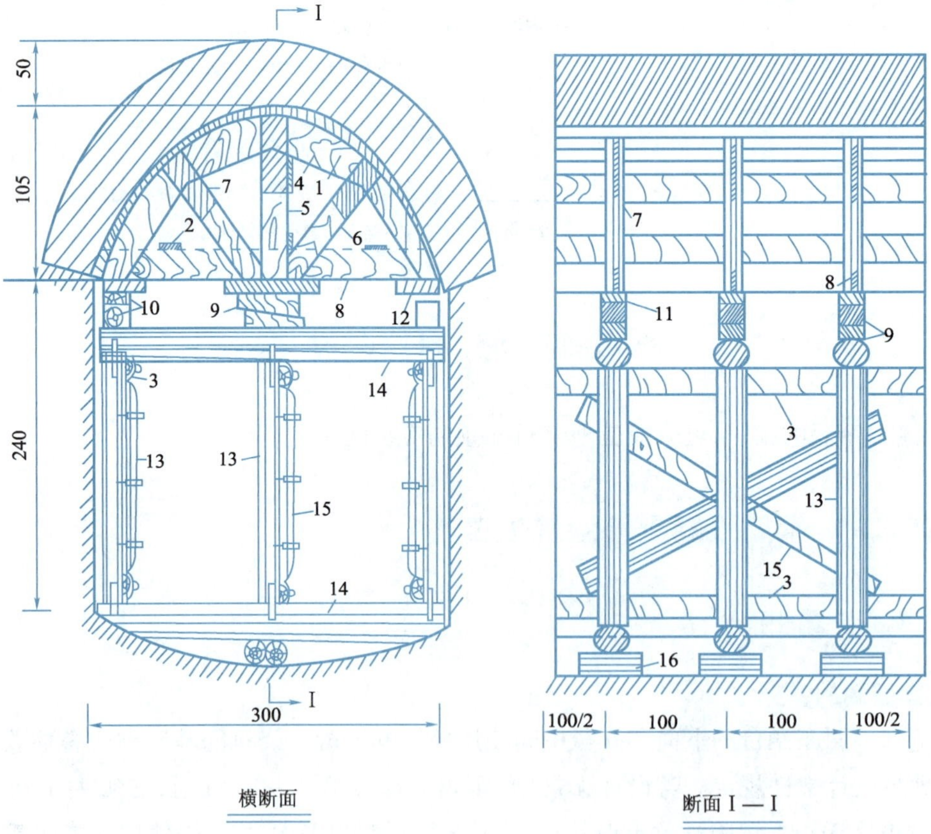

1—模型板；2、3—平联系木；4—弓形板；5、6—撑木；7—夹板；8—拉杆木；
9、10—楔木；11、12—楔顶板；13—柱木；14—榄板；15—斜联系木；16—垫木。

图4.2.2　跨径2.0～3.0 m的木拱架(尺寸单位：cm)

②土牛拱胎(土模)。在水流不大的情况下，涵洞施工可以用土牛拱胎代替拱架，这种方法节省木料，经济、安全。

根据河流水流情况，土牛拱胎有全填土拱胎(见图4.2.3)、木排架土拱胎(见图4.2.4)、有透水盲沟的土拱胎[见图4.2.5(a)]、三角形木拱架土拱胎[见图4.2.5(b)]等形式。

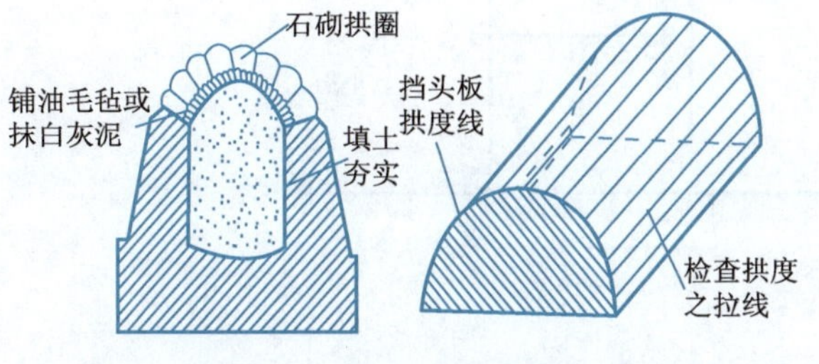

图4.2.3　全填土拱胎及检查法

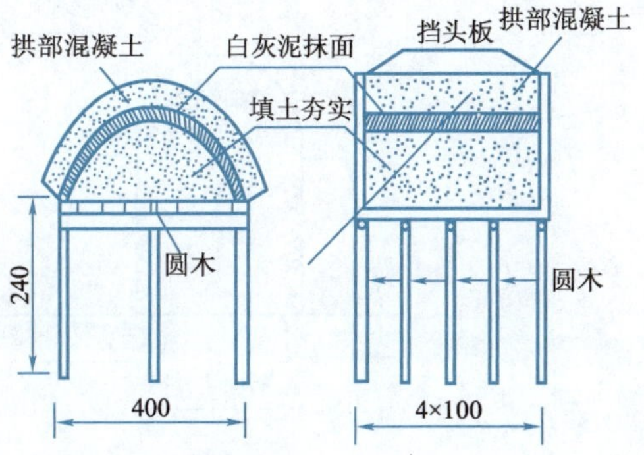

图4.2.4　木排架土拱胎(尺寸单位:cm)

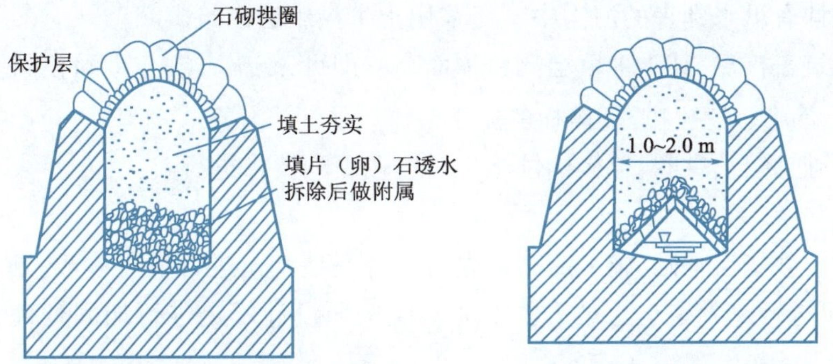

(a) 有透水盲沟土拱胎　　(b) 三角形木拱架土拱胎

图4.2.5　可渗水的土拱胎

全填土拱胎施工步骤如下:拱胎填土应在边墙圬工强度达到设计强度等级的70%后，分层浇水夯填，每层厚度0.2~0.5 m，跨度小的可以厚一些，但应视土质情况决定。

填土在端墙外伸出0.5~1.0 m，并保持1:1.5的边坡。填土将达拱顶时，分段用样板校正，每隔30 cm挂线检查，如图4.2.3所示。

土胎表面应设保护层，可以铺设一层油毡或抹一层15 mm厚的水泥砂浆(1:4~1:6)作为保护层。较好的保护层常用砖或片石砌筑，厚约20 cm，然后抹厚2 cm的黏土，再铺油毡。最好的方法是用石灰泥筋抹20 cm厚(石灰:黏土:麻筋=1:0.35:0.03，质量比)，抹后3 d即可浇筑混凝土。

对砌石拱圈，土牛拱胎上若不设保护层时，可用下述方法砌筑拱圈:在涵台砌筑好后，利用暂不使用的石料，把涵孔两端堵住，干砌一道宽40~50 cm、厚20~40 cm的拱形墙(上抹青草泥)作为拱模，以便砌拱时挂线之用，然后在桥孔中间用土分层填筑密实，如图4.2.6所示。

如洞身很长，超过20 m或拱形复杂时可用木料做3个合乎要求的标准模，两端及中间各置一个，两端的拱模可以支靠在石模上，中间的可按标准高度支于两旁涵台上并埋置于土中。

填筑土牛时不必将土牛的规定高度一次填足，可预留2~3 cm空隙，待砌拱石时，边砌边填筑。

起拱线以上3~4层拱石不受拱胎支撑，可直接砌起。再往上砌时，因拱石的部分重力由拱胎支撑着，可用木板顺拱石灰缝按规定拱度放在拱石灰缝处的土牛上，木板下面以土石垫好，随即开始安砌这一层的拱石。砌好后将垫板取出，并将空隙用土填满捣实，再把垫板按规定拱度垫在上一层拱石砌缝处的土牛上，继续砌上一层拱石。如有较充分的木板时，木板可不抽出周转。拱石砌至拱顶附近时，应先将这部分的土模夯打坚实。填到与标准拱模相差3~5 cm为止。因土牛拱胎虽经夯实仍不够坚硬，当拱石放上去时极易压缩，拱石的高度及位置不易正确，因此需要在拱石下面的四角垫上片石，使土牛与拱石保持一定的空隙以便校正拱石位置。拱石位置校正后，将其下面的空隙填砂捣实，然后在砌缝中灌以砂浆，这样可以保持不漏浆，同时挖去土牛后，灰缝中预填的砂子自然脱落，省去勾缝时剔灰缝的麻烦。

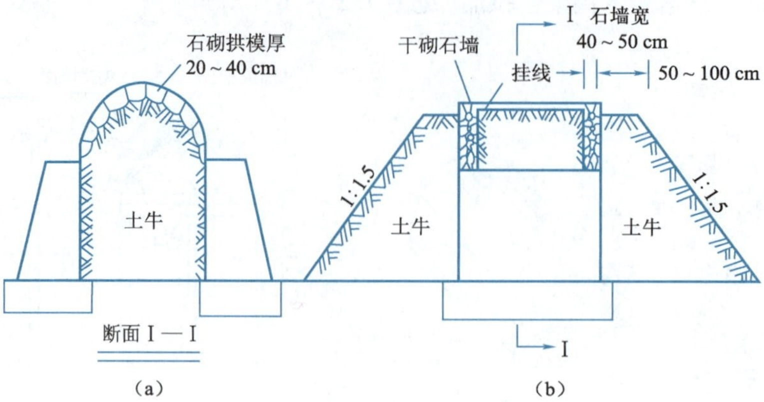

图 4.2.6　石块干砌配合土牛拱膜

在施工过程中预计有洪水到来的河沟中不能采用土牛拱胎法砌筑拱圈。

若用土牛拱胎浇筑盖板涵，其土牛填至涵台顶面高程即可，施工方法与拱涵相同。

3. 拱涵与盖板涵基础、涵台、拱圈、盖板的施工

拱涵与盖板涵基础、涵台、拱圈、盖板构件施工时应按下列要求进行。

（1）涵洞基础

无论是圬工基础或砂垫层基础，施工前必须先对下卧层地基土进行检查验收，地基土承载力或密实度符合设计要求时，才可进行基础施工。对于软土地基应按照设计规定进行加固处理，符合要求后，才可进行基础施工。

对孔径较宽的拱涵、盖板涵兼作行人和车辆通道时，其底面应按照设计用圬工加固，以承受行人和车辆荷载及磨耗。

（2）圬工基础

圬工基础的施工工艺和技术要求可参照圬工结构部分有关要求进行。

（3）砂垫层基础

砂垫层基础的施工工艺和技术要求可参照本节管涵基础部分进行。

（4）涵洞台、墩

涵洞台、墩的施工工艺和技术要求可参照本书桥梁墩、台部分的有关要求进行。

（5）涵洞拱圈和钢筋混凝土盖板

拱圈和盖板浇筑或砌筑施工时应注意：拱圈和端墙的施工，应由两侧拱脚向拱顶同时对称进行；拱圈和盖板混凝土的现场浇筑施工，应连续进行，尽量避免施工缝。当涵身较长时，可沿涵长方向分段进行，每段应连续一次浇筑完成；施工缝应设在涵身沉降缝处。

4. 拱架和支架的安装和拆卸

（1）安装的一般要求

拱架和支架支立牢固，拆卸方便（可用木楔作支垫），纵向连接应稳定，拱架外弧应平顺。拱架不得超越拱模位置，拱模不得侵入圬工断面。

拱架和支架安装完毕后，应对其位置、顶部高程、节点联系及纵横向稳定性进行检查，不符合要求者，立即进行纠正。

（2）拆卸的一般要求

拱架和支架的拆除及拱顶填土，应符合下列规定：

①先拆除拱架再进行拱顶填土时，拱圈和护拱的砌筑砂浆或混凝土的强度应符合设计规定，设计未规定时，应达到设计强度的 85% 后，方可拆除拱架，且在拱架拆除时应先完成拱脚以下部分回填土的填筑；达

到设计强度的100%后，方可进行拱顶填土。

②在拱架未拆除的情况下进行拱顶填土时，拱圈和护拱砌筑砂浆或混凝土的强度应符合设计规定，设计未规定时，应达到设计强度的85%后，方可进行拱顶填土；拱架应在拱圈强度达到设计强度的100%后，方可拆除。

③拱涵拆除拱架可用木楔，木楔用比较坚硬的木料斜角对剖制成，并将剖面刨光。两块木楔接触面的斜度为1:6～1:10。在垫楔时应使上面一块的楔尖各伸出下面一块楔尾以外，这样在拆架时敲击木楔比较方便。木楔垫好后将两端钉牢。

④拆卸拱架时应沿桥涵整个宽度上将拱架同时均匀降落，并从跨径中点开始，逐步向两边拆除。

想一想

土牛拱胎表面应该如何处理？

二、就地浇筑的箱涵

箱涵又称矩形涵，它与盖板涵的区别是：盖板涵的台身与盖板是分开浇筑的，台身还可以采用砌石圬工，成为简支结构；而箱涵是上下顶板、底板与左、右墙身连续浇筑的，成为刚性结构，如图4.2.7所示。

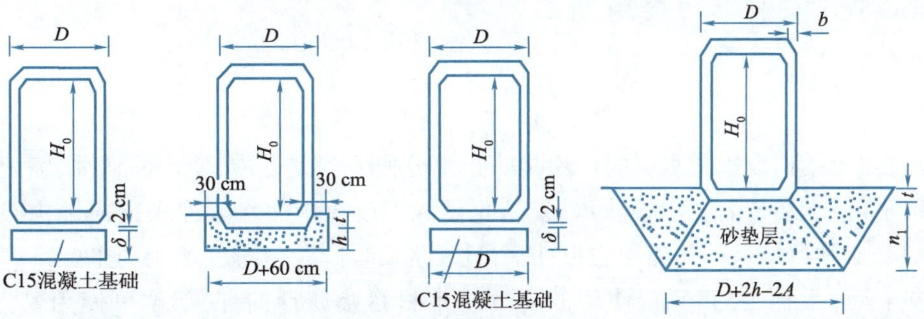

（a）出入口涵节基础 （b）洞身涵节无基础 （c）洞身涵节有基础 （d）洞身涵节在软弱地基土上换填砂垫层

图4.2.7 箱形涵洞基础类型

图片

钢筋混凝土箱涵施工图

1. 箱涵基础

涵身基础分为有圬工基础和无圬工基础两种。

2. 箱涵身和底板混凝土的浇筑

箱涵身的支架、模板可参照现浇混凝土拱涵和盖板涵的支架、模板制造安装。浇筑混凝土时的注意事项与浇筑拱涵与盖板涵相同。

三、装配式拱涵、盖板涵和箱涵

1. 预制构件结构的要求

①拱圈、盖板、箱涵节等构件预制长度，应根据起重设备和运输能力决定，但应保证结构的稳定性和刚性，一般不小于1 m，但亦不宜太长。

②拱圈构件上应设吊装孔，以便起吊。吊孔应考虑平吊及立吊两种，安装后可用砂浆将吊孔填塞。箱涵节、盖板和半环节等构件，可设吊孔，也可于顶面设立吊环。吊环位置、孔径大小和制环用钢筋应符合设计要求，并要求吊钩伸入吊环内和吊装时吊环筋不断裂。安装完毕，吊环筋应锯掉或气割掉。

③若采用钢丝绳捆绑起吊可不设吊孔或吊环。

2. 预制构件的模板

预制构件的模板有木模、土模、钢丝网水泥模板、拼装式模板等。无论采用何种模板都应保证满足规范要求。尤其是有预埋件时，应采取措施，确保预埋件的正确位置。

3. 构件运输

构件必须在达到设计强度后，经过检查质量和大小符合要求，才能进行搬运。搬运时应注意吊点或支承点的设置，务必使构件在搬运过程中保持平衡、受力合理，确保搬运过程中的安全。

4. 施工和安装

①基础。与就地浇筑的涵洞基础施工方法相同。

②拱涵和盖板涵的涵台身。涵台身大都采用砌筑结构，可按照就地浇筑的涵台身施工方法施工，如采用装配式结构时，可按照装配式墩、台相关的要求施工。

③上部构件的安装。拱圈、盖板、箱涵节的安装技术要求如下：

a. 安装之前应再检查构件尺寸、涵台尺寸和涵台间距离并核对其高程，调整构件大小位置使与沉降缝重合。

b. 拱座接触面及拱圈两边均应凿毛（沉降缝处除外），并浇水湿润，用灰浆砌筑。灰浆坍落度宜小一些，以免流失。

c. 构件砌缝宽度一般为 1 cm，拼装每段的砌缝应与设计沉降缝重合。

d. 构件可用扒杆、链滑车或汽车吊进行吊装。

任务知识 2.2　涵洞附属设施施工

一、防水层

涵洞的钢筋混凝土结构设置防水层的作用是防止水分侵入混凝土内，使钢筋锈蚀，缩短结构寿命。北方严寒地区的无筋混凝土结构需要设置防水层，防止侵入混凝土内的水分冻胀造成结构破坏。对设计上规定铺设的防水层，必须严格保证其工程质量，因一旦发生质量问题，补救是很困难的。

防水层的材料多种多样，公路涵洞使用的主要防水材料是沥青，有些部位可使用黏土，以节省工料费用。

1. 防水层的设置部位

①各式钢筋混凝土涵洞（不包括圆管涵）的洞身及端墙在基础以上被土掩埋的部分，均须涂以热沥青 2 道，每道厚 1 ~ 1.5 mm，不另抹砂浆。

②混凝土及石砌涵洞的洞身、端墙和翼墙的被土掩埋部分，只需将圬工表面凿平，无凹入存水部分，可不设防水层。但北方严寒地区的混凝土结构仍需设防水层。

③钢筋混凝土圆管涵的防水层可按图 4.2.8 所示敷设。图中管节接头采用平头对接，接缝中用麻絮浸以热沥青塞满，管节上半部从外往内填塞；下半部从管内向外填塞。管外靠接缝处裹以热沥青浸透的防水纸 8 层，宽度 15 ~ 20 cm。包裹方法：在现场用热沥青逐层黏合在管外壁上接缝处，外面再如图在全长管外裹以塑性黏土。

在交通量小的县、乡公路上，可用质量好的软塑状黏质土掺以碎麻，沿全管敷设 20 cm 厚，代替沥青防水层（接缝处理仍照前述施工）。

④钢筋混凝土盖板明涵的盖板部分表面可先涂抹热沥青 2 次，再于其上设 2 cm 厚的防水水泥砂浆或 4 ~ 6 cm 厚的防水混凝土，其上可按照设计铺设路面。涵、台身防水层按照上述方法办理。

⑤砖、石、混凝土拱涵的拱背和护拱顶面需设置防水层，防水层一半采用胶泥，厚度为 10 cm，如图 4.2.9 所示。

2. 沥青的熬制与敷设

沥青可用锅、铁桶等容器以火熬制，或使用电热设备。铁桶装的沥青，应打开桶口小盖，将桶横倒搁置在火炉上，以文火使沥青熔化后，从开口流入熬制用的铁锅或大口铁桶中。熬制用的铁锅或铁桶必须有盖，以便在沥青飞溅或着火时，用以覆盖。熬制处应设在工地下风方向，与一般工作人员、料堆、房屋等保持一定距离，锅内沥青不得超过锅容积的2/3。熬制中应不断搅拌至沥青全部为液态为止，熔化后的沥青应继续加温至175 ℃（不得超过190 ℃）。熬好的沥青盛在小铁桶中送至工点使用，使用时的热沥青温度宜低于150 ℃。涂敷热沥青的圬工表面应先用刷子扫净，消除粉屑污泥。涂敷工作宜在干燥温暖（温度不低于+5 ℃）的天气进行。

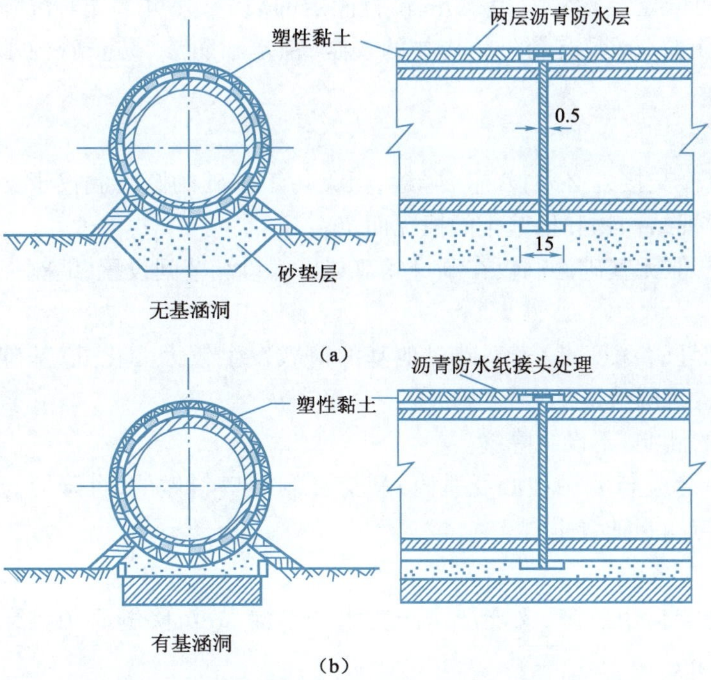

图4.2.8 钢筋混凝土圆管涵的防水层（尺寸单位：cm）

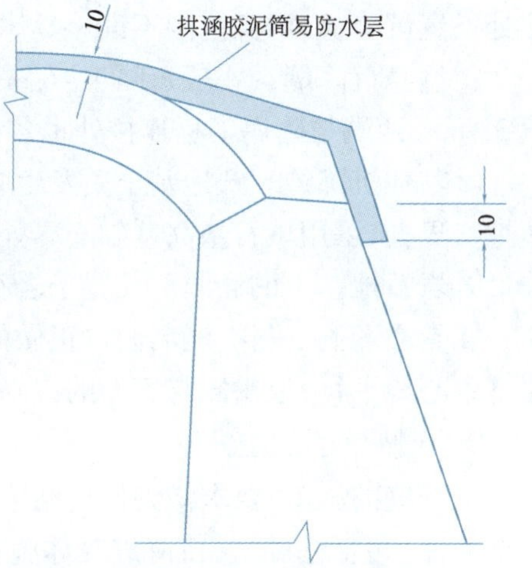

图4.2.9 拱涵胶泥防水层（尺寸单位：cm）

3. 沥青麻絮、油毡、防水纸的浸制方法和质量要求

沥青麻絮（沥青麻布）可采用工厂浸制的成品或在工地用麻絮以热沥青浸制。浸制后的麻絮，表面应呈淡黑色，无孔眼、破裂和叠皱，撕裂断面上应呈黑色，不应有显示未浸透的布层。

油毡是用一种特制的纸胎（或其他纤维胎）用软化点低的沥青浸透制成，浸渍石油沥青的称石油毡，浸渍焦油沥青的称焦油沥青油毡。为了防止在储存过程中相互黏着，油毡表面应撒一层云母粉、滑石粉或石棉粉。

防水纸（油纸）是用低软化点的沥青材料浸透原纸做成的，除沥青层较薄，没有撒防黏层外，其他性质与油毡相同。

油毡和防水纸可以从市场上采购，其外观质量应符合如下要求：

①油毡和防水纸外表不应有孔眼、断裂、叠皱及边缘撕裂等现象，油毡的表面防黏层应均匀地撒布在油毡表面上。

②毡胎或原纸内应吸足油量，表面油质均匀，撕开的断面应是黑色的，无未浸透的空白纸层或杂质，浸水后不起泡、不翘曲。

③气温在25 ℃以下时，把油毡卷在2 cm直径的圆棍上弯曲，不应发生裂缝和防黏层剥落等现象。

④将油毡加热至80 ℃时，不应有防黏层剥落、膨胀及表面层损坏等现象。夏季在高温下不应黏在一起。

铺设油毡和防水纸所用粘贴沥青应和油毡、防水纸有同样的性能。煤沥青油毡和防水纸必须用煤沥青粘贴。同样，石油沥青油毡及防水纸，也一定要用石油沥青来粘贴，否则，过一段时间油毡和防水纸就会分离。

做一做

请为北方严寒地区的钢筋混凝土箱涵设计防水层。

二、沉降缝

1. 沉降缝设置目的

结构物设置沉降缝的目的是避免结构物因荷载或地基承载力不均匀而发生不均匀沉陷，产生不规则的多处裂缝，而使结构物破坏。设置沉降缝后，可限定结构物发生整齐、位置固定的裂缝，并可事先对沉降缝处予以处理；如有不均匀沉降，则将其限制在沉降缝处，有利于结构物的安全、稳定和防渗（防止管内水流渗入涵洞基底或路基内，造成土质浸泡松软）。

2. 沉降缝设置的位置和方向

涵洞洞身、洞身与端墙、翼墙、进出水口急流槽交接处必须设置沉降缝，但无圬工基础的圆管涵仅于交接处设置沉降缝，洞身范围不设。具体设置位置视结构物和地基土的情况而定。

①洞身沉降缝。一般每隔 4 ~6 m 设置 1 处，但无基础涵洞仅在洞身涵节与出入口涵节间设置，缝宽一般 3 cm。两端与附属工程连接处也各设置 1 处。

②其他沉降缝。凡地基土质发生变化、基础埋置深度不一、基础对地基的荷载发生较大变化处、基础填挖交界处、采用填石垫高基础交界处，均应设置沉降缝。

③岩石地基上的涵洞。凡置于岩石地基上的涵洞，不设沉降缝。

④斜交涵洞。斜交涵洞洞口正做的，其沉降缝应与涵洞中心线垂直；斜交涵洞洞口斜做的，沉降缝与路基中心线平行；但拱涵与管涵的沉降缝，一律与涵洞轴线垂直。

3. 沉降缝的施工方法

沉降缝的施工，要求做到使缝两边的构造物能自由沉降，又能严密防止水分渗漏，故沉降缝必须贯穿整个断面（包括基础）。沉降缝具体施工方法如下：

①基础部分。可将原基础施工时嵌入的沥青木板或沥青砂板留下，作为防水之用。如基础施工时不用木板，也可用黏土填入捣实，并在流水面边缘以 1:3 水泥砂浆填塞，深度约为 15 cm。

②涵身部分。缝外侧以热沥青浸制的麻筋填塞，深度约为 5 cm，内侧以 1:3 水泥砂浆填塞，深度约为 15 cm，视沉降缝处圬工的厚薄而定。缝内可以用沥青麻筋与水泥砂浆填满；如太厚，亦可将中间部分先填以黏土。

③沉降缝的施工质量要求。沉降缝端面应竖直、平整，基础和涵身上下不得交错，应贯通，填缝料应具有弹性和不透水性，并应填塞紧密。

沉降缝宽度应符合设计规定，设计无规定时，可采用 20 ~30 mm。预制涵管的沉降缝应设在管节接缝处。

④ 保护层。各式有圬工基础涵洞的基础襟边以上，均顺沉降缝周围设置黏土保护层，厚约 20 cm，顶宽约 20 cm。对于无圬工基础涵洞，保护层宜使用沥青混凝土或沥青胶砂，厚度 10 ~20 cm。沉降缝构造如图 4. 2. 10 所示。

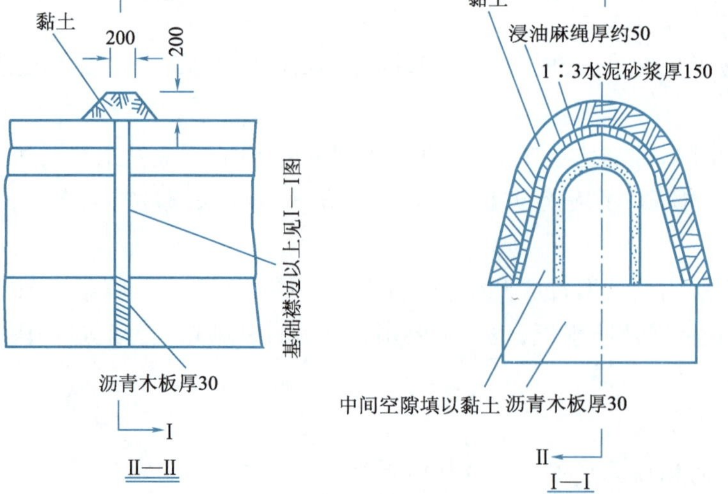

图 4. 2. 10　涵洞沉降缝构造（尺寸单位：cm）

练一练

涵洞一般在哪些位置设沉降缝？

三、涵洞进出水口

涵洞进出水口工程是指涵洞端墙、翼墙（包括八字墙、锥坡、平行廊墙）以外的部分，包括进水口和出水口两部分，如图4.2.11所示。涵洞出入口的沟床应整理顺直，与上、下排水系统（天沟、路基边沟、排水沟、取土坑等）的连接应圆顺、稳固，保证流水顺畅，避免排水损害路堤、村舍、农田、道路等。为了防止冲刷，涵洞洞身内和洞口的原河底应有一定的铺砌，并在洞口铺砌的两端做截水墙，以保护铺砌，如图4.2.12所示。

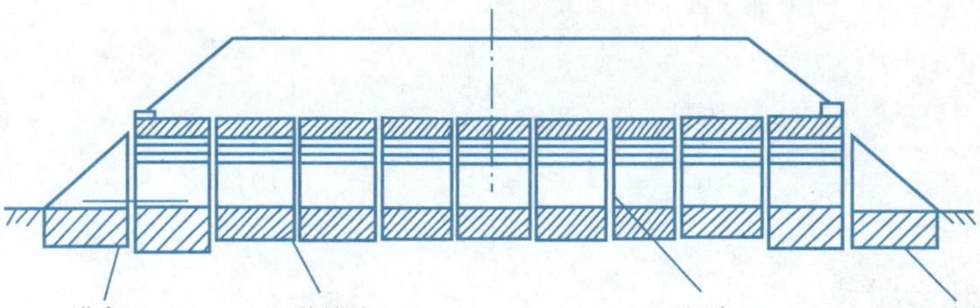

图4.2.11　涵洞的进出水口

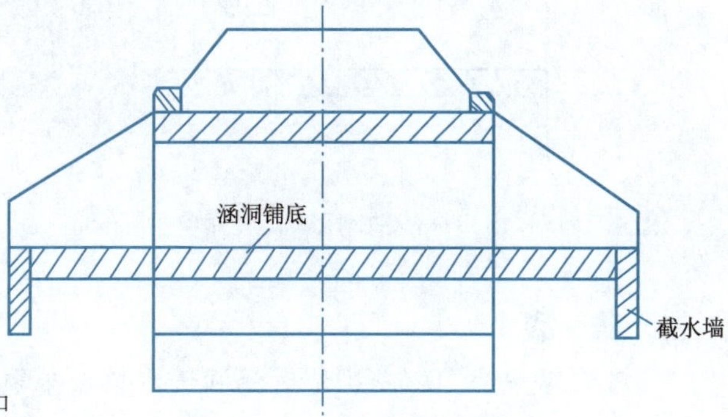

图4.2.12　涵洞的铺底和截水墙

1. 进水口的加固处理

①在河沟纵坡小于10%、河沟顺直、纵坡平缓的情况下，仅对进口采用干砌片石铺砌加固。铺砌形式如图4.2.13所示。当流速较慢，为减少铺砌数量，也可采用U形的铺砌形式，如图4.2.14所示。这种处理形式多用于较大的多孔涵洞中。

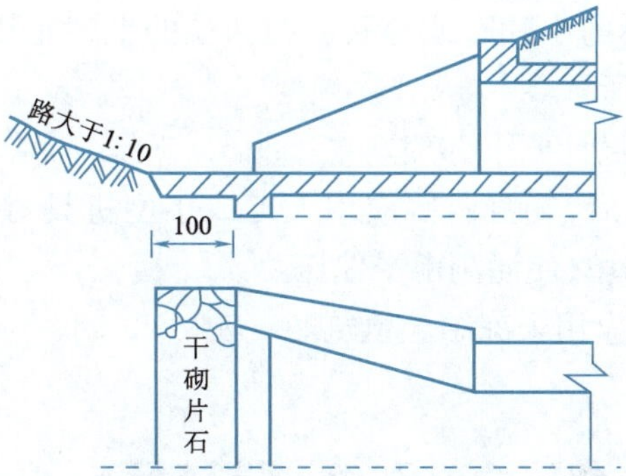

图4.2.13　平缓沟槽进口铺砌形式（尺寸单位：cm）

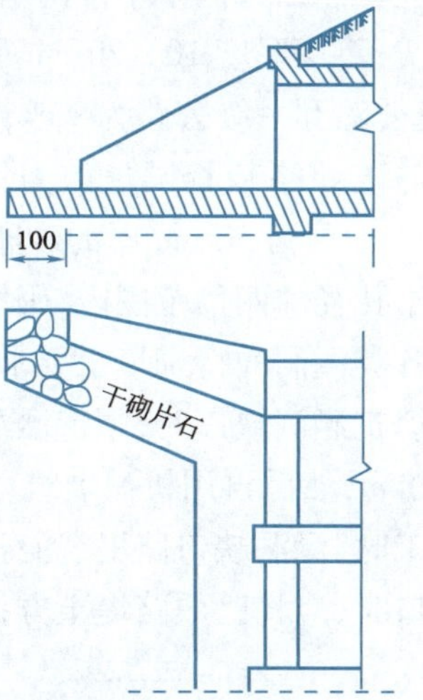

图4.2.14　平缓沟槽进口铺砌的U形形式（尺寸单位：cm）

②当河沟纵坡为10%～40%时，涵洞可按陡坡设置，涵底坡度与涵前沟底纵坡可直接平顺衔接。除岩石沟槽外，河底和沟槽侧坡以及路基边坡均需用人工铺砌加固。

③当涵前河沟纵坡大于50%时，且水流流速很大，进口则需设跌水井或消力池、消力槛等与天然河沟连接，以消减水能，减缓流速。

2. 出水口的加固处理

涵洞出水口的加固，应根据地形、地质条件和水流特性，通过水力计算慎重选择，通常采用铺砌加固的形式。

①一般的铺砌加固形式。在洞身纵坡小于15%的缓坡涵洞中，由于流速较小，通常只对下游河床做一

般的加固铺砌，如图 4.2.15 所示。为防止冲刷，一般还应在洞口末端设置截水墙。截水墙外做干砌片石加固，以保护截水墙。

②延长铺砌加深截水墙。当天然沟床纵坡较陡，水流流速较大时，则应采用铺砌的石块或混凝土块来抵抗高速的水流，用深埋的截水墙保护平砌的加固层，使其端部不因淘空而水毁，其加固形式如图 4.2.16 所示。

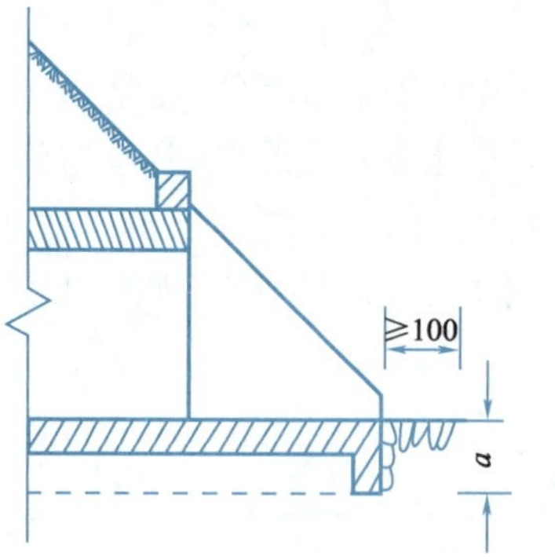

图 4.2.15　出口一般铺砌形式(尺寸单位：cm)

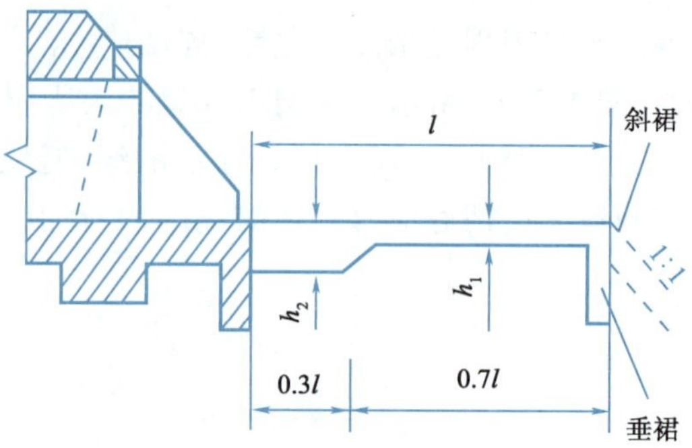

图 4.2.16　延长铺砌加深截水墙

找一找

河沟纵坡为 10%～40% 时涵洞进水口应采取什么措施？

四、涵洞缺口填土

①建成的涵管、圬工达到设计要求的强度后，应及时回填。回填土要切实注意质量，严格按照有关施工规定和设计要求办理。若系拱涵，回填土时，应按照施工部分有关规定施工。

②填土路堤在涵洞每侧不小于两倍孔径的宽度及高出洞顶 1 m 范围内，应采用非膨胀的土从两侧对称分层仔细夯实，每层厚度 10～20 cm。特殊情况亦可用与路堤填料相同的土填筑。管节两侧夯填土的密实度标准，高速公路和一级公路为 95%；其他公路为 93%。管节顶部其宽度等于管节外径的中间部分填土，其密实度要求与该处路基相同。如为填石路堤，则应在管顶以上 1.0 m 的范围内分 3 层填筑：下层为 20 cm 厚的黏土；中层为 50 cm 厚的砂卵石；上层为 30 cm 厚的小片石或碎石。在两端的上述范围及两侧每侧宽度不小于孔径的两倍范围内，码填片石，如图 4.2.17 所示。

对于其他各类涵洞的特别填土要求，应分别按照有关的设计要求办理。

③用机械填筑涵洞缺口时，须待涵洞圬工达到容许强度后，涵身两侧应用人工或小型机具对称夯填，高出涵顶至少 1 m，然后再用机械填筑。不得从单侧偏推、偏填，使涵洞承受偏压。

④冬季施工时，涵洞缺口路堤、涵身两侧及涵顶 1 m 内，应用未冻结土填筑。

⑤回填缺口时，应将已成路堤土方挖出台阶。

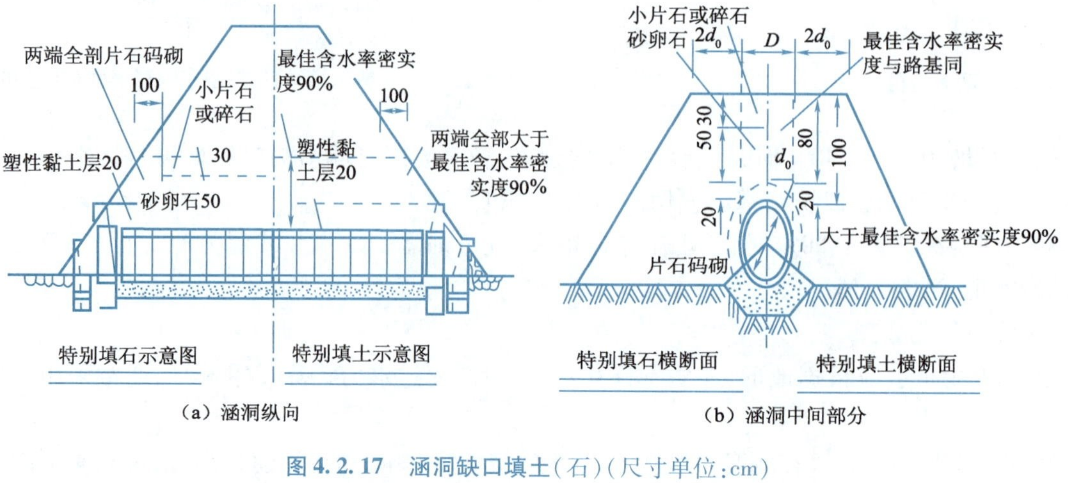

图 4.2.17　涵洞缺口填土(石)(尺寸单位：cm)

自 学 自 测

一、判断题

1. 在水流不大的情况下，拱涵施工可以用土牛拱胎代替拱架。（　　）
2. 非整体式基础地基土容许承载力需大于0.3 MPa。（　　）
3. 涵洞的钢筋混凝土设置结构设置防水层的作用是防止水分渗入，避免钢筋生锈。（　　）
4. 涵洞进出水口铺底两端应设置截水墙以保护铺底。（　　）
5. 防水纸需用高软化点沥青材料浸透原纸做成。（　　）
6. 凡置于岩石地基上的涵洞，不设沉降缝。（　　）
7. 沉降缝必须贯穿整个断面（含基础）。（　　）
8. 当天然沟床纵坡较陡时，应铺砌石块并采取加固措施。（　　）
9. 冬季施工时，涵洞缺口路堤1 m内，可用冻结土填筑。（　　）
10. 拱架拆除时应从跨径中点开始，逐步向两边进行。（　　）

二、选择题

1. 拱圈和出入口拱上端墙的施工，应（　　）进行。

A. 由中间向两侧同时对称　　B. 由两侧向中间同时对称
C. 上下游同时对称　　D. 从下游到上游

2. 公路涵洞使用的主要防水材料是（　　）。

A. 防水纸　　B. 黏土　　C. 沥青　　D. 油毡

3. 在山丘区的涵洞底纵坡超过（　　）时，应对河床进行干砌或浆砌片石防护。

A. 5%　　B. 3%　　C. 2%　　D. 6%

4. 涵洞防水层所用的沥青应熬制至沥青全部为液态为止。熔化后的沥青应继续加温至175 ℃，但不得超过（　　）。

A. 190 ℃　　B. 200 ℃　　C. 180 ℃　　D. 220 ℃

5. 用机械填土时，涵洞（管）顶上填土厚度必须大于（　　）时，方允许机械通过。

A. 0.3～0.5 m　　B. 0.4～0.6 m　　C. 0.5～1.0 m　　D. 1.0～1.2 m

6. 箱涵与盖板涵的区别在于箱涵的上下顶板、底板与左右墙身是连续浇筑的，形成（　　）。

A. 柔性结构　　B. 刚性结构　　C. 简支结构　　D. 连续结构

7. 涵洞预制构件必须在达到设计强度的（　　）后才能运输和安装。

A. 70%　　B. 85%　　C. 75%　　D. 100%

8. 地基土为（　　）时，涵节下一般采用圬工基础。

A. 岩石　　B. 碎石、砾石土　　C. 均匀黏性土　　D. 一般黏性土

9. 浇筑的箱涵混凝土强度达到设计强度的（　　）时，方可拆除支架。

A. 75%　　B. 80%　　C. 85%　　D. 70%

10. 浇筑的箱涵混凝土强度达到设计强度的（　　）时，方可进行涵顶回填土。

A. 75%　　B. 50%　　C. 85%　　D. 100%

文本
参考答案

任务实施

根据施工合同要求，钢筋混凝土箱涵施工工作内容程序如下。

一、准备工作

项目部根据分工进行施工技术资料准备、施工机具设备材料准备工作，做好参与人员的技术培训交底工作，对施工相关人员进行安全教育及安全设施使用指导，做好测量放线工作。

二、制订钢筋混凝土箱涵施工方案

技术负责人根据钢筋混凝土箱涵施工图纸或通用图集及施工现场实际条件，考虑施工单位的设备机具情况，同时考虑材料供应情况和一线人员施工熟练程度，制订符合规范要求切实可行的钢筋混凝土箱涵施工方案。

三、现场施工组织

1. 基坑开挖

基坑开挖尺寸应满足结构及操作需要，开挖过程中根据土质条件及坑深确定支护方案和排水措施，开挖要避免扰动基底土，开挖完成后报请监理单位组织验收。

2. 基础施工

根据地质条件选择箱涵基础形式，施工时控制好顶面高程及平整度。

3. 涵身施工

先安装底板钢筋，浇筑底板混凝土；再搭设支架和安装内模板，然后安装侧墙及顶板钢筋，支立外模板，浇筑侧墙及顶板混凝土，可分层浇筑，同时控制每层厚度，做好振捣。

4. 附属设施及洞口施工

根据图纸等资料，完成沉降缝及防水层施工；洞口构造按照设计要求进行；当涵身混凝土强度达标后，可进行涵身两侧及涵顶回填工作。

四、质量控制

项目部要组织相关人员对施工质量进行过程性抽检控制，主要包括测量数据、材料试验、设备机具的使用状况、安全和环保措施落实，使各项工作满足要求，后续施工工作顺利实施。

五、内业资料整理

整理钢筋混凝土箱涵施工测量资料、试验资料、施工记录资料、施工联系函及图纸变更等资料，予以存档。

笔记栏

【钢筋混凝土箱涵施工工作单】

计划单

学习情境四	涵洞施工	任务2	钢筋混凝土箱涵施工
工作方式	组内讨论、团结协作共同制订计划：小组成员进行工作讨论，确定工作步骤	计划学时	1学时
完成人			
计划依据：某公路涵洞施工图			

序号	计划步骤	具体工作内容描述
1	准备工作 （准备资料，谁去做？）	
2	组织分工 （成立组织，人员具体都完成什么？）	
3	制订两套施工方案（各有何特点？）	
4	现场施工 （施工顺序如何？）	
5	质量控制 （谁负责？检查哪些项目？）	
6	资料整理 （谁负责？整理哪些内容？）	
制定计划说明	（写出制订计划中人员为完成任务的主要建议或可以借鉴的建议、需要解释的某一方面）	

决策单

<table>
<tr><td>学习情境四</td><td colspan="2">涵洞施工</td><td>任务 2</td><td>钢筋混凝土箱涵施工</td></tr>
<tr><td>决策学时</td><td colspan="4">1 学时</td></tr>
<tr><td colspan="5">决策目的:确定本小组最优施工方案</td></tr>
<tr><td rowspan="7">施工方案优劣比较</td><td colspan="2">施工方案特点</td><td rowspan="2">比对项目</td><td rowspan="2">确定最优方案(划√)</td></tr>
<tr><td>方案 1 名称</td><td>方案 2 名称</td></tr>
<tr><td></td><td></td><td>施工设备选择是否适用</td><td rowspan="6">方案 1 优
□

方案 2 优
□</td></tr>
<tr><td></td><td></td><td>施工顺序是否合理</td></tr>
<tr><td></td><td></td><td>关键工序施工方法是否满足质量控制要求</td></tr>
<tr><td></td><td></td><td>安全措施是否到位</td></tr>
<tr><td></td><td></td><td>环保措施是否符合规定</td></tr>
<tr><td colspan="3">方案 1 施工流程图</td><td>方案 2 施工流程图</td></tr>
</table>

作业单

学习情境四	涵洞施工	任务2	钢筋混凝土箱涵施工
参加人员	第　　组		开始时间：
	签名：		结束时间：
序号	工作内容记录 （根据实施的具体工作记录，包括存在的问题及解决办法）		分工 （负责人）
1			
2			
⋮			
小结	主要描述完成的成果及是否达到目标		存在的问题

检 查 单

<table>
<tr><td>学习情境四</td><td colspan="2">涵洞施工</td><td>任务 2</td><td colspan="5">钢筋混凝土箱涵施工</td></tr>
<tr><td>检查学时</td><td colspan="3">课内 1 学时</td><td colspan="5">第　　组</td></tr>
<tr><td>检查目的及方式</td><td colspan="8">教师过程监控小组的工作情况，如检查等级为不合格，小组需要整改，并拿出整改说明</td></tr>
<tr><td rowspan="2">序号</td><td rowspan="2">检查项目</td><td rowspan="2" colspan="2">检查标准</td><td colspan="5">检查结果分级
（在检查相应的分级框内划“√”）</td></tr>
<tr><td>优秀</td><td>良好</td><td>中等</td><td>合格</td><td>不合格</td></tr>
<tr><td>1</td><td>准备工作</td><td colspan="2">资源是否已查到、材料是否准备完整</td><td></td><td></td><td></td><td></td><td></td></tr>
<tr><td>2</td><td>分工情况</td><td colspan="2">安排是否合理、全面，分工是否明确</td><td></td><td></td><td></td><td></td><td></td></tr>
<tr><td>3</td><td>工作态度</td><td colspan="2">小组人员是否积极主动、全员参与</td><td></td><td></td><td></td><td></td><td></td></tr>
<tr><td>4</td><td>纪律出勤</td><td colspan="2">是否按时完成负责的工作内容、遵守工作纪律</td><td></td><td></td><td></td><td></td><td></td></tr>
<tr><td>5</td><td>团队合作</td><td colspan="2">是否相互协作、互相帮助，是否听从指挥</td><td></td><td></td><td></td><td></td><td></td></tr>
<tr><td>6</td><td>创新意识</td><td colspan="2">任务完成不照搬照抄，看问题具有独到见解，具备创新思维</td><td></td><td></td><td></td><td></td><td></td></tr>
<tr><td>7</td><td>完成效率</td><td colspan="2">工作单是否记录完整，小组是否按照计划完成任务</td><td></td><td></td><td></td><td></td><td></td></tr>
<tr><td>8</td><td>完成质量</td><td colspan="2">工作单填写是否准确，记录单检查及修改是否达标</td><td></td><td></td><td></td><td></td><td></td></tr>
<tr><td>检查评语</td><td colspan="6"></td><td colspan="2">教师签字：</td></tr>
</table>

任务评价

小组工作评价单

<table>
<tr><td>学习情境四</td><td colspan="2">涵洞施工</td><td>任务2</td><td colspan="4">钢筋混凝土箱涵施工</td></tr>
<tr><td colspan="3">评价学时</td><td colspan="5">课内1学时</td></tr>
<tr><td colspan="3">班级：</td><td colspan="5">第　　组</td></tr>
<tr><td>考核情境</td><td>考核内容及要求</td><td>分值（满分100分）</td><td>小组自评（10%）</td><td>小组间互评（20%）</td><td>教师评价（70%）</td><td>实得分（∑）</td></tr>
<tr><td rowspan="4">汇报展示（20分）</td><td>演讲资源利用</td><td>5</td><td></td><td></td><td></td><td></td></tr>
<tr><td>演讲表达和非语言技巧应用</td><td>5</td><td></td><td></td><td></td><td></td></tr>
<tr><td>团队成员相互配合程度</td><td>5</td><td></td><td></td><td></td><td></td></tr>
<tr><td>时间与完整性</td><td>5</td><td></td><td></td><td></td><td></td></tr>
<tr><td rowspan="3">质量评价（40分）</td><td>工作完整性</td><td>10</td><td></td><td></td><td></td><td></td></tr>
<tr><td>工作质量</td><td>5</td><td></td><td></td><td></td><td></td></tr>
<tr><td>报告完整性</td><td>25</td><td></td><td></td><td></td><td></td></tr>
<tr><td rowspan="5">团队情感（25分）</td><td>核心价值观</td><td>5</td><td></td><td></td><td></td><td></td></tr>
<tr><td>创新性</td><td>5</td><td></td><td></td><td></td><td></td></tr>
<tr><td>参与率</td><td>5</td><td></td><td></td><td></td><td></td></tr>
<tr><td>合作性</td><td>5</td><td></td><td></td><td></td><td></td></tr>
<tr><td>劳动态度</td><td>5</td><td></td><td></td><td></td><td></td></tr>
<tr><td rowspan="2">安全文明（10分）</td><td>工作过程中的安全保障情况</td><td>5</td><td></td><td></td><td></td><td></td></tr>
<tr><td>工具正确使用和保养、放置规范</td><td>5</td><td></td><td></td><td></td><td></td></tr>
<tr><td>工作效率（5分）</td><td>能够在要求的时间内完成，每超时5分钟扣1分</td><td>5</td><td></td><td></td><td></td><td></td></tr>
</table>

小组成员素质评价单

学习情境四	涵洞施工			任务 2	钢筋混凝土箱涵施工		
班级		组别		成员姓名			
评分说明	每个小组成员评价分为自评和小组其他成员评价两部分,取平均值计算,作为该小组成员的任务评价个人分数。评价项目共设计五个,依据评分标准给予合理量化打分。小组成员自评分后,要找小组其他成员不记名方式打分						
评分项目	评分标准	自评分	成员 1 评分	成员 2 评分	成员 3 评分	成员 4 评分	成员 5 评分
核心价值观（20 分）	没有违背社会主义核心价值观的思想及行动						
工作态度（20 分）	按时完成负责的工作内容、遵守纪律,积极主动参与小组工作,全过程参与,吃苦耐劳,具有工匠精神						
交流沟通（20 分）	能良好地表达自己的观点,能倾听他人的观点						
团队合作（20 分）	与小组成员合作完成任务,做到相互协作、互相帮助、听从指挥						
创新意识（20 分）	看问题能独立思考,提出独到见解,具有创新思维解决遇到的问题						
最终小组成员得分							

任务反思

学习情境四	涵洞施工		任务2	钢筋混凝土箱涵施工	
班级		组别		成员姓名	
情感反思	通过对本任务的学习和实训,你认为自己在社会主义核心价值观、职业素养、学习和工作态度等方面需要提高什么?				
知识反思	通过对本任务的学习,你掌握了哪些知识点?请画出思维导图				
技能反思	在完成本任务的学习和实训过程中,你主要掌握了哪些技能?				
方法反思	在完成本任务的学习和实训过程中,你主要掌握了哪些分析和解决问题的方法?				

参考文献

[1] 孙元桃.桥涵工程施工技术[M].北京:人民交通出版社,2009.

[2] 赵云华.土木工程识图(道路桥梁类)[M].2版.北京:机械工业出版社,2020.

[3] 盛可鉴.公路工程施工技术[M].北京:人民交通出版社,2013.

[4] 申建,李辅元.桥梁工程技术[M].北京:北京理工大学出版社,2011.

[5] 王瑞雪.桥梁工程施工技术[M].北京:中国铁道出版社,2013.

[6] 刘金凤.桥涵施工技术[M].北京:人民交通出版社,2021.

[7] 李彩霞.桥梁工程施工技术[M].北京:人民交通出版社,2019.

[8] 王修山.道路与桥梁施工技术[M].北京:化学工业出版社,2021.